insel taschenbuch 4400
Bärbel Reetz
Das Paradies war für uns

# Bärbel Reetz

# DAS PARADIES WAR FÜR UNS

Emmy
Ball-Hennings
und Hugo Ball

Insel Verlag

Erste Auflage 2015
insel taschenbuch 4400
Originalausgabe
© Insel Verlag Berlin 2015
Vertrieb durch den Suhrkamp Taschenbuch Verlag
Umschlag: hißmann, heilmann, hamburg
Umschlagfoto: Schweizerisches Literaturarchiv, Bern
Satz: Satz-Offizin Hümmer GmbH, Waldbüttelbrunn
Druck: CPI – Ebner & Spiegel, Ulm
Printed in Germany
ISBN 978-3-458-36100-8

# Inhalt

# Vorwort

Für ihre Umwelt sind sie ein wunderliches Paar: Hugo Ball, der suchende Intellektuelle aus Pirmasens, der Theatermacher, der Expressionist und Dadaist, Anarchist, kritische Publizist und katholische Mystiker, dessen Leben und Werk sich auf keine einfache Formel bringen läßt. Und seine Lebensgefährtin, Emmy Hennings, die poetische Maskenspielerin aus Flensburg, die Schauspielerin, Diseuse, Literatin und Muse bedeutender Männer, die in ihrem außergewöhnlichen Leben viel gefragt und noch mehr gewagt hat. Seit meiner ersten Begegnung war ich fasziniert von dieser Frau, die durch die Berliner und Münchener Boheme, durch das Züricher »Cabaret Voltaire«, die »Galerie Dada« irrlichterte, und ich versuchte, Emmys »flüchtigen Spielen« – den realen und den fiktiven – auf die Spur zu kommen. Eine ebenso spannende wie frustrierende Angelegenheit. Aber mit ihren Gedichten, den autobiographischen Romanen *Gefängnis* und *Das Brandmal* ließ sie mich nicht mehr los, denn ich mochte nicht glauben, was über diese Autorin in Enzyklopädien und Lexika steht: »Seit ihrem Übertritt zum katholischen Glauben Entscheidung für eine asketische Lebensweise, besonders nach dem Tod Hugo Balls. Widmete sich von da an der Herausgabe seines Werks.«[1]

Und damit war ich bei ihm, bei Hugo Ball, dem Mann, mit dem Emmy Hennings ihr unstetes Leben verbinden konnte. Zunächst entschloß ich mich, Emmy Hennings Versen »Ich lebe im – Vielleicht / Bin eine stumme Frage ...«[2] nachzugehen, und ließ mich auch nicht von Hermann Hesse abschrecken, der sie kannte wie nur wenige und überzeugt war: »Es ist ganz unmöglich, dies Leben auf eine rationale Formel zu bringen. Versuchen Sie das lieber gar nicht.«[3]

1997 begann ich zu recherchieren: Im ›Robert Walser-Archiv‹ der ›Carl Seelig-Stiftung‹ in Zürich, wo damals der Nachlaß von Emmy und Hugo Ball verwahrt wurde. Im ›Deutschen Literaturarchiv‹ in Marbach, dessen Hesse-Depositum Briefe, Karten, Telegramme und Fotos des Paares an den Freund enthält. Im Dadaismus-Archiv des ›Kunsthauses Zürich‹, der ›Hugo Ball-Sammlung‹ in Pirmasens, auf dem Flensburger Museumsberg. Ich stöberte in Antiquariaten. Las hunderte von Briefen und Karten des Paares. Lange Berichte wie auch eilige Mitteilungen an den großen Freundes- und Bekanntenkreis. Oft mit schnell hingeworfenen Zeichnungen versehen oder mit zarten Aquarellen. Las Briefe von Menschen, die ihnen nahestanden, gab ihre Korrespondenz mit dem gemeinsamen Freund Hermann Hesse heraus.[4] Ich vertiefte mich in Tagebücher, in Veröffentlichtes und Unveröffentlichtes, betrachtete zahllose Fotos: Jugendbilder, Aufnahmen von Eltern und Geschwistern, von Freunden und Weggefährten. Verwackelte Schnappschüsse. Gestellte Atelierporträts. Emmy in Pose. Emmy und Hugo in München, in Zürich, im Tessin, in Italien – Emmy und Annemarie an Hugos Sarg in Sant' Abbondio. Ich führte lange Gespräche mit Emmys Enkelin, Francesca Schütt-Hauswirth, die ihre Großmutter und auch Hermann und Ninon Hesse noch gekannt hat. Sprach mit Emmys letztem Verleger, Peter Keckeis, wanderte durch Flensburg und Pirmasens, an den Ufern der Förde und im Pfälzer Wald, durch die Dörfer um den Luganer See, den Lago Maggiore, durch Rom, Palermo und Vietri sul Mare. Stieg auf den Berg nach Albori. Stand vor den Häusern, in denen Emmy, Hugo und die Tochter Annemarie gelebt haben, saß auf der Steintreppe des Agnuzzo-Hauses und schaute auf den See. Oder suchte vergeblich nach Spuren, weil sich niemand mehr erinnerte. Ich las Typoskripte, Gedichtmanuskripte, Fragmente und die zärtlichen Liebesbriefe von Hugo Ball an Emmy Hennings. Legte Blumen auf das Grab und war entschlossen, von Emmys »Leben im Vielleicht«[5] zu erzählen.

Aber je mehr ich über das Paar erfuhr, desto mehr Fragen stellten sich. In den Jahren 1997 bis 2000 mußten diese teilweise unbeantwortet bleiben, da der Nachlaß erst nach der Überstellung an das Schweizerische Literaturarchiv in Bern vollständig archiviert ist. Auch waren einige Quellen noch nicht oder nicht vollständig veröffentlicht: So der Briefwechsel Hermann Hesses mit seinem Analytiker Josef Bernhard Lang, mit Hesses zweiter Frau Ruth Wenger und seiner dritten Frau Ninon Dolbin. Einiges war gesperrt oder wie die Tagebücher Erich Mühsams nur in einer Auswahl veröffentlicht. Mit Zustimmung Silver Hesses konnte ich die unveröffentlichte Korrespondenz seiner Großeltern, Mia und Hermann Hesse, einsehen und in meine Überlegungen einbeziehen. Während die Briefe Ninon Hesses an Emmy Ball-Hennings bis heute nicht zugänglich sind, ist – dank der Erben –

das sogenannte *Zweite Tagebuch* Hugo Balls inzwischen für die Herausgeber seiner *Sämtlichen Werke und Briefe* entsperrt worden. Denn auch wenn Ball 1927 vor seiner Krebsoperation verfügt hat, »daß aus meinem schriftlichen Nachlaß (das heißt aus gelegentl(ichen) Notizen, sei es in Tagebüchern oder sonst(igen) Aufzeichnungen) *nichts* publiziert werden soll«,[6] hatten sowohl Emmy als auch deren Tochter und Nachlaßverwalterin, Annemarie Schütt-Hennings, den letzten Willen Hugo Balls, daß alle »nichtstilisierten und darum nicht existierenden Hefte, Blätter und Manuskriptteile« vernichtet werden müssen, nicht strikt befolgt, sondern »verschiedentlich Informationen und Anreize daraus« weitergegeben.[7]

Obwohl Emmys Geschichte zu einem Teil, wenn auch einem wesentlichen, die Geschichte Hugo Balls ist und die Antworten, die ich auf meine Fragen fand, nur Facetten von Emmys abenteuerlichen Wegen sind, wagte ich 2001 die Veröffentlichung ihrer Biographie. Ihren »Vielfachheiten« auf der Spur, habe ich »das flüchtige Spiel« mitgespielt, habe versucht, sie zu fassen, um sie wieder freizulassen. Aber in den folgenden Jahren ließen mich weder Emmy Hennings noch Hugo Ball los. Ich intensivierte meine Arbeit an Balls Werk, entdeckte immer neue Zugänge zu seinem Leben, oft irritiert, denn »immer, wenn man ihn auf einer festen Position wähnte, hatte er sie auch schon wieder geräumt. (…) Hugo Ball war sein Leben lang ästhetisch wie politisch ein Konvertit und vor stereotypen Zuschreibungen auf der Flucht.«[8]

Dennoch fand ich es an der Zeit, den neuen Zugangsmöglichkeiten und damit verbundenen Erkenntnissen Rechnung zu tragen und erneut von dem ungewöhnlichen Paar zu erzählen, das, nicht nur vor 100 Jahren in Zürich, der Literatur des 20. Jahrhunderts neue Impulse gegeben hat, sondern in dem intellektuellen und kreativen Beziehungsgeflecht dieser Zeit einen bedeutenden, festen Platz einnimmt. Dabei war es mir unmöglich, nur der Chronologie zu folgen, sondern ich versuchte, die Wege und Umwege, das Gemeinsame und Getrennte einzukreisen, um auch in Vor- und Rückgriffen das Leben des Paares deutlich werden zu lassen, wobei einer Biographie Hugo Balls und ausführlichen Würdigung des sehr komplexen Werkes nicht vorgegriffen werden soll.

Wenn Emmy schreibt: »Ich bin da. Pardon«,[9] sage ich: Hier sind sie beide, wohl wissend, daß es mein Blick ist und »die biographische Wahrheit nicht zu haben, und wenn man sie hätte, wäre sie nicht zu gebrauchen« (Sigmund Freud an Arnold Zweig am 31. Mai 1936).

# Unter der Glasglocke

## Seemannsgarn und Sehnsucht – Kleine Fluchten – Blütenträume

Flensburg. 17. Januar 1885. 14 Uhr. Ein Kind wird geboren. Im Taufregister der protestantischen St. Marienkirche ist es am 19. April unter dem Namen Emma Maria Cordsen verzeichnet, Tochter des Werftarbeiters Ernst Friedrich Matthias Cordsen und der Anna Dorothea, geb. Zielfeld. Es ist ein spätes, ganz unerwartetes Kind, das die Eltern Emmy rufen werden. Der Vater ist 48, die Mutter 43 Jahre alt. Für beide ist es die zweite Ehe. Cordsen, der um 1877 seine erste Frau in Altona geheiratet hatte, war 1881 nach deren Tod mit der eineinhalbjährigen Tochter Paula in seine Vaterstadt Flensburg zurückgekehrt. Er brauchte eine Mutter für sein Kind, eine Frau, die ihm den Haushalt führte. Und als die kinderlose Witwe Anna Dorothea Lund, deren Mann nach einem Schiffbruch verschollen war, 1882 Hamburg verließ und wieder nach Flensburg zog, lag eine Verbindung nahe. Beide hatten, wie man dort sagt, »gut davon«. Sie heiraten am 30. Mai 1882 in St. Marien, und Cordsen kauft im November desselben Jahres ein Haus in der Steinstraße 5, unweit der Werft, bei der der ehemalige Seemann als Takler eine Anstellung gefunden hat. »Er hatte die Hißtaue an den Schiffsmasten anzubringen und alles zu ordnen, was mit dem Segelwerk und dem Stapellauf eines Schiffes zu tun hatte.«[1] Die Seefahrt wird zur Erinnerung. Später, wenn er Emmy davon erzählt, zum aufregenden Abenteuer. Und abenteuerlustig muß der junge Cordsen gewesen sein, dessen Vorfahren die Flensburger Archive als Hufner und Bäcker ausweisen. 1864, im Jahr der für seine Heimat so entscheidenden Schlacht auf den nahen Düppeler Schanzen, hatte er das Steuermannspatent erworben, 1867 einen Reisepaß für das Ausland erhalten, war zur See gefahren. Auf einem Dreimaster um die Welt gesegelt. Mehrmals. Das wissen wir von Emmy, die um den Vater, das Meer und sich selbst einen magischen Bann ziehen und mit ihrer unerschöpflichen Phantasie immer neue Geschichten dazu ersinnen wird. Anders die aus einer Flensburger Handwerker- und Tagelöhnerfamilie stammende Mutter, die ihren ersten Mann, den Schiffskapitän Ludwig Lund, unmittelbar vor ihrer Eheschließung mit Cordsen für tot erklären ließ: »Von Mutter weiß ich, daß sie das Meer fürchtete, doch hatte sie hierfür einen triftigen Grund, da sie ihren Lieblingsbruder und vor allem ihren ersten Gatten schon früh an das Meer verloren hatte.«[2]

Emmy fürchtet das nahe Meer nicht. Kann von der Steinstraße zur Förde laufen, zum Hafen, wo die Schiffe am Kai liegen, Segel- und Dampfschiffe be- und entladen werden und mit geblähten Segeln, mächtig dampfenden Schornsteinen davonfahren und hinter dem Horizont verschwinden, der Grenze zur aufregenden, geheimnisvollen und gefährlichen Welt. Manchmal ist das Wasser der Förde tiefblau. Meistens jedoch ist es so grau wie die Felduniform der preußischen Soldaten in der Duburg-Kaserne. Denn Flensburg ist nach langem politischen Tauziehen und dem Sieg Österreichs und Preußens über Dänemark preußisch. Und damit nach 1871 Teil des Deutschen Reichs. Aber die Grenze ist nah. Jenseits liegt Dänemark, zu dessen Krone die Herzogtümer Schleswig und Holstein bis 1864 gehört hatten. Bei klarer Sicht sind die dänischen Fördeufer nicht von den reichsdeutschen zu unterscheiden: weißer Strand und grüne Buchenwälder. Danach wird sich Emmy sehnen, wenn sie aufbricht, das Geheimnis der Welt hinter dem Horizont zu ergründen.

Zuvor jedoch sind die Grenzen eng gezogen: »eine kleine ungepflasterte Straße, weit draußen im Vorort der kleinen Hafenstadt. Eigentümlich verschollen wirkt diese Gegend, einsam, als wär hier die Welt zu Ende, oder als wäre sie am Anfang, denn irgendwo muß sie doch beginnen (…) Kinder spielen im Kreis und sagen einander, daß der Himmel heut so niedrig hängt, und daß man vielleicht bald auf Gewölk gehen könnte. (…) Sieht man nach oben, ist alles weich und weiß, fließend und blau.«[3]

Das Wetter wechselt mit dem Wind. Kommt er von Westen, wird der Himmel grau, hängt tief auf den roten Ziegeldächern der Stadt, auf den reetgedeckten Katen im Land. Wird er zum Sturm, drückt er das graue Wasser aus der Förde, und der Grund des Hafens ist zu sehen. Mit allerlei Unrat, Tauenden, Steinen und Muscheln. Kommt er von Osten, ist der Himmel blau, und das Wasser tanzt in kleinen Wellen. Schaumgekrönt. Und bei scharfem Nordost klatscht es gegen die Ufer und drückt in den Hafen, daß die Schiffe hoch aufragen und mit schwankenden Rümpfen gegen die Kaimauern schaben und krachen.

Im Januar, zur Geburt des Kindes, hängt der Himmel tief. Um 14 Uhr ist es schon dämmrig in den niedrigen Stuben. Reicht das Tageslicht nicht, brennt die Petroleumlampe vom Morgen bis zum Abend. Feuchte, dunkle Winter. Wird es frostig über Nacht, erstarrt die Nässe an den Zweigen. Rauhreif. Die kleine, ungepflasterte Straße, die kleine Hafenstadt ein Märchenland. Das Kind hat Phantasie. Auch ohne Rauhreif verzaubert es seine Welt. Noch ist die enge Umgrenzung ein Vorteil: »Zwei Häuser rechts, und zwei Häuser links, das ist leicht zu überblicken. In jedem Hause wohnen vier Familien, deren Geschichte man kennt, und was man nicht kennt, errät man. Jedes zweistöckige Haus hat an der Vorderfront acht Fenster, während es auf der Rückseite, nach dem Hof und Garten zu, vier Fenster hat, und überall hängen Tüllgardinen mit mehr oder weniger interessanten Mustern. Es waren Wege, die in Wälder führten, in eine Gegend, in der noch kein Mensch gewesen war, nur ich.«[4]

Alles ist überschaubar: das Haus, der Garten, die Nachbarschaft. Das Haus steht bis heute unverändert. Man hat 1997 eine Tafel neben der niedrigen Haustür befestigt: »Emmy Ball-Hennings – Schriftstellerin, Schauspielerin, Kabarettistin – 1885 Flensburg – 1948 Tessin«. Noch immer hängen Gardinen an den Fenstern. Stores mit Mustern. Und noch immer ist die Neustadt ein Arbeiter- und Industrieviertel. Damals bestimmten Glashütte, Gaswerk und die Werft das Bild, denn im letzten Jahrzehnt des ausgehenden 19. Jahrhunderts wurde auch Schleswig-Holstein von der allgemeinen Aufbruchstimmung im Reich erfaßt und nahm, nachdem Wilhelm II. 1888 Kaiser geworden war, einen ungeahnten Aufschwung. Hauptsächlich durch die kaiserliche Marine, die entlang der Küsten ihre Stützpunkte errichtete. Im knapp hundert Kilometer entfernten Kiel wurde am Kaiser-Wilhelm-Kanal, der Verbindung zwischen Nord- und Ostsee, gearbeitet. Der Kaiserbruder, Prinz Heinrich, zog in den Norden, und unter dem Staatssekretär des Reichsmarineamtes Alfred von Tirpitz begann der deutsche Flottenbau. 1890 besucht der marinebegeisterte Kaiser erstmals auch Flensburg, Kaiserin Auguste Viktoria kommt im Juli 1899 und am

25. April 1901. Daß die Besuche der Majestäten Eindruck auf die junge Emmy Cordsen machten, lesen wir in ihren Erinnerungen *Blume und Flamme*: »In den nächsten Tagen hieß es, der Kaiser wolle unsere Stadt besuchen, sich vielleicht die Kaserne ansehen, in der sich das Regiment der Kaiserin befand. Die Straßen sollten beflaggt, die Häuser geschmückt werden, die Wachparade würde aufmarschieren, es würde große Musik geben.«[5]

Es ist in diesen Apriltagen 1901 die aufgeregte Spannung, die sich dem begeisterungsfähigen jungen Mädchen mitteilt, der Einbruch von Größe und Welt in die engen Grenzen ihres Lebens: »ich wollte zu gern ein einziges Mal den Kaiser sehen, ihn begrüßen, ihm zujubeln. Er war ja der Vater des Landes (…) und ich stellte es mir wunderschön vor, ihn einmal von Angesicht zu Angesicht betrachten zu können.«[6] Helga Lund, Emmys literarisches Pseudonym in *Blume und Flamme*, für das sie den Namen des verschollenen Stiefvaters Ludwig Lund wählte, das Dienstmädchen Helga Lund kostet das Bejubeln von Kaiser und Kaiserin an einem Vormittag die Stellung. Und der Bittbrief an den Kaiser, den sie nicht die Gelegenheit hatte zu überreichen, wandert ins Feuer. Damit gehen auch die daran geknüpften Hoffnungen Helgas/Emmys in Flammen auf, »nämlich, ob es nicht möglich wäre, falls es keine zu großen Umstände mache, mich gelegentlich auf meine Begabung als Schauspielerin prüfen zu lassen, und falls es sich herausstellte, daß ich Talent habe, meinen Lieblingswunsch doch gütigst bei meinen Eltern schriftlich befürworten zu wollen«[7]. Undenkbar in der Steinstraße, diesen Wunsch Emmys zu erfüllen. Er gehört ins Reich der unerfüllbaren Träume, die sie in ihrer engen Welt träumt, ins Reich der Phantasie, in dem man tiefhängendes Gewölk besteigen und auf ihm davonsegeln, in dem man ein »Liebling des Volkes«[8] werden kann.

Realität ist die kleinbürgerliche Neustadt, sind die Nachbarsfamilien mit ihren zahlreichen Kindern, ist Onkel Erich Jürgensen, der Zimmerpolier im Haus Steinstraße 8, der die jüngere Schwester von Emmys Mutter geheiratet hatte. Mit Cousine Doris, dem jüngsten der zehn Jürgensen-Kinder, drückt Emmy die Schulbank. Gemeinsam werden sie am 19. April 1899 konfirmiert. In St. Marien. Realität sind die zwei Zimmer in der Steinstraße 5, die Familie Cordsen in ihrem

Haus bewohnt. Neben den Eltern und Emmy auch die Stiefschwester Paula, »ein schönes Mädchen, hoch und schlank gewachsen, mit schwerem, glattem, streng gescheiteltem Haar und einem sehr fein geschnittenen Gesicht, jedoch mit einem etwas gleichgültigen, manchmal sogar abwehrenden Gesichtsausdruck. Im Typus war sie der vollendete Gegensatz zu mir.«[9] Sieben Jahre älter ist sie, scheu bewundert von Emmy, vielleicht ihr auch als Vorbild vorgehalten: Dienstmädchen in der Hamburger Kaufmannsfamilie Hirsch, dann Ehefrau des Kapitäns Theodor Wiraldus Friedrichsen, der es sogar zu einem eigenen Schiff bringen wird. »Ich kann mich nicht entsinnen, daß meine Schwester auch nur ein einziges Mal mit mir gespielt hätte (…) Oh, ich hätte sehr viel darum gegeben, wenn sie nur um einige Jahre jünger gewesen wäre, damit ich als Spielkameradin wenigstens ein klein wenig für sie hätte in Betracht kommen können.«[10]

Vier Personen, eng beieinander. Der Rest des Hauses ist an drei weitere Familien vermietet. Unvorstellbar, wenn wir heute davorstehen. Doch das Kind Emmy hielt die Eltern für reich, »weil wir neben unsern zwei Zimmern noch ein Dachstübchen hatten (…) In unserer besten Stube hatten wir einen runden Tisch mit grüner Sammetdecke, während die Möbel mit blaßrotem Rips bezogen waren. (…) Und in der Schlafstube hatten wir an unseren Betten am Kopfende eine große, kunstvoll geschnitzte Weintraube. Das hatten die Nachbarn alle nicht.«[11] Und einen Garten gab es beim Haus, »der nicht viel größer war als eine mäßig große Wohnstube«[12]. Aber für Emmy war er das Paradies, für Anna Cordsen die bis in den letzten Winkel genutzte Möglichkeit, die Mahlzeiten zu ergänzen, die im Wesentlichen aus Grütze bestanden, als Morgenspeise, als Hauptgericht. Sie war das wichtigste Nahrungsmittel, und wenn die kleine Emmy in ihrem Teller rührte, »bildete die Hafergrütze der Milch seltsame Weltteile«[13]. Karge Mahlzeiten: Graupen- und Gerstensuppen, Kohl im Herbst und Winter: Weiß-, Rot- und vor allem Grünkohl, wenn der erste Frost übers Land gegangen ist. Vor Weihnachten wird ein Schwein geschlachtet, und am Heiligen Abend gibt es Greunen Kohl met Kookwuss un Swiensback un Sööte Kantüffeln, winzigen Pellkartöffelchen, die in der Pfanne in Fett gebräunt und mit viel Zucker karamelisiert werden. *Vullbuuksabend* heißt der im Volksmund, weil endlich einmal der Bauch nach Lust und Laune gefüllt werden durfte. Rummelpottplätzchen werden gebacken, kleine Kuchen aus Sirup, Mandeln und Mehl, als Gabe für die verkleideten Rummelpottkinder, die zum Jahreswechsel von Tür zu Tür ziehen und begleitet vom Krächzen des selbstgebastelten Rummelpotts ihre Bettellieder singen: »Giv mi wat in'n Rummelpott/een, twee, dree un veer/wenn't lütten Dreeling weer!« Auch Emmy hat Platt gesprochen und wird mit dem Rummelpott herumgezogen sein: Steinstraße, Apenrader Straße, Schulgasse. Es ist der Weg, den sie täglich geht: Ab 1888 zum Kindergarten in der Schulgasse 6, von 1893 bis 99 in die danebenliegende St. Marien Mädchenschule III. Zwischen 1891 und 1893 in die zweite Mädchenschule in der Duburger Straße.

Emmys kleine Welt. Flensburg zählt damals rund 40 000 Einwohner. Deutsche, aber auch viele Dänen. In der Neustadt ist der dänische Bevölkerungsanteil besonders hoch. Auch der Werftdirektor Bredsdorff, an dessen Villa in der Apenrader Straße Emmy täglich vorbeigeht, war Däne. Und so schnappte sie, die zu Hause wohl mehr Platt als Hochdeutsch sprach, auch das Dänische auf. Selbstverständlich gehörte der weiche Singsang dieses Idioms dazu. »Emmy findet, die deutsche Sprache sei arm an Vokabeln der Zärtlichkeit und Verliebtheit. Die dänische sei darin so unendlich viel reicher.«[14] Das notiert Hugo Ball Jahrzehnte später. Da wird sie in dänischer Tracht auftreten und dänische Lieder singen. »Det war en lørdag aften (…)« Ein kleines Liebeslied, das sie selbst übersetzt: »Es war am Samstag abend, stand draußen vor der Tür.« Ein Stück Heimat während des unruhigen Herumziehens von Tingeltangel zu Tingeltangel, von Kabarett zu Kabarett. »Meine Eltern haben für Deutschland optiert«,[15] schreibt sie dem Lebensgefährten Hugo Ball 1916. Aber die Mutter nimmt Emmy schon früh mit zu ihrer dänischen Verwandtschaft nach »Vejle, wo ich als Kind mal was vergraben hab. ein Stück grünes Flaschenglas, meine Lieblingsbrille. Wenn man da durchguckte wars, als wiege sich die ganze Welt in Träumen.«[16] Hinter der Grenze verwandelt sich die Welt. Wird weit. So wie das Meer. Sie wußte, »daß die Förde nur der Beginn des großen Meeres ist, und auch das Meer selbst hatte ich schon kennengelernt. In meinem vierten Lebensjahr machte ich mit meiner Mutter eine Reise nach Jütland, wo ich von der ungeheuerlichen Größe des Meeres den ersten Eindruck empfing.«[17] Prägungen der ersten Jahre. Sehnsucht nach dem Meer ein Leben lang, »weil ich ein Kind vom Meer bin und weil das Meer das eigentliche Element meines Vaters war«[18]. Sehnsucht nach der »blonden Heimat«, wenn sie unbehaust sein wird: »Am liebsten wäre ich ein Apfelbaum, der irgendwo am Wege steht, vielleicht auf einer Landstrasse im Jütländischen, in Dänemark, dort, wo der Weg nach Vejle führt, das ist die Gegend, aus der meine Mutter stammt«[19]. Land und Meer. Mutter und Vater. Das Kind ist zufrieden. Trotz der dürftigen Verhältnisse. Es spürt, in welch hohem Maße die Eltern die Gabe besitzen, »mit wenigem glücklich zu sein«[20]. Die Mutter, »als sie mich zu ihrem höchsten Erstaunen in die Welt brachte (...) war sehr zage auf meine Ankunft vorbereitet. Ich war ihr erstes Kind und bin auch ihr einziges geblieben«[21]. Später wird sie Emmys Kinder zu sich nehmen: den kleinen Joseph Hennings, der bereits im 1. Lebensjahr stirbt, und die 1906 geborene Annemarie, die ein Jahrzehnt in der Obhut der Großmutter aufwachsen wird.

Anna Cordsen, die, wie Emmy ihr blondes, reiches Haar bis in ihr hohes Alter behielt, war energisch und hielt den Vater, »der eine stille und nachgiebige Natur«[22] war, immer wieder dazu an, bei der Eintreibung der Mieten weniger nachsichtig mit den säumigen Mitbewohnern umzugehen, weniger großzügig zu sein. »Indessen war mein Vater keineswegs ein schwächlicher Mann, nur anderen gegenüber zeigte er sich von einer Gutmütigkeit, die meiner Mutter manchmal zu weit ging.«[23] Und war damit ein Vorbild, dem die Tochter in ihrem Leben mehr nacheifern würde als dem mütterlichen. Aber Emmy erlebt auch eine andere Seite der Mutter. Einerseits hält sie mit Realitätssinn und Energie den Hausstand zusammen, näht für andere Familien, um Geld hinzuzuverdienen. Andererseits hatte »meine Mutter (...) ein schwarzes, fein gebundenes Buch, in das sie mit ihrer zarten sorglichen Handschrift eine Anzahl Gedichte eingetragen hatte (...) geistliche Lieder und Gedichte von volkstümlicher Frömmigkeit«[24]. Das mögen neben den deutschen und dänischen Kinder- und Volksliedern und plattdeutschen Versen, die Emmy kannte, die ersten Dichtungen gewesen sein, mit denen sie in Berührung kam.

Neben den Deutschen und Dänen in der Neustadt begegnete Emmy im Hafen Matrosen, die in fremden Sprachen redeten, lachten und tranken und zu den Mädchen im verrufenen Oluf-Samson-Gang gingen. Doch der war jenseits des Nordertores, das die Neu- von der Altstadt trennt. Für Emmy eine magische Grenze wie die zwischen Himmel und Meer. Oder wie die am Ende ihrer Straße: der Schuttplatz, auf dem die Kinder spielen, angefüllt mit Asche und Gerümpel, umgeben von einem Wall. Daneben die Glashütte, von den Kindern die Hölle genannt, »wo Männer an langen Stangen glühende Flaschenkolben hin und her schwangen«.[25] Unterhalb des Walls befanden sich Schweineställe, deren Gülle in einen Graben geleitet wurde. Hier mußten Mutproben abgelegt werden. Wer wagt es von der »Hölle« über den stinkenden Graben in den »Himmel« zu springen? Emmy ist dabei, Emmy ist mutig. Triumph, wenn es gelingt. Beschämung, wenn sie im Graben landet und sich unter dem schadenfrohen Johlen der Spielkameraden ans feucht-glitschige Ufer kämpft. Dann wünscht sie, fliegen zu können, und beginnt, trotzig und laut, eines ihrer Lieblingslieder zu singen: »Hätt' ich Flügel, hätt' ich Flügel, / Flög ich auf zu meinem Herrn, / Über Meere, Täler, Hügel, / Sonder Schranke, sonder Zügel / Folgt ich immer meinem Stern.« Eine Phantasie dieses Kinderlebens: Davonfliegen, schrankenlos, zügellos, nur der eigenen Stimme folgend. Eines Tages wird Emmy das tun, wird es wieder und wieder tun. Und wird es ihre »Weglaufsucht« nennen.

Daß das Überspringen von Grenzen auch Gefahren birgt, erfährt Emmy jedoch am eindrucksvollsten aus den Erzählungen des Vaters. »Für mich (...) blieb er meine ganze Kinderzeit über vor allem der weitgereiste Seemann, den ich liebte und bewunderte ...«[26] Und wenn Cordsen sein Seemannsgarn von Sturm, Schiffbruch, vom Treiben in den eisigen Fluten spinnt, lauscht Emmy atemlos und spinnt des Vaters spröde Erinnerungen in ihrer Kinderphantasie »zu den wunderlichsten und schauerlichsten Märchen aus, Märchen, die abgründig und dunkel waren und denen meine Spielkameraden wie hinweggenommen mit weit geöffneten Augen und offenen Mündern (...) lauschten«[27].

Wirklich ist für Emmy, was sie für wirklich hält. Und so sind ihre Erinnerungen *Blume und Flamme, die Geschichte einer Jugend*, auf die wir angewiesen sind, wenn wir die Flensburger Kindheit und Jugend nachvollziehen wollen, ein Spiel mit Fiktion und einer Realität, deren Härte sie rückblickend mildern möchte. Denn es war ein hartes Leben, das die Cordsens und ihre Nachbarn führten. 12 Stunden Arbeit auf der Werft. Montag bis Samstag. Monat für Monat. Jahr für Jahr. Haushalt. Näharbeiten. Das enge Miteinander. 1892, Emmy ist sieben, kommt eine der Großmütter ins Haus. Zum Sterben. Das Kind sitzt neben der toten Großmutter, die in der Stube aufgebahrt ist, und hofft, daß der liebe Gott seinen Entschluß, die Großmutter sterben zu lassen, rückgängig macht. Plötzlich scheint alles geheimnisvoll verwandelt, die Großmutter in ihrem Sterbekleid und dem reglosbleichen Gesicht, der verhängte Spiegel. Das Kind faltet die Hände, wartet. Aber Gott revidiert seinen Entschluß nicht. Die Großmutter wird begraben, und Emmy hofft am Grab, daß der Engel kommt und die Großmutter in den Himmel trägt. »Großmutter durfte nicht in der dunklen Erde bleiben. Plötzlich wurde ich von einem Rausch der Trauer erfaßt, daß ich selbst nicht wußte, wie mir geschah, und ich begann bitterlich zu weinen.«[28] Später wird sie in ihrem ersten Gedichtband die beklemmende Situation noch einmal erinnern: »Meine Großmutter hielt die ganze Nacht / – Im grünen Glase brannte ein Licht – / Vor einem vergitterten Fenster Wacht, / Ich sah in ihr fahles Angesicht. // Die Möbel in dem blauen Zimmer, / An ihnen haftet all unser Leid. / Und wenn jemand stirbt, um diese Zeit / bleibt stehn die Uhr mit krankem Gewimmer.«

»Bei mir zu Hause«[29] hat sie das Gedicht überschrieben, eines von dreien, die ihre Flensburger Kindheit und Jugend thematisieren und die eine andere Sprache sprechen als die verklärenden Erinnerungen in *Blume und Flamme*. Im Gedicht ist das Fenster vergittert, das Ich gefangen unter einer »Glocke aus Glas«,[30] unter der das Atmen schwer wird. Aber noch kann Emmy die Glasglocke nicht heben, meint nur manchmal, die Luft der Freiheit zu spüren, am geöffneten Giebelfenster der Dachkammer des Elternhauses, das zur Apenrader Straße zeigt. Dorthin flieht sie, wenn sie lesen will. Oder träumen. Vom Davonfliegen: »Das Fenster, die kleine Dachluke zitterte vor meinem Entschluß, bereit zu sein.«[31]

Hatten sich Eltern und Spielkameraden an die ausgefallenen Geschichten und Einfälle des Mädchens gewöhnt, so wurde die Schulzeit im neuen preußisch-strengen Schulhaus aus gelbem Fördeklinker in der Schulgasse 4 zur Qual. Lesen und Schreiben lernt Emmy schnell, verfaßt lange Aufsätze, die Lehrer und Mitschüler in Erstaunen versetzen. Sie liebt es zu singen, lernt Gedichte auswendig, lange Prosatexte, die sie deklamiert. Aber Emmy kann nicht rechnen. Ihre Zensuren vom Ende des zweiten Schuljahres sind erhalten: Religion: gut, Deutsch: z(iemlich) gut, Rechnen: gen(nügend). Ihre Zensoren begreifen Emmy nicht. Weder ihre Phantasie, die sie als Unehrlichkeit, noch ihre Eigenständigkeit, die sie als Ungehorsam einstufen. Sie wird bestraft, geschlagen. Tagträume helfen. Reisen ins Land der Phantasie. Und die Literatur. Wahllos lesend, was sie in die Finger bekommt, erschließt sich Emmy eine neue Welt. Wenn die Eltern zu den Züchtigungen in der Schule schwiegen, so schwieg auch Gott, wenn das Kind ihn um Hilfe anflehte: »Er hatte wohl seine Gründe, wenn er schweigsam blieb. Die Dichtung aber schwieg nicht. Vielmehr lernte ich ihre Tröstungen kennen.«[32] Fluchtphantasien: »O ja, das Auswandern hatte entschieden viel für sich.«[33]

Vorerst jedoch nur kleine Fluchten in die Stadt jenseits des Nordertores. Dorthin, wo die Backsteinkirchen stehen, die großen Bürgerhäuser. Wo auf den Plätzen Markt gehalten wird. Breitere Straßen als in der Neustadt. Gut angezogene Menschen, die Zeit haben zu flanieren. In einem der prächtigen Häuser an der Norderstraße mit Rokokofassade und hoher, reich verzierter Eingangstür lebt Zigarrenfabrikant Eckener mit der Tochter Ina und den Söhnen Hugo und Alexander. Der eine, 1868 geboren, wird Philosophie studieren und sich zunächst als freier Schriftsteller in Friedrichshafen am Bodensee niederlassen. Aber in die Geschichte wird er mit dem »Zeppelin« als Luftschiffpionier eingehen. Der andere, Alexander Eckener, hat sich als Maler und Graphiker regional einen Namen gemacht. Als Emmy ihm am Nordertor begegnet, ist sie tief beeindruckt. »Er trug eine schwarze Sammetjacke mit Ripsband eingefaßt, und unter einem breiten dunklen Künstlerhut das vermutlich spanische Gesicht mit großen dunklen Augen, die mich aufmerksam musterten (…) Seine Braut war zierlich und schmal. Ihr Kleid war von derselben zart-violetten Farbe wie das meiner Puppe Liese.«[34] Emmy ist verwirrt. Zum erstenmal nimmt sie die Eleganz einer jungen Frau wahr: die eng geschnürte Taille, den grünen Spitzenhut auf den roten Locken, »ein Gedicht von einem Hut

(…) Auch kam ich nicht auf den Gedanken, daß die Augen der Braut blau untermalt, das Gesicht gepudert und der Mund geschminkt war.«[35] Aber eins weiß sie, daß sie auch einmal so aussehen möchte. Noch ahnt sie nicht, daß Eckeners Freund, Rudolf Reinhold Junghanns, der ab 1909 drei Studienreisen nach Norden macht und mit Eckener malt, sie in München porträtieren und jene skandalträchtigen Radierungen schaffen wird, die ihn und sein Modell berühmt-berüchtigt machen sollen. Noch erwidert sie schüchtern den freundlichen Gruß Eckeners mit einem scheuen Nicken.

Ja, das Nordertor ist eine Grenze, die zu überschreiten immer Neues, Aufregendes bringt. Wie die Zirkusleute, die am Nachmittag eine Gratis-Kostprobe ihrer Kunst geben und zur Abendvorstellung verlocken wollen. Grüne Wohnwagen. Dunkle fremde Gesichter. Fahrendes Volk. Heute hier. Morgen da. Rote Jacken. Weiße Zylinder. Eine Seiltänzerin. Blaues Schleierkleid. Bunter Schirm. Tänzeln zwischen Himmel und Erde. Und unten Emmy: atemlos-staunend. Auf dem Weg zurück wieder die niedrigen Häuser der Neustadt, die rauchenden Schornsteine der Glashütte. Das Gaswerk. Die verhaßte Schule. Der Schrottplatz. Die enge Küche. Emmys Begeisterung. Mutters strenge Stimme. Vaters Kopfschütteln. Einmal auch so schweben zwischen Himmel und Erde. Im Schleierkleid. Einmal davonfahren im grünen Wagen.

Emmy träumt. Emmy spielt. Die Eltern machen sich Sorgen, wenn sie das Kind mit großen Gesten sprechend in Hof und Stuben sehen. Selbstvergessen. Eine andere. Wohin soll das führen? fragt sich die Mutter. Aber noch versucht Emmy sich zu fügen, zu Hause, in der Schule. »Kümmere dich als Mädel nur immer hübsch um deine eigene Insel«, mahnt Lehrer Thießen, als sie wieder einmal von den Abenteuern auf See und der Pflicht eines jeden Seefahrers zur Entdeckung einer Insel fabuliert hatte. »Es gibt nicht nur Pflichten für Seefahrer, sondern auch für kleine Mädchen. Versuch mal diese immer wieder zu entdecken und ihnen nachzukommen, dann kommst du schon auf den richtigen Weg.«[36] Thießen weiß, wovon er spricht. Hat doch seine phantasievolle Schülerin sich bei ihm an den Nachmittagen als Haushaltshilfe verdingt. Für eine Mark in der Woche, um ins Theater gehen zu können. Emmy wäscht das Geschirr, putzt die Schuhe, schält

Kartoffeln und macht Besorgungen für die Lehrersfrau. Sie verkauft Hasenfelle, die Thießen, der Freizeitjäger, von den Bälgen zieht. Bekommt beim Kürschner auf dem Holm sechzig Pfennige pro Fell. Rennt um die Ecke in die Rathausstraße. Ins Theater. Das wurde 1894 eröffnet. Die billigste Karte kostet sechzig Pfennige. »Klassikervorstellungen zu halben Kassenpreisen konnte ich nur noch mit Hasenfellen und umgekehrt in Verbindung bringen.«[37] Emmy in *Die Jungfrau von Orleans*, in *Die Räuber* und *Don Carlos*. Emmy in Lehrer Thießens Küche Schillers Verse deklamierend. Sie will auf »die Bühne, die eben für mich keine Bühne war, sondern das Leben«[38].

Die Theaterzettel sind in Flensburg erhalten. Auch von *Hanneles Himmelfahrt*, das die Elfjährige bei der Aufführung 1896 tief ergreift. Als sie ein Jahr später Gerhard Hauptmanns Versspiel *Die versunkene Glocke* sieht, ist für Emmy kein Halten mehr. Sie kauft das Textbuch und führt das Stück mit Freunden vor Nachbarskindern und deren Eltern auf. In der Waschküche. Sie führt Regie, hat die wichtigsten Rollen übernommen, weist die Plätze an, improvisiert Bühnenbild und Kostüme. Die Waschküche wird zum Märchenwald. Und Emmy Cordsen ist nicht mehr das Mädchen aus der Steinstraße, sondern eines der Hauptmannschen Fabelwesen. Im Spiel gelingt die Flucht aus der Misere. Aber es wird ihre einzige *Inszenierung* bleiben. Zu knapp ist die Zeit zwischen Schule, häuslichen Pflichten und der nachmittäglichen Arbeit bei Thießen. »Später verlegten wir uns auf ›Einzelnummern‹ (…) Meine Glanzleistung wurde ›der heimgekehrte Krieger‹«.[39] Emmy, mit Mutters Broschen als Orden am Kleid, spielt den einbeinigen Stelzfuß, der heimkehrend von der siegreichen Schlacht kündet, um dann sterbend niederzusinken, so überzeugend, daß sie sogar zu »Gastspielen« in die Nachbarschaft eingeladen wird. Die Bretter, die die Welt bedeuten. Für Emmy verkehren sich die Dinge. Theater wird zum Leben und ihr Leben zu etwas, das durchgestanden sein wollte, um zurückkehren zu können in die Welt des schönen Scheins. Was also liegt näher, als ganz einzutauchen, Schauspielerin zu werden.

1899 endet ihre Schulzeit. Am 19. März, sie ist gerade 14 geworden, wird sie konfirmiert. »Die Kinderzeit wurde begraben, und dieses strenge Konfirmationsgewand war das Begräbniskleid. Mutter wünschte, daß ich in diesem Kleid photographiert werden sollte, (…) aber, da ich mir vorkam wie ein schmaler, schwarzer kleiner Sargdeckel, wollte ich kein Bild.«[40] Der Ernst des Lebens beginnt. So hört es Emmy, deren Schulfreundinnen in der Stadt oder auf dem Land in Stellung gehen. Auch von ihr wird das erwartet. Der Weg ist vorgezeichnet: Dienstmädchen, Sparen auf die Aussteuer. Heirat. Kinder. Emmy träumt sich als Stewardeß nach Sumatra, als Stubenmädchen auf eine Farm in Südafrika, als Kindermädchen nach Indien. Wozu hat man einen Vater, der die Welt umsegelt hatte? Fuhren nicht täglich Schiffe aus dem Hafen, Züge aus dem Bahnhof? War die Welt nicht groß und weit? »Herz und Kopf waren das Land der unbegrenzten Möglichkeiten.«[41] Aber in der Steinstraße werden Stellenanzeigen studiert. Emmy weiß, was von ihr erwartet wird, und verschenkt an ihrem letzten Schultag ihren Bleistiftspitzer. »Gab's mit dem Bemerken, ich würde so bald nicht mehr zum Schreiben kommen.«[42] Sie fügt sich. Tritt eine Stelle als Haus- und Küchenhilfe im Hotel Norden an. Sieht mit verwunderten Augen, daß für manche täglich *Vullbuuksabend* ist. Emmy staunt, holt die Teller aus dem Speiseaufzug. Wie viele Reste darauf bleiben. Hier wird nicht aufgegessen. Es gibt für die, die zahlen, alles im Überfluß.

Emmy wohnt nicht mehr zu Hause, sondern schläft mit dem anderen Personal in den engen Dienstbotenkammern des Hotels. Bei ihrer nächsten Anstellung im Knabenpensionat Linning in der Duburgerstraße, das um die Jahrhundertwende mit zehn Schülern das größte Pensionat der Stadt für die Externen der Flensburger Schulen war, teilt sie zeitweise nicht nur das Zimmer, sondern auch das Bett mit einem anderen Mädchen. Und bei dem Zichorienfabrikanten Carl Thamsen magert sie in kurzer Zeit so erschreckend ab, »daß meine Eltern mich nach Hause nehmen mußten, wo es mir zunächst gar nicht leicht fiel, mich wieder an eine regelmäßige Kost zu gewöhnen«[43]. Emmy resigniert. »Wenn ich an meine ersten Mädchenjahre zurückdenke, besonders an die wichtige Zeit des Reifens vom Kinde zur Jungfrau, habe ich beinahe etwas Mitleid mit mir. Warum? Weil ich mich so sehr schwer an das große Leben gewöhnt habe.«[44] … »Meinen Kinderwunsch Schauspielerin zu werden und auf diese Weise der Kunst zu dienen, glaubte ich überwunden und sozusagen in mir getötet zu haben. Ich wünschte mich in einem Leben zurechtzufinden, das mir aufgezwungen war.«[45]

Bild 1  Emmy Hennings in Flensburg, um 1900

Dazu gehört für die Siebzehnjährige, deren Vater im November 1901 gestorben war, eine Stellung, die mehr Anregungen bietet als die vorherigen. Eine Stellung ohne Kost und Logis. Mit mehr Freiraum an den Abenden, an den Sonntagen. Aber mit ihrer Vorbildung hat sie wenig Auswahl. Und die Mutter hätte ihre Tochter der Kosten wegen gern aus dem Haus und vom Tisch. Doch Emmy setzt sich durch und tritt eine Stelle im Photoatelier Juul an. Sie muß Bilder kopieren. Für 25 Mark im Monat. Jeden Morgen geht sie von der Dorotheenstraße, in die Mutter und Tochter nach dem Tod des Vaters gezogen waren, in die Große Straße 21 nahe dem Südermarkt und der Nikolaikirche. Im 4. Stock, mit Blick über die Hausdächer, sitzt sie neben drei anderen Mädchen, glücklich, der Putzarbeit entronnen zu sein. Eines der Mädchen ist Dänin, die nur wenig Deutsch spricht. Auch Andreas Juul ist Däne. So wird mehr Dänisch als Deutsch gesprochen. Volkslieder werden gesungen, »und die Freude an diesen Liedern trug nicht wenig dazu bei, daß ich wenigstens den Geist der dänischen Sprache wie im Spiel auffaßte«[46]. Emmy läßt sich in dänischer Tracht fotografieren. Ein Kätzchen auf dem Arm. Die Arbeit macht ihr Freude. Und Juul läßt den Mädchen freie Hand, ist großzügig. Zu Weihnachten gibt es eine Feier und Geschenke. Emmy bekommt einen schwarzen spanischen Spitzenschal. Sie wird ihn tragen, wenn sie 1911 in München das erste Mal zur Kommunion geht. Und es gibt an diesem Adventsabend Musik. Dagny, Juuls Nichte, ist aus Korsør gekommen und spielt Harfe. Aber Juul steckt in finanziellen Schwierigkeiten. Und so wird Emmy, zuletzt eingestellt, im neuen Jahr zuerst entlassen. Vergessen wird sie diese

Zeit nicht. Es bleibt die Liebe zum Dänischen. Emmy, die Dänin, wird sie sich nennen, als »dänische Futuristin« im Berliner ›Linden-Cabaret‹ auftreten. Und Dagny wird eines ihrer literarischen Pseudonyme sein, wenn sie zu schreiben beginnt. Ein Anfang ist gemacht. Schaut sie vom Atelier über die Dächer hinüber nach Jürgensby, liegt die Welt ihrer Kindheit vor ihr wie unter einem Glassturz: Altstadt und Neustadt. Hafen und Förde. Deutschland und Dänemark. Unsichtbar die Grenze. Emmy spürt, daß sie Grenzen überschreiten kann: »Mein Jugendhimmel – eine Glocke aus Glas. / Wir trugen Florentinerhüte. / Auf Kinderhände fiel Kirschenblüte. / Schneeflocken fielen weich und naß. // Die Berge Jütlands und blaue Heide, / Und in Vaters Hof fielen manchmal die Sterne. / Da erzählte der Seemann von einer Taverne / Und bunten Mädchen in leuchtender Seide. // ›Na, Mädel, willst du mit? Sag Ja!‹ / Matrose gab mir einen Kuß. / ›Weil heute ich noch scheiden muß.‹ / Schön sind die Mädchen von Batavia …«

»Kindheit«[47] hat sie dieses Gedicht überschrieben, das erstmals 1916 in der Zeitschrift *Die Ähre* veröffentlicht wurde. Das kommt so leichtfüßig, fast märchenhaft daher, daß man versucht ist zu glauben, da spräche jemand Junges, Unbefangenes. Aber dieser Eindruck täuscht, und das nicht nur im Hinblick auf das Alter der Lyrikerin. Emmy Hennings ist 31, als sie dieses Gedicht schreibt. Die Jahre der Schmiere, des Tingeltangel und der Boheme in Berlin und München liegen hinter ihr. Gerade hat sie dem in Zürich gegründeten ›Cabaret Voltaire‹ den Rücken gekehrt und ist mit Hugo Ball nach Ascona gezogen, einen neuen Lebensabschnitt zu beginnen, sich zu besinnen, zurückzublicken, wie auch Ball das mit der Sichtung seiner Tagebuchnotizen in *Die Flucht aus der Zeit* tun wird. Sie hat mit den Aufzeichnungen zu *Gefängnis* begonnen, den traumatischen Erlebnissen von Verhaftung, Verhör und Verurteilung, und sich – folgerichtig – auch ihrem Leben als Schauspielerin und Hausiererin, als Tingeltangel-Mädchen und dem *Brandmal* der Prostitution zugewandt: »Hätte ich als Kind gewußt, daß es, nur um in einem Bette liegen zu können und die Wand anzustarren, so vieler Qualen bedarf, ich hätte meinen Eltern Vorwürfe gemacht, mich ins Leben gelockt zu haben.«[48]

Hier also ist die Anknüpfung an das Gedicht. Emmy erinnert sich. Des Gefängnisses und der Ereignisse, die sie dorthin brachten, denkt sich zurück in die Zeit der Unschuld, die Kindheit. Aber im Text zeigen sich bereits irritierende Brüche. Gleich im ersten Vers teilt sie Befremdliches mit: »Mein Jugendhimmel« – und nun folgt ein Gedankenstrich, so als müsse sich die Schreiberin, die auf einem Photo dieser Zeit einem Schulmädchen gleich am Tisch sitzt, das Heft vor sich, den Stift in der Hand, besinnen auf *das* Merkmal dieses Jugendhimmels. Und seltsam genug, ist es nicht der weite Himmel über der Förde, auf dem Wind und Wolken ihr freies Spiel treiben, nein, es ist »eine Glocke aus Glas«. Übergestülpt über diese Kindheit, sie abschließend und damit auch das Ich in diesem Gedicht einschließend und gefangen setzend. Doch unter Emmy Cordsens Glasglocke ist auch eine Idylle eingeschlossen: Mädchen mit Florentinerhüten, wie Emmy sie bei ihren Gängen in die Stadt trug, Kinderhände, die nach den fallenden Kirschblüten haschen wie nach Schneeflocken, Sterne, die manchmal in den klaren Septembernächten als Sternschnuppen in den engen Hof fallen und von der Weite des Firmaments und der unendlichen Freiheit künden. Einer Freiheit, von der abends, wenn die Sterne fallen, der Seemann erzählt. Es sind die Orte, von denen Emmy beim Tellerwaschen singt: »Glori-Glori-Gloria, / Schön sind die Mädchen von Batavia«.[49] Die Matrosen im Hafen singen das. Auch die Soldaten singen es, wenn sie unter den Fenstern vorbeimarschieren: »Glori-Glori-Gloria, / Schön sind die Mädchen von siebzehn, achtzehn Jahr«.[50]

Das ist die Welt, nach der Emmy Cordsen sich sehnt und die sie suchen wird: Mädchen in leuchtender Seide. Und ein Mann, der mit seinem Kuß das Mädchen weckt und erlöst, wie der Prinz das Dornröschen hinter der Hecke. Die Welt steht offen, nach Batavia, das bei Emmy Kattowiz heißen wird und Budapest, Paris, Berlin, München, Zürich und Rom. Das Gedicht schließt nicht mit einem Punkt, sondern hebt mit seinem Punktpunktpunkt die Grenzen auf und läßt die Ziele offen.

# Mein Dämon hat keine Brüder
# und Schwestern

## Gerüche von Leder und Weihrauch – Gedichte in Wäldern – Vom Kontobuch zum Studienbuch – Nasen und Nietzsche

Pirmasens. 22. Februar 1886. Zweibrücker Straße 4. Ein Kind wird geboren. Im Taufregister der katholischen Kirchengemeinde St. Pirmin ist es am 11. März unter dem Namen Hugo Rudolph Ball als »der rechtmäßige Sohn des Karl Ball und dessen Ehefrau Josephina Arnold« verzeichnet. Er ist das fünfte Kind des Paares, das am 14. Mai 1873 im lothringischen Metz geheiratet hat, einer Stadt, die seit 1871 nicht mehr zum französischen Départment Lorraine, sondern zum Deutschen Reich gehört. Warum der 24jährige und seine sechs Jahre jüngere Braut in Metz heiraten, ist nicht belegt, denn das junge Paar stammt nicht aus Lothringen: Josephina kommt von einem Bauernhof aus Herxheim bei Landau und Karl wurde auf dem Hoppachshof in Hesselbach im Odenwald geboren. 1874 kommt der Sohn Otto Karl zur Welt, mit dem die Balls im rheinpfälzischen Germersheim leben, bevor sie nach Pirmasens ziehen. Dort wächst die Familie weiter mit Josephine Salomea (1876), Ida (1879) und Maria Anna (1881). Schwestern, die Hugo Balls Leben mit unterschiedlicher Zuneigung begleiten werden. 1891 folgt das jüngste Kind: Heinrich Karl Alexis, genannt Heiner, mit dem sich der fünf Jahre ältere Hugo das Zimmer teilen muß.

Das jedoch erfahren wir nicht von ihm, sondern von August Hofmann, der Jahrzehnte nach Balls Tod seine Erinnerungen an den Verwandten und Jugendfreund aufgezeichnet hat. Und wir lesen es bei Emmy, die nach 1927 in immer neuen Texten das Leben ihres verstorbenen Mannes umkreist: »Gewiß bin ich ein lebendiges Tagebuch von ihm, und so klar ich kann, will ich seine Tage zeigen, damit sie nicht verloren gehen.«[1] Und so erzählt sie von ihm, wieder und immer wieder: *Hugo Ball. Sein Leben in Briefen und Gedichten, Rebellen und Bekenner, Hugo Balls Weg zu Gott, Ruf und Echo.* In jedem dieser Bücher blickt Emmy auch auf Kindheit, Jugend und Familie des Gefährten zurück und fügt sie, Wirklichkeit und Wunsch verschmelzend, in die Legende ein, zu der sie sein Leben mit dem ihren verwebt. »Schade, daß ich in seiner Kindheit nicht ein wenig bei ihm sein konnte«, bedauert sie. »Er hatte fünf Geschwister, aber ich hätte doch eine kleine Freundin, ein Nachbarskind sein können. Zum Voraus würde ich ihn getröstet haben für alles Schwere, das ihm begegnen konnte und das ich erahnt hätte. (...) Eine kleine Trösterin wünschte ich zu sein, und er war für Trost empfänglich. Mir war, als habe er einer Stärkung für die Lebensreise zum voraus bedurft und als hätte ich versäumt, sie ihm anzubieten. Ich wuchs ja in Flensburg und er in Pirmasens auf. Also waren wir weit voneinender entfernt.«[2]

Und doch findet sich viel Verbindendes. So wie Flensburg liegt auch Pirmasens in einem Grenzland, um das politische Streitigkeiten ausgefochten wurden. Im 18. Jahrhundert gehört Pirmasens zu Hessen-Darmstadt, prunkt mit Schloß, Stadtmauer, Exerzierplatz, Kaserne und einer riesigen Exerzierhalle, dann wird es französisch, nach dem Wiener Kongress fällt die Pfalz an das Königreich Bayern. Und ab 1871 gehört die Stadt, wie auch Flensburg, zum Deutschen Reich und wird zum Zentrum einer schnell aufstrebenden Schuh- und Lederfabrikation. In Balls Geburtsjahr gibt es 50 Schuhfabriken, 15 Gerbereien, 12 Leder- und Schuhgrossisten und 30 Schuhkleinhändler. Auch Karl Ball, der gelernte Buchhalter, findet eine Anstellung als Schuhreisender und Lederhändler, ist viel unterwegs, um der wachsenden Familie den Lebensunterhalt zu sichern. Dennoch geht es in dem Haushalt mit sechs Kindern in der Zweibrücker Straße ebenso bescheiden zu wie in der Flensburger Steinstraße. Und so, wie Anna Cordsen mit Näharbeiten den Lohn ihres Mannes aufbessern hilft, verrichtet auch Josephina Ball Heimarbeit. »Sie war in jeder Weise eine tüchtige Frau«, schreibt Emmy, »einmal hat Ball mir erzählt, wie er seine Mutter oft bis in die späte Nacht habe Schleifen für Schuhe zuschneiden und nähen sehen; schon früh habe er ihre unermüdlich fleißigen Hände bewundert.«[3] Übereinstimmend die Beschreibungen, die sowohl Emmy von ihrer Schwiegermutter als auch August Hofmann von seiner Tante abgeben. »Die Mutter Hugo Balls war in ihrer Blütezeit, ja, bis in ihre späten Jahre hinauf, eine Frau von hoher, schlanker Gestalt mit flinken, graziösen Bewegungen. Sie war recht energisch und tatkräftig, und wo sie Not sah, immer hilfsbereit«,[4] erinnert Emmy. Ein erstaunlich positives Bild, wenn man bedenkt, mit welchem Widerwillen, welch schroffer Ablehnung Josephina Ball ihrer künftigen Schwiegertochter begegnet ist. Denn auch das war sie: Fordernd von Mann und Kindern, was sie für richtig hielt, streng in ihren Ansichten, unbeugsam im katholischen Glauben, den sie im protestantischen Pirmasens meinte, schützen und verteidigen zu müssen. So gesteht Ball ein Jahr vor seinem Tod Pater Beda Ludwig: »Die Mutter (…) war so streng im Glauben und in ihrer Lebensführung, dass das Kind sich fürchtete.«[5]

Wie sehr sie auch in das Leben ihrer erwachsenen Kinder eingriff, erfahren wir nicht nur aus Balls Briefen und Emmys Erinnerungen, sondern auch von Hofmann, der erlebt hat, wie der 20jährige Sohn seinen Wechsel von Pirmasens nach München »nicht selbständig vollzog, sondern unter der Obhut seiner Mutter. Sie suchte zunächst ein billiges Zimmer für den angehenden Studenten und fand dafür eine ziemlich wüste, düstere Bude in der lärmenden Augustenstraße geeignet.«[6] Ein finsteres Loch für Hugo, der sich als Kind im Dunklen fürchtet. Eine lärmende Umgebung für einen, der sich im Haus zurückzieht oder in die Stille des Waldes flieht. Was bewegt die Mutter bei dieser Entscheidung? Ist es die Strafe für den ungehorsamen Sohn, der sich dem elterlichen Willen widersetzt und das Abitur erzwungen hat? Soll sich der Student so unwohl fühlen, daß er heimkommt? Von Hugo Ball erfahren wir nichts. Hofmann jedoch berichtet, daß der Student die düstere Unterkunft »alsbald mit einem lichten, freien Zimmer am Oberwiesenfeld tauschte«[7].

In Oktober 1906 begegnen sich Hofmann und Ball zum ersten Mal, als Josephina Ball ihren Sohn »überraschend bei meinen Eltern als den einzigen Münchener Verwandten«[8] vorstellte. Hugo und Hofmanns Vater, der als leitender Ingenieur den Bahndistrikt München Ost bis an die Österreichische Grenze unter sich hatte und mit seiner Familie im Ostbahnhof wohnte, waren Vettern. Und August, vier Jahre jünger als Hugo, wird zum lebenslangen Freund und Briefpartner. Seine Aufzeichnungen geben, trotz subjektiver Einschätzungen und Erinnerungslücken, nicht nur Aufschluß über Balls Münchener Zeit, sondern auch über sein Herkommen und die väterliche Familie. Ausführlich berichtet Hofmann vom Urgroßvater, der an Napoleons Rußlandfeldzug teilgenommen haben soll, von dessen Söhnen, die wieder die Offizierslaufbahn einschlugen bis auf einen, der ins Forstfach ging und im Odenwald Dienst tat. »Diesem seinem Großvater, dem Oberförster Heinrich Ball (…) ähnelte Hugo Ball in der Statur, und für ihn zeigte er auch, aus nicht klar ersichtlichen Gründen, ein besonderes Interesse.«[9] So bittet er seinen Vetter Hofmann, ihm eine Kopie des großväterlichen Fotos anfertigen zu lassen, die er in seinem Zimmer aufhängt. Vielleicht sieht er in seiner Liebe zum Wald die Verbindung zu diesem Großvater, zum Wald, den er in seinen ersten Gedichten beschwört: *Abendblick vom Hochstein, Waldgreis, Sonnenuntergang, Am Morgen.*[10]

Noch 1924, im Tessin lebend, gesteht er Hofmann: »Aber der Wald um den Wasigenstein herum, und schon vorher, das ist trotz aller Krähwinkelei sehr schön. Schade, dass der Wasigenstein jetzt den Franzosen gehört. Dort oben unter den turmhohen Buchen – ah ich weiss nicht ob Du das kennst (…) Wenn man das Unglück hat, in der Pfalz geboren zu werden, dann muss man im Wald herumlaufen, das ist die einzige Rettung.«[11] Fluchten des Jungen zu den hohen roten Felsen, die zwischen den Bäumen aufragen, so wie das Mädchen Emmy an das Ufer der Flensburger Förde flüchtet. Dort verschwinden die Schiffe am fernen Horizont. Und durch den Wald führen Wege in die Welt: Von Pirmasens mit der Biebertalbahn nach Kaiserslautern, der Schwarzbachtalbahn nach Saarbrücken, der Queichtalbahn nach Landau. Wenn Hugo den Vater zum Bahnhof begleitet und den Zug davondampfen sieht, wünscht er, auch eines Tages fortzugehen, um das Leben jenseits des Waldes zu erkunden. »Wenn Vater Ball dann von seinen Reisen heimkam, wußte er zum Ergötzen der Kinderschar stets viele seltsam-schöne Geschichten zu erzählen. Der kleine Hugo vernahm die Abenteuer des Vaters immer mit hohem Interesse und kindlicher Entzückung«,[12] weiß Emmy und spiegelt in Hugo das kleine Mädchen, das in Flensburg staunend dem Seemannsvater lauschte. »Die Mutter fragte natürlich mehr nach dem finanziellen Erfolg der Reise, und hier wußte der Vater nicht immer Erfreuliches zu berichten. Wenn die Familie nicht zu darben brauchte, (…) war dies nicht zuletzt das Verdienst der Mutter, die auch bei den Geschäften ihres Gatten oft die treibende Kraft war.«[13]

Der sachlich-tüchtigen Mutter steht der Vater oft hilflos gegenüber, denn er »war so gütig und voller Empfindung und Nachsicht, wie die Mutter streng war«,[14] schreibt Ball an Pater Beda Ludwig. Aber auch wenn Hugo mit dem Vater »äußerlich gar nichts gemein« hatte, wie Hofmann erinnert, sondern »die hohe Statur seiner eleganten Mutter und auch ihr lebhaftes Temperament, (…) ihre dunklen Augen und ihre sehr dunklen Haare«,[15] so sind sowohl Hofmann als auch Emmy darin einig, an Hugo Ball viele Wesenszüge des Vaters erkannt zu haben.

Zwischen diesen ungleichen Eltern und den älteren Geschwistern wächst Hugo auf, umgeben von der Stadt, die auch er in Pfälzer Mundart »Bärmesens« genannt haben wird. Einer Fabrik- und Handelsstadt, in der sich der Rauch aus den Schornsteinen mit dem Geruch frisch gegerbten Leders mischt. »Lädder«, das Material, mit dem auch Hugo nach dem Willen der Eltern umgehen soll. Lederhändler. Schuhreisender. Der Vater lebt es vor, auch der 12 Jahre ältere Bruder Otto, der eine kaufmännische Lehre absolviert. Die Schwestern entsprechen ebenso den elterlichen Erwartungen: Josephine heiratet den Kaufmann Johann Jakob Alfred Brofft, Ida wird die Frau des Bankprokuristen Franz Josef Pres und Maria Anna, die Hugo am nächsten steht, geht eine Ehe mit dem Bankdirektor Heinrich Hildebrand ein. Gutbürgerliche Verhältnisse. Nur Hugo hat andere Wünsche, ohne den Mut aufbringen zu können, sich gegen den Elternwillen durchzusetzen. Er liest viel, studiert Seite für Seite ein Konversationslexikon, das die Mutter einem Reisenden abgekauft hat, spielt Klavier und geht an freien Sommernachmittagen auf die Schmetterlingsjagd. Obwohl der Junge still ist, sich zurückzieht, kann er doch im vertrauten Kreis überraschend ausgelassen und spielfreudig sein. Seine lebhafte Phantasie läßt ihn nicht nur kleine eigene Kompositionen auf dem Klavier spielen, sondern treibt ihn auch in diffuse Ängste, wenn es dunkel wird, dann mußte »sich am Abend oftmals die ganze Familie um mein Bett versammeln, weil ich vor Tränen nicht in den Schlaf kommen konnte; ich fürchtete, am nächsten Tag schon alle verloren zu haben«[16].

Zur Familie gehören neben den Eltern und Geschwistern zeitweise auch zwei unverheiratete Schwestern der Mutter, Tante Selma und Tante Philomena. Während Hugo bei Tante Selma die der Mutter unmögliche »Herzenserziehung« erfährt, verläßt Philomena Pirmasens.

Sie »war Klosterfrau in Speyer. (…) In meiner Kinderzeit war sie stets Vorsteherin einiger Schulschwestern in der Saar- und Rheingegend. Ich erinnere mich, dass ich mit der Mutter oft bei ihr zu Besuch war.«[17] Da sitzt er dann zwischen den frommen Frauen bei Tisch, betet und hört die Legenden der Heiligen. Neun tragen seinen Namen, Hugo, und bringen den Jungen in die Verlegenheit, an welchen dieser heiligen Männer er seine Gebete richten soll.

Meßbuch und Katechismus prägen das Leben in der Zweibrücker Straße. Über Hugos Bett wacht die Sixtinische Madonna, Engel schweben zu Füßen der Himmelskönigin. Das Psalmodieren der Priester durchzieht die Träume. Weihrauch vertreibt den Ledergeruch. Hugo kniet und versinkt in Andacht. In seinem Leben bleiben jedoch, trotz aller Gebete, die Wunder aus, denn nach dem Besuch von Volksschule und Königlichem Progymnasium folgt er widerspruchslos dem Willen der Eltern und beginnt eine Lehre in der Lederhandlung Ferdinand Scholl. Besorgt, das Geld für ein Studium nicht aufbringen zu können, fürchteten Josephina und Karl Ball auch um die Zukunft des Sohnes. Sie »hatten selbst für den Unterhalt der Familie schwer schaffen müssen, (…) sie wünschten daher für ihre Kinder sichere Existenzen. Aus Hugo beschlossen sie einen tüchtigen Geschäftsmann zu machen (…) Mit fünfzehneinhalb trat er als Lehrling in ein Lederwarengeschäft ein, wo er alle vorkommenden Arbeiten machen mußte.«[18] Als Emmy das schreibt, mag sie sich an ihre eigenen bedrückenden Erfahrungen als Dienstmädchen im Hotel Norden, im Knabenpensionat und beim Zichorienfabrikanten erinnert haben. Lehrjahre sind keine Herrenjahre, sagen die Eltern. Früh am Morgen beginnt die Arbeit, endet abends oft erst um zehn oder halb elf. Sechs Tage in der Woche. Leder ein- und ausladen, Frühstück für die Belegschaft und Post für den Chef holen, die Arbeitsräume fegen und ab dem 2. Lehrjahr das Erlernen von Buchführung und Erledigen der Korrespondenz. August Hofmann schildert diese Zeit und die verzweifelten Versuche Hugo Balls, dennoch seinen Interessen nachzugehen: »In seinem Schlafzimmer, das er mit seinem jüngeren Lieblingsbruder Heiner teilte, lebte nun nachts der tagsüber unterdrückte Schaffenswille auf. Sorgfältig verborgen vor den Augen der Eltern und im Vertrauen auf die Verschwiegenheit des Bruders wurde da bei Kerzenschein gelesen, ex-

Bild 2 Hugo Ball in Pirmasens, um 1903

zerpiert und gedichtet, oft bis in die frühen Morgenstunden hinein.«[19]

Hugo las die Dramen Shakespeares, versuchte sich selbst an einer Tragödie, *Caesar und Cleopatra*, die verschollen ist. Er schrieb Gedichte und floh an den freien Sonntagen nach Messe und Mittagessen in den Wald, begann, so Emmy, mit der Lektüre Nietzsches, »fiel Glaubenszweifeln und schweren seelischen Kämpfen anheim. Er ging in die Kirche, um den Unglauben, dem er sich verfallen sah, zu beichten.«[20] Ob er Nietzsches Schriften schon während der Lehrlingszeit oder erst später im Studium gelesen hat, bleibt unsicher. Fest steht jedoch, daß sich seine nächtlichen Studien und der Schlafmangel nicht mit der anstrengenden Tagesarbeit vertrugen. »Eine hochgradige Nervosität setzte ein, und bald kam es zu heftigen Tränenkrisen und Erregungsanfällen. (…) Er wurde so krank, daß ein Arzt zu Rate gezogen werden mußte«,[21] der den Eltern erklärte, daß kein Medikament, sondern nur die Erlaubnis zum Studium ihren Sohn gesund machen würde. Eine schwierige Situation, eine finanzielle Belastung. Aber die Eltern geben nach, und Hugo beginnt, den Stoff der 7. und 8. Gymnasialklasse in Privatstunden und im Eigenstudium nachzuholen. Im Sommer 1905 meldet er sich zur Aufnahmeprüfung in die 9. Klasse am Königlichen Gymnasium in Zweibrücken, besteht und besucht dort ab September die Prima, um sich auf die Matura und das spätere Studium vorzubereiten. Die Nervenkrise ist überwunden, und mit neuem Mut zeigt der Gymnasiast der Familie, den Lehrern und Mitschülern auch seine dichterischen Versuche, die zwischen April und November 1905 in der vom Pfälzerwaldverein in Zweibrücken herausgegebenen Zeitschrift *Der*

*Pfälzerwald* veröffentlicht werden. Vermutlich hat Ball dort den Pfälzer Historiker und Volkskundler Dr. Albert Becker kennengelernt, der »am Gymnasium und führend im Pfälzerwaldverein tätig war. Vielleicht war er, der sich später so positiv über Ball geäußert hat, auch sein ›Entdecker‹, der ihm in der Zeitschrift des Pfälzerwaldvereins eine erste Möglichkeit zur Veröffentlichung seiner Gedichte gegeben hat.«[22] Hugo Ball selbst hat seine ersten dichterischen Versuche später als »Verse unter den Skontobüchern,« abgetan, aber sie erlauben uns einen Blick auf die Gestimmtheit des Kaufmannslehrlings, der mit seiner Flucht in die Natur versucht, den ungeliebten Aufgaben des Alltags zu entkommen und – wie in *Abendblick vom Hochstein* – eine wunderbare, von naturmystischen Elementen durchzogene Gegenwelt zu entwerfen:

»Es deckt mit seidnen Schleiern / Der Tag sein Oelbild zu: / Um Dorf und Acker fledert / Mausgraue Abendruh. // Fichtwald nimmt seinen Mantel / Und brummelt in den Bart. / Des Baches Blindschleich findet / Mehr kaum den Silberpfad. // Fermatenlang gezogen / Klimmt noch ein Bauernchor / Mit Spuk und Nebel kämpfend / Zu meinem müden Ohr. // Die Himmelsleute zünden / Nun blaues Feuerwerk / Und durch die weichen Dunkel / Trippelt Prinz Schlafezwerg.«[23]

Es sind die Impressionen von Sonnenuntergängen, Abendstimmungen, Wind und Wolken und der »helle Mond«, der für »Gottes-Ruh« sorgt, die der 19jährige melancholisch beschwört. Oder den Sonnenaufgang, den »frischen Morgen«, wenn er sich an ein lyrisches Du wendet: »Wach auf, Du schwarzes Mädchen, Du / Die Sonne küsst Dein Haar / Auf Deiner Lippen Rosen spielt / Der Strahlenkinder Schar.«[24] Wen immer der verträumte Jüngling in diesen Gedichten, die sich in Balls Nachlaß finden, im Sinn gehabt haben mag, eine reale oder nur erträumte Frau, diese uns Unbekannte wird im Überschwang der Gefühle angerufen: »O dürft ich Dich lieben mit flammenden Gluten (…) O könntest Du bleiben, o könntest Du weilen. / O liessest Du niemals mich allein, / O dürfte ich ewigen Traum mit Dir teilen, / O dürftest Du ewig mein eigen sein!«[25]

Als Ball diese Verse schreibt, wünscht er sich nichts sehnlicher, als nach bestandenem Abitur die provinzielle Enge zu verlassen. Noch ein

Jahr vor seinem Tod schreibt er an Roland Seffrin, der ihn in der Beilage *Pfälzer Heimat* der *Pirmasenser Zeitung* als »ein moderner Dichter und Denker« gewürdigt hat: »Sehr geehrter Herr Seffrin, besten Dank für Ihren freundlichen Brief und für die Beilage aus der Pfälzer Heimat, worin Sie meiner so lieb gedenken. (...) Vielleicht ersparen Sie sich Verdriesslichkeiten, indem Sie in der Pirmasenser Heimatschrift über mich schweigen. Sollte ich ganz offen sein, so müsste ich gestehen, dass mir die kleine symbolische Grenadier- und Fabrikstadt kaum jemals als günstiger Mutterboden gerade für Dichter und Denker erschienen ist. Gleichwohl: Grüssen Sie das liebe schwarze Nest. Am Exercierplatz bin ich geboren und auf dem Matzenberg ging ich zur Schule. Die Schusterhämmer klopften lustig um meine Wiege. Das sind nun einmal Tatsachen.«[26]

Mit dem Umzug nach München im Oktober 1906 läßt Ball die heimatliche Pfalz hinter sich und entdeckt in der Hauptstadt des Königreichs Bayern und an der Universität eine neue Welt. Hörsäle. Bibliotheken. Farbentragende Studenten. Als Monatswechsel gibt die Mutter 60 Mark. Das ist knapp, reicht gerade für Bücher und Schreibmaterial. Zum Essen findet er sich fast täglich abends und am Sonntag auch mittags im Haus des Vetters Hofmann ein, wo sich ihm die Brüder August, Fritz und Oskar anschließen. »Die Besuche bei uns«, erinnert August Hofmann, »bedeuteten für Ball in der Hauptsache Ausspannung von intensiver Tagesarbeit. (...) Außer Zweifel aber steht, daß Ball sehr fleißig studierte, etwa mit dem Eifer eines jungen Gelehrten, der übermorgen schon Privatdozent sein möchte. Hand in Hand mit seinem offiziellen Studium ging ein privates, das dem Dichter Ball galt. (...) Um sich rasch auf die Höhe der modernen Literatur hinaufzuarbeiten, hatte es Ball sich zur Pflicht gesetzt, täglich 200 – 300 Seiten Weltliteratur zu bewältigen.«[27] Auch wenn Hofmann hier offensichtlich zur Übertreibung neigt, wird deutlich, daß das Arbeitspensum, das der Student sich auferlegte, beeindruckend gewesen sein muß. Hinzu kommt Balls Interesse an Musik, das ihn mit Hofmann verbindet. Gemeinsam benutzen sie die Musikbibliothek in der Amalienstraße, entleihen Noten, begeistern sich für die Kompositionen Max Regers, musizieren. Neben Literatur und Musik ist es besonders das Marionettentheater, das Ball mit den beiden Hofmann-Brüdern, August und

Fritz, verbindet. Gemeinsam besuchen sie die berühmteste Marionettenbühne Münchens, das Theater von Joseph Leonhard Schmid in der Blumenstraße, wo traditionell die Puppenspiele des Grafen Franz von Pocci aufgeführt werden. Fritz ist so begeistert, daß Ball für den Jungen das Stück *Des Teufels Erdfahrt* schreibt. »Ein lustig Spiel, zu Schimpf und Schand / Dem Teufel auf sein Fell gebrannt. In zwei Aufzügen, einem Pro- und Epiloge für das Hof- und Nationaltheater des kleinen Herrn Fritz Hofmann in München von seinem Freund Hugo Ball.«[28]

Der Umgang mit den Verwandten scheint Ball gutgetan zu haben, nicht nur weil die Mutter für das leibliche Wohl sorgt und den zurückhaltenden Esser zum kräftigen Zulangen nötigt, sondern auch, weil das Familienleben so viel freier und unkomplizierter ist als in der glaubensstrengen Zweibrücker Straße. Besucht er mit den Hofmanns die Sonntagsmesse, stört sich niemand daran, wenn er sein Notizbuch während der Wandlung zieht, um einen guten Einfall zu notieren. Hofmann beschreibt den Studenten als Freigeist, »der sich konfessionell in keiner Weise mehr gebunden fühlte«[29]. Gebunden fühlt er sich jedoch an sein Versprechen, fleißig zu studieren, um die Eltern, die er schon einmal als Lehrling enttäuscht hat, nicht wieder zu enttäuschen. Er arbeitet verbissen, lebt zurückgezogen, will beweisen, daß der eingeschlagene Weg der richtige ist, weiß, was man in Pirmasens von ihm erwartet: Keine Mädchen. Keine Liebeleien. Examen. Promotion. Er belegt Alt- und Mittelhochdeutsch, hört Vorlesungen zur Geschichte der neueren Philosophie und zum Presserecht, beschäftigt sich mit den Fürsten und Höfen im Absolutismus, der Geschichte des Zeitalters Ludwigs XIV. Nimmt an Führungen durch die Alte Pinakothek teil.

Seine Besuche bei den Hofmanns werden jedoch seltener, denn der Familienanschluß scheint dem Studenten lästig geworden zu sein. Und so verläßt er München, um zwei Semester an der Ruprecht-Karls-Universität in Heidelberg zu studieren. Vom Wintersemester 1907/08 und dem Sommersemester 1908 ist das Studienbuch mit den handschriftlichen Eintragungen des stud.phil. Hugo Ball erhalten. Er hört Vorlesungen zur Geschichte der Gegenreformation, zu Richard Wagner, Schopenhauer u. Nietzsche, belegt Übungen zum deutschen und modernen Drama. Aufzeichnungen aus der Heidelberger Zeit fehlen.

Und so wissen wir nicht, ob sein Leben dort »schweigsam und eremitenhaft« gewesen ist, wie Emmy berichtet. Daß er in dieser Zeit mit der Arbeit an der Tragikomödie *Die Nase des Michelangelo* beginnt, ist jedoch ebenso belegt wie der Plan einer Dissertation, mit der er das Studium in München abschließen will: *Nietzsche in Basel.*

Auf dem Weg von Heidelberg nach München macht Ball Station in Basel, der Stadt, an deren Universität der 25jährige Nietzsche 1869 seine außerordentliche Professur für klassische Philologie antrat. Hier schrieb er *Die Geburt der Tragödie aus dem Geiste der Musik,* traf Jakob Burckhardt, fand den Lebensfreund Franz Overbeck und reiste zum bewunderten Richard Wagner nach Tribschen. Entschlossen, sich des »Problems« Nietzsche anzunehmen und »zur Beseitigung einiger der gröbsten Irrtümer beizutragen«, immatrikuliert sich Ball im November 1908 erneut an der Ludwig-Maximilians-Universität, wo er Vorlesungen zur Kriminalpsychologie, Allgemeinen Astronomie und Verfassungsgeschichte, aber auch zu Problemen der Weltwirtschaft belegt. Mehr jedoch als dieser breitgefächerte Themenkreis beschäftigen ihn die Werke und Briefe Nietzsches, mit denen er sich 1909 in ein Bauernhaus nach Schnaitsee bei Wasserburg am Inn zurückzieht, um mit der Arbeit an seiner »Streitschrift« zu beginnen: »Zwei Vorurteile sind es, die der klaren Erfassung von Nietzsches Basler Professorenzeit noch immer im Wege stehen: Die Ansicht, er sei nach Basel als überzeugter Schopenhauerianer, desgleichen als überzeugter klassischer Philologe gekommen. (…) Gegen beide Irrtümer muss mit aller Energie Front gemacht werden.«[30] Das versucht der 24jährige in der dörflichen Einsamkeit, einerseits fasziniert von Nietzsches verwirrender Komplexität, andererseits unfähig, die »ungeheure Vielfalt« dieses Denkgebäudes »auf einen Generalnenner zu bringen«[31]. Dabei spürt er sich Nietzsche so nah, als sähe er in einen Spiegel, und – gibt auf.

»In seiner Doktorarbeit«, schreibt Emmy, »macht Ball den Versuch, Nietzsche als denjenigen zu begreifen und darzustellen, als welchen Nietzsche sich ausgegeben hat, nämlich als den ersten Immoralisten.[32] (…) Ball läßt Nietzsche auf sich wirken, wie man ein großes, einsames Schauspiel hinnimmt, ein Kunstwerk, aus dem man keine Konsequenzen zieht. Balls Doktorarbeit bedeutet eine Art Dämonenweihe.«[33] Und eine solche erscheint ihm als Mittel zur Erlangung eines wissenschaftlichen Grades offensichtlich so ungeeignet, daß er abbricht. Nicht nur die Arbeit, sondern auch sein Studium. Die Exmatrikulation erfolgt am 11. April 1910. Ball verläßt die Universität ohne Abschluß, nur mit einem Abgangszeugnis, das seine Teilnahme an den akademischen Lehrveranstaltungen bestätigt. Dennoch erwägt er im Dezember 1915, fünf Jahre nachdem er seine »Streitschrift« beiseite gelegt hat, diese zu überarbeiten, um sie als Dissertation einreichen zu können. Und im März 1918 schreibt er an Emmy: »Ich lese Nietzsche momentan. Vor 10 Jahren kannte ich ihn halb auswendig und es ist mir ein eigenartiges Vergnügen, ihn jetzt wiederzulesen. Irrtümer und Vorzüge, an denen er einen so grandiosen Überfluss hat, liegen jetzt klar vor mir. Er hat mächtig uns vorgearbeitet und ich werde ihn entsprechend verdolmetschen. Er hat die falsche Moral beseitigt, die grosse Burg gebrochen. Nun können wir stürmen. Wir müssen versuchen, unsere Zeit zu verstehen, dass wir keine Dummheiten machen und keine Kraft unnötig verschwenden. (…) Man darf nicht wiederholen, was bereits da war. Man muss die Wege benutzen, die ins Gestein bereits eingehauen sind. Es spart effort.«[34]

Daß dem Entschluß, Dissertation und Studium abzubrechen, harte innere Kämpfe vorausgegangen sein müssen, erfahren wir aus Hofmanns Erinnerungen. »Überraschend trat er in mein Zimmer, bleich und nervös, zog gleich ein Blatt Papier aus seiner Rocktasche und las, beinahe zitternd, mit gedämpfter Stimme vor: ›Mein Dämon hat keine Brüder und Schwestern. / Mein Dämon ist nicht von heute und gestern. / Als Gott, der Herr, die Welten machte, / Saß mein Dämon dabei im Grase und lachte, / Schnitt sich die Zehennägel entzwei / Und sah an der ganzen neuen Welt vorbei‹. Das erschütternde Poem war zu lang, als daß ich es ganz im Gedächtnis hätte behalten können. Zum Teil sehr gepfeffert, war es das getreue Abbild seiner aufgeregten inneren Verfassung (…) und da gestand er mir, daß er sich entschlossen hatte, mit dem Studium Schluß zu machen und endlich zum Theater als gesellschaftlicher Erziehungsanstalt zu gehen.«[35] Die Rigorosität dieses Entschlusses schockiert Hofmann, der schon bei Balls Rückkehr aus Heidelberg Befremdliches bemerkt hatte. Anstatt der Besuche in Hofmanns Familie lud er den Freund zu »mysteriösen Karnevalsveranstaltungen« in seinem verdunkelten Zimmer: »Nur eine Wachskerze schickt aus dem Hohlraum eines Totenschädels (…) ihren spärlichen Schein durch die leeren Augenhöhlen in den Raum. Bei Vermouth und hauptsächlich Kaffee gibt dieses arme Totenseelchen das Thema an zu ernst und heiter wechselnden Variationen.«[36]

Seltsame Séancen eines Suchenden, den es von der Universität zur Bühne treibt. »Er schwankte zwischen Theater, Studium und Dichtung und die verschiedenen Phasen seiner Entwicklung bestehen gleichzeitig nebeneinander«,[37] lesen wir bei Emmy. »Von außen besehen war es freilich eine rechte Zickzacklaufbahn, die Ball einschlug und die etwas launisch und wetterwendisch anmutete. Sobald ihn jedoch eine Sache fesselte, suchte er sogleich in den Brennpunkt zu gelangen, (…) indem er nicht nur nach Erkenntnis, sondern nach unmittelbarem Erlebnis trachtete, oder sich davon wie von einem Abenteuer überfallen ließ, gar oft ohne dieses Abenteuer eigentlich gesucht zu haben.[38] Den so plötzlichen Umschwung seiner Pläne teilte er den Eltern kurz und entschlossen als unabänderliche Tatsache mit.«[39]

# Alles Theater

Im Käfig des Vogelfängers – Schmierenkomödianten – Junge Frau mit Chiffonhut und Kind – Junger Mann mit Ambitionen – Balls schöne Leontine

Theater. Das Zauberwort für Emmy Cordsen, die sich aus der Strenge des Klassenzimmers auf die Bühne träumt, eine andere sein möchte, weit fort von den Wischtüchern und Spülsteinen ihrer Arbeitgeber und den Verpflichtungen gegenüber der seit 1901 verwitweten Anna Cordsen, der sie »in ihrem Alter Trost und Stütze werden sollte. Meine Mutter hätte wohl am liebsten gesehen, wenn ich mich verheiratet hätte.«[1]

Erwartungen von Emmys Mutter in Flensburg. Erwartungen von Hugos Eltern in Pirmasens, deren Sohn nur heimlich in den Nächten deklamierend und phantasierend auf Shakespeares Bühne steigt. Während sich Hugo in die Einsamkeit des Waldes und seine Ausflüge in Musik und Dichtung zurückzieht, wendet sich Emmy neugierig ihrer Umgebung zu, beobachtet die jungen Mädchen, die sich verlieben und heiraten wie ihre Stiefschwester Paula. Fasziniert bemerkt sie bei Cousine Else, daß die Liebe eine wunderbare Wirkung, aber auch unerwünschte Folgen haben kann: »Es war ein Unglück, wenn ein unverheiratetes Mädchen ein Kind bekam. Obwohl ich mit den Moralgesetzen noch nicht sehr vertraut war, lernte ich jetzt, daß es bei uns nicht eigentlich Mode war, als Ledige ein Kind zu haben.[2] Daß ein Unrecht, eine Sünde dabei sein konnte! Unvorstellbar war mir dieses. Einige sahen betreten weg, wenn Else durch die Straße ging, und mochten nicht einmal grüßen (…) Ihre eigenen Eltern (…) wollten nichts mehr von ihr wissen. Es hieß, sie hätte Schande über die Familie gebracht und sei ein gefallenes Mädchen (…) Von gefallenen Männern hörte man bei uns nie. Männer konnten wahrscheinlich nicht fallen.«[3]

Auch Emmy wird, als sie ihr Elternhaus verlassen hat und im Pensionat arbeitet, Zielscheibe von spöttischen Verdächtigungen. Hatte ihr nicht der Dienstherr Schokolade geschenkt und einen Kamm? War sie nicht länger als anständig am Abend im Zimmer eines der jungen Pensionäre gewesen? Warum war sie plötzlich so matt, verlor ihren Appetit? Und die Hausherrin will Emmy vom Fenster aus auf der Straße mit einem Soldaten der nahen Kaserne gesehen haben. Nichtigkeiten, die gegen sie sprechen. Sie ist verwirrt und verzweifelt. Erst eine Untersuchung beim Hausarzt, »der mit wenigen Worten die Sache richtig stellte«,[4] macht den Nachreden ein Ende.

Ausnahmen von diesen bürgerlichen Moralregeln scheint es nur beim Theater zu geben. Dorthin will Emmy Cordsen, koste es, was es wolle. Laiengruppen bieten sich an, Vereine, die Dilettanten-Aufführungen organisieren. Im Stenographenverein Gabelsberger debütiert sie in dem Volksstück *Die Venus im Grünen*. Erhält Beifall, fühlt sich als »Liebling des Volkes«[5]. Nur die Mutter ist nicht zu beeindrukken. »Schauspielerin sein, das bedeutete für meine Mutter beinahe dasselbe als Zigeunerin werden wollen, doch hielt sie meinen Plan für eine verrückte Laune, die nur zeitig bekämpft werden mußte, um zu verschwinden (…) ›Sind wir vielleicht Leute, die sich verstellen, wie die Schauspieler es machen müssen? Das schickt sich doch nicht für uns.‹«[6] Aber für Emmy hat das Spiel bereits begonnen, *Das flüchtige Spiel*, mit Kostümen und Schminke, um eine andere zu werden. Ein Maskenspiel, aus dem immer wieder bitterer Ernst werden wird, denn mehr als einmal sollte sich erfüllen, was die Mutter sagt, als sie ihr den Unterricht bei einem der Schauspieler vom Stadttheater verbietet: »Wozu brauchst du dramatischen Unterricht? Den wirst du noch genug im Leben bekommen. Verlaß dich drauf.«[7] Aber noch meint die kaum Achtzehnjährige allen Wünschen gerecht werden zu können, den mütterlichen nach einer Ehe, den eigenen nach der Schauspielerei.

Der Naturheilverein bietet ihr an, in dem populären Unterhaltungsstück *Die goldene Eva* die Titelrolle zu übernehmen. Die Vorstellung soll im ›Tivoli‹, einem Vergnügungspark in der Friesischen Straße, stattfinden. Bei der Leseprobe in einem Hinterhaus begegnet sie dem Schriftsetzer Joseph Paul Hennings. »Wir waren sofort, wie schlagartig voneinander – ja, ich kann nicht anders sagen – bezaubert (…) Niemals vorher und niemals später habe ich Ähnliches erlebt. Es war jene Verliebtheit auf den ersten Blick, die sich nicht erklären läßt und die auch keiner Erklärung bedarf.«[8] Kurz darauf läßt sie sich »einfangen, leicht, wie ein Vogel, der weder Netz noch Falle vermutet. Ich fiel in Liebe, wie man bei mir daheim zu sagen pflegt.«[9] »Der Vogelfänger«,[10] Hennings, den sie in ihren Erinnerungen Gaute Londelius nennt, ist drei Jahre älter als Emmy und arbeitet in einem Zeitungsverlag wenige Minuten von Emmys Arbeitsstätte entfernt. Gemeinsam wird geprobt. »Ich hatte eine Goldschmiedstochter darzustellen, die auf Wunsch ihres Vaters eine Vernunftehe hätte eingehen sollen, schließlich aber eine Liebesheirat durchsetzte. Gaute spielte den verliebten Goldschmiedgesellen Peter, der am Ende die Braut heimführte.«[11]

Wie im Stück, so im Leben. Emmy spielt ihr Leben. Am 13. Februar 1904 findet die standesamtliche Trauung in Flensburg statt. Emmy ist schwanger. Am 17. August wird der Sohn Joseph Ernst Ferdinand geboren. Über die folgenden Jahre findet sich in dem Lebenslauf, den Emmy zum Erscheinen von *Blume und Flamme* 1938 für ihren Verleger schreibt, nur ein Nebensatz: »heiratete mit siebzehn Jahren, wurde mit achtzehn Jahren Witwe.«[12] Emmy, die sonst so auskunftsfreudige, bleibt wortkarg. Versteckt hinter zwei Nebensätzen ein Fiasko. Denn der verführerische Vogelfänger, der Bühnenliebhaber zeigt sich im tristen Alltag als humorloser Atheist und Abstinenzler, mit dem sich das erträumte Glück in der Dorotheenstraße, wo das junge Paar wohnt, nicht einstellen will. Emmy, der eingefangene Vogel, spürt, daß die sexuelle Anziehung nicht ausreicht, die unterschiedlichen Lebenseinstellungen zu tolerieren. »Ich begann mich der Unverschämtheit zu schämen, die darin liegt, einem Manne körperlich anzugehören, mit dem man geistig nicht wahrhaft harmonieren kann.«[13] Noch flüchtet sie sich in scheinbare Gemeinsamkeiten: Sie lesen Heine und Goethe. Spielen abends Klavier und singen. Fühlen sich in den Nächten wieder und wieder »voneinander angezogen, wie zwei Magnete einander anziehen müssen, ob sie wollen oder nicht«[14]. Emmy versucht, sich »zu fügen und das Beste aus diesem Gefängnis zu machen was möglich war«[15]. Vorbilder für einen Ausbruch gibt es nicht. »Die Frauen meiner Umgebung waren erstaunlich leicht zufriedengestellt. Sie bekamen jedes Jahr ein Kind und sprachen vom ›Durchbringen der vielen Kinder‹, beinahe als wären es unvermeidliche Tiere, die nichts einbrachten und für deren Futter man zu sorgen hatte.«[16] Und Emmy, die sich so gern schmückt, sieht, wie sich die Frauen in ihrer Nachbarschaft gehen lassen, sobald sie verheiratet sind, »als wäre die Heirat das Grab für Jugend und Schönheit«[17].

Emmy wird krank. Eine nervöse Lähmung befällt sie. Mit zur Wand gekehrtem Gesicht liegt sie im Bett. Tag für Tag. Unbeweglich. War es ihr für kurze Zeit im Photoatelier und auf der Bühne gelungen, die Glasglocke zu heben und freier zu atmen, so war sie jetzt wieder eingeschlossen, hoffnungslos, lebenslang, »und dieses Immerwährende war es, das mich schreckte«[18]. Dem ratlosen Ehemann empfiehlt der Arzt einen Ortswechsel. Umzug nach Elmshorn, wo Hennings ein Konsumgeschäft betreibt. Emmy bessert den geringen Verdienst als Wäscherin auf. Aber das Kind kränkelt, und Hennings poussiert mit einem Ladenmädchen. Emmy ist tief gekränkt. Als die Situation immer ausweisloser wird, plant das Paar, den Laden aufzugeben und sich einer Schauspielertruppe anzuschließen, die in Elmshorn gastiert. Noch einmal da anzuknüpfen, wo alles begonnen hat, obwohl Emmy längst spürt: »Ich wollte nicht das private Eigentum eines Mannes sein, und was manche Frauen ersehnen, sich einzig und allein einem Menschen hinzugeben – ich spürte es mehr und mehr –, das war nicht meine Sache.«[19] Dennoch bittet sie die Mutter, den kleinen Jungen zu sich nach Flensburg zu nehmen, und schließt sich gemeinsam mit Hennings der Schauspielertruppe Schmidt-Agte an. Sie ziehen von Dorf zu Dorf, gastieren abends in Gasthaussälen. Im Hotel Stadt Hamburg in Kappeln spielt Emmy im *Raub der Sabinerinnen*. Und die Besprechungen des örtlichen *Schlei-Boten* bescheinigen ihr, daß sie »durch natürliche, niedliche Koketterie für sich einzunehmen verstand.«[20] Der Prinzipal hat sie als »Naive« engagiert. Sie spielt in Ernst von Wolzogens *Ein unbeschriebenes Blatt*, in *Hasemanns Töchter* und in *Mein Leopold* von L'Arronge. Lachtheater vor vollem Haus oder in fast leeren Sälen. Hennings ist jedoch schon im Oktober 1905 nicht mehr dabei: »Er fuhr heimlich fort, ohne mir auch nur eine Zeile zu hinterlassen, und ich stand vor einem Rätsel.«[21] Das schreibt Emmy 1939 in *Das flüchtige Spiel* und läßt Hennings nicht, wie noch ein Jahr zuvor im Lebenslauf, sterben, sondern ihn während der 41 Seiten des Kapitels »Ehe« einfach verschwinden.

Im November 1905 stirbt der einjährige Joseph in Flensburg. Anna Cordsen begräbt das Enkelkind und weiß nicht, daß Emmy wieder schwanger ist. Nicht von Joseph Hennings, sondern von Wilhelm Vio, einem Ensemblemitglied.

Zum Jahreswechsel 1905/06 ist die Truppe Schmidt-Agte an ihrem Hauptsitz in Dithmarschen. Gespielt wird im Meldorfer Lokal ›Zum deutschen Haus‹. Emmy und Vio sind in dem Repertoire zu sehen, das bereits in Angeln gezeigt wurde. Im Sommer 1906 gehen sie gemeinsam ins Engagement in der Provinz Posen. Zur Truppe gehören manchmal zehn, manchmal vierzehn Schauspieler. Kollegialität wird großgeschrieben, »unbedingtes Zusammenhalten in der Misere.[22] … In dieser Welt aus Pappe fühlte ich mich wohl. Natürlich wußte ich, daß es eine richtige Schmiere war, in der ich spielte, und mit diesem völlig Unzulänglichen konnte ich mich abfinden, mehr noch, es machte mir Spaß.«[23] Vorbei die strengen Regeln von Schule und Elternhaus, die Enge des Ehelebens.

Denn während Hugo Ball sich in Zweibrücken auf sein Abitur vorbereitete, hat Emmy Hennings die engen Grenzen der Bürgerlichkeit längst überschritten. Und obwohl sie erkennt, daß sie eine Misere gegen die andere eingetauscht hat, scheint sie glücklich. Mangel ist sie gewohnt. Sie ist gesund und hat Vio an ihrer Seite, den sie in ihren Erinnerungen Ravelli nennt. Am 11. August 1906 wird Annemarie, die gemeinsame Tochter, geboren. Da gastiert das Paar im schlesischen Penzig. Das Dorf nimmt Anteil. Die Kolleginnen versorgen die Wöchnerin. Zigeuner kommen und bringen Mutter und Kind ein Ständchen.

Hatte nicht Anna Cordsen gewarnt, daß Schauspielerin werden gleichbedeutend sei damit, Zigeunerin zu werden? In ihren Erinnerungen rückt Emmy auch ihren neuen Gefährten in deren Nähe. Viele Jahre später erzählt sie dem aus Ungarn stammenden Schriftsteller Emil Szittya, daß ein Zigeunerschauspieler sie von daheim entführt habe. Auch Hugo Ball berichtet, daß der Vater des Kindes Ungar war, und Emmy erklärt: »Er war ein sonderbarer Mensch, der aus Ungarn stammte, wo sein Vater einen großen Herrenhof besaß.«[24] Fiktion oder Realität? Wir wissen bislang nicht mehr von ihm als das, was Emmy über Vio/Ravelli schreibt, finden im Nachlaß eine Karte von seiner Hand. Eine Ansichtskarte vom Inneren der evangelischen Kirche in Penzig, Oberlausitz. Poststempel 12. 9. 1907. Adressiert an Frl. E. Hennings, Flensburg, Steinstraße 5, Schleswig. Eingangsstempel Flensburg 13.9.1907: »Liebe Emma. Sende Dir die Ansicht vom Innern der Kirche wo unser Liebling getauft wurde. Brief hast du ja erhalten. Gruß an Mutter und Anne (…)« Der weitere Namensteil ist unleserlich. Es wird Annemarie sein, denn auf diesen Namen wurde das Kind in Penzig getauft. Die Karte ist mit »Vio« unterschrieben. Als Emmy sie erhält, ist sie bereits seit einem Vierteljahr von Hennings geschieden. Aber auch Vio und Emmy gehen wieder getrennte Wege, nachdem sie noch in der Wintersaison 1906/07 bei der Direktion Oskar Brönner in Tondern engagiert waren und in der dortigen Tonhalle aufgetreten sind, wo man dem Ensemble »über das Durchschnittsmaß Hinausgehendes« bescheinigt, Emmy Hennings und Wilhelm Vio positiv erwähnt. Sie spielen, neben den üblichen Schwänken und Operettenpossen, auch Raimund, Nestroy und *Die Fledermaus* von Johann Strauß. Gastspiel im dänischen Apenrade. Noch ist Emmy dabei. Die folgenden Tourneen der Truppe nach Bremen, Duisburg, Essen und Köln verzeichnen sie jedoch nicht mehr als Ensemblemitglied. Vermutlich hat sie sich im Sommer 1907 wegen ihrer Scheidung in Flensburg aufgehalten. Erst im Herbst 1907 steht sie wieder in Tondern auf der Bühne. Ohne Vio. Am 10. Dezember wird für sie eine Benefizveranstaltung gegeben: *Als ich wiederkam, Forts. von Im weißen Rössl.* Das spricht für ihre Beliebtheit. 1908 ist ihr Name im *Neuen Theater-Almanach* nochmals unter Tondern verzeichnet. Danach erscheint sie erst 1909 wieder im ›Schmitz-Prechtel-Ensemble‹ beim Metropol-Theater in Crefeld, wo neben den Erfolgspossen auch artistische Nummern geboten werden.

Und das Kind Annemarie? Noch ganz auf Emmy angewiesen, hat sie den Säugling im Spätsommer 1906 mit zu ihren Aufführungen genommen. Als die Gruppe auseinanderfällt, ziehen Emmy und Vio mit Kinderwagen, Rucksack und mit Vios Meerschweinchen durch Schlesien. Singen unterwegs in den Gasthäusern. Emmy ihre deutschen und dänischen Lieder. »Ravelli (…) sang ein paar wunderhübsche ungarische Lieder (…) Zum Schluß sangen wir gar zu zweit als Bänkelsänger.«[25] Kost und Logis sind dann gratis. Ein Leben auf der Landstraße. Der Säugling mal im Wagen, mal im Arm. Vio schiebt sein Fahrrad. Sie leben von dem, was ihnen im späten Sommer entgegenwächst: Äpfel von den Bäumen an der Chaussee, Brombeeren von den Hecken an den Wiesen, am Wald. Noch können sie draußen schlafen, wenn sich kein anderer Platz findet. Das liest sich in *Das flüchtige Spiel* zunächst wie ein glückliches Familienleben. Aber Emmy geht betteln. »Zuerst klopfte ich so leise an, daß ich es selbst kaum hörte (…) Mir war, als müßte ich eine ganze Lebensbeschreibung vorlegen, um zu einem Stückchen Brot oder zu ein paar Pfennigen zu kommen. Daß ich ein Kind hatte, brauchte ich nicht eigens zu sagen. Das sah man ja.«[26] Gendarmen greifen sie auf. Sie setzt ihren ganzen beredten Charme ein. Man läßt sie laufen.

Über Berlin geht es nach Norden. Sie haben wieder etwas Geld verdient. Das reicht für zwei Fahrkarten vierter Klasse. Gemeinsam bis Hamburg. Umsteigen. An der Nordschleswigschen Weiche trennen sich ihre Wege. Vio fährt nach Tondern, Emmy nach Flensburg. Zur Mutter. Vio hat abgelehnt mitzukommen. »Er wollte meiner Mutter nicht begegnen. Meine Mutter wußte ja noch gar nichts von meinem Kinde.«[27] In diesen beiden kurzen Sätzen stellt Emmy in ihren Erinnerungen den Zusammenhang zwischen dem Vater und dem Kind her.

Bei der Ankunft in Flensburg erkennt Emmy die Mutter sofort. Die Mutter jedoch erkennt die junge Frau mit dem Rucksack auf dem Rücken und dem schwarzen, mohnblumengarnierten Chiffonhut, diesen seltsamen Vogel mit einem Pappkarton in der Hand und einem Bündel im Arm, zunächst nicht. Das Kind steckt im Bündel. Ist mit Emmys Bühnenbrautschleier bedeckt. Anrührend die Szene: Die Tochter ruft, die Mutter erkennt – und erstarrt. Sie geht mit Emmy ins Bahnhofshotel. Wartet, bis es dunkel ist. Dann ziehen sie in die Steinstraße: Anna Cordsen mit verschämt gesenktem Kopf. Emmy, bunt wie eine Zigeunerin, das Kind im Arm. Das »gefallene Mädchen«. Aber Emmy hatte ja einen Mann. Er hat sogar geschrieben. Ist also nicht spurlos verschwunden. Emmy erzählt in *Das flüchtige Spiel* von seinen Briefen, die dieser in ihrer Abwesenheit in die Steinstraße geschickt hat. Der Widerspruch ist ihr wohl nicht aufgefallen. Vielleicht hatte Hennings gehofft, daß die Affäre mit Vio beendet wäre, Emmy zu ihm zurückkehren würde. Aber Vio »war der Mensch, den ich immer lieben würde (…) Unser Zusammensein war kein flüchtiges Spiel. Hier war etwas für ewig.«[28] Dennoch wird sie öffentlich immer Joseph Hennings nennen, wenn nach dem Vater gefragt wird. Und das Mädchen wird seinen Namen tragen: Annemarie Hennings.

Aber Anna Cordsen weiß es besser. Lange bevor Vio per Karte auch Grüße an sie schickt. Und sie wird ihre Tochter gefragt haben, was sie an diesen Mann bindet. Vielleicht hat Emmy geantwortet wie in ihren Erinnerungen: »›Nichts, der Zufall hat uns zusammengeführt.‹ Weder dachten wir daran, beisammen zu bleiben, noch auseinander zu gehen. Er wollte nichts von mir, und ich nichts von ihm, aber wir hielten zusammen wie Menschen, die einander anständig, kameradschaftlich gegenüberstehen.«[29] Die Mutter beschwört Emmy, wieder eine »anständige« Arbeit anzunehmen. Sie wird für das Kind sorgen, während ihre Tochter außer Haus ist. Sie werden eine Familie sein. Egal, was die Leute reden. Und Emmy ist mit 21 Jahren jung genug, sich nach der Scheidung von Hennings wiederzuverheiraten. Vielleicht wird sich ein Witwer finden. Die Pläne der Mutter gehen jedoch nicht auf. Emmy will nicht zurück in die engen Verhältnisse der Steinstraße, »wo der eine nichts anderes zu tun hatte, als auf des andern Tun und Treiben zu achten«[30]. Ihre Weglaufsucht ist stärker – und ihre Angst, wieder festgesetzt zu werden. »Von einer Spielgier besessen, von einer Wander- und Melodiensucht, war selbst mein Kind nicht fähig, mich zurückzuhalten. Das Ungewisse, in das es mich hineinzog, war stärker noch als die Liebe zu meinem Kinde.[31] (…) Es war, als triebe mich ein Dämon, dem ich nicht widerstehen konnte.«[32]

Emmy wieder auf dem Bahnhof. Sie fährt nach Tondern zu Vio. Das Kind bleibt bei der Großmutter. Sie hat es in der ersten Zeit manchmal besucht. Von Tondern nach Flensburg sind es nur 50 Kilometer. Obwohl Emmy am 13. Juni 1907 geschieden wird, denkt sie an keine neue Bindung. Vio bleibt einer der vielen Männer in ihrem Leben, aber »gerade kleine Episoden haben oftmals den Duft der Unvergänglichkeit«[33]. Mehr bedarf es nicht. Emmy will nicht Ehefrau sein. Emmy will spielen. Das Schreibenwollen ist noch weit. Ihre Tochter, Annemarie Schütt-Hennings gibt im *Hugo Ball-Almanach* 1984 ein »Frühlingsgedicht« in einem Poesiealbum, datiert »2. April 1900, morgens 10 1/2 Uhr« als ersten literarischen Text an. Emmy jedoch wird dieser Reimerei keinen Wert beigemessen haben. Sie datiert das Entstehen erster Gedichte in die Münchener Zeit um 1910. Denn als sie Flensburg verläßt, hat sie noch kein »bestimmtes Ziel vor Augen. Meine Methode war, wenn ich dies Methode nennen darf, mich nahezu blindlings den Zufällen des Lebens zu überlassen, was mir jenes Gefühl von Ungebundenheit, von Freiheit verschaffte, ohne das ich nicht hätte sein können.«[34] Und so bleibt Annemarie, während Emmy von Bühne zu Bühne zieht, bei der Großmutter bis zu Anna Cordsens Tod am 22. März 1916. Nur einmal, nach ihrer Konversion zum Katholizismus, hat Emmy die Fünfjährige nach München zu den Nonnen geholt. Ein aussichtsloses Experiment. Kurze Zeit später kehrt das verstörte Kind ins protestantische Flensburg zurück. 1916 wird Annemarie von Emmys Stiefschwester Paula nach Zürich geschickt, wo sich Mutter und Tochter fremd gegenüberstehen.

Emmys ungebundenes Leben. Ohne Hennings. Ohne Vio. Ohne Kind. Ihre immer neuen Aufbrüche. Ihr Weglaufen vor der erstickenden Enge kleinbürgerlichen Lebens, ohne zu wissen, wie sie ihr neues Leben gestalten soll. Aus Engagements verschwindet sie. Fliegt raus. Wegen Unzuverlässigkeit. Träumt noch vom Aufstieg, als der Abstieg schon begonnen hat. Eines Tages steht sie auf der Straße, bei den Huren, und erkennt: »man muß nicht unbedingt ein schlechter Mensch sein, um sich plötzlich in der Reihe der Sünder zu befinden.«[35] Keine Dokumente aus dieser dunkelsten und einsamsten Zeit ihres Lebens, denn der Mann, der sie verstehen, annehmen und respektieren, an dessen Seite sie ihre Erfahrungen literarisch verarbeiten wird, ist noch fern.

Finden wir in Herkunft und Aufwachsen von Emmy Cordsen und Hugo Ball noch Parallelen, so enden die gemeinsamen Voraussetzungen 1905, als Emmy heiratet und Mutter wird, Hugo jedoch die Lehre abbricht, um das Abitur nachzuholen und zu studieren. Weiter voneinander entfernt können zwei Menschen nicht sein, als die Schmierenkomödiantin und der angehende Wissenschaftler, die Frau, die sich von Männern kaufen läßt, und der Student, der sich abgestoßen fühlt von dem, »was er von seinen Altersgenossen, wohl jungen Fabrikarbeitern, sah, von denen viele schon den Mädchen nachzulaufen begannen (...) Er hatte eine von den Jugendlichen forcierte Brutalität bemerkt, eine Gier der Sinne, die ihm fremd war, vor der er zurückschauderte.«[36]

1910 jedoch schafft die Theaterleidenschaft eine erste Grundlage für später Gemeinsames, denn während der Student über Nietzsches Werk grübelt, Tolstoi und Dostojewskij liest, sich für russische Sekten und Geheimbünde interessiert und ihm die Wissenschaft immer fragwürdiger wird, beginnt »er auch das Theater zu besuchen, und plötzlich hingenommen, glaubte er hier den Brennpunkt, in dem sich das Leben spiegelt, gefunden zu haben«[37].

Er verläßt München, zieht nach Berlin, mietet im September 1910 ein Zimmer in Charlottenburg und wird Regieschüler an der Schauspielschule des Deutschen Theaters. Begeistert stürzt er sich in den »hier herrschenden Trubel«, das ach so »verfluchte liebe Theater!«.[38] Das teilt er der Lieblingsschwester und Vertrauten, Maria Hildebrand mit, wohl wissend, daß die Eltern, »die täglich die Mitteilung vom glücklich bestandenen Doktorexamen erwartet hatten«[39], die erneute berufliche Wendung des Sohnes nicht nachvollziehen können. Sollten die Kosten für Privatstunden und Gymnasium, sollten vier Jahre Studium nur zu einem Ziel geführt haben, zur Schauspielschule in Berlin? Josephina Ball, die in ihrem Sohn einen zukünftigen Gelehrten gesehen hatte, ist tief enttäuscht. Ebenso wie Anna Cordsen mag auch sie die Bühne und ihre Protagonisten als zutiefst unmoralisch empfunden haben, und Ball wird nicht müde, der Pirmasenser Verwandtschaft immer wieder zu versichern, daß er Dramaturg und keinesfalls Schauspieler ist. Obwohl er, wollen wir Emmy glauben, zunächst mit dem Gedanken zu Max Reinhardt gefahren war, Schauspieler zu werden. Aber nach der »Entdeckung, daß ihm jede Verstellung unmöglich wäre«, ließ er sich »von Reinhardt prüfen und wurde für die Regie begabt gefunden«.[40]

Da die Eltern, wenn auch widerstrebend, bereit sind, den Sohn ein weiteres Jahr zu unterstützen, tritt er seine Ausbildung bei Paul Legband, dem Leiter der mit dem Deutschen Theater und den Kammerspielen verbundenen Schauspielschule In den Zelten 21, an. Dort begegnet er »Frl. Sagan aus Kapstadt«, einer anderen Anfängerin, die ihn sofort fasziniert. Ihren Namen finden wir erstmals in einem Brief Balls an Maria Hildebrand vom 18.1.1911 aus Charlottenburg. Gemeinsame Proben führen Ball und die Schauspielschülerin zusammen und bei ihm zu ganz ungewöhnlichen Übungen: »Momentan dressiere ich mich, meinem Rückgrat ein Kompliment und meinen Lippen einen Handkuss zuzutrauen.«[41] Damit wirbt er um Leontine Sagan, die sich 1951 in ihren autobiographischen Aufzeichnungen *Licht und Schatten* an diese Zeit erinnert: »Da war vor allem ein junger Mann aus der Rheinpfalz, der nach Berlin auf die Reinhardtschule gekommen war, um Regie zu studieren. Er war einige Jahre älter als die anderen und von verschlossenem Wesen. Hugo Ball war schon damals in seiner frühen Jugend ein außergewöhnlicher Mensch, daß er sich mir mehr als den anderen anschloß, hätte mich dankbar machen sollen, aber vorerst schauderte ich, wenn ich seine schlecht sitzenden Anzüge sah und seine ausgetretenen Schuhe. Daß sich unsere Freundschaft durch die Jahre festigte, eine Freundschaft, der ich unendlich viel zu danken habe, war allein ihm zuzuschreiben, denn es gehörte viel Geduld und Humor dazu, meine angeborenen und angenommenen Fehler zu verzeihen.«[42]

Während Sagan in ihrem Lebensrückblick offen über ihre ebenso kurze wie prägende Beziehung zu Ball spricht, erfahren wir von ihm nur das, was er seiner Schwester anvertrauen mochte. Knappe Mitteilungen zumeist, eingestreut zwischen anderen Informationen, die dennoch die Wirkung der jungen Frau auf ihn deutlich werden lassen. Wer aber war Leontine Sagan?

Geboren wurde sie am 13. Februar 1889 in Budapest als viertes Kind der jüdischen Eheleute Isidor und Emma Schlesinger, geb. Fasal. Ob ihr Vorname Leontine war, wissen wir nicht. Der Eintrag in ihrem Paß soll sie als Medi Schlesinger ausgewiesen haben. Belegt ist, daß sie 1910 beim Eintritt in die Schauspielschule von Max Reinhardt diesen Künstlernamen gewählt und vermutlich französisch ausgesprochen hat. Als Ball sie kennenlernt, ist ihre ungarische Geburtsstadt nur noch eine ferne Erinnerung, denn nachdem Schlesinger als Goldsucher nach Südafrika aufgebrochen war, lebte die Mutter mit den Kindern zunächst bei Verwandten in Wien, wo das Mädchen eine Klosterschule besuchte. Mit der Reise zum Vater ins südafrikanische Klerksdorp 1899 beginnt das unruhige Wanderleben: Von Klerksdorp nach Johannesburg, 1903 Schiffsreise nach Europa, Wien, wo sie an der »Börsenschule« auf den Sekretärinnenberuf vorbereitet wird. Ihr Zuhause auf Zeit: Teschen, eine Kleinstadt an der Grenze zur Slowakei, der Ge-

Bild 3  Leontine Sagan, Neues Theater, Frankfurt am Main, 1916

burtsort ihrer Mutter. Hier, zwischen österreichischen Offizieren, ungarischen Gutsbesitzern, polnischen Juden und slowakischen Bauern,
»in der Vielfalt von Trachten und Sprachen, die just aus einer Léhar-
Operette zu kommen schien,«[43] fühlte sie sich wohl. Aber gewohnt,
ihren Lebensort zu wechseln, folgte sie 1905 widerspruchslos der Aufforderung, mit der Mutter nach Südafrika zurückzukommen. Auf
dem Weg nach Hamburg, wo sie sich einschiffen mußten, hatte die
16jährige, noch unentschlossen, wie sie ihre Zukunft gestalten sollte,

ein Erlebnis, das sie nicht vergessen konnte: die Aufführung von Maxim Gorkis *Nachtasyl* in der Regie von Max Reinhardt in Berlin. Seither träumte sie davon, Schauspielerin zu werden. Aber noch ist das ein Traum. Realität sind eine Stelle als Sekretärin am Österreich-Ungarischen Konsulat in Johannesburg und die von Klatsch und Vorurteilen geprägte Kolonialgesellschaft. Die gelegentlichen Gastspiele englischer Theaterkompagnien befriedigten ihre Ansprüche nicht und sie »wußte nicht wohin mit der Fülle, die ich mir aus Europa mitgebracht hatte«[44]. Erst mit Brandon Davis, einem in Oxford ausgebildeten Juristen, findet sie einen Freund, der sie ermuntert, den Wunsch umzusetzen und im Jahr ihrer Volljährigkeit nach Berlin zu reisen, um Schauspielerin zu werden, wo sie im Winter 1910/11 den 24jährigen Exstudenten aus Pirmasens Hugo Ball trifft, der seine bisherigen Lebensorte an einer Hand abzählen kann und für den Italien, das Sagan bereits zweimal bereist hat, ein ferner Sehnsuchtsort ist.

Obwohl Sagan und Ball älter sind als die meisten anderen Schauspiel- und Regieschüler, stecken sie voller Unsicherheiten und Zweifel. »Die Schule ist eine Art Indifferenzpunkt zwischen Kindergarten und Tollhaus«[45], berichtet Ball der Schwester. Eine Situation, die Sagan während der Ausbildung an ihrem Berufswunsch zweifeln läßt: »Was fange ich an, wenn meine Begabung nicht ausreichen sollte? Zur Schreibmaschine zurückkehren? Zu dem früheren dürren Leben …?«[46] Sie fürchtet sich vor dem berühmten Max Reinhardt, der ihre Darstellung der Wassilissa im *Nachtasyl* mit gleichgültigem Schulterzucken abqualifiziert, findet nur Unterstützung bei Ball, »der mich aufrichtete, der mir verständlich machte, daß meine nichts weniger als robuste Gestalt, mein schmales Gesicht und meine österreichische Stimme nicht zu der russischen Megäre paßten, daß man nicht alles spielen könne und daß es feige von mir sei, mich so unterkriegen zu lassen«[47].

Unterkriegen lassen will auch Ball sich nicht, weder als künftiger Regisseur und schon gar nicht als Schriftsteller, der gerade von Ernst Rowohlt die Zusage erhalten hat, seine Tragikomödie *Die Nase des Michelangelo* zu publizieren. Viele Jahre später erinnert er in *Die Flucht aus der Zeit*: »1910-1914 war alles für mich Theater: das Leben, die Menschen, die Liebe, die Moral. Das Theater bedeutete mir: die unfaßbare Freiheit.«[48] Er ist von dieser Welt ebenso fasziniert wie von seinem Charlottenburger Umfeld: »Ich fand dort (...) eine orientalische Stadt und suchte mich nach Kräften anzupassen. Man hat mich seither öfters für einen Juden gehalten, und ich kann nicht einmal leugnen, daß der Berlinische Orient mir sympathisch war.«[49]

Ja, das exotische Umfeld ist ihm ebenso sympathisch wie die Jüdin Leontine Sagan, aber ihm mangelt es nicht nur an Weltläufigkeit, sondern auch an Geld. »Wenn das armselig drückende Geknauser nicht wär, dies Bettelmannsgefühl!« schreibt er an die Schwester. »Ich lebe wie ein Hottentott (...) Andre Künstler frühstücken in Paris, essen zu Mittag in Florenz und gehen spazieren in Japan.«[50] Oder fahren, wie Sagan, nach Abschluß der Ausbildung im Juni 1911 nach Venedig, wo sie Brandon Davis trifft. Aber statt des erwarteten Heiratsantrags erklärt der Jugendfreund ihre Beziehung für beendet. Tief enttäuscht reist Sagan nach Gersau am Vierwaldstätter See und bereitet sich auf ihr erstes Engagement am Stadttheater Teplitz-Schönau in Böhmen vor, wo sie für die Spielzeit 1911/12 engagiert ist.

Auch Ball verläßt Berlin und tritt, ausgestattet mit einem guten Zeugnis Paul Legbands, im September 1911 eine Stelle als Dramaturg am Stadttheater Plauen[51] an. Die Wälder des Vogtlandes mögen ihn an den Pfälzer Wald erinnert haben, das Hügelan und Hügelab der Straßen ans heimatliche Pirmasens, nur daß hier nicht mit Lederwaren, sondern mit Textilien, feinen Spitzen gehandelt wird. Die sind weltberühmt. Reiche Fabrikanten. Arme Arbeiter. Plauen ist mit 125 000 Einwohnern eine der größten Städte im Königreich Sachsen. Und eine der wohlhabendsten. Die Bürgerschaft leistet sich nicht nur repräsentative Häuser, sondern 1898 ein Stadttheater im neoklassizistischen Stil mit 1200 Plätzen! Ball richtet seine Bewerbung an Theodor Erler, einen umtriebigen Komponisten und Kapellmeister, der von der Stadtverordnetenversammlung als Direktor und Regisseur engagiert ist. Der versucht, das bürgerlich-behäbige Publikum mit leichter Unterhaltung ebenso zu ködern wie mit Sonntagsmatineen, die Balls Vorgänger eingeführt hat. Deren Gestaltung, das macht Erler seinem neuen Dramaturgen klar, sind künftig seine Aufgabe: Vorträge zum jeweiligen Matinee-Thema ausarbeiten und – im Frack am Rednerpult – halten, Programmzettel schreiben, Arbeit mit den beteiligten Schauspielern, Sängern und Musikern, »dazu immer größere Rollen im Schauspiel«[52]. Proben, die »mit dem blödsinnigen Herumstehen«[53] die Zeit wegnehmen. Hatte Ball sich Illusionen gemacht, so sind diese schnell an Erlers herrischem Regiment zerstoben. Und im Ensemble findet er keinen Anschluß, denn einige haben Familie, andere widern ihn mit ihrem »räudigen Benehmen«, ihren »Zoten und Bauchkriecherei vor dem Brotherrn«[54] an. Nur selten trifft er sich mit einem Kollegen, einem verkrachten Medizinstudenten, zur Wanderung im Elstertal oder zum Wein. Enttäuschung klingt aus seinen Briefen, auch Überforderung und immer wieder die Klagen über seine finanzielle Misere: »Mit 90 Mark Monatsgage muß ich mir Trikots Strümpfe und Schuhe kaufen! (…) Und ich muß unbedingt einen Frack haben, bei verschiedenen Stücken (…) und für die Matinée bei Programmpiècen.«[55] Später gesteht er: »Meine Liebe zum Theater? So kann auch Schmerz geliebt werden. Ich wollte lernen, Feste feiern und die Bühne sollte den Alltag verändern.«[56]

Nicht nur den Alltag haben diese ersten Erfahrungen in Berlin und Plauen verändert, sondern auch ihn. Die größte Veränderung jedoch brachte die Begegnung mit Leontine Sagan, »deren hohe Begabung auch ihm ein Ansporn wurde, Treffliches zu leisten«[57].

# Perversionen und Posen

## Possen und Prostitution – Provinz und Premieren – Pläne und Pannen

Sie sind auf der Suche, Maskenspieler auf der Bühne wie im Leben: Emmy Hennings, Hugo Ball, Leontine Sagan. Sind eingebunden in eine Welt des Scheins und der Täuschung, auf die Enttäuschung folgen muß. Rückblickend gesteht Ball ein Jahrzehnt später im Tagebuch: »Das Theater gehörte zu der beträchtlichen Anzahl von Perversionen und Posen, zu denen ich mich selbst überredete, ja mit Gewalt brachte.«[1] Fühlte er sich an der Schauspielschule in Berlin endlich auf dem richtigen Weg und erhoffte sich von der Publikation seiner Tragikomödie *Die Nase des Michelangelo* im angesehenen Rowohlt Verlag auch Erfolg auf dem Theater, so findet er im Engagement in Plauen statt der künstlerischen Freiheit ein Ensemble, das vor dem Prinzipal kuscht, wenn er die Schauspieler zusammentreibt »wie die Kälber (...) und schröpft«[2]. Nur die Sonntagsmatineen bieten ihm die Möglichkeit, in Vorträgen »über klassische und moderne Literatur, (...) das Publikum für die Schönheiten des Schauspiels empfänglich zu machen«[3]. Abends jedoch amüsiert sich dasselbe Publikum laut lachend, wenn er auf der Bühne steht und »im ›Grünen Kakadu‹ Feurio oder dergleichen rufen mußte«[4]. Seichte Unterhaltung, zu der er sich habe »sehr nötigen müssen«[5]. Zudem ist es in Plauen eine »triste Sache, als Junggesell allein herumzuhocken. So folge ich einer Einladung meiner l(ieben) Freundin Sagan nach Teplitz und freue mich, Plauen für ein paar Tage los zu sein.«[6]

In dem traditionsreichen Kurort fühlt Sagan sich wohl, ist aus Wiener und Teschener Zeiten vertraut mit der Mentalität der Menschen. »Es war ein glückliches Leben«, erinnert sie, »die sorgenfreieste Zeit meiner Laufbahn.«[7] Vorbei das verzweifelte Ringen um die von Max Reinhardt geforderten Frauenrollen, »dieses Nachforschen«, ob die Schauspielerei »das richtige für mich war«[8]. Sagan ist, wie ihr Freund Ball, voll Idealismus und Enthusiasmus. Daß die Gagen gering sind, fällt bei ihr nicht so sehr ins Gewicht, weil die Mutter sie in ihr Engagement begleitet hat und finanziell unterstützt. Und so trifft Ball zu

Weihnachten 1911 eine heiter-entspannte Freundin, die in Teplitz große Rollen spielen darf, aber auch als Statistin in Wagner-Opern auftritt
und mit dem Corps de Ballett in Operetten tanzt. Sie hat Erfolg, lebt
behütet von der Mutter, die sie aus der Boheme fernhält. »Mama
schützte mich vor vielen Dummheiten, die ich vielleicht aus Neugier
begangen hätte. Dagegen billigte sie meine Freundschaft mit Hugo
Ball, der (...) mich von Zeit zu Zeit in Teplitz besuchte.«[9]

Kein Schutz hingegen für Emmy. Seit sie in die Welt des schönen
Scheins aufbrach, um Schauspielerin zu werden, stolpert sie durch ihr
Leben. Mal mit einem Mann, mal ohne. Zu Beginn mag sie das Verlassen der kleinbürgerlichen Welt, den Ausbruch aus ihrer Ehe als jene
zweite Geburt erlebt haben, von der sie in einem frühen Gedicht bekennt: »Schon zweimal wurde ich geboren, / Und damals sang ich
auch für Geld, / Doch sonniger schien mir die Welt, / Und meine
Munterkeit hab ich verloren.«[10]

Aber längst ist der verführerische Schein vor einer harten Wirklichkeit verblaßt. Hoffnung, das unstete Leben im grünen Wagen aufgeben
zu können, bot das Engagement in Tondern. Es ging aufwärts. Nächste
Station: Bremen. »In Bremen spielte ich in einem Sketsch (...) In dieser Rolle sah mich ein Agent, der mir einen Vertrag nach Münster in
Westfalen anbot, wo eine Operettengesellschaft gastierte.«[11] Emmy unterschreibt, kleidet sich neu ein, bevor sie ihr Engagement antritt. Dieses Mal mit Musik. Emmy singt »frisch drauflos«.[12] Bis sie ihre Munterkeit verliert. Bis zum Absturz. Dabei ist nichts Außergewöhnliches
geschehen. Nichts, was in ihrem Traumberuf nicht zum Alltag gehörte. Denn in der Vergangenheit, als man die weiblichen Rollen nicht
mehr mit Männern besetzte, wurden die weiblichen Kräfte zum Teil
aus Bordellen rekrutiert, und daher ist auch um die Wende vom 19.
zum 20. Jahrhundert der Beruf der Schauspielerin noch immer anrü-
chig. Freiwild waren die Mädchen, wurden bei den Behörden oft als
Prostituierte geführt, von der Polizei observiert. Die Männer hatten
die wildesten Vorstellungen vom Sexualleben der Schauspielerin. Sie
verkörperte die erotischen Verheißungen, die in der Enge der Ehe nicht
eingelöst wurden, wirkte wie ein Aphrodisiakum. Auf der Bühne – nah
einerseits und entrückt zugleich – war sie Lustobjekt männlicher
Phantasien. Und wenn sie es sich finanziell leisten konnten, versuchten

die Männer das Objekt ihrer Begierde von der Bühne in ihr Bett zu holen. So ließ sich ein Verhältnis begründen, das den Bordellbesuch ersparte – und somit die Gefahr der Syphilis, lästige Folge eines solchen, verringerte und das durch einen Engagementwechsel mühelos beendet werden konnte. Auch gab es keinen eifersüchtigen Ehemann, der Satisfaktion forderte. Denn verheiratet sollte die Schauspielerin möglichst nicht sein. Ein Kind war oft genug ein Kündigungsgrund. Und wenn denn eines da war, wie bei Emmy, hatte dieses geheim zu bleiben. Ehe und Kinder vertrugen sich nicht mit Verführung und erotischer Raffinesse, die Männer bei den Mädchen vom Theater suchten.

Demi monde. Eine Halbwelt voller Frauen, dennoch eine Männerwelt. Die Männer wollen sich amüsieren, die Männer haben die Macht. Da kriecht das Ensemble nicht nur vor dem Plauener Prinzipal. Besonders die Mädchen mit ihren Träumen, die mittellos waren und aus kleinbürgerlichen Verhältnissen stammten. Ebenso wie Emmy glaubten sie nach der Flucht aus dieser Enge an die Verheißung von einem selbstbestimmten Leben. Glaubten an Befreiung von gesellschaftlichen Zwängen, an Karriere, Geld und sozialen Aufstieg. Die Realität, die diese Mädchen jedoch beim Theater erlebten, sah anders aus. Kaum hatten sie sich aus Elternhaus und Schule, von den Forderungen ihrer Dienstherren – oft genug auch den sexuellen – befreit, waren sie wieder auf das Wohlwollen von Männern angewiesen: Theateragent, Theaterdirektor, Theaterkritiker. Die jungen Frauen reisten herum, stellten sich vor. Und wurden begutachtet nach hübschem Gesicht und körperlichen Reizen. Manche hatten Unterricht gehabt bei Schauspielern, so wie Emmy es gewünscht hatte. Oder hatten wie Sagan an einer der wenigen Schauspielschulen gelernt. Ausschlaggebend war das für ein Engagement nicht. Nicht bei der Schmiere und nicht beim großen Theater. Künstlerische Interessen und theaterästhetische Überlegungen waren überflüssig. Gefragt waren – neben Jugend und gutem Aussehen – elegante Kostüme, Mäntel, Schuhe, Hüte. Und der bunte Putzkram, der ins Bild gehört: Schleier, Gürtel, Bänder, Blumen. Bei einer Gage von 30 bis 80 Mark monatlich mußte selbst genäht und improvisiert werden. Und wenn einer da war, der die Garderobe zahlte, war man nett zu ihm. Verehrer gab es genug, solange die

Frauen jung waren. Und die meisten hatten schon bei ihren Bewerbungen erfahren, daß es nicht um Kunst, sondern um Körper ging. Den schaute sich der Theateragent, der Direktor sehr genau an, bevor er einen Vertrag unterschrieb.

Denn nach dem Fallen des Vorhangs war für die Schauspielerin die Arbeit keineswegs beendet. Zu ihren Verpflichtungen gehörte amouröses Amusement: Soupers mit dem Theaterdirektor, mit Rezensenten und Mäzenen. Warum also nicht auch zum eigenen Vorteil verführen? Die Grenzen zwischen Animation und Prostitution waren fließend. »Einen Vertrag zu brechen, machte mir nicht die mindesten Skrupel. Dagegen konnte ich irgendeinen Verehrer meiner leichten Kunst sehr wohl ein Versprechen halten, wenn es mir grad paßte, obwohl es ohne Zeugen gegeben wurde.«[13] Aber Emmy, im Gefühl, es gehe aufwärts, verschätzt sich. Ihre Vertragsbrüche sprechen sich herum. Scheint einerseits an Spielstätten kein Mangel, werden nach Einführung der Gewerbefreiheit hunderte von Theatern gegründet und Millionen in Theaterunternehmen investiert, so ist mit dem »Deutschen Bühnenverein« auch ein Kartell entstanden, dessen wesentliche Aufgabe der Kontraktbruchschutz ist. Nicht zum Schutz des Schauspielers, sondern des Theaters. Schwarze Listen kursieren mit den Namen unzuverlässiger oder unliebsam gewordener Schauspieler. Emmy Hennings gehört dazu. Als sie in Münster vertragsbrüchig wird, ist Schluß mit den Engagements. Emmy läßt ihr Pseudonym Helga in *Das flüchtige Spiel* nach Budapest aufbrechen.

In *Das Brandmal* erzählt sie die Geschichte anders. Da löst sich die Truppe auf, und Emmy fährt nach Köln. Ohne einen Pfennig Geld. Sie steht auf der Straße. Flüchtet in den Dom, hat das Glück gesucht, den Glanz. Jetzt ist sie am Ende. Als ihr ein früherer Kollege begegnet, nimmt er Emmy mit ins Café. Aber das Café ist keines. Auch das Klavier »dort ist kein ehrliches Klavier. Es spielt von selbst.«[14] Mädchen sind da. Männer. Einer sagt, das sei kein Milieu für sie. Und schläft mit ihr. Emmy ist wie das Klavier. Ganz automatisch. Findet sich wieder auf der Straße mit einem Geldstück in der Hand: »Ich fühle nur ein Grauen in mir, von dem ich mich nicht befreien kann.«[15] Emmy hat die letzte Grenze überschritten. »Ich möchte gern wissen, ob das Geld das einzige sichtbare Zeichen meiner Verwahrlosung ist. (…)

Für dieses Zehnmarkstück wurde ich selbst auf den Tisch gelegt, es wurde mit mir bezahlt.«[16]

Denkt sie an Flensburg, mag ihr der Oluf-Samson-Gang wieder in den Sinn kommen. Die älteste Puffstraße Deutschlands, sagen die Flensburger. Hat das Mädchen Emmy mit ihrem mohnblumenge-schmückten Florentinerhut neugierig dorthin gespäht, wenn es in die Stadt ging? Noch immer trägt sie einen Hut. Den Chiffonhut mit den drei großen Klatschrosen darauf. Lebt mit den Straßenmäd-chen, den jungen, den älteren. Sieht mit Entsetzen das Schicksal der alt gewordenen. Endstation Prostitution.

»Sie machen auch die Straße, nicht wahr«,[17] wird die Protagonistin in *Das Brandmal* gefragt und reagiert zunächst erstaunt, als Prostitu-ierte erkannt zu werden. Dann aber spürt sie: »Die Worte entfallen mir, wenn jemand das Brandmal berührt. Wenn jemand an mich an-stößt, werde ich nur zusammenzucken und weinen. (…) Wer aber fragt nach mir? Ich bin nur eine unter vielen. Niemand fragt nach den vie-len.«[18]

Aber die Mutter fragt noch nach ihr, weiß nicht, wie es ihr geht. Lädt sie zu Weihnachten nach Flensburg ein. »Wie seltsam: Es ist mir noch nie eingefallen, ihr zu schreiben, daß ich mich in schlechten Verhält-nissen befinde. Im Gegenteil, ich schreibe ihr von einem glänzenden Engagement.«[19] Geachtet sei sie, lügt die junge Frau im *Brandmal*. Wie auch Emmy der Mutter gegenüber nicht zugeben kann, daß sie ge-scheitert ist. Und so mag Anna Cordsen erwartet haben, daß die erfolg-reiche Tochter sie finanziell beim Aufziehen Annemaries unterstützt. Aber es kommt kein Geld, obwohl Emmy sich bemüht, »ehrliches Geld« zu verdienen. Zieht als Hausiererin von Tür zu Tür. Aber es reicht nicht: Und sie träumt, sie sei wieder ein Kind und aus einer blauen Wolke käme die Stimme der Mutter und warnte vor »Gitter, Gosse und Ginster. Das ist Gefängnis, Straße und Wahnsinn.«[20]

Das schreibt Emmy 1919. Da liegt alles hinter ihr: Die Zeit in Köln, als die anderen Mädchen ihr den Spitznamen »Fledermaus« gegeben haben, weil sie »etwas Flatterndes, Nervöses«[21] hatte. Auch das Enga-gement am jüdischen Dialekttheater in Frankfurt am Main, wo sie ih-ren Körper der Anatomie verkaufen will. Das ›Moulin Rouge‹ in Han-nover, das ›Royal Orpheum‹ in Budapest, ihre Verhaftungen und das schwere Fieber, das sie in ihren Phantasien zurückkehren läßt in die Arme der Mutter. Behütet sein, noch einmal. Wie ein Kind. Damit endet *Das Brandmal*.

Zehn Jahre werden vergehen, bis Emmy über ihre traumatischen Erlebnisse schreiben kann. Erst im Zusammenleben mit Hugo Ball wird sie sich aus der Rolle der Beteiligten lösen und zur Beobachterin werden, die ihre eigene Situation literarisch reflektiert. Denn noch bewegen sie sich auf getrennten Wegen, obwohl sie sich hätten begegnen können: während Balls Regieausbildung in Berlin 1910 oder 1911, wo Emmy Hennings, fasziniert von den jungen stürmischen Dichtern durch die Szenelokale zieht, oder 1912 in München, wo sie im »Simplicissimus« singt. Mit wechselnden Männern an ihrer Seite, während Balls Bindung an Leontine Sagan immer enger zu werden beginnt. Auch wenn die Korrespondenz des Paares verschollen ist, bekommt die Beziehung durch Sagans Erinnerungen und Balls Briefe an Maria Hildebrand festere Umrisse. Es ist eine Freundschaft, getragen von ihrer beider Wunsch, am Theater zu reüssieren – und das nicht nur in der Provinz.

Zunächst schafft es Ball, der das Stadttheater Plauen nach einem Jahr verläßt und als Dramaturg ans Lustspielhaus nach München engagiert wird, das zu Beginn der Spielzeit 1911/12 durch ihn seinen endgültigen Namen erhält: Münchener Kammerspiele. Zudem kann er sich nach einer positiven Rezension seines eben erschienenen Dramas in der »Zeitschrift für Bühnenfreunde« Hoffnung machen, daß Intendanten und Regisseure aufmerksam werden auf »Hugo Balls merkwürdige Tragikomödie ›Die Nase des Michelangelo‹, die ein Unikum in unserer dramatischen Literatur darstellen dürfte. Das Stück spielt ohne Einschnitt hintereinander, es hat nur vier Personen und handelt vom Anfang bis zum Ende von der abgeschlagenen Nase Michelangelos. (…) Dieses groteske und doch tragische Geschehnis ist von Ball auf die einfachste dramatische Formel gebracht und wirkt beim Lesen halb erheiternd, halb erschütternd. Trotz der sechsfüßigen Jamben ist die Sprache frisch und lebendig, ohne Phrase und Überschwang.«[22]

Das Namenskürzel P des Rezensenten läßt auf Kurt Pinthus schließen, den Journalisten und Schriftsteller, der auch unter dem Pseudonym Paulus Potter veröffentlicht. Pinthus, Jahrgang 1886 wie Ball, der in Berlin als Lektor des Kurt Wolff Verlags arbeitet, ist zugleich literarischer Berater des Rowohlt Verlags, in dem Balls Tragikomödie erschienen ist. Leidenschaftlich setzt er sich für die Publikation der jungen expressionistischen Dichter ein und veröffentlicht 1919/20 mit der Gedichtanthologie *Menschheitsdämmerung* ein Werk, in dessen Auswahl und Einleitung er die Entwicklung des literarischen Expressionismus nachzeichnet, Emmy Hennings und Hugo Ball jedoch nicht berücksichtigt.

Ball taucht 1912 in München nicht nur in die Theater-, sondern auch in die Literatenszene ein, lernt sowohl arrivierte Dramatiker wie Carl Sternheim und Frank Wedekind als auch junge Hitzköpfe kennen, die mit Worten die Welt verändern wollen. Man revoltiert gegen die Zensur, spielt »zu unerhörten Eintrittspreisen«[23], sogar nach Ende der Spielzeit. Auch Sagan reist aus Teplitz an, denn »Ball verschaffte mir ein Sommerengagement an den Kammerspielen in München, die damals das literarische Elitetheater Deutschlands waren. (...) Es war mein Debut in einer großen Stadt. Ich spielte die ›Abel‹ in Strindbergs ›Kameraden‹ und hatte in der exzentrischen Rolle einen großen Erfolg. Als ich am nächsten Morgen meine guten Kritiken las (...) stürzte ich zu Hugo Ball und jauchzte: Das Loben hat angefangen, das Loben hat angefangen!«[24]

Dieser Erfolg scheint ihrer Karriere förderlich gewesen zu sein, denn der Direktor des Dresdener Albert-Theaters besucht Teplitz, um sie als »Hedda Gabler« zu sehen, und engagiert sie für fünf Jahre »mit einer Anfangsgage von 250 Mark im Monat. (...) Es sah auch wirklich aus wie der Anfang einer großen Karriere. Dresden galt neben Berlin, Wien und München als bedeutendste Theaterstadt.«[25] Ball fördert das Fortkommen der Freundin, wo immer es ihm möglich ist, und leidet zugleich unter »grosser Verzweiflung über meine Bildungslücken und über meine dürftigen Verhältnisse«[26]. Er möchte Sagan Geschenke machen und kann es nur unter Schwierigkeiten. Zu Weihnachten 1912 hat er ihr die Zeichnung eines Christuskopfes »zum Präsent gemacht«[27], ohne das Blatt selbst schon zu besitzen. Die Mutter soll es besorgen, die Schwester soll es schicken. Daß die Zeichnung nicht für ihn, sondern für »meine Freundin Sagan«[28] ist, darf die Mutter jedoch nicht wissen. »Behalts für Dich; hörst Du?«[29] mahnt er Maria, weiß er doch genau, daß die Mutter seinen Weg nicht billigt, auch eine Schauspielerin als Gefährtin des Sohnes nicht akzeptieren kann. Und so beschwört er Maria: »Sag doch bitte den Pirmasensern, dass ich kein Schauspieler bin (...) dass ich allein Dramaturg bin.«[30]

Das Verhältnis zur Mutter bleibt angespannt, und als sie ihn im Herbst 1913 überraschend in München besucht, muß er sich »zwingen, auch nur ein nettes Wort aufzubringen. (...) Ganz und gar rabiat aber werde ich«, schreibt er an Maria, »wenn ich statt bestärkt zu werden, wie von Dir, Du Liebe, nur immer mehr oder weniger den versteckten Vorwurf einer verfehlten Existenz wahrnehme.«[31] Dabei hat er das Gefühl, endlich weiterzukommen. Er plant Matineen in den Kammerspielen, so die Uraufführung von Franz Bleis *Die Welle*, »wozu ich Blei selbst als ›Spavento‹ und die Sagan für die weibl(iche) Hauptrolle voraussichtlich haben werde«[32]. Mitte Oktober fährt er nach Berlin zu Blei, nach Dresden zu Sagan. Zugleich begründet er mit dem Studenten Hans Leybold eine Zweiwochenschrift die *Revolution* »für exzessiv moderne und polemische Geschmacksrichtung«[33], in der er sein Gedicht *Der Henker* veröffentlicht, was umgehend zur Konfiszierung der 1. Ausgabe führt, da es unter § 184.1 »Verbreitung unzüchtiger Schriften« fällt. Ihn beunruhigt das nicht, im Gegenteil. »Ich lasse mir nicht mehr ein x für ein u vormachen. Heute weiss ich wie niemals vorher, was ich will und glaube mir: da braucht es nur Zeit«[34], schreibt er am 4. November 1913 an die Schwester.

Pläne. Höhenflüge. Abstürze. »Aber man ist so kaputt und schachmatt oder man hockt irgendwo zusammengeknittert im Simpel und säuft um nicht denken zu müssen.«[35] Und um zu vergessen, was ihn noch immer bedrückt: »meine mangelnde Sprachen- und Weltkenntnis.«[36] Wie anders erlebt er die Freundin, die jetzt Erfolge in Dresden feiert, mühelos vom Deutschen ins Englische wechselt, Afrikaans und Französisch spricht. Im Dezember 1912 macht Ball Pläne für den Frühling, will nach Florenz. »Oder nach Paris oder nach Konstantinopel.«[37] Im November 1913 plant er: »Im Februar, wenn alles gut geht, fahre ich mit der Sagan auf ein paar Wochen nach London. Ihre Schwester reist nach Afrika zurück, die wollen wir begleiten über Holland.«[38] Aber vorher, am 10. Dezember, soll die Uraufführung der *Welle* über die Bühne der Kammerspiele gehen. Im November hat Blei bei

Balls Besuch in Berlin zugesagt, den Grafen Spavento selbst zu spielen. Mit Leontine Sagan, die aus Dresden angereist ist, trifft er sich im ›Café des Westens‹, abends gehen sie gemeinsam ins Lessingtheater. Sie wird in Bleis Stück die »Prinzessin« spielen, die in die moralisch fragwürdige Welt des Varietés aufbricht und schließlich reuevoll in ihre adligen Kreise zurückkehrt.

Das Stück, das von der Polizeidirektion nur für eine Aufführung freigegeben wurde, war ein Erfolg. »Im Publikum saß die Elite Münchens«[39], erinnert Hugo Ball in *Die Flucht aus der Zeit*. »Der Dichter spielte den Spavento so täuschend in meiner Maske, daß man ihn hinter der Bühne mit mir verwechselte.«[40] Der Programmzettel jedoch nennt Blei als Darsteller des Freiherrn Edgar von Roßla Dühna und Paul Marx in der Rolle des Spavento. Spektakulär Bühnenbild und Ausstattung von Richard Seewald.

Trotz des Zuspruchs stehen die Kammerspiele wieder einmal kurz vor der Pleite. Höchste Zeit für Ball, sich nach etwas Neuem umzusehen. Sagan hat ihn ermuntert, sich in Dresden am Albert-Theater zu bewerben, wo der künstlerische Leiter, Martine René, vom Geschäftsführer der Aktiengesellschaft, die das Theater finanziert, entlassen worden ist. Ball bewirbt sich im Herbst 1913, reist jedoch Anfang Januar 1914, als noch keine Entscheidung gefallen ist, erneut nach Dresden, um vor Ort seine Bewerbung zu befördern. »Bete zu allen Göttern, dass mir das glückt«, beschwört er die Schwester. »Ich habe meine letzten Gelder drangehängt und weiss nicht was werden soll wenn es mir fehlgeht.«[41] Er macht Besuche, bittet um Empfehlungen, schreibt Briefe, macht Vorschläge: »Das Theater soll als Volksinstitut geführt werden«, erklärt er dem Theaterkritiker Michael Georg Conrad. »Nicht durch Volkstheaterrepertoire, sondern durch Loyalität des Gebotenen. (…) Der Grundsatz meiner Lehrjahre war, mich allseitig zu betätigen.«[42] Dann folgt eine Aufzählung aller bisherigen Tätigkeiten: Dramaturg, Vertreter und Leiter eines Bühnenvertriebs, Lyriker, Dramatiker, Kaufmann, und endet mit der Bitte: »wenn auch Sie Ihrerseits mich in Verfolgung dieses meines Ziels liebenswürdigster Weise unterstützen würden.«[43] Er hofft auf die Berufung, denn: »Dresden war damals überhaupt sehr lebendig.«[44] Jenseits der konservativ-konventionellen Hoftheater-Szene hat sich im Vorort Hellerau um den Claudel-Übersetzer, Jakob Hegner ein Zentrum der Avantgarde etabliert. »Dalcroze hat seine Tanzschule. Claudel hat seine Gemeinde dort. Die Hellerauer sind zugleich aufs engste liiert mit dem Verlag Kurt Wolff.«[45] Ball besucht eine Ausstellung mit Werken von Picasso, sieht »die ersten Futuristenbilder«. Am 14. Januar sitzt er im Albert-Theater in der Premiere eines Stückes mit Sagan in der Hauptrolle »unter der gegenwärtigen provisorischen Direktion«[46].

Als vier Tage später noch immer keine Entscheidung gefallen ist, reist Ball zurück nach München, sitzt »wie auf glühenden Kohlen« und fragt sich: »Was fang ich an, wenn es fehlschlägt? Ich darf gar nicht dran denken.«[47] Auch kein Gedanke mehr an die Reise nach London, denn Sagan versucht, der unsicheren Situation in Dresden mit einer Bewerbung nach Wien zu entkommen. Da sie jedoch einen Vertrag über fünf Jahre unterschrieben hat, braucht sie, um nicht vertragsbrüchig zu werden, einen stichhaltigen Grund, um diesen aufheben zu können. Als solcher könnte eine Heirat angesehen werden. Ball ist dazu bereit, ob jedoch die bereits am 19. Dezember 1913 vom Standesamt Pirmasens für ihn ausgestellte Geburtsurkunde das gewünschte »Heiratspapier« war, ist nicht nachzuweisen.

Aber Sagan bekommt, während Ball in München noch auf die Entscheidung der Dresdener Theaterbetreiber wartet, die Zusage eines Engagements an der Neuen Wiener Bühne ab der Spielzeit 1914/15. Eine Verpflichtung, die sie auch ohne Heirat eingehen kann, da ihr Vertrag am Albert-Theater von der neuen Direktion gekündigt wird. »Das Ensemble war zusammengerufen«, erinnert Sagan, »entweder unter einem neuen Direktor am Albert-Theater zu bleiben oder aus dem Verband auszutreten. Fünfunddreißig Mitglieder erklärten sich loyal zu René, darunter auch ich.«[48] Sicher hätte sie sich anders entschieden, wäre der neue Direktor aus München gekommen, aber: »Aus Dresden wurde *Nichts*«,[49] teilt Ball seiner Schwester am 11. Februar 1914 mit und fügt entmutigt hinzu: »Die Bewerbung um Dresden entfremdete mich meinem hiesigen Theater *noch mehr*. (…) Gelder, die ich geliehen habe, werden zurückverlangt. Meine Garderobe ist wieder schäbig und die letzten Rechnungen noch nicht bezahlt. Leben muss ich wie ein Mönch nicht aber wie ein junger Mensch in meinen Jahren. Ich bin ganz rat- und tatlos, was ich tun soll.«[50]

Er hofft, sich die Kammerspiele »zurückzuerobern«, hofft auf die dortige Sommerdirektion, »wenn sich ein Pächter fände«[51]. Aber: »Wenn das alles nicht sein kann, bleibt mir nichts übrig als alles hier aufzugeben und ins Ausland zu gehen.«[52] Woran denkt er dabei? An Wien? Will er Sagan dorthin folgen? »Sie ist der einzige Luxus, den ich habe«, gesteht er Maria. »Um die Sagan in Dresden loszubekommen, hätte ich auch das letzte eingesetzt. (...) Und Heiratspapiere sind nicht das Letzte.«[53]

Als er das schreibt, sitzt auch Sagan auf der Straße. Aber der entlassene Martine René mietet einen großen Saal, »und zwar der Billigkeit halber in der verrufensten Gegend Dresdens und führte dort mit uns Gorkis ›Nachtasyl‹ auf. Für Lokalkolorit war also gesorgt. (...) Wir spielten auf Teilung und machten gute Geschäfte, wir bereisten später Sachsen und Böhmen, bis der Krieg im August 1914 dem allen ein Ende machte.«[54]

Es ist die Zeit vor dem Ausbruch des Krieges. Unruhe hat die Menschen erfaßt: Hektisch wird gelebt, geliebt, gespielt. Und alle spielen mit: Hugo Ball, Leontine Sagan und Emmy Hennings, der es gelingt, ihrer Kölner Misere zu entkommen. Schluß mit dem Hausieren, der Bettelei und Prostitution. Zurück zur Bühne. Emmy, die Maskenspielerin, tritt erneut auf.

# Bohemienne mit Begleitern

## Bühne und Bordell – Hugo macht Theater – Avantgarde und Äther – Reisen und Rausch – Münchener Maskenspiele

Plötzlich steht Emmy Hennings wieder auf einer Bühne: 1909. Frankfurt am Main. Der »gerupfte Vogel«[1] spielt in der Komödie *Die Welt geht unter*. Jiddisches Dialekttheater, in dem ihr alles fremdartig ist: »Ich habe diese schmeichelnde, altkluge, orientalische Sprache nicht verstanden.«[2] Überhaupt scheint ihr das Theater fragwürdig geworden. »Mir ist, als sei ich auf der Straße reiner gewesen (...) Hatte alles allein zu verantworten. Hier stehe ich allabendlich vor vielen Menschen und helfe ihnen, die Zeit verschwenden (...) Was machen wir eigentlich da, wir Schauspieler? Für was für einen Unfug geben wir uns her? Hier spielen manche begabte Menschen, die ihr Talent prostituieren (...) Es ist eine große Sünde, die allabendlich begangen wird, und ich lasse mir diese Sünde anständig bezahlen.«[3]

Während sie durch die deutschen Provinzen tingelte, hatte das Publikum hauptsächlich zur unteren Mittelklasse gehört: Handwerker, Kleinbauern, Dienstboten. Possen wurden gespielt, die »dazu herhalten, sowohl die geschichtlich absterbenden wie die heraufkommenden sozialen Bedrängnisse abzuwehren«[4]. In den Großstädten der Gründerzeit jedoch steht in den Theatern, jenen Orten antibürgerlichen Lebens, anderes auf dem Amüsierprogramm: grobe Schwänke mit unverhüllt sexuellen Anspielungen. Und nach der Aufführung, wenn sich die Herren noch grölend die Schenkel klopfen, bietet sich die Möglichkeit, die angeregten Phantasien auszuleben, denn »der Zuschauerraum wird nach der Vorstellung durch einen großen Vorhang geteilt, so daß es aussieht, als hätten wir ein Zeltgelager (...) Unsere persönliche Anwesenheit ist für die Gäste eine Zugabe zum Abendprogramm.«[5] ... »Wenn ich abends nach der Vorstellung zum Sekt eingeladen bin, werde ich von den Herren aufgefordert, einen ›Witz‹ oder einen ›Schwank‹ aus meinem Leben zu erzählen. Das kann ich nicht. Meine Schwankungen kann ich nicht preisgeben. Die groteske Situation meiner Liebesabenteuer sind meine Trübsal, die keine Erwähnung duldet.«[6] Und doch macht Emmy weiter. Tag für Tag.

Nacht für Nacht. Emmy im weißen Tennisrock, in »Twostep-Hosen«. Emmy im Flitterkleid mit Hut. Kavaliere, die nicht wissen wollen, was in ihr vorgeht. »Sie glauben nur daran, daß ich schlank bin, tanzen, singen und trinken kann.«[7] Emmy ist einsam. Wird sich selbst unheimlich. Wenn sie singt: »Nur Liebe ist Leben«, glaubt sie es längst nicht mehr. »Wenn ich lieben könnte, wäre ich aufgelöst in das, was ich liebe, dann wäre ich Mensch. Ich liebe nicht. Ich liebe der Liebe nach.«[8] Und kann sie nicht mehr erreichen. Geht, nachdem ein Kavalier sie nachts mit seinem Spazierstock geprügelt hat, nach Hannover ins ›Moulin Rouge‹, von der Bühne ins Vergnügungsetablissement. Kommt sie im Morgengrauen in ihr dürftiges Zimmer zurück, Fenster zum Hof, haben die Handwerker bereits mit der Arbeit begonnen, drehen die Köpfe nach der Frau im giftgrünen Kleid, mit rotgemaltem Mund.

Es ist die proletarisch-kleinbürgerliche Welt, aus der sie kommt, aber Emmy weiß: Es gibt kein Zurück. Nicht ins bürgerliche Leben, aber auch nicht zum Theater. »Was für ein bemitleidenswerter Irrtum«, läßt sie die Protagonistin in *Das Brandmal* erkennen, »ich dachte, Bühne und Podium können eine Rettung sein; hier könne man sich finden oder verlieren. Und bin mich doch nicht losgeworden.«[9]

Auch Leontine Sagan, inzwischen im Engagement in Wien, sitzt in einem winzigen Hinterzimmer, »in dem nicht mal ein Schrank vorhanden war. In diesem lernte ich die erste große Rolle, (…) lernte sie auf dem Bettrand sitzend, denn bewegen konnte man sich in dem Raum nicht.«[10] Für zwei Kronen fünfzig Heller am Tag spielt sie eine »Salondame«. Das Stück: »ein Schmarrn. Das Repertoire, das folgte war ebenso blöd, aber was hieß das schon. (…) Ich bildete mir ein, daß mir Kokotten und Abenteuerinnen besonders lägen. Von 2.50 Kronen war ich auf zehn Kronen gestiegen.«[11] Der männliche Star in einem Stück probt mit ihr im Hotelzimmer, streichelt ihr den Busen, und sie fragt sich: »Könnte man eventuell durch seinen Einfluß hochkraxeln?«[12]

Weiter also im Amüsierbetrieb, in dem das Abstoßende und Schale doch immer wieder zur Faszination werden. Bei Leontine Sagan ebenso wie bei Emmy Hennings. Aber beide lernen in diesem Milieu auch

Bild 4  Emmy Hennings in Berlin, um 1910

Männer kennen, die sie interessieren. Sagan ihren späteren Ehemann, den Kunsthistoriker und Schriftsteller Victor Fleischer, und Hennings den Grafiker John Höxter, einen homosexuellen Bohemien und Dauergast im Berliner »Café des Westens«, dem »Café Größenwahn«, der sie aus Hannover mitnimmt in die Reichshauptstadt. Ein entscheidender Wechsel für Emmy, die mit Höxter durch die Szenekneipen zieht, Stammgast im »Café Größenwahn« wird und neben kritischen Journalisten auch die Avantgarde der Dichter und Schriftsteller, Maler und Grafiker kennenlernt. Politische und Unpolitische. Unbürgerliche alle. Ebenso wie Emmy haben sie ein geordnetes Leben hinter sich gelassen, viele ein großbürgerliches, um in die Boheme einzutauchen. Hier ist sie keine Außenseiterin, sondern interessanter Mittelpunkt. Und Prostitution gilt als Zeichen bürgerlicher Doppelmoral und rücksichtsloser Ausbeutung. Maler und Schriftsteller reflektieren diese Situation in ihren Arbeiten, gestalten die Körper von Prostituierten, die unter der Gewalt ökonomischer Prozesse buchstäblich zerteilt zu werden scheinen, thematisieren Hurenschicksal.[13] Aber auch jene, die sich fernhalten vom antibürgerlichen Ausbruch, deren revolutionärer intellektueller Aufbruch sich in bürgerlicher Umgebung vollzieht, wie Sigmund Freud und Walter Benjamin, fühlen sich vom Faszinosum Prostitution angezogen.[14]

In der Boheme ist Emmy, die sich auch in Berlin immer wieder prostituiert, keine Außenseiterin. Manchmal braucht sie Geld für sich, manchmal ernährt es auch einen der Männer, von denen sie fasziniert ist. Denn endlich erlebt sie, die leidenschaftliche Gelegenheitsleserin, das Entstehen von Literatur. Erlebt Männer, die schreiben, auch eine Frau, Else Lasker-Schüler, deren Verse ihre eigene Phantasie anregen. Sie nimmt teil an Diskussionen um Kunst und Politik. In den Zeitungen wird von der bosnischen Krise berichtet, der Annexion Bosniens und der Herzegowina durch Österreich-Ungarn. Deutschland auf Österreichs Seite. Mißstimmung in Rußland. Noch immer Konflikte um die Öffnung der Dardanellen. 1911 Schlagzeilen über die Entsendung des deutschen Kanonenbootes »Panther« nach Agadir als Protest gegen die französische Marokkopolitik. Querelen mit England seit dem 1908 im *Daily Telegraph* veröffentlichten Interview Wilhelms II. mit dessen taktlosen Äußerungen über das Verhältnis der beiden Staa-

Bild 5 Ferdinand Hardekopf in Berlin, um 1910

ten. 1909 tritt der beteiligte Bülow zurück. 1910 besteigt Georg V. den englischen Thron. Doch die Verstimmung bleibt. Emmy, unpolitisch zuvor, hört von der Diktatur des Proletariats, von der russischen Revolution 1905/06, von Anarchisten, Bolschewisten, Sozialisten. Im Café werden die schnell aufeinander folgenden Krisen diskutiert: die italienisch-türkische und immer wieder die auf dem Balkan. Die Lage spitzt sich zu. Wird es Krieg geben? Auch im Reichstag werden die Debatten schärfer.

Ein Parlamentsstenograph berichtet davon. Emmy lernt ihn im Café kennen und verliebt sich in ihn: Ferdinand Hardekopf. Markantes Gesicht. Diabolischer Elegant mit Fliege oder Bohemien-Apache mit Schlägermütze auf dem vollen wirren Haar. Er schreibt für *Die Aktion* und *Die Schaubühne*, wird von den jungen Expressionisten bewundert. Wegen seines antibürgerlichen Lebensstils, wegen seiner raffinierten Texte. Er übersetzt aus dem Französischen, und manchmal spricht der 1876 im niedersächsischen Varel Geborene mit Emmy sein Oldenburger Platt.

Emmy Hennings und Ferdinand Hardekopf. Eine schicksalhafte Begegnung. Leidenschaft. Rausch und Reisen. Wechselnde Beziehungen. Trennungen und immer neue Begegnungen. Freundschaft. Lebenslang. Briefe deren schönstes Zeugnis. »Meine Emmy. Liebste Emsi. Mein geliebtes Emseli.« Er schreibt ihr auch, nachdem sie sich endgültig mit Hugo Ball verbunden hat. Manchmal klingt Eifersucht durch. Aber er bleibt an ihrer Seite. Gibt Ratschläge, wenn sie fragt. Tröstet, als Ball stirbt. Emmy hat seine Briefe bewahrt. Ihre sind verschollen, seit die Gestapo Hardekopf im besetzten Frankreich inhaftierte und seinen Besitz konfiszierte.

Als Emmy im Mai 1911 erstmals im Berliner ›Linden-Casino‹ auftritt, macht Hardekopf sie mit Herwarth Walden und dessen Frau, Else Lasker-Schüler, bekannt. Hardekopf bewundert die Dichterin, rezensiert ihr *Peter Hille-Buch*, ihre Gedichte. Oft treffen sie sich in der ›Sezession‹, und er wird Zeuge der Streitereien des seit 1903 verheirateten Paares. Als die Ehe geschlossen wurde, hatte sich die Lasker dem neun Jahre jüngeren Georg Levin, den sie Herwarth Walden nennt, als fast gleich alt ausgegeben. Seither wacht sie, die zuvor mit dem Arzt Bernhard Lasker verheiratet war und einen unehelichen Sohn hat, mit Argusaugen über ihren Ehemann. Ist rasend vor Eifersucht, wenn jüngere Frauen auftauchen. So auch auf Emmy. Was sie sich selbst zugesteht – freie sexuelle Beziehungen –, kann sie bei Walden nicht ertragen. Buntschillernd wie eine orientalische Märchenfigur, ist sie unangefochtener Mittelpunkt eines Kreises junger Dichter und Kritiker: Richard Dehmel, Theodor Däubler, Alfred Döblin, Georg Trakl, Gottfried Benn, Karl Kraus. Sie beteiligt sich an Waldens ›Verein für Kunst‹ und der 1910 gegründeten Zeitschrift *Der Sturm*. Bewundert den jungen Maler Franz Marc. Irrlichtert als »Prinz Jussuf von Theben«, als »Tino von Bagdad« durch die Berliner Boheme. Und hat Angst vor dem Alter. Als sich Walden einer jüngeren Frau zuwendet, ergreift Hardekopf seine Partei. »Prinz Jussuf« reagiert tief gekränkt, intrigiert gegen Walden. Der Ehekrieg eskaliert, wird öffentlich ausgetragen. Skandal! Und Emmy mit Hardekopf mittendrin. Von ihrer Leidenschaft ebenso berauscht wie von Alkohol und Äther – und wie die Reichshauptstadt, in der die Euphorie des erstarkten Deutschlands herrscht. Denn obwohl die außen- wie innenpolitischen Krisen ihre Schatten werfen, spielen die Kapellen in den zahllosen Vergnügungsetablissements lauter, wird eine nächste Flasche Champagner geköpft, und die Mädchen malen noch grellere Farben auf ihre Gesichter. »Da sitze ich vor meinem Spiegel und kann diese Puppe betrachten. (…) Male mir ein rotes Herz auf den Mund, wo doch das richtige Herz unsichtbar ist (…) So kunstvoll verschleiere ich meine Augen. Die rechte Schwindeldämonie.«[15] Emmy hat ihre Locken abgeschnitten, ihr Haar, ein »Bubikopf«, kurz und glatt. Sie trägt giftgrüne Sweater. Knöpft die bunte Bluse weit auf. Ein braves Medaillon im Ausschnitt, einen groben Schal um den Hals. Läßt das Kleid locker über die nackte Schulter rutschen. Die Zigarette in der Hand. So hat ihr Künstlerfreund Junghanns sie im ›Café des Westens‹ gezeichnet. Einen großen blumengeschmückten Florentinerhut auf dem Kopf, das Kinn nachdenklich in die Hand gestützt, sitzt sie im Zigarettenrauch, dem Zigarrenqualm und schreibt angeregt durch diese Atmosphäre erste Verse, fast alle Ferdinand Hardekopf gewidmet: »Ätherstrophen«, »Morfin«-Gedichte. Er ist ihr Vorbild, widmet ihr seine »Ode vom seligen Morgen«.[16] 1916 erscheint der Text in Franz Pfemferts Zeitschrift *Die Aktion*. Emmys Gedicht »Äther« druckt Pfemfert bereits im August 1911. Es ist ihre erste Publikation. 1912/13 erscheinen ihre Gedichte in der renommierten Zeitschrift *Pan*, 1913 wieder in *Die Aktion* und in *Revolution*, der Zeitschrift, die Hugo Ball und Hans Leybold begründen. Es sind Texte von Drogen und Rausch. Denn während Hardekopf offenbar nicht süchtig wird, sondern zunächst als Reichstagsstenograph, Journalist und Schriftsteller, dann nach seiner Flucht aus Deutschland während des Ersten Weltkriegs als Übersetzer von französischer Literatur regelmäßig arbeitet, hat sich Emmy bald im fatalen Kreislauf ihrer Abhängigkeit verstrickt. Asymmetrie der Emotionen: Gefangen in der Sucht. Frei nur im Rausch:

»Jetzt muß ich aus der großen Kugel fallen. / Dabei ist in Paris ein großes Fest. / Die Menschen sammeln sich am Gare de l'est / Und bunte Seidenfahnen wallen. // Ich aber bin nicht unter ihnen. / Ich fliege in dem großen Raum. / Ich mische mich in jeden Traum. / Und lese in den tausend Mienen. // Es liegt ein kranker Mann in seinem Jammer. / Mich hypnotisiert sein letzter Blick. / Wir sehnen einen Sommertag zurück ... / Ein schwarzes Kreuz erfüllt die Kammer ...«[17] Hardy hat sie das Gedicht gewidmet, der mit ihr 1910 nach Frankreich gefahren ist. Auch nach Paris. Ihre Ankunft am Gare de l'Est. Menschen. Wehende Fahnen. Bunte Seide, wie im Kindheitsgedicht. Die Stadt: ein Fest der Künste, der Sinne. Und das Ich im Gedicht springt in diese Situation mit einem »Jetzt«. Doch es kann sich nicht unter die heitere Menge mischen, ist gefangen in einer großen Kugel, eingeschlossen in seinem Rausch. Und damit isoliert. Ganz in sich und zugleich hellsichtig im Außen. Fliegen. Durch Raum und Zeit. Grenzen aufheben zwischen Tag und Traum. Alles ist möglich: das Durchstreifen großer Räume, das Eindringen in die Rätselsphäre der Menschen. Doch dann der Einbruch: Harter Aufprall nach freiem Fall. Der

Rausch ist vorbei. Die Farben verblassen. Selbst der Reim im beibehaltenen Schema kippt ins Unreine. Mit drei Punkten endet das Gedicht im Unbestimmten.

Auch Hardekopf hat mit seinem kurzen Dialog *Der Abend. Ein kleines Gespräch*[18] die Frankreichreise thematisiert. Leben in Hotels, in Absteigen. Das Abenteuer des fremden Landes, der fremden Sprache. Hardekopf spricht Französisch so selbstverständlich, als sei er dort geboren, macht Emmy mit der französischen Literatur bekannt. Liest. Übersetzt. Sie trinken, sie rauchen. Träufeln Äther auf die Zigaretten. Wird das Geld knapp, geht Emmy auf die Straße. Doch plötzlich wird sie krank, fühlt sich matt, hat Kopfschmerzen. Wie nach einem Rausch. Dann kommt das Fieber. Und steigt. Von Tag zu Tag. Schüttelfröste. Schweißausbrüche. Hardekopf mißt die Temperatur. 40 Grad. Manchmal 41. Sie halluziniert. Wenn er ihr Wasser einflößt, sieht er ihre graugelbe Zunge. Durchfall wechselt mit Obstipation. Als der Arzt ihre geschwollene Milz tastet, die Roseolen auf ihrer Bauchhaut sieht, vermutet er Typhus abdominalis. Bald wissen es auch die Freunde.

Am 25.8.1910 notiert Erich Mühsam, der sich zur Kur in der Schweiz aufhält, in seinem Tagebuch: »Gestern kam ein Brief von Hardekopf (…) Er teilt mir mit, daß Emmy in Paris schwer erkrankt war und man ihm dort geraten habe, schleunigst mit ihr nach Deutschland zu reisen. Nun liegt sie im Schwabinger Krankenhaus, wo man Typhus festgestellt hat. Das arme Kind! (…) Hardy fragt, ob ich ihm bei den Kosten, die Emmys Krankheit verursacht, mit Geld aushelfen könnte. Hätte er eine Ahnung von meiner Situation! Ich habe die heilloseste Angst vor dem Tage, wo mir hier die Rechnung präsentiert werden wird.«[19]

Offensichtlich schätzt Hardekopf die finanzielle Lage Mühsams, der aus einer wohlhabenden Lübecker Apothekerfamilie stammt, falsch ein, denn der dichtende Anarchist, Außenseiter in seiner Familie und unter dem kalten Unverständnis des Vaters leidend, ist im August 1910 selbst krank. Sein Bruder Hans, niedergelassener Arzt in Berlin, hat bei ihm eine Herzerweiterung und beginnende Arterienverkalkung diagnostiziert, einen Sanatoriumsaufenthalt für unumgänglich gehalten. Bruder und Schwager, Julius Noël, Arzt in Lübeck, bewilligen 300 Mark »(mit was für Opfergeschrei!)«[20], und Mühsam fährt in die Schweiz, nach Chateaux d'Oex la Soldanelle. Hier beginnt er am 22.8.1910, Tagebuch zu schreiben. Für die nächsten Jahre werden seine Eintragungen eine verläßliche Quelle zu Emmy Hennings und der Münchener Boheme sein.

Als Hardekopf seinen Notruf an Mühsam schickt, ist dieser jedoch nicht nur krank, sondern nach einer Anklage wegen Geheimbündelei und mehrwöchiger Untersuchungshaft in Berlin auch psychisch geschwächt. Man hatte ihm konspiratives Verhalten vorgeworfen, weil er, um Gustav Landauers ›Sozialistischen Bund‹ zu unterstützen, gemeinsam mit seinem Freund Johannes Nohl die Gruppe ›Tat‹ gegründet hatte. Als erschwerend kam ein weiterer Anklagepunkt hinzu: Päderastie. Aber Mühsam wird freigesprochen, und seine Reise in die Schweiz ist zugleich auch eine Reise zu Johannes Nohl, der sich der Fahndung wegen Vergehens gegen § 175 durch Flucht entzogen hat und mit seiner Freundin, der polnischen Medizinstudentin Iza-Gustava Prussak, in Aeschi lebt. Mühsam, obwohl selbst immer in Geldnot, unterstützt nicht nur den unsteten Nohl seit Jahren, sondern auch andere bedürftige Bohemiens. Als Hardekopf ihn jedoch bittet, sich an den Spitalkosten zu beteiligen, fühlt sich Mühsam, trotz seiner Sympathie für Emmy, überfordert. Dennoch schreibt er ihr umgehend, tröstet die Freundin und notiert am 28. August 1910: »Heute erhielt ich einen Dankbrief von dem guten Hardy für meine Trostbriefe an ihn und Emmy. Emmy steht noch vor der Krisis und denkt viel an den Tod. Das arme gute Kind! Ich habe sie so gern in ihrer naiven Hurenhaftigkeit, die von nichts weiß als vom Lieben und Liebenlassen.«[21]

An die überstürzte Reise von Südfrankreich über Mailand nach München kann sich Emmy später kaum mehr erinnern. Und als Mühsam Ende September wieder in München eintrifft, ist sie noch immer im Krankenhaus. Das wochenlange hohe Fieber hat sie geschwächt. Die Haare gehen ihr aus. Aber sie hat überlebt. Aus einem Gartenhaus in der Leopoldstraße schreibt Hardekopf am 3.11.1910 an René Schickele: »Emmy ist aus dem Krankenhaus entlassen und hier bei mir. Ihr steht die Reise nach Flensburg zu ihrer Mutter, mir die nach Berlin bevor.«[22]

Nachweisen läßt sich Emmys Reise im November nach Flensburg nicht. Daß der Gedanke an ein Wiedersehen mit Mutter und Tochter, die sie seit 1907 nicht mehr gesehen hatte, sie belastete, ist verständlich. Würde Anna Cordsen ihre Tochter wiedererkennen? Emmy mit dem kurzgeschnittenen Haar, das erst langsam wieder wächst. Mit dem mageren Körper, dem kleinen Kindergesicht unter einem Hut. Gezeichnet von Krankheit und Drogensucht. Diesen gerupften Vogel, der kurz in sein altes Nest fliegt, um es ebenso schnell wieder zu verlassen. Wie mag die vierjährige Annemarie diese nervöse Fremde erlebt haben, die ihre Mutter sein sollte?

Aber vielleicht hat sie im November nicht gewagt, nach Flensburg zu fahren, sondern hat Hardekopf nach Berlin begleitet. Oder hat Rudolf Reinhold Junghanns in München durch ihren Freund, den Maler Hanns Bolz, kennengelernt. Vielleicht, schreibt Emmy: »Ich lebe im – Vielleicht / Bin eine stumme Frage.«[23] Mehr Fragen als Antworten. Fest steht, daß Berlin und München in den kommenden Jahren ihre Lebensorte sind. Sie tritt in Berliner Cabarets auf und im legendären Münchener ›Simplicissimus‹ der Kathi Kobus.

26 An- und Abmeldungen finden sich allein im Münchener Einwohnerbogen von Emmy Hennings zwischen 1911 und 1915. Dort wurde sie als »dänische Staatsangehörige« geführt. Als »Kunststudentin« mit »unbestimmtem« Aufenthaltszweck. Ihre Adressen wechselten: Belgradstraße, Schellingstraße, Leopoldstraße, Isabellastraße, Amalienstraße, Türkenstraße und immer wieder mit unterschiedlichen Hausnummern die Theresienstraße in Schwabing.

Im Herbst 1912 tourt sie durch den Osten Deutschlands und durch Polen: Danzig, Bromberg, Kattowitz. Hardekopf berichtet René Schikkele, daß er Emmy von Danzig nach Bromberg begleitet hat, und sie fabuliert in *Das flüchtige Spiel* von Ausflügen ins Russische, als sie nach Erhalt des Honorars für ihren ersten Gedichtband im Verlag Kurt Wolff nach Kattowitz fuhr, »wo ich einen Monat lang am Apollotheater sang«[24].

Emmys Geständnis im Sinn – »Mein Gedächtnis, die Erinnerung, ist eine Dichterin. Ich weiß, es kann manches anders gewesen sein«[25] –, sollten wir jedoch auf die Fakten schauen. Im Dezember 1912 ist ein Brief aus Kattowitz von Emmy Hennings an Alfred Kerr erhalten: »Sehr geehrter Herr Kerr! Ich bin Sängerin im Apollotheater in Kattowitz, aber ich bin jeden Monat in einer andern Stadt. Ich bin auch schon in Berlin gewesen im Olympia-Varieté und komme im Januar ins Lindenkabarett. In großer Hochachtung emmy hennings – Kattowitz, Apollotheater«[26] Es ist der ungeschickte Versuch, den berühmten Kritiker auf sich aufmerksam zu machen. Belegt ist, daß Emmy zu dieser Zeit ständig von einem Engagement zum anderen reist, so daß sich die Spurensuche als schwierig erweist. Im Münchner Meldebogen finden wir jedoch am 2. Mai 1913 den Eintrag: »abgem. nach Ungarn«; ab 10. Juni ist sie wieder in der Leopoldstraße 4 gemeldet. In *Das flüchtige Spiel* erzählt sie von zwei Engagements am »Royal-Orpheum« in Budapest, in *Das Brandmal* verlegt sie den Aufbruch der Protagonistin nach Budapest in den Mai. Ein Gedichtfragment »in Budapest am 1. Mai« für »Rudi« (Rudolf Reinhold Junghanns), datiert vom 3. Dezember 1911, das sich im Dada-Archiv II im Kunsthaus Zürich findet, läßt einen ersten Aufenthalt in Budapest im Mai 1911 vermuten. Aber nur Budapest im Mai 1913 und das ›Royal-Orpheum‹ lassen sich belegen. Zunächst Emmys Version in *Das Brandmal*: »Das Programm wird in zwei Stunden abgewickelt, vielmehr heruntergesungen und heruntergetanzt. (…) Ich verstehe kaum mehr, in welcher Sprache gesungen wird. (…) Singe wie ein Automat. (…) Am Morgen nach dem Kaffee in der Schwemme, durch die Andrassy-Allee gefahren. Es gibt in Budapest viel Flieder.«[27] Den erwähnt sie auch in *Das flüchtige Spiel*: »Das war im Mai und in der Andrassyallee, die ich oftmals im offenen Wagen entlangfuhr, duftete es nach Flieder.«[28] Auf knappen drei Buchseiten dann der Grund ihres überstürzten Weggangs: Eine andere Tänzerin, mit der Emmy sich angefreundet hatte, wird eines Morgens tot in ihrem Hotelzimmer aufgefunden. Mord? Selbstmord? Drogenkonsum mit Exitus? Kurz zuvor hatte Emmy mit ihr und einem ungarischen Kavalier einen Abend verbracht »in meiner schönsten Abendtoilette, im seegrünen Chiffonkleid«[29]. Denn auch in Budapest wird nach dem Programm mit den männlichen Gästen getrunken, werden Wünsche erfüllt. Sie wohnt in einem winzigen Zimmer zum Lichthof. 100 Kronen kostet das monatlich, die ihr von der Gage abgezogen werden. Bleiben 200 Kronen. Und der Wiener Impresario bekommt »zehn Prozent Kuppelgebühren«[30]. Wieder einmal ist Emmy am Ende ihrer Kräfte. Und so klingt ihr Brief an Rudolf Reinhold Junghanns aus Budapest tief deprimiert: »Gesundheitlich bin ich recht herunter, denn es ist hier ein wüster Betrieb.«[31] Ihr nächstes Engagement sei Reichenhall, teilt sie ihm mit. Und macht Pläne, nach Flensburg zu fahren zur Mutter. Dort soll er sie besuchen, wenn er wieder mit Eckener im Norden zeichnet und malt. Und sie beschwört eine Idylle: »ich werde dir dann zu essen geben und dir auf unserem alten Klavier Volkslieder vorsingen.«[32] Aber noch ist sie in Budapest, thematisiert in *Das Brandmal* die damalige Situation, ist heimwehkrank. Der Arzt diagnostiziert Herzschwäche. Sie fiebert und halluziniert, sie fahre zu ihrem eigenen Begräbnis, wünscht sich nach Flensburg, zur Mutter. Vielleicht hat ihr die Erinnerung an die Fieberphantasien des Typhus beim Schreiben die Hand geführt. Vielleicht war sie in Budapest wirklich krank. *Das Brandmal* endet mit der Genesung. Gesichert sind drei Gedichte der Budapester Episode, die bereits 1913, im Jahr ihres Engagements, in der Zeitschrift *Die neue Kunst* abgedruckt werden.

Wie also müssen wir »Budapest im Mai« lesen? Als Fiktion? Oder doch als Realität? Der Wahrheitsgehalt läßt sich fast bis ins Detail klären. Nicht nur mit dem Münchener Meldebogen, sondern auch im Archiv des Instituts für Weltwirtschaft in Kiel. Dort finden sich wegen der internationalen Börsenberichte und Kurstabellen alle Ausgaben der größten deutschsprachigen Tageszeitung *Pester Lloyd* des Jahrgangs 1913. Im »Theater- und Vergnügungsanzeiger« der Zeitung inseriert am Dienstag, dem 13. Mai, das ›Royal Orpheum‹ in der Erzsebetkörut 31 für jeden Tag »ab 8 Uhr abends das wunderbare Maiprogramm. Neue Lehar-Operette. Rosenstock und Edelweiss (…) Ausserdem: Johnson & Dean und noch 4 Coulered Gentlemen. Ragtime Sextett (…) Vera Violetta. Operette von E. Eysler.«[33] Emmys Name findet sich nicht. Aber im Programm des ›Royal Cabaret‹, das »täglich ab 12 Uhr nachts (eine) erstklassige internationale Kabarett-Vorstellung« zeigt, ist auch Emmy Hennings verzeichnet. Man bietet »sensationelle Gesangs- und Tanzattraktionen. Neueste Schlager, Tänze und Potpourris. (…) Bal mabile und Tanzkonkurrenz etc. – Entree 1 Krone. Nach 1 Uhr freier Eintritt.«[34] Zur Abschiedsvorstellung am 31. Mai wird der Auftritt des »gesamten Künstlerpersonals« angekündigt, ohne die Namen der Mitwirkenden zu nennen. Ist Emmy noch dabei gewesen? Hat sie bis zur erneuten Anmeldung in München am 10. Juni noch in Bad Reichenhall gastiert? Keine Hinweise. Auch nichts über den Mord oder Selbstmord der Tänzerin Viola, obwohl der *Pester Lloyd* unter den vermischten Meldungen täglich ausführlich über Diebstahl, Betrug, Mord und eine erschreckende Vielzahl gelungener oder verhinderter Suizide ungeschminkt und mit Namensnennung berichtet.

Als Emmy im Mai 1913 in Budapest eintraf, überwog zunächst die Euphorie: »O, ihr holden Maiennächte! / Tanzen, Singen, süße Geigen!« Die »Autofahrt im Maienmorgen, / Ganz berauscht und ohne Sorgen. (…) Die Allee voll Fliederduft, / Blondes Haar weht in der Luft.«[35] Sie genießt mit allen Sinnen. Ihr staunendes »O«. Noch dominiert der Rausch der Fahrt, noch überdecken die morgendlichen Sinneseindrücke Emmys bange Frage: »Wird dies sein mein letzter Reigen?«[36] Düstere Gedanken auch angesichts der singenden und Fahnen schwenkenden Menge: »Man ruft: ›mit uns der Sieg!‹ / Und mich erfüllt ein Ahnen: / Es kommt der Krieg.«[37] Emmys individuelle Situation und das kollektive Erleben werden in ihren Versen deckungsgleich. Das dritte Budapest-Gedicht »Cabaret Royal-Orpheum« scheint jenes zu sein, von dem sie Junghanns schreibt: »Lieber Rudi, ich habe ein Gedicht gemacht, wenn ich deine Adresse habe, sende ich es dir.«[38] Tiefe Verzweiflung im Brief. Tiefe Verlorenheit im Gedicht. Sie schickt es Junghanns im Dezember mit einer Widmung: »Mir ist, als ob ich schon gezeichnet wäre / Und auf der Totenliste stünde. / Es hält mich ab von mancher Sünde. / Wie langsam ich am Leben zehre! // Und ängstlich sind oft meine Schritte, / Mein Herz hat einen kranken Schlag / Und schwächer wirds mit jedem Tag. / Ein Todesengel steht in meines Zimmers Mitte. // Doch tanz ich bis zur Atemnot / Bald werde ich im Grabe liegen / Und niemand wird sich an mich schmiegen. / Ach, küssen will ich bis zum Tod.«[39]

Aber das Spiel geht weiter: »Heute war Premiere. An den Anschlagsäulen hatte sie ihren Namen in riesigen Lettern gelesen. Es war fast unheimlich. Voll Kummer blickte sie auf ihre Schuhe. Sie waren schlecht und die Absätze schief. Ihr Mantel sah nur noch abends schön aus (…) Die grüne Mütze war unmöglich. Das Grün passte allerdings gut zu den blonden Haaren, aber trotzdem. Ob ihr Repertoire wohl gut war?«[40] Emmy voller Angst vor der abendlichen Premiere. Sie singt

Bild 6 Emmy Hennings – Zeichnung von Rudolf Reinhold Junghanns, um 1912

leise vor sich hin. »A la Roquette«. Ein Chanson Aristide Bruants, das Hardekopf für sie ins Deutsche übertragen hat. Sie fällt auf. Die Leute drehen die Köpfe. Lachen über sie. »Sie hatte diese große Stadt erobern wollen. Jetzt zweifelte sie an ihrer Schönheit.«[41] Sie kauft eine Flasche Cognac. Trinkt in ihrem schäbigen Zimmer, bis sie einschläft und von blühenden Wiesen träumt. »Vor der Premiere« ist das. Da wird sie sich ihr Gesicht ganz weiß schminken und »den Mund grellrot wie eine blutende Wunde«.[42]

Als sie diese Skizze schreibt, tritt sie in Berlin im ›Linden-Cabaret‹ auf, einer der vielen Spielstätten, die sich dort um die Jahrhundertwende etabliert hatten, denn neben den Theatern oder nach deren Vorstellungen fand sich das amüsierwütige Vorkriegspublikum zu anderen Formen des Vergnügens ein: zu Tingeltangel, Cabaret und Varieté. Leichtgeschürzte Mädchen, lockere Liedchen, derbe Komik, Akrobatik und artistische Brillanz, raffinierte Tanz- und Gesangsnummern, internationales Personal. Und mit Ernst von Wolzogens ›Überbrettl‹ hat sich ein neues Unterhaltungsgenre, das literarische Kabarett, etabliert, das einerseits auf varietéerfahrene Darsteller zurückgreift, andererseits jedoch den Literaten ein neues Forum schafft. Während die gedruckte Lyrik unverkäuflich schien, stellten die Dichter fest, daß noch die schlechtesten Verse, in vertonter Form und von einer attraktiven Diseuse oder einem schlagfertigen Komiker vorgetragen, durchschlagende Erfolge erzielten. Was also lag näher, als beides zu verbinden? den?

Auch wenn, wir sehen es an den Namen der Spielstätten, an denen Emmy engagiert war, die Benennungen *Theater, Varieté* und *Cabaret/ Kabarett* oft unscharf waren, entwickelte sich die neue literarische und auch politische Form der Unterhaltung rasant. Im Berliner ›Cabaret Unter den Linden‹, in dem Emmy auftrat, verkehrten Großbürgertum und Adel. 1905 kostete der Eintritt 20 RM. Mehr als der Tagesverdienst eines Arbeiters. Neben geistreichen Texten und witziger Conférence wurde ein Programm mit hübschen Mädchen, Gesang, Tanz und phantasievollen Kostümen geboten. Die junge Dichtergeneration rechnete mit der Spießbürgermoral ab, dem Hurra-Patriotismus, der Zensur. Und zog folgerichtig nicht nur aus dem bürgerlichen Elternhaus, sondern auch von der erfolgreichen Bühne des ›Überbrettl‹ in die verräucherten Räume der Cafés und Szenekneipen. Oder auf den Paukboden des ›Gasthofs zum Hirschen‹ in der Schwabinger Türkenstraße, wo die »Elf Scharfrichter« Köpfe rollen ließen.

Emmy pendelt zwischen Berlin und München, tritt im ›Linden-Cabaret‹ mit Sektzwang auf, im ›Bier-Cabaret‹ des Passagetheaters, singt im Schwabinger ›Simplicissimus‹. Wie Frank Wedekind, der noch erfolglose, von der Zensur verbotene Dramatiker mit Gefängniserfahrung. Er trägt seine Spottverse zur Laute vor, schreibt für Emmy Hennings »Das Donnerwetterlied«, »Modernes Mädchen« und die Ballade von »Brigitte B.«, der jungen Unschuld, die vom Lande in die Stadt kommt und eh sie sich versieht ihre Ehre verliert und im Gefängnis landet. Wenn Emmy das singt, ahnt sie nicht, daß auch ihr diese Erfahrung bevorsteht. Aber noch treibt sie ihr Maskenspiel als »dänische Futuristin«, singt auf jedem Münchener Brettl, das sich bietet. »Und auch im ›Bunten Vogel‹ spielte man einen Abend lang Kabarett. Ernst Moritz Engert hatte das Plakat gemalt: ›Der rote Strich‹. Emmy Hennings sang Lieder von Aristide Bruant in der Übersetzung von Ferdinand Hardekopf.«[43]

Emmy hat dem Theater endgültig den Rücken gekehrt. Das Kabarett wird ihre Bühne und Kathi Kobus' ›Simplicissimus‹ mehr und mehr zum »Podium, (…) auf dem ich daheim war«[44]. Im Publikum sitzt der 1892 als Sohn eines deutschen Kaufmanns in Yokoha-

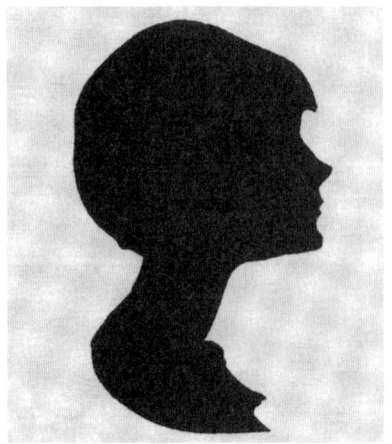
Bild 7 Emmy Hennings – Scherenschnitt von Ernst Moritz Engert, um 1912

ma geborene Ernst Moritz Engert und schneidet Emmys Silhouette. Und schneidet einen Gewichtheber, wenn Emmy singt: »Wie schön ist der Athlet, wenn er mit seiner Kugelstange auf der Bühne steht.« Wird einer ihrer Liebhaber, wie Mühsam am 7. Mai 1911 in seinem Tagebuch notiert. Ist Dauergast in Emmys Atelier, in dem sie lebt und umzusetzen versucht, was sie in »Malstunden« gelernt hat. Der 19jährige Kunststudent und die 26jährige Diseuse erregen selbst in der Schwabinger Boheme Aufsehen: »Emmy mit dem goldigen kurzen Jungenhaar und dem schwarzen Käppi drauf, dem verschlissenen Gehrock, den sie jetzt als Paletot trug und dem grünseidenen Fetzen, den sie zur Verdeckung des weißglänzenden Kragens darübergewickelt hatte.«[45]

Mühsam, der Chronist der Münchener Boheme, läßt die Personen in seinen Tagebuchheften lebendig werden, die vor dem Ersten Weltkrieg zur Avantgarde gehörten, die Ateliers, Kabaretts und Kneipen, in denen auch Emmy verkehrte. Wer immer sie in die Boheme eingeführt hat, ob John Höxter oder Karl Kraus, der in einem Tingeltangel auf sie aufmerksam geworden sein und sie zum literarischen Kabarett gebracht haben soll, ist nicht eindeutig zu belegen. Fest steht nur eines: Plötzlich taucht ihr Name in Briefen und Tagebüchern auf, werden ihr einzelne Texte und ganze Bücher gewidmet. Plötzlich ist die junge Frau aus dem deutsch-dänischen Grenzstädtchen Flensburg, die Schmierenkomödiantin und Tingeltangeltänzerin, deren Leben in den ersten 25 Jahren so schwierig zu rekonstruieren ist, Mittelpunkt eines Kreises von Künstlern und Intellektuellen, die ihr Kontur geben. Emmy wird nachweisbar. Wird eindeutiger und zugleich vielschichtiger. Wird Objekt von Literatur und Kunst. Macht sich zum Subjekt ihres eigenen Schreibens. Und treibt damit erneut ihr Maskenspiel.

# Ball-Spiele

München ohne Musen – Henker im Hurenhaus – Hoddis,
Heym und Hardekopf – HaHu Baley machen eine Revolution – Freie Liebe / Böse Folgen

»Eile Eile Eile.«[1] Atemlose Briefe aus München, wo Hugo Ball das
Theater verändern will. Seinen Malerfreund Willy Deutschmann,
mit dem er gerade Ferientage im Pfälzer Wald verbracht hat, fordert
er auf, einen »künstlerischen« Entwurf für den Programmzettel der
Spielzeit 1912/13 zu entwerfen. Und nicht nur er soll sich beteiligen,
auch seine russische Frau Jekaterina, die Ball bittet, die letzte, von Andrejew umgearbeitete Szene des Stationendramas *Das Leben des Menschen* zu übersetzen, mit dem die Münchener Kammerspiele eröffnet
werden sollen. »Meine Lieben! In Eile. (…) Andrejew eilt eilt!!«[2]
schreibt Ball an das Ehepaar Deutschmann. Noch besser, die beiden
kämen nach München, um alles zu besprechen. Und: Könnte man
nicht eine gemeinsame Wohnung beziehen? Schließlich hat Deutschmann seine Frau, die sie liebevoll Ketty nennen, in München kennengelernt. Ball, begeistert von seiner Idee, begibt sich auf Wohnungssuche, erwartet »Raschestens Antwort!«[3] auf seinen Vorschlag. Ist wieder
»In rasender Eile«, denn »Morgen ist Première«.[4]
    Begegnet sind sich Ball und der sechs Jahre ältere Deutschmann ver-
mutlich noch vor der Zeit, als Hugo sein Abitur in Zweibrücken nach-
holte. Die beiden jungen Männer, das belegen die wenigen erhaltenen
Briefe Balls an Deutschmann, hat eine enge Freundschaft verbunden,
in die nach der Heirat auch Ketty einbezogen wurde. Besucht Ball
seine Familie, treffen sie sich in Pirmasens oder im 25 Kilometer entfernten Petersbächel bei Fischbach, wohin die Deutschmanns 1910 gezogen sind. Hier, zwischen Wald und Wiesen, besaß Balls Familie seit
der Jahrhundertwende eine »Sommerfrische«, den Krottenhof. Auch
im Sommer 1912, vor Antritt seines Engagements in München, verbringt Hugo Ball einige Wochen in der ländlichen Abgeschiedenheit.
Ein Foto ist erhalten. Da lagern Ketty, Willy und Hugo entspannt im
Gras und heben lachend ihre Gläser dem Fotografen entgegen. Ob
sie damals bereits mit dem Gedanken an eine gemeinsame Wohnung

Bild 8 Hugo Ball, Jekaterina (Ketty) und Willy Deutschmann (von links), 1912

in München gespielt haben, ist nicht belegt. Ernst scheint es den Deutschmanns ohnehin nicht gewesen zu sein, denn obwohl der Maler nach München reist, um seinen Programmzettelentwurf zu präsentieren, wird der Plan aufgegeben. War es aus Enttäuschung, weil sein Entwurf abgelehnt wurde? Oder lag es an der nicht angefertigten Übersetzung Kettys, für die wohl auch die Zeit bis zur Premiere zu kurz gewesen wäre? Vielleicht hatte sich Mutter Ball eingemischt und von der ménage à trois abgeraten. Was immer der Grund gewesen sein mag, der Kontakt zu den Freunden lockert sich. Kurz vor Ausbruch des Krieges 1914 erwähnt Ball sie, als er Maria berichtet, daß sich das Ehepaar im Kaukasus aufhält. Hintergrund dieser Reise waren Besuche bei Kettys Familie in Kiew und Odessa, Erbschaftsangelegenheiten und die Hoffnung auf Malaufträge durch russische Freunde. Als jedoch im August der Krieg ausbricht, werden die Deutschmanns als feindliche Ausländer interniert und können erst 1918 nach Deutschland zurückkehren. Nur wenige Briefe Balls im Nachlaß erinnern an Willy Deutschmann und ein Foto, das der Freund bei seinem Besuch im Herbst 1912 in München im Englischen Garten von Hugo Ball aufgenommen hat: An den Stamm eines entlaubten Baumes gelehnt, in

Bild 9 Hugo Ball im Englischen Garten in München, 1912

dunklem Mantel und Hut, einen Spazierstock in der behandschuhten Linken, blickt uns der 26jährige selbstbewußt entgegen.

In Briefen während der ersten Münchener Spielzeit an seine Schwester Maria erwähnt Ball die Deutschmanns jedoch nicht mehr, berichtet von einer »üblen Bude« in der Theresienstraße, aus der er in die Luisenstraße umgezogen ist, plant Matineen, schreibt von einem ungarischen Maler, der ihn »das englische Boxen«[5] lehren will, und arbeitet »momentan mit Lust und Kraft an einem zweiten Stück, das im April fertig werden soll. Für Frühjahr bin ich eingeladen nach Florenz etc. etc.«[6] Tempo, immer Tempo. Er schreibt an einem Drama *Der Henker von Brescia*, obwohl *Die Nase des Michelangelo* noch nicht aufgeführt wurde. Die Idee dazu gründet auf der Textvorlage von Karl Hans Strobls Roman *Das Frauenhaus von Brescia* und wird von Ball erstmals am 5. November 1911 in einem Brief aus Plauen an Maria Hildebrand erwähnt, in dem er seine Erfahrungen am dortigen Theater thematisiert: »Mein nächstes Drama wird dabei nicht übel fahren, dass ich ihm die Aufführung im voraus garantiere. Freilich, wann solls geschrieben werden?«[7] Und mehr als ein Jahr später, am 30.12.1912 aus München: »Ansonsten hab ich Geschäfte und Schreibereien mit meinem neuen Stück. Der Stoff ist aus dem Roman eines österreichischen Romanciers, Hans Karl Strobl. Ich muss seine Erlaubnis haben und weiss nicht einmal seine Adresse.«[8]

Aber wie so viele Vorhaben Hugo Balls erlebt auch *Der Henker von Brescia* zu seinen Lebzeiten keine Realisierung. Erst 1978, als nur der Abdruck des 1. Aktes vorlag und der 2. und 3. Akt als verschollen galten, hat Gerhard Schaub auf die narrative Vorlage von Balls Stück aufmerksam gemacht und vermutet, daß der »Vielleser« im Herbst 1911 auf seinem Weg von Berlin nach Plauen die Reise in Leipzig unterbrochen haben könnte, um sich die Neuerscheinungen bei der Messe anzuschauen. Eine ist, wie *Das Literarische Echo* erwähnt, auch Strobls Roman, der Ball sofort fasziniert haben muß: *Das Frauenhaus*, ein Bordell. Wieder wie in *Die Nase des Michelangelo* ist Italien der Ort der Handlung, Brescia, belagert von den Truppen Heinrichs VII., dessen Frau Margarethe von den Männern des Stadthauptmanns gefangen genommen und mit ihren Begleiterinnen ins Bordell gebracht wird, um den Bürgern Brescias zu Willen zu sein. Strobls fiktive Geschichte, von Ball dramatisiert, setzt jedoch – der Titel des Stückes zeigt es – einen anderen Schwerpunkt, indem eine der Personen, der Henker, in den Mittelpunkt des Geschehens gerückt wird. Atemlose Ausrufe, ekstatische Sexualität, krasse Gegensätze von Guten und Bösen, Schönen und Häßlichen, sprachliche Exaltationen und die für die Literatur des Expessionismus so typische Hinwendung zu den Geächteten, den Henkern und Huren.

Hugo Ball hat sich im bearbeiteten Tagebuch *Die Flucht aus der Zeit* und in seinen theoretischen Schriften zum expressionistischen Theater bekannt, hat sich nach Beendigung des Manuskripts um die Drucklegung und Aufführung des Stückes bemüht. Bereits im März 1914 erscheint der 1. Akt als Vorabdruck in Heinrich Bachmairs Zeitschrift *Die Neue Kunst*, dann jedoch kommt die Publikation durch die Auflösung des Verlags ins Stocken, obwohl die Fahnen bereits fertig gedruckt in Leipzig liegen. Ball sieht sich nach einem neuen Verlag um, ist jedoch in dieser Zeit so eingespannt in neue Pläne, daß das Projekt liegenbleibt. Und auch die Aufführung, zuerst in Berlin geplant, dann als »geschlossene« Veranstaltung in München, läßt sich nicht realisieren, obwohl er noch im Mai der Schwester hoffnungsfroh mitteilt: »Auch wird dort momentan beraten, ob man meinen ›Henker‹ spielen soll. Das ist doch alles sehr lustig, nicht? Man fürchtet auf der ganzen Flanke die ›Verjüngung‹ und kann doch nicht mehr auskommen ohne sie.«[9] Aber das Stück mit dem Untertitel »Drei Akte der Not und Ekstase« bleibt, da die Druckfahnen des 2. und 3. Aktes als verschollen galten, unaufgeführt. Erst als diese 1989 anlässlich einer Ausstellung zu Bachmairs 100. Geburtstag wieder überraschend auftauchen, kann *Der Henker von Brescia* 1993 komplett veröffentlicht und 1994 aufgeführt werden.

War Ball damals durch das Scheitern einer Aufführung der Zensur entgangen, so rief die Veröffentlichung seines Gedichts »Der Henker«[10], das seine Zerrissenheit zwischen drängender Sexualität und dem Kampf mit seinen Glaubenszweifeln ebenso widerspiegelt wie seine Abkehr von der katholischen Kirche als »Erlösungsbetrieb von wenigem Belang«[11], die Zensur auf den Plan. Die abstoßende Darstellung des Geschlechtsaktes, das Verbinden von sexuellen und religiösen Motiven führten zur Konfiszierung der Zeitschrift und zu zwei Prozessen, in denen Ball jedoch wegen vermeintlicher Unverständlichkeit des Gedichtes freigesprochen wurde.

Auch wenn er Maria Hildebrand über seine Arbeit, die Publikationsbemühungen und den Prozeß informiert, erscheint fraglich, ob er ihr und der Familie auch die Lektüre des »Henkers« zugemutet oder ihr vom Lesen abgeraten hatte. Eine genaue Vorstellung von seinem Leben und Umgang in Berlin und München werden die Pirmasenser kaum gehabt haben, denn neben der Theaterszene ist Hugo Ball inzwischen eng mit den Redaktionen der avantgardistischen Zeitschriften verbunden, verkehrt in den Literatencafés und Künstlerkneipen. Es ist das Umfeld von Emmy Hennings, die zwischen Berlin und München irrlichtert und deren Verse dort erscheinen, wo auch Balls Gedichte gedruckt werden. »Hier«, erinnert Emmy, »lernte er Richard Hülsenbeck kennen, mit dem er sich gut verstand. Beiden war gemeinsam der Durst nach Leben und leben wollen. Die Kunst der Dichtung galt ihnen alles. Sie waren begeisterte Anhänger des Expressionismus (…) Wie er mit Hülsenbeck gut Freund war, so auch mit einem jungen Menschen, namens Hans Leybold.«[12] Er soll, so Emmy weiter, aus Protest gegen Elternhaus und Universität, ebenso wie ihr Dichterfreund, Georg Heym, seine Lehrbücher öffentlich verbrannt haben.

Emmys typische Übertreibungen? Belegt ist ihre Begegnung mit Georg Heym und Jakob van Hoddis in Berlin. Als sie in deren Literatentreff, dem ›Neuen Club‹, auftreten möchte, den Hoddis 1909 mit seinem Freund Erwin Loewenson gegründet hat, ist er skeptisch und stimmt nur zu, »wenn ihre künstlerische Leistungsfähigkeit nicht aus dem Rahmen des Cabarets herausfällt«[13]. Mit seinen Gedichten zum Vorbild einer ganzen Dichtergeneration geworden, ist Hoddis der führende Kopf der »Neopathetiker«. Die Gruppe hört auf ihn, aber bald ist auch er Emmy, »Hardekopfs Tänzerin mit Typhushaaren und Absinthaugen«,[14] verfallen, schreibt Gedichte, in denen wir sie wiederfinden: »Tanz«[15] nennt er das eine, »Tänzerin«[16] das andere:

»Wie mich die zärtlichen Gelenke rühren, / Dein magrer Nacken, Deiner Knie Biegen! / Ich zürne fast. Werde ich Dir erliegen? / Wirst Du zu jenem Traum zurück mich führen, / Den ich als Knabe liebend mir erbaute / Aus süssen Versen und dem Spiel der schönen / Schauspielerinnen, linden Geigentönen / Und Idealen, die ich klaute? // Ach, keine fand ich jenem Traume gleich, / Ich mußte weinend Weib um Weib vermeiden. / Ich war verbannt zu unermeßnem Leiden / Und hasse jenen Traum. Ich spähe bleich, // Und sorgsam späh ich, wie Dein Leib sich wende, / Nach jeder Fehle, die im Tanz Du zeigst, / Ich bin Dir dankbar, da Du doch am Ende / Mit einem blöden Lächeln Dich verneigst.«

Hoddis und Heym. Der Jurastudent Heym gefällt Emmy: »Ein elegisches Gesicht, wenn man so sagen kann, mit Kühnheit gepaart. Er war halb Rowdy, halb ›Bandit‹ und halb Engel, und so zeigte sich auch sein Wesen.«[17] Sie ziehen miteinander durch Kneipen, verulken Passanten am Potsdamer Platz, landen immer wieder im ›Café des Westens‹. Emmy ist von Heyms Texten beeindruckt. Aber im Gegensatz zu Hoddis, dessen Geliebte sie bald wird, bleibt ihr Verhältnis zu Heym kameradschaftlich. Noch wenige Tage vor seinem Tod will sie ihn in München getroffen haben, wo er vermutlich Hoddis besucht hat, mit dem Emmy damals zusammenwohnte. Gemeinsam haben sie den Jahreswechsel 1911/12 im ›Simpl‹ verbracht. »Er war so gut aufgelegt, wand sich eine Serviette turbanartig um den Kopf und steckte rings umher Messer, als wärens die harten Federn eines Indianerschmuckes, und so stellte er sich aufs Podium und rezitierte.«[18] Am 16. Januar ist Georg Heym tot. Ertrunken beim Schlittschuhlaufen auf der Havel. Seine nachgelassenen Gedichte werden im Mai 1912 unter dem Titel *Umbra vitae* von seinen Freunden herausgegeben. Emmy trauert mit Hoddis, der »neben Heym tatsächlich einer der tiefsinnigsten Menschen unter den Jungen war, die mir je begegnet sind. Auch in ihm sieht man, wie

bei Heym, das taumelnd Trunkene.«[19] Und wie in Emmys Gedicht aus
dieser frühen Zeit: »Betrunken taumeln alle Litfaßsäulen. / Dir gelten
meine glühendsten Ekstasen.«[20]

Hoddis, der psychisch Gefährdete, muß sich einer Kur im Nervensanatorium unterziehen. Emmy versucht, ihm Halt zu geben. Ist selbst
haltlos. Korrespondiert mit seiner Mutter, seiner Schwester. Ist machtlos gegen immer neue Schübe seiner Krankheit. Nach der unfreiwilli-
gen Internierung in der Heilanstalt Nikolassee im November 1912
flüchtet Hoddis nach Paris. Kehrt zurück nach München. Streunt rau-
chend und trinkend durch Kneipen, Kinos, Kabaretts. Nimmt Drogen. Schreibt vom Laster der Städte und identifiziert sich mit deren
Parias. Ist im Juni 1913 wieder in Berlin, schreibt an Emmy: »Ich habe
dich lieb. Sehr still und wirklich (...) Wenn du willst komme ich
sofort wieder nach München zurück.«[21] Am 25. April 1914 tritt er
in Berlin ein letztes Mal öffentlich auf. Dann verstummt der Dichter
Hoddis, der seismographisch die Katastrophenmeldungen der Zeit re-
gistriert und in seinem Gedicht »Weltende«[22] zum Manifest der jungen
Expressionisten verdichtet hat.

Als das »Weltende« kommt, als sich die Spannung, die die Künstler
und Intellektuellen vor 1914 gespürt und beschworen haben, in der
Katastrophe des Krieges entlädt, lebt Hoddis geistig verwirrt in Thü-
ringen in Privatpflege. Taucht noch einmal im Dezember 1914 im
Münchener Melderegister auf. Dann verliert Emmy ihn aus den Augen. Aber sie vergißt die beiden Freunde nicht, mit denen sie das Leben neu erfinden wollte und deren Scheitern sie erlebt: Hoddis Wahn.
Heyms frühen Tod. In ihrem Gedicht »Ein Traum«[23] nimmt sie das
Bild der Gedächtnisfeier in Berlin auf, die sie mit den jungen Dichtern
für Heym gehalten hat: »Rings um den Vortragstisch waren Wasserro-
sen, Algen und Lilien gelegt, so, als wären die Blumen aus der Tiefe
gekommen, in die Heym versank, und als seien die Blumen mit ihm
aus dem See emporgehoben worden.«[24] Drei Jahre später wird sie
im Zürcher ›Cabaret Voltaire‹ Verse der Freunde vortragen. Aber noch
treibt sie rastlos durch ihr Leben, immer auf der Suche: »Geliebter,
etwas fehlt mir doch, / Einen Wunsch, den hab ich noch: / Die Sehnsucht nach der Sehnsucht.«[25]

Rastlos ist zu dieser Zeit auch Hugo Ball, plant ein drittes Drama,

Bild 10 Hans Leybold, um 1909

schreibt Gedichte, jedoch nicht mehr allein, sondern mit Hans Leybold, dessen »frisches und phantastisches Wesen« ihn fasziniert. »Die
beiden Freunde zogen ihre Namen eng zusammen und aus Hans Leybold und Hugo Ball entstand ein Psychofakt: Ha Hu Baley.«[26]

Kennengelernt haben sie sich im November 1912 in München, als
Ball zum 50. Geburtstag Gerhard Hauptmanns dessen Drama *Helios*
für die freien Studenten inszeniert. »So wichtig mir es damals schien,
so habe ich heute doch alles vergessen, was in diesem kleinen Sonnen-
mythos vorgeht«, notiert Ball später und fügt in einem Satz hinzu, was
bei dieser Inszenierung für ihn wichtig werden sollte: »Ich traf mich
seitdem öfters mit Hans Leybold, einem jungen Hamburger, und
das Theater trat hinter der jüngsten Literatur zurück.«[27]

Für Ball ist die Begegnung mit dem sechs Jahre Jüngeren der Auslöser für seine weitere künstlerische Entwicklung, denn neben der spontanen Sympathie entdecken sie auch Gemeinsamkeiten: ihre streng katholische Erziehung und die krasse Abwendung von der Religion. Ebenso wie Ball hat sich auch Leybold den väterlichen Wünschen entzogen, sein Studium der Germanistik und Philosophie abgebrochen und mit der unsicheren Existenz des Theatermachers und freien Schriftstellers vertauscht. Er ist gut aussehend, charmant, liebt Frauen wie Männer, stürmt mit immer neuen Ideen durch die Münchener Szene. Und »Ball, der sonst lieber ohne Gesellschaft und am meisten in seiner Arbeit ein zurückgezogener Mensch war, ist hier ausnahmsweise das gerade Gegenteil. Die Verbrüderung zwischen Ball und Leybold ging soweit, daß sie beschlossen, miteinander Romane zu verfassen (…) Vorläufig schufen sie miteinander einige Gedichte, die in der Zeitschrift *Die Aktion* Aufnahme fanden, oder in der *Revolution*.«[28]

Während sich Franz Pfempferts *Aktion* bereits als eine begehrte Publikationsmöglichkeit für die jungen Literaten etabliert hat, erscheint *Revolution* im Herbst 1913 zum ersten Mal. »Der Titel (…) stand in roten Lettern unmißverständlich auf Zeitungspapier gedruckt, darunter ein schmaler Holzschnitt von Seewald, mit schwankenden windschiefen Häusern. Es war mehr stilistisch gemeint als politisch; von Politik hatten die meisten der Mitarbeiter, und besonders der Redaktor, Freund L., kaum eine Ahnung.«[29] Auch der Mitherausgeber Ball, der in wenigen Jahren in Bern der Redakteur eines wichtigen politischen Organs sein wird, ist damals nur daran interessiert, mit künstlerischen Aktionen und Aktivitäten die Gesellschaft verändern zu können, denn er ist überzeugt: »Es fehlt eine Rangordnung der individuellen gesellschaftlichen Werte. (…) Wer weiß noch, was gut und was böse ist? Die Nivellierung ist das Ende der Welt.«[30]

Das Ende der Zeitschrift jedoch, deren Name herausforderndes Programm ist, scheint nach der Veröffentlichung des »Henker«-Gedichts in der ersten Nummer bereits gekommen. Konfiszierung der Ausgabe. Einstellung nach zwei weiteren, weil die bürgerlichen Zeitungen im wilhelminischen Kaiserreich energisch Front gegen das Blatt machen, »das den Stempel der Unkultur auf der Stirne trägt«. Sie wettern gegen »die sinnlosen Wortschwallreimereien und sensationslüsternen Winkeltalentchen«[31], zu denen auch Erich Mühsam

zählt, der in der konfiszierten Nummer das vitalistische Programm der
Zeitschrift noch einmal postuliert hat: »Einige Synonyma für Revolution sind Gott, Leben, Brunst, Rausch, Chaos.«[32]

Das Leben: ein Rausch. Auch für Ball, obwohl er Maria versichert,
keine Drogen zu nehmen. Es ist die Nähe zu Leybold, die ihn mitreißt,
sind ihre gemeinsamen Pläne und Ideen, an denen er sich berauscht.
»Schon klemmt er das Monokel ins Auge«, erinnert Ball begeistert,
»gibt seinem Körper einen Ruck und sistiert die Vorstellung. Oder
auf der Straße: Er trägt einen blauen Mantel, geht mit verkniffenen,
breitgeschwungenen Augenbrauen nach dem Tempo einer Automobil-
hupe …«[33] Ein Mann, der auffällt, nach dem man sich umdreht. Aber
Ball steht mit seinen Gefühlen für den 22jährigen nicht allein: »Sie
waren trunken, voll von seiner Schönheit, / Auf seinem Pfade folgten
Knaben, Mädchen / Auch stolzer Frau'n mit nachdenklichem Gang /
Schien er doch nackt in seiner Linien Klarheit / Und tanzensfroh des
Schreitens leichtes Maß.«[34] Die Verfasserin dieser Verse, Leybolds Ver-
lobte Käthe Brodnitz, muß sich bei ihrem Gefährten, der seine Sexualität exzessiv auslebt, in Toleranz üben.

Doch diese Ausschweifungen blieben nicht folgenlos, nicht bei Leybold und auch nicht bei den Frauen und Männern der Boheme, die
gegen die bürgerlichen Moralvorstellungen rebellierten. Schonungs-
los notiert Mühsam die Dramen von ungewollten Schwangerschaften,
Prozessen um Alimente, Abtreibungen, Geschlechtskrankheiten. In
diesen schwierigen Situationen halten die Bohemefrauen zusammen,
helfen sich selbst Rivalinnen mit den Adressen von Ärzten und Heb-
ammen, die bereit sind, eine Abtreibung durchzuführen. Da diese unter Strafe verboten ist, gehen sie vorsichtig mit den Informationen um
und verschlüsseln ihre Mitteilungen, so wie Else Lasker-Schüler in
einem undatierten Brief an Emmy Hennings: »Liebe, kleine Emmy«,
schreibt sie und hat einen Kometen über diese Anrede gezeichnet,
wie den Stern über dem Stall von Bethlehem, »Ihr Brief ist so lieb,
ich werde ihn wie einen blauen, gläsernen Ring aufbewahren. Sie dürfen sich nun keine Sorgen mehr machen, ich bitte Sie darum. Soll ich
mal an Dr. Eppstein, Aldringenstr. 4 schreiben? Sie gehen dann zu ihm
und er macht Sie ganz gesund. Sie müssen aber genauso alles tun wie er
sagt. Ich war fürchterlich krank in München beide Male und immer

half mir dieser Arzt. Ich werde ihm schreiben ganz wie Sie es sich denken können, ganz Ihr Interesse. Ich werde schreiben: Frau Emmy H. ist gezwungen gewesen die halben Nächte durch Aufführungen und Liedersingen ihr Brod zu verdienen und ist dadurch so erschöpft, daß sie gar nicht mehr weiterkann, möchte aber so gern gesund werden. Und ich bitte Sie, Herr Doktor, ihr zu helfen wie Sie mir geholfen haben. Ich muß Ihnen nebenbei sagen, daß Frau Emmy H. in denselben mater(iellen) Verhältnissen ist wie ich und wie Alle. Aber ich denke daran, wie gütig Sie und Ihre Frau Gemahlin ist, Ihre Assistentin und daß die neue Patientin, die Sie unbedingt heilen müssen, ein kleines, blondes Mädchen ist, das sehr gelitten hat (...) Ihr Prinz von Theben.«[35]

Kehrseite des Bohemelebens. Die Dunkelziffer von Abtreibungen ist hoch. Todesfälle oder lebenslange Unfruchtbarkeit sind die Folgen. Aber selbst wenn ein Paar sich entschließt, das strafbare Konkubinat aufzugeben und zu heiraten, ist das – zumindest in München um 1914 – für die mittellosen Künstler kaum bezahlbar, da der Eheschließung die Erwerbung der Bürgerrechte am Wohnort vorausgehen muß, die damals – so Erich Mühsam – für eine Person in München 150 Mark kostet. Da Aufgebot und amtliche Eintragungen ebenfalls kostenpflichtig sind, nehmen selbst Heiratswillige oft aus finanziellen Gründen Abstand.

Eine Folge der wechselnden illegitimen Verbindungen sind neben den grassierenden Geschlechtskrankheiten die zahllosen Alimentationsprozesse, von denen auch Leybold nicht verschont bleibt. So finden sich auch bei Mühsam Aufzeichnungen zu Alimentenklagen gegen Leybold. Um diese abzuwehren, bietet sich Ball als Zeuge an und erklärt: »Hans hatte gewisse Beziehungen zu diesem Mädchen, andere jedoch auch. Bedeutet hat diese Sache nichts für ihn. Er kannte viele kleine Mädchen in München und anderswo. Es ist keine Veranlassung, viel Aufhebens davon zu machen. Er war sehr jung und er brauchte Leben, Bewegung, Betäubung.«[36]

Auch nach Leybolds Selbstmord im September 1914 wertet Ball die Frauenbeziehungen seines Freundes ab, um die eigene emotionale Bindung nicht in Frage stellen zu müssen. »Er warb um mich, vorsichtig und höflich, wie um eine obszöne Frau. Wir erkannten einander und setzten ein Psychofakt in die Welt, das wir Baley nannten«[37] und unter dem sie ihre literarischen Kinder vorstellten.

Für die Rechte eines Kindes und seiner minderjährigen Mutter setzt sich Mühsam im November 1914, zwei Monate nach Leybolds Tod, ein. Erfahren in Sachen Alimente und Vormundschaften, versucht er, den Vater Hans Leybolds zu Unterhaltszahlungen zu bewegen. Vergeblich, denn »der alte L. weigert sich zu zahlen, weil aus einem Brief Balls an Leybold hervorging, daß auch er mit Finny in der Konzeptionszeit zu tun hatte. Aus dem Brief ging aber auch hervor, daß Ball den Koitus nur herbeiführte, um dem Freunde Hans Leybold von der Alimentationspflicht zu helfen.«[38]

Ob Ball, wie er Käthe Brodnitz versichert, im Prozeß als Zeuge ausgesagt hat, ist nicht eindeutig zu klären, da weder die Prozeßakten noch Balls Brief an Wilhelm Leybold erhalten sind. Aus einem noch unveröffentlichen Tagebucheintrag Mühsams vom 19. Mai 1919 aus dem Zuchthaus Ebrach geht jedoch hervor, daß er, bei Beantragung der Vormundschaft für das Kind, Einsicht in die Akte gehabt und festgestellt hat, daß Balls Aussage maßgeblich für das Gericht war, die Alimentenzahlung abzulehnen, da bei den wechselnden Beziehungen der Finny Morstadt die Vaterschaft nicht eindeutig nachgewiesen werden konnte.[39] Es war ein Freundschaftsdienst, der die enge emotionale Bindung Balls an Leybold unterstreicht, mit dem er gegen die verachtete Bürgermoral andichtete, neue Wörter schöpfte und die Verse umeinanderschlang wie bunte Faschingsgirlanden. Eben noch ihr Idol, stürzen sie Nietzsche und setzen ihn ins Gasthaus, wo der »Übermensch (...) die Paprikagoulasche« verzehrt, »Zerbröselnd Semmeln, rülpsend in den Kälberschutt«[40]. HaHu Baley räumen auf mit Monogamie und Moral, sind überzeugt, daß das Etablierte ebenso fallen muß wie das verhaßte Kaiserreich mit seinem degenerierten Adel und der geldgierig-verlogenen Bourgeoisie.

Assoziativ reihen Baley ihre Metaphern aneinander, Absurdes, Groteskes, Phantastisches, Nonsens. Im Gedicht »Der Rasta Querkopf« begleitet vom Schlag einer Trommel. Es ist vor Dada, doch Dada war schon da. Das zeigt sich auch im Collagieren von Texten, denn Ball arbeitet nicht nur mit Leybold, sondern auch mit Klabund, dem lebenssüchtigen, lungenkranken Alfred Henschke, und der Diseuse

Marietta di Monaco, mit denen er drei Klarinetta-Klaball-Gedichte verfaßt. In ihnen lauert Zeitkritik hinter Nonsens und Wortspielerei, unverkennbar auf Klabunds und Mariettas Auftritte im Kabarett zugeschnitten, wo sie gemeinsam mit Emmy Hennings engagiert sind. Wenn Emmy nach ihrem Auftritt von Tisch zu Tisch geht und ihre Porträtkarten anbietet, sucht sich Ball eine aus und bittet um eine Widmung, ist trotz seiner Bindung an Hans Leybold und Leontine Sagan von der Diseuse mit der rauchig-rauhen Stimme und der Vorliebe für giftiges Grün und junge Liebhaber sofort gefesselt. Mit einem lebt sie in München zusammen: Johannes R. Becher. »Bechers großes Pathos, seine ungeheuerlich und doch wieder zarten Vergleiche, die kühne Syntax zogen Ball an (...) Becher war ein moderner Schiller, der sich das Thema für seine Dichtung aus dem Alltag erwählte: die Armen, das Spital, die Ausgestoßenen und Krüppel. Unter dem Einfluß von Becher wird Balls Gedicht ›Die Schlaraffen‹ entstanden sein.«[41]

Schlaraffenland Großstadt: Thema von Literaten und Malern der Vorkriegs-Avantgarde. Pathos als literarische Pose. Rückblickend notiert Hugo Ball 1923 im Tagebuch zur Entstehung der »Schlaraffen«: »Meine ersten Versuche waren sentimental, verschwärmt, nicht so ein schnarrender Leutnantston wie unter dem Einfluss verwilderter Literaten. Aber etwas in mir war labil, ohne Rasse und Prinzip (...) es fehlte am Widerstand einer Erziehung, an Einsicht, Halt, an Kraft. (...) Ich kannte keine Verantwortung. Es machte mir Freude, das Manko zu erweisen. Ich hatte dabei den Hintergedanken zu zeigen, dass es keine Autorität gibt, dass man in einer Anarchie lebt.«[42]

# Junge Frau um 1914

## Emmys letzte Freude – Variationen über ein weibliches Thema – Berliner Tingeltangel – Fluchten mit Becher – Freundschaften / Feindschaften

Auch Emmy Hennings schreibt: Kleine Prosaskizzen. Gedichte. Autobiographisches. Fiktives und was der Rausch ihr eingibt. Widmet die Verse Hardekopf, fügt Poetisches zu den Mitteilungen an einen Maler, dem sie Modell sitzt: Rudolf Reinhold Junghanns. Sie hat ihn, so erinnert sie sich in *Das flüchtige Spiel*, durch den Aachener Maler Hanns Bolz kennengelernt. Bolz, wie Emmy 1885 geboren, lebt in ihrer Nachbarschaft »in einem alten Atelierhause in der Theresienstraße«[1]. Er ist ihr Liebhaber, malt sie »mehrmals und es war mir eine große Freude, als er ein Bild, das mich als Sängerin darstellte, im roten Sammetkleid und im rötlichen Licht des Podiums, für eine Pinakothek nach Amerika verkaufte«[2]. Während jedoch ihre Beziehung zu Hanns Bolz, der bereits 1918 an den Folgen eines Kriegsleidens starb, wenig Eindruck hinterließ, war die zu Junghanns eng und prägend. Sicher verband den ein Jahr älteren Chemnitzer und Emmy auch die Liebe zum Norden. Wahrscheinlich kannte sie seine Bilder ihrer heimatlichen Landschaft. Vermutlich haben sie über Flensburg gesprochen, die Eckeners und ihren Kreis. Vielleicht ist, wie die Flensburger Regionalhistoriker vermuten, auch Ina Maaß, geborene Eckener, am Entstehen der Beziehung beteiligt gewesen. Es scheint jedoch Emmys Aussage, daß sie, einmal durch Bolz in die Malerkreise eingeführt, bald vielen Münchener Künstlern Modell stand, auch für Junghanns zu gelten. Sie wird sein Modell, wird seine Geliebte. Aber diese ist keine ihrer leicht geschlossenen und ebenso leicht gelösten Beziehungen. Die Begegnung mit Junghanns ist mehr: »ich bin seit meinem letzten Besuch bei dir ganz aufgewühlt und aus der Bahn gerissen. Über ein halbes Jahr habe ich geglaubt, die Kunst sei etwas Überflüssiges, etwas, was man entbehren kann und nun habe ich meine Ansicht vollkommen geändert, durch dich Rudi. Nur dir verdanke ich es. ich bin sehr glücklich, daß ich bei dir war. In der Nacht sehe ich immer deine Zeichnungen vor mir, die voller Leben sind.«[3] Es ist Emmys Leben, das er zeichnet, später radiert, »in allen Phasen (...) vom Kindsein bis zur reifen Frau. Es wurde eine Serie (...) die als ›Variationen über ein Modell‹ in einer Luxusmappe verlegt wurde.«[4] 1913 erscheint die Mappe in 90 Exemplaren mit dem Titel *Variationen über ein weibliches Thema* im Verlag Kurt Wolff in Leipzig. Im selben Jahr und im selben Verlag wie Emmys Gedichte. Denn während die teilweise hocherotischen Zeichnungen und Aktdarstellungen entstehen, sammelt Junghanns Emmys Verse, die sie ihren Briefen und schriftlichen Terminabsprachen beilegt, »so halt, damit die sachliche Verabredung nicht so kahl und nüchtern wirke«[5]. Als der damalige Lektor des Kurt Wolff-Verlages, Franz Werfel, Junghanns nach seinem Modell befragt, zeigt dieser ihm Emmys Gedichte. Und Werfel ist angerührt, interessiert sich für die Verfasserin, will die Gedichte in der Reihe *Der jüngste Tag* herausbringen, in der Texte der literarischen Avantgarde erscheinen. Emmy schickt zunächst acht Gedichte, verspricht weitere sechs bis sieben. Und fragt bei Kurt Wolff an, wie teuer das Bändchen wird. Möchte ihre Verse im Kabarett ebenso verkaufen wie ihre Photos. »Kann ich denn immer bei Ihnen nachbestellen, wenn ich welche brauche?« fragt sie und fügt, die Orthographie ihrer eingesandten Texte betreffend, hinzu: »Vielleicht ist manchmal ein Wort falsch geschrieben. Bitte verzeihen Sie es. ich bin Dänin.«[6]

Hatte Emmy bis zu diesem Zeitpunkt ihre mangelhafte Bildung hinter Koketterie und Maskenspiel geschickt verbergen können, hatte sie bei ihren Bohemefreunden auf Verständnis hoffen dürfen, so ist jetzt eine Situation eingetreten, in der sie sich ihrer Wissenslücken beschämend bewußt wird. Aber sofort auch eine Ausrede erfindet, die nicht nur den Mangel kaschiert, sondern die Verfasserin der Texte als Ausländerin noch besonders interessant erscheinen lassen soll. Als Kurt Wolff ihr den Titel *Ätherstrophen* für ihren Gedichtband vorschlägt, wehrt Emmy ab, schreibt dem Verleger in ihrer geraden Schulmädchen-Sütterlinschrift, daß sie das Buch *Die letzte Freude* nennen möchte, »weil ich nicht daran zu glauben wagte, daß solche Freude sich wiederholen könne«[7].

Emmy ist Junghanns dankbar. Für die Vermittlung ihrer Gedichte an Kurt Wolff. Für seine einfühlsame Freundschaft. Sie weiß, wie oft sie ihn enttäuscht: »ich habe dir so vieles abzubitten, Rudi«, ge-

Bild 11 Rudolf Reinhold Junghanns – Emmy Hennings, 1913/14

steht sie und versichert: »Du kannst auf mich bauen zu jeder Stunde und mich verwenden wie eine Sache, wie ein Tier, welches treu ist.«[8] Erfahrungen einer Frau, die gelernt hat, daß für Männer nichts anderes zählt als die ständige Verwendbarkeit der Frau, und die sich damit zum Objekt erniedrigt. Doch Junghanns hat mit der Wertschätzung ihrer Gedichte auch die Achtung vor Emmys Persönlichkeit verbunden. Trotz seiner schonungslosen, fast brutalen Darstellung ihres von Sucht und einem ausschweifenden Leben gezeichneten Gesichts und Körpers vermittelt sie dem Betrachter auch die anrührende Geste von Menschlichkeit und Mitleid ihres Schöpfers.

Ist Emmy außerhalb Münchens engagiert, schreibt sie an Junghanns. Aus Budapest. Aus Berlin. Da singt sie Lieder der berühmten Yvette Guilbert. Klagt über Heiserkeit, gegen die sie »radikale Mittel« gebraucht. Hardekopf, teilt sie Junghanns mit, sieht sie selten, weil sie weit voneinander entfernt wohnen. Emmy ist vom Hotel in eine Pension gezogen. Geldmangel. Die Rückstufung vom ›Linden-Cabaret‹ ins ›Bier-Cabaret‹ macht sich auch finanziell bemerkbar: »ich habe auch manche Aufregung u. Enttäuschung erlebt (…) Mein tänzerisches Repertoire habe ich nicht so durchgesetzt, wie ich wollte und mein Kostüm zerriß. ich trage jetzt ein sehr apartes grünes Kleid, ganz einfach, aus weicher Seide. es ist sehr schön, aber die Rehemsi, wie Hardy sich ausdrückt, ist es nicht mehr (…) Meine Gage ist auch um ein erhebliches reduziert worden, aber ich will nicht den Mut verlieren, obgleich ich in den 1sten Tagen verzweifelt war.«[9] Dabei war sie voller Hoffnungen aus München losgezogen, hatte Junghanns noch am Freitag, dem 12. April 1912, ins Cabaret ›Grüner Teufel‹ im Hotel Weißer Hirsch in der Schillerstraße zu ihrer Abschiedsvorstellung eingeladen. Das Blatt findet sich im Dada-Archiv des Zürcher Kunsthauses. Aber auch Mühsam berichtet in seinem Tagebuch unter dem 13. und 14. April von diesem Abend, an dem neben Emmy auch Karl Morax und Ferdinand Hardekopf auftreten. Während er zunächst von Hardekopfs Textvortrag begeistert ist, »stark im Ausdruck und ausgezeichnet mit Leidenschaft und Kraft gesprochen«, war er über dessen Verlesen eines Manifests des italienischen Futuristen Marinetti »so ungehalten, daß ich das Wort zu einer Polemik erbat. Ich wehrte mich dagegen, daß man das Grammophon höher werten sollte als den Gesang, den Kientopp höher als das Theater. Ich predigte Kultur und Kunst anstatt Zivilisation und Technik (…) Ich hatte mächtigen Beifall, nur Emmy schrie: ›Hier ist doch keine Versammlung!‹, worauf ich replizierte: ›Jede Versammlung ist ein Cabaret.‹«[10] Der Zwischenfall führt zu einer heftigen Verstimmung, die Mühsam bedrückt, »denn Hardy grüßt mich noch immer nicht. Es ist zu dumm, zu geschmacklos, wenn ich bedenke, daß wir in den Tiefen unserer Herzen ja doch noch gute echte Freunde sind.«[11]

Die gemeinsame Freundin Emmy, inzwischen in Berlin, wünscht ihrem derzeitigen Favoriten Junghanns bei seiner Arbeit viel Erfolg und »ein gutes Modell, welches artiger ist wie emsi«[12]. Aber bald klagt sie über Einsamkeit, bittet ihn um Geld. »Nur wer in dem brutalen Berlin leben muß, versteht die ganze Schönheit Münchens. Mein Name steht in Riesenlettern auf den Anschlagsäulen und die arme kleine emsi sieht erschreckt daran hinauf.«[13] Wunsch oder Wirklichkeit? Auf den Annoncen der *BZ am Mittag* vom Mai 1912 finden wir Emmys Namen unter anderen. An erster Stelle jedoch immer Claire Waldorff, die auch zum Ensemble gehört. Simon Guttmann beschreibt Emmy unter seinem Pseudonym Ravien Siurlai aus dieser Zeit in einem Artikel, der in Franz Pfemferts Zeitschrift *Die Aktion* erscheint: »Zwischen devot verstaubtem Lächeln der Chansonniers tritt, das Gesicht wächsern umschnürt, die gelben Haare pagenhaft gekürzt, mit starr getürmter Spitzenkrause und dem Dunkel des schmächtigen Samtkleides von jeder Menschlichkeit getrennt, auf das Varieté der umgestürzten Verzweiflung, das Varieté der Herren, die sich selbst auf den Kopf steigen, das Varieté des Jakob van Hoddis, vierjährig und verwüstet Frau Emmy Hennings …«[14]

Emmy, »die Protektorin der Fieber und des magischen Todes«,[15] bewegt sich wieder einmal am Rand des physischen und psychischen Zusammenbruchs. Und leidet unter einem Zerwürfnis mit ihrer Mutter, von dem sie Junghanns schreibt: »Dieses deprimiert mich sehr, weil ich mich so halt- und heimatlos fühle.«[16]

Anna Cordsen, die sich mit Annemarie zu dieser Zeit bei ihrer Stieftochter Paula Friedrichsen in Hamburg aufhält, hat Emmy wissen lassen, daß sie von ihr mehr Verantwortung erwartet. Hatte sie Emmys Konversion zum Katholizismus 1911 noch mit der überstandenen Typhuserkrankung zu erklären versucht, muß die darauf folgende Unterbringung Annemaries bei Nonnen in München sie zutiefst gekränkt haben. Warum nahm ihr Emmy die Enkelin, die sie fünf Jahre umsorgt und aufgezogen hatte, ohne daß sich ihre Tochter gekümmert oder etwas zum Lebensunterhalt beigesteuert hatte? Anna Cordsen war besorgt, fürchtete, daß das Kind sich in der fremden Umgebung unglücklich fühlen würde, ahnte, daß Emmy auch in München ihren Mutterpflichten nicht nachkam. Und sie hatte recht. Schon bald fand sich das verstörte Kind wieder bei der Großmutter in Flensburg ein. Aber in ihrer Freude über die Rückkehr der Enkelin muß Anna Cordsen auch die Sorge umgetrieben haben, was werden sollte, wenn sie, deren Altersbeschwerden zunehmen, stirbt. Wenn ihr zudem über Ekkeners Emmys Verhältnis mit Junghanns und dessen Arbeit an den *Variationen über ein weibliches Thema* zu Ohren gekommen sein sollte, wäre auch das eine Erklärung für die Entfremdung und das temporäre Zerwürfnis. Anna Cordsen, so scheint es, hat das Vertrauen in ihre Tochter verloren, und Emmy fühlt sich außerstande, ihr Leben zu ändern, hetzt weiter von Engagement zu Engagement, von Affäre zu Affäre. Ende Juni ist sie wieder in München. Trifft Mühsam im ›Café Stefanie‹, tritt im ›Simpl‹ auf. Und kommt von den Drogen nicht los, schreibt an Junghanns, der im Sommer im Norden malt: »ich bin seit einiger Zeit äthersüchtig und vollkommen auf dem Hund (…) ich leide an Halluzinationen und muß ein paar Tage allein aufs Land. ich bitte dich, wenn du kannst, sende mir etwas Geld (…) ich will mir den Äther abgewöhnen. es muß gehen. es ist so schlimm, ich habe viele Gedanken verloren.«[17]

Aber sie schafft es nicht. Noch nicht. Neuen Engagements folgt neuer Drogenkonsum. Andere Männer treten in ihr Leben, aber die Freundschaft zu Junghanns bleibt unbeschadet bestehen, obwohl sich ihre Wege trennen und er 1914 die in Kopenhagen geborene Schauspielerin Inga Martin-Mayer heiratet. Briefe, im Zürcher Dada-Archiv verwahrt, werden zwischen ihnen bis 1935 gewechselt. Sie schickt ihm Gedichte, läßt ihn an ihrer schriftstellerischen Arbeit teilhaben: »ich habe ein Gefängnisbuch geschrieben und glaube ich habe Fortschritte gemacht. Es freut mich, daß Du meine Sachen so hoch einschätzt.«[18] Auch Inga Junghanns muß Emmy geschätzt haben, denn sie macht Rainer Maria Rilke, mit dem sie in regem Briefwechsel steht, auf Emmys »Gefängnis« aufmerksam. Emmy dankt und schließt ihren oben zitierten Brief mit: »ich grüße Dich, lieber Rudi Junghans und Deine liebe Frau ganz herzlich und bewahre mir ein gutes Gedenken denn ich bin nicht mehr lange auf dieser Welt.«[19] Als sie das schreibt, tritt sie im ›Cabaret Voltaire‹ auf, ist noch immer »auf dem Hund«, wie damals in München, als Junghanns sie porträtierte. 1961, sechs Jahre vor seinem Tod, werden im Züricher Museum ›Strauhof‹ seine Werke gezeigt. Und im März 1999 finden wir dort in einer Ausstellung, die das Leben und Werk von Emmy Ball-Hennings dokumentiert, seine Mappe mit den *Variationen über ein weibliches Thema*.

Wie die Beziehung zu Junghanns wandelten sich auch andere Liebesverhältnisse Emmys in feste, oft lebenslange Freundschaften: zu Ferdinand Hardekopf wie zu Erich Mühsam, den sie noch 1933/34 mit Hilfe einflußreicher Freunde aus dem KZ zu befreien versucht, bis hin zu Simon Guttmann aus dem Kreis der ›Neopathetiker‹, den sie 1938 auf seiner Flucht nach England in ihrem Agnuzzo-Haus beherbergt. Aber auch die Freunde vergessen sie nicht. Johannes R. Becher notiert 1950, nachdem er von Emmys Tod erfahren hat, in sein Tagebuch: »Plötzlich, daß mir diese Angsthitze in die Wangen schießt: auch Emmy Hennings ist nicht mehr (... ›Der blonde Fetzen‹). Als sie im ›Simpl‹ auf mich zukam und mir das Zigarettenetui schenkte: ›Nehmen Sie das für Ihre Erzählung Das kleine Leben‹ – da bebte in mir die Erde, und sie sagte: ›Sie sind ein Dichter‹. Liebesjagden zwischen München-Berlin, dort hoch über der Stadt in einem Atelier gehaust: Paulsborner Straße.«[20]

Als er sie kennenlernt, ist Becher bereits durch ein traumatisches Erlebnis geprägt. Mit seiner Jugendliebe Franziska Fuß hatte sich der Gymnasiast umbringen wollen, hatte jedoch, im Gegensatz zu seiner Freundin, schwer verletzt überlebt. Sein Vater, Landgerichtsdirektor in München, attestiert Unzurechnungsfähigkeit. Das schützt ihn vor Strafverfolgung. Aber es schützt den labilen jungen Mann nicht vor den Panikattacken seiner Erinnerung. Drogen sollen beim Vergessen helfen. Bald ist er morphiumsüchtig. Als er Emmy trifft, ist er zwanzig. Sie ist sechs Jahre älter als er. »Sie: mein erstes poetisches Wagnis, mein leidenschaftliches Abenteuer, das mich mitten hinein in die Literatur wirbelte und mich mit Leonard Frank, van Hoddis, Hardekopf zusammenbrachte.«[21] Er ist fasziniert, nennt ihre literarischen Pseudonyme in seinen Texten »Magda« und »Dagny, das kleine blonde Tier«.[22] Dagny nennt auch sie sich in ihren Texten. Becher widmet Emmy sein Werk *Verfall und Triumph*, das nach der Auflösung des Verlags Bachmair 1914 im Berliner Hyperion-Verlag erscheint. Er ist zu dieser Zeit immer wieder auf Entzug im Krankenhaus. Am 11. Juli 1914 schreibt er seinen Verlegern: »Ich habe unter Aufwendung aller Kraft es zuwege gebracht, nichts mehr zu nehmen.«[23] Aber bald schon wieder: »Um Dagny aber heulen wir Gespenster, / Ganz ausgefretzt vom Morphium-Salvasan.«[24] In seinem Lyrikband *Verbrüderung*, der 1916 in Kurt Wolffs Reihe *Der jüngste Tag* erscheint, benennt er in seinem Gedicht »Emmy« die Geliebte emphatisch: »Jungfrau von Orleans unsere!«[25] Setzt in »Der Fetzen« der »Sängerin im ganz verschlissnen Kleide, Wangen grabgehöhlt, der Haare Stroh gescheitelt«[26] ein Denkmal.

Als Emmy 1914 verhaftet wird, sind es Becher und Erich Mühsam, die ihr einen Anwalt vermitteln, versuchen, sie freizubekommen. Becher, wegen seiner Morphiumsucht kriegsuntauglich erklärt, studiert in Jena. 1921/22 sind Emmy und Hugo Ball in München Johannes R. Becher wieder begegnet. Da ist Balls Bewunderung für Bechers Lyrik ebenso Vergangenheit wie Emmys Affäre mit ihm. Auf dem Weg in die Emigration trifft er Emmy noch einmal im Tessin, da »war sie bald Greisin, bald junges Mädchen (…) ich verdanke ihr viel, viel bei meinen ersten Versuchen, es ist nicht so, wie von mir behauptet wird: Ich hätte alles in ›bar bezahlt‹ (…) Im Gegenteil: das meiste bin ich bis heute schuldig geblieben.«[27]

Nach Jahren im sowjetischen Exil erinnert sich Becher, zurückgekehrt nach Deutschland, seiner Münchener Zeit: »In München war's im Cafe Stefanie, / Als ich dir, Emmi, die Gedichte sagte, / Die ich allein nur dir zu sagen wagte, / Und häufig kam das Wort vor: ›Irgendwie‹. // Am Tisch daneben spielte Mühsam Schach, / Und Frank saß einem Geldmann auf der Lauer. / (Vielleicht saß der indes im Café Bauer?) / Ein Denker hielt mit Kokain sich wach. // Franz Jung erschien mit seiner Tänzerin, / Und Bing, der Zeichner, ließ das Billard fahren, / Denn Däubler nahte sich mit Bauch und Bart … // Ihr Freunde, die ihr gute Freunde wart, / Ich schreib euch dies zum Angedenken hin / An jene Zeit, als wir noch Kinder waren.«[28] Als der Limes Verlag 1955 den neu erschienenen Band *Lyrik im expressionistischen Zeitalter* an den Kulturminister der DDR, Johnnes R. Becher, schickt, merkt er in seinem Dank an: »Schade ist, daß Frau Emmy Hennings in dem Anthologieband fehlt.«[29]

Emmy hingegen rückt im Schlußkapitel von *Das flüchtige Spiel* ihr Verhältnis zu Becher in den Bereich einer unverbindlichen Freundschaft. Schon der Titel »Eine kleine Geschichte mit Hans« suggeriert den Lesern etwas Leichtzunehmendes um den »lieben, harmlosen Dichterfreund«, der auf einen eifersüchtigen Brief Hugo Balls, den er eben erhalten hat, mit fast kindlicher Verzweiflung reagiert: »Er legte seinen hübschen Kopf mit dem blonden Haarwuschel stützend in die Hand (…) und starrte verloren vor sich her.«[30] Kein Wort über die enge Beziehung, die sie mit Becher verband, statt dessen Allgemeines: »Die jungen Menschen von damals waren überaus leicht exaltiert, und man mußte schon manchmal recht energisch mit ihnen sprechen, um Distanz zu gewinnen (…) Dieses nahezu ins Krankhafte gesteigerte Lebensgefühl der Jugend, das zwischen starker Lustbegierde und asketischen Neigungen hin und her schwankte, mag seinen Grund gehabt haben in der politischen Gewitterluft, die uns damals schon umgab (…) Zu den Glühenden, Intensiven gehörte auch mein Freund Hans.«[31]

Emmys Affäre mit Johannes. R. Becher war jedoch zu dem fraglichen Zeitpunkt von leidenschaftlicher Intensität und hätte Ball durchaus Anlaß zu diesem Schreiben geben können. Es berührt befremdlich, daß »Hans« in diesem Kapitel keine adäquate Würdigung zuteil wird. Im Gegenteil: Er wird in seinen Emotionen und Intentionen verharmlost, und es klingt, als sei Emmy, der Mittelpunkt jener wilden Ausschweifungen, jenes Taumels zwischen Kabarett und Kunst, der leidenschaftlichen Suche nach Veränderung und der exzessiven Sucht in jenen Jahren um 1914 nur am Rande dabei gewesen. Irritierend auch der frömmelnde Ton, der dieses Kapitel bestimmt, in dem sie ihre beginnende Beziehung zu Ball bereits religiös überhöht. Und damit keinen Platz mehr findet für die ungeschminkte Selbsterforschung und -darstellung ihrer frühen Prosa, weit entfernt ist von der Unmittelbarkeit der fünfzehn Gedichte in *Die letzte Freude*. Da beschwört sie ihre Erfahrung der Todesnähe während ihrer Typhuserkrankung, als sie spürt: »Alle Herbste gehn an mir vorüber«, sich zurücksehnt in den trügerischen Schein von Cabaret und Gelegenheitsprostitution: »Und jetzt lieg ich ganz verlassen / In dem stillen weißen Raum. / O, ihr Schwestern von den Gassen, / Kommt zu mir des Nachts im Traum!«[32] Immer wieder bestimmen Liebe und Drogen die Verse, »die ich in einer richtigen Liebes-Regen-Stimmung schrieb, im Ätherrausch«[33]. Nicht die klare reine Himmelsluft der Griechen wird in den »Aetherstrophen« beschworen, sondern die Wirkungen des Stoffs, aus dem die Träume der Bohemiens sind. Statt der Klarheit des Bewußtseins bestimmen die Verzückungen des Rauschs diese Verse. Und eingeschoben die bohrende Erinnerung an die verdrängte Realität: »Und eine Frau mit grünem Haar, / Die sieht mich traurig an / Und sagt, daß sie einst Mutter war, / Ihr Leid nicht tragen kann.«[34]

Manchmal, wenn der Rausch vorüber ist, stürzt sie ab ins Dunkel der Selbstvorwürfe. Nimmt sich vor, Mutter und Tochter zu besuchen, wagt die Reise in den Norden jedoch nicht, obwohl sie sich, so weist es der Münchener Meldebogen aus, zweimal nach Flensburg abgemeldet hat: am 27. August 1912 und am 27. März 1915. Das erste Datum erscheint unwahrscheinlich, weil sie zu dem Zeitpunkt Junghanns, der im Norden malt, um Geld bittet, um auf dem Land vom Äther loszukommen. Wäre sie nach Flensburg gefahren, hätte sie sich dort mit ihm verabredet. Aber »vollkommen auf dem Hund« hätte sie sich wohl kaum in die Steinstraße gewagt. Mit dem 27. März 1915 enden die Eintragungen im Meldebogen, aber da ist sie nicht nach Flensburg gefahren, sondern zu Hugo Ball nach Berlin, der bereits am 8. März seiner Schwester mitteilt: »Seit gestern ist Emmy Hennings wieder hier. Sie kommt – aus dem Gefängnis. Solchen Verkehr habe ich!«[35] Und er kündigt an, daß er wahrscheinlich schon im April nach Zürich gehen wolle; daß Emmy ihn begleiten wird, schreibt er nicht.

Berlin–München. Die Jahre des Wechselns zwischen der Metropole und der bayerischen Residenz gehen zu Ende. Beide Städte sind für Emmy Hennings und Hugo Ball sowohl Orte künstlerischen Erfolges als auch der Enttäuschung und des Versagens geworden. Orte, an denen sie Freundschaften schlossen und Kontroversen auslösten. Oder sogar Feindschaften, wie zwischen Emmy und Else Lasker-Schüler. Seit Hardekopf im Mai 1911 seine Freundin bei Herwarth Walden im Kunstsalon Cassirer eingeführt hatte, reagierte die Dichterin mit blinder Eifersucht auf die 16 Jahre jüngere kapriziöse Emmy Hennings. Auch deren Abreise von Berlin nach München kann die mit ihrem Alter hadernde Lasker nicht beruhigen. Bei Begegnungen in München versucht Erich Mühsam, der mit beiden Frauen befreundet ist, zu beruhigen, vermerkt jedoch im Tagebuch, daß, wenn die Lasker nicht mehr provoziert, Emmy dieses vermutlich tun würde, denn sie »ist auch nicht die Zahmste«[36]. Während also Mühsam zu vermitteln sucht und »Prinz Tino von Bagdad« ihm mit bösen Briefen antwortet, ist Emmy schon anderweitig tätig geworden. Sie läßt der Rivalin ein Telegramm aus Berlin schicken, daß sie dringend dorthin zurückkommen möge.

Diese Episode zeigt, daß die wenigen Frauen, die damals den ungewöhnlichen Schritt in ein freies Leben gewagt hatten, durchaus nicht immer solidarisch waren, sondern sich auch als Konkurrentinnen fühlten. Dennoch sollte es wenige Jahre später zwischen Else Lasker-Schüler und Emmy Hennings zu einer Aussöhnung und Freundschaft kommen. Denn 1914 – nach Kriegsausbruch – ist es die Lasker, die Emmy nach einem Zusammenstoß mit der Polizei hilft, als sie einem auf der Straße demonstrierenden Kriegsgegner beigesprungen und von der empörten Menge verprügelt worden war.

Sehr nah sind sich die Frauen noch einmal, als Else Lasker-Schüler ihren lungenkranken Sohn Paul 1926/27 in die Schweiz begleitet und Emmys Tochter Annemarie im Tessin schwer am Typhus erkrankt. Die unveröffentlichten Briefe aus dieser Zeit zeigen die beiden exzentrischen Dichterinnen in ihren mütterlichen Sorgen, in der Angst um das Leben ihrer Kinder. Die Lasker schreibt an Emmy und Hugo Ball in einem undatierten Brief von 1927: »Ich habe ein blau Kerzlein für ihre liebe kleine Ann. angezündet und in der ewig alten Harfensprache zu Gott auf Knien für A. und für Paulchen, für seinen Zimmergefährten und für alle kranken Menschen, für alles Kranke in der Welt gebetet, ganz wie Ihr für mein Kind ein Kerzchen angezündet habt.«[37] Interessant zu beobachten ist in dieser Korrespondenz, daß Emmy, die in zahllosen Briefen an ihre Freunde zu Spontaneität, zu Euphorie und Emphase neigt, äußerst zurückhaltend auf die emotionalen und exaltierten Mitteilungen des »Prinzen Jussuf« antwortet. Es ist, als ob sie auf ihre Wesensverwandtschaft mit der Lasker, die sich in deren Briefen spiegelt, bewußt oder unbewußt mit Abwehr reagiert und sich durch einen für sie ungewöhnlich sachlichen Ton absetzt.

Als Annemarie ihrer Genesung entgegensieht, verschlechtert sich Pauls Zustand. Er stirbt im Dezember 1927. Else Lasker-Schüler geht zurück nach Berlin, um sechs Jahre später, nach der Machtergreifung der Nationalsozialisten, zunächst nach Zürich, dann weiter nach Palästina zu fliehen. Wiedergesehen haben sich die beiden Frauen zum Jahreswechsel 1927/28 in Berlin. Danach verebbt der Kontakt. Als Emmy jedoch 1945 vom Tod der Dichterin in Jerusalem erfährt, schreibt sie einen bewegenden Nachruf, den sie im Mai im Rundfunk in Basel verliest. Da findet sie noch einmal zur alten Emphase zurück: »Es wird, so hoffe ich, doch ein wenig blau über ihrem Tode blühen und viele Blumen über die geschlossenen Morgenlandaugen.«[38]

Anders als zu Else Lasker-Schüler gestalten sich Emmys Beziehungen zu den anderen Gefährtinnen der Bohemezeit weitgehend ohne Rivalitäten. Solidarisch, einig in Lebensform und -ausdruck, können selbst temporäre Eifersucht, wenn eine der anderen den Liebhaber ausspannt, ihr Verhältnis zueinander nicht wirklich beschädigen. Sicher trägt auch die homoerotische Komponente zwischen den Frauen dazu bei, die Beziehungen zu den Männern nicht zu überschätzen. Dazu

Mühsam am 28. 5. 1911 im Tagebuch: »Ich war vom Simpl aus (...) zu Uli aufs Atelier gegangen, wo die andren sehr viel Schnaps tranken und dadurch in eine Stimmung kamen, die ich durch Zusehen und Mitreden künstlich in mir erzeugen mußte. Lotte und Emmy küßten sich maßlos. Dadurch wurde eine angenehme erotische Atmosphäre geschaffen.«[39] Lotte Pritzel, zwei Jahre jünger als Emmy, hatte in München die kunstgewerbliche Schule des Wilhelm von Debschitz besucht und bereits 1910 in einer Ausstellung mit ihren eigenartig-fragilen und lasziven Puppenkreationen Aufsehen erregt. Sie gehört in den Kreis um Mühsam und Hardekopf, wird, ebenso wie Emmy, die Geliebte der jungen Dichter Jakob van Hoddis und Johannes R. Becher. Verfällt den Drogen, die ihr und der gesamten Clique bald einer ihrer Freunde, Dr. Gerhard Pagel, verschafft, »der großartig aussah: halb wie ein Kaperkapitän, halb wie eine Dostojewskij-Figur«, erinnert sich Carl Zuckmayer. »Er war, so hieß es, in früheren Jahren ein brillanter Mediziner und Wissenschaftler; jetzt verwendete er seine ärztliche Lizenz hauptsächlich zum Ausschreiben von Kokain- und Morphiumrezepten – vor allem für sich selbst und seine Puppenkönigin.«[40]

Emmy und Lotte bleiben auch nach Emmys Emigration in die Schweiz in loser Verbindung. 1934 berichtet sie ihrer Tochter von ihrem letzten Besuch in Berlin, wo Lotte, die 1921 Dr. Pagel geheiratet hat, seit 1922 lebt und als Kostümbildnerin und Bühnenausstatterin für Max Reinhardt und Erwin Piscator arbeitet. Pagel praktiziert wieder als Arzt. Und die zwölfjährige Tochter Irmeline staunt, als Emmy auf Wunsch der alten Freunde, auch Moritz Engert hat sich eingefunden, ihr »Flori-Flori-Florida-Lied« singt.

Erinnerungen. Im Lebenslauf von 1938 widmet Emmy jedoch den entscheidenden Jahren in der Boheme nur wenige Zeilen: »Erst in München, wo ich mit 23 Jahren zum ersten Mal als Vortragskünstlerin auftrat, mich grosser Beliebtheit erfreute, blieb ich längere Zeit. Von hier aus bekam ich Engagements an viele grosse Bühnen in Deutschland, kam jedoch immer wieder nach München zurück.«[41] Auch in ihrer autobiographischen Prosa *Das flüchtige Spiel* und *Ruf und Echo* sind es nur wenige Kapitel, die über ihre Zeit in Berlin und München vagen Aufschluß geben. Und diejenigen, die ihr diese »Fülle des Lebens« zeigten, erwähnt sie nur am Rande: Junghanns, Wedekind, Werfel oder van Hoddis. Viele Namen fehlen. Denn anders als in ihrer expressiv-kraftvollen Prosa glättet und schönt sie im Alter die Erlebnisse ihrer Wandertheater- und Bohemezeit, deutet sie als »Lehrjahre« um. Sieht alles im Zusammenhang ihrer Beziehung zu Hugo Ball. Ordnet rückblickend dieser entscheidenden Begegnung anderes unter und verengt ihren Blick auf den Abend im ›Simplicissimus‹, an dem Ball das erste Mal aufgetaucht sein soll. Sie ahnt nicht, als der zurückhaltende junge Mann sie um ihr Bild bittet, daß er ihr Leben künftig entscheidend beeinflussen und ihm eine neue Richtung geben wird. Während Emmy in ihrer späten Prosa, geprägt durch die Überhöhung Balls und aus der Perspektive der Konvertitin, die Ereignisse neu gewichtet und die wilden Jahre der glitzernden Varietés und anregend-aufregenden literarischen Kabaretts, die spannungsgeladene Zeit bis 1914 an Brisanz und Farbe verlieren, beschwört ihre Bohemefreundin, Marietta di Monaco, 1962 in *ich kam – ich geh* Emmy so lebendig und authentisch, wie sie uns auch aus den Briefen und Tagebüchern der anderen Künstlerfreunde dieser Zeit entgegenirrlichtert:

»Als sie aus dem Gefängnis ging, zog sie das Elend hinter sich. / Jeder Mensch mußte eine Sekunde stumm staunen. / Ihr Haar war damals lang und strohgelb. / Sie lebt nur Tage. / Wandelnd singt sie durch die Städte immer dieselben / Dirnenlieder …«[42]

# Aufbrüche – Umbrüche

## Dresdener Irritationen – Kandinsky, Kunst und Krieg – Ball bewegt sich weiter – Überraschung für Leontine

Januar 1914. Wieder reist Ball nach Dresden: »Grazilbarock steigt das Antlitz der Stadt schwarz und phantastisch mit Türmen, Glocken und Brücken in den mondstrahlenen Abendhimmel.«[1] Hier trifft er Leontine Sagan, die ihm, trotz der intensiven Beziehung zu Hans Leybold und der Begegnung mit Emmy Hennings, noch immer nahesteht. Er will seiner Bewerbung um die Direktorenstelle am Albert-Theater mehr Nachdruck verleihen, macht Besuche bei Menschen, die Einfluß nehmen können. Die Aussicht, mit der Freundin im selben Haus engagiert zu sein, endlich der Unsicherheit an den Münchener Kammerspielen entfliehen und ein Jahresgehalt von 12 000 Mark erwarten zu können, macht das Antichambrieren, das ihm zuwider ist, erträglicher. Er kleidet sich korrekt, hat auf Sagans Rat neue Garderobe anfertigen lassen, Schulden gemacht auf eine bessere finanzielle Zukunft.

Zudem hat er die Erwartung, daß ihm Dresden, wo im Richterschen Kunstsalon und in Hellerau neue Ideen, ein neuer Blick propagiert werden, auch zur Bühne für seine eigenen Theaterideen werden kann. Eben noch hatte ihn eine Futuristenausstellung beeindruckt: »Wenige Bilder in kleinem Raum. Explosionen, Erdbeben, Anarchistenschlacht, Wahnsinn, tellurische Mystik. (…) Rotglühende Männer und aufbrüllende Sklaven, Wahnsinn und Umsturz: atemberaubende, heulende Dinge, die kommen werden, die kommen werden.«[2]

Und in Hellerau hatte er im Oktober 1913 die Erstinszenierung von Paul Claudels *Verkündigung* gesehen, die in der Regie des Autors und der Ausstattung von Alexander von Salzmann Premiere hatte. In seinem Aufsatz *Die Reise nach Dresden*, der im November 1913 in der *Revolution* erscheint, setzt sich Ball mit Salzmanns Lichtregie kritisch auseinander: »Man sieht nichts vor lauter Licht. Was soll ich auf der Bühne mit dif- oder konfusem Licht anfangen, reinem bloßem filtriertem abstraktem Licht, wenn mir Verhältnisse, Milieus, Stuben,

Bild 12 Hugo Ball, um 1916

Wälder und Gärten vorgeredet werden?«[3] Ball lernt den Initiator Helleraus, Jakob Hegner, kennen, der Claudels Werke übersetzt und verlegt. Spielt mit dem Gedanken, sollte er den Zuschlag in Dresden bekommen, Leybold in seine Programmgestaltung einzubeziehen. Aber kaum ersonnen, zerplatzen die Höhenflüge, und Ball bleibt verkatert am Boden der Münchener Tatsachen zurück: der Unsicherheit an den Kammerspielen, deren Direktor entlassen wurde und dessen Nachfolger ihm nur noch wenig Einfluß auf die Spielplangestaltung läßt. Andererseits wird ihm erlaubt, sich geschäftlich mit dem Verlag F. S. Bachmair zu verbinden, wo er in den Zeitschriften *Die Neue Kunst* und *Revolution* Publikationsmöglichkeiten für seine Texte und die Baley-Gedichte findet. Nebenberuflich beginnt er als Vertreter für Theaterverlage zu arbeiten, lektoriert und versucht, zwischen November 1913 und Februar 1914 für Bachmair einen Bühnenvertrieb aufzubauen. Aber das Projekt scheitert und damit auch die Publikation seines *Henkers von Brescia*. Und die neu gegründeten Zeitschriften, die ihr avantgardistisches Feuerwerk versprühten, verglühen durch Bachmairs Insolvenz im finanziellen Nichts.

Wie also weiter? Die Schulden im Zusammenhang mit der Bewerbung in Dresden, so bei dem aus Pirmasens stammenden Geschäftsmann Schohl, drücken ihn. Flehende Briefe gehen im Februar 1914 an Maria, die bei seinem Gläubiger um Geduld bitten soll: »Schohl muss einsehen, dass meine Karriere erst beginnt. Und dass das keine Literatencarriere sondern eine *Theater*carriere ist.«[4] Er hat Ideen, aber weder das Geld noch die Möglichkeit, diese umzusetzen. »Bei alledem ist es direkt ein Witz, dass ich nicht einmal die 3 Groschen für eine

Tasse Kaffee in der Tasche habe«, klagt er und fragt schließlich: »Glaubst Du, dass die Mutter mir Geld schicken kann?«[5] Aus Pirmasens scheint finanzielle Hilfe gekommen zu sein, denn im April gesteht er der Mutter: »Ich habe viel zu tun, um mir einen Namen zu machen. Ohne dass ich dabei einen Pfennig verdiene.«[6] Zugleich bietet er an, in seiner Heimatstadt einen Vortrag zu halten, erkundigt sich nach den Mietkosten des kleinen Saals im ›Café Luitpold‹. Auch Bruder Heiner versucht, in Pirmasens eine Gelegenheit zu schaffen, wendet sich an den Kaufmännischen Verein, der kulturelle Veranstaltungen durchführt. Ball sehnt sich danach, die Familie wiederzusehen, ist »runtergearbeitet«, möchte für einige Wochen dem Chaos entfliehen und sich erholen. Aber diese Pläne zerplatzen ebenso wie die geplante Aufführung seines *Henkers von Brescia*.

Und doch: neue Beziehungen regen zu neuen Plänen an. »Denn München beherbergte damals einen Künstler, der dieser Stadt vor allen andern deutschen Städten durch seine pure Anwesenheit einen Vorrang der Modernität verlieh: Wassilij Kandinsky. (…) Was ihn beschäftigte, war die Wiedergeburt der Gesellschaft aus der Vereinigung aller artistischen Mittel und Mächte. (…) Wort, Farbe und Ton waren in seltener Eintracht in ihm lebendig und er verstand es, noch das Verblüffende stets plausibel und ganz natürlich erscheinen zu lassen.«[7]

Ball ist fasziniert, engagiert sich, gemeinsam mit Kandinsky die Idee eines »Theaters der Neuen Kunst« im »Künstlertheater« am Ausstellungspark umzusetzen, dem »Theaterbau, der wie geschaffen für unsere Zwecke schien. Eine inzwischen gealterte Künstlergeneration hatte sich darin versucht. Was lag näher, als sich der Sympathie dieser älteren Generation zu versichern und die Verwaltung um Überlassung der Räume für unsere neueren, jüngeren Zwecke zu bitten?«[8] Franz Marc, Paul Klee, Arnold Schönberg interessieren sich für das Projekt, sind einig darin, daß es sich nicht nur um eine Reform des bisherigen Theaters handeln sollte, sondern um eine »Neuschöpfung«, wie Ball in seinem Artikel *Das Münchener Künstlertheater* in der Zeitschrift *Phöbus* darlegt. Ein neues Repertoire unter Einbeziehung des japanischen Theaters wird geplant, die Moskauer Aufführungen von Stanislawski diskutiert und wie man dort »unter dem Einfluß indischer Studien Andrejew und Tschechow spielte. Das war anders, breiter, tiefer als bei uns, auch neuer, und trug sehr viel dazu bei, meinen Gesichtskreis und meine Forderungen an ein modernes Theater zu erweitern.«[9]

Oskar Kokoschka und Alfred Kubin schließen sich an, auch der Choreograph Fokin und der Komponist Thomas von Hartmann. Für die Bühnenarchitektur kann Erich Mendelsohn gewonnen werden. In einem Buch »Das Neue Theater« wollen sie ihre Ideen »mit neuen Musikbeispielen, Figurinen etc. entwickeln«, schreibt Ball begeistert am 27. Mai 1914 an Maria. »Auch neue Architekturpläne sollen festgesetzt werden. Ein neues Theater von Grund auf! Ein neues Festspielhaus. Wenn ich nur einen roten Heller hätte! Ich bin sehr viel zusammen mit Kandinsky, der mir alle Leute vorstellt, die zwischen Paris und Moskau für unsere Idee unterwegs sind. Kandinsky ist der heute genialste Russe. Der umstürzlerischste. (...) Schwesterchen, da sind sehr grosse Dinge im Spiel.«[10]

Jetzt, im späten Frühjahr und beginnenden Sommer 1914, scheint alles wieder möglich. Ball plant mit Leybold die Publikation einer Anthologie expressionistischer Lyrik im Piper Verlag und – gemeinsam mit Klabund – bei Georg Müller die Anthologie der »unterdrückten kämpferischen Aktivität heutiger Literatur« unter dem Titel *Die Konfiszierten*. Ebenfalls bei Piper wollen die Akteure des »Künstlertheaters« ihre Ideen veröffentlichen. »Und noch etwas und noch etwas«, zählt er Maria auf. »Am Theater studiere ich ›Die rote Nelke‹ von Földes einem Ungarn, ein. (...) Es ist das erste Mal, dass sie mich heranlassen. Gelegentlich der Künstlertheateraffäre hatten wir eine grosse Auseinandersetzung. Ich sagte ihnen: jawohl Konkurrenz, wenn sie mir keine Gelegenheit geben, hier so zu arbeiten, wie ich es heute verlangen muss, um weiterzukommen. Für nächstes Jahr bin ich nun auch als Regisseur engagiert.«[11] Schließlich hat ›Der Neue Verein‹ angefragt, ob er dessen Beirat beitreten möchte, eine Gelegenheit, in der nächsten Spielzeit »geschlossene« Matineen veranstalten zu können, die – wegen der Zensur – nur von einem Verein durchgeführt werden dürfen. Begeistert erzählt er von seinen neuen Bekannten, von einem Sacharoff-Tanzabend, zu dem die Gräfin von Holnstein ihn im Auto mitnimmt. Von Leontine Sagan schreibt er nicht mehr, mahnt Maria jedoch am 12. Juli auf einer Postkarte mit der aquarellierten Kohlezeichnung eines Frauengesichts: »Aufbewahren! Ein Original der Emmy Hennings.«[12]

Das klingt, als wisse die Schwester bereits, wer das ist, obwohl er Emmys Namen zuvor nicht erwähnt hat und seine ersten Begegnungen mit der kapriziösen Diseuse nicht unproblematisch gewesen sind. Da ist einerseits der eifersüchtige Becher, sind Emmys Affären und spontanen Fluchten, die ihn irritieren. Ist andererseits ihre Ablehnung, als er ihr sein »Henker«-Gedicht gibt: »das ich kaum anzunehmen wagte, weil es mir *unheimlich* war. Er las es mir vor und mich ergriff die Furcht vor den Worten oder vor dem Menschen selbst (…) Das Gedicht war meines Empfindens nach ein Gemisch von Blasphemie und Frömmigkeit, unausgeglichen, ja tobend auch in der Form, ein *Orkanstil,* vor dem ich Angst hatte.«[13] Das könnte im Oktober 1913 beim Erscheinen des Textes in der *Revolution* gewesen sein oder kurz darauf, als nach der Konfiszierung Balls Name in der Szene in aller Munde war. Emmy bleibt reserviert, sieht Hugo Ball nicht anders als andere Männer. Auch als er ihr seine Verliebtheit mitteilt, nimmt sie das nicht ernst. Schmeicheleien gehören zum Kabarettalltag. Anläßlich eines eifersüchtigen Briefes von Ball an Johannes R. Becher notiert sie jedoch Überraschendes: »Mich fesselte gar nicht so sehr der Inhalt des Briefes als die Schrift an sich. Wie gestochen sahen die Buchstaben aus. Ich dachte mir, so malt etwa ein Mönch in einsamer Zelle (…) Zierlich und energisch war diese Schrift, in die ich mich verliebte, wie man entzückt sein kann von einer hübschen Zeichnung (…) Hugo Balls Handschrift war für mich ungewöhnlich anregend. Was er schrieb, war mir damals merkwürdig gleichgültig, nur das *wie* freute mich, zunächst nur dieses.«[14]

Ihre Gefühle bleiben lange ambivalent: »Bei meiner ersten flüchtigen Bekanntschaft mit Ball bemerkte ich etwas Zynisches in seinem Wesen, das mich abschreckte, während ein hin und wieder auftauchender gütig-sanfter Ton mich für ihn einnahm.«[15] Von ihm erfahren wir weder etwas über die Umstände der ersten Begegnung noch über seine damalige Beziehung zu Emmy, denn sein Tagebuch *Die Flucht aus der Zeit* wurde von ihm, unter Auslassung des Persönlichen, als Dokument seiner intellektuellen und spirituellen Entwicklung bearbeitet. Auch wird Hugo Ball bei allem Interesse für die schillernde Maskenspielerin nicht ernsthaft über eine Beziehung nachgedacht haben, weil im Vordergrund dieser Zeit seine Bindung an Leybold und die gemeinsamen Pläne stehen: »Wir versuchten das Münchener Künstlertheater in die Hand zu bekommen (...) Wir planten eine internationale Anthologie von Lyrik. (...) Wir entspannen einen heftigen Briefwechsel.«[16] Dieses »Wir« scheint emotional an die erste Stelle gerückt. Am 23. Juni 1914 schickt er Maria eine lange Liste seiner bereits erfolgreich verhandelten Projekte. Am 26. Juni teilt er Kandinsky mit, daß er am nächsten Tag wegen ihrer gemeinsamen Pläne nach Berlin reise, und bittet um »ein paar Zeilen an *Walden*«, den er wegen Leihgaben von Werken der Künstler seiner »Sturm«-Galerie für eine Ausstellung nach München aufsuchen will. Und er beendet den Brief mit der Ankündigung, nach der Reise zu einem Besuch nach Murnau zu kommen, wo der Maler mit seiner Lebensgefährtin, Gabriele Münter, lebt.

Einen Tag später fährt Ball jedoch zunächst nach Dresden, wo er mit Hegner wegen einer Aufführung von Claudels Stück *Tausch* in den Kammerspielen und mit dem Hoftheater wegen eines Gastspiels verhandelt. Von einem Treffen mit Sagan erfahren wir nichts, da sie vermutlich noch immer mit ihrem ehemaligen Direktor und dem Restensemble des Albert-Theaters durch die Provinz tourt. Ob seine Pläne eines expressionistischen Theaters, seine Gedichte und Publikationen in den avantgardistischen Zeitschriften bei ihr, die sich weiter im Konventionellen bewegt, auf Verständnis oder Ablehnung stoßen, läßt sich nicht belegen. Ihr Name taucht in seinen Briefen an Maria, der er sich stets anvertraut hatte, erst im August 1915 wieder auf.

Was ist seit dem Frühjahr 1914 geschehen? Gibt es, ausgelöst durch seine Beziehung zu Leybold, eine schleichende Entfremdung? Welche Rolle spielt das Kennenlernen von Emmy Hennings? Keine Hinweise, weder bei Ball noch bei Sagan.

Bevor er am 1. Juli von Dresden nach Berlin aufbricht, bittet er Maria wieder um Geld, ist in München »quasi durchgebrannt«, hat Mietschulden von 60 Mark, steht auch bei anderen Gläubigern in der Kreide, braucht dringend 200 Mark. Verspricht Zinsen, beschwört: »Ich habe doch Zukunft, ich habe schon jetzt einen Namen! Es muss sich doch jemand finden, der mir diese lumpige Summe pumpt! Ich schäme mich zu Tod, wegen solcher Summen Briefe schreiben zu müssen. Es ist eine erbärmliche Quälerei!«[17]

Trotz dieser finanziellen Bedrängnis genießt er die Tage, ist begeistert von den Eindrücken in Herwarth Waldens Galerie, mit dem er ab der neuen Spielzeit eine ständige Ausstellung im Foyer der Kammerspiele plant: Futuristen, Expressionisten, Kubisten für das Münchener Theaterpublikum. Eine Provokation! Ball trifft die Kollegen Franz Blei und Ludwig Rubiner, Franz Pfempfert, den Herausgeber der *Aktion*, dem er Baley-Texte mitgebracht hat, den Kritiker Alfred Kerr und die Übersetzerin der italienischen Futuristen Else Hadwiger. Als er am 23. Juli morgens wieder in München eintrifft, ist er noch immer euphorisch, hat den Nachtzug von Berlin genommen, war zuvor in Swinemünde, wo Hans Leybold Urlaub macht. »Herrlich«, schreibt er, »Sonnenbrand.« Und: »Viel Interessantes gibt's zu erzählen. In Berlin haben sich die Erlebnisse nur so gehäuft.«[18] Aber das soll mündlich geschehen. Für Anfang August stellt er Maria seinen Besuch bei der Familie auf dem Krottenhof in Aussicht. Zuvor bespricht er sich mit Kandinsky, der nach Moskau reisen und ihre Theaterpläne mit Stanislawski, Andrejew und Fokin voranbringen will. Dann unterschreibt er seinen Kontrakt für die nächste Spielzeit bei der Direktion der Kammerspiele. Festes Gehalt. Eigenes Büro. Und mit Else Lasker-Schüler, »(meine Freundin, der Prinz aus Theben)«,[19] besucht er eine Aufführung von *Franziska* des bewunderten Frank Wedekind. Kein Wort in seinen Briefen und Aufzeichnungen von den sich zuspitzenden politischen Konflikten. Kein Wort von Emmy Hennings, die zu dieser Zeit wegen eines Beischlafdiebstahls im Gefängnis ›Am Neudeck‹ in Untersuchungshaft sitzt. Ball, eingesponnen in seine Pläne, träumt von einer Zukunft, die sich wenige Tage später als unsicherer erweist als je zuvor in seinem unruhigen Leben: Es ist Krieg. Schockstarre wechselt mit hektischer Siegessicherheit. Leybold meldet sich an die Front. Kandinsky, plötzlich zum Feind gehörend, geht nach Moskau. Franz Marc wird eingezogen, fällt. Die Theater werden geschlossen. Auch Sagans Truppe löst sich auf. Sie fährt zur Mutter nach Teschen, leistet Pflegedienst in einem Spital, unsicher, ob sie ihr Engagement in Wien in der nächsten Spielzeit wird antreten können.

Ball stellt sich gemeinsam mit Klabund am 6. August als Freiwilliger beim 1. Schweren Reiterregiment, wird gemustert und geimpft. »Kunst?« notiert er. »Das ist nun alles aus und lächerlich geworden. In alle Winde zersprengt. Das hat alles nun keinen Sinn mehr. (...) Und man sieht ja noch gar nicht die Folgen ab.«[20] Aber anstatt an die Front nach Galizien zieht der als kriegsuntauglich ausgemusterte Hugo Ball in den Pfälzerwald. Zurück auf den Krottenhof. Dort versucht er, die immer häufiger eintreffenden Todesnachrichten von Freunden und Weggefährten ebenso zu verarbeiten wie die Eindrücke einer kurzen Reise an die lothringische Front von Anfang September. Hatte er am 7. August noch erklärt: »Der Krieg ist das Einzige, was mich noch reizt«[21], sieht er jetzt seine Aufgabe darin, nicht in den Schützengräben, sondern gegen das Morden auf den Schlachtfeldern Stellung zu beziehen, und fährt im Oktober nach Berlin. Von den geschlossenen Münchener Kammerspielen ist er beurlaubt und für die Zeitschrift *Zeit im Bild* als Redakteur tätig. Er schreibt Glossen, Theaterkritiken, liest Kropotkin, trifft sich mit dem Medizinstudenten Richard Huelsenbeck, der zu schreiben begonnen hat. Er wird zu Balls lebenslangem Freund, ohne ihm Leybold, der sich am 8. September in Itzehoe das Leben genommen hat, ersetzen zu können.

Um den Tod des lebenslustigen Literaten kursieren in der Boheme bald wilde Gerüchte. Zunächst hat es geheißen, Hans Leybold sei in Belgien gefallen, dann sprach man von einer Verwundung und der Verlegung ins Lazarett, wo er an einer Blutvergiftung gestorben wäre. Die Mär von einem schmerzhaften Ohrenleiden macht die Runde. Schließlich notiert Mühsam am 13. Oktober im Tagebuch, daß Emmy aus Berlin die Nachricht mitbrachte, Leybold habe sich aus Angst, wieder ins Feld zu müssen, erschossen. Mehr als ein Jahr später, am 16. November 1915, erfahren wir in einem Brief Balls an Käthe Brodnitz, die sich zu Studien in den USA aufhält, sowohl von den Umständen, die zu Leybolds Selbstmord geführt haben, als auch von Balls Gefühlen für den Freund, den Brodnitz im Frühsommer 1914 gebeten hatte, sie in die USA zu begleiten. »Als Hans mir damals seinen Plan und Absicht mitteilte, mit ihnen nach Amerika zu reisen, war ich gewiss nicht frei von einer gewissen Depression (...) Ich liebte Hans (...) Ich glaubte, ohne ihn nicht gut leben zu können.« Nach diesem Geständnis berichtet er von seinem Besuch in Swinemünde 1914, als der

Freund ihm erklärt hatte, in Deutschland bleiben zu wollen. »Ich verstand nicht recht, was ihn plötzlich bewog, seine Pläne zu ändern. Ich sagte ihm das auch. Er hatte auf meine Frage nur die Antwort, die Reise sei ihm unmöglich, drang und bat mich, mit Ihnen zu sprechen. (…) Ich hatte dann jenes Gespräch mit Ihnen, in dem ich Ihnen (…) nicht viel sagen konnte und in dessen Verlauf ich (…) eigentlich von ihnen gerne erfahren hätte, was den plötzlichen Umschwung in seinen Entschlüssen veranlasst hatte.«[22] Dann schreibt er von dem »gehetzten Brief« des Freundes, in dem er Ball mitgeteilt hat, daß er beim Arzt gewesen und syphilitisch sei. Ein weiteres Schreiben ging an Huelsenbeck mit der dringenden Bitte, ihn zu besuchen. Doch bevor sich die Freunde auf den Weg machen konnten, hatte sich Leybold erschossen, und seine Leiche war zur Bestattung nach Hamburg überführt worden. »Ganz im Vertrauen und unter uns will ich Ihnen mitteilen«, fährt Ball fort, »dass der Verdacht schon in München bestand und dass Huelsenbeck und meine Meinung bei der Nachricht seines plötzlichen Todes *die* war, er sei *nicht* einem Ohrenleiden, auch nicht der Verwundung erlegen. (…) Wir wollen nun alles auf sich ruhen lassen und uns stets mit dem einfachen Gedanken seiner erinnern, dass er Beide uns schätzte und ein wenig liebte.«[23] Diese abgeklärte Haltung wird jedoch im Herbst und Winter 1914/15 mühsam errungen, während Ball versucht, sich durch Arbeit abzulenken. Er nimmt immer radikalere künstlerische Positionen ein, verfaßt eine hochemotionale »Totenrede« auf Leybold, in der er in wildem Stakkato ihre gemeinsame Münchener Zeit auferstehen läßt. Noch ist er unsicher, wer ihm den toten Freund ersetzen kann, plant gemeinsame künstlerische Aktionen mit Huelsenbeck. Reist nach München, um Emmy Hennings zu sehen, die inzwischen verurteilt und in Stadelheim inhaftiert ist. Und er fährt nach Wien zu Leontine Sagan, die Teschen verlassen und ihr Engagement an der ›Neuen Wiener Bühne‹ angetreten hat. Der Spielplan ist ganz auf die Unterhaltung und Ablenkung des Publikums ausgerichtet, ein »Schmarrn«, wie Sagan bemerkt, die mit seichten Salonkomödien auch in Prag und Brünn gastiert. »Ich spielte Theater, aber belangloses Theater. Meine schauspielerische Entwicklung stand still.«[24] Dabei sieht sie einerseits das Dumme und Hohle ihrer Rollen, andererseits hat sie Erfolg und genießt das turbulente Leben im gelieb-

Bild 13  Leontine Sagan am Schauspielhaus Frankfurt am Main, Mitte 1920

ten Wien. »Der Hexenkessel des Theaters kochte (…) kochte umso brodelnder, als man über den Krieg hinaus in keine Zukunft blicken konnte.«[25]

Eines Abends taucht im Theater ein überraschender Besuch auf: Hugo Ball. »Ich war besonders froh, weil der Zufall es so gefügt hatte, daß ich in einer großen Rolle auftrat mit Erotik, Raffinement, eleganten Kleidern und allem dazugehörenden Plunder«, erinnert Sagan. »Nach der Vorstellung saßen wir in einem kleinen Weinlokal und ich wollte vor allem wissen, wie ich ihm gefallen habe. Er flüchtete sich in Komplimente über meine Erscheinung.«[26] Dann schildert Sagan, wie Ball sie nach Hause begleitet, vor dem Tor zögert und ihr dann gesteht, daß er gekommen ist, um ihr zu sagen, daß er Deutschland verlassen, nach Zürich gehen und mit Gleichgesinnten »mit der Feder gegen den Krieg kämpfen« will. Nicht auf dem Theater? Sagan mag nicht glauben, daß er die Bühne aufgegeben hat. Seine Antwort hat sie in wörtlicher Rede wiedergegeben: »Das Theater? Glaubst Du wirklich noch an diesen Popanz, an diese aufgeplusterte Bagatelle, die Du mir selbst heute Abend vorgespielt hast? Ich begreife nicht, wie Du es ertragen kannst, Dich dazu herzugeben zu diesem verlogenen Puppenspiel, in einer Zeit, wo das Letzte der menschlichen Kultur auf dem Spiele steht.«[27]

Sie reagiert verletzt, fragt hilflos, was sie tun könne, und erhält von Ball den Rat, mit anderen Künstlern eine Gemeinschaft zu gründen, nach neuen Ausdrucksformen zur »Abwehr des Kitsches« zu sorgen. Weil sie spürt, daß er recht hat, reagiert sie wütend, »warf ihm revolutionäres Windbeuteltum vor, sprach von Geduld und daß man nicht davonlaufen dürfe – Ich schämte mich innerlich meiner Platituden, wußte aber sonst nichts, das ich ihm hätte entgegenhalten können.«[28]

Verständnislosigkeit zwischen dem einstigen Paar, das auf der nächtlichen Straße nicht mehr zueinanderfindet. Schweigend begleitet Ball sie zu ihrer Wohnung, bleibt abrupt stehen und erklärt, daß er nicht allein, sondern mit Emmy Hennings in die Schweiz gehen und mit ihr zusammenleben will. Als sie Abschied nehmen, weiß Sagan, daß sich ihre Wege endgültig trennen. Kein Wort davon in Balls Briefen oder Erinnerungen. Sagan jedoch gesteht: »Balls innere Loslösung von mir schmerzte sehr, aber sie änderte nichts an meiner Situation. Ich hielt zäh an meinem Beruf fest, der ordinär und wesenlos geworden war.«[29] Dennoch sucht sie nicht mehr ausschließlich die Gesellschaft ihrer Bewunderer, sondern stellt sich auch ihren Kritikern, »die meine Schauspielerei tadelten, (...) sie maniriert und aggressiv«[30] finden. Einer dieser Kritiker, der Schriftsteller Victor Fleischer, der bei einem großen Kunstverlag tätig ist, tritt künftig an Balls Stelle. In ihren Erinnerungen vergleicht sie die beiden Männer: »Ball brannte innerlich mit dem Feuer eines Fanatikers. Victor Fleischer hatte die Stille und Ausgeglichenheit eines Menschen, der viel auf dem Land gelebt hat. (...) Er war das absolute Gegenteil von allen Männern, die ich bisher kannte.«[31] Als Sagan 1916 Wien verläßt und ein Engagement am Neuen Theater in Frankfurt am Main antritt, weiß sie, daß sie künftig ihr Leben mit dem Victor Fleischers verbinden will. Sie heiraten 1918 in Teschen.

# Schuld und Sühne

## Gesellschaft, Gefühle, Gefängnis – Dagny hängt sich auf, und Emmy trägt ein Nonnenkleid – Begierden und Ekstasen – Kabarett, Kirche, Konversion

»Nachdem ich dreissig Jahre lang gegangen war, bemerkte ich urplötzlich, daß ich mich in der Sackgasse des Irrtums befand. So habe ich die Strasse genannt (…) Einen Ausgang gibt es natürlich in einer Sackgasse nicht, man müsste denn umkehren. Das plötzliche Umkehren gab mir einen Ruck. Ich glaube, beim Umkehren aus der Sackgasse des Irrtums ging meine Welt verloren. Als ich vor einer hohen Mauer stand und mit Schrecken bemerkte: hier geht es nicht weiter, raste ich die ganze lange Strecke zurück, den Weg, den ich schon einmal gegangen war. Vielleicht ist beim Ausgang die Möglichkeit, meine verlorene Welt wiederzufinden.«[1]

»Verloren« hat Emmy Hennings diesen Text genannt. Ein Ich verliert seine Welt. Von einem Tag auf den anderen. Da tritt die Protagonistin eine Haftstrafe an. Aber es beginnt schon vorher, im Sommer, als sie in Untersuchungshaft kommt, sich umwendet »zur Tür: eisern, ohne Griff, gibt sie nicht nach«[2]. Das Ich sucht das Verlorengegangene, beschwört es im Monolog, beschwört sein Bild von der Welt, das es sich schuf, »das süsseste aller Kartenhäuser«. Die Dynamik ständiger Befragung treibt den kurzen Text voran. Selbstzweifel wechseln mit Rechtfertigung. Fragend vereinigt sich das Ich mit seinem Schatten. »Werde ich mit meinen Augen, die in einer Nacht ergrauten, eines Tages mir selbst fremd geworden, in die Augen sehen? Ein grünes Augenpaar in ein graues? Oder habe ich meine grün schauenden Augen verloren, dass ich meine grünen Holunderbäume nicht wiedererkenne?«[3]

Etwas Elementares ist Emmy Hennings zugestoßen: Sie, die Unabhängige, die jedem Eingesperrtsein getrotzt hatte, wird verhaftet. »Emmy sitzt wegen Diebstahls, begangen in Hannover an einem nächtlichen Besucher, in Untersuchungshaft am Neudeck. Becher und ich haben ihr den Dr. Kahn als Anwalt bestellt. Aber in der Kriegsaufregung denkt der wahrscheinlich sowenig wie ein anderer an seine Klienten. Nun war ich gestern bei ihr …«[4] Das ist am 6. August 1914. Erich Mühsam, der Chronist, verbindet die Aufregung um die Verhaftung der Freundin in München mit der Erregung, die Deutschland in den vergangenen Wochen erfaßt hatte. Während er Emmys Schicksal im Tagebuch festhält, jagt eine Kriegserklärung die andere. Das Volk jubelt. Jahrelang aufgestaute Spannungen entladen sich im euphorischen Aufbruch zum Kampf bei den einen, wecken böses Ahnen bei den anderen. Emmy, die Unpolitische, weiß intuitiv, daß nicht nur sie selbst ihrer Freiheit beraubt ist, sondern daß auch das Volk gefangen ist in Ultimaten und Erklärungen, eingesperrt zwischen den Fronten des Krieges.

Wahrscheinlich ist sie nach einem Beischlafdiebstahl zunächst in Hannover aufgegriffen und kurz inhaftiert worden. Wieder in München, weiß sie, daß die Anklage des Geschädigten Folgen haben wird, und reagiert mit Bewegungslosigkeit. »Ich bleibe im Bett, da kann mir wohl nichts passieren.«[5] Als dieser kindliche Wunsch sich jedoch nicht erfüllt, als sie festgenommen und in Untersuchungshaft gesperrt wird, reagiert sie mit Lähmung, mit Krämpfen: »Meine Beine sind steinerne Säulen und schwer. Ich kann nichts halten.[6] Immer fällt mein Kopf, entweder nach rechts oder nach links. Er baumelt, wackelt wie der Kopf einer Lumpenpuppe.«[7] Schon einmal hatte Emmy eine solche Lähmung befallen, drei lange Monate, bis der Arzt einen Ortswechsel empfahl und Emmy von einem Moment zum anderen wieder auf die Beine kam. Damals war es das Bewußtwerden ihres Gefangenseins in der Ehe mit Joseph Hennings. Jetzt ist es die psychische Reaktion auf die Haft. Emmy, die Geltungsbedürftige, die Egozentrikerin, für die Anerkennung Lebenselixier ist, die ohne Selbstdarstellung nicht leben kann, ist plötzlich ihrer Bühne beraubt. Isoliert wie damals in Flensburg, als sie sich mit dem neugeborenen Sohn lebendig begraben fühlte. Die Psychoanalyse bezeichnet diese psychogene körperliche Störung als Konversionsneurose oder -hysterie, die aus der Verschiebung (Konversion) der psychischen Energie aus einem ungelösten Konflikt entsteht und mit Lähmungen, Krämpfen und psychogenen Sensibilitätsstörungen einhergeht. Bei Emmy mit einer ins Pathologische gesteigerten akustischen Empfindlichkeit. Erst in der Krankenzelle, in der Gemeinschaft mitgefangener Frauen, gelingt es ihr, die Situation so weit zu verarbeiten, daß sie die Haftwochen übersteht. Aber als sie, nach Prozeß und Verurteilung, einen weiteren Monat abbüßen muß, steht sie erneut »wie angewurzelt (...) Und wenn ich gefangen bin, bin ich unfrei, so gründlich, daß es mir eine Taktlosigkeit scheint, meine eigenen Beine zu gebrauchen; das wäre ja Selbständigkeit.«[8] Wiederum in der Krankenzelle, bleiben ihre Beine, obwohl sie wieder gehen kann, »so taub«.[9]

Eingesperrt wird Emmy auf sich selbst zurückgeworfen. Der atemlosen, jahrelangen Hetze von Stadt zu Stadt, von Bühne zu Bühne, von Affäre zu Affäre wird plötzlich Einhalt geboten. Ein Haftbefehl. Der harte Griff eines Schutzmanns. Erst schließt sich das Gefängnistor, dann das ihrer Zelle. Graues Kleid aus Sackleinwand. Holzpantinen. Aber »es handelt sich um mehr als um eine vorübergehende Freiheitsberaubung. Etwas in mir wird hingerichtet. Man macht mich verantwortlich und straft mich. Aber bin ich verantwortlich?«[10] Diese Frage wird Emmy umtreiben, solange sie lebt. Als sie im März 1915 entlassen wird, findet sie keine Antwort, benennt nur das Trauma in ihren Gedichten, die in *Die Aktion* und im *Revoluzzer* erscheinen. Anrufe, Ausrufe, die niemand hört. Verlassen von Gott, fleht das lyrische Ich zum Satan. Nur noch dessen Güte vertrauend. Ist das bloße Theatralik? Die Suche nach dem Extremen? Ist es eine Emmy-Inszenierung oder der Zweifel an der Möglichkeit der Buße? Blasphemie zumindest ist es im Munde der Frau, die, noch auf Gerechtigkeit hoffend, nach ihrer Einlieferung in die Untersuchungshaft nach dem Priester ruft: »Römisch-katholisch bin ich. Konvertitin. Unruhe ließ mich Religion versuchen, eine andere. Ich versuchte mir zu helfen. Bequem, nicht sich selber beichten zu müssen.[11] Ich brauche meine Sünden nicht zu suchen (...) Ich habe Schuld. Nur ich habe Schuld.«[12] Selbstanklagen zunächst in ihrem Roman *Gefängnis*, an dem sie seit 1916 arbeitet. Es ist ihr erster längerer Prosatext, das Tagebuch einer Doppelhaft. Ein atemloser Text. Ebenso gehetzt wie »Verloren«. Ein Stakkato von Fragen und Antworten. Von Fragen ohne Antworten. Übergangslos herausgeschleudert. Direkte Rede. Befragung und Selbstbefragung. Immer wieder beginnen die Sätze mit »ich«. Die Erzählerin erfindet kein Pseudonym. Zu nah ist alles. Es ist Emmy selbst, die in dieser überstürzten Reportage Zeugnis ablegt. Nach der Verurteilung wandert sie zu ihrem Haftantritt über endlose verschneite Äcker. Noch ist sie frei. Könnte umkehren. Aber es gibt kein »wohin«. Nur das Tor, das sich hinter ihr schließt. »Wo ist der Gott der Gerechtigkeit? Hier im Gefängnis wünsche ich einen kritisierenden Gott. Aber vielleicht sind wir unter aller Kritik, und die Menschheit verdient insgesamt ignoriert zu werden.«[13] Das scheint nicht zur Konvertitin zu passen, als die sie sich im Text zeigt. Wenngleich als eine, die ihre Umkehr mit Bequemlichkeit rechtfertigt. Hier, wie auch an anderen Stellen des Buches, werden die Einflüsse der Dadaisten deutlich, mit denen sie während des Schreibens lebt. Aber Emmy kennt, anders als viele ihrer Dichter- und Malerfreunde, das, was sie thematisiert, aus eigenem Erleben. Und so entsteht mit *Gefängnis* eine Seelenstudie, die die Autorin in ihrer Hilflosigkeit, aber auch in ihrem kritischen Selbstbewußtsein zeigt. Sie vergleicht sich, vielleicht die Zeit im Flensburger Photoatelier erinnernd, mit einer Kamera, ist »wie ein gewissenhafter Kodak wider Willen«[14]. Am Ende der sich in ständigem Rollenwechsel vollziehenden Befragung nach Schuld oder Unschuld steht mit unbestechlicher Klarheit die Erkenntnis der Unverhältnismäßigkeit der Strafe, die an ihr vollzogen wird. Und wie schon bei ihren Überlegungen zu unehelicher Schwangerschaft und zu Prostitution auch die Frage der Mitverantwortlichkeit des Mannes. »Hätte mein Kläger nicht auch zur Rechenschaft gezogen werden müssen? Aber mein Kläger war gar nicht da. Er ließ sich entschuldigen, hatte keine Zeit. Ließ sich vertreten. Aber wie kann er sich vertreten lassen, wenn er sich benachteiligt, vergewaltigt oder beleidigt fühlt? (...) Warum wird er nicht bestraft, daß er sich mit mir eingelassen hat. (...) Man müßte Verführer und Verführte bestrafen: die Gelegenheit und den Dieb (...) Wenn es verboten ist, sich Liebesstunden bezahlen zu lassen, muß es verboten werden, Liebesstunden zu kaufen. Aber die Erfahrung lehrt, daß der Mensch ohne Liebe nicht leben kann. Also müßte die Liebe anders organisiert werden.«[15]

Daß diese Entwicklung eine Folge der herrschenden Gesellschaftsstrukturen ist, zeigt Emmy Hennings nicht nur in *Das Brandmal*, sondern spricht es auch in *Gefängnis* deutlich aus: »Der Gerichtshof besteht aus Männern, und es erfordert weniger Kraftaufwand, das schwache Geschlecht zu bestrafen, als Männer zur Rechenschaft zu ziehen, die ihre stärksten Neigungen geheim zu halten wünschen. Ich wünschte, die vergewaltigten Männer könnten einmal die verächtlich lächelnden Gesichter ihrer Verführerinnen sehen, die auf dem Korridor der Strafanstalt lächelnd die Geheimnisse ihrer Kläger preisgeben.«[16]

Es ist für Emmy eine bedrückende Zeit, die zwischen ihrer Untersuchungshaft am Neudeck, dem Prozeß und der Verurteilung liegt, denn alles ist, auch außerhalb der Gefängnismauern, fragwürdig geworden: Die Freunde im Feld. Gefallen. Gefangen. Emmy reagiert mit Abscheu, stellt sich offen auf die Seite der Kriegsgegner, erhält von Kathi Kobus Auftrittsverbot im ›Simplicissimus‹, weil sie sich weigert, patriotische Lieder zu singen. »Verhaftungen waren«, notiert Erich Mühsam, »in der ersten Kriegszeit nichts Besonderes, da man in manchen Personen Spione vermutete.«[17] Kein Trost für Emmy, deren Situation zwischen ihren Internierungen traumatisch gewesen sein muß. Ihre Erfahrungen in der Untersuchungshaft, die Unsicherheit über den Ausgang des Prozesses, die Angst vor neuer Haftstrafe. Sie flieht in den Rausch. Sucht zu vergessen. Und leidet bei ihren Inhaftierungen am doppelten Entzug, dem ihrer Freiheit und dem Entzug der Drogen. An Ball, dem sie in diesem Katastrophenjahr nähergekommen ist, schreibt sie: »Lieber Ball=Hugo, ich war so unendlich glücklich zu Deinem Besuch heute (…) Mein Herz tut mir vor Freude weh, weil Du mir wieder Hoffnung gemacht hast, und das ist das, wovon man im Gefängnis lebt (…) ich spiegle mich in meiner Suppe, ich weiß garnicht, wie ich aussehe (…) ich seh dich noch immer vorm Gitter und wäre doch so unendlich gerne Dir näher gewesen, ganz nahe. ich bin ganz morfiumfrei. seitdem ich verschütt ging, habe ich nichts mehr bekommen. Jetzt brauch ich kein Sanatorium. So war die Lumperei doch für was gut, auch wenns schwer ist, sehr schwer (…) ich kann mir garnicht denken, daß es Thüren giebt, die nicht abgeschlossen werden und Fenster ohne Gitter. Grüße alle, lieber Ball, ich freu mich so auf die Freiheit. Deine Emmy.«[18]

Die Quellen zu Emmy Hennings Inhaftierungen sind teilweise widersprüchlich. Auch sie selbst macht in ihren Texten unterschiedliche Angaben. Da bei der Zerstörung von Archiven im Zweiten Weltkrieg Unterlagen vernichtet wurden, sind wir auf Hinweise, wie die Melde-

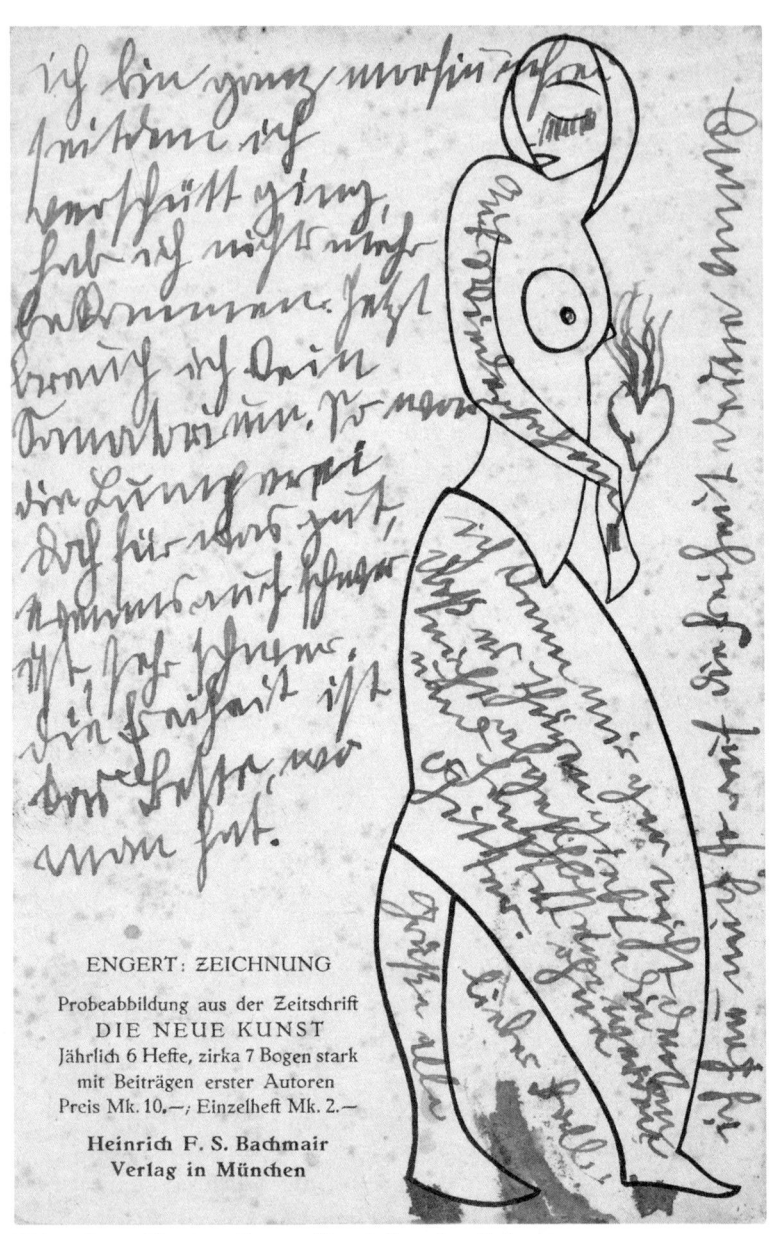

Bild 14  Emmy Hennings: Karte an Hugo Ball aus dem Gefängnis, 1914

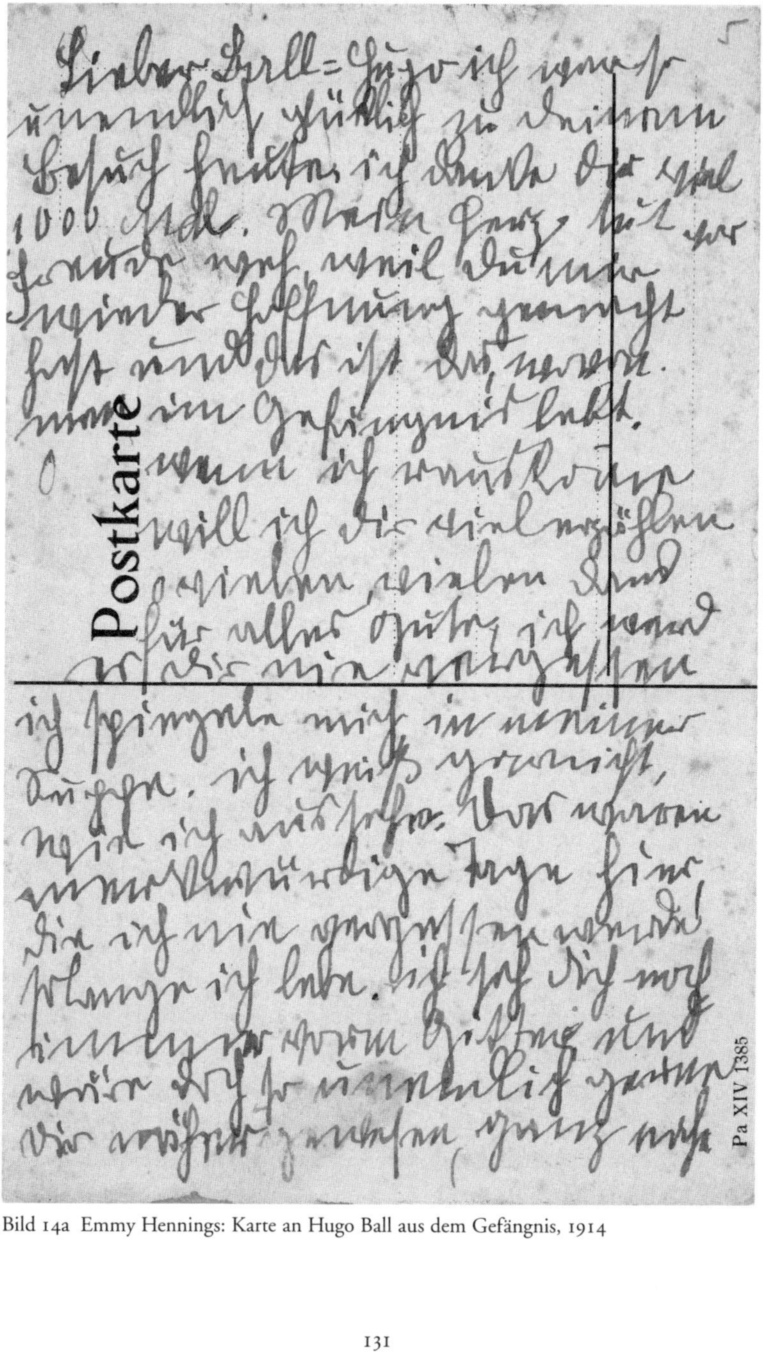

Postkarte

Pa XIV 1385

Bild 14a  Emmy Hennings: Karte an Hugo Ball aus dem Gefängnis, 1914

bögen der Stadt München oder die Tagebücher Mühsams, angewiesen. Um den 6. August 1914, das zeigen die Meldebögen, muß Emmy die Untersuchungshaft angetreten haben. Am 20. August findet sich bei Mühsam der Eintrag über ein Gespräch mit Emmy, die Hardekopf – offensichtlich sofort nach ihrer Freilassung – in Berlin besucht hat. Vom 19. Oktober bis 18. Dezember 1914 ist sie wieder in München unter der Adresse Leopoldstr. 41 I gemeldet. Schließlich notiert Mühsam am 9. Dezember 1914: »Heut ging ich im Vorbeigehn zu Emmy hinauf und erfuhr (…), daß heute die Prozeßverhandlung in ihrer Diebstahlsaffaire war und sie zu 3 Wochen Gefängnis verurteilt wurde.«[19] Vom 18. Dezember 1914 bis zum 13. Januar 1915 verbüßt sie die Strafe im Gefängnis Stadelheim. Von ihrer Entlassung und ihrem Besuch berichtet Mühsam am 14. Januar im Tagebuch und Johannes R. Becher in einem Brief vom 25. Januar 1915 an seinen Verleger Heinrich F. S. Bachmair: »Frau Hennings, die Arme, hat sich, eben aus dem Gefängnis entlassen und morfinfrei, luëtisch affiziert. Jetzt macht sie einen bösen Eindruck.«[20] Und einen Tag später: »Merkwürdig: Über mir wohnt dann Frau Hennings mit ihrem neuen Geliebten (…) Ich bin ihr so gar nicht böse. Es war ja längst aus. Hätte gar nicht so lang sein dürfen. Aber ich habe viel, so viel – Du ahnst es nicht – gelernt bei der Guten, und darum will ich immer anständig ihr gegenüber und auch dankbar bleiben.«[21]

Doch dann kommt es noch ein weiteres Mal zu einer Verhaftung. »Emmy hat, wenn sie die Wahrheit sagt, schon wieder eine törichte Diebstahlssache auf dem Kerbholz«, schreibt Mühsam besorgt am 30. Januar 1915. »Ich denke dran, wenn es brenzlich wird, Schrenck-Notzing zu einem Zeugnis über ihren Gemütszustand zu veranlassen.«[22] Und am 5. Februar: »Gestern früh war Herr Becher bei mir mit der Nachricht, daß Emmy und Margot Jung verhaftet seien. Ich telefonierte eben den Freiherrn von Schrenck-Notzing an, um für Emmy ein ärztliches Attest über ihre kleptomanische Veranlagung zu bewirken. Ferner will ich wieder den Dr. Kahn in Bewegung setzen.«[23] Zwei Tage später mutmaßt er: »Die Verhaftung von Emmy und Mariechen (d. i. Margot Jung) soll mit politischen Dingen zusammenhängen. Angeblich hätten sie Militärpflichtigen zur Flucht verholfen.«[24] Das Gerücht bewahrheitete sich. Emmy war in ein Delikt verwickelt, das in Kriegszeiten hart bestraft wird: Als der gemeinsame Freund Franz Jung nach einem Kurzurlaub am 12. Dezember 1914 nicht zu seiner Einheit zurückkehrte, wurden dessen Ehefrau Margot und die Freunde wegen Verdachts auf Fluchthilfe verhört. Und als Emmy am 2. Februar Margot Jung zur Beantragung eines Auslandspasses aufs Münchener Polizeipräsidium begleitet, wird auch sie wegen Beihilfe zur Desertion festgenommen und bis zum 3. März inhaftiert. Mühsam, der die genauen Umstände nicht kennt, bittet am 9. Februar Schrenck-Notzing um ein psychiatrisches Gutachten, aber der Arzt lehnt ab. »Der Baron, sonst ein ganz sympathischer Mensch, scheint aber ein vorsichtiger Herr zu sein. (…) Kurz, er vertröstete auf den Gerichtsarzt (…).«[25] Trotz aller Nachforschungen der Freunde bleiben sowohl Emmy als auch Margot Jung spurlos verschwunden. Schließlich finden sie heraus, daß die beiden Frauen sich im Polizeigefängnis Ettstraße in »militärischer Schutzhaft« befinden. Auskünfte werden nicht erteilt. Der von den Freunden bestellte Anwalt nicht zugelassen. Erst am 3. März sind Emmy und Margot Jung wieder frei. »Sie waren grade aus dem Polizeigefängnis entlassen, wo sie einen vollen Monat hatten zubringen müssen«, notiert Mühsam. »Beide – besonders Emmy – sehn miserabel aus. Sie haben unzulängliche Beköstigung gehabt und sind, obwohl sie ohne stichhaltigen Grund eingesperrt waren, (…) höhnisch und verächtlich behandelt worden.«[26] Emmy, die sich in München nicht mehr sicher fühlt, gibt ihr Zimmer auf und fährt nach Berlin. Zu Hardekopf und zu Ball, der seiner Schwester am 8. März 1915 mitteilt: »Seit gestern ist Emmy Hennings wieder hier. Sie kommt – aus dem Gefängnis. Solchen Verkehr habe ich!«[27] Es ist jener Brief an Maria Hildebrand, in dem er erstmals Zürich erwähnt und sie bittet, den Bruder Otto, der dort lebt, zu befragen, worin das »internationale Leben« dort besteht: »Ob Versammlungen stattfinden, von wem man besonders spricht, ob die Arbeiter, die Sozialisten, die Friedenspartei irgend etwas unternehmen?«[28]

Kurz vor ihrem Tod hat sich Emmy dieser Zeit noch einmal erinnert: »Von mir nahm man an, ich wisse um eine falsche Paßfabrik Bescheid, während ich bis zur Kriegszeit kaum je einen echten Paß gesehen hatte, da man ja früher ohne Paß und Visum in der Welt herumfahren konnte, wie es einem gefiel (…) Anfangs war ich der Meinung, es würden Persönlichkeiten von A bis Z neu erfunden und die nötigen Papiere mit allen Stempeln säuberlich gedruckt, und ich sagte dem Assessor, der mich verhörte, ich bezweifle, ob meine Freunde und Bekannten sich eine Setzmaschine leisten könnten. Sicher hätten das schon einige vor dem Krieg gemacht, um zum Beispiel ihre Gedichte selbst drucken zu können (...) Man fragte mich, ob ich wirklich so dumm sei oder mich nur so anstelle.«[29] Zwei Seiten nimmt das Geschehen in *Ruf und Echo* ein. Emmy geht darüber hin, als sei es irgendeine Episode, der kein besonderes Gewicht beigemessen werden müsse. Nichts ist mehr zu spüren von den verzweifelten Ausbrüchen ihres *Gefängnis*-Tagebuchs, das der Kritiker der *Neuen Rundschau* Berlin mit Knut Hamsuns *Hunger* vergleicht und von dem Ball am 9. Juni 1919 notiert: »Das Buch ist stilistisch ein ununterbrochenes Feilen und Nagen an Eisengittern. Es kennt keine Kapitulation und keinen Kompromiß. Es ist unerschütterlich in seiner exakten Redlichkeit.«[30]

Für Emmy Hennings sind die Haftzeiten jedoch ein »lebenslänglich«, weil sie nicht vergessen kann und weil sie weiß, daß das, was sie erlebt hat, ein nicht zu heilendes Trauma bleiben wird. »Mir ist, als hätte ich für immer einen Schock bekommen, einen Knacks, der sich nicht rückgängig machen läßt. Schmerzensgeld ist lächerlich. Unschuldig erlittene Untersuchungshaft, Todesangst à 100 Mark. Ich versuche mir zu helfen, indem ich die Schuld taxiere; denn ein Verbrechen wird doch taxiert und abgestempelt und vom Verbrecher durch Strafe vergütet.«[31]

*Schuld und Sühne.* Emmy erzählt im *Brandmal*, daß die Protagonistin Dostojewsky liest, und Ball berichtet von der gemeinsamen Lektüre von *Das Totenhaus,* während Emmy 1916 an *Gefängnis* arbeitet. Sie hat das Verlieren der Unschuld, hat Schuld und Sühne immer wieder thematisiert und damit auch die Kernfrage gestellt, um die sie lebenslänglich kreist, die Frage nach der göttlichen Gnade und der Vergebung der Sünden. Denn alle Selbstanklagen enden mit: »Nur ich habe Schuld. An unendlich vielem.«[32] Diese Erkenntnis läßt ihr keine Ruhe. Sie fühlt sich schuldig, als sie ihren kranken Sohn der Mutter übergibt. Fühlt sich schuldig, »denn irgendwo im Norden hat Dagny ein Kind. Das hat lange braune Zöpfe und große Augen. Es geht brav in die Schule und weiß nicht, wie die Mutter lebt.«[33] Sie hat alle christlichen

Gebote übertreten: Hat die Mutter verlassen, die Ehe gebrochen, hat gestohlen, betrogen und gehurt. Als sie nicht weiter weiß, hat sie eine Schlinge um ihren Hals gelegt. In »Dagny IV« läßt sie ihr literarisches Pseudonym vor einer Varietévorstellung wieder in die hysterische Lähmung verfallen. Dagny, »die Stimmungsmacherin«, verkriecht sich, ist überzeugt, nicht auftreten zu können. Dann plötzliche Einsicht, rascher Entschluß. »Bin am Ende (…) Ich wünsche zu sterben (…) Sie reißt ein Handtuch von der Leine (…) Sie stellt den Stuhl an die Tür, dreht eine Schlinge und befestigt diese an dem Kleiderhaken, der in der Türfüllung angebracht ist. Dagny freut sich diebisch, als sei sie der Polizei entflohen. Graziös und sicher springt sie auf den Stuhl: eine routinierte Akrobatin. Sie steckt den Kopf behutsam in die Schlinge und stößt kräftig gegen den Stuhl. Der Haken knackt. Geräusch wie von einer heftig nagenden Ratte. Dagnys Körper klatscht auf den Boden. Sie wimmert, rauft sich das Haar und ruft, die Arme weit von sich gestreckt: ›Mein Gott, lass diese Lächerlichkeit vorübergehen! Hilf mir doch!‹«[34] Tödliche Verzweiflung und irdische Lächerlichkeit. Immer wieder liegen sie in Emmy Hennings Texten nahe beieinander. Der Tod erscheint in dieser Zeit als der große Verführer: »Wie sollte ich mich nicht verführen lassen? / Verführend mich selbst, verführen mich Tod und Leben. / Wie verlockend bist du, magischer Freund.«[35] Aber für Emmy Hennings ist die Todessehnsucht zugleich auch die Hoffnung auf Erlösung. Der Tod vergleichbar dem Mann, sinnlich und verlockend. Und zugleich furchteinflößend, denn unsicher ist, ob nicht Zauber und Magie im Spiel sind und die Sehnsüchtige täuschen. Denn nicht die Glaubensgewißheit, sondern der Unglaube führt ihre Hand. Er ist im Gedicht[36] der »schwarze Vogel«, der ihr Lager umkreist. Seine ausgebreiteten »Schwingen des Irreseins« weisen auf das Unfaßbare, in das der Zweifel die Suchende stürzt. Doch am Ende – und dieses ist eine überraschende Wendung – öffnet der Unglaube ihr ein Tor, ist sein Dunkel der Weg ins Licht der Verheißung.

In ihren autobiographischen Texten hat Emmy Hennings ihre Glaubenssehnsucht bereits in die frühe Kindheit verlegt. Doch ihre erste Begegnung mit dem Katholizismus, von der sie in *Blume und Flamme* erzählt, müssen wir als Fiktion lesen. Aber die Geschichte von den Kindern Alois und Veronika bietet ihr die Möglichkeit, von einer Bil-

Bild 15 Emmy Hennings im Nonnenkleid, 1912

derwelt zu erzählen, die sie im Protestantismus vermißt hat. Für Emmy Cordsen waren Bilder jedoch lebensnotwendig, weil sie den grauen Alltag farbiger machten und der suchenden Seele Nahrung gaben. Auf dem Jahrmarkt kauft sie ein Bild vom Heiligen Antonius und hängt es über ihr Bett, baut einen Altar für den Heiligen und die Jungfrau Maria. Kerzen rechts und links. Eine Vase mit Blumen. Ein Bild Friedrich Schillers, dessen *Jungfrau von Orleans* sie im Stadttheater gesehen hat. Sie rezitiert. Ist selbst die Jungfrau. Aber ihre Hinwendung zum Katholizismus, das scheint sicher, beginnt nicht im protestantischen Flensburg, sondern erst mit ihrem Eintauchen in die Boheme. Hier begegnet sie Menschen, die religiöse Fragen bewegen und diskutieren und damit auch Anreger für ihre eigene Suche sind. Die Protagonistin in *Das Brandmal* kauft ein Gebetbuch, aber beten kann sie nicht. Sie sehnt sich, aber findet keine Worte, sich Gott zu nähern. »Meine Anschauung ist, Gott wird mich ausschließen, weil ich mich ausschließe. Weil ich nicht tiefer hineintauchen mag.«[37] Und während sie das schreibt, wird ihr Text eine einzige drängend-fragende Anrufung Gottes, ein Sehnen nach dem »verlorenen Paradies«.[38] Sie träumt vom Weg aus der Welt: »Ich will nur noch so lange singen, bis ich mir die Ausstattung ersungen habe, mit der ich in ein Trappistenkloster einzutreten hoffe. Ich werde bald schweigen können.«[39] Vorerst aber läßt sie sich »ein schwarzes Frieskleid machen, das die Form eines Nonnenkleides hat. Es ist nicht frei von Absicht. Die Einfachheit wird durch den schneeweißen Mullkragen, der sich um den Hals legt, leicht betont. Aber von Absicht sind selbst die anspruchslosesten Nonnen nicht frei. In jedem Kleide steckt doch immer ein Vorsatz. Es gibt wohl nichts, wobei nicht ein kleines Stückchen Eitelkeit wäre. (...) Wenn nur mein Hang zum Puritanischen nicht extra eitel ist.«[40]

Dieser literarische Text ist als ein fiktiver zu lesen, auch wenn wir Emmy in dem beschriebenen Kleid abgelichtet finden: in Pose; den schmalen Körper theatralisch zurückgeneigt, das Gesicht unter dem strengen Pagenkopf bleich geschminkt. Um den Hals des schmucklos-schwarzen Kleides kein schmaler Kragen, sondern eine üppige weiße Krause, die an jene der protestantischen Pastoren in Flensburg und Dänemark denken läßt. Die Schlichtheit ist Koketterie. Geste und Körpersprache zeigen es. Sind auf Bühnenwirkung berechnet. Und diese Koketterie, das Maskenspiel sind Elemente, die immer wieder auffallen, wenn wir uns Emmy, der Konvertitin, zuwenden. Alle Selbstaussagen zur Religion in *Gefängnis* und *Das Brandmal* sind so widersprüchlich wie Emmys »kleine fragwürdige Flatterseele«[41]. Immer wieder beklagt sie in endlosen Monologen ihre Gottesferne, ist gezeichnet mit dem »Brandmal der Sünde«.[42] Das Leben wird ihr zur »Gefängniszeit«, ohnmächtig zu beichten speit sie dreimal einen Jahrmarktsspiegel an. »Der liegt unter meinem Kopfkissen. Einen anderen Beichtspiegel benötige ich nicht.«[43] Emmys tief verwurzeltes protestantisch-pietistisches Empfinden. Der Spiegel ihr Selbsterforschungsinstrument. Eines Kanons, ihre Sünden abzufragen, bedarf sie nicht, hat erkannt: »Es gibt keine Freiheit. Auch Gott ist ein Gefängnis, in das ich eingehen muß, denn wo sollte ich sonst hin?«[44]

Dennoch nimmt die Protagonistin im *Brandmal*, ebenso wie Emmy Hennings 1911, Zuflucht zur alleinseligmachenden Kirche und zur Gemeinschaft der Heiligen. Und es verwundert nicht, wenn die Konvertitin nach dem Kabarett die erste Frühmesse besucht, »dann konnte ich wohl vieles vergessen, was abends war, wenn ich sang (...) Und ich habe geweint, am Morgen, wenn meine Kleider nach Zigaretten rochen.«[45] Sie wünscht, selbst zum Heiligenbild zu werden, wie die Protagonistin im *Brandmal,* die längst eine Umwertung der gesellschaftlichen Verabredungen vorgenommen hat. Denn eine Gestrauchelte, die Heiligenbild sein kann, ist in der Hoffnung der Gnade: »Auch die gefallenen Engel hoffen auf dich, Gütiger.«[46] Heilige und Hure.

Emmys *Brandmal* markiert Stationen »auf dem Weg vom Gezeichnet-sein zum Ausgezeichnetsein, beschreibt ihn als Ausstieg aus dem Vergnügungsbetrieb der Großstädte und als religiöse Umkehr«[47].

Gehen wir jedoch von 1919, der Arbeit an *Das Brandmal*, zurück ins Jahr 1911, in dem Emmy Hennings im Juli zum Katholizismus konvertiert. Ihre schwere Typhuserkrankung 1910 soll der entscheidende Anstoß zur Konversion gewesen sein. Aber die Todesnähe allein wäre noch kein Grund für diesen Schritt, hätte sie doch auch eine Rückkehr in die evangelische Kirche bedeuten können. Warum also der Katholizismus? Der Auseinandersetzung mit dem Katholizismus als Gegenströmung zum naturwissenschaftlichen Positivismus, zum protestantischen Rationalismus, zum Marxismus begegnet sie erstmals in der Boheme. Und die Mystik ist um die Jahrhundertwende geradezu eine geistige Mode. Die Schriften ihrer Vertreter werden gesammelt, gelesen, diskutiert. Kennengelernt hat sie die Mystiker, anders als in *Das flüchtige Spiel* behauptet, vermutlich durch Hugo Ball. Vielleicht auch schon durch die intellektuellen Anarchisten, für die auch die Mystik ein religiöses Fundament bildete, denn in den Bohemekreisen werden in den ersten Jahren des 20. Jahrhunderts okkulte und spiritistische Praktiken mit parodistischem Ernst zelebriert. Man besuchte die Vorträge Rudolf Steiners, des späteren Begründers der Anthroposophie, fühlte sich entweder davon berührt wie Kandinsky, der auch den mystischen Lehren der russischen Orthodoxie zuneigte. Oder abgestoßen von dem »Geisteslehrer«, der »mit von unten ausholenden unendlich langen Gesten seine leeren Worte über die Menge schwenkend (...) das Geschmuse von der Gnosis«[48] zelebriert. Daß auch der Student Ball zu okkulten Praktiken neigte, hat – deutlich irritiert – August Hofmann berichtet.

Emmy Hennings hat diese Praktiken bei dem Münchener Psychiater Albert von Schrenck-Notzing kennengelernt. War sie durch Mühsam bereits mit Psychoanalytikern wie Otto Gross in Verbindung gekommen, deren neue Therapieform unter den Künstlern und Intellektuellen kontrovers diskutiert und in Anspruch genommen wurde, begegnet ihr mit Schrenck-Notzing ein Therapeut, der Hypnose und Suggestion anwendet, Phänomene wie Telekinese und Materialisation erforscht. Sein Ziel: Entwicklung des Okkultismus zur wissen-

schaftlichen Parapsychologie. Seine Versuche – auch Emmy soll sich
dem »Geisterbaron« als Medium zur Verfügung gestellt haben – faszi-
nieren die Münchener Gesellschaft ebenso wie Ludwig Derleth und
seine ›ecclesia militans‹, ein aus dem Geiste antiker Heroen erneuerter
weltbeherrschender Katholizismus, den Thomas Mann in seiner No-
velle *Beim Propheten* entlarvt. Emmys Beziehung zu Schrenck-Notzing ist vielfach belegt, zu Derleth finden wir keine Hinweise. Daß
sie in München jedoch, anders als Hugo Ball, Kontakte zum Kosmi-
ker-Kreis um Stefan George und dessen treuestem Jünger, Karl Wolfskehl, gehabt hat, geht aus einem Brief Balls an Emmy vom 22. November 1923 hervor. Da ist sie Wolfskehl in Florenz begegnet, und Ball
schreibt: »Ich kann mir wohl denken, wie es ihn freuen wird, Dich
dort zu finden. Freilich ist es nicht die kleine Emmy mehr, es ist eine
sehr andere.«[49]

Ein Jahrzehnt liegt 1923 zwischen Emmys Kontakt mit Wolfskehl
und den Münchener ›Kosmikern‹, und nicht nur sie, sondern auch
Hugo Ball hat sich verändert. Vom Autor des *Henkers* und der Baley-Gedichte zum Hagiographen der Heiligen der Ostkirche. Aber
sein *Weg zu Gott* ist ein längerer als der Emmys, die sich 1911 im Ge-
wirr der religiösen, esoterischen und tiefenpsychologischen Einflüsse
für die Konversion zum Katholizismus entscheidet. Neben ihrer Heils-
sehnsucht können wir diesen Schritt auch auf ihre mangelnde Möglichkeit zurückführen, sich an den intellektuellen Debatten in der Boheme zu beteiligen. Ihr Bildungsfundament war zu schwach, um das
auf sie Einströmende analysieren und für ihre Bedürfnisse – Aufarbei-
tung von Schuldgefühlen und Drogensucht – nutzen zu können. Psychoanalyse, Traumdeutung und C. G. Jungs Analytische Psychologie
werden erst zu einem späteren Zeitpunkt ihres Lebens Bedeutung
gewinnen. Vorerst scheint der Katholizismus mit seinem Ritus, den
Heiligen und Nothelfern die für Emmy Hennings einleuchtende Erlösung. Sie konvertiert, setzt da, wo die Männer der Avantgarde diskutieren – und nur in Ausnahmefällen konvertieren –, ein Zeichen. Daß
dabei, wie in der Pose mit dem Nonnenkleid, auch ihr Hang zu Selbstdarstellung eine wichtige Rolle spielt, zeigen die Aufzeichnungen
Erich Mühsams: »Sonntag traf ich im Café Emmy. Ihre Taufe hat
sie überstanden, und nun redet sie ernstlich vom Kloster. Ich sagte ihr,

ins Kloster hineinkommen sei leichter als wieder herauskommen, und als ich schließlich fragte, wer denn im Kloster ihr Gärtchen bestellen soll, wurde sie böse und ging.«[50] Emmy nimmt dem Freund seinen Spott übel, ohne zu bemerken, daß er sich zunehmend Sorgen um sie macht: »Eben geht Bolz fort. Er erzählt Schauergeschichten von Emmys Zustand, die anscheinend in kompletten religiösen Wahnsinn verfallen ist. Sie verflucht mich und fast alle übrigen Freunde als Ketzer, halluziniert den Teufel, der sie an den Beinen zieht, und in ihrer kleinen armen Psyche scheint es wild herzugehen. (...) Das arme Mädelchen! – und die dreimal gottverfluchten Pfaffen, die ihr wohl obendrein noch die Hölle heiß machen!«[51] Erst zehn Tage später scheint Emmy ruhiger, als sie Mühsam wieder im ›Café Stefanie‹ begegnet: »Wir grüßten, (...) und Emmy dankte still, sodaß ich mich freute, daß sie kein Kampftheater aufführte. Als ich zwei Schritte gegangen war, fühlte ich mich plötzlich von hinten umfaßt. Emmys Kopf lag an meiner Schulter, und auf der Straße gaben wir uns den Versöhnungskuß.«[52] Nach diesem Vorfall bleibt das Verhältnis zwischen Emmy und Mühsam bis zu ihrer endgültigen Trennung im Frühjahr 1915 eng und vertrauensvoll. Er hört sie im ›Simpl‹, sie sitzt im Publikum, wenn er auftritt: »Aus dem Applaus hörte ich deutlich das kindlich jubelnde Händeklatschen und das helle Gelächter Emmys heraus.«[53]

Obwohl auch Mühsam 1915 plant, »aus dem Judentum auszutreten«,[54] wäre damit, anders als bei Jakob van Hoddis, keine religiöse Neuorientierung verbunden gewesen. Dessen Krankenakten der Privatheilanstalt ›Waldhaus‹ in Nikolassee bei Berlin verzeichnen unter dem 1.11.1912: »Pat. ging nach München, um sich dort eine literarische Stellung zu schaffen. Hier geriet er in einen mystisch-katholischen Kreis hinein, gewann ähnliche Neigungen.«[55] Es ist Emmys Kreis, in dem er sich zur Konversion entschließt und ihr versichert: »Mein Glaube wird auch wieder stärker. Nicht so nervös und so fanatisch wie vorher, auch nicht mit soviel Selbstquälerei. Ein Heiliger werd ich wohl nie werden. Ich bin zu eitel zu ehrgeizig zu sinnlich dazu.«[56] Ahnt er, der alles intuitiv aufnimmt, daß es das ist, was die Freundin eigentlich sucht? Einen Heiligen? Jedenfalls beugt er vor, macht deutlich, daß er diesen Wunsch nicht wird einlösen können. Bei aller Liebe zu Emmy Hennings, die zur Zeit der ersten Internierungen von

Hoddis bereits mit Becher zusammen ist. Wieder eine Beziehung zwischen sexueller Begierde und religiöser Ekstase, zwischen Wort- und Drogenrausch. Bechers messianisch-katholische Phase endet erst um 1918. Nachdem er dem Spartakusbund beigetreten war, wandte er sich in den zwanziger Jahren endgültig dem Marxismus zu und wurde Mitglied der KPD. Daß diese Konversion Bechers kein Widerspruch zu seiner vorherigen religiösen Ausrichtung ist, zeigt eine Aussage Arthur Koestlers, der sich 1931 ebenfalls der KPD anschloß. »Das massenhaft verspürte ›Geistige Entzücken‹ (Koestler) durch die Lektüre des kommunistischen Kanons, und der Glaube an den Gott, der im Klassenkampf des Proletariats zu sich selbst kommt, führten schließlich mit zum ›roten Jahrzehnt‹ der dreißiger Jahre.«[57] Becher also ist damals nicht der einzige aus dem Bohemekreis, der seine Hoffnungen auf eine real existierende Gesellschaft, auf ein irdisches statt himmlisches Evangelium setzt. Auch Hugo Ball beschäftigen anarchistische und sozialistische Konzepte, aber er wird nach dem Ersten Weltkrieg den umgekehrten Weg einschlagen. Emmy, deren Konversion weder intellektuell untermauert noch durch ein Erweckungserlebnis abgesichert ist, hat ihre Hinwendung zur katholischen Kirche als einen Läuterungsweg, einen quälenden Prozeß der Selbstvorwürfe und Selbsterniedrigung in dem Fragment *Dagny*[58] thematisiert. Emmy beichtet, läßt sich taufen und ist doch ständig in den schweren Träumen der Opiate. Sie liegt auf Knien vor den Heiligenbildern, betet mit Hoddis, Becher und Hardekopf. Ekstasen. Glaubenseuphorie. Orgiastisches Taumeln vom Kabarett zur Kirche, vom Bett in den Beichtstuhl. Ein Teufelskreis, aus dem sie kein Entrinnen sieht. Bis Hugo Ball in ihr Leben tritt und sie sich gemeinsam auf den *Weg zu Gott* machen. Richard Huelsenbeck erinnert sich an den Beginn dieser Gemeinsamkeit, als er das Paar 1916 in Zürich besucht: »Sie hatten ein einziges Zimmer, dessen Fenster auf die Dächer und den Hof ärmlicher Häuser sahen. Ich entsinne mich der Einrichtung nicht mehr genau, was mir aber gleich auffiel beim Eintreten war ein Altar, der mit Heiligenfiguren, religiösen Bildchen und Blumen bedeckt war. Während das übrige Zimmer einen dunklen, dumpfen Eindruck machte, herrschte hier Licht, Reinlichkeit und peinliche Ordnung. Als ich einen erstaunten Blick auf den Altar warf, sagte Ball: ›Emmy hat das gebaut. Sie liebt es hier zu beten‹ (...) Ich sah auf Ball und die Hennings und die ganze Ärmlichkeit des Raumes (...) Nach einer Sekunde schon fand ich es selbstverständlich, daß hier ein Altar im Zimmer stand. Es hätte auch ein Sarg oder eine Mumie oder ein Palmbaum sein können (...) In der Zürcher Atmosphäre, in der wir lebten, war alles möglich und alles erlaubt. Ich fand es ganz natürlich, daß Ball im Kabarett Negergedichte und abstrakte Bilder vorführte und daß er zuhause mit Emmy vor einem Altar kniete. Er hätte mir auch sagen können, daß er Mohammedaner geworden wäre, und nach kurzer Zeit des Staunens würde ich gesagt haben: ›Warum soll man nicht Mohammedaner sein in dieser Zeit.‹ (...) ›Wir werden der Welt ein Beispiel geben‹, sagte Ball und er hieb auf seine Schreibmaschine. Emmy nickte lächelnd zu mir hinüber. Ein fahles Licht fiel auf den Altar und seine weiße Decke leuchtete auf und die flittergoldenen Röcke der Heiligen blitzten.«[59]

# Ein wunderliches Paar

## Mönch und Maskenspielerin – Facetten einer Beziehung – Wortkaskaden gegen Kanonendonner – Kleines Gepäck / Große Erwartungen

Ein Gerücht, das die Freunde in ungläubiges Staunen versetzt: Ball und die Hennings – ein Paar? Wie paßt das zusammen? Emmy, von einem exzessiven Leben gezeichnet, die schließlich hinter Gittern landet, und Ball, der spröde Intellektuelle, der seine Ambitionen am Theater mit ebenso fanatischem Ernst verfolgt wie seine literarischen Pläne? Wo sind die Berührungspunkte? »Ein wunderliches Paar«, staunt auch Hermann Hesse, als er Emmy und Hugo Ball im Dezember 1920 kennenlernt.

Vielleicht ist es gerade das gewesen, was Hugo Ball an Emmy Hennings fasziniert hat, ihr Anderssein. Erstaunt erlebt er im Kabarett, wie sie sich immer neu erfindet, behauptet, Dagny zu heißen und aus Dänemark zu stammen. Glaubt man ihr nicht, trällert sie leichthin ein dänisches Liedchen und erzählt von Vejle auf Jütland, wo sie einmal eine grüne Glasscherbe gefunden hat, durch die sie eine Wunderwelt erblickte. Vielleicht beeindrucken ihn ihre Unabhängigkeit, Weltläufigkeit, ihr munteres Parlieren: Dänisch aus dem schleswig-jütländischen Grenzland, etwas Französisch von den Reisen mit Hardekopf, Englisch will sie auf den Kanalinseln gelernt haben. Emmys Charme und ihre verbale Gewandtheit werden ihre mangelnden grammatikalischen Kenntnisse wettgemacht haben. Schneller als Ball wird sie sich später auch im Tessin und in Italien verständigen können. Es ist dieses lockere Auftreten, das ihm bei Leontine Sagan ebenso gefallen hat wie bei Hans Leybold und das auch Emmy Hennings auszeichnet. Dazu die Gabe, Menschen für sich einzunehmen und in jeder Situation das richtige Wort zu finden. Noch kurz vor seinem Tod schreibt Ball im Juni 1927, wenige Tage vor Hermann Hesses 50. Geburtstag, an Emmy: »Weisst, wir probieren Hesse zu sagen, wie lieb wir ihn haben (…) Das kannst Du vielleicht machen, auch für mich mit. Ich bin ja manchmal so befangen. Dein Flatterzünglein aber versteht's ja. Singst im Grotto vielleicht ›Schön sind die Blumen … schön sind die Menschen ...‹ Emmy, Passionsblüte, ich liebe Dich besonders.«[1]

Als Ball sie kennenlernt, teilt Emmy ihre Wohnung mit dem labilen, sechs Jahre jüngeren Johannes R. Becher, der nach dem Mord an seiner Jugendliebe und einem gescheiterten Suizid versucht, mit Drogen die bedrängenden Ereignisse zu vergessen, seine Emotionen schreibend zu fassen, Halt sucht bei einer Haltlosen: »Sie: mein erstes poetisches Wagnis, mein leidenschaftliches Abenteuer, das mich mitten hinein in die Literatur wirbelte.«[2] Ball reiht sich in den Kreis ihrer zahllosen Freunde und Bewunderer ein, aber Emmy, die Vielfache, ist zunächst nicht gewillt, ihren linkischen neuen Verehrer ernst zu nehmen. Erst als er ihr schreibt, beginnt sie sich für ihn zu interessieren, nicht weil sie berührt, was er ihr mitteilt, sondern weil seine Schrift sie interessiert. Plötzlich wird sie aufmerksam auf den ernsten Mann mit dem schmalen Kopf, dem hageren, glattrasierten Gesicht und dem ernst durchdringendem Blick. Es ist keine Liebe auf den ersten Blick, keine Faszination, keine Leidenschaft, denn, erinnert sich Claire Goll: »Er war alles andere als ein fröhlicher Mensch. Nie sah man ihn anders gekleidet als schwarz. Ich verstand gut, daß seine Freundin, die hübsche Emmy Hennings, lange zögerte, ihr Leben an das eines selbstquälerischen Pessimisten zu binden, der stets auf der Suche nach dem Absoluten war, um seine Existenz zu rechtfertigen – umso mehr, als Emmy mit ihrer zarten mädchenhaften Stimme sehr empfänglich für südländischen Charme war.«[3]

Ambivalenz der Gefühle bei Emmy. Noch kann, noch muß sie sich nicht entscheiden, denn: »Meine eigentliche Bekanntschaft mit Hugo fällt in die Epoche meines Lebens, die mir am unbegreiflichsten geblieben ist (...) Ich konnte kaum mehr mit mir selber gehn und war nahe daran, den Verkehr mit mir vollkommen abzubrechen.«[4] Drei Jahre liegt ihre Konversion zurück, aber sie hat keinen Halt gefunden. »Wie man sieht, befand ich mich in einer recht aussichtslosen Position, die ich für kontinuierlich hielt. Um so größer war daher meine Freude, als Hugo Ball zu mir kam und mich mündlich und schriftlich und herzlich bat, doch ja nicht ›den Kopf zu verlieren‹. Darum aber hatte ich plötzlich nicht die geringste Sorge mehr. Mein Kopf ging mich überhaupt nichts mehr an. Als ich zum ersten Mal Hugo hinter Gittern sah, vergaß ich alle Gefängnisse der Welt.«[5] Erst 1915 in der nüchternen Rückschau auf ihre 30 Lebensjahre, so scheint es, bekommt die Konversion der Emmy Hennings eine Gestalt: Hugo Ball, der Mann mit der mönchischen Schrift und dem priesterlichen Aussehen, wird ihrer aus diffusen Emotionen und Sehnsüchten gespeisten Hinwendung zum Katholizismus einen neuen Grund geben. Auch wenn er selbst noch nicht in den Schoß der Kirche zurückgekehrt ist, ahnt Emmy, »daß dies der Mann war, mit dem ich beten konnte«[6].

Während sie in München ihre Haftstrafen verbüßt, lebt Ball in Berlin, verzweifelt über den Selbstmord Leybolds, schockiert von dem, was er an der lothringischen Front gesehen hat: »Soldatengräber (…) Was jetzt losgebrochen ist, das ist die gesamte Maschinerie und der Teufel selber.«[7] In der Reichshauptstadt sitzt er in der Höhle des kriegstrunkenen Löwen, ebenso umgeben von glühenden Patrioten wie kritischen Pazifisten, sucht erneut Anschluß an den Kreis der expressionistischen Avantgarde, intensiviert sein Verhältnis zu Richard Huelsenbeck, gerät jedoch zunehmend in Distanz zu Franz Pfemfert und der *Aktion* und sucht die Nähe zu René Schickele, dem Herausgeber der Zeitschrift *Die weißen Blätter*.

Als Redakteur der illustrierten Wochenzeitung *Zeit im Bild* findet er genügend Möglichkeiten, sich neben künstlerischen und philosophischen auch mit historischen Themen zu beschäftigen: Revolutionsbewegungen und Anarchismus. Er reflektiert erneut religiöse Fragen, nimmt in dem Aufsatz »Der große Bauernkrieg 1525« eine Neubewertung Thomas Müntzers gegen Luther vor. Dann die »Begegnung mit Gustav Landauer. Ein abgezehrter älterer Mann mit wallendem Hut und dünnem Bart. Etwas pastoral Sanftes umgibt ihn. (…) Er rät, nicht wegzureisen, sondern zu bleiben. Er glaubt an die ›biologische Entwicklung‹ der Deutschen.«[8] Aber daran glaubt Ball nicht mehr. An August Hofmann gehen im Herbst 1914 atemlos-kurze Mitteilungen: »Ich lese Kropotkin. (…) bin mit Huelsenbeck oft zusammen. Glossen schreibe ich, auch Theaterkritik. Hie und da. Kerr ist Nationalist. Unglaublich. (…) Ich möchte irgend jemandem etwas Unflätiges ins Gesicht.[9] – Pfemfert bringt demnächst einen neuen Baley, (…) ›Zeit im Bild‹ eine ›Lutherglosse‹ (…) Gustav Landauer (…) hat diese Glosse als ›übelsten und völlig überflüssigen Journalismus‹ bezeichnet.«[10] Ach ja, der Krieg! Ich lese hier Kropotkin, Bakunin, Mereschkowski (…) und muss sagen, das ist sehr interessante Lektüre. (…) Es ist ganz gemütlich hier in Berlin. (Nie mehr nach München!) Die Stadt hat Initiative, Energie, Intellekt. (…) Wenn es stimmt, dass mein Temperament revolutionäre Instinkte hat, so wird mir hier allmählich klar, weshalb ich in München auf die Dauer hätte verkümmern müssen. Das ist kein Boden für eine Carriere.«[11] Auch seinem ehemaligen Verleger Heinrich F. S. Bachmair erklärt er am 12. Dezember 1914: »Eine kleine unangenehme Stadt, München. Sie trillert von Idyllrichen. Bä Pfui Deufel. (…) Eine abgerahmte Provinzstadt. Man kommt sich dort so wichtig vor (und ist es gar nicht).« Zugleich bittet er Bachmair um »die Serie der erschienenen Revolutionen. Ich möchte Leybolds Sachen, die ich gesammelt habe, herausgeben und es fehlt mir gerade die Revolution.«[12] Kurz vor Weihnachten bekräftigt er Maria gegenüber seine Aversion gegen München, »fühle mich hier 1000x sicherer und mehr am Platze«[13]. Dennoch wird er Anfang Januar 1915 nicht zögern, in die eben noch geschmähte Stadt zurückzukehren, um Emmy Hennings im Gefängnis Stadelheim zu besuchen. Bevor er aus Berlin aufbricht, schickt er ihr sein Gedicht *Lied für ein gefangen Kind*:

»Es läßt mir keine Ruhe, / Daß Du gegangen bist, / Daß Du in diesem Hause / Mein Kind gefangen bist. // Sie geben Dir schlechtes Essen / Und quälen Dich bis aufs Blut, / Du aber lächelst mit allen / Du bist so gut. // Die rote Korallenkette, / Die Dir ein Fremder gab, / Nehmen sie Dir gewisslich / Noch heute ab. // Sie führen Dich im Kreise / Und geben Dir Strümpfe rauh, / Dein gläsern-bunter Sommer / Zerbricht im Quaderbau. // Sie fragen nach Deinem Namen / Und geben Dir graues Kleid. / Sie halten noch dichteres Gitter, / Für Deine Zelle bereit. // Sag nicht, woher Du gekommen, / Sag nicht, wohin Du gehst, / Und daß Du wie eine Wunde / In meinem Herzen stehst.«[14]

Welch ein Geständnis! Es bleibt Balls Geheimnis, wann die Berührung geschehen ist, die sein Herz wund gemacht hat vor Sehnsucht nach einer, die noch zur Zeit ihrer tiefsten Erniedrigung lächelt. Daß sie eine Hure ist, die sich von fremden Männern für ihre Dienste bezahlen läßt, klingt nur in zwei Zeilen an. Für Ball jedoch ist sie die Frau, die er bitten möchte, ihr Leben mit dem seinen zu verbinden. »Sollte ich Dich sehen – es ist schwer vor Zeugen zu sprechen, noch

dazu wenn man ein Anliegen hat, das man kaum wagt, sich selber vor-
zutragen (…) Sei nur ohne Sorge, doch werde ich Dich darum nicht
bitten brauchen. Behalt nur das Köppi oben. Bald mündlich und sehr
herzlich mehr
   Dein Hugo.«[15]
Zuvor aber findet er sich mit den Freunden zur Silvesterfeier bei der
Marinetti-Übersetzerin Else Hadwiger ein, wo sie »in die schweigende
Nacht der Großstadtbalkone und Telegraphenleitungen hinunterru-
fen: ›A bas la guerre!‹ Einige Passanten bleiben stehen. Einige beleuch-
tete Fenster öffnen sich. ›Prosit Neujahr!‹ ruft jemand herüber.«[16] Aber
1915 wird kein gutes neues Jahr, denn die Hoffnung auf ein schnelles
Ende des Krieges erfüllt sich nicht. Das Morden auf den Schlachtfeldern geht weiter. Alles ist fragwürdig geworden, auch das Theater, das
Ball in Berlin nicht mehr als Dramaturg, Regisseur oder Schauspieler
erlebt, sondern als Rezensent. »Erst jetzt beginne ich, das Theater zu
verstehen. Es ist die Tyrannei, die die Entwicklung der schauspieleri-
schen Fähigkeiten begünstigt. Die Höhe des Theaters steht immer im
umgekehrten Verhältnis zur Höhe der sozialen Moral und der bürgerlichen Freiheit.«[17] Seine Kritiken von Aufführungen der Raimund-Ko-
mödie *Rappelkopf* und Grabbes *Scherz, Satire Ironie und tiefere Bedeutung* sind Abrechnungen mit Inszenierungen wie Publikum, wort-
strotzende Verbeugungen vor den Dramatikern. »Herr Dietrich Christian Grabbe gehört zu unserer Armee der lokomobilen Exzessioni-
sten. Hätte er heute gelebt, so würde er sich beteiligen an Expressioni-
stenabenden und würde trillernd auf dem Podium erscheinen, allwo er
den Vogel abschösse.«[18] Solche Abende planen Huelsenbeck und Ball.
Herausforderungen, von denen er Hofmann berichtet: »Hier geht ein
neues Leben los, anarcho-revolutionär (so heißt mans, glaub ich) Wi-
dersprechend (…) Aktiv (…) Immer wieder von unten anfangen. Untersuchen, bohren, bohren, bohren.«[19]
Wieder ist er rastlos unterwegs, rezensiert, diskutiert, beginnt die
Arbeit an *Die Phantasten*, einem Roman, den er während und nach
der Dada-Zeit weiterschreiben, 1920 unter *Tenderenda der Phantast*
abschließen wird. Und lebt noch immer »wie ein Mönch nicht aber
wie ein junger Mensch in meinen Jahren«[20]. Auch wenn sich diese Aussage hauptsächlich auf seine finanzielle Situation bezieht, klingt hier

bereits ein Wesenszug an, der seinen Freunden und Mitstreitern an Ball auffällt: Mönch, Abbé, Asket, Bischof. Manchmal blickt er uns auf Fotos dunkel gekleidet und mit fanatischem Ernst entgegen. Ist Emmy jedoch dabei, die er um Haupteslänge überragt, lächelt er oder lacht wie befreit in die Kamera, während sie sich lächelnd an ihn lehnt und in ihren Mantelkragen kuschelt.

Emmy, nach ihrer Entlassung aus dem Gefängnis bereit, mit Ball zusammenzuleben, gesteht, daß sie zunächst Mitleid empfand: »Eine kleine Trösterin wünschte ich zu sein, und er war für Trost empfänglich.«[21] Die Frage, ob Emmy, die in Liebesdingen Erfahrene, dem zurückhaltenden Hugo Ball die Erfüllung geben kann, die er erhofft, wird von den Weggefährten sehr unterschiedlich beantwortet. Sicher ist sich das Paar einig über unkonventionelles sexuelles Verhalten, gehörte doch das Zulassen und Ausleben dieser Neigungen in der Avantgarde zum Protest gegen die starren und als verlogen empfundenen gesellschaftlichen Konventionen. Die Hinwendung zum Religiösen scheint jedoch auch das sexuelle Verhalten beeinflusst zu haben. So wird Emmy auf ihrer Suche nach Erlösung in Ball nicht nur den Mann, sondern auch den Mönch und Priester gesehen haben. Denn wie die Protagonistin in *Das Brandmal* sehnt sie sich nach Reinheit: »Es ist mir, als hätte ich mich noch nie mit einem Mann eingelassen auf die Weise, die üblich sein wird (…) ich hab immer nur die unbefleckte Empfängnis lieben können, und ich muß immer an die kindliche Jungfrau denken.«[22] Sie will Hugos unschuldiges Kind sein, so wie er im Traum zu ihrem Vater wird: »Ich träumte, mein Vater fordere mich auf, einen Wunschzettel zu schreiben. Und ich sagte, daß er einen Wunschzettel schreiben möge, sonst wisse ich keinen Wunsch. Da war Hugo mein Vater geworden, und ich empfand die ganze Vorfreude der Weihnachtsfeste, wie als Kind.«[23] Der Beischlaf mit dem Vater aber wäre Inzest, den sie jedoch in der Projektion auf Hugo, der ihr »gleich am ersten Abend unseres Beisammenseins erzählt, daß er als Kind gerne Priester oder Engel habe werden wollen«,[24] nicht fürchten muß. So bleibt sie sein Kind und beschwört diese Rolle im Gedicht: »Ich bin das Kind in dunkler Fensterstufe / Und sage mir ein klein Gebet: / Hörst du es auch, wie ich dich rufe? / Und dann sinkt sachte ein Komet.«[25] Diese Verse fügt sie einem Brief aus Florenz vom Herbst 1923 an, in dem sie Hugo, der im Tessin geblieben ist, schreibt: »Mir ist, als geißelten sich nebenan die Nonnen. Ach, der Tempel des heiligen Geistes, der Körper kann auch unterjocht werden durch das Leben selbst, glaube ich. Die Aszese, nun das ist Dein Thema, mein Liebling. Geh nicht zu hart mit Dir um …«[26] Emmys frauliche Besorgnis um Ball, der nicht erst nach seiner Rückkehr zum katholischen Glauben zur Selbstkasteiung neigt. Und ihre kindliche Hinwendung zu diesem Priester-Vater, den sie mit liebend-sehnsüchtigem Herzen im »klein Gebet« sucht, in dem Geliebter und Gott eins werden.

So lebt Emmy in ihrer Beziehung zu Ball einerseits ein Kindchenmuster, andererseits »ging sie mit dem verhüllten, leicht gen Himmel gerichteten Blick der Mystikerin herum«,[27] erinnert Hans Richter, der 1916 an den Aktivitäten der Züricher Dadaisten teilgenommen und die Illustrationen zu Emmys Roman *Gefängnis* geschaffen hat. »Ihr kindliches Gehabe, ihre todernst vorgetragenen Unwahrscheinlichkeiten konnte ich nicht deuten; das machte sie mir fremd, als Frau und als Mensch. Nur Ball verstand in seiner liebevollen Menschlichkeit ihr Wesen durchaus. Und wenn er das Gehabe auch nicht übersah, so durchschaute er es doch und fand in Emmy das Bild eines einfachen Mädchens, dessen oft mißbrauchte Zutraulichkeit seine Männlichkeit ansprach, ohne diese zu stark zu beanspruchen.«[28]

Auch das eine Beobachtung der Freunde: Ball ist nicht der Liebhaber, sondern der zuverlässige, verständnisvolle Freund oder Bruder der oft hilflos wirkenden Exzentrikerin Emmy. Den Liebhaber sucht sie 1917, sowohl nach Claire Golls als auch nach Hans Richters Auskunft, »in dem gutaussehenden Spanier del Vajo (…) Ball verfolgte die beiden mit einem Revolver in der Tasche (so sagte Emmy), und die beiden Liebenden verbargen sich in meiner Wohnung, wo sie mit knapper Not Ball entkamen. Da Emmy ihre Entscheidung nicht selber treffen konnte, kamen Tzara und ich zusammen (…) und bewogen Emmy schließlich, zu ihrem trauernden Ritter Hugo zurückzukehren.«[29] Es ist eine Rückkehr für immer, »nur die Lebensfreude, die Emmy bei ihrem feurigen Hidalgo fand, hatte er getötet«[30].

Da irren Richter und Claire Goll, denn nach dem Rückzug ins Tessin und Balls kompromißloser Hinwendung zur katholischen Kirche

Bild 16 Richard Huelsenbeck auf DADA-Tournee, 1920

entscheidet sich auch Emmy, den Weg der Askese mitzugehen.

Bevor jedoch der gemeinsame Weg begonnen werden kann, quält sich Hugo Ball in Berlin mit der Frage nach dem »Wohin?«, gesteht August Hofmann am 10. Februar 1915: »Ich weiß nicht, ob es mich noch lange hier halten wird. Man verfault und geht in Verwesung über.«[31] Zwei Tage später findet abends im Architektenhaus die »Gedächtnisfeier für gefallene Dichter veranstaltet von Hugo Ball und Richard Huelsenbeck« statt. Eintritt 30 Pfennig. Für diesen Betrag kann auch »Ein literarisches Manifest« der Veranstalter in Balls Wohnung Uhlandstraße 31 bezogen werden, in dem sie ihre Thesen postulieren: »Expressionismus, Buntheit, Abenteuerlichkeit, Futurismus, Aktivität (...) Wir wollen: Aufreizen, umwerfen, bluffen, triezen, zu Tode kitzeln, wirr, ohne Zusammenhang, Draufgänger und Negationisten sein.« Sie sind ›gegen‹ alle »Geistlinge, Systemlinge Aktionierer und lyrischen Tenöre«, beanspruchen, die geistigen Führer im ›Heute‹ zu sein, »Mystiker des Details, Bohrlinge und Hellseher, Antikonzeptionisten und Literaturstänker.«[32] Protestieren gegen alle -ismen. Und so wird es wenige Jahre später in Zürich zu einer heftigen Verstimmung zwischen den Freunden kommen, wenn Ball sich vehement gegen die zunehmende Manifestierung Dadas wendet. Kein »Dadaismus« mit ihm!

Am 12. Februar hält Ball die »Totenrede« auf Leybold, eine Wortkaskade der Erinnerung: »20 Jahre alt war der Kerl. Sehr hurtig. Und paffte einfach drauflos. (…) Es ist unerhört und scheußlich, daß dieser junge Mann aus dem Kriege nur die physische Konsequenz ziehen mußte, während die geistige ihm versagt blieb. Er ging ein (…) Er verendete (…) Widersprechen Sie nicht! Kaufen Sie seine nachgelassenen Glossen und Gedichte, die ich herausgeben werde. (…) Gedenken Sie seiner! (…) Sie alle haben seinen Tod mitverschuldet.«[33]

Der Abend, an dem auch Huelsenbeck, Kurt Hiller, A. R. Meyer und als Rezitatorin Resi Langer beteiligt sind, erlangt Aufmerksamkeit, wird rezensiert. Am 8. März bittet Ball seine Schwester, ihm Kritiken zu schicken, und kündigt an, daß die »Totenrede« in Schickeles *Weißen Blättern*, der ihm die Mitarbeit angeboten hat, erscheinen soll. Zugleich berichtet er von den Vorbereitungen eines zweiten Abends, an dem er über Rußland und Huelsenbeck über Spanien sprechen wollen. »Es wäre hübsch, wenn die Sache gelänge, da an Huelsenbecks Rede eine hiesige spanische Vermittlungsagentur und die Gesandtschaft interessiert ist, wir also ein gutes Publikum bekämen.«[34] Und obwohl er Maria erklärt, jetzt endlich die immer wieder angekündigte »Carriere« zu machen, teilt er ihr mit: »Es ist nicht unmöglich, dass ich im Sommer (Juni, vielleicht schon Ende April) für einige 14 Tage in Zürich bin. Ich *möchte* es jedenfalls. Otto soll sagen, ob er mich haben kann; was ein Zimmer, der Aufenthalt etc. kosten.[35] (…) Ich sehe offenen Weg vor mir, Ziele, Sicherheiten. (…) Es sind Dinge politischer Natur; denn nur noch auf politischem Wege können die Dinge durchgesetzt werden, die – wichtiger sind als alle Politik. Ich lebe ganz und ausschliesslich in sozialistischer Natur. (…) Insbesondere interessiert mich alles was Russland angeht.«[36]

Er setzt auf Revolution in Deutschland wie in Rußland, führt seine Gedanken begeistert aus und beschwört zugleich, eingedenk der politischen Einstellung seiner Pirmasenser Familie: »Liebe Schwester! Lass Dich nicht verschüchtern durch solche wüste Propheterei.«[37]

Und auch nicht durch die in Schickeles *Weißen Blättern* gedruckte »Totenrede«, bei der die »stilistisch-spitzesten Sachen« weggefallen sind, so daß sie aussieht »wie eine geköpfte Distel«[38]. Noch einmal gesteht er, wie sehr Leybold ihm fehlt, »Gerade jetzt, in dieser Zeit, was wäre er mir gewesen!³⁹« Und dann spricht er wieder von seinem Wunsch, Berlin zu verlassen, daß er in die Schweiz möchte, nach Rußland oder Frankreich. Er macht Pläne, ohne zu wissen, wie er sie umsetzen kann, schreibt am 9. April 1915 an Leybolds Freundin, Käthe Brodnitz: »Bitte, liebes Fräulein Brodnitz, geben Sie mir einen Rat, wie ich hier loskommen kann. Nennen Sie mir einen Bankier, den ich erschlagen kann. Ich will mit Zinseszins meinem Schöpfer danken, wenn ich den Sommer unter – Freunden und – Menschen verbringen kann. Hier in Berlin gibt es zur Zeit nur: Leute.«[40] Er berichtet von dem mit Huelsenbeck gemeinsam gestalteten Abend, ihren Vorträgen über Rußland und Spanien und daß es keineswegs ein Erfolg war, wie erhofft. Nur 30 Leute waren da, fast alles Bekannte. Aber er gibt nicht auf, sammelt Leybolds Schriften, schlägt Brodnitz gemeinsame Projekte vor, wenn sie aus den USA zurückkommt: eine Biographie Thomas Müntzers, einen Extrakt aus dem Leben Bakunins. Und kommt doch immer wieder auf seinen Wunsch zurück, ins Ausland zu gehen: Paris, Italien, Rußland, die Schweiz. »In Zürich scheint neuerdings viel Leben zu sein. Vor einiger Zeit erhalte ich ganz überraschend von dort eine neue Zeitschrift ›Mistral‹ (…) Neuerdings erhalte ich eine Aufforderung zur Mitarbeit, unterzeichnet von Dr. Walter Serner (…) Franzosen arbeiten mit. Italiener. (…) Mich zieht es auch dorthin.«[41] Serner, der als einer der ersten oppositionellen Künstler und Schriftsteller gleich nach Ausbruch des Krieges Deutschland verlassen hatte, begründete in Zürich gemeinsam mit Kurt Kersten und Emil Szittya die pazifistische Zeitschrift *Der Mistral*.

Serners Brief ist ein letzter Anstoß für Ball, Berlin zu verlassen, und auch Emmy, der ihre pazifistische Gesinnung bereits bei Ausbruch des Krieges Prügel eingebracht hatte, scheint nicht gezögert zu haben, ihn zu begleiten. »Wovon wir in Zürich (…) leben würden, davon hatten wir nicht die geringste Vorstellung.«[42] Und so fährt sie Ende Mai 1915 mit Hugo nach Zürich wie früher zu ihren Engagements in Budapest oder Kattowitz.

Zuvor, am 12. Mai, tritt das Paar gemeinsam im ›Harmoniumsaal‹ auf. Expressionistenabend. Huelsenbeck macht mit, auch Johannes R. Becher. Dem Donnern der Kanonen schleudern sie ihre Texte entgegen, die, so weist Gerhard Schaub nach, als prädadaistisch gesehen werden können, ein Vorspiel für das, was Emmy und Hugo neun Monate später in Zürich auf der Bühne in der Spiegelgasse zelebrieren werden.

Mit kleinem Gepäck und großen Erwartungen verläßt das Paar Berlin, froh, dem Krieg in die neutrale Schweiz entkommen zu können, wo sich eine Anzahl europäischer Künstler eingefunden hat, die im Exil Neues wagen wollen. So wie Hugo Ball, der nicht nur Deutschland, sondern auch dem Theater den Rücken kehrt. Selbst der Traum von der Wiederaufführung mittelalterlicher Mysterienspiele erscheint ihm in den kommenden Jahren sinnlos, denn: »Für den Katholiken kann es eigentlich kein Theater geben. Das Schauspiel, das ihn beherrscht und ihn allmorgentlich gefangen nimmt, ist die heilige Messe. Der Hauptdarsteller ist der Priester, der geweihte Tragöde ...«[43]

Wie aber weiter? Emmy Hennings und Hugo Ball spüren bei ihrem Aufbruch im Frühsommer 1915 nur, daß sie an einem Wendepunkt stehen und die Zeit reif ist, gemeinsam Neues zu wagen.

# Man lebt in Zürich

Entzücken weicht Enttäuschung – Leontine sagt nein – Der
Rebell als Pianist – Anarchisten und Apachen – Jan Ephraim
vermietet eine Meierei

Dem Krieg entkommen, sind die Erwartungen des Paares an Zürich
hoch. Rückblickend schreibt Emmy: »Hier nun kam es uns vor, als habe der liebe Gott es sich ganz besonders hübsch mit uns beiden ausge-
dacht, da er uns zwei nebeneinander ›büchermachenspielen‹ ließ.«[1]
Und Ball notiert kurz nach der Ankunft am 29. Mai 1915: »Die Stadt
ist schön. Der Limmatkai besonders gefällt mir (...) Die Möwen sind
nicht künstlich oder ausgestopft, sie fliegen wirklich, mitten in der
Stadt. Die großen Zifferblätter der Turmuhren am Wasser, die Schiff-
lände mit ihren grüngestrichenen Fenstern: das alles ist schön und ge-
diegen (...) Die Atmosphäre genügt mir; ich brauche keinen Austausch, keine direkte Berührung. Ich kann mich hier heimisch fühlen
so gut wie die alte Turmuhr und wie ein geborener Schweizer.«[2] Aber so
einfach, wie das klingt, ist es nicht, denn schon bei ihrer Ankunft stellt
das Paar fest, daß sie keineswegs willkommen sind. Anstatt bei Bruder
Otto unterschlüpfen zu können, müssen sie ein billiges Quartier im
Hotel Weisses Kreuz im Niederdorf beziehen. Zudem wurde gerade
die Publikation der Zeitschrift *Mistral* eingestellt, bei der Ball hatte
mitarbeiten wollen. Walter Serner, der ihn dazu aufgefordert hatte,
plant mit Unterstützung seines Malerfreundes Christian Schad eine
neue Publikation *Sirius*. Aber auch das schlägt fehl. Also schreibt Ball
weiter Texte für Schickeles *Weiße Blätter*, macht dem Verleger Kurt
Wolff den Vorschlag, eine lyrische Anthologie internationaler Autoren
zusammenzustellen: Rubiner, Kandinsky, Marinetti, Apollinaire. Expressionistische und futuristische Tendenzen will er zeigen. Aber Wolff
lehnt ab.

»Die kleine Geldsumme, die wir mitgebracht hatten, war bald verbraucht. Wir verkauften Kleider, Bücher, Ring, Uhr, alles, was wir hatten und gerieten in kürzester Zeit in eine Verlegenheit, die nicht überboten werden kann«[3], erinnert Emmy Hennings. Also ziehen sie vom
billigen Hotel in noch billigere Untermietzimmer, lesen täglich die

Stellenangebote im *Tagesanzeiger*, sind bereit, jede Arbeit anzunehmen. Ohne Erfolg. »Daß uns niemand anstellte«, vermutet Emmy, »dazu mag noch beigetragen haben, daß wir nicht den Dialekt des Landes sprechen konnten.«[4] Dabei hatte Ball sehr genau überlegt, wohin er sich wenden könne, um die ihn bedrückenden Sprachbarrieren zu umgehen, ohne zu ahnen, daß er und Emmy dem Züritütsch ebenso hilflos gegenüber sein würden wie einer anderen Fremdsprache. Auch weicht das wohlige Gefühl, in der schönen Stadt am See eine sichere neue Heimat gefunden zu haben, bald der Angst vor Denunziation und Verfolgung. So wird das erträumte Spiel mit den Worten für die Exilanten zum Versteckspiel vor der Polizei. Das zeigen die Berichte an das eidgenössische Untersuchungsrichteramt in Bern und die Unterlagen der Züricher Stadtpolizei, bei denen auch Emmy Hennings und Hugo Ball bald aktenkundig werden.

Die finanzielle Misere drückt sie und sie sehen keinen anderen Ausweg als den, daß Emmy wieder der – verbotenen – Prostitution nachgeht. Inmitten der Schweizer Wohlhabenheit fühlen sie sich wie »in einem Gefängnis, in dem wir zunächst nicht vor- noch rückwärts wußten«[5].

Zweifel überfallen Ball. Waren dieser überstürzte Aufbruch und das Aufgeben der Redakteursstelle in Berlin ein Fehler? Hatte er sich über die Situation in Zürich getäuscht? Er steigt mit Emmy hügelan zur russischen Speisehalle in der Clausiusstrasse, wo es für wenige Rappen Piroggen, Kohlsuppe und Brot gibt und wo sie politisch Gleichgesinnte treffen, denn diese Speisehallen, wie auch die russischen Bibliotheken, sind in den Schweizer Universitätsstädten, in Genf, Bern und Zürich, seit Jahrzehnten Treffpunkte der Studentinnen und Studenten, die den Sturz des Zaren und die Revolution planen. »Von dort erhoffe ich mir und erträume mir eine Befreiung und einen Umsturz, wie es sich nur mit der französischen Befreiung 1789 vergleichen läßt«,[6] hatte Ball schon am 13. März 1915 aus Berlin an Maria geschrieben und gewünscht, daß Deutschland und Rußland besiegt werden, weil erst dann die Revolution als heilende Kraft kommen und »das gesamte geistige und ökonomische internationale Proletariat«[7] ein neues Europa gestalten kann.

So erscheint es ihm, der sich immer mehr in die Schriften Bakunins und Kropotkins hineingearbeitet hat, folgerichtig, den Kontakt nicht nur zur Russenkolonie, sondern auch zu dem ihr verbundenen Arzt und linksradikalen Sozialisten Fritz Brupbacher zu suchen, der den verehrten Kropotkin 1906 im bretonischen Ètables aufgesucht hatte. Brupbacher, verheiratet mit der Ärztin Lidija Petrowna Kotschetkowa, führt eine Praxis im Züricher Arbeiterbezirk Aussersihl. Lidija Petrowna praktiziert und agitiert im ländlichen Rußland, wo sie mit den Sozialrevolutionären den Umsturz vorbereiten hilft.

Djajuschka, Onkelchen, nennen die Studentinnen den gutmütigen Brupbacher, der zwischen Russisch und Züritütsch schneller wechselt, als die Zuhörer bei seinen politischen Vorträgen folgen können, die er im ›Grand Café‹ ebenso hält wie im ›Weissen Schwänli‹ am Predigerplatz. Als Ball ihn kennenlernt, wird er einerseits für sein soziales Engagement, die kostenlose medizinische Versorgung der Armen, bewundert, andererseits von den Studenten und Emigranten auch heftig kritisiert. »Brupbacher sprach über Rußland (…) Der Vortrag wurde bei der Diskussion einstimmig abgelehnt. (…) B. habe das bäuerisch-vorökonomische, phantastische Russland gesehen und erblicke in dem Gegensatz dieses Rußlands zum amerikanisierten Westen das Heil. (…) Es schien mir nicht unsympathisch, daß man an seinem Plauderton Anstoß nahm«, notiert Ball am 11. Juni 1915. »Er vergaß das Publikum, vor dem er stand; Leute, die im Traum am Galgen hängen (…) Sie sind durchweg Marxisten, also das Gegenteil von Romantikern.«[8] Aber im Umgang sind die jungen Revolutionäre soviel offener, spontaner und gastfreundlicher als die Schweizer, so daß Emmy und Hugo bald regelmäßig im Kreis um Brupbacher verkehren. Sie veröffentlichen ihre Texte in der *Sozialistischen Zeitschrift für Bildung und Unterhaltung* »Der Revoluzzer« und geraten damit, ohne es zu bemerken, immer mehr ins Visier der Polizei, die alle Emigranten von Spitzeln überwachen läßt. Dabei wird man auf Balls Paßvergehen aufmerksam, der sich am 30. Juli 1915 beim Umzug in die Schoffelgasse als der Kunstmaler John Höxter aus Hannover hat registrieren lassen. Als die Sache auffliegt, flüchtet er mit Emmy überstürzt nach Genf, um sich der drohenden Verhaftung zu entziehen, und schreibt am 1. August aus dem Hôtel de l'Union an den »sehr verehrten Herr Dr. Brupbacher, Verzeihen Sie, dass wir uns nicht mehr von Ihnen verabschiedet haben. Es war leider nicht möglich. (...) Unser Verhältnis zu Ihnen und zum Revoluzzer bleibt natürlich dasselbe. Ich habe in Zürich durch Sie einen Kreis von so lieben und interessanten Menschen kennengelernt, dass ich das nie vergessen kann.«[9] Und dann bittet er, ihm 30 bis 50 Franken zu leihen, verspricht, sofort nach Erhalt seiner Honorare aus Deutschland alles zurückzugeben. »In Genf war ich ärmer als ein Fisch«, erinnert Ball. »Ich konnte mich nicht mehr bewegen. Ich saß am See bei einem Angler und beneidete die Fische um den Köder, den er ihnen zuwarf.«[10] Entmutigt kehrt das Paar nach Zürich zurück, wo Ball am 14. August in Untersuchungshaft genommen wird. »Ich kam abends um 11 zurück. Morgens um 7 war ich schon eingeliefert«, schreibt er an Maria und versichert, »dass ich ganz der Alte geblieben bin und dass mir die 14 Tage Haft nicht an der Gesundheit geschadet haben«[11]. Aber er ist zutiefst »enttäuscht und deprimiert« über das Verhalten einiger Emigranten, die sich zurückgezogen haben, und von Otto, der ihn im Gefängnis besucht und ihm Vorwürfe gemacht hat. »Ich habe keine Feindschaft gegen Otto«, erklärt er Maria. »Ich will nur nicht mehr mit ihm zusammen sein. Eigentlich tut es mir leid.«[12] Und er dankt der Schwester, daß sie zu ihm hält, teilt ihr seine neue Anschrift, Kirchgasse 21, 5. Stock, mit und bittet: »Wenn jemand nach mir fragt: Ich bin *Schriftsteller*, im Ausland, und ich kämpfe für meine Anerkennung.«[13] Dabei unterstützt ihn Brupbacher, sorgt für die Veröffentlichung und Honorierung der Texte von Emmy und Hugo im *Revoluzzer*, stellt Hugo ein Büro für seine Arbeit zur Verfügung. Balls Verbindung zur Russenkolonie intensiviert sich. »Ich habe hier russische Freunde«,[14] schreibt er an Maria. Und: »Soeben war ich mit einem Menschen zusammen, der 15 Jahre in Sibirien gefangen war.«[15]

Aber je länger Ball sich in den konspirativen Zirkeln bewegt, desto mehr gewinnt er Distanz: »Ich beobachte, daß ich meine häßlichen (politisch-rationalistischen) Studien nicht treiben kann, ohne mich durch gleichzeitige Beschäftigung mit irrationalen Dingen immer wieder zu immunisieren. Wenn eine politische Theorie mir gefällt, fürchte ich, daß sie phantastisch, utopisch, poetisch ist, und daß ich damit doch innerhalb meines ästhetischen Zirkels verbleibe, also gefoppt bin.«[16] In seinem Tagebuch wägt er die Resultate seiner Anarchismusstudien mit den Ansichten der Russen ab, die den Umsturz planen: »Den Anarchismus verdankt man der Überspannung oder Entartung der Staatsidee. Er wird sich besonders dort zeigen, wo Individuen oder Klassen, die in idyllischen, innig mit der Natur oder der Religion verbundenen Bedingungen aufgewachsen sind, in strengen staatlichen Verschluß genommen werden.«[17]

Von Emmy Hennings hören wir zu dieser Zeit nichts. Aufgebrochen war sie, um mit dem Gefährten ein neues Leben zu beginnen. Aber wenige Wochen später ist sie wieder in ihrem alten Teufelskreis gefangen: Geldnot, Prostitution, Drogen, Kleinkriminalität. Schließlich wieder ein Podium: »Cabaret Bonbonnière liegt im Mittelpunkt der Stadt, nahe dem Hauptbahnhof. Café des Banques hat eine saftige Kapelle. Die Primgeige stammt aus Moabit, das Cello aus Lyon. Der Flügelmann ist Mexikaner. Im Kabarett tritt auf: Emmy Hennings: Grüne Joppe, schwarze Satinhosen, blonder Schopf. (…) Höllenrote, entzückende kleine Bühne. Italiener schmunzeln beim Vortrag der ›Beenekens‹.«[18] Alles wie gewohnt: Männer, Mädchen und Musik. Emmy singt, Emmy tanzt, Emmy nimmt Morphium. Sie wechselt das Ensemble. Der Direktor des ›Maxim‹, Ernst Alexander Michel, wird ›Flamingo‹ genannt. Emmy überredet ihn, auch Ball zu engagieren. Als Pianist. Begleiter der Soubretten. Manchmal schreibt er auch Szenarien für die Gruppe. Sie spielen in Zürich, in Basel. Als seine Mutter ihn dort besucht, ist sie entsetzt über die Lebensumstände des Sohnes. Sieht in Emmy die Alleinschuldige. Es kommt zum tiefen Zerwürfnis. Nur mit Maria Hildebrand bleibt der Briefkontakt bestehen. »Mein Leben hier ist jetzt sehr interessant«, teilt er ihr mit. »Man kann nicht viel schreiben darüber. Aber wir wollen doch wieder in Correspondenz bleiben. Eine Laute haben wir jetzt auch. Ich spiele und Emmsi singt dazu. (Bitte erzähls nicht gleich wieder der Mutter).«[19] Und: »Man muß sich wohl ganz ablösen von der Familie, um ein eigenes Leben zu führen (…) Momentan trete ich auf mit Emmy Hennings in einem kleinen Varieté. Das Leben ist so reich, wenn man arm wird. Ich bin Artist, Kapellmeister, Redakteur, alles mögliche zu gleicher Zeit. Ich will durch alle Möglichkeiten hindurch (…) Ein eigenes Ensemble haben, selbst die Sachen dafür schreiben, es herausarbeiten bis ein richtiges Theater daraus wird: unser letzter

Bild 17  Flamingos »Maxim«-Ensemble mit Hugo Ball und Emmy Hennings (rechts)

Ehrgeiz (…) Ich schicke Dir ein kleines Bild meiner Braut. Das klingt
so offiziell, nicht wahr? Es ist aber gar nicht so gedacht. Wenn Du
Dich darauf freust, will ich Dir nächstens auch den kleinen Band ihrer
Gedichte schicken (…) Du würdest Emsi sehr lieben, wenn Du sie
kennen würdest. Alle lieben sie und vergöttern sie.«[20]

Über die Zeit bei ›Flamingo‹ schreibt Ball 1916 einen Roman *Flametti oder Vom Dandysmus der Armen,* der 1918 bei Erich Reiß in Berlin erscheint. Emmy hat das Buch nicht gemocht, »kann es nicht ohne
eine gewisse Bitterkeit lesen, weil der Stoff, das ganze Thema Hugo
Balls eigentlich nicht würdig ist. Er hat sich von einer Lebensepoche,
die seinem tiefen, ernsten Wesen nicht entsprach, ihm sicher auch
nicht bekömmlich war, wieder befreien müssen.«[21] Während sie selbst
in ihrer autobiographischen Prosa über den Beginn ihrer Bekanntschaft mit ›Flamingo‹ eine witzige Geschichte um einen versuchten
Frackverkauf erfindet, der zu ihrem Engagement bei »Direktor Feuer-
schein« führt, und auf weiteren Seiten die Monate mit dem Flamingo-
Ensemble zusammenfaßt, wobei sie der Begegnung mit Hugos Mutter
in Basel den größten Platz einräumt, zeigt Ball das »Apachen«-Milieu
der Varietés und die buntgewürfelte Truppe als grelles Spiel zwischen

Schein und Sein. Trotz aller äußeren Bedrängnis beim Schreiben dieser sozialpsychologischen Analyse des Künstlertums gelingt ihm einer der unbeschwertesten Romane des literarischen Expressionismus, mit ihm dem Pianisten und seiner Soubrette mittendrin. »Man hatte die Welt gesehen. Man hatte sich redlich bemüht und kannte das Leben. Gefängnis, Skandal, Freudenhaus, Fahnenflucht waren kein Einwand. Artisten kommen aus einer anderen Welt. Sie sind keine Bürger. Aus Unterdrückung werden Artisten. Wo keine Defekte sind, sind keine Menschen. Buntheit, Zauber, Exotik: nur aus Verzweiflung.«[22]

In seinem Tagebuch legt Ball Zeugnis über seine Auseinandersetzung mit dieser Situation ab: »Zürich, 4.X.1915. Frage ich mich in der stillsten Stunde, wozu all das dienen mag, dann antworte ich mir wohl: Damit ich für immer meine Vorurteile ablege. Damit ich die Parodie dessen erlebe, was ich einmal ernst nahm: die Kulisse. Damit ich mich von der Zeit ablöse und mich im Glauben an das Unwahrscheinliche stärke (…) 17.X. Mit aller mir zu Gebote stehenden Leidenschaft bin ich bemüht, mir gewisse Wege und Möglichkeiten (so z.B. Karriere, Erfolg, eine bürgerliche Existenz u. dgl.) völlig und für alle Zeit zu verlegen. Mein gegenwärtiges Leben ist dazu angetan, mich in dieser Absicht kräftig zu unterstützen (…) 20.X. Ich bemerke, daß ich einer leichten Verrücktheit verfalle, die meiner grenzenlosen Liebe zum Anderssein entspringt (…) 27.X. Ich weiß jetzt, wie es hier unten aussieht, und finde die sozialistischen Theorien, soweit sie mit dem Enthusiasmus der Massen rechnen, reichlich romantisch und abgeschmackt (…) Basel, 2.XI. In Basel war ich einmal als Student (…) und bewunderte die leeren drei Bänklein, vor denen der junge Professor Nietzsche aus Naumburg die Griechen erklärte. Damals war Basel für mich die Stadt der Humanisten. Diesmal wird es für mich die Stadt der Totengräber, der Meßkuriosa und Anomalien sein; denn ich bin mir selbst zur Kuriosität, zur Anomalie und zum Totengräber geworden. 5.XI. Der Sieg über das Häßliche setzt Erfahrung voraus. (…) Ein großer Mensch sein und ein Heiliger für sich selbst: das einzig Wichtige. Tagtäglich der größte Mensch sein wollen (…) 8.XI. Sich so weit als möglich aus der Zeit entfernen, um sie zu überblicken. Aber sich nicht zu weit aus dem Fenster beugen, um nicht hinunterzufallen (…) 10. XI. Der kürzeste Weg der Selbsthilfe: auf Werke zu verzichten und das eigene Dasein zum Gegenstande energischer Wiederbelebungsversuche zu machen.«[23] Die Wochen in Basel mit dem Maxim-Ensemble hat er in einem Einakter *Die Nacht* thematisiert, »in dem keine Zeile erfunden« sein soll. Das Manuskript, das er Leybolds Freundin Käthe Brodnitz geschenkt haben will, ist verschollen.

Am 9. Dezember 1915 ist die Truppe wieder in Zürich und gastiert im ›Hirschen‹ im Niederdorf, wo Emmy und Hugo ein Zimmer beziehen. Wie dramatisch sich die ersten Monate in der Schweiz für das Paar gestalteten, ist im *Züricher Polizeianzeiger* Nr. 295 vom 16. 12. 1915 nachzulesen. Am 2. Juli 1919 wurde diese Aktennotiz noch einmal aus Bern an das Criminalcommissariat Zürich gegeben, weil sich Emmy Hennings und Hugo Ball erneut als politisch auffällig gezeigt hatten. Dabei wird auf Balls Paßvergehen im Jahr 1915 ebenso verwiesen wie auf die Flucht nach Genf. Wie bedrängend die Lage war, zeigt ein Auszug aus der Aussage zweier Denunzianten, den ich unverändert wiedergebe: »Ball, Hugo, Schriftsteller, von Pirmasens, Bayern, geb. 23. Febr. 1886, hatte sich mir gegenüber als Höxter, John, Kunstmaler, von Hanover, geb. 21. 1. 1884, legitimiert und hatte unter dem falschen Namen eine Schreibmaschine gemietet. Er hatte seine Photographie in den Pass Höxter geklebt. Er lebte damals mit Frau Hennings, Emmy, geb. Cordsen, von Flenzburg, Hollstein, Schriftstellerin und Tingel-Tangelsängerin, geb. 17. Januar 1885, an der Schoffelgasse 5 in Concubinat. Nach den Beobachtungen des Hausmeisters (…) lebten sie aus den Einkünften der Unzucht der Hennings, welche Ball begünstigte. Die hennings hatte keinerlei Ausweispapiere und schrieb damals schon für eine Zeitschrift betitelt, *Revoluzzer* in einer Nummer, welche bei ihr gefunden wurde, verherrlichte sie die Hinrichtung eines Anarchisten. Wenn ich nicht irre, zeichnete sie damals ›Editha von Münchhausen‹. Das Concubinatspaar lebte, weil niemand arbeitete, in großer Armut. Von Dr. Bruppacher, in Zürich, bekannter Anarchist, erhielten sie unterstützung. Sie gaben ihn auch als Reverenz an. Aus erbarmen wurden zuerst die Hennings und nachher auch Ball bei Concertunternehmen ›Marcelli‹ angestellt. Zwischen Ball und der Hennings spielten sich nächtliche Streit ab, bei welchen Ball die Hennings schlug. Bei einem solchen Streit nach Mitternacht c. 20. Sept. 1915 machte die hennings einen Selbstmordversuch, indem sie sich mit der Scheere die schlagader am Arme öffnete. Sie begab sich aber bald in ärztliche Behandlung und nahm keinen Nachteil. Den Grund dieser Vorkommnisse konnte man nicht erfahren, die beiden waren vorher wie nachher einig und verrieten sich nicht. Die Leute im Hause schlossen aus diesem Kesseltreiben, dass die Beiden durch ein Verbrechen miteinander verkettet seien. Ball brach damals zu seiner Entschuldigung vor, die Hennings sei Morphinistin. Ball führt den Anarchistennamen HaHuBalay. Die Hennings hatte damals dem Conzertunternehmer ›Marzelli‹ erzählt, sie und ihr Mann seien in München wegen Spionage verhaftet gewesen. Ihr Mann sei erschossen worden, während sie gegen eine Kaution, die ein reicher Herr geleistet, entlassen worden sei, sie habe dann ihre Papiere in Bezug auf Alter gefälscht und sei so über die Grenze gekommen. Marcelli klagte, dass die Hennings von ihrem Engagement weggeblieben und auf den Strich gegangen sei. Sie habe ihm selbst erzählt, dass sie Ball hiezu gezwungen habe, dass er sie geschlagen, wenn sie ihm zuwenig Geld abgeliefert habe. Sie sei ganz im Banne dieses Ball. Wegen der Schriftenfälschung der Hennings und dem Zuhälterwesen des ball wurde hier noch keine Untersuchung geführt, vermutlich weil sie wieder von Zürich fort waren.«[24] Unterschriften. Namen. Titel. Stempel.

Einen Tag nach diesem Observationsbericht, am 17. Dezember 1915, veranstalten Emmy Hennings und Hugo Ball eine Soiree im »Zunfthaus zur Zimmerleuten«, einen »Modernen Autoren-Abend«, an dem auch Käthe Brodnitz und ihre Freundin Elisabeth von Schmidt-Pauli beteiligt sind. »Der Besuch aus Berlin kam ganz unerwartet«, schreibt Ball drei Tage später an Maria. »Die beiden Damen waren ganz entzückend und lieb zu uns (…) Frl. Brodnitz hat alle Aussicht, an der hiesigen Universität zu dozieren. (…) Frl. v. Schmidt-Pauli hat Beziehungen zu den deutschen Gesandtschaftskreisen und kam ihrer Doctorarbeit wegen hierher.«[25]

Eine andere Welt, in die das Paar für wenige Tage eintauchen kann: Hotel Bellevue mit Blick auf den See, das »internationale und vornehme« ›Café Terrasse‹. Begegnungen mit Diplomaten und Presseleuten. Und der plötzliche Wunsch Balls, doch noch seine Dissertation zu beenden und einzureichen. Käthe Brodnitz, die sich, nach ihrem Literaturwissenschaftsstudium in München und den USA, an der Universität Zürich beworben hat, soll ihn dabei unterstützen. »Sie glauben, dass ich bis nächste Weihnachten schon promovieren könnte?« erkundigt er sich am 29. Dezember 1915. »Müsste ich dann dieses Semester noch belegen und wie hoch glauben Sie, würden die Kosten kommen?«[26] Er bittet Maria, ihm seine Studienbücher zu schicken, bleibt dennoch unentschlossen. Einerseits verkehrt er in den revolutionären Zirkeln, stellt Bakunins Schriften für eine Publikation zusammen, formuliert die Abkehr vom bürgerlichen Existenzstreben und träumt mit Emmy von einer eigenen Bühne, andererseits erwägt er die Promotion, die ihm Anerkennung in den Kreisen schaffen würde, die er so vehement ablehnt. Brodnitz mag das gespürt haben, denn sie ermuntert Hugo Ball, die Pläne für ein eigenes literarisches Kabarett umzusetzen. Auch René Schickele und Leonhard Frank, die Ende Dezember in Zürich eintreffen, sind begeistert von dieser Idee. Und Else Lasker-Schüler, die Emmy eingeladen hat, sich zu beteiligen, sagt umgehend zu: »Wie schön von Ihnen, Emyli, daß ich mit Euch singen soll – gern sing ich, aber wie der Vogel singt.«[27] Also kündigen Emmy und Hugo zum 1. Januar 1916 bei ›Flamingo‹ und gründen mit einigen Mitgliedern des Ensembles ihr eigenes Varieté ›Arabella‹. Tourneen nach Arbon und Baden folgen. Aber auch schon Verhandlungen mit Jan Ephraim, dem Wirt der ›Holländischen Meierei‹ in der Spiegelgasse 1, der am 19. Januar das Gesuch beim Polizeivorstand Zürich stellt, eine »Künstlerkneipe« betreiben zu dürfen. Am 28. Januar wird dem Gesuch entsprochen und die Vorbereitungen für ein Programm im »Simplizissimus-Stil, aber künstlerischer, mit mehr Absicht«[28] beginnen. Ein Plakat wird entworfen, der Raum gestrichen: Decke blau, Wände schwarz. »Ich habe Beziehungen zu den heterogensten Menschen«, schreibt Ball an Brodnitz, »und hoffe damit etwas zu erreichen.«[29] Dennoch fragt er erneut nach der Möglichkeit, bereits zum Ende des Jahres promovieren zu können, denn wie so oft in seinem Leben plant er mehr, als er durchführen kann: »das nachträgliche doctorieren« (an Maria am 3. Januar 1916), das literarische Cabaret, »eine lebendige Zeitschrift gewissermaassen« (an Brodnitz am 29. Dezem-

**Künstlerkneipe Voltaire**
Allabendlich (mit Ausnahme von Freitag)
**Musik-Vorträge und Rezitationen**
Eröffnung Samstag den 5. Februar
im Saale der „Meierei" Spiegelgasse 1
Garderobegebühr 50 Cts.

Bild 18 Plakat, Zürich, Februar 1916

ber 1915), das Schreiben eines »Apachen«-Buches über seine Zeit bei »Flamingo« und das Zusammenstellen von Briefen und politisch-philosophischen Texten zu einem *Bakunin-Brevier.* Zugleich verlangt er für sein Cabaret nach Mitstreitern aus der Berliner Zeit, erkundigt sich am 27. Januar 1916 bei Brodnitz: »Ist Huelsenbeck noch in Berlin? Der Junge ist ganz verschollen. Er ist gewiss halb irrsinnig und der Aufenthalt hier hätte ihm so gut getan.«[30] Und am 8. Februar: »Schicken Sie mir doch bitte, wenn es möglich ist, Huelsenbeck. Ich hätte so gute Verwendung für ihn. Er kann sich doch einen Namen machen!«[31] Er fragt nach Resi Langer, der Rezitatorin der Berliner Soireen, nach Ferdinand Hardekopf, bittet: »Schicken Sie uns interessante Menschen hierher! Damit wir etwas Schönes erreichen können.«[32] Am 29. Februar 1916 ist Huelsenbecks Ankunft im Züricher Melderegister eingetragen, kurz nachdem Balls »literarisches Cabaret« als ›Künstlerkneipe Voltaire‹ eröffnet worden war: Veranstaltungen täglich, außer freitags. Freier Eintritt – zunächst, aber Garderobengebühren. In der Presse heißt es: »›Cabaret Voltaire‹. Unter diesem Namen hat sich eine Gesellschaft junger Künstler und Literaten etabliert, deren Ziel es ist, einen Mittelpunkt für die künstlerische Unterhaltung zu schaffen. Das Prinzip des Kabaretts soll sein, daß bei den täglichen Zusammenkünften musikalische und rezitatorische Vorträge der als Gäste verkehrenden Künstler stattfinden, und es ergeht an die junge Künstlerschaft Zürichs die Einladung, sich ohne Rücksicht auf eine besondere Richtung mit Vorschlägen und Beiträgen einzufinden.«[33] Kaum begonnen, ist das ungewöhnliche Unternehmen bereits ein Erfolg, und Ball gesteht Brodnitz: »Studium? Ob ich jetzt dazu komme? Sehen Sie, so ist es immer: Jetzt habe ich diese neue Sache und will sie treiben, so weit ich kann.«[34]

# Dada war kein Rüpelspiel

## Emmys Gesang und die Positionen der Männer – War Dada da? – Emmy ist »auf dem Hund« – Hugo bekommt ein Kind

»Das Lokal war überfüllt«, notiert Hugo Ball nach der Eröffnung am 5. Februar 1916, »viele konnten keinen Platz mehr finden. Gegen sechs Uhr abends, als man noch fleißig hämmerte und futuristische Plakate anbrachte, erschien eine orientalisch aussehende Deputation von vier Männlein, Mappen und Bilder unterm Arm; vielmals diskret sich verbeugend. Es stellten sich vor: Marcel Janco, der Maler, Tristan Tzara, Georges Janco (…) Arp war zufällig auch da und man verständigte sich ohne viel Worte«.[1] Der Ort, der heute als Keimzelle des Dadaismus gilt, führt den alten Kreis aus München und Berlin – Huelsenbeck, Lasker-Schüler, Klabund, Marietta und die Tänzer Rudolf von Laban und Mary Wigman – mit dem aus dem Elsaß stammenden Künstler Hans Arp und dessen Schweizer Freundin Sophie Taeuber zusammen. Albert Ehrenstein kommt, der eine zerbrechlich-androgyne Schöne mitbringt: Elisabeth Bergner, die Wiener Freundin, die nach ersten Auftritten in Innsbruck 1916 am Zürcher Schauspielhaus am Pfauen engagiert wird.

Marcel Janco aus Bukarest, der in Zürich Architektur studiert, hat Balls Aufruf in der Zeitung gelesen. Er bringt seinen Bruder Georges mit und den Freund Sami Rosenstock, der unter dem nom de plume Tristan Tzara erste Gedichte publiziert. Sie alle sind überzeugt: »Das Wort und das Bild sind eins. Maler und Dichter gehören zusammen.«[2] Und so hängen die Männer, die später Dada in die Welt tragen sollten, ihre Bilder an die schwarzen Kneipenwände, rezitieren, singen, musizieren. Huelsenbeck spricht eigene Texte und Gedichte von Heym. Ball rezitiert aus *Klänge* von Kandinsky, sitzt am Klavier, Abend für Abend, spielt Reger, Liszt, Débussy und Erich Mühsams »Revoluzzerlied«. Emmy singt. Emmy tanzt. Hugo ist in seinem Element, schreibt am 1. März an Maria: »Ich fühle mich nun wieder (auf wie lange?) sehr wohl. Erfolg habe ich auch (…) Sogar einen Leitartikel hat man über mich geschrieben in einer hiesigen Zeitschrift. (Dr. Serner, ein Berliner Bekannter). Unsere Sache wird hier sehr besprochen. Es ist, glaube ich, das erste Mal, dass man versucht, täglich literarisches Programm zu bieten.«[3] Dabei beobachten sich die Mitstreiter aufmerksam.

Ball: »Tzara liest (...) steht dann auf dem kleinen Podium kräftig und hilflos, wohl bewehrt mit einem schwarzen Kneifer ...«[4] »Gegenwärtig ist mir Janco besonders nahe. Er ist ein großer schlanker Mensch, (...) der einzige unter uns, der keine Ironie braucht, um mit der Zeit fertig zu werden.«[5]

Janco: »Ball war ausserordentlich hoch gewachsen. (...) Der überlange Körper sass auf überaus hohen Beinen, die seinem Gang das ungewisse Schwanken einer Gottesanbeterin gaben. Von gleicher Ungewissheit und von gleichem Schwanken erfasst waren auch sein Geist und seine Denkweise, die ganz von Zartheit, Klarheit und Poesie durchdrungen waren (...) Trotz seines höhnisch verzerrten Mundes habe ich von ihm nie andere als Worte des Trostes und des Verzichtes gehört.«[6]

Ball: »Arp erklärt sich gegen die Geschwollenheit der malenden Herrgötter (...) Er möchte die Dinge strenger geordnet wissen (...) Er empfiehlt die Planimetrie gegen die gemalten Weltauf- und untergänge. Wenn er für das Primitive eintritt, meint er den ersten exakten Aufriß, der die Komplikationen zwar kennt, aber sich nicht mit ihnen einläßt.«[7]

Arp: »Wir suchten eine elementare Kunst, die den Menschen vom Wahnsinn der Zeit heilen und eine neue Ordnung, die das Gleichgewicht zwischen Himmel und Hölle herstellen sollte. Wir spürten, daß Banditen aufstehen würden, denen in ihrer Machtbesessenheit selbst die Kunst dazu diene, Menschen zu verdummen.«[8]

Ball: »Am 9ten las Huelsenbeck. Er gibt, wenn er auftritt sein Stöckchen aus spanischem Rohr nicht aus der Hand und fitzt damit ab und zu durch die Luft. (...) Man hält ihn für arrogant und er sieht auch so aus. (...) Der Mund, um den ein ironisches Zucken spielt, ist müde und doch gefaßt.«[9]

Huelsenbeck: »Ball (...) ging immer schnell, er hielt nie an. Er war immer mit Gedanken beschäftigt, er hatte wenig Zeit zu stehen und zu schwatzen. Er war ungemütlich aus Geistigkeit und innerer Spannung. Er war eine Persönlichkeit besonderer Art. (...) Ich fühlte, daß ich ohne Ball nicht würde existieren können. Oder vielmehr, daß meine literarische und persönliche Entwicklung ohne Balls Hilfe auf das entschiedenste unterbrochen würde.«[10]

Ball: »Huelsenbeck kommt, um auf der Maschine seine neuesten Verse abzuschreiben. Bei jeder zweiten Vokabel wendet er den Kopf und sagt: ›Oder ist das etwa von Dir?‹ Ich schlage ernsthaft vor, jeder solle ein alphabetisches Verzeichnis seiner geprägtesten Sternbilder und Satzteile anfertigen (...) denn auch ich sitze, fremde Vokabeln und Assoziationen abwehrend, auf der Fensterbank, kritzle und schaue dem Schreiner zu, der unten im Hof mit seinen Särgen hantiert.«[11]

Und während im Februar 1916 die Kämpfe um Verdun und Fort Douaumont toben, während im Mai bei der Seeschlacht vor dem Skagerrak englische und deutsche Kriegsschiffe versinken, von Juni bis November die Materialschlachten an der Somme ausgefochten werden, die eine Million Soldaten aus Frankreich, England und Deutschland das Leben kosten, agieren die Künstler-Emigranten in der Spiegelgasse, »trotzdem unsere Regierungen Krieg miteinander haben«[12]. Aber man ist unter sich, Klabund hat es bespöttelt: »Ein deutscher Dichter seufzt französisch, / Rumänisch klingt an siamesisch, / Es blüht die Kunst, hallelujah! / s'war auch schon mal ein Schweizer da.«[13]

Nur wenige Schweizer beteiligen sich am Programm, aber die Neugierigen strömen in die Spiegelgasse, um die seltsamen Fremden zu bestaunen, die bunt gewandet, mit und ohne Masken, ihre bizarren Soireen aufführen. Und Emmy mittendrin, als »Stern dieses Kabaretts«, wie die *Zürcher Post* schwärmt. Von ihr gibt es keine aktuellen Äußerungen. Erst im Rückblick schreibt sie davon, aus der Distanz von Jahren, Jahrzehnten. Immer bemüht, Hugo Balls Bedeutung für ihre damalige Beziehung positiv darzustellen. Kein Wort über Krisen. Doch der Züricher Polizeibericht spricht eine ebenso deutliche Sprache wie die Erinnerungen des Malers Christian Schad, der das Paar nicht nur im ›Cabaret Voltaire‹-, sondern bereits bei einem der letzten Auftritte des ›Flamingo‹-Ensembles im ›Hirschen‹ im Züricher Niederdorf getroffen hat: »Hier trat mit zwei oder drei anderen Mädchen Emmy Hennings (...) leichtgeschürzt als Soubrette auf und sang die abgedroschenen Schlager der Belle Epoque, auf einem schäbigen Piano, das ans Bühnenpodium gerückt und im Ton einer asthmatischen Zieharmonika ähnlich war, begleitet von ihrem Freund Hugo Ball.«[14] Es ist der Vorweihnachtsabend 1915. Schads Freund Serner ist dabei und Leonhard Frank. Schad, der Emmy erst in Zürich kennenlernt, ist ein unbestechlicher Beobachter: »Emmy Hennings, bereits als begabte Dichterin und Cabaretistin im Kreis des literarischen Expressionismus bekannt, Mitarbeiterin der wichtigsten literarischen Zeitschriften, war schon gezeichnet von den Entbehrungen und Widrigkeiten eines unsteten Lebens. Sie wirkte zerbrechlich und oft etwas verloren und wie verweht. An diesem Abend aber war sie auffallend freudig erregt und voll sprühender Ideen. Sie und Ball hatten sich sicher über unseren Besuch gefreut, aber ihre Freude stand weit darüber hinaus und schien irgendwo im Unendlichen zu hängen. Als sie ihre Sammelrunde gemacht hatte – wie alle Mädchen des Ensembles mußte sie ab und zu mit einer Muschel von Tisch zu Tisch gehen und Geld sammeln – setzte sie sich neben mich und verriet mir leise, daß Ball ihr zu Weihnachten – sie war damals Morphinistin und wurde von Ball darin kurz gehalten – eine zusätzliche Spritze erlauben würde, und das mache sie so glücklich.«[15]

Emmy, noch immer »auf dem Hund«, denn bereits wenige Monate nach ihrer Ankunft in Zürich hatte Ball notiert: »Wer seine Zweifel und Hoffnungen alle verausgabt hat, den können nur noch die Drogen trösten.«[16] Er sieht seine Mitverantwortung an der Situation und versucht einerseits Einfluß zu nehmen, andererseits zu verstehen. »Es scheint eine Philosophie der Rauschmittel zu geben; ihre Gesetze interessieren mich. Es ist ein verteufelter Weizen, der da blüht. Man ist seiner Gedanken nicht mehr sicher unter den Fallsüchtigen ringsum. Sie unterminieren das ganze Terrain. Sie lächeln, wenn man ›Gesundheit!‹ sagt und es widert sie aller lebfrischen Dinge.«[17] Aber anders als in ihren Boheme-Gefährten hat Emmy mit Ball einen Partner gefunden, der den Drogen nicht erliegt. Auch wenn seine Umwelt, die er mit seinen neuen Texten, den Lautgedichten, vertraut macht, meint, er nähme Haschisch. »Du weißt, daß ich das nie getan habe«, versichert er am 2. Juni 1916 August Hofmann. »Einmal in München nahm ich Morfin. Das machte mir aber so Übel, dass ich speien musste. Ich kann mich nicht einmal betrinken. Mir ist aller Wein zuwider. Ich leide an einer continuierlichen seelischen Betrunkenheit.«[18]

Während die späteren Berner Bekannten, Ernst Bloch und Walter Benjamin, gemeinsam Haschisch rauchen und Benjamin ihre Halluzinationen protokolliert, um später »ein höchst bedeutsames Buch über das Haschisch zu schreiben«, wird Ball die Arbeit zum Rausch. Emmy jedoch braucht die Drogen, um die widrigen Umstände auszuhalten, in die sie erneut gestellt ist. Und Ball lernt durch sie »eine unheimliche Welt« kennen, »eine Skala von Transformationen, die nirgends noch systematisch für das Bewußtsein erobert ist. Es lassen sich Völker denken, bei denen die Gifte zur religiösen Methodik gehören; als eine Vorschule der Zermürbung, der Demut, der Selbstverjüngung.«[19] Hat der scharfe Beobachter und Analytiker auch die zwischen Ekstase und Erniedrigung schwankenden religiösen Rituale seiner Gefährtin unter diesem Aspekt betrachtet? Die Suche in Balls Tagebuch ist vergeblich. Nichts Persönliches. Nur einmal, am 1. Februar 1917, schreibt er von einem Zusammenbruch der völlig Entkräfteten auf offener Straße. Von ihr erfahren wir nichts. Vermutlich hat sie mit ihrer jahrelangen Erfahrung die Drogen so dosiert, daß sie auftreten kann, denn auch im ›Cabaret Voltaire‹ ist Emmy Hennings bald der Star.

»Ohne Emmy und eine kleine Französin, die entzückende französische Liedchen singt, wäre es mir nicht möglich«[20] das tägliche Programm zu geben, weiß Ball. Emmy singt ihr altes Repertoire: Wedekind-Balladen, dänische Volkslieder, Chansons von Aristide Bruant in der Übersetzung Hardekopfs und Balls »Totentanz«[21] nach der Melodie »So leben wir«. Sie rezitiert russische Märchen, Gedichte der Freunde, ihre eigenen Texte, liest mit Ball aus Andrejews *Das Leben des Menschen*. Führt sein *Concert Bruitiste* mit ihm auf, in dem Ball in sieben Episoden eine seltsam-untypische Weihnachtsgeschichte erzählt, die mit der Kreuzigung Christi endet. Diesem *Simultan Krippenspiel* liegt eine zweistimmig geführte Partitur zugrunde. »Es war sogenannte ›Geräuschmusik‹, aber nicht etwa vergleichbar mit derjenigen des Futuristen Marinetti (…) Balls Komposition war überaus zart (…) Es kamen auch menschliche Stimmen vor, aber nur in Lauten (…) der klagend helle Schrei des Neugeborenen und ein bewunderndes Lallen der Hirten (…) das Tumultane der Kreuzigung, das Einhämmern der Nägel (…) bis sich die Musik in die letzten nur noch gehauchten Seufzer der schmerzlichen Mutter verlor.«[22] Kinderrasseln, Pfeifen, Glocken, Trommeln. Instrumente aus dem Randbereich der Tonerzeugung, die Ball selbst hergestellt hatte. Der knappe Text des Lukasevangeliums. Emmys Stimme. Die hatte Klabund mit dem Kreischen einer Möwe verglichen. »Wie sie vor Jahren am rauschend gelben Vorhang eines Berliner Kabaretts stand, die Arme über den Hüften emporgerundet, reich wie ein blühender Busch, so leiht sie auch heute mit immer mutiger Stirn denselben Liedern ihren Körper, seither nur wenig ausgehöhlt von Schmerz.«[23] Und ein ungenannter Rezensent lobt im *Niuwe Amsterdamer* einen ihrer Auftritte: »Sie singt mit einer nicht schönen, aber expressiven Stimme. Und das schmale, von Morfin zerstörte Gesicht zuckt mit den heftigen Bildern, die sie malt.«[24] Auch Hardekopf, der an einer Soiree teilnimmt, urteilt gegenüber seiner Freundin, Olly Jaques: »Emmy war weitaus die Beste.«[25] Ball ist stolz, schreibt an Maria: »Den größten Erfolg hat Emmy. Man übersetzt ihre Verse für Bukarest. Sie hat dort eine ganze Kolonie von Freunden. Die Franzosen küssen ihr die Hand. Man liebt sie unaussprechlich.«[26] Und er ist sicher: »wir werden uns immer mehr durchsetzen. Das Publikum wird immer besser.«[27]

Beim Lesen der Programme des ›Cabaret Voltaire‹ fällt auf, daß neben Emmys Namen kaum andere Frauennamen auftauchen. Männer bestimmen: Janco, Huelsenbeck, Arp, Tzara und Ball entwickeln ein Konzept und nennen es Dada. Später will jeder der Männer den Namen gefunden haben. Der amerikanische Literaturwissenschaftler Alan Isler läßt in seinem Roman *Der Prinz der West End Avenue* seinen Helden Otto Korner die Entstehung des Begriffs erinnern und referiert die Lesarten der damaligen Protagonisten: »Doch jetzt stehe ich vor einer gewaltigen Aufgabe, und ich gestehe, daß ich davor zurückscheue. Denn der Ursprung des Wortes Dada ist von der Bande im Cabaret Voltaire vom ersten Tage an ganz bewußt im Dunkeln gehalten worden. Und in den schrecklichen und öden Jahren, die folgten, mochten sie zwar in alle Winde zerstreut werden, blieben sich jedoch einig in ihrer blödsinnigen Entschlossenheit, die Wahrheit zu unterdrücken. Huelsenbeck beispielsweise behauptete, er und Ball seien in einem französischen Wörterbuch zufällig auf das Wort gestoßen, dessen Bedeutung dort mit Steckenpferd angegeben gewesen sei. Richter behauptete er habe in dem Wort das slawische, freudig affirmative ›Da!Da!‹ vermutet – ein ›Ja! Ja!‹ zum Leben. Arp war jedoch der ausgekochteste Obskurantist von allen. In Dada au grand air verstand er zu suggerieren, daß jeder, der nach dem Ursprung des Wortes forsche, ein trockner Pedant sei, genau der Typ stumpfsinniger bürgerlicher Holzkopf, den zu verspotten von Anbeginn der Vorsatz der Dadaisten gewesen sei. Was Tristan Tzara angeht, so war er unerwartet bescheiden: ›Ein Wort war geboren, kein Mensch wußte, wie‹.«[28]

Die Notwendigkeit, einen Namen für ihr Programm zu finden, ergibt sich für die Gruppe jedoch erst mit der Gründung einer Zeitschrift, in der sie ihre Texte veröffentlichen will. Ball notiert am 18. IV. 1916: »Tzara quält sich wegen der Zeitschrift. Mein Vorschlag, sie Dada zu nennen wird angenommen (…) Dada heißt im Rumänischen Ja Ja, im Französischen Hotto- und Steckenpferd. Für Deutsche ist es ein Signum alberner Naivität und zeugungsfroher Verbundenheit mit dem Kinderwagen.«[29]

»Dada wollte die Menschen aus ihrer jämmerlichen Ohnmacht aufschrecken. Dada verabscheute die Resignation. Wer von Dada nur seine possenhafte Phantastik beschreibt und nicht in sein Wesen, nicht in seine überzeitliche Realität eindringt, wird von Dada ein wertloses Bruchstück geben. Dada war kein Rüpelspiel.«[30] Also müssen die gesprochenen Texte gedruckt werden. Wie im ›Cabaret Voltaire‹ finden sich auch in der Redaktion der geplanten Zeitschrift nur Männer. So erinnert Hans Richter, nach Kriegsdienst und Verwundung 1916 in Zürich eintreffend: »Als einzige Frau in diesem nur mit Dichtern und Malern bestückten Kabarett brachte Emmy eine höchst notwendige Note in die Darbietungen, auch wenn (oder vielleicht gerade weil) ihre Vorträge weder stimmlich noch vortragsmäßig im herkömmlichen Sinn künstlerisch waren. Sie stellten vielmehr in ihrer Grelle einen Affront dar, der das Publikum nicht weniger beunruhigte als die Provokationen der männlichen Kollegen (…) Wenn man Balls Klavierinterpretationen, Emmy Hennings' dünne, kleine, künstliche Mädchenstimme (die zwischen Volks- und Hurenliedern wechselt) mit den abstrakten Negermasken von Janco zusammenbringt, die das Publikum aus der Ursprache der neuen Gedichte in den Urwald künstlicher Visionen versetzten, so erlebt man einen Teil der Vitalität und des Enthusiasmus, der die Gruppe belebt.«[31] Und auch die Unbedingtheit ihres Begründers: Ball »betrat das Podium mit einem Lächeln. Dann zog er aus der Hosentasche ein zerknülltes Stück Papier. Er warf einen komischen und verzweifelten Blick auf die mattschimmernde Lampe an der Decke und faltete sorgfältig das Papier auseinander: ›Meine Damen und Herren‹, sagte Ball ohne Förmlichkeit, aber mit Nachdruck. ›Das Cabaret Voltaire ist kein gewöhnliches Tingeltangel. Wir sind hier nicht zusammengekommen, um Froufrou und Beine zu sehen und Gassenhauer zu hören. Das Cabaret Voltaire ist eine Kulturstätte.‹«[32] Wenn dann unter den Gästen, die unterhalten werden wollten, Unmut aufkommt, muß Emmy auftreten. Und wenn Ball im Kostüm des »magischen Bischofs« seine Lautgedichte rezitiert oder vom »Karusselpferd Johann«, dem »symbolischen Steckenpferd« einer »phantastischen Dichtergemeinde« liest und sich der Unmut zum Tumult steigert, wenn die Studenten schreien, daß dieses Kabarett keine Kulturstätte, sondern ein Schweinestall sei, »begann Emmy zu singen und während sie sang, beruhigten sich die Zuhörer. Sie verstand es immer die Aufmerksamkeit aller auf sich zu ziehen, obwohl sie keineswegs schön war. Sie hatte ein flaches ausdrucksloses Gesicht und blonde Haare, die kurz geschnitten waren und ihr in die Augen fielen, wenn sie den Kopf schüttelte (…) Ball begleitete sie auf dem Flügel. Die Studenten, die aus ihren Kneipen zum Cabaret Voltaire gekommen waren, weil sie hier etwas Besonderes erwarteten, kamen nun auf ihre Rechnung. Sie richteten ihre alkoholschweren Augen auf Emmy, schoben ihre Mützen in den Nacken und murmelten Beifall. Als Emmy geendet hatte, stießen sie ihre Spazierstöcke wild auf den Boden und schrien vor Begeisterung. Hier war etwas, was den einfachen Seelen gefiel.«[33] Auch der Schreiber dieser Zeilen, Richard Huelsenbeck, »bewunderte Emmy Hennings«.[34] Hans Richter spannte die Leinwand, goß Farben auf seine Palette und malte Emmys »Visionäres Porträt« mit blauem Haar und grüngelben Augen in grell-pastosem Rausch. Ist die Quellenlage für die ersten Jahrzehnte von Emmys Leben oft dürftig und fällt die Rekonstruktion aus ihrer autobiographischen Prosa schwer, so findet sich jetzt eine fast erdrückende Fülle an Dokumenten. Dada und kein Ende. Aber obwohl sie immer im Mittelpunkt der Aktionen steht, ist sie weit von den intellektuellen Debatten entfernt. Ihre physische und psychische Situation ist zu angegriffen, als daß sie in der Lage gewesen wäre, daran teilzunehmen. An Ball schreibt sie am Tag der Eröffnung des ›Cabaret Voltaire‹: »sei doch nicht traurig über meinen Verfall (...) Ich sehne mich, Dich Geliebter sehr berühmt zu wissen, und sei dies Leben auch nur Leben, auch nur ein Gesellschaftsspiel, es muß gespielt und mitgespielt werden.« Sie fühlt sich aus dem Rahmen gefallen, vergleicht sich mit Blüten, die vom Baume wehen, die man nicht sammelt, »um sie wieder blühen zu sehen, man läßt treiben, was die Eigenschaft zu treiben hat«[35]. Emmys Ambivalenz. Sie möchte davonziehen, aber bleibt, steht auf der Bühne in der Spiegelgasse, später in der ›Galerie Dada‹ in der Bahnhofstraße. Sie bleibt bei Ball, der für Hans Richter aussieht »wie ein gefährlicher Verbrecher. Seine dunklen, meist schwarzen Anzüge und der schwarze breitrandige Hut, der seine vernarbten Züge verdeckte, täuschten einen Klosterbruder vor (eine verdächtige Note). Ich nahm sein sanftes Sprechen für eine Technik, spezielles Vertrauen zu erwekken (noch eine verdächtige Note). Da ich selber voller Eitelkeit war, konnte ich mir einen Menschen, der so herumlief, nur als einen Simulanten vorstellen, der das *Allermenschlichste* hinter einer überlegenen Vorsicht verbarg. Gegen diese Vorsicht war Vorsicht geboten.«[36] Vorsicht jedoch war Emmys Sache nie. Sie spielt mit hohem Einsatz. Lebt ohne Netz und doppelten Boden. Noch immer eine Seiltänzerin des Lebens. Wieder einmal vom Absturz bedroht. Während sie sich noch im Februar – Hardekopf ist in Zürich eingetroffen – offensichtlich überlegt, Hugo zu verlassen, ändert sich einen Monat später die Situation schlagartig: »Emmys Mutter ist gestorben«, teilt Ball am 22. März Maria mit. »Und Emmy kann nicht reisen, weil es nicht möglich ist, ihr einen Paß auszustellen. Du kannst Dir denken, wie entsetzlich das ist. Dort in Flensburg ist ihr Kind, ein 8-jähriges Mädchen. Die alte Frau hatte es bei sich und ist ganz allein gestorben. Eine Cousine ist in Flensburg und eine Halbschwester Emmys hat man telegraphisch aus Norwegen kommen lassen. (...) Die Schwester wird wohl alles Geschäftliche ordnen. Aber das Kind möchten wir hier haben. Ich mache mir soviel Gewissen draus, Emmy mit hierhergenommen zu haben. Sie hat so treu mit mir ausgehalten und wir haben das Cabarett hoch-

Bild 19 Emmy und Annemarie Hennings, 1916/17

gebracht und nun kann sie nicht einmal zum Begräbnis der Mutter und zu dem Kind!«[37] Für die verzweifelt-kopflose Emmy nimmt Ball die Sache in die Hand, berichtet Maria am 13. April: »wir lassen das Kind hierherkommen und wenn wir sehen, dass es nicht gut bei uns sein kann, dann geben wir es hier zu Bekannten in Pflege. Vorerst sind noch allerhand Schreibereien und Schwierigkeiten. (...) Emmy grämt sich zu Tode. Solange die Mutter lebte, war das ganz anders. Das Kind war dort viel besser aufgehoben als es bei Emmy hätte sein können (...) Aber jetzt: Annemarie, – so heisst die Kleine – wird sich ebenso sehr sehnen und man hat die Kleine noch nicht einmal einen Brief schreiben lassen. Du mußt wissen – die Schwester ist eine elegante Frau, die eine große Wohnung in Hamburg hat. Das Kind wäre in Flensburg ganz allein. Man müsste für die Obhut aufkommen und wüsste nicht einmal, wie man das Kind behandelt. Das geht natürlich nicht.«[38] Aber die Formalitäten ziehen sich hin. Paula Friedrichsen korrespondiert mit Emmy, schickt 100 Franken. Erspartes vom aufgelösten Konto Anna Cordsens. Noch im Herbst 1935 gibt es ein Sparbuch bei der Creditbank Flensburg, das die fürsorgliche Großmutter auf Annemaries Namen angelegt hat. Emmy entsinnt sich daran während ihrer Arbeit an *Blume und Flamme,* kündigt das Guthaben von 707,45 Mark und überweist es der verheirateten Tochter nach Rom. 1916 vergehen jedoch einige Wochen, bis das Mädchen eintrifft. Welch ein Wechsel: Aus der Flensburger Steinstraße in die Züricher Spiegelgasse, der bürgerlich-geordneten Wohnung der Tante Paula in Hamburg, die, obwohl selbst kinderlos, das Mädchen so schnell wie möglich loswerden will, in die rasch wechselnden Quartiere von Emmy und Hugo. Wie findet sich das Kind zurecht in der schrillen Welt der Avantgardekünstler, ihren nächtlichen Aktionen? Und wie begegnet Annemarie einer Mutter, die sie nicht kennt und die ihr mit ihren wechselnden Drogenstimmungen Angst einflößt? Wie Emmys düster blickenden Gefährten? Am 2. Juni schreibt Ball an August Hofmann: »Ich habe sehr viel mit dem Cabaret zu tun und habe inzwischen auch eine Tochter bekommen. Sie ist schon 9 Jahre alt und heißt Annemarie Hennings.«[39] Und im Oktober 1916: »Sie ist sehr hübsch, schwarzes abgeschnittenes Haar, dunkle Augen, Ungarin von Vaterseite. Sehr klug verträumt und temperamentvoll. Ich muss ihr hunderttausend Geschichten erzählen. Und sie nennt mich ›Steffgen‹, das ist kleiner Sohn des Teufels.«[40] Was hat Emmy ihm erzählt? Von Hennings? Dem toten Sohn? Von Vio? Am Ende ihres Lebens bleibt sie noch einmal bei ihrer alten Lesart: »Im März 1916, gerade am Tag des Frühlingsanfangs, starb meine liebe Mutter und bald danach kam meine neunjährige Tochter Annemarie, das Kind aus meiner ersten Ehe, zu mir.«[41] Und in den folgenden Zeilen findet sich ein weiterer Grund, warum Emmy, die auch nach Annemaries Ankunft noch mehrmals Ausbruchsversuche wagt, doch mit Hugo Ball eine Lebensgemeinschaft eingeht: »Während ich um meine Mutter trauerte, sollte ich Hugo von seiner schönsten Wesensseite kennenlernen. Das Herz des Kindes flog ihm vom ersten Augenblick an zu (…) Meine kleine Tochter spürte instinktiv die große, schöne Seele des Menschen, die sich behutsam der ihrigen annahm. Die Freundschaft zwischen meinem künftigen Manne und meinem Kinde gehört zum Schönsten, was ich je habe erleben dürfen.«[42] Annemarie Hennings hat in Hugo Ball ihren Vater gesehen, hat sich in seiner liebevollen Fürsorge sicher gefühlt und in dankbarer Erinnerung an »Steffgen«, der sie so vorurteilslos angenommen hatte, ihren ältesten Sohn nach ihm benannt: Hugo Michael. Ihre Beziehung zu Emmy bleibt jedoch lebenslang ambivalent. Auch von einer latenten Eifersucht um Hugo Ball durchzogen. Und belastet von den Erinnerungen an die Großmutter, die ebenso wie das Kind unter Emmys ständiger Abwesenheit und Unzuverlässigkeit gelitten hatte. 16 Jahre nach dem Tod Anna Cordsens und mehr als vier Jahre nach Balls Tod gesteht Emmy der Freundin Ninon Hesse: »ich habe meine Mutter sehr vernachlässigen müssen, ich konnte es nicht anders, so meinte ich und noch heute meine ich so.«[43] Und sich an ihren Aufenthalt in Flensburg mit Hugo und Annemarie 1920 erinnernd, fährt sie fort: »Es war mein erster Besuch an ihrem Grab. Bei frischen Lebzeiten hatte ich sie verlassen. Sie hatte mir beim letzten Beisammensein gesagt ›für Dich ist Platz neben mir einmal‹. ich war soviel anderweitig schon eingeladen. Und jetzt weiß ich nicht, wo ich am liebsten sein möchte, bei Hugo oder bei meiner Mutter. Es ist ein Dilemma aus Liebe. ich habe Beide lieb gehabt und Beide haben es nicht genügend gewußt.«[44]

# Intermezzi mit und ohne Manifest

Vom magischen Bischof und seiner Elefantenkarawane –
Magadino ohne Manifeste – Flametti am Lago – Madame
Hennings schreibt ein interessantes Buch – Hardekopf taucht
auf / Ball reist ab

Zwei Silben, ein Wort. »Ein internationales Wort. Nur ein Wort und
das Wort als Bewegung. (…) Das Wort, das Wort, das Wort außerhalb
eurer Sphäre, eurer Stickluft, dieser lächerlichen Impotenz, eurer stupenden Selbstzufriedenheit, außerhalb dieser Nachrednerschaft, eurer
offensichtlichen Beschränktheit«,[1] postuliert Hugo Ball 1916 im ersten dadaistischen Manifest. »Dada ist die Weltseele, Dada ist der
Clou. Dada ist die beste Lilienmilchseife der Welt.«[2] Und Hans Arp
stellt knapp fest: »Bevor Dada da war, war Dada da.«[3] Die jungen En-
thusiasten sind überzeugt, mit Dada ein Heilmittel gegen die Zeitkrankheit schaffen zu können, einen Weckruf gegen den kollektiven
Vernichtungswahnsinn, vor dem sie nach Zürich geflohen sind, denn:
»Dada ist der Urgrund aller Kunst.«[4] Also gilt es diese zu befreien,
überkommene Positionen auf den Prüfstand zu stellen. Und damit beginnt ein gegenseitiges Antreiben, wechselseitiges Anfeuern: Laßt die
Grammatik explodieren! Brecht die Syntax auf! Spielt mit Klängen,
Rhythmen, Farben! Fort mit den Grenzen, die Sprachen uns aufzwin-
gen! Finden wir eine neue Sprache! »Wir haben die Plastizität des Wortes jetzt bis zu einem Punkt getrieben, an dem sie schwerlich mehr
überboten werden kann«, erkennt Ball. »Wir suchten der isolierten Vokabel die Fülle einer Beschwörung, die Glut eines Gestirns zu verleihen. Und seltsam: die magisch erfüllte Vokabel beschwor und gebar
einen *neuen* Satz, der von keinerlei konventionellem Sinn bedingt
und gebunden war.«[5]

Dabei kommt es immer wieder zu heftigen Auseinandersetzungen,
aber Ball weiß: »Wir sind fünf Freunde, und das Merkwürdige ist, daß
wir eigentlich nie gleichzeitig und völlig übereinstimmen, obgleich
uns in der Hauptsache dieselbe Überzeugung verbindet. Die Konstel-
lationen wechseln. Mal verstehen sich Arp und Huelsenbeck und
scheinen unzertrennlich, dann verbinden sich Arp und Janco gegen

H., dann H. und Tzara gegen Arp usw. Es ist eine ununterbrochene Anziehung und Abneigung. Ein Einfall, eine Geste, eine Nervosität genügt, und die Konstellation ändert sich, ohne den kleinen Kreis ernstlich zu stören.«[6] Angespannt sind sie alle, denn die Auftritte in der Kneipe, »wo man nun die Fenster mit undurchsichtigem Papier beklebt hatte«,[7] versetzen die Mitwirkenden Abend für Abend in einen Rausch, auf den Müdigkeit und Ernüchterung folgen. So erkennt Ball bereits einen Monat nach der Eröffnung:»Das Kabarett bedarf der Erholung. Das tägliche Auftreten bei dieser Spannung erschöpft nicht nur, es zermürbt. Inmitten des Trubels befällt mich ein Zittern am ganzen Körper. Ich kann dann einfach nicht mehr aufnehmen, lasse alles stehen und liegen und flüchte.«[8] Aber er findet keine Ruhe, beneidet das Klavier, das, wenn er den Deckel geschlossen hat, schweigen darf, während in seinem Kopf die Stimmen weiterstreiten, Neues entsteht, das zur Aufführung drängt, ihn zurücktreibt in die Spiegelgasse, unter die trübe Gaslampe, in den Zigarren- und Pfeifenrauch, der so dicht ist, daß man »beim Eintreten nur die Umrisse von menschlichen Körpern sehen konnte«[9], zurück zu den Freunden, zu neuen Einfällen, die umgesetzt werden wollen: »Man plant eine ›Gesellschaft Voltaire‹ und eine internationale Ausstellung.«[10] Und: »Tzara quält wegen der Zeitschrift.«[11]

Ball stellt Texte für eine Anthologie zusammen; »auf zwei Bogen die erste Synthese der modernen Kunst- und Literaturrichtungen«,[12] meldet im Juni einen Verkaufserfolg an Käthe Brodnitz, aber: »Das allabendliche Auftreten resorbiert mich sehr und ich glaube es wäre besser, nur Samstag und Sonntag zu spielen. Ich habe eine solche Sehnsucht neue Sachen auszuprobieren.«[13] Und plötzlich unsicher geworden, versucht er, seinen Standort zu bestimmen: »Der Dadaist liebt das Außergewöhnliche, ja, das Absurde. (…) Der Dadaist vertraut mehr der Aufrichtigkeit von Ereignissen als dem Witz von Personen. (…) Der Dadaist kämpft gegen die Agonie und den Todestaumel der Zeit.«[14]

Und Emmy kämpft mit, zunehmend erschöpft; nicht nur von ihren Auftritten, sondern auch von den ständigen Querelen mit Paula und den Anwälten um ihr Erbe: das Elternhaus in Flensburg und Geld, das sie dringend benötigt. Nur Annemarie »fühlt sich sehr wohl. Sie wird sehr verwöhnt von unsern vielen Bekannten und feiert jeden 2.ten Tag Weihnachten.«[15] Das Mädchen bewegt sich staunend zwischen den diskutierenden Männern und Frauen, die ständig Dada, dieses seltsame Kinderwort, wiederholen. Wer ist Dada? mag Annemarie sich gefragt haben. Oder was? Ist es dieser seltsame kleine Mann, den alle Szittya nennen, der mit verlegenem Lächeln »ein verkrümeltes Stück Erdbeertorte«[16] aus der Tasche seines verschlissenen Jacketts klaubt und es ihr schenkt, oder ist es Hue(Isenbeck), der, sein spanisches Rohr schwenkend, erklärt: »Nimm Dir aus dem dicken Kuchen die Stücke, die Dir passen, trinke dazu, was Dir beliebt, iss und liebe und wenn Du willst arbeite sogar auf Deine eigene Bedeutung hin. Vielleicht gelingt es Dir, dass Deine Vaterstadt auf dem Marktplatz ein Denkmal setzt (...) und die Schulkinder ziehen ihre Mützen und die kleinen Mädchen machen einen Knicks. Das ist Dada, es lebe Dada und nichts als Dada.«[17] Annemarie lacht, ißt den Kuchen und schaut zu, wie es mit Dada weitergeht, zählt mit Arp: »daß ich als ich / ein und zwei ist / daß ich als ich / drei und vier ist / ... daß ich als ich / tickt und tackt sie ...«, sing-sangt Balls »bumbalo bumbalo bumbalo bambo« und beginnt zwischen den schreibenden, malenden, klebenden Künstlern selbst zu malen, kritzelt Worte aufs Papier, die ihr einfallen, ruft »mâ mâ / piaûpa«. Dada, lacht ihr neuer Vater begeistert und hängt die Kinderbilder an die Wand.

Szittya, der Ungar aus Paris, einstiger Mitherausgeber der Zeitschrift *Mistral*, sitzt im Cabaret »sehr amü- und interessant[18]. Er lächelt immer, und man weiß dann nicht, ob er ein Sartyr oder ein heiliger Seraph ist.«[19] Szittya ist begeistert und »möchte uns gerne in Budapest haben«[20]. Das gibt neuen Auftrieb für einen ersten Höhepunkt der Aktivitäten: eine Dada-Soiree im »Zunfthaus zur Waag«. Was in der Spiegelgasse erprobt wurde, wollen die Künstler jetzt einer größeren Öffentlichkeit präsentieren: Simultangedichte, poèmes bruitistes, chants nègres, drei Dada-Tänze der Emmy Hennings in Masken von Marcel Janco nach Musik von Hugo Ball. Dazu Erläuterungen Hans Arps zu seinen Papierbildern I-V, »Theorie. Manifeste«. Und Ball will in einem eigenen Kostüm »eine neue Gattung von Versen« vortragen, »Verse ohne Worte oder Lautgedichte, in denen das Balancement der Vokale nur nach dem Werte der Ansatzreihe erwogen und

Bild 20 Sophie Taeuber und Hans Arp, um 1920

ausgeteilt wird«.[21] Es ist ein Höhepunkt und Wendepunkt zugleich, denn überraschend für die Freunde, jedoch konsequent für ihn selbst, wechselt Ball wieder einmal die Bühne. Statt verrauchter Kneipen die besonnte Landschaft des Lago Maggiore. Statt Aktion Kontemplation. Aufbruch ins Unbekannte, in die Landschaft, in der schon seine Vorbilder Nietzsche und Bakunin Zuflucht gesucht hatten.

Ball zieht es jedoch nicht ins mondäne Lugano, wo Nietzsche vier Jahrzehnte zuvor Linderung seiner Kopfschmerzen erhoffte, sondern ans Nordende des Sees, durch den gleich hinter Brissago die Grenze nach Italien verläuft. In Locarno, dem einstigen konspirativen Treffpunkt russischer und italienischer Emigranten um Bakunin, möchte er künftig leben. Aber die Zimmerpreise sind unerschwinglich hoch, und die Villa Baronata in Minusio, die Bakunin seit 1869 zeitweise mit anderen Revolutionären bewohnt hatte, ist längst in andere Hände übergegangen. Also besteigt Ball mit Emmy und Annemarie ein Dampfboot und setzt zu den Dörfern unterhalb des Gambarogno über: »Wir landeten hier, von Locarno kommend, wie Robinson an seiner Papageien-Insel. Diese ganze unberührte Landschaft – quanto e bella! Stahlblaue Berge über Rosengärten. Kleine Inseln, die im Frühlicht schimmern. Unsere Koffer standen auf dem Kies in der Sonne. Allmählich nur fanden sich einige neugierige Kinder und Fischer ein, die uns ins Dorf hinaufführten.«[22] Der Ort: »Vira-Magadino, (…) ein kleines Fischerdorf gegenüber Locarno.«[23]

Welch ein Wechsel! Warum diese plötzliche Veränderung? Was war geschehen? Hat Ball eben noch das erste dadaistische Manifest verlesen und im blau-rot-goldenen Kostüm mit Schamanenhut zwischen Notenständern sein »gadji beri bimba« zelebriert, »Labadas Gesang an die Wolken« und seine »Elefantenkarawane« rezitiert, da kehrt er anschließend allem den Rücken, geht mit Emmy in der Innerschweiz auf Cabaret-Tournee und ins Tessin. Legt das Gotthardmassiv zwischen sich und die Freunde, die irritiert weitermachen, eine künstlerisch-literarische Publikation, *Collection Dada*, herausgeben und sich bei Arps Freundin, der Graphikerin und Textilkünstlerin Sophie Taeuber, zu einer »Fête litteraire« treffen. Aber sie vermissen Ball und seine Anregungen, fühlen sich allein gelassen. Huelsenbeck empfindet die Abreise des Freundes als Verrat, reagiert mit einem nervösen Magenleiden, begibt sich in psychiatrische Behandlung. Unverständnis bei allen, denen Ball einst Dada euphorisch als die beste Medizin gepriesen hat und nun, kaum ein Vierteljahr später, erklärt: »Vira-Magadino ist schöner als Zürich, Dada und alle verwandten Themata.«[24] Und: »Ich erkläre hiermit, daß aller Expressionismus, Dadaismus und andere Mismen schlimmste Bourgoisie sind. Alles Bourgoisie, alles Bourgoisie. Übel, übel, übel.«[25] Schließlich: »Das ›Cabaret Voltaire‹ ist nichtsnutzig, schlecht, dekadent, militaristisch, was weiß ich was noch. Ich möchte so etwas nicht mehr machen (…) Keine Marinettis mehr, keine Apollinaires mehr (…) Keine ›Überraschungen‹ mehr (…) Sondern: Plausibilitäten. Wirklichkeiten. Ach das ist viel schwerer, viel abenteuerlicher als das andre.«[26]

Doch Ball, der kurz zuvor noch leidenschaftlich »das Narrenspiel aus dem Nichts, in das alle höheren Fragen verwickelt sind«,[27] proklamierte, hat das gemeinsame Projekt keineswegs überstürzt verlassen. Schon am 2. Juni, gerade hat er die Publikation *Cabaret Voltaire* zusammengestellt, notiert er: »Es kam mir aber eigentlich nur darauf an, dies Cabaret zu dokumentieren. Ich muss gestehen, dass es mich schon gar nicht mehr interessiert.«[28] Was aber hat diesen Stimmungsumschwung, die Abkehr von dem eben noch so vehement Postulierten bewirkt? Ein Grund mag Balls Erschöpfung nach den allabendlichen Auftritten, den hitzigen Diskussionen und publizistischen Aktivitäten gewesen sein, ein anderer seine Skepsis angesichts der Tendenz seiner Freunde, der freien Kreativität eine neue Fessel anzulegen und ein Konzept zu entwickeln, das sie »Dadaismus« nennen. Schließlich

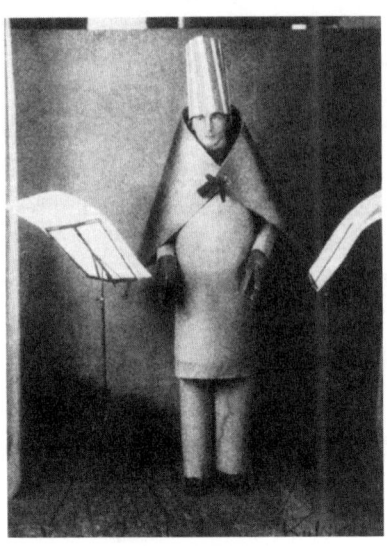

Bild 21 Hugo Ball im kubistischen Kostüm,
Zürich, 23. Juni 1916

hat das Entstehen des Phänomens Dada bei Ball schleichend eine existentielle Krise ausgelöst, ihn an eine Grenze geführt, denn: »Wir haben die Plastizität des Wortes jetzt bis zu einem Punkte getrieben, an dem sie schwerlich mehr überboten werden kann«.[29] Und nach der Premiere eines seiner Lautgedichte notiert er verstört: »Ich merkte sehr bald, daß meine Ausdrucksmittel (...) dem Pomp meiner Inszenierung nicht würden gewachsen sein. (...) Ich fürchtete eine Blamage und nahm mich zusammen (...) Die schweren Vokalreihen und der schleppende Rhythmus der Elefanten hatten mir eben noch eine letzte Steigerung erlaubt. Wie sollte ich's aber zu Ende führen? Da bemerkte ich, daß meine Stimme, der kein anderer Weg mehr blieb, die uralte Kadenz der priesterlichen Lamentation annahm, jenen Stil des Meßgesangs, wie er durch die katholischen Kirchen des Morgen- und Abendlands wehklagt (...) Einen Moment lang schien mir, als tauche in meiner kubistischen Maske ein bleiches, verstörtes Jungengesicht auf, jenes halb erschrockene, halb neugierige Gesicht eines zehnjährigen Knaben, der in den Totenmessen und Hochämtern seiner Heimatspfarrei zitternd und gierig am Munde des Priesters hängt. Da erlosch, wie ich es bestellt hatte, das elektrische Licht, und ich wurde vom Podium herab schweißbedeckt als ein magischer Bischof in die Versenkung getragen.«[30]

Diese religiöse Assoziation, die während seines Rezitierens aus der Erinnerung aufsteigt, läßt sich nicht mehr verdrängen, auch wenn der »magische Bischof« zunächst wieder in der Versenkung verschwindet. Und so sucht Ball, der sehr genau weiß, daß er »ein seltenes Talent« hat, sich mit den »geistigen Menschen«, die ihm nahekommen, »alsbald zu verkrachen«,[31] bewußt die dörfliche Abgeschiedenheit am Ufer des Lago Maggiore, um nachzudenken, Zeit zu finden für das Wesentliche, das, woran er schon in Zürich gearbeitet hat, »Bruchteile aus einem satirisch-phantastisch-pamphletistisch-mystischen Roman. Weiss der Teufel, was für eine Missgeburt. Aber irgendwie hängts mit der Zeit zusammen.«[32] Als Tzara ihn drängt, wieder nach Zürich zu kommen, erklärt er: »ich manipuliere an langen phraseologischen Kutschen. Und wie es so geht, wenn man sich etwas in den Kopf gesetzt hat: man wird ein wenig verrückt davon.«[33] Ein »Ameisenroman« soll es werden: »Präzis und phantastisch. 5000 Individualitäten auf einem halben Quadratmeter Raum. Und dergleichen.«[34] Zugleich erkundigt er sich jedoch nach den Freunden und ihren Plänen, bittet, die Dada-Publikationen an Becher und Herzfelde nach Berlin zu schicken, will den Kontakt nicht abreißen lassen.

Als Emmy wegen ihrer Erbschaftsangelegenheiten noch einmal nach Zürich fahren muß, beauftragt er sie einerseits, sich mit Leonhard Frank und René Schickele in Verbindung zu setzen, ermahnt sie jedoch andererseits, so schnell wie möglich wieder ins Tessin zu kommen: »Es ist doch keine Vergnügungsreise nach Zürich. Und um die Bekannten wiederzusehen, fährt man doch nicht.«[35] Ball ist ungeduldig und unruhig zugleich, denn er spürt, daß er erneut vor einer Wandlung, einer Häutung steht. Wie sehr diese auch religiös grundiert ist, zeigen seine Eintragungen im Tagebuch nach der Ankunft in Vira-Magadino: »Das himmlische Abenteuer aber ist gegenwärtig für mich die Apathie und jene Sehnsucht nach Genesung, die alle Dinge in einem neuen, mild überströmenden Licht erscheinen läßt. Dreimal am Tag neige ich die nackten weißen Glieder in das silberblaue Wasser. Die grünen Weinhänge, die Glockenspiele, die braunen Augen der Fischer wandern durch mein Blut. Ich brauche doch keine Gedichte mehr! Alle Hüllen bleiben am Ufer liegen, bewacht von einem Schlänglein mit goldener Krone.«[36] Rituale. Demutsgebärden. Hier schreibt kein Mann, der sich schwimmend seines Körpers freut, sondern einer, der das Bad im See vollzieht wie ein Sakrament, bewacht von dem »Schlänglein«, der Verführerin, die, seltsam genug, zugleich die goldene Krone der Himmelskönigin trägt. Erwartet er, daß seine Verführerin, Emmy Hennings, die den Neuanfang mit ihm teilen soll, ihm auch die Rückkehr in die Kirche seiner Kindheit möglich machen wird? Denn obwohl für ihn noch Ende Juli »die verzweifelten Kirchenglocken des Tessin (...) eine erschreckende Musik«[37] machten, kniet er bereits kurz darauf »mit Emmy in der Kirche von Magadino zur Abendandacht« und erkennt: »Zu wievielen Erscheinungen und großen Personen der Überlieferung bietet die Kirche den einzigen Schlüssel (...) Mein Bischofskostüm und mein lamentabler Ausbruch bei der letzten Soirée beschäftigen mich. Der Voltair'sche Rahmen, in dem das stattfand, war dafür wenig geeignet und mein Inneres nicht darauf vorbereitet (...) Auch die Kirche ist bunt und phantastisch – aber nur von außen. Ihre (scheinbare) Phantastik rührt daher, daß das Einfache so tief versunken ist. Der oberflächliche Zuschauer vermag keinen Zugang zu finden, das Geheimnis bleibt ihm verborgen.«[38]

Verborgenes enthüllen. Grenzen überschreiten. Mit dem Credo: »Das Wort will ich haben, da wo es aufhört und wo es anfängt«,[39] war Ball in Zürich auf die Bühne gestiegen, jetzt, im sommerheißen Magadino, sieht er seine Proklamation als »eine kaum verhüllte Absage an die Freunde. Sie haben's auch so empfunden. Hat man je erlebt, daß das erste Manifest einer neu gegründeten Sache die Sache selbst vor ihren Anhängern widerrief? Und doch war es so. Wenn die Dinge erschöpft sind, kann ich nicht länger dabei verweilen.«[40] Ball sucht neue Wege, wendet sich wieder den fragmentarischen Kapiteln der *Phantasten* zu und nennt die wenigen Seiten ironisch einen Roman: *Tenderenda der Phantast.* 1920 beendet er ihn in Flensburg. 1967 wird das Buch erstmals veröffentlicht und von der Fachwelt als geheimes Vermächtnis des Dadaismus und zugleich dessen Überwindung rezipiert. Und er setzt sich mit der literarischen Tradition auseinander, liest Dostojewskij, Novalis, Clemens Brentano. Wendet sich bei der Lektüre der Romantiker verstärkt der katholischen Kirche zu.

Für die Freunde in Zürich bleibt jedoch Emmy der alleinige Grund für seine Abkehr von der gemeinsamen Sache: »Die *Absage* an die Freunde war nur halb ernst gemeint«, ist Huelsenbeck überzeugt. »Sie war nur ernst gemeint, weil Emmy den weiteren Lebensweg für ihn entdeckt hatte. Sie nahm die Führung in die Hand, kindlich, berechnend, unschuldig, aber auch voll tiefen Wissens um das Unabänderliche.«[41] Huelsenbecks Enttäuschung, der noch als alter Mann seinen kaum verhohlenen Groll gegen Emmy formuliert. Aber die innere Abkehr vom Dadaismus ist weder Emmy noch Balls wiedererwachtem Interesse an der Religion seiner Kindheit anzulasten, sondern wird im Tagebuch intellektuell begründet. Über die »Zürcher Versuche« nachdenkend, formuliert Ball: »Man darf nicht die Logik, man darf aber auch nicht die Phantasie mit dem Logos verwechseln. Die Gegenwart ist nicht in Prinzipien, sie ist nur noch assoziativ vorhanden. Also leben wir in einer phantastischen Zeit, die ihre Entschlüsse mehr aus der Angliederung als aus unerschütterten Grundsätzen bezieht. Der gestaltende Geist kann mit dieser Zeit beginnen, was ihm beliebt. Sie ist in ihrer ganzen Ausdehnung Freigut, Materie.«[42]

Also keine weiteren Manifeste. Ball beginnt, den »kleinen Roman« zu schreiben, in dem er »voller Lustbarkeit, ohne jeden Ärger, voller Plaisanterie, fränkisch und graziös« seine Zeit mit »Flamingo« thematisiert. »Den Stoff gibt ein Apachenviertel, den Helden macht ein Varietédirektor (...) es wird ein Apachenbuch sein und anlöken gegen die Gesellschaft.«[43] Anfang Oktober geht das Manuskript *Flametti oder Vom Dandysmus der Armen* an Leonhard Frank, der sich angeboten hat, einen Verleger zu suchen. Auch Emmy schreibt und »versucht ihr phantastisches Leben auf einen Roman zu reduzieren«[44].

Es ist diese Arbeit, die Emmy ins Tessin zurückkehren läßt. Denn, als sie Anfang August, kaum in Magadino angekommen, wieder nach Zürich gefahren war, zögert sie ihre Rückkehr mit immer neuem Vorwand hinaus, trennt sich nur schwer von den Freunden und der bunten Welt des Cabarets. Sehr zum Verdruß von Ball, der ungewohnt ärgerlich reagiert: »Sei mir nicht bös, aber diese Reise dauert jetzt schon 10 Tage und man kommt zu nichts mehr vor beständigen Aufregungen und Nachdenken übers Arrangement. (...) Lass Dich mal recht am Ohr zausen, Stuppgens-Putz. (...) Verbombaschierst dort das Geld und schreibst geniale Postkarten.«[45] Drei Tage später lockt er mit dem Umzug aus der engen Wohnung in Vira-Magadino in ein kleines Haus in Ascona. Mit Garten und Zugang zum See: »Der Strand ist schön, das Wasser, der Himmel herrlich. Ascona selbst entzückend bunt. Viel hübscher als Vira.«[46] Er verspricht, daß Emmy nicht kochen muß, weil es ganz in der Nähe ein kleines Ristorante gibt, schwärmt vom deutschen Kaffeehaus in Locarno. Ende August kommt sie zurück und vertieft sich in das traumatische Tagebuch ihrer Inhaftierungen, das *Gefängnis*.

Für wenige Wochen wird das erträumte Spiel vom Büchermachen Wirklichkeit, denn während Annemarie, offenbar erstmals seit Flensburg, wieder zur Schule geht, arbeiten Hugo und Emmy an ihren Manuskripten. »Und Madame Hennings schreibt ein so interessantes Buch gegenwärtig, daß ich unbedingt dabei sein will«, teilt Ball Ende September Tzara mit, der ihn erneut zur Rückkehr drängt. »Ich bin entzückt von diesem Buch, begeistert, ich träume davon, um fünf Uhr früh liegen wir uns schon in den Haaren (...) ich werde mich hüten, hier wegzufahren.«[47] Und an Hofmann schreibt er: »Morgens um 6 Uhr stehen wir auf, weil unsere Tochter nach Locarno in die Schule geht. Und wir arbeiten bis abends um 9. Exercitien in einem Kloster können nicht strenger sein. Einige Freunde unterstützen uns ein wenig: Oppenheimer, Frank. Auch Schickele ist sehr nett. Und so wollen wir diesmal durchsetzen, keine Cabarets und Varietés mehr machen zu brauchen.«[48]

Welch ein ungewohntes Leben für Emmy. Bisher waren die Nächte ihre Tage. Bisher lebte sie ohne die äußere Verpflichtung für ein Kind, aber auch ohne die innere Verpflichtung zu einer Arbeit. Paßte ihr etwas nicht, verließ sie ihre Engagements, löste ihre Beziehungen so spontan, wie sie diese eingegangen war. Abend für Abend hatte sie im ›Cabaret Voltaire‹ auf der Bühne gestanden. Überzeugend, wie Suzanne Perrottet sich erinnert: »Ich hatte so etwas noch nie gesehen und war sofort gewonnen für die Dadaisten (...) Emmy Hennings (...) stand da, angekleidet mit einem Rohr aus Karton, über den Kopf bis an die Füße, das Gesicht war eine gräßliche Maske, der Mund offen, die Nase auf die Seite gedrückt, die Arme in dünnen Kartonröhren verlängert, mit stilisierten langen Fingern. Das einzige Lebendige, was man gesehen hat, waren die Füße, nackt, ganz allein für sich da unten, das war so prägnant und eindrucksvoll. So hat sie getanzt. Sie konnte nichts anderes machen als mit den Füßen klappern oder das Ganze wie einen Kamin neigen, und dabei hat sie noch geredet hie und da, aber man hat es nicht verstanden, man hat es gespürt, und manchmal hat sie einen Schrei ausgestoßen, einen Schrei ...«[49]

Doch auf dem Höhepunkt dieses Spiels hat Hugo gefordert: Wir gehen! Emmy trennt sich zögernd und widerstrebend, erlebt im Tessin das Schreiben als strenge Arbeit, für die der Applaus ausbleibt. Ball will den absoluten Rückzug. Ein Leben in klösterlicher Strenge. Wünscht in der Schreibklausur keine Kontakte. Schon gar nicht zu den zahlreichen Deutschen, die oberhalb Asconas auf dem Monte Verità leben, wo sich bereits um die Jahrhundertwende eine kleine buntgemischte Schar von Anarchisten, Theosophen und Vegetariern niedergelassen und Reformwillige aus ganz Europa angezogen hatte. Auch Emmys Freund Mühsam war 1904 eine kurze Zeit bei dem »absonderlichen Experiment« dabei. Und Rudolf von Labans Ideen, den Tanz spirituell und stilistisch neu zu fassen, die Emmy und Hugo während ihrer Münchener Zeit erstmals kennenlernten, wurden auf dem Monte Verità entwickelt. Fernab von der verstörenden Welt der Städte, fernab auch von aller intellektuellen Konkurrenz nahmen sich auf dem »Berg der Wahrheit« die als »Kohlrabiapostel«, als »Narren und Propheten« verspotteten Aussteiger die Freiheit, mit ihren neuen Lebensvorstellungen der Wirklichkeit zu trotzen. Aber obwohl Laban und seine Schülerinnen die Dada-Programme mitgestaltet haben, lehnt Ball 1916 die zivilisationsmüden Siedler und nackten Sonnenanbeter in ihren »Lufthütten« vehement ab. Und er gibt, aus finanziellen Gründen, den Plan auf, seine Kompositionen und Dadatänze von August Hofmann in Noten setzen und »diese Musik drucken (zu) lassen zugleich mit meinen letzten dadaistischen Versuchen (10 Hieroglyphenblätter, Masken zum kubistischen Tanz und Verse ohne Worte). (…) Das kleine Buch sollte zeichnerisch, musikalisch, poetisch und plastisch zugleich meine Idee vom Dadaismus umschreiben.«[50] Statt dessen will er mit dem *Phantastenbuch* und dem *Flametti*-Roman seine Kabarett-Zeit dokumentieren.

Und Emmy? Gewöhnt an einen großen, kontrovers und engagiert diskutierenden Freundeskreis, an die Zerstreuungen der Städte, mag zunehmend gegen die Tessiner Isolation rebelliert haben. Aber auch Ball reagiert bald überdrüssig: »Sie fragen mich nach Ascona. Das ist ein Ort ohne jeden Komfort, wo man momentan kaum ein Zimmer mieten kann. Es gibt eine Menge schafblöder Naturmenschen, die in Sandalen und römischer Tunica wandeln. Es gibt keine Unterhaltung, keine Bücher, keine Zeitungen. Es gibt nur schönes Wetter.«[51] Aber damit geht es im Herbst zu Ende. Regen setzt ein. Nebel steigen vom See auf, lassen die Berge im undurchdringlichen Grau versinken. Statt südlicher Sonne zieht feuchte Kälte in die ungeheizten Zimmer. Am 20. Oktober 1916 klagt Ball: »Nun, hier unten in Ascona, abgeschnitten von allen Freunden, kamen Wochen, die wie verhext, wie ein Wachtraum waren (…) Emmys Roman ging an Frank ab, das *Berliner Tageblatt* nahm Skizzen daraus an, und Frank schrieb, dass der Roman ihm gefällt, dass er ihn an Fischer geschickt hat, und dass er bestimmt gedruckt wird (…) Aber gerade jetzt gingen und gehen uns alle Subsistenzmittel aus, die wir für unser ärmliches Leben brauchten. Und schlimmer: Emmy wurde müde, immer müder, hüstelte, schlief tagelang vor Ermattung und die Kleine konnte nicht mehr zur Schule gehen, weil sie – wie solche lächerlichen Dinge oft passieren – keine heilen Sohlen mehr an den kleinen Füßen hatte.«[52] Ist Annemarie erleichtert, nicht mehr Tag für Tag nach Locarno zu den strengen Nonnen gehen zu müssen? Kein Wort dazu von Emmy oder von Ball, der gerade seinen *Flametti* beendet hat, »in einer seltsamen Art von Wesensspaltung (…) als eine Gelegenheitsschrift, als eine Glosse zum Dadaismus mag er mit diesem verschwinden«[53].

Ball ordnet, zunehmend nervös vom »boum boum« der Kirchenglokken, seine Arbeiten: den Einakter über die Zeit mit »Flamingo« in Basel, den er Käthe Brodnitz überläßt, zum Dank, daß sie ihn auch im Tessin finanziell unterstützt hat, schickt Frank den »Flametti«-Roman und sichtet seine Unterlagen zum Anarchismus, »möchte gerne über Bakunins Stellung zu Bismarck und Marx eine Kleinigkeit schreiben«[54]. Aber dazu benötigt er Bücher, die er von Fritz Brupbacher und in der Züricher Bibliothek ausleihen will.

Doch bevor Ball Ascona verläßt, steigt er mit Emmy bergauf zur Wallfahrtskapelle der »Madonna del Sasso« oberhalb von Locarno und stellt enttäuscht fest: »Die hohe Frau scheint nicht zuhause zu sein. (…) Hinter einem Sternenvorhang beteten die Mönche eine rapide Litanei. (…) Die alten Kastanienbäume in der Schlucht waren wie ein verlassener Park, wenn die Herrschaft einen anderen Aufenthalt genommen hat. Die Residenz stand leer.«[55] Noch ist er nicht empfänglich für das Mysterium der Madonna, zu der er wenig später verehrend pilgern wird. Noch sind seine Gedanken auf die Veränderung der Gesellschaft durch politisches Handeln gerichtet. Entschlossen, sich wieder einzumischen, verabschiedet er sich Ende Oktober von Emmy und Annemarie, um in Bellinzona den Zug nach Zürich zu nehmen. Verspricht, die beiden so schnell wie möglich nachkommen zu lassen, denn Hardekopf ist in Ascona aufgetaucht. Und obwohl er eine neue Freundin, die Tänzerin Lila Belensson, mitgebracht hat, ist Ball sich Emmys Gefühlen nicht mehr sicher und noch immer eifersüchtig auf ihren Lebensfreund.

# Dada und (k)ein Ende

Ball verliert Gedichte und findet ein Chalet – Brupbacher und
Bakunin – Dada-Soireen, Sturm-Kunst, ein verwirrter Arbeiter und Ärger mit Herrn Sprüngli – Emmy rechnet ab
und packt – Bergauf mit Glauser – Bergab nach Bern

Kaum in Zürich angekommen, schmeichelt Ball am 31. Oktober 1916:
»Emmely, liebes süsses Seepferdlein«, und fährt, in Erinnerung an das
Zusammentreffen mit Hardekopf in Ascona, fort: »Es ist so gut, dass
Herr Hardekopf uns begrüsste. (…) Ich habe das immer gewünscht,
wir möchten ganz stehen zueinander. (…) Du weisst wie sehr ich ihn
verehre.« Die bösen Briefe, die Ball ihm geschrieben hat, sollen vergessen sein. »Emmely«, beschwört er, »Du bist meine kleine Frau. Das
weißt Du doch.«[1] Aber die Unsicherheit bleibt und drückt Balls Stimmung ebenso wie die Situation, die er in Zürich vorfindet: Leonhard
Frank, der sich um die Vermittlung von Emmys und Hugos Manuskripten beim Fischer Verlag kümmern sollte, hat Eheprobleme, Huelsenbeck ist nach Abbruch einer Psychotherapie und unter Hinterlas-
sung eines »Testaments« abgereist. Janco »kann nicht arbeiten, klagt
und jammert«[2], Und Tzara, der einstige Dada-Propagandist und Ma-
nifest-Einforderer, »ist sehr ernst geworden, in Rumänien passieren
furchtbare Dinge. (…) Das Land steht mitten in einer Katastrophe.«[3]
Kurzum: »Steffgen stolpert in Zürich herum und weiss nicht recht wo
er hingehört.«[4]
   Die Stadt, in der Einsamkeit am Lago Maggiore zum Sehnsuchtsort
geworden, ist herbstlich kühl und überfüllt von »allerhand zweifelhaf-
ten Existenzen«[5], so daß die Polizei noch rigoroser gegen die Emigranten vorgeht. Ball, der seinen Mantel in Ascona vergessen hat, flüchtet
ins ›Café Terrasse‹ und läßt Tzaras Klagen über sein verlorenes Vermögen und die Furcht vor der Einberufung zum Militär über sich ergehen
und stellt fest, daß die Dadaisten »immer verschrobener werden«[6]. Als
er aufbricht, übergibt ihm Tzara eine Sammlung seiner neuesten Gedichte, bittet Ball um Beurteilung. Aber der ist zerstreut, beschäftigt
mit Franks Vorschlag, Zürich zu verlassen und mit ihm nach Ermatingen, ein Dorf auf der Schweizer Seite des Untersees, zu fahren. Emmy

und Annemarie sollen nachkommen. Für das Kind stellt Frank die Unterbringung in Ludwig Binswangers Sanatorium »Bellevue« in Kreuzlingen in Aussicht, wo sie bei Hertha Binswanger auch Weben und Knüpfen lernen könnte, während Emmy und Hugo ihrem Schreiben nachgehen.

Wie aber wird Emmy, der er die Rückkehr nach Zürich versprochen hat, diesen Vorschlag aufnehmen? Er will sie fragen, zuvor jedoch einen Blick auf Tzaras Gedichte werfen. Aber wo hat er sie gelassen? Ball sucht, kann sie nicht finden, sich nicht erinnern, wohin er sie gesteckt hat. Verwirrt durchwühlt er seine Taschen, sucht morgens um vier im Niederdorf mit den Straßenkehrern in den Rinnsteinen nach den Blättern, fragt im Café. »Umsonst. Fundbüro, Zeitung, alles umsonst. Die Manuskripte sind verloren; ich wage kaum, es ihm zu sagen«, notiert er im Tagebuch. »Frank meint: ›Unterbewußtsein. Es liegt Ihnen nichts mehr daran.‹«[7] Also: fluchtartiger, erneuter Ortswechsel. Am 2. November 1916, nach nur vier Tagen in Zürich, fährt Ball mit Leonhard Frank an den Untersee im Thurgau, erleichtert, Tzara zu entkommen, der ungeduldig auf die Rückgabe seiner Gedichte drängt. Während der Bahnfahrt versucht Frank, den noch immer unentschlossenen Freund für Ermatingen zu begeistern. Erinnert sich Ball nicht an Jakob Christoph Heer, den Schriftsteller, der Abend für Abend ins ›Cabaret Voltaire‹ kam, ohne sich jemals an den Aktionen zu beteiligen? Ihm und seiner Schwester Maria Elise gehört der traditionsreiche Gasthof ›Adler‹, in dem sie Quartier nehmen wollen. Besonders preisgünstig jetzt außerhalb der Saison. Zudem ist die Wirtin mit einem Autor verheiratet, Karl-Heinrich Maurer. Daß der ein Freund Hermann Hesses aus dessen Gaienhofener Zeit sein soll, quittiert Ball mit einem Schulterzucken. Interessant für ihn ist allein die Nähe zu René Schickele, der sich im Nachbardorf Mannenbach niedergelassen hat, wo er die *Weißen Blätter* herausgibt, an denen Ball wieder verstärkt mitarbeiten will.

So ermuntert er Emmy, nach Ermatingen zu kommen, und verspricht: »Du kannst dann später, Liebling (...) gerne auf einen Monat nach Zürich herrübereisen.«[8] Er lockt mit einem Chalet, das Frank für sie mieten will, mit späten Rosen und Astern. Aber Emmy ist unentschlossen, erschöpft von ihrer Arbeit an *Gefängnis*, auch von ihren Erinnerungen. Vom neuerlichen Drogenentzug. Kämpft noch immer um Geld aus ihrem Erbe und ist unsicher, wie das Leben an der Seite Hugo Balls weitergehen soll. Erst als Hardekopf ihr verspricht, ebenfalls an den Bodensee zu kommen, packt Emmy und fährt von einem Seeufer zum nächsten.

Das Chalet, das zum ›Adler‹ gehört ist »entzückend sage ich Dir«, schreibt Ball an seine Schwester. »Mit Korbmöbeln, langen gelben Stores, epheu- und bänderverzierten Körben voll Äpfeln. Ein grosser amerikanischer Dauerbrandofen, Bedienungspersonal.: kurz, es war wie ein Märchen.«[9] Aber das Märchen geht nicht gut aus, denn Frank leidet an Depressionen, zieht ins Sanatorium zu Binswanger und der »Adler«, sowie die Chalets müssen für deutsche Internierte geräumt werden. Auch die Arbeit mit Schickele gestaltet sich ambivalent. »So in der Nacht und bei Mondschein verstehen wir uns ganz gut (...) Aber bei Tag haben wir beide wieder ganz andere Gesichter auf. Er gewinnt dann gerade soviel an forschem Wesen, als ich verliere ...«[10]

Also verlassen sie um den 20. November das Dorf am Untersee und ziehen nach Zürich. Ball wohnt vor der Stadt zur Untermiete, »bei einfachen Leuten, wie ein Mönch«[11]. Emmy lebt mit Annemarie in der Stadt in einem kleinen Hotel, »ist immer ein wenig krank und schwach. Das fanatische Denken und Schreiben strengt ihre zarte Gesundheit sehr an. Ihre früheren Freunde hatten sie so sehr verwöhnt (mehr wie man vor hundert Jahren die kleine Bettina verwöhnte) und seit sie mit mir in der Schweiz ist, hat sie viel schlimmes erlebt.«[12]

Einer dieser früheren Freunde, Hardekopf, bleibt in ihrer Nähe. Zunächst hat er sich ins Sanatorium Bellevue zu Ludwig Binswanger in Behandlung begeben. Diagnose: Neurasthenie, psychische Depression. Auch die Lunge ist nicht in Ordnung. Binswanger wird in den nächsten Jahren für die ärztlichen Atteste der Dienst- und Wehrunfähigkeit sorgen, die Hardekopf ein Verbleiben in der Schweiz ermöglichen. Nach seiner Entlassung aus dem Sanatorium hält er sich zunächst am Untersee bei Olly Jaques auf, der Freundin, mit der er lebenslang Briefe wechselt. Briefe, die immer wieder Aufschluß über seine Beziehung zu Emmy geben, wie zu Beginn des Jahres 1917, als er sie in Zürich trifft: »Sie sah ganz gut aus und hat sich wohl ein bißchen beruhigt von all ihren erregenden Ideen (...) Morgen wollte Emmy ihr Kind in ein Institut am Wallensee bringen. Sie möchte gern eine Zeit lang mit ihren Gedanken allein sein. Finanziell scheint wenigstens keine momentane Not zu herrschen; das Geld für das Erziehungs-Institut ist vorhanden.«[13]

Da das Flensburger Erbe inzwischen geregelt ist, fühlt Emmy sich frei, Abstand von Balls ständig wechselnden Stimmungen und Verstimmungen, seinen Selbstzweifeln und neuen Plänen zu gewinnen. Und auch von den Vorwürfen Josephina Balls, unter denen Hugo leidet. Was, so fragt die Mutter, hat er in seinen 30 Lebensjahren erreicht? Ein Hungerleider ist er. Vorbestraft. Ohne Aussicht auf die Jahr um Jahr beschworene Karriere. Und anstatt als Soldat den Krieg gewinnen zu helfen, treibt er sich mit Deutschlands Feinden im Ausland herum und postuliert wirre Ideen. Aus ihr Traum vom angesehenen Akademiker mit einer anständigen Frau. Statt dessen eine Geschiedene mit Kind, eine Exprostituierte und Kriminelle, die sich nicht schämt, ihre Gefängniserlebnisse öffentlich zu machen.

Ball ist verzweifelt, wirbt bei Maria um Verständnis und um Emmys Anerkennung in der Familie: »Die Mutter soll ihre lächerliche Abneigung endlich mal ein wenig vergessen. (…) Wir (…) sind mit den ersten Schriftstellern der Nation befreundet – sie hat keine Ursache, sich meiner Frau und meines Kindes zu schämen.«[14] »Liebe Maria, ich verlange ja nicht mehr, als dass man mich *gelten* lässt (…) und nicht immer wieder mir vorwerfen wollte, ich hätte Gymnasiallehrer werden sollen. (…) Ich will Dir sagen: Ich glaube nicht mehr an Carrière, an Geld, an *Macht*, um es so zu nennen. (…) Ich glaube glühend nur mehr an die *Ohn*-Macht, an das Kleine, Unterdrückte. Ich will es nicht zu etwas bringen (in Mutters Sinn), ich will meine *Gedanken* durchsetzen. (…) Ich *will* arm sein, versteht Ihr mich? Ich *will* leiden, ich will mich nicht drücken. (…) Auch ich stehe im Schützengraben, aber in einem andern. (…) Missversteh mich nicht. Ich neide den Soldaten nicht Eure Liebespackete.«[15] Zugleich bittet er, daß Maria und die Mutter zu Weihnachten ein Päckchen an Annemarie schicken. Warum lehnt die Mutter dieses Kind ab? Warum erkennt sie »Emmy rein menschlich nicht an. (…) Hat sie sich jemals interessiert, wer Emmy ist? Weiß sie das so genau? Ich liebe Emmy, und das sollte ein Grund sein für eine Mutter, sich zu interessieren.«[16]

Und weil er fürchtet, daß Josephina Ball, wenn Emmys *Gefängnis*-Buch erscheint, noch unerbittlicher sein wird, erinnert er an seine eigene Inhaftierung: »Warum hat die Mutter sich geschämt, als ich ins Gefängnis kam? Sie soll mal in der Bibel lesen. Für *wen* Christus gesprochen hat und *gegen* wen. Sie wird mich dann besser verstehen (…) ich bemühe mich mehr um die Mutter, als sie sich um mich bemüht. Ich möchte so sehr, dass ein Einverständnis besteht.«[17] Das gilt auch für Emmy, die er aufzuwerten versucht, indem er mitteilt, daß ihre Texte im *Berliner Tageblatt* und im *Berner Bund* erschienen sind, und er stellt in Aussicht, daß sein *Flametti*-Roman im Sommer 1917 erscheinen soll, der »auf 200 Seiten meine ganze Philosophie enthalten« wird. »O, liebe Maria, das Leben ist sehr schön, wenn auch sehr, sehr traurig«, schreibt er am Ende dieses langen Briefes. »Man wird von Deinem Bruder vielleicht einmal sprechen, wie von einem schmerzhaften Märchen«[18], Welch ein hellsichtiger Gedanke. Ahnt Ball die erneuten Entbehrungen und die Mühsal des Weges, den zu beschreiten er entschlossen ist? Spürt er, daß beim Jahreswechsel 1916/17 nur noch wenig mehr als ein Jahrzehnt seines entbehrungsreichen Lebens vor ihm liegt?

Wieder in der Nähe Fritz Brupbachers und der Anarcho-Syndikalisten, plant Ball erneut politisch-journalistische Arbeiten, diskutiert die Herausgabe einer Zeitung und arbeitet entschlossen an der Textzusammenstellung für das lange geplante *Bakunin-Brevier*. Für Leontine Sagans Bitte, nach Frankfurt zu kommen, um sich auf eine freie Dramaturgenstelle zu bewerben, hat er nur ein »kt, kt, kt! Leider bin ich verhindert«[19] übrig. Zugleich verspricht er Tzara, der neue Dada-Aktionen in der Galerie Coray in der Züricher Bahnhofstrasse plant, an Autorenabenden mitzuwirken, obwohl er sich entschlossen hat: »Ich will kein Cabaret mehr machen (…). Ich will lieber schreiben. Das war immer mein Ziel.«[20] Von Emmy erfahren wir aus Balls Briefen, daß sie »ganz gierig« lernt. »Die Literatur ist ja noch neu für sie. Sie wird mir nächstens den Rang ablaufen.«[21] Emmy braucht Abstand, fühlt sich überfordert durch das ungewohnte Zusammensein mit Annemarie, die sich, froh, der Locarneser Schule entkommen zu sein, erneut unter die Emigranten mischt, mit »Pralinés und Chokolade« verwöhnt wird, so »dass sie sich allmählich wie ihr Vater international orientiert«[22]. Trotz dieser Anmerkung Balls ist klar, daß Annemarie wieder zur Schule gehen muß. Und da Paula Geld aus Flensburg geschickt hat, bringt Emmy ihre Tochter zu Beginn des Jahres in ein Internat an den Walensee. Dabei scheint sie sich nicht zu fragen, wie Annemarie diesen erneuten Wechsel erlebt, sondern hat es eilig, sich nach Einsiedeln zurückzuziehen, in »ein kleines heiliges Refugium. (...) Es beruhigt mich selbst«, schreibt Ball am 8. Februar 1917, »Dich dort von Schwestern umgeben und gewiss zärtlich behütet zu wissen. Bitte auch für mich, Liebste, bei der allergütigsten und liebreichsten, verehrten Frau. (...) Es ist etwas Schönes um die katholische Kirche. Sie ist wie eine ewige Mutter, die uns Eintagskinder in ihre Arme auffängt (...) Erhole Dich gut, Liebste, schöpfe neuen Atem und neue Kraft, und sammle Dich. Wir sind Streiter und dürfen es uns wohl gönnen, einmal unseren Platz zu verlassen um auszuruhen. Ich beneide Dich sehr. Für mich hatte das Klosterleben immer einen mystischen Reiz, dem ich nur schwer widerstehen kann.«[23]

Emmy im Kloster. Sie arbeitet an einer Erzählung, die als verschollen gilt, in der sie den heimatlichen Norden erinnert: *Hans von Kallenby*. Stellt einen Gedichtband zusammen: *Graue Fahnen*. Den nimmt Klabund mit nach München, um einen Verleger zu suchen. Erneut überarbeitet sie *Gefängnis*. Als das Buch 1919 erscheint, ist Hardekopf zutiefst betroffen, schreibt: »Emsi, wie Dein Buch, Dein so wert- und wunderreiches Buch, auf mich wirkt, das sage ich Dir bald, wenn Du's erlaubst. Hans Richter und seine Frau haben das Buch auch gelesen. (Ich verleihe dieses Buch nicht gern, darf aber wohl nicht so eigensüchtig sein, es allein lesen zu wollen). Ich denke, bald werden sich auch die Zeitungen über die Emsi, die Dänin, vernehmen lassen.«[24] Und einige Wochen später teilt er ihr aus Mannenbach mit, daß Schickele ihr Buch lese, und erinnert die Freundin an den Duft weißer Rosen in einer Gaststube zu Urville. Immer wieder beschwört er Gemeinsamkeiten, hegt, trotz seiner Bewunderung, auch eine unausgesprochene Abneigung gegen Ball, und als er *Flametti* gelesen hat, urteilt er: »ein mir, leider, völlig unerträgliches Buch, dem ich aufs äußerste widerstrebe. Wieviel besser wäre es, wenn diese Sammlung häßlicher Notizen nicht existierte.«[25] Eifersucht mag bei dem harschen Urteil mitgespielt haben. Denn noch immer trifft Hardekopf die Frau, die Ball nicht lassen kann, dankt »von Herzen für Deinen Besuch, Emsilein, und hab Dich innig lieb. Heut Nacht hab ich von Dir geträumt. Dein Hardy.«[26] Aber auch Ball kann sich Hardekopfs Charme nicht entziehen und gibt Emmy gegenüber ehrlich zu: »Ich habe mich selten so gut unterhalten und so witzig.«[27]

Seit seiner Ankunft in der Schweiz hat Hardekopf Beziehungen zu den Emigranten-Künstlern. Als jedoch im Januar 1917 eine erste Ausstellung in Han Corays[28] Räumen im Haus des Schokoladenfabrikanten Sprüngli in der Bahnhofstrasse stattfindet, schreibt er an Olly Jaques, »daß die ganze Ausstellung den dummen Namen Dada trägt (…) Richter erzählte mir, er habe wegen dieser törichten Firma das von ihm für den Salon gezeichnete Plakat zurückgezogen (…) Also, eine ungemischte Freude scheinen diese Neuerer aneinander nicht zu haben.«[29] Und obwohl Ball bereits im April 1916, während der ständigen Diskussionen im ›Cabaret Voltaire‹, erkannt hat: »Man soll aus einer Laune keine Kunstrichtung machen«,[30] ist er wieder dabei, mietet gemeinsam mit Tzara die Räume Corays von Sprüngli, eröffnet die ›Galerie Dada‹ am 17. März 1917. Gezeigt wird eine ›Sturm‹-Ausstellung, die Coray von Herwarth Walden aus Berlin bereits in seine Baseler Galerie übernommen hatte: Klee, Kandinsky, Gabriele Münter. Vorträge über die Künstler werden gehalten, und es beginnt noch einmal eine Zeit der Aktionen: 18. März: Kostümfest bei Mary Wigman. 29. März: Autorenabend mit Lesungen, Musik, Tänzen und anschließendem Unterhaltungsprogramm mit Puppenspiel und Tombola. Das findet auf Druck Sprünglis als »geschlossene Veranstaltung« statt, denn der schockierte Schokoladenfabrikant droht seinen neuen Mietern mit Kündigung. Die lassen sich nicht beirren, öffnen die Galerie täglich. Interessierte Künstler, neugierige Gäste finden sich ein. Der aufgebrachte Sprüngli untersagt am 31. März 1917 die Benutzung der Räume wegen nicht erfolgter Mietvertragsunterzeichnung und Vorauszahlung. Niemanden kümmert das. Vom 9. bis 30. April findet die 2. ›Sturm‹-Ausstellung mit Werken von Feininger, Max Ernst, Kubin, Oskar Kokoschka und Johannes Itten statt. Am 14. April eine weitere Dada-Soirée, am 28. April der »Abend Neuer Kunst«. Auch Huelsenbeck kommt zurück, beteiligt sich. Vom 2. bis 29. Mai gibt es eine neue Ausstellung mit Werken von Arp und de Chirico, Janco, Klee,

Macke, Modigliano. Kinderzeichnungen von Annemarie Hennings finden sich neben Negerskulpturen. Am 10. Mai Nachmittagstee mit Diskussion. Zwei Tage später die 4. Dada-Soiree »Alte und Neue Kunst«. Vers nègres werden im Wechsel mit Texten von Jakob Böhme und Nostradamus rezitiert. »Der Abend galt dem Nachweis der Verwandtschaft von alter Gotik und Negerkunst mit neuesten *Realisierungen*«, notiert Hardekopf und fügt hinzu: »man baut sich eine Tradition.«[31] Das Programm trägt Balls Handschrift.

Sonntags gibt es Führungen für Arbeiter. Die allerdings finden weder Zugang zu der neuen Kunst noch zu ihren Protagonisten. »Der Unterschied zwischen diesen Leuten und dem Maschinenschlosser war denn doch sehr groß. In diesem Kreis war ich eine Randfigur, und es gab nur wenig Gemeinsamkeiten. Ich glaube Ball und sein Kreis haben mich mehr als Unikum betrachtet. Ein Arbeiter, das war ihnen wie ein Hund mit zwei Köpfen; von meiner Wirklichkeit waren sie kaum berührt«,[32] erinnert Ernst Thape, der als einziger Arbeiter am 27. Februar 1916 mit einem Text im ›Cabaret Voltaire‹ aufgetreten war. Für ihn trafen sich im Cabaret »Querköpfe, und als Querkopf wurde auch ich von ihnen anerkannt. Die Abende oder Wochenenden bei den Dadaisten habe ich als ziemlich paradox empfunden. Sie wollten sich von der bürgerlichen Tradition befreien und Propaganda gegen den Krieg machen, aber wenn Emmy Hennings abends den ›Totentanz‹ sang, (…) dann war das, von mir aus gesehen, der ich keinen Einfluß und keine Möglichkeiten erkennen konnte, eher ein Witz.«[33] Ball sieht er kritisch: »Ich möchte ihn versponnen nennen, versponnen in sich selbst (…) Viel Literatur hatte er in sich und um sich, aber mit dem Leben kam er nicht zurecht. Ihn, seine Gefährten, Janco und Tzara, trennten Welten von der meinen.«[34]

»Wie sehr die Welt der Dadaisten von der seinen abgehoben war, zeigt auch seine Äußerung über Emmy Hennings«, schreibt Thapes Interviewpartner Martin Korol. »Wir waren so getrennt, daß ich Emmy Hennings nicht mal als Frau wahrgenommen habe.«[35] Diese ist, anders als 1916, als sie aktiv an den Planungen beteiligt war, bei der Eröffnung der Galerie nicht dabei. Wünscht dem »lieben Tzara-Dada« nur schriftlich alles Gute. In einem verzweifelten Brief. Nicht Ball gratuliert sie, sondern Tzara, bittet ihn, Hugo zu sagen, »daß er nicht trau-

Bild 22 Emmy Hennings mit ihrer Dada-Puppe, Frühjahr 1917

rig sein soll über mich, im Gegenteil, ich suche eine abgründige Veränderung«[36]. Sie sehnt sich, wieder ihren eigenen Weg zu gehen. Ist unsicher, wohin und mit wem. Fühlt sich »abseits, längst aus dem Rahmen gefallen«[37]. Vergleicht sich mit einem »schlecht-gezimmerten bunten Wimpelboot, das dem Tumult der Seelenstürme nicht standhält«[38]. Vertraut Tzara ihre Wünsche an, ihre Sehnsüchte. Zeigt ihm, wie sehr sie mit den Dadaisten verbunden ist, »und da ich Sinn und Freude am Geschäft habe, werde ich beim ersten Erfolg der Dada-Galerie rufen: Es lebe Dada«[39]. Wahrscheinlich ist es diese innere Verbundenheit zur Gruppe, die sie bewogen hat, nach Zürich zurückzukehren. Am 23. März steht ihr Name wieder im Programm. Sie tritt nicht nur auf, sondern sitzt auch während der Öffnungszeiten in der Ausstellung, verkauft einmal sogar ein Bild. Sie streicht Küchenhocker »in allen Ostereierfarben« als Sitzgelegenheiten für die »vornehme Kundschaft«. Aber als sich die Damen erstmals darauf setzen, färben sie deren Kleider. »So sahen sie auch ziemlich abstrakt aus: Kompositionen in Blau, Grün, Gelb, Rot. Unfreiwillige Farbensymphonien ...«[40]

Bei der 5. Veranstaltung am 19. Mai finden wir Hardekopf unter den Mitwirkenden. »Auf einer Dada-Soirée habe ich meine ›Manon‹ produziert«, berichtet er Olly Jaques und fügt hinzu: »Emmy ist jetzt mit ihrem Kind im Ticino. Ball will ihr Anfang Juni folgen.«[41]

Plötzlich erneuter Ortswechsel. Warum schickt Ball sie kurz vor Hardekopfs Auftritt, der ihr wichtig gewesen sein muß, ins Tessin? Warum ist Annemarie nicht mehr am Walensee? Warum fügt sich Emmy? Sitzt wie im Jahr zuvor in Magadino und sehnt sich zurück nach Zürich zu den Freunden. Ball hat zugesagt nachzukommen. Er will die Galerie schließen, zum einen, weil Sprüngli, der bereits seit Ende April wegen zu starker Lärmbelästigung versucht hatte, seine unliebsamen Mieter loszuwerden, seinen Druck verstärkt und die Mietschulden einfordert. Zum anderen, weil Ball sich erneut mit Tzara überworfen hat und endgültig aus der Leitung der Galerie aussteigen will.

»Lieber Tzara-Dada«, schreibt Emmy am 19. Mai 1917 aus ihrer Verbannung, »gern möchte ich zurück, um euch beim Packen zu helfen, denn ihr könnt es nicht leicht ohne mich, und ich weiß erst jetzt, wie sehr mir die Galerie gefällt, auch wenn ich manchmal nervös war, aber die Galerie ist gut, die Galerie ist süß, am Morgen, wenn die Sonne schien auf den Parkettboden, und die Galerie war abenteuerlich, wenn ich nachts die Klees und, o!, Kandinsky, o!, betrachtend mich versenken konnte, allein, wenn alle Bilder mir gehörten, o, wie unnatürlich von mir, daß ich den Kandinsky nicht gestohlen habe oder den Klee mit der mönchiglichen Beichte. Mit solchem Bild hätte ich in den Bergen leben können, so aber muß ich scheu in eine Gebirgsschlucht steigen und das Einfachste motivieren, daß ich da bin und daß ich ein Kind haben will. Das Selbstverständliche findet man bei mir gottlos und unverantwortlich. (...) Könnte man doch Trappist werden. Ich möchte auf nichts mehr antworten und einen Zettel um den Hals tragen: ›Ich bin da. Pardon.‹ (...) Wer ist so unselig dran wie ich, die so gern verstanden sein will, und wenn ich am deutlichsten bin, versteht man nie. O, lieber Tzara, Mr., seien sie mir nicht bös ob meiner Klage, aber wir sahen uns doch und sprachen, arbeiteten miteinander, und, ach, nicht wahr, sie verstehen doch. (...) Heute abend habt ihr Soirée, und aller Erfolg möge mit euch sein, und daß ihr die geliebte Galerie, unser Freuden- und Sorgenkind gut behandelt und betreut bis zum Schluß, und wenn es sein muß, komme ich. Ihre Hennings-Dada.«[42]

Welch ein Brief an Hugos Widerpart! Welche Eingeständnisse! Und dann doch wieder Solidarität mit Ball, als dieser, noch bevor die letzte Soiree am 25. Mai stattgefunden hat, in Magadino eintrifft, sich erschöpft und enttäuscht, wie im Jahr zuvor, seinen Pflichten entzieht. Er richtet sich mit Annemarie am Lago ein und schickt Emmy nach Zürich, die Galerie aufzulösen, sich mit Sprüngli, mit den Gläubigern, mit Tzara auseinanderzusetzen, erklärt diesem am 28. Mai: »entschuldigen Sie bitte, dass ich reiste. Ich war am Ende meiner Kraft. Ich konnte für die Galerie nichts mehr tun. (...) Ich habe Frau Hennings gebeten, mich zu vertreten. (...) Ich bin gefahren, da ich nichts mehr nützen konnte. Ich hoffe, Sie haben nicht allzu viel Unannehmlichkeiten mit unseren Freunden und Gönnern, und ich bin einverstanden mit jedem Schritt, den sie gemeinsam mit Frau Hennings unternehmen.«[43] Mit gleicher Post beschwört er Emmy: »Du musst nur verhindern, daß man Dummheiten erzählt: ich hätte alles im Stich gelassen.« Schmeichelt: »Wie gut ist es, dass ich weiss, ein so tüchtiges Putzlein an meiner Stelle zu haben in Zürich. Ich bin wirklich ruhig, denn ich weiss, wie sehr Du praktisch und tüchtig bist, wenn es gilt. Es wird doch noch allerhand zu tun geben. Besonders wenn morgen die Schuldner kommen.«[44]

Die Stimmung in Zürich ist gespannt. Die Galerieabrechnung weist ein Defizit auf. Ball entzieht sich. »Tzara litt sehr und hatte scharfe Vorwürfe gegen Ball im Herzen.«[45] Hans Richter bemüht sich vergeblich um die Beilegung des Konflikts. Ist doch die Kluft in der ständig gewachsenen Emigrantenszene zwischen den »Moralikern« um Schickele, Frank, Rubiner und Ehrenstein und den dadaistischen »Ästhetikern« mittlerweile unüberbrückbar. Ball fühlt sich zwischen den Fronten und hat seine endgültige Entscheidung getroffen. Emmy faßt dieses damals die Gemüter bewegende Ereignis 30 Jahre später in zwei knappen Sätzen: »War der Dadaismus ein Zelt für Hugo, dann brach er es nicht eigentlich ab, sondern ließ es stehen, wo es stand und fuhr eines schönen Tages in den Tessin. Da ich noch mit Aufräumungsarbeiten beschäftigt war, folgte ich ihm einige Wochen später nach.«[46] Daß Emmy für sich keinen Grund gesehen hätte zu gehen, zeigt der Brief an Tzara. Vermutlich wäre sie ohne Hugo geblieben. Noch immer fühlt sie sich als die »Hennings-Dada« und erklärt: »das Wort stammt von mir, und ich hab's in einer Spielerei oft Hugo gesagt, wenn ich spazierengehen wollte. Alle Kinder sagen Dada.«[47]

Die Abreise aus Zürich mag ihr, trotz der leidigen Auseinandersetzungen, schwer geworden sein, und sie wird sich wieder einmal die Frage gestellt haben, wie es mit Ball, mit ihr, mit Annemarie weitergehen soll. Er mahnt sie, sich zu beeilen und seine Remington-Schreibmaschine nicht zu vergessen, die Tzara ausgeliehen hat und nicht zurückgeben will. Denn während Emmy in der Bahnhofstrasse Bilder abhängte und versandfertig machte, mit Tzara und Sprüngli verhandelte, hat Hugo bereits einen Entschluß gefaßt, will auf die Alp Brussada im Maggiatal ziehen, um dort am *Bakunin-Brevier* weiterzuarbeiten. Mit Dada hat Ball abgeschlossen, auch wenn er sein Fazit fragend formuliert: »Der Dadaismus – ein Maskenspiel, ein Gelächter? Und dahinter eine Synthese der romantischen, dandystischen und – dämonistischen Theorien des 19. Jahrhunderts?«[48] Und sich an Lenin erinnernd, der inzwischen von der Spiegelgasse nach Petersburg aufgebrochen ist, um die Revolution durchzusetzen: »Ist der Dadaismus wohl als Zeichen und Geste das Gegenspiel zum Bolschewismus? Stellt er der Destruktion und vollendeten Berechnung die völlig donquischottische zweckwidrige und unfaßbare Seite der Welt gegenüber?« Keine Antworten, aber: »Es wird interessant sein zu beobachten, was dort und was hier geschieht.«[49] Dieser von Ball im Tagebuch formulierten Frage nach Dadaismus und Bolschewismus, nach Kunst und Politik werden später auch Peter Weiss[50] und Tom Stoppard[51] nachgehen. Schließlich will Dominique Noguez in seiner neodadaistischen Pseudo-Dokumentation *Lenin dada*[52] nachweisen, »daß Lenin Mitarbeiter im Cabaret Voltaire war und dort die Oktoberrevolution als Happening plante«[53].

Während Ball im Tessin auf Emmy und Annemarie wartet, vertieft er sich wieder einmal in die Lektüre Nietzsches. Sucht die reine Höhenluft. Formuliert sich selbst fragend als Nachfolger: »Die Einsamkeit dessen von Sils-Maria wird in Kürze ihren Ablauf haben. Wenn aber ein Katholik auf ihn folgte; wenn einer käme, der begriffe, daß die Zeiten der Bonifatius und Ignatius noch nicht vorüber sind, ja daß sie wenig gefruchtet haben? Was würden die vereinigten Sachsen und Preußen mit ihm beginnen?«[54] Umrisse jener Gedanken, denen er später in *Zur Kritik der deutschen Intelligenz* und *Die Folgen der Reformation* nachspüren wird. Während künftig Tzara, Janco, Arp und Huelsenbeck ihre Manifeste nach Berlin, Paris, in die deutsche Provinz und die Tiroler Berge tragen, gibt Ball sein Klanggedicht »Karawane« von 1916 in Druck, das mit seinem vielfältigen Schriftbild von Jugendstilminuskeln und unterschiedlichen Satztypen die Klang- und Gefühlswelten seines Verfassers symbolisiert, Abschluß und Vermächtnis

Bild 23  Friedrich Glauser, um 1917

eines Spiels, das Flucht aus der Politik sein wollte und doch zum Sinnbild der Auflehnung gegen das kriegerische Morden geworden ist.

Als Emmy und Annemarie in Ascona angekommen sind, beginnt am 1. Juli 1917 der von Ball geplante Aufstieg in die Berge unweit des Lago Maggiore. »Hugo hatte den großen Tragkorb, der mit deutscher Philosophie angefüllt war, auf dem Rükken, während Annemarie und ich ähnlich ausgestattet, mit Lebensmitteln, Kleidung, Schreibmaschine, Kochgeschirr und Kaffeemühle beladen waren. Ein weißes Zicklein, das uns die Milch lieferte, war auf den schmalen Pfaden die beste Wegführerin.«[55] Und noch einer ist mit ihnen unterwegs zu der Sennhütte, »die mehr als Heuschober gedacht war und vor uns nie bewohnt worden war«[56]: Friedrich Glauser, einer der wenigen Schweizer, die sich den Dadaisten angeschlossen hatten und dem wir einige genaue Beobachtungen zu Hugo Ball und Emmy Hennings verdanken. »Glauser ist ein sehr lieber Junge und ein wenig verliebt in mich«,[57] hatte Ball zu Beginn des Jahres 1917 an Emmy geschrieben. Da war ihm der 21jährige Sohn eines Genfers und einer österreichischen Mutter gerade in der »Galerie Dada« begegnet. Glausers Vater, der nach dem frühen Tod seiner Frau mit dem aufgeweckten Jungen nicht zurechtkam, hatte ihn in Internate und nach der Matura zum Studium nach Zürich geschickt. Er schreibt sich für Chemie ein, aber sein Interesse gehört der Literatur. Er begründet eine Zeitschrift. Ohne Erfolg. Experimentiert mit Drogen, schreibt und tritt mit seinen Texten in der ›Galerie Dada‹ auf. Ist verunsichert durch die Reaktionen der Gruppe um Tzara, die alles, was ihm gefällt, achselzuckend als »sentimentalen Kitsch« abtut. Als der Vater von seinem Umgang hört, sperrt er ihm empört die monatlichen

Wechsel und zwingt den Sohn in psychiatrische Behandlung, droht mit Entmündigung. Der junge Glauser sucht Rat bei Hugo Ball, der ihn einlädt, mit auf die Alp zu kommen. Und so steigen sie zu viert im Valle Maggia bergauf zur Alp Brussada. Dabei mag sich Glauser gefragt haben, wie sich das Zusammenleben dort oben mit Emmy gestalten wird, die er als zwischen Schreibwunsch und Auftrittssucht, zwischen ihrem Wunsch nach Ruhe und der Hektik der Literatenszene schwankend wahrgenommen hat: »Ein kleines, blondes Geschöpf, dem auch der grünspanige Sweater nichts von seiner Zierlichkeit rauben kann (…) Sein bleiches Gesicht ist stark gepudert wie bei einem kindlichen Clown«, notiert er nach seiner ersten Begegnung im Café. »Sie blickt mich zuerst mißtrauisch an. Ihre kleine Hand mit den abgebissenen Nägeln ist fieberheiß, und diese Hitze will gar nicht zu dem weißen Gesicht passen. Sehr erregt ist diese kleine Frau, sie zittert immer ein wenig, wie eine bunte Papierschlange vor einem Ventilator.«[58]

Beim Aufstieg auf die Alp scheint Emmy jedoch ruhig, obwohl die von Paula überwiesenen Franken aus dem Erbe fast aufgebraucht sind. Das bescheidene Wirtschaften dort oben soll den Zeitpunkt hinausschieben, da das Paar wieder Brotarbeit leisten muß. Sie haben – weltfremd genug – neben Balls Remington, tausend Bogen Schreibmaschinenpapier und Kopierblättern auch Spaten und Hacke sowie Sonnenblumensamen und Setzkartoffeln dabei, »und Hugo versprach, den Boden im Maggiagebirge urbar machen zu wollen«[59].

Erwartungsgemäß wird jedoch kein Landbau betrieben, sondern geschrieben: Glauser übersetzt Laforgue und Léon Bloy aus dem Französischen. Emmy, deren Manuskript noch immer keinen Verleger gefunden hat, feilt an *Gefängnis*. Hugo arbeitet am *Bakunin-Brevier*, unterbricht das Klappern auf den Tasten der Remington nur, um Texte seines Helden mit leuchtenden Augen zu zitieren. Annemarie malt blaue Schmetterlinge. Im Tagebuch notiert Ball:

»Seit zehn Tagen hier oben (…) Es ist ein Klettern über gefährliche Lawinenstürze, Schluchten und Felsüberhänge, will man die Alp finden. (…) Wir haben es ebenso weit zum ewigen Schnee wie zum nächsten Dorf. (…) Wir backen Brot und rühren im Kupfertopf die Polenta.«[60]

Doch bereits wenige Wochen später zieht die kleine Karawane wieder zu Tal. Nur noch zu dritt, denn Glauser war schon nach vierzehn

Tagen gegangen, hatte seinen Vormund Walter Schiller am 12. Juli wissen lassen: »Es ist mir unmöglich hier weiter mit Herrn Ball zu leben; und zwar ist der Grund durchaus ein finanzieller. Herr Ball weiß nicht, wie er sich und seine Familie weiterhin unterhalten soll, da erwartete Geldsendungen nicht eingetroffen sind. Es ist daher für beide Teile besser auseinanderzugehen.«[61] Und Ball fügt im Anschreiben hinzu: »Herr Glauser reist, nachdem wir uns in freundschaftlicher Weise eingehend besprochen hatten (...) Herr Glauser hat in dieser Zeit viel gearbeitet und wird der Erfolg wohl nicht ausbleiben.«[62] Aber damit wird es dauern. Nach Gefängnisstrafen wegen Beschaffungskriminalität und Einweisungen in die Psychiatrie tritt Glauser 1921 in die Fremdenlegion ein, wird nach Algerien geschickt, nach Marokko, 1925 wieder in die Schweiz überstellt. Versuche, sich eine Existenz als Gärtner aufzubauen, schlagen fehl. Eine Psychoanalyse bleibt erfolglos. 1938 stirbt Glauser im Alter von 42 Jahren. Seine Kriminalromane um Wachtmeister Studer, die ab 1935 entstanden sind, machen ihn noch heute zu einem vielgelesenen Schriftsteller. Wiedergesehen haben Emmy Hennings und Hugo Ball, die »seine gepflegte Sprache«[63] bewunderten, ihn nicht, obwohl es Möglichkeiten gegeben hätte. Aber die schnelle Abreise Glausers muß andere als die im Brief angegebenen finanziellen Gründe gehabt haben. War er noch immer »verliebt« in Ball? Oder bahnte sich ein Verhältnis mit Emmy an, das Ball nicht bereit war zu tolerieren? Diese Vermutung legt ein wenige Wochen später geschriebener Brief Emmys an Hugo Ball nahe, in dem sie Vergangenes bedauert und ihn fortan ihrer Ehrlichkeit versichert.

Nachdem Glauser sie verlassen hat, versucht Ball unbeirrt das Brussada-Projekt fortzusetzen, »lebte die heilige Familie mit Kind, Ziege und Schreibmaschine und dem Willen zur Einsamkeit und Armut. Diese Weltanschauung war das Gegenteil von allem, was die Welt bewegt: dem Streben nach Erfolg, Reichtum und Beweglichkeit«, erinnert Huelsenbeck. »Ich weiß nicht, wie weit man berechtigt ist, ein Ereignis dieser Art zu loben oder zu tadeln. Der Auszug und Aufstieg auf den Berg erscheint mir manchmal als die Armut, die hoch hinaus will.«[64] Dreißig Jahre später erklärt Emmy das Scheitern der Brussada-Episode ungewohnt nüchtern: »Unser Geld, mit dem wir sehr schonend umgingen, wurde knapp und immer knapper, so daß wir uns genötigt sahen, die Alm zu verlassen und wieder talwärts zu wandern. Weil die Reise nicht weit war, zogen wir zunächst nach Ascona, wo wir uns in der Casa Poncini am See Zimmer mieteten.«[65]

Da die finanzielle Belastung auf der Alp im Vergleich mit den Dörfern am Lago Maggiore eher geringer gewesen sein dürfte, liegt die Annahme nahe, daß die Spannungen zwischen Emmy und Hugo nach Glausers Abreise unerträglich und Grund für die Rückkehr ins belebte Ascona waren. Denn anders als im Jahr zuvor, beurteilt Ball nach der Ankunft am Lago im August 1917 den Monte Verità als eine »interessante Fremdenkolonie«, in der gerade ein internationaler Kongreß des ›Ordo Templi Orientalis‹ stattfindet, an dem sich Rudolf von Labans Schule mit tänzerischen Veranstaltungen präsentiert. »Sie hat sich zu einem Institut entwickelt, das sich nicht nur die Ausbildung des Könnens, sondern schon die Erziehung zum Künstler angelegen sein läßt«,[66] urteilt Ball in seinem Artikel »Über Okkultismus, Hieratik und andere seltsam schöne Dinge«, der am 15. November 1917 im *Berner Intelligenzblatt* erscheint. Lobt Mary Wigman, die Russin Raya Belensson und Sophie Taeuber, deren Tanz zu seinem »Gesang der Flugfische und Seepferdchen« ihn begeistert.[67]

Nach der Einsamkeit im Gebirge war es für Ball anregend, Laban und die Züricher Freundinnen wiederzusehen. »Aber Ascona war wenigstens für Hugo nur eine Übergangsstation. Er fuhr bald nach Bern, um sich dort nach einer Verdienstmöglichkeit umzusehen, während ich mit meiner Tochter in Ascona blieb.«[68] Und damit beginnt wieder ein neues Kapitel in Balls wechselvollem Leben: der politische Journalismus. Für ihn ist es der endgültige Abschied vom futuristischen Wort-Trommelfeuer Marinettis, von den Grabenkämpfen der »Avantgarde«[69] an der vordersten Front einer kreativen Bewegung. Aus der »Etappe« will er mit Gleichgesinnten einen politisch-intellektuellen Aufruf zum Kriegende und zur Neuordnung Europas anstreben. Und Emmy? Auch sie versucht, ihrem Leben eine neue Richtung zu geben.

# Szenen in Zeiten des Krieges

Ball in Bern – Heimatschein, Hunger und Hardekopf – Annemarie liebt Lisl, und Emmy liebt Vayo – Hugo schreibt einen Brief, und Vayo macht Karriere – Bakunin, Bloch und Benjamin – Emmy verschenkt Sympathien und Spieldosen – Der Hexer von Thun und seine Heilige – Emmy zeigt ihr *Brandmal*, und Hugo kritisiert die deutsche Intelligenz

Anfang September 1917. Abschied von Emmy und Annemarie in Ascona. Postbus nach Locarno. Bahn nach Bellinzona. Dann der Schnellzug nach Bern. Im Gepäck hat Ball seine Aufzeichnungen der vergangenen Wochen: Alp Brussada 22. VII. »Merkwürdig genug. Hier oben, 1800 Meter über dem Meer, mache ich heute eine Entdeckung (…) Die Kirche, so lautet die Antwort, und abermals die Kirche gegen den Ansturm der linken und rechten, der konservativen und rebellischen Naturapostel.«[1] Auch gegen Bakunin, der im Kulturkampf dem verhaßten Bismarck applaudiert hatte. Dennoch gehört er für Ball »recht eigentlich zur deutschen Literatur (…) und nicht etwa zur russischen oder französischen (…) Er gehört zu unserer Literatur, wie Heine und Nietzsche ihr angehörten, leidend am Deutschen, aber doch tief und unlösbar mit ihm verbunden.«[2] So wie Ball selbst, der sich neben dem Anarchisten auch mit Léon Bloy beschäftigt, den Friedrich Glauser übersetzt und aus dessen Werk er in der Dada-Galerie gelesen hat. Bloy, der Bekehrte, beeindruckt Ball, läßt ihn an seiner Bakunin-Arbeit zweifeln: »Es ist eine reichlich absurde Sache, daß ich für einen Atheisten Propaganda mache.« (8. VIII.) Er liest Hegel, Marx, nochmals Bakunin. Urteilt über die russischen Revolutionäre: »Das nihilistische Ins-Volk-Gehen hätte bei uns wenig Sinn. Uns fehlt eine neue Aufgabe, eine neue Spannung für die Intelligenz …« Und erkennt: »Nicht ins Volk, sondern wieder in die Kirche gehen, könnte unsere Parole sein.« (29. VIII.)[3] »In den christlichen Mönchen stehen einer neuen Disziplin tausende von selbstlosen Helfern zur Verfügung. (…) Der christliche Symbolschatz ist aller Bestürmung zum Trotz nicht erstorben.« (19. VIII.)[4] Notizen aus dem sonnensatten Ascona, begleitet von den Glocken der Santa Maria della Misericordia, den

Stundenschlägen von Pietro e Paolo. Ihm ist, als erlebe er seine Kindheit wieder, »wo ich im Bett kniete, schwärmte und betete«[5]. Aber wohin soll das führen? Welche Schlüsse muß er ziehen in dieser Kriegs-Krisen-Situation? 16. VIII.: »Mit dem Sturz der protestantischen Monarchie müssen die religiösen Fragen in Fluß geraten. Der preußische König ist eine Art militärischen Zars für den Protestantismus geworden. (…) Der bilderstürmende Protestantismus und der abstrakte Idealismus – beide sind kunstfeindlich (…) und sie haben keine Wurzel in der tausendjährigen Bildweise unserer Vorväter.«[6] Wer aber soll den Weg weisen? »Ein so klarer Stilist wie Heine konnte mit Deutschland nicht fertig werden; ein so durchdringender Geist wie Nietzsche ebenso wenig. Weder ein Jude, noch ein Protestant vermag das. Es ist notwendig die *ganze* Tradition zu überblicken (…) Das könnte nur ein Katholik.« (10. VIII.)[7] Einer, der sich eine *Kritik der deutschen Intelligenz* zutraut, offen Stellung bezieht.

Während der Zug jenseits des Gotthards die Urkantone durchfährt, die sich einst gegen die habsburgische Herrschaft erhoben hatten, erkennt Ball: »Rußland sammelt jetzt die ›radikalsten‹ europäischen Ideen, um ähnlich wie Frankreich 1793 eine Probe aufs Exempel zu machen. (…) Marx verlangt die Demokratisierung des bestehenden Staates, Bakunin verwirft den Staat als nicht reformierbar. (…) Die Frage, welch endgültige Rolle dem Staat in einer klassenlosen, der künftigen sozialistischen Gesellschaft zukommt, wurde nur nicht gelöst, sie wurde nicht einmal eingehend studiert und erörtert. Dasselbe gilt von der Vereinigung der West- und der Ostkirche, einen Traum, den die Christenheit seit über einem Jahrtausend hegt, ohne daß seine Verwirklichung möglich gewesen wäre.«[8] Erste Umrisse eines neuen Weges beim Verlassen des von Italianità und Katholizismus geprägten Tessin in Richtung des protestantischen Bern: nicht der Kommunismus führt zum Heil, sondern die katholische Kirche, auch und gerade in ihrer frühen Gestalt des *Byzantinischen Christentums*. Damit aber entfernt Ball sich mehr und mehr von den Gefährten der Züricher Zeit, besonders von Brupbacher, dessen Bakunin-Bücher er mit sich herumschleppt, um endlich seine Arbeit beenden zu können. Und so ist er einerseits stolz, als er am 10. September 1917 in Bern ein gebundenes Exemplar des ersten Teils seines *Bakunin Breviers*, »die erste die demokratische Hälfte«, in Händen hält, andererseits scheut er davor zurück, den zweiten Teil zu vollenden: »Es hat keinen Sinn mehr, und doch bemühe ich mich noch.«[9] Dazu aber mußte er Ascona verlassen, Anschluß an Menschen suchen, die sich politisch einmischen wollen. In der eidgenössischen Hauptstadt plant René Schickele, dessen »Weiße Blätter« nicht mehr erscheinen können, eine neue Zeitschrift herauszugeben, an der Ball mitarbeiten will. Und Hans Schlieben, der ehemalige Konsul des Deutschen Reiches in Belgrad, hat mit der *Freien Zeitung* ein Blatt begründet, das sich mit der Kriegsschuldfrage Deutschlands auseinandersetzt – und das von der Entente finanziert wird. Die Beiträger: international, denn »Bern (…) ist gegenwärtig die beste politische Bibliothek, die man in Europa finden kann, und es wird von Tag zu Tag mehr.«[10] Dennoch fühlt sich Ball unter den Laubengängen der behäbigen Bürgerhäuser, am Ufer der grün dahinströmenden Aare verlassen. Sehnt sich zurück ins nur eine Bahnstunde entfernte Zürich, sieht sich zerrieben zwischen Kunst und Politik: »In Zürich die ästhetische, hier die politische Hälfte; aber ich fühle mich in meinen Interessen so geteilt, daß ich eigentlich auf dem Punkte stehe, den Ästheten der Politik aufzuopfern. (…) Ich habe Zeit genug und kann mir, auf der Bundesterrasse sitzend, die Welt zurechtlegen wie sie ist und wie sie sein könnte.«[11] Zeit genug auch, um endlich den *Bakunin* zu beenden, denn Schickele, mit dem er über seine Mitarbeit verhandeln wollte, sieht er nur flüchtig, weil er nach unverbindlichem Gespräch zu seiner Familie nach Beatenberg oberhalb des Thuner Sees fährt. Ball bleibt ratlos zurück, braucht Geld. Er stellt sich in der Redaktion der *Freien Zeitung* vor und teilt Emmy überrascht mit, »eine sehr distinguierte Villa zu finden mit Rhododendronkübeln, Tannenbäumen, Antichambres etc. (…) Das Blatt ist sympathisch weil es klar, frisch, forsch ins Zeug geht. (…) Aber es ist nicht konsequent. Ich möchte zwar wohl einmal schreiben dort, aber nicht ›dazugehören‹. (…) Also weiss ich nicht recht, was tun; denn nun war ich doch einmal dort und kann nicht gut wieder verschwinden. Es ist eine heikle Geschichte«,[12] die ihn jedoch bald wieder in die repräsentative Villa führen wird. Einstweilen quält er sich weiter mit dem *Bakunin Brevier*, wartet wegen der Publikation auf Antwort von Erich Reiß in Berlin, der auch für Emmys *Gefängnis* noch keine endgültige

Zusage gemacht hat. Kein Vertrag. Kein Honorar. Ball knausert mit den wenigen Franken, die er für Milch, Brot und Birnen ausgibt, schickt einen Teil seiner Essensmarken – auch die Schweiz hat mittlerweile die Lebensmittel rationiert – an Emmy nach Ascona. Er schreibt ihr täglich, zärtlich und besorgt. Seepferdlein nennt er sie, Putz und kleiner Zirkusmeister, sehnt sich nach ihr, fragt nach den Menschen, mit denen sie umgeht. Ist unruhig, muß immer wieder an seine Abreise aus Ascona im vergangenen Jahr denken. Auch da hatte Emmy ihn nach Locarno zum Bahnhof gebracht, war auf dem Rückweg nach Ascona Hardekopf begegnet, ihm nicht ausgewichen. Obwohl sie weiß, daß Ball ihre alte Bindung mit Argwohn sieht, beeilt sie sich, Hugo einerseits mitzuteilen, daß diese Begegnung »harmlos« ist, andererseits, mit welcher Begeisterung Hardekopf von Balls »Totentanz« spricht, dem Gedicht, das Emmy im ›Cabaret Voltaire‹ Abend für Abend gesungen hatte und dessen Text 1917/18 vom Flugzeug über den Schützengräben der deutschen Soldaten abgeworfen wird. »Ich bedauere nur eins«, fügte sie damals hinzu, »daß Deine Abreise so schnell geschah. Du hättest Dinge erfahren, die Dich interessiert hätten, die Dir vielleicht zum ersten Mal seit langer Zeit Freude gemacht hätten.«[13] Und versicherte ihm wenige Zeilen später: »ich bin jetzt so rein und klar Dir gegenüber, nicht der geringste Schatten einer Lüge und ich bin glücklich in Dich versinken zu können.«[14] Wie so häufig in dieser Beziehung ist das Getrenntsein für das Paar ein besseres Bindemittel als das Zusammenleben, erlaubt die gegenseitigen Projektionen, aus denen ihre Bindung lebt. Daher kommt es im folgenden Jahrzehnt immer wieder zu Emmys Ausbrüchen und Fluchten und kaum, daß sie getrennt sind, zu sehnsüchtigen Briefen. So auch Anfang September 1917: »Ich hab so große Sehnsucht doch und hab so jungen Sinn. Und hab keinen Brief von Dir, ich traurig, gar traurig bin (…) Ich möchte so gerne für Dich kochen. Wir müssen wieder zusammen wirtschaften, anders halten wir es ja doch nicht aus.«[15] Und obwohl er Emmy nach seiner Ankunft in Bern beruhigt: »Du sollst Deine vollkommene Freiheit behalten, so lange Du willst und so lange es Dir gefällt«,[16] erkundigt er sich kurz darauf besorgt nach ihrem Umgang. Ihre Antwort eine Aufzählung, die ihn beruhigen soll. Manchmal trifft sie das Ehepaar Segal, wenn Annemarie zum Maler ins Atelier geht. Und Claire Studer, die ihren deutschen Verleger-Ehemann in Leipzig zurückgelassen und mit dem Dichter Yvan Goll eine leidenschaftliche Affäre begonnen hat. Manchmal auch Erdberg, den baltischen Baron, der seit Kriegsbeginn in Ascona lebt. »Er ist wirklich der rührendste Mensch, den ich je gesehen habe«, schreibt Emmy. »Du musst ihn kennenlernen, wenn Du hierher kommst.«[17] Il Barone nennen die Dörfler den Sonderling, der Horoskope erstellt, Russischunterricht anbietet und Schnellkurse in Italienisch für die Emigranten. »Er fehlt bei keinem Begräbnis, das scheint eine ganz besondere Sache von ihm zu sein«, fährt Emmy fort, »und geht mit so tiefernst, als sei es ihm eine Ehrenpflicht, die er erfüllen müsse.«[18] Emmy mag Erdberg, der nicht nur ebenso arm ist wie sie, sondern auch dasselbe Problem hat: den zermürbenden Kampf mit der Behörde um eine Aufenthaltsgenehmigung.

Da Emmy aus Deutschland keinen »Heimatschein« vorlegen kann, weil sie nach Anna Cordsens Tod keine Anschrift mehr hat, verweigert der Kanton ihren weiteren Aufenthalt, droht die Ausweisung. Ein Problem, das Emmy lebenslang ängstigen und verfolgen wird. »Es ist so seltsam, keine Legitimation zu haben«, klagt sie. »Es ist so traurig, vaterlandslos zu sein. Ich kann doch nichts dafür, daß ich es bin, aber meine Sprache ist doch deutsch und meine Sprache sollte verraten, wohin ich gehöre (...) Du kannst es nicht so verstehen, Hugo, wie das ist, nirgends eine Aufenthaltsberechtigung zu haben. In Zürich sollte ich nachweisen, daß ich keine Deutsche bin (...) Nach Kamerun möchte ich mich wenden, damit man mir nachsagt, daß ich keine Negerin bin.«[19] Ein typischer Emmy-Kurzschluß, die das Vorgehen von Behörden lebenslang nicht versteht. Ihre Anmerkung bezieht sich auf eine Situation in Zürich, in der sie keine Papiere vorweisen konnte und deshalb der Stadt verwiesen wurde. Damals hatte sie offenbar ihre im Münchener Melderegister von 1911 eingetragene dänische Staatsbürgerschaft erneuern können. Darauf verweist auch Hardekopf, der ihr am 14. Oktober 1917 vorschlägt, »doch gleich, mit Deinem Kong Christian-Papier, zum dänischen Konsulat zu gehen und Dich dessen Schutz zu sichern«[20]. Noch bei ihrer Eheschließung mit Ball am 21. Februar 1920 in Bern wird ins Familienbuch eingetragen: »frühere Heimat Kopenhagen Dänemark«. Erst diese Ehe sichert Emmy einen deutschen Paß und den für ihren Aufenthalt in der Schweiz notwendigen

Heimatschein, den ihr Maria Hildebrandt auch nach Balls Tod regelmäßig aus Pirmasens zuschickt. Dennoch wird sie sich bis zu ihrem Ende unsicher fühlen, als kleiner »Hans ohne Land«[21]. Und immer wieder erwägt sie, wenn es die politischen Zeitläufte geraten erscheinen lassen, die deutsche Staatsangehörigkeit gänzlich aufzugeben und sich um die dänische zu bemühen.

Als ihr im Herbst 1917 endlich eine neue Aufenthaltsgenehmigung erteilt wird, verläßt Emmy umgehend Ascona und fährt nach Norden. Aber nicht zu Ball, der sie bittet, nach Bern zu kommen, sondern nach Zürich. Sie ist entschlossen, wieder aufzutreten. Muß Geld verdienen, um leben zu können. Hat Annemarie in ihrem unruhigen Schlepptau, sucht nach einer Unterbringung für die Tochter. Zuerst zieht sie zu Richters, die vorschlagen, Annemarie in die Obhut von Domenica Coray zu geben, die in der Pestalozzischule, die Han Coray neben seiner Galeristentätigkeit leitet, eine Haushaltsschule für Mädchen eingerichtet hat. Als sie zusagt und Annemarie umgezogen ist, fühlt sich Emmy erleichtert, nimmt ein Varieté-Engagement an und ihr altes Tingeltangel-Leben wieder auf.

Annemarie, erneut abgeschoben, versucht, sich in ihrer neuen Familie anzupassen. Aber auch dort gibt es Probleme: Coray kündigt die Schulleiterstelle und verläßt seine Frau, um mit der jungen Holländerin Dorrie Stoop zusammenzuleben. Niemand, so scheint es, kümmert sich in diesem Herbst 1917 um Annemarie, die sich wieder in der turbulenten Gruppe von Dichtern, Musikern, Journalisten, Schauspielern, Künstlern und Kunsthändlern, von Anarchisten, Exilpolitikern, Philosophen, Psychiatern und Pazifisten der Züricher Szene bewegt und dort der zehn Jahre älteren Elisabeth Bergner begegnet, die am Zürcher Schauspielhaus verpflichtet ist, im Café Odeon, im Terrace, in der Galerie Coray verkehrt. Die verwirrende Kindfrau Bergner trifft das verwirrte Kind. Viele Jahre später erinnert Annemarie: »Als ich zehn Jahre alt war hat sie gesagt ›ich bin deine Freundin und liebe dich‹. Damals war sie wie ein Engel und ich ein einsames kluges Kind welches nie spielte mit anderen Kindern.«[22] Aber der »Engel Lisl« ist Emmy ähnlicher, als Annemarie ahnt. Von androgyner Schönheit. Von Männern umschwärmt. Erfolgreich auf der Bühne. Exzentrischunstet im Alltag. Sie ist eine »Vielfache« wie Emmy. Identifiziert sich

Bild 24  Elisabeth Bergner

mit ihren Rollen. Nimmt Morphium. Ist hin- und hergerissen zwischen ihrem Jugendfreund Thomas Schramek in Wien, den sie immer wieder um Geld für Drogen anfleht, und Albert Ehrenstein, der ihr seine Gedichte widmet, sie heiraten will. Zwischen Männern, die sie begehren, die sich, wie Wilhelm Lehmbruck, aus unerfüllter Liebe zu ihr das Leben nehmen, und Frauen, die sie mehr liebt als Männer. Annemarie wird ihre Freundin. Besorgt schreibt Domenica Coray an Hugo, daß Annemarie »Feuer und Flamme von Frl. Bergner (…) und ganz ›verdreht‹ davon«[23] ist. Aber Emmy, der Hugo davon berichtet, scheint seine Bedenken nicht zu teilen: »Was Du von Annemarie schreibst, ist so seltsam, ich glaube, es ist wenig zu machen. Wenn man ihr den Besuch bei Frl. Bergner verbietet oder einschränkt wirds noch schlimmer. Sie ist ja jetzt bald zwölf Jahre und das ist wohl die erste Schwärmerei«,[24] antwortet sie. Vier Zeilen in einem vier Seiten langen Brief. Wie immer, wenn sie für Annemarie Verantwortung übernehmen, handeln soll, weicht sie aus, hat ihre eigenen Probleme. Ist hin- und hergerissen zwischen ihrem Schreibwunsch und dem erneuten Auftreten im Varieté. Zwischen ihren Gefühlen für Ball, Hardekopf und für den spanischen Journalisten Julio Álvarez del Vayo, den sie bei Rubiners kennengelernt hat.

Schon vor dem Krieg hatte Vayo, während seines Studiums der Ökonomie in Leipzig, wo er in engem politischen Kontakt zu Rosa Luxemburg stand, im ›Café des Westens‹ in Berlin verkehrt, hatte mit Leonhard Frank, René Schickele, Frida und Ludwig Rubiner Gleichgesinnte getroffen. Daran erinnert Ludwig Meidner: »Auch Nichtelsässer gesellten sich bald zu diesem Kreis um Schickele, namentlich einige jüdische Autoren aus Prag und ein überaus liebenswürdiger, geistig lebendiger und beliebter Mann, Alvarez Delvayo, Korrespondent der großen liberalen Tageszeitung La Nacion in Buenos Aires, der viele Jahre später der erste Botschafter der spanischen Republik in Berlin wurde und noch später ihr Außenminister.«[25] Ein hoffnungsvoller junger Mann: Der Vater General, die Mutter von Adel. Studium zunächst in Madrid, dann an der London School of Economics. Bald gehört er zum Kreis um David Lloyd George, um Sidney und Beatrice Webb, die Gründer der Fabian Society. 1913 Fortsetzung des Studiums in Leipzig. Dort beschäftigen ihn die Geschichte des Kommunismus, Sozialismus und Anarchismus und das immer angespanntere Verhältnis zwischen Deutschen und Briten.[26] 1914 geht er in die USA, 1916 wiederum nach Berlin, wo er Johannes R. Becher und Leonhard Frank trifft. Als Frank, Rubiner und Richter Deutschland verlassen, folgt Vayo ihnen nach Zürich. Will Lenin kennenlernen. Gerät unversehens in die politische und künstlerische Auseinandersetzung der Exilanten. Schreibt über die politische Situation in Spanien für die *Freie Zeitung*. Und begegnet Emmy: »Through Hans Richter, the painter, I had made the aquaintance of one of the most amusing and eccentric backers of the group, Emmy Hennings, a Danish poet and creator of subversive couplets«, erinnert er 1973 in seinen Memoiren. »Through her I managed to follow the development of one of the most discussed and least understood of literary movements. Dadaism.«[27]

Emmy ist beeindruckt von dem weltgewandten, gutaussehenden Spanier, erwähnt ihn jedoch zunächst nur nebenbei in einem Brief an Ball nach Bern: »ich leihe eine Maschine in diesen Tagen, von einem Bekannten von Richter, einem Spanier Vajo.«[28] Mehr nicht. Nichts von ihrer Faszination. Nur von ihrer schlechten Verfassung schreibt sie und daß sie bei Binswanger in Kreuzlingen in ärztlicher Behandlung, ihr Koffer noch auf der Bahn und überhaupt alles in Unordnung ist. Schließlich teilt sie Hugo ihren Entschluß, wieder aufzutreten, mit: »jeden Samstag und Sonntag mit einem kl. Ensemble (Maurer) ... für 2 Tage krieg ich 18 Fr.«[29] Sie gastiert zunächst in Schaffhausen. Dann in Winterthur. Vayo begleitet sie. In Mannenbach besuchen sie Hardekopf, der den Spanier aus dem Kreis um Schickele kennt. Emmy lädt ihren alten Freund zur Vorstellung ein. Aber er kommt nicht, schreibt ihr am 15. November: »Es war keine Unzuverlässigkeit von mir, sondern schien mir irgendwie das Richtige. Vayo wird Dir alles erklärt haben. An dem ganzen Abend aber habe ich Angst um Dich gehabt, daß Dir, wenn das Kraftweib Dich herumschwenkte, etwas passieren könnte (...) Und, bitte, solltest Du noch einmal mit dieser Riesendame zusammen auftreten, so überlaß es anderen, sich an ihre Instrumente zu hängen.«[30] Wieder im Milieu. Emmy und das Kraftweib. Emmy und die Männer. Einer verprügelt sie. Sie muß das Bett hüten. Hardekopf schreibt: »mein armer Liebling, werde rasch wieder gesund! Mein Herz wallt ganz auf für Dich, Liebe –, und gegen den Infamen, der Dich geschlagen hat (...) Wie thut es mir nun leid, dass ich nicht nach Schaffhausen gekommen bin an dem Abend –, nicht, weil ich Dich etwa hätte besser schützen können als Vayo, der boxen kann, aber weil dann doch die ganze Weltgeschichte anders geworden wäre.«[31]

Álvarez del Vayo verlegt den Zwischenfall in seinen Memoiren in die Züricher Dada-Szene, wo er so nie zuvor Gesehenes und Gehörtes erlebt haben will: Rasseln und klappernde Blechbüchsen statt eines Orchesters, subversive Couplets, die, gegen Krieg und Militarismus gerichtet, anwesende Deutschschweizer in lautstarke Opposition versetzen und zu Prügeleien zwischen den politischen Lagern führen. Auch nach einem Auftritt Emmys soll es zum Aufruhr gekommen sein, den sie, trotz Vayos Eingreifen, mit einem blauen Auge verläßt.[32] Daß beim Singen eines ihrer pazifistischen Lieder, wie Balls »Totentanz«, das prodeutsch gestimmte Publikum handgreiflich geworden wäre, ist 1917 nicht unwahrscheinlich. Für den Diplomaten Álvarez del Vayo ist in seinen Erinnerungen 1973 das, damals nicht mehr existierende, ›Cabaret Voltaire‹ ein geeigneterer Ort, von Emmy zu erzählen, als ein Varieté in der Ostschweizer Provinz, wo sich das von Hardekopf geschilderte Ereignis zugetragen hat.

Auch Ball lernt Vayo kennen, wohnt zeitweise im Zimmer von dessen Freund und Journalistenkollegen Emanuele di Pedroso in Bern. Er hat erneut die Arbeit am *Bakunin Brevier* beiseite geschoben, schreibt Artikel für die *Freie Zeitung*. Der erste erscheint am 26. September 1917, der letzte am 17. März 1920. Er trifft alte Bekannte in Bern, lernt andere Emigranten kennen. Macht Pläne für ein weiteres Manuskript, in das seine Studien zu Thomas Müntzer und Luther, zu Franz von Baader einfließen sollen. Aber seine Arbeitsruhe wird durch Emmys Weigerung, nach Bern zu ziehen, nachhaltig gestört. Er kann und will sich nicht damit abfinden, daß sie ihren eigenen Weg geht. Ohne ihn. Als sie wieder auftritt, bietet er an, als Klavierbegleiter mit auf Tournee zu gehen. Aber sie lehnt ab. Ihre Briefe sind in diesen November-Dezember-Tagen 1917 atemlose Mitteilungen. »Djö Steffgen« sind sie in salopper Abkürzung vom schweizerisch-gebräuchlichen »adieu« unterzeichnet. Sie schreibt von einer Übersetzung ins Deutsche, bei der sie Vayo hilft, und von dessen politischen Aktivitäten in der »spanischen Bewegung: das sind andere Kerle dort, wie die Deutschen«[33].

Mit dem beim Varieté verdienten Geld geht sie »nicht allzu sparsam um: ein Rausch erfasst mich manchmal, wenn ich nach langer Zeit Geld habe zu verschwenden, aber diese Verschwendung besteht darin, dass ich mir ein Kostüm kaufe, ich bin schliesslich eine Frau, die einigermassen aussehen muss«[34]. Übermut spricht aus den Zeilen. Und der deutliche Hinweis an Hugo, daß ihr Frausein im Verhältnis zu Vayo in den Vordergrund gerückt ist. Ihrem Gruß vom »sehr herausgeputzten Seepferd« setzt sie, wohl auf Vayos amerikanische Verbindungen anspielend, hinzu, daß dieses jetzt ein »Cowbeu« sei. Dann werden die Briefe seltener. Kürzer. Hugo ist verzweifelt. Zieht ohne Nachricht an Pedroso aus dessen Zimmer. »Er war so berührt, dass Du so plötzlich aus dem Zimmer verschwunden warst (…) und nicht aufzufinden«,[35] schreibt Emmy nach Bern.

Ball spürt, daß Emmy bei Vayo findet, was sie bei ihm vermißt. Hat Angst, sie zu verlieren. Schreibt ihr täglich, bittet um kurze Nachrichten. Im Dezember versichert er: »Putzilein, der will Dir nichts Böses tun. Der will nur, daß Du ihn lieb, lieb, lieb hast …«[36] Er verspricht seinen »lieben Kinderleins« Geld zu Weihnachten. »Und traut sichs kaum, etwas zu schicken, weil Du Dich vielleicht ängstigen wirst und sagst: ich will Dich dafür in den Käfig setzen.«[37] Er möchte wieder mit ihr reisen, bietet ihr an, ein gerade entstehendes Manuskript zu lesen, zu korrigieren, abzuschreiben: »Ich bin ein keineswegs zu verachtendes Publikum.«[38] Dann wieder: »Oh, mein Emmy-Herzlein, Steffgen ist traurig nach Dir und kann es so nicht lange machen. Schreib mir, mein Putz-Schnutz, grosse liebe lange Briefe. Steffgen braucht das wies liebe Brot.«[39] Er wirbt um sie, die er ein Jahr zuvor in Briefen an die Schwester schon als seine Frau, deren Kind er als seine Tochter bezeichnet hat. Er spart. Schickt ihr sein weniges Geld. Nach Zürich. Dann nach Ascona, wohin Emmy zu Beginn des Jahres 1918 flüchtet. Er ermuntert sie, ein Haus zu mieten. Für sie beide. Will für sie kochen. Lobt, daß sie den Aufenthalt Annemaries geordnet hat. Teilt mit, daß Reiß ihr *Gefängnis* angenommen hat. Will den Vertrag prüfen. Hat ihr sein *Flametti*-Buch gewidmet. Will selbstlos sein, sie zu nichts zwingen. Verspricht erneut Geld und bittet zugleich um Brotmarken, weil er nichts mehr zu essen hat. Beschwört: »Darfst mir nicht untreu werden, gell nein? (…) Wir gehören ja doch zusammen, und ich kann weder den kleinen Zirkusmeister selbst, noch sein klagendes Ropsen, noch den kleinen Engelsgesang noch seine Pattens vermissen.«[40] Briefe der Zärtlichkeit und Verzweiflung, die berühren.

Auch Hardekopf bleibt in dieser Zeit im Kontakt mit der Freundin, plant, mit ihr nach Deutschland zu fahren, wenn der Krieg zu Ende ist, denn: »Wir haben wohl beide Sehnsucht nach unserem Meer und der weiten grauen Ebene.«[41] Emmy jedoch liebt Vayo, fühlt sich zugleich schicksalhaft an Ball gebunden und kann sich nicht entscheiden. Claire Goll erinnert, daß Vayo die unschlüssige Emmy entführt und Ball mit einem Revolver in der Tasche das Paar verfolgt habe, um den Rivalen umzubringen. Auch wenn diese Aussage Golls Sensations- und Übertreibungslust zuzuschreiben sein könnte, ist sicher, daß Ball um Emmy gekämpft hat. Er fordert sie auf, zu ihm zu kommen, und schreibt am 1. Januar 1918 an Vayo nach Zürich: »Frau Hennings ist auf meine Veranlassung nach Bern gefahren. *Ich* liebe Emmy Hennings und würde *nie* auf sie verzichten (…) Aber ich fühle mich verpflichtet, Ihnen in offener Weise zu erklären, weshalb ich Frau Hennings zu sofortiger Reise bestimmte. Ihre Gesundheit hat tief gelitten. So sehr, daß sie kaum mehr einen freien Willen hat.« Ball bekennt seine tiefe Bindung an Emmy, erklärt, daß sie gemeinsam »drei Jahre furchtbarer Dinge durchlebt«, und appelliert an Vayos Verantwortungsbewußtsein, Emmy freizugeben, denn: »Ich verdanke ihr meine Existenz und auch sie kann und wird sich von mir nicht mehr trennen können. (…) Ich hoffe, Sie werden mit mir einer Meinung sein, dass Frau Hennings der wichtigste Mensch ist, den wir alle kennen. Und so bitte ich Sie, zu verstehen und den Gedanken an diese Frau, die zu *mir* gehört, aufzugeben. Hugo Ball.«[42]

Aber so einfach ist es nicht. Emmy schreibt einen verzweifelten Abschiedsbrief an das Ehepaar Richter: »Sehr liebe Menschen! ich war hier, um Adieu zu sagen (…) Glauben Sie ich darf nicht anders. Und es ist etwas Schreckliches dabei, was ich nie sagen kann, und das ist es, was mich quält. Und weil ich nicht mir vergeben kann, mußte ich diese Beziehung abbrechen.« Sie hofft auf Richters Verständnis, bittet das Ehepaar Frida und Ludwig Rubiner zu grüßen, die sie nicht angetroffen hat, und klagt: »Glauben Sie, ich weiß nicht ein noch aus, (möch)te … (hier ist der Brief eingerissen, nur die letzte Silbe zu lesen) nur 5 Minuten aus der Welt … (Unleserlich der linke Rand.) Aber wenn, entschuldigen Sie mich … Ihre Emmy Hennings.«[43] Fahrige Kritzelschrift. Sie ist des Lebens müde. Vielleicht hat Ball dem Rivalen Emmys Vergangenheit offenbart, das »Schreckliche«, das sie quält und das sie sich nicht verzeihen kann: Prostitution und Gefängnis. Überstürzt verläßt sie Zürich und Vayo, der eine politische Karriere nach dem Krieg plant, die in den zwanziger Jahren in der Sowjetunion beginnt und ihn, wie bereits in Zürich und Berlin, wieder mit Künstlern und Literaten, mit Boris Pasternak, Vladimir Majakowski und Sergej Yesenin, zusammenbringt. Diplomatische Missionen in Berlin, Madrid und Genf folgen. Zwei Jahrzehnte später heftet Emmy Ball-Hennings einen undatierten Zeitungsausschnitt in ihr Tagebuch. Ein Photo von zwei Männern. Unterschrift: »Litwinoff und der spanische Vertreter Alvarez im Gespräch (Völkerbundpalais).«[44] Da verhandelt Vayo, der nach dem Sturz der Monarchie 1931 als diplomatischer Vertreter der neuen sozialistischen Regierung Spaniens akkreditiert ist, beim

Bild 25  Maxim Maximowitsch Litwinow (rechts) und Julio Álvarez del Vayo (links) im Völkerbundpalais Genf

Völkerbund in Genf. Nach dem Sieg Francos im Spanischen Bürgerkrieg 1939 flieht er zunächst nach England, dann in die USA. In drei autobiographischen Büchern hat er Zeugnis über sein politisches Engagement abgelegt. Emmy Hennings hat er nicht wiedergesehen.

Als sie sich zu Beginn des Jahres 1918 von ihm getrennt hat, hält sie sich nur kurz in Bern auf, bleibt nicht, wie Ball gewünscht hatte, sondern zieht wieder nach Ascona. Will allein sein. Ihre Briefe bestätigen Claire Golls Erinnerung, Ball habe damals mit der erzwungenen Trennung Emmys Lebensfreude getötet: »Lieber Hugo! Dein Brief tut mir grenzenlos weh, daß ich am liebsten sterben möchte, und in diesem Fall hättest Du mir nicht die Lebensmittelkarten schicken brauchen (…) Somit sende ich Dir die Karten mit Dank und Bedauern zurück, Dank für Deine Güte, Bedauern mit Deinem Mißtrauen, das ich keineswegs verdiene. Und diese Anspielung auf Zürich tut mir furchtbar weh, daß ich dirs gar nicht beschreiben will. Ich möchte am liebsten auch nicht mehr essen, ich habe ohnehin einige Tage nicht mehr ge-

gessen, und wenn ich nicht essen will, hättest Du auch das Geld nicht senden brauchen (...) Schreib mir lieber nicht, als ohne Gruß und ohne Anrede.«[45] In diesem unruhigen Frühjahr 1918 wiegt Emmy nur noch fünfundachtzig Pfund. »Ach, mein Kleines«, schreibt Hugo, »dabei siehst Du schon so ›flüchtig‹ aus, dass ich manchmal Angst habe.«[46] Er sorgt sich, bittet sie immer wieder, zu ihm nach Bern zu kommen, denn obwohl ihn Emmys Affäre mit Vayo noch immer umtreibt, hat er sich zum Ziel gesetzt, seine Aufzeichnungen, die unter dem Titel *Zur Kritik der deutschen Intelligenz* erscheinen sollen, noch in diesem Frühjahr 1918 abzuschließen. Manchmal gerät er in einen Schreibrausch, läßt Bücher und Notizen beiseite und den Gedanken freien Lauf, fragt, ob Emmy wußte, »dass Meyring beim Schreiben fortwährend onaniert. Mit der einen Hand schreibt er, mit der andern onaniert er. Das schien mir vor 2 Tagen noch grotesk, aber jetzt verstehe ich es. Wenn das Schreiben keine Wollust ist, dann taugt der ganze Bettel nichts. Das Schreiben ist eine erotische Angelegenheit. Man vögelt mit allen 200 Heiligen: Unio mystica.«[47] Ihm jedenfalls ist es »eine einzige Wollust« aufzuschreiben, »was ich seit 5 Jahren gedacht habe«[48]. Dieses Buch soll das Konzentrat all dessen sein, was er seit dem Berliner Herbst 1913 erarbeitet und erkannt hat. »Und wenn ich erst weiss, dass Du Dich ein wenig wohl fühlst und mit der Einsamkeit arrangiert hast«, schreibt er nach Ascona, »habe ich keinen Wunsch mehr, als: viele Briefe von Dir zu bekommen und immer wieder zu hören, dass Du mich ein wenig lieb hast.«[49]

Aber Emmy kann Vayo nicht vergessen, sucht einen Weg, schreibend die Krise zu bewältigen: »ich habe soviele Einfälle, aber es ist ein Durcheinander, heut wirds ein Drama, morgen ein Apachenbuch, übermorgen eine Revolution.«[50] Claire Studer und Ivan Goll, denen sie ihre Arbeiten zeigte, haben sie gelobt, aber: »In Wahrheit ist mir nur Dein Urteil wert, und daß ich das Gefängnisbuch geschrieben habe, darüber kannst nur Du mich trösten (...) Ich habe Stücke geschrieben, einiges über die Frau. ich wage es Dir nicht zu schicken, weil ich Deine abfällige Kritik befürchte, selbst, wenn Du mir etwas Gutes sagst, Du hast schon ein paar mal mir hinterher gestanden, daß Du von dem oder jenem nichts gehalten hättest.«[51] Das Vertrauen ist nachhaltig gestört. Bei beiden. »Ich bin so traurig, Du hast diese Sache mit

Vayo nicht vergessen, während ich schreibend über alles hinweggleite«, klagt sie und fügt trotzig hinzu: »ich werde wohl noch das bedeutendste Buch schreiben, die Frauen haben bisher nichts sonderliches geschrieben.«[52] Als Hugo ihr mitteilt, daß er Schickele eine ihrer Arbeiten zur Beurteilung gegeben habe, reagiert sie erbost: »Die Lasker, die Studer, die Kolb (…) alle haben sie nicht das, was ich zu vergeben habe. Alle nicht! So dumm bin ich nicht, um das nicht zu wissen.«[53] Vor Ostern jedoch siegt Emmys Übermut, als sie Hugo von einem Treffen mit Else Lasker-Schüler und den Serners in Locarno erzählt. Da »magnetisierte« Emmy »Frau Lasker auf offener Straße als Wunderdoktor. Es war Palmsonntag und ein ziemlicher Betrieb, und Du kannst Dir wohl denken, daß wir die Menge anzogen. Frau Lasker in einem herrlich bunten Kittel, (…) wie der Regenbogen, und ich im Sweater barfüßig à la Jeanne d'Ark. Serners lächeln uns beiden Dichterinnen zu (…) Lasker ist glücklich, daß Du und ich und ich und Du wieder zusammen sind, als schmeichle sie sich, dieses arrangiert zu haben. In diesem Glauben konnte ich sie indes nicht lassen, und mußte (…) ihr sagen, daß wir zu tief verbunden seien, und es sei im Grunde lächerlich von einer Trennung je gesprochen zu haben, als wenn man versuchen wolle, aus einem Meer zwei zu machen, das kann ja auch nichts rechtes werden, gell ja Steffgen.«[54]

Mit dem Frühling im Tessin, Besuchen von Hans Arp, Sophie Taeuber und Balls Journalistenfreund Cokic aus Bern, der sich sofort in Emmy verliebt hat, kommt ihre Lebenslust zurück. Sie malt Hugo aus, wieder auf eine Alm zu ziehen. Will ihre »eigenen Bücher« drucken und Verleger, die sie ablehnen, »bekämpfen und besiegen. ich werde meine Bücher schreiben mit Schnörkel (…) und mich einer deutlichen Handschrift befleißigen. Und ich werde meine Kleider an den Nagel hängen und einen Bauernburschen aus mir machen.«[55] Emmy, die Maskenspielerin, die Tagträumerin. Aber weder sie noch Hugo haben die Konflikte auf der Brussada im Vorjahr vergessen. Und längst verlangt es Emmy nach der Stadt und Balls Bekannten, die sie bei kurzen Besuchen in Bern kennengelernt hat: ihre neuen Verehrer, Flesch und Cokic, aber vor allem nach Ernst und Elsa Bloch. Seit August 1918 ist Emmy mit Annemarie in Bern gemeldet. »Wir wohnten im Marzili-Viertel, nahe der Aare. Hugo war im Haus gegenüber einquartiert.«[56]

Ein anderer Nachbar ist der damals 26jährige Walter Benjamin, der nach dem Studium der Philosophie in Freiburg, Berlin und München 1917 mit Gershom Scholem nach Bern gegangen war, um zu promovieren. Er hatte, und daher mag Ball ihn schon gekannt haben, seine ersten Texte in der Zeitschrift *Der Anfang* publiziert, die mit Pfemferts *Aktion* verbunden war. Auch das Thema seiner Dissertation *Begriff der Kunstkritik in der deutschen Romantik* hat sowohl Balls Interesse als auch das Ernst Blochs gefunden, der, ebenso wie Ball und Benjamin, 1917 in Bern eingetroffen war. Bloch, 1885 in Ludwigshafen geboren, hatte in München, Würzburg und Berlin Philosophie studiert und gerade sein erstes Werk *Geist der Utopie* veröffentlicht. Er will für das Heidelberger ›Archiv für Sozialwissenschaft‹ in Bern »Politische Programme und Utopien in der Schweiz« untersuchen. Wie Hugo Ball arbeitet er für die *Freie Zeitung*, die vom 14. April 1917 bis zum 27. März 1920 in hoher Auflage in der Schweiz erscheint, jedoch in Deutschland verboten ist. Bloch ist ihr am meisten gedruckter Autor, gefolgt von Ball und anderen Literaten, Journalisten und Intellektuellen, die von der neutralen Schweiz aus die deutsche Politik bekämpfen. Sowohl Bloch als auch Ball schreiben häufig unter Pseudonym. Die beiden Pfälzer verbindet sofort Sympathie und ihr Interesse an Nietzsche, zu dem Bloch gerade eine Arbeit veröffentlicht hat. Bereits in der zweiten Novemberhälfte 1917, kurz nach der ersten Begegnung, schreibt Ball an Emmy: »Ernst Bloch ist merkwürdigerweise ganz besessen von mir. Er kam heute früh schon um neun Uhr, ganz aufgeregt. (…) Ja, also er will über mich schreiben ›in ganz grossem Stil‹. Aus jedem Satz, den er liest, macht er ein ›System‹. Ich habe allen Respekt vor ihm. Er kann singen, fluchen, hexen, in einer Tonart, wie ich sie bisher noch nie gehört habe. Einfach, grossartig!«[57] Neugierig geworden, fährt Emmy nach Bern. Ball macht sie mit Bloch und dessen Frau, Elsa von Stritzky, bekannt, die im nahen Thun eine Wohnung bezogen haben. Emmy schenkt dem Ehepaar eine Spieldose, summt das Liedchen mit. Spontane Sympathie auf beiden Seiten. Aber in Zürich wartet Vayo, und Emmy fährt zu ihm zurück. Ball ist enttäuscht, und auch Ernst Bloch »hat sehr bedauert, Dich nicht mehr anzutreffen. Sie sind ganz glücklich mit der Spieldose. Orgeln drauf den ganzen Tag.«[58]

Else Lasker-Schüler und Franz Werfel finden sich ebenfalls in der Redaktion der *Freien Zeitung* ein, hoffen auf ein Ende des Krieges, denn nach der März-Revolution in Rußland, der Abdankung des Zaren, nach dem Eintritt der USA in den Krieg im April und dem Beschluß der Mehrheitsparteien im Deutschen Reichstag im Juli 1917, einem Verständigungsfrieden zuzustimmen, schien ein Ende der Kampfhandlungen in greifbare Nähe zu rücken. Aber die Friedensbemühungen scheiterten sowohl an der Siegeszuversicht der Entente, als auch daran, daß die Mittelmächte nicht zu entsprechenden Zugeständnissen bereit waren. Inzwischen ist Kerenski gestürzt, haben Lenin und Trotzki die Sowjetrepubliken ausgerufen und am 8. November mit einem Dekret sowohl die entschädigungslose Enteignung des Großgrundbesitzes beschlossen als auch in einem weiteren Dekret die russische Friedensbereitschaft bekundet. Am 3. März 1918 wird in Brest-Litowsk der Friedensvertrag mit Sowjetrußland unterzeichnet, aber erst am 11. November herrscht auch an der Westfront Waffenruhe, und ab dem 18. Januar 1919 kommen die Großen Vier – Wilson, Lloyd George, Clemenceau und der Italiener Orlando – in Versailles zu Friedensgesprächen zusammen.

Emmy Hennings, die im Kreis politisch aktiver Frauen wie Frida Rubiner, Minna Flake und Claire Studer die Situation verfolgt, will sich einmischen, unterstützt Leonard Franks pazifistisches Credo »Der Mensch ist gut« und verfaßt im April 1918 in Ascona einen Friedensaufruf, den sie Ball mit der Bitte um Veröffentlichung nach Bern schickt. Aber der lehnt ab: »Emmylein, es ist nicht gut, was Du machst. Geschrieben ist es famos und adrett, wies einem Seepferd zukommt, aber in Summa très nuisible, sehr schädlich. (…) Wenn Deine Aufrufe in Deutschland erscheinen könnten, wäre ich unbedingt auf Deiner Seite. Wenn sie in der Schweiz erscheinen sollen, bin ich ebenso unbedingt dagegen. (…) Ich habe der ›Freien Zeitung‹ den Aufruf nicht gegeben und werde ihn auch sonst in der Schweiz nicht weitergeben. Ich kann ja nichts dagegen tun, wenn Du selbst ihn irgendwo drucken lassen willst; aber ich kann mich nicht dafür einsetzen: es widerspricht durchaus meiner Ansicht und Einsicht. (…) Liebling, Du sollst von den Dingen schreiben, die Du erfahren hast, und nicht von denen, die Du nicht kennst. Du mischt Dich in dieselbe Politik, von der Du hundertmal gesagt hast, daß sie Dir fremd ist. Du sollst menschlich sein, indem Du *Dich*, und *nur* Dich anklagst. Indem Du das zeigst an Dingen, die Du erlebt hast. Wie in Deinem Gefängnis. Das ist Dein Gebiet. Da kannst *Du* und *nur* Du Grosses tun.«[59] Anweisungen. Zurechtweisungen. Auch der scherzhafte Ton am Ende des Briefes täuscht nicht über Balls Verärgerung hinweg: »Und nehmts a bitzli Vernunft an, Ihr Schwarmgeist. (…) Oh mein arg geliebtes Emmy-Kind, sei ja artig und pazifistel nicht an Deinem Steffgen herum.«[60] Am nächsten Tag entschuldigt er sich: »Sei nicht ärgerlich über meinen gestrigen Brief. Aber Überzeugung gegen Überzeugung.«[61] Er hat Bedenken, daß Emmy ihm böse ist, und appelliert daran, nicht zu vergessen, daß Deutschland den mörderischen Krieg begonnen hat und jetzt einlenken muß. Aber sie ist verärgert, fühlt sich zu Unrecht gemaßregelt: »Gell, ja mein dicker Brief halb Schreibmaschine hat Dich ein bissel gefuchst«, schreibt sie nach Bern. »O, Steffgen, (…) Du musst mich nicht so rumzerren, sonst weint Seepferd und schlägt aus mit den Hüfgen …« Aber ihre Einsprüche bringen Ball nicht von seinem Entschluß ab, ihren Aufruf weder in der *Freien Zeitung* zu bringen noch ihn weiterzuvermitteln. Und so teilt sie ihm knapp und ärgerlich mit: »Kurzum wage ich Dir zu sagen, dass das *Forum* meinen Aufruf bringen wird, und daß durch Ellen Key meine Arbeiten nach Deutschland kommen können. Dies letztere wird ganz in Deinem Sinne sein, aber sieh, ein Unheil kann meine Arbeit gar nicht anrichten.«[62]

Die Stimmung ist nicht nur zwischen Emmy und Hugo in diesem letzten Kriegsjahr gespannt, sondern auch in Ascona, Bern und Zürich, wo einerseits eine lähmende Resignation unter den Exilanten herrscht, andererseits fieberhaft diskutiert und projektiert wird. Observiert von der Schweizer Polizei werden sie alle. Während des Krieges und danach. Im Bundesarchiv in Bern finden sich auch Emmy Hennings und Hugo Ball auf der Liste der Personen, die 1919 vom Bundesrichter Bickel der bolschewistischen Umtriebe in der Schweiz verdächtigt werden. Und im Bericht des Detektivs Frey an das eidgenössische Untersuchungsrichteramt in Bern wird Ball als Direktor des ›Freien Verlags‹ und Mitarbeiter der *Freien Zeitung* genannt. »Er steht in ganz intimen Verkehr mit der im gleichen Auftrag genannten Hennings geb. Cordsen Emma Marie (…) geb. den 17. Januar 1885 von

Kopenhagen, Dänemark, Schriftstellerin und Conzertsängerin (…)
Beide geben sich als verlobt aus. (…) Wie ich vernehmen konnte,
schreibt die Hennings als Schriftstellerin in einem Verlag, genannt
›Reissverlag‹ in Berlin. Sie soll s. Z. in München wegen anarchistischer
Propaganda verhaftet gewesen sein. Die Hennings gibt selber zu, während ihrem Aufenthalte in Zürich, in eine Zeitung *Revoluzer* geschrieben zu haben.«[63] Verdächtigungen. Fehlerhaft notiert. Beweisen kann
Frey nichts. Dennoch empfiehlt er der Polizeidirektion Bern, einen
Ausweisungsantrag zu stellen, »da sich Ball und die Hennings über ihre Erwerbsquellen zu wenig glaubwürdig ausweisen können«[64]. Auch
über das Ehepaar Lasker-Schüler in Berlin, über die Ärztin Minna Flake sowie Walter Serner und Tristan Tzara finden sich Dossiers unter
L. A. 101a vom 2. Juli 1919 »Die Dadaisten in Zürich«.

Für diese ist inzwischen mit dem Ende des Krieges eine neue Situation entstanden, denn die Schweizer Regierung legt den Emigranten
nahe, in ihre Heimatländer zurückzukehren. Huelsenbeck geht nach
Berlin, trägt dort bereits am 12. April 1918 bei einer Soiree das, auch
von Ball unterzeichnete, »Dadaistische Manifest« vor, begründet eine
neue Gruppe und bleibt auch künftig der »Dada-Trommler«. Tzara,
zunächst wegen einer Nervenkrankheit zur Erholung in Hertenstein
bei Weggis, zieht nach Paris. Und auch Arp, der Elsässer, votiert für
Frankreich und zieht mit Sophie Taeuber zunächst nach Straßburg,
dann nach Meudon bei Paris. Für ihn, den Gemeinschaftsmenschen,
wird auch künftig die Zusammenarbeit mit Kollegen sein Werk prägen. 1921 trifft er sich in Tirol mit Tzara und dem neu hinzugekom-
menen Max Ernst. Ergebnis des Urlaubs: *Dada au grand air – Der
Sängerkrieg in Tirol* (Dada 8).

Während die Emigranten nach und nach die Schweiz verlassen, arbeitet Ball weiter an seinem Manuskript *Zur Kritik der deutschen Intelligenz*. Artikel, die er 1917/18 für die *Freie Zeitung* schreibt, gehen
in das Werk ein, das am 17. Januar 1919, an Emmys 34. Geburtstag,
im ›Freien Verlag‹ in Bern erscheint, dessen literarischer Leiter Ball
seit September 1918 ist. Über seinem Schreibtisch hängt ein Kupfer-
stich Thomas Müntzers, dessen Schriften auch Bloch, angeregt durch
Hugo Ball, liest. Austausch und gegenseitige Anregungen sind zwischen den beiden Männern intensiv: »Auch sehe ich mich jetzt öfters

Bild 26 Ernst Bloch, um 1912

mit einem utopischen Freunde, E. B., der mich veranlaßt, Morus und Campanella zu lesen, während er seinerseits Müntzer studiert ...«,[65] schreibt Ball im Tagebuch, und an Emmy: »Ich lese jetzt Blochs Hexenbuch (vom Geist der Utopie). Er schreibt da über Musik. Es ist ein Fitzlibutzli. Ich schaue ihn an wie die Hexe von Endor. Und ich kann nicht vergessen sein Aussehen, als er dort in dem Gasthaus am See die Haare zurückstrich und wirklich wie eine bösartige Hexengrossmacht aussah. So etwas ist auch in seinem Buch.«[66]

Der Kontakt intensiviert sich im Frühjahr 1918: »Liebling, nur ein paar Zeilen für heut. Bloch ist hier und hält mich ein wenig auf«,[67] teilt Ball am 26. April mit. Und einen Tag später: »Die Hexe aus Thun war wieder da und hat dem Steffgen stundenlang in die Ohren geblasen.«[68] Anfang Mai denken die beiden Männer sogar über ein Zusammenlegen des Wohnortes nach: »Heute ist Bloch mal wieder hier und wir sassen den ganzen Nachmittag im Café«, berichtet Ball nach Ascona. »Er erzählte mir, daß es in Interlaken (am Thunersee) ganz billige Wohnungen gibt und er will für 1. Juni mieten und auch für uns sehen, ob er etwas findet. Das wäre gewiss sehr schön, Interlaken ist ja berühmt wegen seiner Lage und jetzt ist dort alles verlassen, weil es keine Kurgäste gibt. Würde Dir das gefallen.«[69] Ja, das würde es, aber sie kann sich dennoch nicht entschließen, das vertraute Ascona zu verlassen, wo sie an einem neuen Roman arbeitet: *Das Brandmal*. Auch Ball nutzt seine Einsiedelei, um sein Manuskript *Zur Kritik der deutschen Intelligenz* zu beenden. Er will darin für eine streitende Demokratie werben, ein Konzept, das in Amerika ebenso interessiert wie im revolutionären Rußland, und ist sicher, daß er der einzige ist, der dieses Buch schreiben kann, obwohl er ahnt, daß man ihn in Deutschland

»einen Hochverräter schimpfen« wird. Und so begeistert ihn seine Arbeit einerseits, andererseits ermüdet sie ihn mehr und mehr, denn hatte er zu Beginn noch geglaubt, im Frühsommer das Manuskript beenden zu können, gesteht er Emmy Anfang Mai 1918: »Es ist eine grosse Anstrengung für mich, so ein logisch-systematisches Buch zu schreiben, wie ich es jetzt tue. Denn Du hast gewiss recht: das Schweben entspricht mir mehr. Aber da das andere gemacht werden muss, so gehts nun darum, wie ich mich am besten aus der Affaire ziehe.«[70] Elan und Enthusiasmus sind verflogen. Was bleibt, ist der Entschluß, trotz seiner Erschöpfung auch das vierte und letzte Kapitel »Die deutsch-jüdische Konspiration zur Zerstörung der Moral« zu beenden. Daß er seine Thesen damals mit Bloch diskutiert hat, läßt sich weder in Balls Briefen noch im Tagebuch nachweisen, kann jedoch bei der engen Verbindung der beiden Männer nicht ausgeschlossen werden. In *Die Flucht aus der Zeit* findet sich am 31. Juli 1918 ein längerer Eintrag zum Judentum und der Neuordnung Deutschlands nach dem Krieg: »Daß Rasse nur durch das Gesetz und zwar durch das religiöse Gesetz garantiert wird, dafür sind die Juden als ein unsterbliches Beispiel den Rassetheoretikern zu empfehlen. Vielleicht werden orthodoxe Katholiken und Juden im Bunde einmal noch Deutschland aus seinem Sumpfe retten.«[71] Und dann wendet er sich gegen Marx, »der den religiösen Charakter überhaupt negiert«, bezeichnet ihn als Antisemiten und führt aus, welche verheerenden Folgen die Reformation für das Judentum hatte. Protestantismus und Preußentum, »verschweißt« mit der idealistischen Philosophie, haben den deutschen Juden die falsche Richtung gewiesen, aber mit der Niederlage Deutschlands und dem Ende Preußens »wird der jüdische Messianismus seine Freiheit zurückerhalten. Es könnte möglich sein, daß die Juden einmal in Deutschland von zwei mächtigen Parteien, der proletarischen und der aufstrebenden katholischen sehr umworben werden. Sie werden gut daran tun, sich beizeiten zu der Partei zu schlagen, der der Sieg gewiß ist ...«[72] Vermutungen. Hoffnungen. Hugo Ball, auf dem *Weg zum Grunde*, und Ernst Bloch, der jüdische Utopist, könnten sie geteilt haben. Dessen Stimmung schlägt jedoch um, nachdem Balls Leitartikel zum Waffenstillstand und dem Sturz der Monarchie in Deutschland, »Die Umgehung der Instanzen«, am 16. November 1918 in der *Freien Zeitung* erschienen ist. Darin unterstellt er, daß sozialpolitische Minderheiten und jüdische Repräsentanten von der Schwerindustrie vorgeschickt werden, einen wirtschaftlich günstigen Friedensschluß für Deutschland zu erwirken, und argumentiert: »Der Boden einer israelitischen Republik ist das gelobte Land, nicht aber Deutschland. Wir arbeiten mit diesen Herren gerne, soweit sie sich unzweideutig zur moralischen Tat bekennen.«[73] Bloch äußert seine Verstimmung sechs Tage später in einem Brief an seinen Mäzen, Johann Wilhelm Muehlon: »Ich schrieb Ball sogleich, daß die Art seines Antisemitismus skandalös ist, ganz gleich, wie er gedacht ist (ich kenne die tieferen und, wie oft bei Ball, bedeutend verkürzten Zusammenhänge).«[74] Ein Briefwechsel zwischen Ernst Bloch und Hugo Ball ist nicht erhalten. Über sein Verhältnis zu Ball schreibt der Philosoph am 15. August 1975 an den Leiter der Hugo-Ball-Sammlung, Pirmasens: »Ich schätzte ihn sehr hoch, er machte mich mit Bakunin bekannt und mit dem Bogen, den er selber in späteren Jahren von dem wichtigen Buch ›Kritik der deutschen Intelligenz‹ bis zu seiner ergreifenden späten Darstellung der ›Byzantinischen Mystik‹ schlug. Wir waren völlig einig in der bekundeten Verurteilung des Ludendorff-Kriegs und dem Kampf gegen seine Verursacher.«[75]

Als Emmy Hennings im August 1918 mit Annemarie in die Marzilistraße 23 zieht, ist das Verhältnis zu Bloch noch ungetrübt. Und auch zu den Nachbarn im Haus Nr. 22, dem Ehepaar Benjamin, bekommt Emmy schnell Kontakt. Walter Benjamin zeigt sich in einem Brief besonders von Annemaries künstlerischen Fähigkeiten angetan und schlägt vor, ihre Bilder in Berlin in einer Ausstellung »Expressionistische Kinderbilder« zu zeigen. Förderlich scheint ihm, daß »erstens der Name der Mutter (…) unter den Literaten bekannt ist, zweitens die Tatsache, daß Bilder des Kindes mit anderen Kinderbildern zusammen in Zürich ausgestellt wurden« (…) Diese Bilder, »deren Gegenstand meist das Zusammensein von Menschen, sei es mit Dämonen, sei es mit Engeln ist«,[76] zeigen, wie stark die 12jährige Annemarie bereits durch die Diskussionen von Emmy und Hugo beeinflusst gewesen sein muß.

Emmy arbeitet in Bern »als Bürolistin, wie man das Schreibmaschinenmädchen in der Schweiz nennt«,[77] und schreibt in ihrer freien Zeit weiter am Manuskript *Das Brandmal*. Vermutlich haben die Berner

Bekannten davon gewußt. Vielleicht hat Benjamin ihr von seinen pubertären Erlebnissen mit Prostituierten erzählt, die sich in dem 1932 entstandenen Text »Bettler und Huren« finden. Vielleicht hat Bloch vom Schauspieler Girardi gesprochen, der im nächtlichen Wien durch eine Hurengasse irrt und dort von einem entzückenden Mädchen angesprochen wird. In *Spuren* erscheint ihm ein Engel in Gestalt einer Hure, weil er nicht ertragen kann, wie falsch die Menschen alles machen, und dessen Ruf noch kein Mann, auch Girardi nicht, verstanden hat. Engel und Hure. Auch in Emmys Manuskript sind Heiligkeit und Hurerei eng verwoben: »In meinem Halbweltbuch gehts folgendermassen zu: Die Hure zieht dem heiligen Aloysius den Rock aus u. geht damit spazieren, und es ist die anmutigste Verbindung der Religion mit der Erotik.«[78] Emmy stellt sich, während die letzten erbitterten Kämpfe toben, das alte Europa zerfällt und die Männer die neue Weltordnung diskutieren, erneut ihren Erinnerungen. Geht zurück in die Zeit vor dem *Gefängnis*, das gerade in Berlin erschienen ist. »Emmy bereitet ein neues Buch vor«, notiert Ball. »Die ersten sechzig Seiten sind bereits da und ich habe sie durchgelesen. Auch dieses Buch wird ein Zeichen der Zeit sein. Der Beginn, wo eine kleine Schauspielergruppe sich auflöst und in alle vier Winde auseinanderstiebt; das fruchtlose Gebet im Dom, der Hunger, die Entbehrung: was ist das alles, wenn nicht die Verlassenheit? Dann aber, der Himmel zerteilt sich und zärtlich gehen die Sterne auf …«[79]

Während des Schreibens sucht Emmy Halt bei einer Frau, die verehrt wird wie eine Heilige: Elsa Bloch von Stritzky, in Riga geborene Bildhauerin. Seit 1913 verheiratet mit Ernst Bloch. Am 2. Januar 1921 stirbt sie nach langer Krankheit. Damals schreibt Bloch im Tagebuch: »Ihr Bild und Wesen wächst immer leuchtender empor – gänzlich verklärt, die heilige Frau (…) Else hatte als Kind Schreckzustände, in denen sie mit dem Versucher kämpfte. Sah den Teufel, böse Stimmen mengten sich in ihr Gebet ein. Bei der Konfirmation, als sie mündig und selbstverantwortlich gesprochen wurde, fiel sie in Ohnmacht (…) Und wieder fällt mir bei, an der leichten, lächelnden, geheimnisvollen Art, mit der diese Frau in ihrer beständigen Märchenwelt lebte (…) denke (…) zurück an ihre schwere, allerreinlichste, moralisch-religiöse Problemwelt (…) Übrigens kenne ich keinen Menschen, der

Bild 27 Elsa Bloch von Stritzky

sie vergessen hätte, wenn er sie nur einmal sah, der nicht das Verklärte, das durchbrechende Licht einer anderen Welt in ihr verspürt hätte.«[80]

Keine Frage, daß für Emmy bei ihren Besuchen in Thun und Interlaken von dieser Frau eine starke Anziehung ausgeht. Wahrscheinlich hat Elsa Bloch auch zu Emmys Entschluß beigetragen, Balls Drängen nachzugeben, endlich nach Bern umzuziehen. Denn Emmy sucht Elsas Nähe. Bittet um ein Bild. Nennt sie »unsere liebe Frau«, wie die Mutter Maria. Vergleicht sie mit der heiligen Elisabeth. Sucht in ihrer eigenen Zerrissenheit Rat. Will zu Fuß nach Interlaken »pilgern«, um Elsa zu sehen. Schwärmerische Verehrung. Hingabe. Und während sie Elsa ihre Liebe erklärt, läßt Emmy zugleich im *Brandmal* die Protagonistin mit Gott ringen, Erlösung erflehen: »Auch die gefallenen Engel hoffen auf dich, Gütiger. Wenn sie aber so verwirrt sind, daß sie zweifelnd nur leise hoffen können, so glauben sie doch ihrem Glauben nach.«[81] Der Einfluß Elsa Blochs auf dieses Buch und auf Emmys Entscheidung, Hugo Ball zu heiraten, ist nicht zu unterschätzen. Noch am 6. Januar 1925 wird Emmy sich im römischen Tagebuch wehmütig mit einem Vers ihres Gedichtes »Untergang der Sonne« an Elsas Beerdigungstag erinnern: »Jetzt singt der jüngste Seraph vor Gott sein Flügellied.«[82] Sie hat es der Toten gewidmet.

Vorgriff. Anno Santo 1925. Gerade hat der Papst die Heilige Pforte geöffnet. Emmy pilgert von Kirche zu Kirche. Von Heiligengrab zu Heiligengrab. Betet um eine Lösung ihrer Probleme mit Hugo. Ihre Ehe steckt in einer Krise. Sie leidet an ihren Glaubenszweifeln, erinnert Elsa Blochs tiefe Glaubenszuversicht. Mag sich wünschen, was sie nach Elsas Tod Ernst Bloch geschrieben hatte: »Lieber, lieber Bloch

(…) Nun aber ist das Kind Ihrer Liebe ein Gebet geworden, und sie hat auch von Ihrem Wesen, das Sie in Elses Seele hineingeliebt, zu Gott getragen, sie wird Ihnen Brücke sein.«[83] Wie wichtig Elsa und Ernst Bloch für Hugo und Emmy gewesen sind, zeigt, daß sie unmittelbar nach ihrer Trauung an den Thuner See fahren, um das Ehepaar zu sehen. Aber die Wohnung ist verlassen. Blochs sind nach Deutschland zurückgekehrt. »Das war für Ball selbstverständlich eine große Enttäuschung«,[84] schreibt Emmy rückblickend 1947. Über ihre eigenen Gefühle sagt sie nichts. Auch nichts darüber, warum das Ehepaar Bloch ohne ein Wort des Abschieds nach München abgereist war.

Martin Korol ist in seiner 1999 publizierten Dissertation *Deutsches Präexil in der Schweiz 1916-1918* dieser Frage nachgegangen. Er betont zunächst die Ähnlichkeiten zwischen Ernst Bloch und Hugo Ball, die dürftigen finanziellen Verhältnisse, ihre Einigkeit in der Ablehnung des »Ludendorff-Krieges«. Thematisiert dann die Wesensunterschiede: »Ball als Außenseiter, aber auch als unbedingt ehrenwerten deutschen Intellektuellen und Künstler mit einem Hang zum Tiefen und zu Höherem, einer Weltfremdheit und einer Gebrochenheit der Heimat gegenüber: innerlich an Deutschland gebunden, aber gleichzeitig höchst unglücklich über die Zustände dort.« Während Bloch »wendig erscheint, welterfahren und bindungslos. Er konnte sich auf neue Menschen und Orte schnell einstellen und sie ohne große Schwierigkeiten und Hemmungen wieder verlassen (…) Seine Beziehungen hielten nur kurz.«[85] Und darin gleicht er Emmy Hennings. »Beide waren vom gleichen Schlag, Spielernaturen, beruflich wie auch in ihrer Beziehung zu Menschen. Beide waren anpassungsfähig, polygam und leichtlebig, dynamisch, immer kurz hier und dort verweilend, kämpferisch und notfalls auch kalt ihren Mitmenschen gegenüber; beide hielten mit ihren Kräften Haus und überlebten ihre Partner um Jahrzehnte. Elsa und Ball hingegen waren liebe- und hingebungsvoll, harmoniebedürftig, treu, skrupulös, ein wenig weltfremd und immer auf der Suche nach Ruhe; beide verströmten sich und starben vor der Zeit.«[86]

Daß die extravertierte kapriziöse Emmy und der Erotomane Bloch Gefallen aneinander fanden, ist nicht auszuschließen, zumal Elsa »durch eine vor kurzem vollzogene Gebärmutteroperation (…) schon kör-

perlich nicht zur Ehe tauglich«[87] war, so Bloch bereits 1911 an Georg
Lukàcs. Bloch findet, so Korol, in Elsa und Emmy sein »Frauenbild:
Maria und Magdalena.«[88] Er stilisiert, auch aus schlechtem Gewissen, Elsa nach ihrem Tod zur Heiligen, so wie Emmy in ihren Erinnerungsbüchern das Leben Hugo Balls zur frommen Legende werden
läßt.

1917/18 bestimmen Sympathie und gegenseitige Faszination die Beziehung zwischen dem »show-man« Bloch und der Maskenspielerin
Hennings. »Da wird es einen Gleichklang gegeben haben«,[89] glaubt
Korol und vermutet, daß Balls antisemitische Äußerungen in »Die Umgehung der Instanzen« nicht allgemein gegen das Judentum, sondern
auch gegen Bloch persönlich gerichtet waren. Er hat Bloch bewundert,
wenn er jedoch die Vermutung haben mußte, daß der Philosoph und
Emmy ein Verhältnis miteinander hatten, wäre es »Eifersucht gegen
den Freund, der sich als Nebenbuhler erwiesen hatte«[90], die ihm die
Feder geführt hätte. Anders als bei Vayo ein Jahr zuvor ist Ball jedoch
nicht in der Lage, den Konflikt in einem offenen Brief oder Gespräch
zu lösen, sondern muß Bloch hinterrücks angreifen. Daß dabei auch
unbewältigter Ärger darüber mitschwang, daß Bloch gelegentlich Gedanken oder Sätze Balls ohne Hinweis übernommen und veröffentlicht hatte, mag ebenfalls mitgespielt haben. Nicht zuletzt war Ball
im November 1918 erschöpft und neigte, wie bereits bei den Ausein-
dersetzungen mit Tzara 1916/17, zu aggressiven Überreaktionen. Emmy, die beim Konflikt mit den Dadaisten vermitteln konnte, schweigt
als Betroffene. Selbst in ihren Erinnerungsbüchern sind die Hinweise
auf Bloch allgemein und geben keinen Aufschluß über die wirkliche
Beziehung. Auch Ball äußert sich weder in seinen Briefen noch in
*Die Flucht aus der Zeit* zum Ende seiner Freundschaft mit dem Philosophen. »Das Gift in Ball aber wirkte weiter«, ist Korol überzeugt. »Er
schrieb fortan (...) antijudaistischer bzw. antisemitischer als zuvor.«[91]
Bloch erwähnt nur einmal 1967 gegenüber Michael Landmann in
einem Gespräch über die *Freie Zeitung* die »anima candissima Hugo
Ball«[92]. Ob Emmy bei ihren Aufenthalten an der amalfitanischen Küste in den zwanziger Jahren nochmals Kontakt zu dem in Positano lebenden Bloch hatte, ist nicht bekannt. Annemarie Schütt-Hennings,
1979 von Korol befragt, äußerte sich ausweichend zu der Berner Zeit:

»Damals war ich ein Kind von 12 oder 13 Jahren. Da es sich ja um Politik handelte und es sehr viele Spitzel gab, wurde in meiner Gegenwart nie über Politik gesprochen (…) Auch die Mitarbeiter habe ich nur flüchtig gekannt, wie Ernst Bloch und seine Frau Elisabeth (…) Meine Mutter war nie politisch tätig, natürlich nahm sie Anteil an der Arbeit meines Vaters.«[93] Das Anliegen der Tochter und Nachlaßverwalterin, zu tilgen, was ihrer Meinung nach dem Ansehen von Emmy und Hugo Ball hätte schaden können, hat in den von ihr veröffentlichten Briefen zu Auslassungen, Kürzungen und Veränderungen geführt. Auch bei der von Gerd-Klaus Kaltenbrunner 1970 herausgegebenen und eingeleiteten Neuausgabe *Zur Kritik der deutschen Intelligenz* wurden auf Drängen von Annemarie Schütt-Hennings einige Stellen stillschweigend gestrichen, die als antisemitisch hätten mißverstanden werden können. Als der amerikanische Historiker Anson Rabinbach (Princeton) bei der Übersetzung des Berner Originalmanuskripts ins Englische diese entdeckt hatte, wurde die Vorgehensweise Annemaries und des Herausgebers Gert Mattenklott als »Mohrenwäsche« kritisiert und nochmals von Bodo Mrozek im *Berliner Tagesspiegel* vom 27. Juli 1999 diskutiert. Erst 2005 wurde die ursprüngliche, 1919 in Bern publizierte Fassung von Hans Dieter Zimmermann in der Ausgabe *Sämtliche Werke und Briefe* herausgegeben.[94] Zimmermann stellt diesem Essay Hugo Balls fünf Jahre später bearbeitete Fassung voran, die er im Herbst 1924 unter dem Titel *Die Folgen der Reformation* veröffentlicht hat. Dabei, so Zimmermann, kürzte Ball »stark, schwächte einige Überspitzungen ab und fügte einige Ergänzungen hinzu«[95]. »Ball war kein Antisemit«, macht Zimmermann deutlich, »zweimal wehrt er sich in der ›Kritik der deutschen Intelligenz‹ dagegen. Mit Recht: er ist kein Rassist, der Juden, welcher Art auch immer, für ein Verhängnis hält. Er wendet sich gegen solche Juden, die Standpunkte vertreten, die er für verhängnisvoll hält, sei es ein deutschnationaler, sei es ein sozialdemokratischer oder marxistischer.«[96] Das müssen auch seine jüdischen Rezensenten so gesehen haben, die Balls Essay zustimmend beurteilten. So findet sich in Ernst Blochs Rezension kein Hinweis auf antisemitische Passagen, wohl aber Kritik an Balls Sprache: »stachlich und voll Lästerung«[97]. Dennoch ist er überzeugt: »Ball, ein Deutscher erstaunlicher Prägung, hat das grobe, abseitige, dem Satan offene, paradoxe Winterland moralisch zerschlagen (...) Man möge hier also dankbar und im richtigen Maßstab verstehen. Man möge Ball mancherlei Hilfskonstruktionen der Geburt weder als Jud noch als Germane schärfer anrechnen (...) Der Leser erfahre, wie kräftig diese Publikation zu reinigen und zu festigen berufen ist, aber auch, welch unvertrautes, allernächst vertrautes Deutschland dem wahlverwandten Blick noch zum Vorschein kommen könnte.«[98] Dieses »unvertraute« Land erlebt Hugo Ball, als er erstmals die Grenze wieder überschreiten darf und erschüttert die Heimat nach den Zeiten des Krieges wiedersieht.

# Fremde Heimat

Ball kehrt zurück – Streiks und neue Grenzen – Kritiker der *Kritik* – Pläne, Presse, Politik – Katholizismus versus Kommunismus – Heimkehr zu Wald und Meer – Emmy kocht, Hugo reist, und Annemarie geht zur Schule – Eine endgültige Entscheidung – Das Paradies Agnuzzo

Mit dem Ende des Krieges und den Friedensverhandlungen 1919 ist für die *Freie Zeitung* und den ›Freien Verlag‹ das Ende gekommen. Hatten die Schweizer Behörden die politischen Aktionen der Ausländer zunehmend kritisch beurteilt und sie observiert, so verfügt das Eidgenössische Justiz- und Polizeidepartement am 18. Juli 1919 erste Abschiebungen. Unfreiwillig oder freiwillig verlassen die letzten Exilanten nach und nach die Bundeshauptstadt. Verlassen die Schweiz. Aber wohin sich wenden? Wo neu beginnen?

René Schickele, durch den Friedensvertrag von Versailles französischer Staatsbürger geworden, zieht sich ins abgelegene Badenweiler zurück und beginnt die Roman-Trilogie *Das Erbe am Rhein*. Hans Arp entscheidet sich für Frankreich, geht mit Sophie Taeuber zunächst ins heimatliche Straßburg. Hugo Ball ist 1919, trotz drohender Abschiebung, in Bern mit Abwicklung der *Freien Zeitung* und des ›FreienVerlags‹ beschäftigt, Tätigkeiten, die ihm ein regelmäßiges Einkommen garantiert hatten. Aber da mit dem Ende des Krieges seine Geldgeber kein Interesse mehr an der Fortführung der Publikationen haben, beantragt er einen Paß, um in Deutschland nach Lebens- und Arbeitsmöglichkeiten zu suchen.

Am 25. Februar 1919 war bereits Johann Wilhelm Muehlon, der einflußreiche Mitinitiator von Zeitung und Verlag, nach München gereist, um sich am Aufbau der Republik zu beteiligen. Mitte März folgt ihm Hugo Ball, um sich mit Emile Haguenin zu treffen, dem Leiter der französischen Beobachterkommission, der die Neuordnung Deutschlands begleiten soll. Haguenin, vor dem Krieg Professor für französische Literatur in Berlin, kennt Ball von der gemeinsamen Arbeit in Bern und setzt, da er verhindern möchte, daß Berlin wieder zum Machtzentrum Nachkriegsdeutschlands aufsteigt, auf Balls Beziehungen in die Berliner wie auch die Münchener linke Szene. Sein Plan: München und den Süden Deutschlands unter französischem Einfluß gegen zentralistische Tendenzen und den preußisch-militaristischen Einfluß zu stärken.

Als Ball die Grenze überschreitet, sind vier Jahre vergangen, seit er mit Emmy Deutschland verlassen hatte. Aber nichts ist mehr wie zuvor. Er findet eine ihm fremde Heimat: »München, mein Liebling hat sich gar sehr verändert. Man kennt die Stadt kaum wieder. Sie ist wie ein altes Panzerschiff, das in Reparatur gehört. Und die Menschen möchte man ins Volksbad schicken und ihre Kleider und Krägen aufbügeln lassen.«[1] Bevor er mit Haguenin nach Berlin weiterreist, schickt er Emmy, die sich in Bern von der Spanischen Grippe erholt, eine Ansichtskarte von der Theatinerkirche. Gespräche in Berlin, Plünderungen und Schießereien in Frankfurt, wo Ball auf dem Weg nach Mannheim Station macht. Am Rhein: eine Grenze. Französische Soldaten. Ball beantragt bei der Militärbehörde eine Genehmigung, um durch die besetzte Rheinpfalz nach Pirmasens fahren zu können. Wartet in Mannheim, hört politische Vorträge, spricht selbst. Anfang April trifft er bei der Familie ein und schreibt enttäuscht an Annemarie: »Pirmasens ist nicht so hübsch, sondern ein wenig roh und schmutzig, und Steffgen kann sich nicht mehr so ganz zurechtfinden.«[2]

Mitte April ist er kurz in Bern, wenige Tage später in Heidelberg und Anfang Mai erneut in Berlin. 40 Stunden hat die Bahnfahrt nach Norden gedauert. Streiks. Unruhen. Auch in Berlin stehen »alle Verkehrsmittel« still, und Ball durchquert die Stadt zu Fuß vom Zentrum in den Westen und zurück zum Anhalter Bahnhof, wo er im Hotel Excelsior abgestiegen ist. Er sucht Reiß auf, bei dem im Jahr zuvor sein *Flametti* erschienen ist und der gerade Emmys *Gefängnis* herausgebracht hat. Er trifft Siegfried Jacobsohn, den Herausgeber der Wochenschrift *Die Weltbühne*, die, zunächst als Theaterzeitschrift *Die Schaubühne* begründet, seit den Kriegjahren zu den pazifistischen und antinationalen Blättern zählt. Da Ball nicht mitteilt, warum er Jacobsohn aufsucht, kann nur vermutet werden, daß er sowohl Emmys *Gefängnis* als auch seine *Kritik* zur Rezension anbietet. Unangenehm sind ihm Besuche bei Verlegern, die Schriften des ›Freien Verlags‹ wi-

derrechtlich abgedruckt haben, erfreulich hingegen das Wiedersehen
mit Huelsenbeck, der einen Dada-Abend veranstaltet. Ball sitzt im Publikum, »hatte meine helle Freude dran. Und wenn mir auch heute
noch die Ohren davon sausen, so muss ich doch sagen, dass der kleine
Saal in der Sezession überfüllt war und alle Neger-Instinkte Gross-Ber-
lins sich schamhaft erkannt und ans Licht gebracht sahen.«[3] Dennoch:
Ball hat »den Ästhetizismus (…) abgelegt«[4] und ist entschlossen, weiter politisch zu wirken, eine Publikation als Nachfolgerin der *Freien
Zeitung* in Deutschland zu begründen. Aber noch muß er sich in Bern
um die Abwicklung des Verlags kümmern, mit Emmy beraten, wie es
weitergehen soll mit ihnen – und wo. Sie hat Heimweh nach Flensburg, auch Ball möchte nach Deutschland zurück, »wären nur die Verhältnisse und die Menschen nicht so trostlos und ohne Aussicht«[5]. Doch
während das Paar noch zögert, Pläne macht und sie wieder verwirft,
sieht sich Ball im Juli genötigt, vor der Polizei, die ihn abschieben will,
ins Tessin zu fliehen. Die Behörde hat »frühere Zürcher Klatschge-
schichten ausgegraben und möchte Emmy Hennings und mir den Re-
mis geben lassen«[6], teilt Ball Ende August 1919 Brupbacher mit und
läßt ihn, der mit Anteilnahme die revolutionären Bewegungen im Nach-
barland verfolgt, wissen: »Deutschland braucht ein moralisches Gehör,
eh man dort wissen will, warum überhaupt rebelliert werden soll.
Mehr und mehr aber leitet mich die Überzeugung: Wo kein Sakrament existiert, ist keine Empörung möglich. (…) Franz Blei schrieb
mir neulich: ›Es lebe der Kommunismus und die katholische Kirche!‹
Das beschäftigt mich sehr.«[7]
   Zu Weihnachten 1919 und im Frühjahr 1920 ist Ball noch einmal in
Berlin, sondiert die Möglichkeiten für die Gründung einer neuen Wo-
chen- oder Monatszeitschrift, fordert Hardekopf zur Mitarbeit auf.
Aber noch ist unklar, wo diese erscheinen soll. Frankfurt am Main
ist im Gespräch. Stuttgart. Nur der Titel steht für Ball bereits fest:
Die Erneuerung. Hardekopf, der zunächst geplant hat, nach Frankreich zu gehen, willigt ein, gibt jedoch zugleich zu bedenken: »Nur
fällt es mir unendlich schwer, mich zur Übersiedlung nach einem Lande zu entschliessen, mit dessen Schrecken mich meine schlimmsten
Angstträume regalieren (…) Übrigens: werden Sie sich in Deutschland nicht grosser Gefahr, oder, zum mindesten, dauernden Bedroht-

sein, aussetzen, falls Sie die neue Publikation auch nur annähernd so klar-präcis stilisieren, wie die *Freie Zeitung*?«[8] Und er schließt seinen Brief in der Erinnerung an Emmys schwere Erkrankung an der Spanischen Grippe: »Mögen Sie in Flensburg Erholung und freundliche Meeresluft finden! Bitte geben Sie mir freundliche Nachricht von dort.«[9]

Flensburg. Emmys Sehnsucht. Balls Skepsis. Als das Lebenskapitel Schweiz beendet ist, resümiert er seine Aktivitäten der letzten Jahre im Tagebuch: »Als ich damals nach Bern fuhr, wie hätte ich gedacht, auf so heftige Weise in die Politik zu geraten. Ich bin zu leicht begeistert und kenne dann keine Halbheit, keine Bedenken.«[10] Und weil er so leben und schreiben muß, weil er nicht aufhören kann, daran zu erinnern, wer die Mörder in diesem Krieg waren, schlagen ihm Unverständnis, Ablehnung und Empörung aus Deutschland entgegen; wegen seiner Mitarbeit an dem Ententeorgan *Die Freie Zeitung*, nach der Veröffentlichung von *Zur Kritik der deutschen Intelligenz*. Er hat geahnt, daß man ihn als Vaterlandsverräter brandmarken, ihn mißverstehen wird, ist »wie betrunken von Überdruß und Verzweiflung«[11]. Suizidgedanken quälen ihn. Wie immer, wenn sie ernstlich gefordert wird, zeigt die labile Emmy jetzt überraschende Stärke, befiehlt kategorisch: »Hier wird nicht gestorben.«[12] Und schlägt vor, nach Flensburg ins Elternhaus zu ziehen. »Emmy sehnt sich nach Deutschland. Wir planen, über Berlin und Hamburg nach Flensburg zu reisen. Leider kann ich nicht sagen, daß ich dieselbe Sehnsucht empfinde«,[13] notiert Ball, ist unsicher, wo er anknüpfen soll. Zweifelt, ob die Zeitschrift das richtige Projekt ist, Flensburg der richtige Ort, sich niederzulassen. Daß Emmy in der Steinstraße ein Haus geerbt hat, scheint kaum ein hinreichender Grund. Aber wohin sonst gehen? Berlin? München? Stuttgart? Ball weiß, daß er an der literarischen Entwicklung in Deutschland seit 1915 keinen Anteil mehr hat. Muß erkennen: »Beim Durchblättern vielfacher Verse junger Dichter wird mir bewußt, (...) daß ich den Dichter in mir nahezu getötet habe.«[14]

Die Tagebuchnotizen von 1919 spiegeln seine Zweifel, seine Zerrissenheit. So vieles ist fragwürdig geworden oder geblieben; wie die Revolution in Russland, die ihm nicht konsequent genug scheint, aber: »Das antikapitalistische Prinzip kann ausgebaut werden, menschlichere Formen annehmen. Dieses Prinzip, mit welchen Methoden es immer in Erscheinung trat, ist ein ungeheurer Schritt in die Zukunft.«[15] Nur sein Weg, das erkennt er, ist dieser kollektive nicht, denn: »Die Bestimmung des Menschen geschieht von der geistigen Welt her, nicht aus der Zeit, und man muß immer danach trachten, daß es so sei. (…) Jeder einzelne kann so zum Felsen werden, um den die Geschichte brandet. Alle derartigen Felsen aber sind garantiert im Felsen Petri.«[16] Also im Katholizismus, dem Repräsentanten auf dem Stuhl Petri. Ball singt das Credo und spürt: »Die Worte berauschen mich. Die Kinderwelt steht auf. Es kämpft und tobt in mir. Ich beuge mich tief, ich fürchte, diesem Leben, diesem Überschwang nicht gewachsen zu sein. Das hätte ich früher nicht glauben können. Glauben können, glauben können. (…) Et in unam sanctam / Catholicam et apostolicam / Ecclesiam (…) Was ist das doch für ein wunderbarer Gesang! Alle Vokale geben sich hier, in der Kirche, ein rauschendes, ewiges Stelldichein.«[17] Zurückfinden in den Glauben. Eine neue Ordnung schaffen. Im eigenen Leben und in der Gesellschaft. Hat er nicht in seiner *Kritik* damit begonnen? Von Bloch, dessen Rezension im Juli 1919 in der *Weltbühne* erschienen ist, muß er sich, trotz einiger Einwände, verstanden gefühlt haben. Auch Franz Blei, wie Ball auf dem Weg in den Katholizismus, lobt das »ausgezeichnete Buch«. Hermann Bahr in Wien hingegen verweist auf die Widersprüche in Balls »Pamphlet«, bestätigt ihm jedoch »Kurasche«, während Otto Flake die Kritik Balls am Protestantismus zurückweist: »Schon dass unfranziskanische und weit eher protestantische Völker, wie Engländer und Amerikaner, zu ihrer jetzigen Größe gelangten, beweist, dass die deutsche Mentalität gewisser Korrekturen bedarf, aber nicht grundsätzlich verworfen werden braucht; es heißt, das Seil überspannen (…) das sind Argumente aus Feuilletons der Kriegspsychose.«[18] Dieser Einwand wird Ball getroffen haben, kam er doch von einem Emigranten, der gemeinsam mit ihm gegen den Krieg argumentiert hatte. Daß er kritische Einwände auch positiv bewerten konnte, zeigt sein Brief an Adolf Saager, den Schweizer Mitarbeiter bei der *Freien Zeitung* im Juni 1919, in dem er sich für dessen Rezension in der *Nationalzeitung* bedankt: »Sie haben mir eine Anregung gegeben, die mich seither ganz besessen hält: nämlich nun, nach dem negativen, ein positives System aufzubauen. (...) Dieser Gedanke beschäftigt mich sehr.«[19]

Inzwischen hat auch Emmys *Gefängnis* Aufmerksamkeit erregt: »Literarisch von hohem Stande verleugnet Emmy Hennings die nordische Grenznachbarschaft nicht. Von Hermann Bangs wehen Magien und zartem Lyrismus lebt manches in ihr, und Hamsun, den weltweiten, erdnahen Suveraen unserer Schreibenden, traegt sie ehrfürchtig im Blute«,[20] schreibt die *Frankfurter Zeitung*. Auch die *Neue Rundschau* rückt sie in Hamsuns Nähe, und die *Prager Presse* urteilt: »Emmy Hennings erzählt so ganz ohne Umwege über Rührseligkeit und Wichtigtuerei, mit einer Unmittelbarkeit des Beichtens, mit einem Gleichmut der in Gott Gefalteten, dass man oft meint, Dostojewsky zu lesen.«[21] Bestätigung während ihrer Arbeit am *Brandmal*. Als sie im März 1920 nach Deutschland reist, hat sie das fast fertige Manuskript im Koffer.

Sonst leichtes Gepäck. Emmy und Hugo verlassen die Schweiz so arm, wie sie eingereist sind. Daß die Aktionen und Publikationen dieser fünf Jahre in die Literaturgeschichte eingehen sollten, ahnen sie nicht. Annemarie, die seit Emmys Erkrankung an der Spanischen Grippe eine Klosterschule in Lugano besucht hat, ist wieder bei ihnen. Hardekopf und Olly Jaques haben sich im Tessin um das Mädchen gekümmert. Hardekopf hat Emmy regelmäßig geschrieben, und Olly hat Annemarie Ende März nach Bern begleitet. Das Mädchen ist glücklich. Endlich sind sie wieder eine Familie. Und Emmy sagt: Zurück nach Flensburg. Setzt einen Schlußpunkt unter Liebschaften, Kabarett und Tingeltangel. Im Leben wie im *Brandmal*: »Meine Sonne war das Rampenlicht des Podiums. Die Geigen des Orchesters meine Singvögel«,[22] schreibt sie und faßt nach der Krankheit, die sie in Todesnähe gebracht hat, den Entschluß, ihr Leben zu ändern. 1910/11 nach dem Typhus konvertierte sie. Jetzt heiratet sie Hugo Ball. »Es wäre für mich leichter, irgendwie bequemer gewesen, wenn ich nur Hugos Freundin geblieben wäre, aber unser beider Schicksal war eines geworden, und obwohl der eine von uns Furcht vor dem Leben des andern hatte – da man ja sehr fürchten kann, was man liebt – waren wir entschlossen, es miteinander zu wagen.«[23]

»Um Ostern fuhren wir nach Deutschland, zunächst in Hugos Heimat nach Pirmasens«, notiert Emmy rückblickend in *Rebellen und Be-*

*kenner.* Zuerst jedoch zeigt Hugo seinen »Kinderleins« Heidelberg. Erinnerungen an die Studienzeit. Die Stadt prangt im Schmuck frischen Grüns und blühender Bäume. »Nur die Menschen sahen matt und krank aus (...) Wir kamen aus der Schweiz, die von der Völkerunruhe doch ziemlich verschont geblieben, und jetzt sahen wir die deutschen, ›vom Unglück stigmatisierten Gesichter‹.«[24] Emmy ist entsetzt über die Veränderungen, obwohl Hugo sie nach seinen Deutschlandreisen gewarnt hat. Unruhig das Land. Verbittert die Menschen. Deprimiert und erwartungsvoll zugleich fahren sie von Heidelberg nach Pirmasens. Heimkehrer ohne Erfolg. Emmy spindeldürr. Ebenso kapriziös wie nervös. Hugo besorgt, wie die Mutter seine Frau und die Tochter aufnehmen wird. Beide mit der Erinnerung an die unglückliche Begegnung in Basel 1915. Beide mit guten Vorsätzen. Auch Balls Familie ist auf Ausgleich gestimmt: »Zu Hause waren die Eltern und Geschwister Hugos sehr froh, ihn nach Jahren wiederzusehen, und auch ich wurde mit aller Herzlichkeit aufgenommen.«[25] Sie machen Besuche bei Verwandten, Ausflüge in die Umgebung, in den Wald, nach Petersbächel, zum Krottenhof. Schlendern sie durch Pirmasens, fallen sie auf. Unkonventionell in Kleidung und Benehmen. Emmy spielt die Rolle der frisch getrauten, glücklichen Ehefrau. Auch Annemarie, fast vierzehnjährig, versucht sich an die ungewohnte neue Umgebung anzupassen. Steffgen zuliebe. Schließlich halten sie einen »öffentlichen lyrischen Vortragsabend. Das hätten wir nicht unternehmen sollen, denn die Pirmasenser hatten damals wenig Sinn für ihren rebellischen Sohn und waren zufrieden, als er die Stadt wieder verlassen hatte.«[26]

In *Hugo Balls Weg zu Gott* schreibt Emmy, daß die Presse sowie nationalistische Kreise Ball abgelehnt hätten. Nicht als Lyriker, sondern als Autor der *Freien Zeitung* und Verfasser der *Kritik.* In *Ruf und Echo* erzählt sie von einem Tumult nach der Lesung, von Landesverräter-Rufen, von Steinen, die flogen.[27] Ball ist verstört. »Der Kontrast zwischen dem guten Elternhaus und der gehässigen Haltung der Öffentlichkeit hat einen tiefen Eindruck auf ihn gemacht. Er hat die üble Aufnahme, die ihm in seiner Heimat zuteil wurde, nie recht verwinden können, was ein Beweis sein mag, daß er seine Geburtsstadt geliebt hat.«[28] Er will weg. Flensburg verspricht Ruhe. Die Sicherheit eines eigenen Hauses. Überstürzter Abschied. Kein Wort davon in der *Pirmasenser Zeitung*, weder eine Rezension des Vortragsabends noch eine Meldung von der Abreise.

Über Hamburg fahren sie nach Flensburg. »Hier in der kleinen brachliegenden Hafenstadt habe ich nun Zeit genug zum Nachdenken und auch zum Ordnen meiner Papiere«, notiert Ball. »Es ist so still hier, fast behaglich (...) ein wenig kommt mir nur vor, als sei ich noch immer zu Besuch.«[29] Auch Emmy wird sich so gefühlt haben, denn das Haus in der Steinstraße, das sie gemeinsam mit Paula geerbt hat, ist vermietet an vier Arbeiterfamilien, »die für niedrigen Zins hier wohnten und nicht verpflichtet waren umzuziehen, selbst wenn man ihnen eine andere gleichwertige Wohnung anbot«[30]. Entgegenkommen haben sie bei den Mietern nicht zu erwarten. So sitzen sie auf der Treppe, erschöpft von der langen Reise. Inmitten von Koffern und Taschen. Enttäuscht. Ratlos. Sie richten sich auf dem Speicher ein, in der Dachkammer, die Emmy als Mädchen bewohnt, wo sie ihre »Schulaufgaben gemacht, geschlafen, geträumt, gesungen und gespielt«[31] hat. Eine Woche später bekommen sie im unteren Stockwerk zwei weitere Zimmer. »Mit Mühe ist es uns im eigenen Hause gelungen, ein paar Stuben zu bekommen«, notiert Ball. »Die Leute sahen uns wie Eindringlinge an. Wir suchen uns in den wunderlichen Verhältnissen zurechtzufinden, und da uns die Schweiz nicht verwöhnt hat, will es uns auch gelingen.«[32]

Für Hugo ist alles fremd: die weite Landschaft, in der sein schweifendes Auge vergeblich nach Halt sucht, die spröden Menschen, deren Plattdeutsch er zu verstehen versucht. Zudem ist die politische Situation im deutsch-dänischen Grenzland angespannt. Paul Claudel wird vom Völkerbund als Mitglied einer internationalen Kommission nach Flensburg geschickt. Weiß Hugo davon, der im Oktober 1913 Claudels »Verkündigung« im Hellerauer Theater in Dresden gesehen, darüber in *Die Reise nach Dresden* in der Zeitschrift *Revolution* berichtet hatte? In seinem Tagebuch findet sich kein Hinweis. Statt dessen Notizen zur Philosophie des Mittelalters. Zu Duns Scotus. Den Mystikern. Zu Meister Eckhart. Zu Bild und Abstraktion. Glaube und Vernunft. Kirche und Staat. Befragung und Selbstbefragung: »Ich sprach und schrieb einmal gar viel von Rechtsverletzung und Schuld. Und habe doch (...) meinen dereinst der Kirche gegebenen Treueid gebrochen (...) Nun suche ich zurück zur Kirche und ein Leben voller Verfehlungen liegt dazwischen. Vor allen Ungläubigen hätte ich es verbergen können; vor dem Priester aber würde ich damit nicht durchkommen. Ich war der eifrigsten einer, die für die Moral eintraten, und muß nun erkennen: auch ich gehöre dazu, auch ich bin einer von denen. Wie könnte ich meinen Verrat auslöschen und vor mir selber bestehen? Indem ich das Lob des Beleidigten singe? (...) So singt eine Krähe mit heiserer Stimme.«[33]

Richard Huelsenbeck kommentiert in seinen Erinnerungen Hugo Balls Rückwendung zum Katholizismus sowohl aus der Sicht des anteilnehmenden und miterlebenden Freundes als auch mit dem kritischen Blick des Psychoanalytikers: »In der Zeit, als ich Ball kennenlernte, war er nichts weniger als religiös und sprach nie vom Katholizismus, der später bei ihm eine solche Rolle spielte.«[34] Für Huelsenbeck ist es daher bezeichnend, »daß Ball das Kabarett ›Voltaire‹ taufte. Voltaire, der, wie man weiß, einer der heftigsten Gegner der katholischen Kirche war, hatte ihn schon in Berlin beschäftigt. Ball war damals, wie wir alle, ein Aufklärer, ein Liberaler, der das Heil der Menschen von Verstand und Einsicht und nicht von der Metaphysik erwartete. Diese Haltung änderte sich später unter dem Einfluß der Hennings.[35] (...) Emmy war eine der wenigen Frauen, die die Welt nicht wörtlich nehmen. Unter ihrem Einfluß verwandelte sich alles in Beziehung, Erwartung und Geistigkeit. (...) Es ist gar keine Frage, daß sie diese Eigenschaften auf Hugo übertrug, sie zauberte ihm eine Art Paradies (...) war seine Geliebte, seine Mutter, sein Engel und sein oberster Priester.«[36] Aber Huelsenbeck ist ehrlich genug, auch seine eigene Situation zu reflektieren: »Der Dadaismus (...) in Arp, in mir und in Ball, wollte zu den Müttern, nicht zu den sentimentalen, sondern den strengen Müttern.[37] (...) Wir waren Atheisten, aber mit einer kleinen Wendung wäre es uns möglich gewesen, fromme Katholiken zu werden.«[38]

Nachdem Ball diese Wendung vollzogen hatte, wird Huelsenbeck, selbst nach Emmys Tod, nicht müde zu betonen, daß sie es war, die Hugo Balls Weg zu Gott bestimmte. Emmys Tagebücher lassen jedoch Zweifel daran aufkommen. Ball war zu eigenständig, als daß er sich von ihr so grundlegend hätte beeinflussen lassen. Die krasse Ablehnung von Emmys Pazifismus-Aufruf und die damit verbundenen Zurechtweisungen zu einer Zeit, zu der Ball den Verlust der geliebten Frau an einen Rivalen fürchten mußte, zeigen deutlich, daß er nicht bereit war, Emmy unkritisch zu folgen. Im Gegenteil. Betrachten wir das erste von Emmys im Nachlaß erhaltenen Tagebüchern, so scheint Hugo zum Jahreswechsel 1919/20 die treibende Kraft. Er hat ihr das schmale Heft geschenkt. Mit der Widmung: »für Emmy Weihnachten 1919 ... / und es ward ihr gegeben sich anzutun mit reiner und schöner Seide (Die Seide aber/ist die Gerechtigkeit der Heiligen) ... / und ich sahe einen Engel vom Himmel fahren, / der hatte den Schlüssel zum Abgrund ... / Offenbarung Joh. / Hugo.« Die erste Seite in Hugos graphisch-eigenwilliger Tintenschrift. Unter den Text hat er die drei Kreuze von Golgatha gezeichnet. Und so, als wolle Emmy diesem hohen Anspruch gerecht werden, beginnt sie auf der folgenden Seite ihre Aufzeichnungen in sauberer Sütterlinschrift. Aber bereits nach wenigen Seiten kippt das Bild, werden die Buchstaben unleserlich. »So hübsch hatte ich es mir gedacht, dies sollte ein ordentliches Tagebuch werden. Und jetzt ist es Kraut und Rüben. Alles durcheinander. Es ist schade (...) Ich habe zu viele Geheimnisse, schon vor mir selber. Da siehts natürlich flau aus mit der unge(schminkten?) Ehrlichkeit«,[39] notiert sie am 30. Januar 1920. Dennoch ist es Blatt für Blatt der Versuch, Rechenschaft abzulegen, ein Ringen mit ihrer »Sünde«, dem Wunsch, Buße zu tun, die Messe zu besuchen, zu beichten. Ihre »Leidenschaft für Gott« und zugleich ihr tiefer Selbsthaß. Manche Seiten lesen sich, als habe sie die Tagebuchnotizen und ihre Arbeit am *Brandmal*, die Schriftstellerin Emmy Hennings vom Winter 1919/20 und die Protagonistin des Romans, den sie mit »Ein Tagebuch« untertitelt, nicht trennen können.

Als sie Ende April nach Flensburg kommen, überwiegen Notizen zum täglichen Leben. »Emmy als Hauswirtin, das ist ein freundlicher Gedanke«,[40] stellt Ball fest. Sie macht Listen, was zu besorgen, was zu waschen ist, so als mißtraue sie ihrer Fähigkeit, das Alltagsleben zu organisieren. Unter dem 31. Juni eine Haushaltsabrechnung für Kochwurst, Kartoffeln und Bohnen. Dann wieder: »Ich möchte mich gerne sammeln, aber ohne Sammlung schreibe ich.«[41] Reiß schickt ihr die Korrekturfahnen vom *Brandmal*. »Wie widerlich sein eigenes Buch zu lesen, so widerlich, wie seinen eigenen Geruch zu riechen (...) Alles

erscheint mir grässlich sinnlich (…) kaum verträglich.«[42] Was in Ascona, in Zürich und Bern möglich war, liest sich in Flensburg abstoßend.
Die Tiefen des eigenen Lebens, in der Schweiz für erzählwürdig befun-
den, werden angesichts ihrer Erinnerungen an Kindheit und Jugend,
an die toten Eltern, den kleinen Sohn zur scheinbar unüberwindbaren
Schuld. Sie zieht sich zurück in die engen Kammern der Steinstraße:
»ich sehe alle Menschen häßlich, weil ich häßlich bin (…) Wenn die
Menschen mich schlecht behandeln, muß ich mich fernhalten, denn
wenn ich mich mit ihnen einlasse, werde ich schlechter und schlechter.«[43]

Nächste Seite: der Küchenzettel; »mittags: Kartoffeln, Kochwurst,
Hagebuttensuppe. abends: Pfannkuchen, Kompott. mittags: Kartof-
felknödel, Maggisauce, Schokoladenpudding. abends: kalte Platte,
Café oder Bier.«[44] Emmy, die Hausfrau. Sie wohnt im Dachstübchen.
Hugo arbeitet und schläft im Erdgeschoß. In *Ruf und Echo* stilisiert sie
die Situation zur Idylle, konnte »es oft nicht fassen und dachte doch
immer wieder daran, daß Hugo bei mir und mein Mann war. Das
Haus kam mir wie verzaubert vor, schon weil meine Eltern nicht da
waren (…) Wie man kurz vor dem Erwachen im Schlafe oft empfindet, daß alles nur Traum ist, es infolgedessen auch nicht immer so genau darauf ankommt, wie man sich verhält, unterließ ich es ab und zu,
das Mittagessen aufs Feuer zu setzen (…) Hugo war weit davon entfernt, mir kleine Nachlässigkeiten in der Haushaltung übel zu nehmen. Mußte er einmal, ein halbe Stunde vielleicht, auf das Mittagessen warten, bot ich ihm als kleine Vorspeise einige Sätze aus meiner
Arbeit, dem *Brandmal* an, oder ein Gedicht, das mir eingefallen
war. Das las er, während ich den Tisch deckte, das Essen bereitete.«[45]

Nur von ihr und von Hugo ist die Rede. So, als gäbe es nicht noch
eine Dritte in diesem Bunde: Annemarie. Sie geht wieder zur Schule.
Kein Wort von Emmy, wie die Tochter die Rückkehr erlebt hat. Die
Steinstraße ohne die Großmutter. Ihre alte Klasse. Seltsam genug mag
das dunkelhaarige Mädchen den Lehrern und Mitschülerinnen vorge-
kommen sein, das nach seiner vierjährigen Odyssee durch verräu-
cherte Kneipen, dadaistische Soireen, durch Pflegefamilien und Non-
neninternat wieder auf den heimatlichen Holzbänken sitzt. Hat sie
von Zürich erzählt, von Bern, vom Tessin, der Alp Brussada? Vom keh-

ligen Schwyzerdytsch? Dem Tessiner Italienisch? Von den Freunden
der Eltern, die sie selbstverständlich in ihren Kreis aufnahmen, ihre
Bilder bewunderten und kauften? Hat sie sich nach »Lisl« gesehnt,
der Bergner, die in diesem Sommer unter Otto Falckenbergs Regie
in München die »Titania« im *Sommernachtstraum* spielt? Wie kann
sie sich einfinden in das streng geregelte Leben mit Klassenarbeiten,
Strafen und Zensuren? Vermutlich hat Annemarie, bedingt durch ihre
unregelmäßigen Unterrichtsbesuche, die häufigen Orts- und Schul-
wechsel, Probleme, das Pensum zu bewältigen. Findet sie Freundinnen
unter den Mädchen in ihrer Klasse, deren Welt bis nach Süderbrarup
reicht oder Glücksburg? Dahin macht sie einen Schulausflug. Emmy
schwimmt mit Annemarie in der Förde, geht regelmäßig mit ihr in die
Messe. Der Priester gibt Mutter und Tochter ein Herz-Jesu-Bild, das
geschmückt aufgestellt wird, lädt sie ein, die täglichen Herz-Jesu-An-
dachten zu besuchen. Ball, der von einer Vortragsreise nach Berlin und
Hamburg zurückgekommen ist, soll sie begleitet haben. »Er hatte
mich in den letzten Jahren zwar nie gehindert, in die Kirche zu gehen,
sah es vielmehr recht gern; er selbst aber hatte sich nicht dazu entschließen können mitzugehen.«[46] Eine Aussage, die im Widerspruch
zu Balls Tagebuch steht, in dem er bereits 1916 von gemeinsamen Meß-
besuchen in Vira-Magadino spricht. Auch seine Generalbeichte scheint
ihr beim Verfassen ihres Erinnerungsbuches *Hugo Balls Weg zu Gott*
besser ins protestantische Flensburg zu passen. Sie verlegt sein »Erwek-
kungserlebnis« in den Juni 1920, als Ball von einer Reise nach Berlin
und Hamburg zurückkommt: »Wir hatten ihn von der Bahn abgeholt,
und gleich bei der ersten Minute des Wiedersehens spürte ich, daß
eine Veränderung mit ihm vorgegangen war. Beschreiben läßt sich dergleichen leider schwer, aber es ist etwas einzig Schönes darum, wenn
man in leuchtenden Augen nur eine reine Flamme erblickt. Ball
sprach in diesen Tagen nur noch von den Vorbereitungen zur Generalbeichte, die er jetzt in Flensburg ablegte, und ich mit ihm.«[47] Mit dieser Datierung hat Emmy eindeutig einen Schritt Balls vorverlegt. Obwohl er abends mit Emmy *Lourdes* von Zola liest und in der kleinen
Bernadette Soubirous »die Einfalt des visionären Kindes« bewundert,
ist er noch immer politisch aktiv, reist und hält Vorträge, so am 1. Juni
1920 vor der Ortsgruppe der »Deutschen Friedensgesellschaft« in

Hamburg. Aber er trifft sich dort auch mit Paula Friedrichsen, um mit ihr über den Verkauf des Flensburger Hauses zu sprechen, denn nicht nur Ball, sondern auch Emmy haben erkannt, daß Flensburg ihnen nicht zur Heimat werden kann. Mitte Juli beendet er seinen »Phantastischen Roman«, den er bereits 1914 in Berlin begonnen hatte. »Er soll ›Tenderenda‹ heißen, nach Laurentius Tenderenda dem Kirchenpoeten, von dem zuletzt die Rede ist. Ich kann das Büchlein nur mit jenem wohlgefügten magischen Schrein vergleichen, worin die alten Juden den Asmodai eingesperrt glaubten. Immer wieder in all den sieben Jahren habe ich mich zwischen Qualen und Zweifeln mit diesen Worten und Sätzen verspielt. Nun ist das Büchlein fertig geworden und ist mir eine liebe Befreiung.«[48] Wenn er, wie die Juden den Asmodai, seinen Dämon in den *Tenderenda* eingeschlossen hat, ist er frei, Neues zu beginnen. Auch Emmy, deren Korrekturbögen des *Brandmals* an Reiß nach Berlin gegangen sind, steht literarisch an einem Wendepunkt.

Aber noch ist unklar, wie es weitergehen soll, denn Ball hat erkannt: »Was meine eigene Gesinnung betrifft, so überhole ich sie rascher als ich sie aufzeichnen könnte.«[49] Erst am 9. August 1920 ist er sicher: »Es gibt nur eine Macht, die der auflösenden Tradition gewachsen ist: der Katholizismus. Nicht aber der Katholizismus der Vorkriegszeit und der Kriegsjahre, sondern ein neuer, vertiefter, ein integraler Katholizismus, der sich nicht einschüchtern läßt«,[50] dem er sich verbinden will. Und so beschäftigen Hugo Ball in den kommenden Jahren Patristik, Scholastik, hagiographische Quellenstudien und die östlichen Anachoreten: Joannes Klimax, Dionysos Areopagita und Symeon der Stylit. Ihr Leben erzählt er in *Byzantinisches Christentum*, das er im Juli 1922 in München abschließt. Während dieser Zeit hat er auch mit der Generalbeichte seine Rückwendung zur katholischen Kirche bekräftigt. In Flensburg scheint Ball seine »Flucht zum Grunde«, wie er den neu eingeschlagenen Weg nennt, begonnen zu haben. Mit Emmy an seiner Seite. In ihren autobiographischen Erinnerungstexten zeigt sie sich durchglüht von Glaubensfreude, in ihren Tagebüchern lesen wir jedoch von Selbst- und Glaubenszweifeln: »sich zu Gott zwingen« steht da und »ich habe immer nur von meiner Sehnsucht gelebt«.[51]

Die letzten Eintragungen dieses Tagebuches finden sich unter »Muzzano, 14. September 1920«. Da sind sie wieder im Tessin, denn weder Ball noch Emmy haben sich ein künftiges Leben in Flensburg vorstellen können. Emmy, die einen Brief an Hugo sarkastisch mit »Deine ehrbare Frau Emmy« unterschreibt, braucht, um arbeiten zu können, ebenso wie Hugo, die Nähe von Bibliotheken, weltoffene Gesprächspartner, Wärme. Was also liegt näher, als ins Tessin zurückzukehren, wo die Bibliothek Luganos, die Nähe Mailands, aber auch das drei Zugstunden entfernte Zürich Anregung und Studienmöglichkeiten bereithalten. Emmy korrespondiert mit Olly Jaques, die in Muzzano lebt, teilt Ball, der wieder auf Vortragsreise ist, in einem undatierten Brief mit, daß die Freundin angeboten habe, eine Wohnung zu besorgen. Und so beschließen sie, das Haus in der Steinstraße zu verkaufen, und folgen Balls Überzeugung: »Die Idee des natürlichen Paradieses – nur in der Schweiz hat sie geboren werden können. Die entrückteste Urwelt begegnet hier dem lieblichsten Idyll, die eisige Schneeluft der Höhe dem mildesten Glockentone des Südens. Die Schweiz ist die Zuflucht all derer, die einen neuen Grundriß im Kopfe tragen. Sie war und ist jetzt (...) der große Naturschutzpark, in dem die Nationen ihre letzte Reserve verwahren.«[52]

Was während des Krieges 1917 gegolten hatte, galt auch 1920. Emmy läßt sich eine Abschrift des elterlichen Testaments ausfertigen, bietet, gemeinsam mit Paula, das Haus zum Verkauf. Im Juni 1921 teilen sie sich den Erlös von 15 000 RM. Wahrscheinlich teilten sie sich auch die Einrichtung. »Von einigen Möbeln und Geräten, die mir seit frühester Kindheit vertraut und lieb waren, wollten wir uns nicht trennen. Wir packten alle unsere Sachen und schickten sie auf das Geratewohl nach Lugano, dahin auch wir uns begaben. Einige Tage waren wir bei einer Freundin in Muzzano zu Gast, und von hier aus suchten wir uns ein neues Heim.«[53] Sie wandern durch die Dörfer, schauen sich Wohnungen an. Ländliche Häuser. Olly Jaques vermittelt. In Agnuzzo im Sottoceneri, auf der Lugano abgewandten, stilleren Seite des Sees, werden sie fündig. Mitten in dem kleinen Dorf, nahe der Kirche S. Andrea, mieten sie an der Piazetta Roncorino 3 die schmale, eng an die Nachbarhäuser geschmiegte Casa Andreoli, mit dem steinernen Wappen dieser für Agnuzzo bedeutenden Familie, aus der zahlreiche Gelehrte, Priester und Künstler hervorgingen, über der Eingangstür. Nebenan lebt der Dorfkirchenkaplan, der alte Paolo Andreoli.

Bild 28 Emmy und Hugo Ball in Agnuzzo, um 1920/21

Als sie das Haus beziehen, stellt Emmy als erstes die Schiffstruhe des Vaters auf. Sie wird die Unruhige künftig bei ihren Umzügen begleiten. Und Hugo bewahrt eine hohe, spitze Mütze, die Ernst Cordsen von einer seiner Seereisen mitgebracht hat. Er trägt sie auf einem Photo, entspannt-lachend, einen Arm um Emmy gelegt. Die schaut lächelnd zu ihm auf. Im Hintergrund die graue Steinmauer des Agnuzzo-Hauses. Ein schönes Bild. Vergangenheit und Gegenwart vereinend. Eine gute Zukunft versprechend. Denn anders als bei der Rückkehr in ihre fremde Heimat, erscheint den Balls das Tessin als ein freundlicher Zaubergarten: »Wir wohnen jetzt im kleinsten und friedlichsten Tessiner Dörfchen, das man sich denken kann. Der Postbote, Herr Donada, der einen alten ländlichen Palazzo verwaltet, stieß die seit Jahren nicht geöffneten Fensterläden auf, und Spinnen und Motten stoben hinaus in die Sommerluft. Über dem See liegt ein Garten und zu dem Garten führt eine breite Glyzinientreppe. Wir haben Schwalben, gemalt an der Decke und draußen über dem Fenchel. Der Blick reicht über das grüne Wasser, in dem sich die Birken spiegeln, bis weit hinüber nach Caslano und Pontetresa zur italienischen Grenze.«[54] Welch ein Gegensatz zu Flensburg! Den feuchten grauen Tagen auch im Sommer! Dem engen Steinstraßenhaus, von dem die nahe Förde kaum zu ahnen ist!

Noch heute ist Agnuzzo ein stilles Dorf. Keine Fremden. Unverändert Häuser und Kirche. Unter der zartblauen Decke im Erdgeschoß des »ländlichen Palazzo« schweben noch immer die Schwalben, lenkt ein golden-antiker Gott seine Biga über den Zimmerhimmel im 1. Stock. »Unsere Fenster waren dem Garten, dem See und den Bergen zugewandt. Die kostbarste Einsamkeit umgab uns. Hier vergaß Ball Zeitkritik und Kulturprobleme. Er umgab sich mit mystischen und verschollenen Büchern«,[55] erinnert Emmy die ersten Monate in der Casa Andreoli. Diese neue Anschrift teilen sie den Freunden mit: Taeuber und Arp, Hardekopf und Huelsenbeck. Der bittet Hannah Höch, die ins Tessin reisen will, am 11. Oktober: »Besuchen Sie doch, wenn möglich Hugo Ball und Emmy Hennings in Agnuzzo bei Lugano. Das ist ein kleines Dorf, sie bewohnen dort eine Art Rokkopalais. Bestellen Sie besten Gruss, ich käme in kürzester Zeit.«[56] Aber der Reiseplan zerschlägt sich, denn Huelsenbeck, der sein Medizinstudium in Berlin abgeschlossen und sich aus der von ihm begründeten Dada-Szene zurückgezogen hat, geht als Assistenzarzt nach Danzig, folgt einer Frau, die er in Berlin kennengelernt hat: Beate Wolff. Eine verhängnisvolle Affäre. Beate ist verheiratet, hat eine Tochter. Als die Situation in Danzig eskaliert, verläßt sie Wolff, der Suizid begeht. Eine Belastung für das Paar, das nach Berlin zieht, wo Huelsenbeck in der Praxis eines Freundes mitarbeitet. Aber er ist unzufrieden, schreibt an Emmy und Hugo: »wir sitzen nun hier in Berlin und sind auf dem besten Wege geistig und körperlich in dieser Kloake zu verkommen. Ich las übrigens neulich Emmis *Gefängnis* noch einmal. Ich finde dass es das Beste ist was sie geschrieben hat (…) Schreibt doch bitte mal, wie es Euch geht. Man hat hier ein dringendes Bedürfnis nach alter Freundschaft und alten Herzlichkeiten.«[57] Er macht Pläne, mit Beate und deren Tochter ins Tessin zu kommen, erwägt, dort künftig zu leben: »Die furchtbare Zeit der Geldentwertung haben wir hier unter schwerster körperlicher und geistiger Depression mitgemacht. Die vollkommene Enthirnung des teutschen Volkes, die absolute dickflüssige Stupidität …«[58] Niemand versteht das besser als Emmy und Hugo, die seiner Ankunft mit freudiger Erwartung entgegensehen, aber Huelsenbeck ändert seine Pläne, als er bei der Hamburg-Amerika-Linie eine Stelle als Schiffsarzt angeboten bekommt. »Eine Welt versank und eine neue tat sich auf. Ich sollte Ostasien sehen, China, Japan, ich sollte die Welt als Kugel erleben.«[59] An Ball geht am 11. Juni 1924 eine Kurznachricht aus Rom: »Mit der Schweiz ist es vorläufig nichts. Aber später bestimmt (…) Gruß an Emmy (…) Ganz Dein Hülsenbeck.«[60]

Erst 1926 wird er Emmy in Berlin wiedersehen, 1927 Hugo Ball im Tessin. Dort wird er, kurz vor dem Tod des Freundes, einer seiner letzten Gesprächspartner sein.

# In einem neuen Kreis von Menschen

Von Glaubenssehnsucht und Glaubenszweifeln – Jupp, der Magier – Eine schicksalhafte Begegnung – Heilige und indische Sinnsucher – Klingsor, das Papageienhaus und die Königin der Gebirge – Kontroversen und Konflikte – Mittellos nach München

»In einem neuen Kreis von Menschen, die alle sehr abgesondert hier unten leben, mag ich nichts mehr wissen von Zeitkritik und Kulturproblemen«,[1] notiert Ball am 18. November 1920 im Tagebuch und legt, als der »Almanach der Dadaisten« in Agnuzzo eintrifft, diesen unbeachtet beiseite. »Er umgab sich mit Büchern aller Art, sein Interesse kannte keinen Horizont, die Psychoanalyse war ihm genau so wichtig, wie Luther und Calvin. Luther rückte später mehr und mehr in das Zentrum seiner Untersuchungen. Ball haßte in ihm eine Sammlung deutscher Eigenschaften, etwas Rohes, Tatsächliches, den sozialen Realismus, eine Schwere der geistigen Beine, gegen die Nietzsche zu revoltieren suchte«, erinnert Richard Huelsenbeck. »Die Feindschaft gegen Religion, die Ball früher gezeigt hatte, wurde jetzt an einer Person abgeleitet. Luther wurde der Antichrist, und Emmy und der Katholizismus blieben ihm erhalten.«[2] Mit ihr kniet er in der Dorfkirche, die dem Heiligen Andreas geweiht ist, dem Apostel, den Jesus zum Menschenfischer berief. Erforschung des Gewissens, Bekennen der Sünden: »Mea culpa, mea maxima culpa.« Gebet um Vergebung und Hoffnung auf Erlösung.

Als Ball seine Aufzeichnungen der vergangenen Jahre ordnet, wird ihm bewußt, daß er Adolf Saager, der in der Nähe wohnt, versichert hat, nach dem »negativen System« seiner *Kritik* ein positives aufzubauen, eine »Philosophie des produktiven Lebens«. Diese aber wird er nur entwickeln können, wenn er »die äußerste Schwäche unseres eigenen und des allgemeinen Denkens«, das »die Verbrechen der unteren Welt ermöglicht«, ablegt. Denn: »Nur durch äußerste Sammlung und Hinwendung zum Höchsten werden sie paralysiert und aufgehoben, ja unmöglich gemacht.«[3] Agnuzzo, so ist Ball überzeugt, ist der richtige Ort, sich auf diesen Übungsweg zu begeben. Und Emmy, die ihm »den blauen Himmel geschenkt« hat, die richtige Begleiterin. Für sie übersetzt er Legenden, die sich um das Leben der Heiligen ranken, beginnt »mehr und mehr angeregt durch die Geschichte der großen Martyrer und Asketen (…) über das eigene Leben nachzudenken«[4]. Es sind diese Heiligen, an denen er sich mißt, ist ihre Verehrung, die ihn seit seiner Kindheit von den Protestanten unterscheidet. »Früh schon dürfte ihm bewußt geworden sein, daß die in Familie, Religionsunterricht und Gottesdienst gepflegte Verehrung der Heiligen alles andere als ornamental beliebige Ausdrucksformen katholischen Glaubens darstellten«, kommentiert Bernd Wacker. »Neben den liturgischen Vollzügen gehörte die Erinnerung, Verehrung und Anrufung der Heiligen vielmehr zu jenen basalen katholischen Traditionen, die die Differenz zur protestantischen Mehrheitsgesellschaft markierten, aufrechterhielten und Tag für Tag erfahrbar werden ließen.«[5] Die Heiligen als Helfer. Askese der Weg zur Erlösung. Davon will er erzählen, will damit nicht nur seine individuelle Umkehr, sondern auch eine kollektive einleiten. Und so wie er jede intellektuelle und persönliche Lebenswende ebenso enthusiastisch wie konsequent verfolgt hat, so stellt er sich auch im Herbst 1920 dieser neuen Herausforderung: Ball »vertiefte sich mit masochistischer Wollust in die Selbstbestrafung mittelalterlicher Männer und Frauen, die auf Dornen und Disteln schliefen, in Höhlen und Felsenkellern Gott auf ihre Weise zu erobern suchten. Unter unseren Augen wurde Ball zum Mystiker.«[6]

Er sucht Anschluß an die katholischen Kreise in Lugano und lernt einen Mann kennen, der ihn fasziniert: Joseph Englert. Eine schillernde Persönlichkeit, als »Jupp, der Magier«, als »Sterndeuter« und »Armenier« in Hermann Hesses Werk eingegangen. Englert, 12 Jahre älter als Ball, hatte als Bauingenieur 1913 den Bau der Holzkonstruktion des von Rudolf Steiner initiierten ersten Goetheanums in Dornach betreut, war eifriger Schüler des Meisters und Umsetzer von dessen eigenwilligen Plänen gewesen. Bis zur abrupten Wende und seiner Rückkehr in den Schoß der »alleinseligmachenden Kirche«, jedoch ohne sein Interesse an okkulten Praktiken und der Astrologie aufzugeben. Er hat seine Frau und Kinder verlassen, lebt mit der Malerin Maria Holzleitner in Lugano-Cassarate und wird für Ball zum wichtigen Gesprächspartner, der ihm nicht nur theologische Literatur leiht, sondern ihn auch in dem neu eingeschlagenen Weg bestärkt. Bereits am 20. Oktober 1920 notiert Ball im Tagebuch: »Das erste, was ich hier unternahm, war, daß ich mich in die Acta Sanctorum vertiefte und mich mit Heiligenleben umgab. Nun kann kommen, was da mag: ich werde einen unverwirrbaren Standort haben.«[7]

Diesen hat Emmy, deren *Brandmal* im Herbst in Deutschland erschienen und von der Presse positiv aufgenommen ist, in Agnuzzo noch nicht gefunden. Ratlos bekennt sie: »Ich bin so vielfach in den Nächten, / Ich steige aus den tiefsten Schächten. / Wie bunt entfaltet sich mein Anderssein. // So selbstverloren in dem Grunde, / Nachtwache ich, bin Traumesrunde / Und Wunder aus dem Heiligenschrein. // Und öffnen sich mir alle Pforten, / Bin ich nicht da, bin ich nicht dorten? / Bin ich entstiegen einem Märchenbuch? // Vielleicht geht ein Gedicht in ferne Weiten. / Vielleicht verwehen meine Vielfachheiten, / Ein einsam flatternd, blasses Fahnentuch ...«[8] Verse der Verlorenheit. Entstanden in der Gewißheit, daß mit dem Rückzug ins Tessin und ihre Ehe mit Ball die Zeit der Bühne, des Kabaretts, der Affären endgültig vorbei ist. Erinnerung und Neubeginn. Unsichere Fragen. Antworten mit zweifach-zweifelndem »vielleicht«. Einsam trotz Gemeinsamkeit. Ausgesetzt wie die Fahne im Wind. »Mein wehender Name tut mir weh (...) Wie viele Namen ich getragen habe, um meine Vielfachheiten zu erproben. Habe ich mich jetzt zu Ende gelebt, oder noch nicht? (...) Alle Wanderungen sagen: nach Hause. Ich ging soviel. Wann war ich je gebunden? Es hielt mich nicht. Was ich erkannte, ließ ich los und ging weiter. Wovon löste ich mich nicht? Ich spielte und trennte mich vom Spiel. (...) Flüchtig war ich, wander- und melodiensüchtig. (...) Das Sein spiele ich im Schein (...) Jede Rolle, die ich spiele, ist Improvisation meines Schicksals. (...) Mein Gott, lege mich in das Grab der letzten Vergessenheit. Breite das Passionstuch des Verschollenseins über meine Nacktheit. Verhülle mich, Vergessen, du traumloser Traum.«[9] Auch hier Fragen ohne Antwort. Anrufe ohne Echo. »O lösche meinen Feuerbrand«, fleht sie. Schreit ihre Gottessehnsucht heraus im Gedicht und im Tagebuch: »Lieber Gott, kommst Du denn nur in meinen Büchern vor oder bist Du auch noch ein wenig in mir.«[10]

Rückblickend jedoch entwirft sie von der in fromme Werke vertief-

Bild 29 Emmy und Hugo Ball auf der Treppe des Andreoli-Hauses in Agnuzzo, 1921

ten Kleinfamilie eine Idylle: »Hugo hielt das große Buch auf den Knien, das Kind und ich saßen ihm zur Seite (…) auf den Granitstufen unserer Treppe (…) vor uns der blühende Garten, in der Ferne der See und die Berge und nahe über uns die zartblauen Dolden der Glyzinien (…) Es war ein paradiesisches Bilderbuch, dem die Heiligen entstiegen, so daß wir sie oftmals ganz nahe, beinah vor uns zu sehen glaubten.«[11] So nah sind sie Ball, daß er sich entschließt, deren Leben neu zu erzählen. Fünfzehn wählt er aus, Asketen und Märtyrer, Männer der Ost- wie der Westkirche, zwei Frauen: Hildegard von Bingen und Mechthild von Magdeburg. Er beginnt mit der Vita des ägyptischen Eremitenabtes Antonius, schickt Joseph Englert diese Seiten zur Begutachtung: »Bitte sagen Sie mir wie ein Vater, was sie bei ›Antonius‹ gerne missen möchten. Ich fürchte nämlich: es sind zu viele Sätze. Aber es ist der Anfang. Und ich hatte lange damit gezögert.«[12] Und er wird wieder lange zögern, bevor er sich entschließt, dieses Kapitel nicht in das Buch aufzunehmen, das in den ersten Tessiner Monaten Gestalt annimmt: *Byzantinisches Christentum*. Wie unsicher Ball noch zu Beginn dieses Projektes ist, zeigt die Frage, die er ausgerechnet »Jupp, dem Magier« stellt: »Fürchten Sie nicht, dass meine Einmengung der Magie in das Antonius-Bild verstossen könnte? Aber ich wollte eine gewisse heutige Strömung mit hineinziehen und festhalten.«[13]

Fast täglich macht sich Ball auf den Weg nach Lugano, wo er in der Kantonsbibliothek die Bestände ehemaliger Klosterbüchereien sichtet, die in großen Folianten, umflattert von Motten, für ihn aus eingestaubten Regalen gezogen werden. Er liest und exzerpiert, trägt, wenn er sie ausleihen darf, die schweren Bände nach Agnuzzo. »Es war für ihn auf dem Dorfe und in den bescheidenen Verhältnissen und ohne eigene fundierte Bibliothek natürlich nicht leicht, vielmehr mit großer Mühe verbunden, sich die nötigen Bücher für seine Studien zu beschaffen«,[14] erinnert Emmy. In den 67 Bänden der *Acta Sanctorum* mit den Lebensläufen von Heiligen, die im 17. Jahrhundert von Jesuiten aufgezeichnet wurden, »taumelt« Ball »wie ein Betrunkener«.[15] Während er sich von den Heiligen nicht trennen kann, sich immer tiefer in deren Leben versenkt und mit seinem eigenen zu verbinden sucht, schreibt Emmy verzweifelte Briefe an den in Zürich lebenden Hardekopf, der sie am 6. Januar 1921 zu trösten versucht: »Arme Emsi, dass Du so viel unter Erkältungen und Schmerzen zu leiden hast! Ich möchte so gern, dass Du und Ihr Alle im Tessin nur Angenehmes und Friedliches erführet, wie Ihr es doch bei der langen Reise von Flensburg dorthin erhofftet.« Und auf das eben erschienene *Brandmal* Bezug nehmend: »Emseli, nun hast Du schon Dein drittes Buch veröffentlicht und wirst doch sicherlich ganz berühmt werden! (...) Bei alledem ist es doch ein Jammer, dass das deutsche Geld so wenig wert ist; sonst kämen Dir Deine Honorare wohl freundlich zu Statten, nicht wahr?«[16]

Aber noch reichen ihre knappen Mittel. Ball, weit zurückgehend zu den Heiligen der Ostkirche, untersucht zugleich seine eigene Lebensgeschichte unter dem Aspekt religiöser Bedürfnisse: »Wie sah meine Kindheit aus? Ich versammelte abends die ganze Familie um mein Bett, fürchtend, ich könne sie schon am nächsten Tage verloren haben. Als ich mit neun Jahren die Geschichte des hl. Laurentius hörte, war ich einer Ohnmacht nahe. Mit Überwindung verdarb ich mich; suchte mich anzupassen. Bei meinem schüchternen Wesen war mir die Brutalität verfänglich. Ich suchte nach Kräften das Edlere, Zartere auszumerzen. So wurden Begeisterungen zu Perversionen.«[17] Welch eine Aussage! Dann wieder Entdeckungen im Lebenslauf der Heiligen, die seinem eigenen zu gleichen scheint: vom Dichter, Philosophen und Rebell zur freiwilligen Askese und Zurückgezogenheit, um zur Erkenntnis des Höchsten zu gelangen. Bald beginnt er angesichts seiner Studien zur »Mystischen Theologie« des Dionysius Areopagita seine Vergangenheit umzudeuten: »Als mir das Wort ›Dada‹

begegnete, wurde ich zweimal angerufen von Dionysius. D. A. – D. A. (...) Damals trieb ich Buchstaben- und Wort-Alchimie.«[18] Die treibt er noch immer, denn »Agnuzzo hat sieben Buchstaben, und die Sieben ist eine hermetische Zahl«[19].

Wenn Emmy ihm ihre Träume erzählt, notiert er: »Nur durch Träume das Leben noch berühren.«[20] Und: »Mehr und mehr beginne ich den Traum als einen Beistand und freundlichen Hinweis auf die Zustände und Anlagen meines Innenlebens aufzufassen. Dies ist mir die liebste Beschäftigung: in der Acta Sanctorum und in meinen Träumen lesen.«[21] Träume werden auch bei den Treffen mit Joseph Englert gedeutet, bei dem Emmy und Hugo Ball am 2. Dezember 1920 einem Mann begegnen, dessen Person und Werk das Paar so berühren werden, daß sie ihm bis zum Ende ihres Lebens aufs engste verbunden bleiben: Hermann Hesse. »Wir haben den Dichter des ›Demian‹ nun auch privatim kennengelernt«,[22] notiert Ball. Und als Englert sich erkundigt, wie ihm Hesse gefallen habe, »errötete« er »wie ein Mädchen«, erinnert Emmy. »Wir waren völlig absichtslos einander begegnet, wie Vögel auf einem Zweige, die eine kleine Weile zusammenfinden dürfen.«[23] Für Hugo wird die kleine Weile kaum sieben, für Emmy vier mal sieben Jahre dauern.

Bereits zwei Tage nach dieser Begegnung vermerkt Ball einen Besuch Hesses in Agnuzzo: »Wir bieten einen Stuhl an, legen Feuer in den Kamin. So sitzen wir bald und plaudern, als seien wir gute Bekannte seit langer Zeit.«[24] Dieses spontane Gefühl der Vertrautheit, das die beiden Männer verbindet, schließt Emmy mit ein. Zwischen Agnuzzo und Montagnola, dem auf den colli dori, den goldenen Hügeln, liegenden Dorf, wo Hesse in der verwinkelt-verwunschenen Casa Camuzzi lebt, beginnt ein lebhafter Austausch. Sie sprechen von Astrologie, Psychoanalyse, von Katholizismus, Protestantismus, Buddhismus und von Indien, wo Hesses Familie als Missionare gewirkt und das der Dichter 1911 selbst bereist hatte. »Seine indische Dichtung (...) *Siddharta* war damals im Entstehen, und sein Gesicht war wie die Seele eines indischen Buches, so ausgeteilt an alles Schöne. Er hatte ein sehr leises, feines Lächeln, das überaus anziehend und zugleich geheimnisvoll war.«[25] Der Dichter, der sich auch als Maler versucht, kommt auf seinen Ausflügen mit Skizzenbuch, Stiften und Far-

Bild 30 Hermann Hesse im Tessin

ben. Und die Balls steigen durch die Kastanienwälder auf den Berg, um den neuen Freund zu sehen. Nachdem Hesse ihr seine *Wanderung* geschenkt hat, schreibt Emmy im Februar 1921: »nehmen Sie auch meinen Dank gütig auf, lieber Herr Hesse. Sie können ja nicht wissen, von wem so eigentlich, ich bin viel krank geworden durch Not, die mein Leben war, und so viel ist zerrissen und dunkel, und dann fällt Sonniges auf den Weg, da bin ich dankbar auch, weil ich Ihnen danken darf.«[26]

Noch kennt Hesse weder ihr *Gefängnis* noch *Das Brandmal*, weder Balls politische Schriften noch seine Lautgedichte. Auch Emmy und Hugo haben sich bislang nicht für Hesses Werk interessiert, der in der Boheme als »Heimatkünstler« verspottet und dessen bürgerliches Familienleben belächelt wurde. Zu unterschiedlich scheinen die bisherigen Entwicklungen und Erfahrungen, als daß sie Grundlage sein könnten für eine Beziehung zwischen dem Erfolgsautor und dem

»wunderlichen Paar«. Ungläubiges Kopfschütteln bei den Züricher Anarcho-Syndikalisten um Brupbacher, bei Arp, Hardekopf und Huelsenbeck. Unverständnis bei Hesses Freunden und Mäzenen: dem Direktor des Züricher Kaufhauses Jelmoli, Fritz Leuthold, dem wohlhabenden Musikaliensammler und Schöngeist Hans Conrad Bodmer und bei dem Fabrikantenehepaar Wenger, in dessen Tochter Ruth sich Hesse verliebt hat. Ihnen galten die Balls als politisch unzuverlässige Randexistenzen, verfolgt von der Polizei, in ihren Aktionen unverständlich und provokant. Aber die scheinbar so unterschiedlichen neuen Freunde werden bald unzertrennlich, verbunden durch den Versuch ihres neuen Lebensentwurfs. Denn ebenso wie Emmy und Hugo befindet sich auch Hermann Hesse seit 1919 an einem Scheideweg, hat seine Frau Maria Bernoulli und die drei Söhne verlassen und ist aus dem großbürgerlichen Berner Heim ins dörfliche Tessin geflüchtet, lebt in der Casa Camuzzi wie ein Einsiedler. Durchstreift das Land, sucht seine künstlerische Existenz neu zu begründen: »Ich wollte ein Dichter sein, und wurde ein Dichter. Ich wollte ein Haus haben, und baute mir eins. Ich wollte Frau und Kinder haben, und hatte sie. Ich wollte zu Menschen sprechen, und ich tat es. Und jede Erfüllung wurde schnell zur Sättigung. Sattsein aber war das, was ich nicht ertragen konnte. Verdächtig wurde mir das Dichten. Eng wurde mir das Haus. Kein erreichtes Ziel war ein Ziel, jeder Weg war ein Umweg, jede Rast gebar neue Sehnsucht.«[27]

Das eint sie, ihre kreative Unruhe, der Drang, Gedachtes und Erkanntes in Worte zu fassen. Zudem entdecken die Männer im intensiven Austausch der ersten Begegnungen viel Gemeinsames: die Herkunft aus glaubensstrengen Elternhäusern, das Aufwachsen zwischen fünf Geschwistern in kleinen Städten, ihr Rebellieren gegen einen Weg, den die Väter bestimmten, die Mütter nicht verhinderten. Hesse wie auch Ball hatten sich 1914 als Freiwillige gemeldet, waren aus gesundheitlichen Gründen ausgemustert worden und hatten bald, entsetzt über das Morden, gegen den Krieg opponiert. Eine Haltung, die sie nach der Niederlage Deutschlands als »Vaterlandsverräter« stigmatisiert, denn nicht nur Ball, sondern auch Hesse war wegen seiner Appelle an die deutschen Kollegen, ihre Haßtiraden und verbale Kriegstreiberei einzustellen und das Völkerverbindende zu erkennen, heftig angegriffen worden. Aber anders als Ball lehnte Hesse ab, sich politisch einzumischen, sondern wurde bei der deutschen Gesandtschaft in Bern in der »Deutschen Gefangenenfürsorge« tätig, schickte, mit Unterstützung des Internationalen Roten Kreuzes, Bücher, Zeitschriften und Lehrmaterial in die Gefangenenlager.

Begegnet sind sich die beiden Männer in den Berner Jahren nicht, denn Hesse, in einem herrschaftlichen Patrizierhaus mit großem Garten außerhalb Berns in Ostermundigen lebend, hatte keine Berührung mit den Emigranten, die im Marzili-Viertel in schäbigen Untermietzimmern hausten und, wie Ball, in der von der Entente finanzierten *Freien Zeitung* schrieben. Hätten sie sich damals getroffen, wären außer ihrer Ablehnung des Krieges kaum Gemeinsamkeiten zu finden gewesen. Erst im Tessin, als Hesse durch den inflationären Verfall der Reichsmark, in der seine Buchhonorare gezahlt werden, zum einfachen Leben gezwungen wird, sind die äußeren Voraussetzungen für eine Freundschaft gegeben. Kommt der neue Freund nach Agnuzzo, kocht Emmy Spaghetti und reißt ihn mit ihrem lebhaften Erzählen, ihren spontanen Gesangs- und Artistikeinlagen aus seinen oft depressiven Verstimmungen. In Ball findet er einen Gesprächspartner, der ihm und dem er neue Perspektiven eröffnet. Emmy wie Hugo werden zu Hesses jüngeren Bewunderern. Bald wandern sie gemeinsam in den Bergen um den Luganer See, kehren in die kühlen Grotti ein, trinken Wein aus irdenen boccaletti, essen an der Luft getrockneten Schinken, scharfe Würste, würzigen Käse, kräftiges Brot. In den Dorfkapellen entzünden sie Kerzen, folgen den Prozessionen der Gläubigen, sprechen über ihre Träume, Psychoanalyse und Hesses Erfahrungen mit dieser Therapie. Er liest Hugos *Kritik*, Emmys Gedichte, und die Balls vertiefen sich in seinen Roman *Demian*, in den ersten Teil seines *Siddhartha*. Wenn sie sich nicht sehen, schreiben sie Briefe. Kurze sachliche Nachrichten die Männer, lange, schwärmerische Emmy, immer verbunden mit der Bitte, sie in Agnuzzo zu besuchen. »Dann essen wir miteinander und plaudern (...) Unser Garten freut ihn, die Glocken- und Sonnenblumen, der alte Feigenbaum, der Govinda heißt. Er betrachtet, wie wir die Beete angelegt haben. Es ist ja das erste Mal, daß wir einen Garten bebauen, und wir wundern uns eigentlich, daß wir tatsächlich und wirklich Salat und Radieschen ernten (...) Wir bitten

Bild 31 Maria Holzleitner, Hermann Hesse, Emmy und Hugo Ball im Tessin, 1921

den Dichter unseres Gartens wegen um Rat und staunen, wie gut er Bescheid weiß, wie ein richtiger Gärtner und Landmann.«[28] Am 16. Juni 1921 notiert Ball im Tagebuch: »Hesse kommt jetzt öfter mit Malzeug und Staffelei. Wir trinken dann eine Tasse Kaffee zusammen. Einmal gehen wir baden, einmal geht er malen. Er sitzt dann irgendwo an der Wiese und man kann ihn kaum sehen, weil die Sonne blendet.«[29] Hesse wird Ball zu Klingsor, dem Maler »tief versunken in die sehr christlich gesehene Natur. Umspielt von ihr und mütterlich umhüllt und eingesungen.«[30]

Manchmal wandern sie, wie Klingsor mit seinen Freunden, nach Carona. Dort besitzen Lisa und Theo Wenger ein Sommerhaus, die Casa Costanza, erbaut von einem Solani aus der berühmten Baumeisterdynastie, die einst den Zaren halfen, die Kremltürme und ihre Paläste zu errichten. Hesse läßt in seiner Erzählung *Klingsors letzter Sommer* das Dorf zu »Kareno«, das Haus der Wengers mit dem gelben Stuck auf weißen Wänden und dem Papagei im Giebel zum verzauberten Palazzo, dem »Papageienhaus«, und Ruth Wenger zur »Königin der Gebirge« werden. Nach einer dieser Wanderungen schreibt Ball an Annemarie, die seine Eltern in Pirmasens besucht: »Um elf Uhr kamen wir in Carona an, gerade als ein Gewitter aufzog. Kamen in ein äußerlich sehr unscheinbares Bauernhaus, drinnen aber brodelte schon das Mittagessen. Man führte uns in einen ganz vornehmen alten Saal, in dem ein Flügel steht. Kerzen an den Wänden und eine Wandmalerei mit Delphinen und Engeln aus einem früheren Jahrhundert. Frl. Wenger blies auf der Flöte, und Frau Lisa Wenger ist eine Märchendichterin, die in der Schweiz recht berühmt ist. (…) Am Abend gingen wir dann in den Garten. Von dort aus sieht man über den ganzen Luganersee hinunter bis nach Riva S. Vitale. Und dann trank man in einer Rebenlaube Neuenburger Wein (…) Und Herr Hesse konnte sich gar nicht trennen, so dass es recht spät wurde, als wir den Salvatore hinunterholperten.«[31] Bei diesem Besuch geben ihm die Wengers ein Bild, das in einem seltsamen Gegensatz zu dieser heiteren Skizze zu stehen scheint: »Und in Carona schenkte man mir eine sehr merkwürdige Photographie von Hesse. Er ist darauf ein chinesischer Mandarin an Indifferenz und Abwesenheit.«[32]

Hesses Ambivalenz in diesem Sommer: einerseits der Verliebte, der bei Ruth und deren Eltern die Hoffnung auf eine feste Bindung und geregelte Verhältnisse weckt, andererseits der Zögernde, der sich nicht zur Scheidung von seiner Frau Mia entschließen kann, die von Bern nach Ascona gezogen ist. Kein größerer Unterschied, als der von Kastanien, Milch, Reis und Makkaroni lebende 44jährige Familienflüchtling, der seine alten Anzüge bis zum Ausfransen aufträgt, und der verwöhnten, zwei Jahrzehnte jüngeren Fabrikantentochter, die sich mit einer ganzen Menagerie von Tieren umgibt und der ihr Vater keinen Wunsch abschlagen kann.

Als Theo Wenger auf eine Entscheidung Hesses drängt, zieht dieser sich zurück, erklärt: »Wenn ich nun zur Zeit (…) nicht eine Verheiratung anstreben kann, so weiß ich, daß ich damit die bürgerliche Moral verletze, kann dies aber nicht ändern, da ich einer anderen, aber nicht minder heiligen Moral folgen muß – der Stimme in mir selbst.«[33] Ruth, gewöhnt zu bekommen, was sie will, ist verzweifelt, Wenger interveniert. Böse Briefe werden zwischen Carona und Montagnola gewechselt. Bis Hesse einlenkt: »Ich kann Ihnen von Herzen versichern, daß ich meine Verantwortung gegenüber Ruth vollkommen fühle, und daß ich hoffe und dahinstrebe, es möge uns glücken, auch Ihnen und der Welt gegenüber die gültige Form zu erfüllen.«[34] Aber die Forderungen Theo Wengers und Ruths Enttäuschung belasten Hesse. Die Arbeit an seinem »indischen« Roman *Siddhartha* stockt. Augenschmerzen quälen ihn, Kopfschmerzen, Schlaflosigkeit. Wenn die Schreibblockade ihn niederzudrücken droht, geht er bergab nach Agnuzzo, wo Emmy und Hugo ihn in seiner Haltung bestärken, überzeugt sind, daß Ruth nicht zu ihm paßt, ihre Welt und die ihrer Eltern – Geld, Geschäfte Gesellschaft – nicht die Welt des Autors von *Siddhartha* ist. Noch ist es Zeit, sich zurückzuziehen, mahnt Ball und notiert besorgt im Tagebuch: »H. lässt sich mehr von der Natur als vom Geist bezaubern.«[35]

Ball, der sich für den umgekehrten Weg entschieden hat, gesteht August Hofmann: »Ich habe mich mit der Theologie eingelassen und sie lässt mich nicht mehr los. (...) Nun halte ich mich unter Asketen, Heiligen und Wundertätern auf, und vier Bibliotheken, Basel, Zürich, Einsiedeln und St. Gallen können meinen Heisshunger kaum bändigen. (...) Ich arbeite oft bis gegen Morgen.«[36] Dann mag er zu seinem Frühstück einen jener Briefe gefunden haben, die Emmy vor seine Tür gelegt hat: »Hochzuverehrender Herr Einsiedler! Da ich mich des Mitleids mit Eurer strengen Lebensweise nicht erwehren kann, Ihr aber Eure Ehre und hohen Fleiß daransetzet, Euch der Enthaltsamkeit hinzugeben, so wage ich nur bescheidentlich, Euch ein Quäntlein Butter zum Brot anzubieten, da Früchte im Umkreis nicht zu haben sind. Ich aber, Euer getreuer Diener, werde Euch Früchte in nächster Stadt morgigen Tages beschaffen. In Demut und Ergebenheit empfiehlt sich die Botin.«[37] Das klingt scherzhaft und zeugt dennoch von großer Bewunderung, denn Emmy sieht ihren Mann auf dem Weg zum Grunde, der sich den Heiligen als seine Führer anvertraut. Es sind, nach eingehenden Studien und sorgfältigem Abwägen, nicht fünfzehn, sondern drei, deren Leben er aufzeichnet: Joannes Klimakos, Symeon Stylites und Dionysios Areopagita.

»Joannes Klimax«, beginnt Ball das erste Kapitel des *Byzantinischen Christentums*, »ist soviel wie Joannes mit der Leiter. Der Heilige dieses Namens, um das Jahr 580 Abt des Klosters auf dem Berge Sinai, wurde so benannt nach einem in dreißig Grade oder Stufen eingeteilten asketischen Werke, das er hinterließ.«[38] Die Mönche, die seine Schriften kopierten, bezeichneten sein Hauptwerk als *Klimax tu paradeísu*, Treppe zum Paradies. Darin schildert der Heilige den Weg des Mönchs zur Vollkommenheit, wie in Jakobs Traum (Gen. 28,10-19), entsprechend den Sprossen der Himmelsleiter, auf der er zur »Einigung mit Gott« gelangt.

»Das Leben des Styliten Symeon scheint sich der allgemeinen Ordnung der Heiligen auf den ersten Blick völlig zu entziehen«,[39] schreibt Ball über den syrischen Asketen, den er an die dritte Stelle seines Buches setzt. Symeon, der sich seit seiner Jugend extremsten Übungen hingab, sich eingraben und während der Fastenzeit einmauern ließ, setzte sich schließlich, um den ratsuchenden Gläubigen zu entgehen, auf die Plattform einer zuerst drei, schließlich 18 Meter hohen Säule, wo er sein Leben in ständigem, von Kniefällen begleitetem Gebet verbrachte. Der Ruf des Asketen verbreitete sich rasch, Gläubige drängten sich am Fuß der Säule, um die Ansprachen zu hören, für die Symeon zweimal am Tag seine Gebete unterbrach. Sogar Kaiser Theodosius II. soll zu ihm hinaufgestiegen sein, um Rat einzuholen. Als der *aéros martyr*, der Märtyrer zwischen Himmel und Erde, 459 n. Chr. starb, wurde er mit großem Pomp von Aleppo nach Antiochia überführt. Seine Säule wurde zur Pilgerstätte, Nachahmer fanden sich und bis heute scheint die Faszination für diesen extremen Asketen zu wirken.[40] »Schon in früher Zeit faßte man die Erscheinung des Styliten als ein Zeichen göttlicher Allmacht auf. (...) Sein Fuß ruht in der Verwesung, sein Scheitel rührt an die Sterne. Die vier cherubinischen Engel umfliegen sein Haupt.«[41]

Die Engel als »Himmlische Hierarchie« und die Wirkung auf die Hierarchie der Kirche stehen bei Balls drittem Heiligen im Mittelpunkt der Betrachtung. »Unter den mancherlei Rätselgestalten, die die Ostkirche der ersten fünf Jahrhunderte hervorgebracht hat, ist Dionysius Areopagita wohl die bedeutsamste. Sein System in gewaltigen Ausmaßen aufgestellt, spiegelt die Sterne Judäas und Griechenlands, die Lichthöhe Persiens und Ägyptens. Niemand hat vor ihm ausgesprochen, daß der Grundgedanke der Hierarchie eine Lehre von den Erleuchtungsstufen der Engel und Priester ist, und niemand hat diesen Gedanken mit gleicher Einsicht und höherem Enthusiasmus entwickelt. Um wenige Schriftsteller der Weltliteratur aber entspannt sich, sowohl was die Person, wie die Sache betrifft, eine gleich langwierige und heftige Fehde.«[42] Diesem unbekannten Verfasser der pseudodyonysischen Schriften widmet Ball das längste Kapitel seiner *Drei Heiligenleben* und stellt es in die Mitte zwischen Joannes Klimax und Symeon Stylites.

Hesse, mit dem er immer wieder religiöse Fragen diskutiert, liest er aus den eben entstandenen Texten vor: am 8. März 1921 das Kapitel vom Säulenheiligen, am 7. Mai von Johannes mit der Himmelsleiter. »Gestern abend«, notiert er im Tagebuch, »im Gespräch mit Hesse ging mir das Wesen des Johannes Klimax auf. Es ist klar, daß die Leute schon damals um die Psychoanalyse wußten. (…) Nur deuteten sie anders und ihre Therapie war begriffen im Exorzismus.«[43] Die Reaktionen des Freundes sind interessiert-skeptisch, denn sowohl seine Erfahrungen mit der Psychoanalyse als auch seine Beschäftigung mit dem Buddhismus lassen ihn oft andere Schlüsse ziehen. So teilt er zu dieser Zeit seiner künftigen Schwiegermutter Lisa Wenger mit: »Der Vollkommene und Heilige ist etwas, was sehr selten erreicht wird, auch unter Mönchen, und wenn er auch als Ideal über uns steht, muß doch im Leben unser nächstes Ziel immer die möglichste augenblickliche Harmonie sein, die nie ganz erreicht und immer wieder verloren wird, aber auch immer wieder zu finden ist.«[44] Und angesichts der Erschöpfung und Todesgedanken, die Ball bei der Arbeit am Manuskript quälen, so daß er gesteht: »Ich habe sogar ein kleines Testament geschrieben …«,[45] erklärt Hesse in einem Brief an seinen Mäzen Georg Reinhart: »Für meine Person neige ich zwar sehr zu Resignation und Mönchtum, aber mir steht die Gestaltungslust, der Spieltrieb und die Eitelkeit des Künstlers im Wege – ich habe nach sehr sehr langer Beschäftigung mit dem Problem gefunden, daß für mich der Weg zum Heiligen über das Opfer des Künstlertums und der Produktion führen müßte.«[46]

Diskussionen der beiden Freunde bis tief in die Nacht. Wenn Hesse sagt, daß er die analytischen Gespräche mit C. G. Jung in Zürich gern länger fortgesetzt hätte, seinen Therapeuten lobt, hält Ball dagegen, daß auch Johannes Klimax ein Psychoanalytiker war, erklärt: »Die Todkrankheit ist das Ich, der Eigenwille, die Leidenschaft.«[47] Und wenn Ball sich ereifert, den Freund zu überzeugen versucht, erinnert ihn Hesse mit der Frage, wer denn dieses ungewöhnliche Buch verlegen solle, unsanft an die Realität. Dann gesteht Ball sich ein: »Ich habe mich in Fragen verrannt, die vielleicht nicht meine Sache sind. Aber ich bin machtlos dagegen; es schaltet und waltet mit mir, wie es mag. Ich habe bis heute nicht einmal eine Ahnung, wo das Buch erscheinen wird. (…) Ich arbeite ganz aufs Gratewohl. Hesse wundert sich darüber, als alter Praktikus, und schüttelt den Kopf. Emmy aber meint, die Heiligen, denen das Buch gewidmet sei, würden schon auch zusehen, daß es einen Verlag findet.«[48]

Vergräbt sich Ball zu sehr in seine Studien, überredet Emmy ihn zu Ausflügen in die Nachbarschaft, zu Besuchen bei den Menschen, mit denen Hesse sie bekannt gemacht hat: dem Künstlerpaar Margherita und Paolo Osswald, der Teppichweberin Maria Geroe Tobler, der Malerin Anny Bodmer und seinem Zahnarzt Friedrich Müller. Hesse stellt ihnen seinen langjährigen Analytiker Josef Bernhard Lang vor, der sich mit Gnosis und Astrologie beschäftigt, Horoskope für die Freunde erstellt. Sie werden von der wohlhabenden Hotelerbin Carla Fassbind eingeladen und dem Fabrikanten Charles Brown, der sich von seinen Geschäften mit Frau und Sohn in seine Villa ›Roccolo‹ in Montagnola zurückgezogen hat. Ihr liebster Weg bleibt für Emmy und Hugo jedoch der zu Hesse in die Casa Camuzzi. Sie bringen ihm Blumen aus ihrem Garten, Feigen und Äpfel. Auf dem Rückweg nach Agnuzzo sammeln sie dürre Äste für den Winter. Aber sie werden weder das Holz noch die sorgfältig im Keller eingelagerten Äpfel verwenden können, denn im Herbst 1921 findet das »Paradies Agnuzzo« ein abruptes Ende. Ball hat, als das Geld vom Flensburger Hausverkauf, stark abgewertet durch Inflation und Umtausch in Schweizer Franken, verbraucht war, Charles Brown gebeten, ihn mit monatlich 300 Franken zu unterstützen, um das *Byzantinische Christentum* abschließen zu können. Aber Brown lehnt ab und schlägt Ball vor, die teure Schweiz zu verlassen. Aber wohin sich wenden? Nach München, entscheidet Ball. Da lebt sein Bruder Heiner, es gibt renommierte Verlage und gute Bibliotheken, in denen er seinen theologischen Studien nachgehen kann. Überstürzt packen sie ihre unfertigen Manuskripte ein, bitten das Ehepaar Saager, sich um das Haus zu kümmern, für das sie die Miete bereits im Voraus bis März 1922 entrichtet hatten. Dann machen sie sich mit leichtem Gepäck und schwerem Herzen zur Ponte-

Tresa-Bahn auf, mit der sie nach Lugano und von dort mit dem Schnellzug nach Basel fahren wollen. Maria Saager und Maria Theresia Holzleitner geben ihnen das Geleit bis zur Station ›Capella‹. Rosen werden überreicht. Tränen vergossen. Ein Wiedersehen beschworen. Vom Turm des Saager-Hauses in Lugano-Massagno weht grüßend die Schweizer Flagge.

In Basel wenden sich die drei Reisenden an Wengers, die sie in ihre Villa im nahen Delsberg einladen, bereit sind, Annemarie bei sich aufzunehmen, bis Emmy und Hugo in München eine Bleibe gefunden haben. Und sie kaufen einige Möbel aus dem Agnuzzo-Haus, zahlen großzügig in Franken, die dem Paar nicht nur die Weiterreise, sondern auch den Neuanfang ermöglichen. An Hesse, der auf Reisen ist, hat Ball am 6. Oktober eine kurze Nachricht geschickt: »Wir müssen unser kleines Agnuzzo aufgeben und nach Deutschland zurückkehren. (…) Gelingt es uns, aller Schwierigkeiten Herr zu werden, so reisen wir voraussichtlich schon Dienstag nächster Woche über Zürich nach München (…) Es frägt sich nur, ob wir in Deutschland ein wenig Glück haben werden. Wir wollen beide sofort eine Arbeit annehmen und Annemarie in Stellung geben. Unsere nächste Adresse (…) wird also wohl Hauptpostlagernd München sein.«[49] Hesse antwortet sofort. Es ist die erste Nachricht, die sie in München in Empfang nehmen.

# Verscheuchtes Geflügel

Alte Freunde, neue Beziehungen – Ball erzählt von den Heiligen und kehrt in den Schoß der Kirche zurück – Emmy singt ihr ewiges Lied zur hellen Nacht – Lesend gen Süden – Hesse schreibt Briefe, und Ball bekommt Geld – Von Robin, dem Wunderkind, einer frommen Baronin, Josephina Balls Tod und Hesses Heiratsplänen – Emmy reist in Arkadien, und Ball schreibt »Schizophrene Sonette«

»Lieber Herr Hesse, wir sind auf den Strassen der grossen Stadt wie verscheuchtes Geflügel, das nicht mehr weiss, wo es hingehört. Die Verhältnisse sind durchaus anders, als wir sie uns gedacht haben. Aber mag sein, daß sich das ändert, wenn wir erst wieder, und zwar jeder für sich, eine kleine Stube haben und ein wenig nachdenken können.«[1]

Heimatlos, wieder einmal. In München, stellt Ball deprimiert fest, hat sich seit seinen Aufenthalten im Jahr nach Kriegsende nichts geändert. Es scheint eher schlimmer geworden. Die Menschen hoffnungslos und die Wohnungsnot so groß, daß Emmy und Hugo keine andere Unterkunft finden als ein »undefinierbares« Doppelzimmer im Hospiz. »Einzelzimmer nur zu horrenten Preisen und mit Genehmigung der Kommission. Man muss also einfach abwarten, bis man durch Bekannte ›unter der Hand‹ etwas findet.«[2] Hesse empfiehlt Ball, sich an seinen Freund Reinhold Geheeb, den Redakteur der satirischen Zeitschrift *Simplicissimus*, zu wenden, schreibt: »Lieber Geheeb! Mein sehr lieber Freund Ball ist in München, u(nd) wenn Du ihm in seinen Sorgen irgendwie helfen kannst, bitte ich sehr, es zu tun!«[3] Aber Ball kann sich nicht entschließen, diesem Rat zu folgen, sondern versucht, Kontakt zu den Bekannten aufzunehmen, die er in München aus der Vorkriegszeit kennt oder die, wie Franz Blei, dorthin gezogen sind. Blei, jetzt als Lektor beim Georg Müller Verlag tätig, vermittelt die Balls an Exzellenz Maximow, eine verarmte russische Emigrantin, die ihnen ihr kleines, dürftig möbliertes Atelier in der Bismarckstraße 11 im Norden Schwabings für einige Wochen zur Verfügung stellt. Da sitzen sie zwischen ihren Habseligkeiten, Emmy erschöpft von Aufregung, Reise und Zimmersuche, Ball ständig erkältet, das halbfertige Manuskript des *Byzantinischen Christentums* im Koffer. Fremde im einst so vertrauten München. »Wir sehen Ihre Bücher in den Fenstern«, schreibt Emmy an Hesse, »und wir gehen nebeneinander und sagen nicht mehr viel und weinen zusammen.«[4] Aber auch Hesse ist verstört. »Es ist ja so traurig, daß Sie nimmer da sind. Nach meiner Rückkehr aus Stuttgart wagte ich es erst nach acht Tagen, einmal nach Agnuzzo zu gehen, da lag im Sonnenschein Haus und Garten.«[5] Emmy hängt Hesses Tessiner Aquarelle auf, träumt sich aus dem feuchtkalten November zurück unter den südlichen Himmel. Sie »kann sich noch garnicht zurechtfinden (…) die verworrene Stadt, das Heimweh nach Agnuzzo –, all das ist nicht gut für sie«, schreibt Ball an Hesse. »Ich wusste, dass es so kommen würde. Nun will ich nur hoffen, dass es in den andern Wochen wieder besser wird.«[6]

Als Hugo für sich ein Zimmer in Bogenhausen findet, packt er sein Manuskript aus und wandert Morgen für Morgen durch den Englischen Garten zur Staatsbibliothek, wo er seinen theologischen Studien nachgeht und das *Byzantinische Christentum* umarbeitet. Er lebt wieder wie ein Junggeselle, denn »Hugo suchte bei Emmy keine hausfrauliche Sorge, sondern die Unschuld, das Unbewußte, die Fee und das Übersinnliche«[7]. Doch auch die räumliche Trennung, die sie sowohl zur Arbeit als auch für ihre gegenseitigen Projektionen so dringend brauchen, entspannt die Situation nicht. Emmy bleibt »tief verdrossen. Sie empfindet die Stadt wie eine persönliche Beleidigung und kann sich noch garnicht damit abfinden, dass der Tessiner Traum sollte zu Ende geträumt sein.«[8] Deprimiert sucht sie ihren alten Freund Schrenck-Notzing auf, der in der Max-Joseph-Straße praktiziert, fährt auf dessen Rat nach Ebenhausen, wo Julian Marcuse, den sie aus Zürich kennt, als Chefarzt ein Nervensanatorium leitet. Aber helfen können ihr beide nicht. Erst als die renommierte Verlagsbuchhandlung Steinicke & Lehmkuhl sie zu einer Lesung einlädt, bessert sich Emmys Stimmung. Im Kunstsaal in der Adalbertstraße liest sie am 17. November 1921 kurze Prosa und Gedichte, die 1922 unter dem Titel *Helle Nacht* bei Reiß erscheinen werden. Der Beifall des Publikums, das Lob der *Münchner Neuesten Nachrichten*, die Emmy Hennings »zu den besten deutschen Erzählerinnen« rechnen, spenden ebenso Trost

Bild 32 Emmy Ball-Hennings in München, 1922

wie die Rezension der *Krefelder Zeitung*, in der sie als Lichtblick des »Münchener Winters« bezeichnet wird.[9]

Aber trotz kleiner Erfolge ist Emmy bedrückt, und Hugo zweifelt, »ob unser Entschluss im grossen Ganzen der richtige war. Wir sind durch unseren langen Aufenthalt in der Schweiz den deutschen Verhältnissen doch sehr entwöhnt und können vieles hier gar nicht verstehen.«[10] Und Emmy klagt Hesse: »Die Stadt schlägt auf mich ein (…) und Hugo sagt, wenn ich nur ein Wörtchen von dem sage, wovon ich drückend erfüllt bin, ich sei ein furchtbar schwerfälliger Mensch (…) Hugo meint, es sei gar kein Grund für Trauer, und wir könnten ganz gut hier leben.«[11]

Ball hat sich schneller als seine Frau wieder in München eingelebt. Seine Briefe an Hesse, an Englert, an seine Familie in Pirmasens klingen zuversichtlich. Er ist sicher, im Frühjahr 1922 sein Manuskript beenden zu können, sucht nach einem geeigneten Verlag, nimmt Kontakt zu Kurt Wolff auf, der 1913 Emmys Gedichte publizierte, was Huelsenbeck mit größter Hochachtung kommentiert hat, denn: »das waren damals für uns Festungen, die nicht erobert werden konnten.«[12] Jetzt verwendet sich Hesse bei Wolff. Setzt seine Reputation für den Freund ein. Vergeblich. Aber Ball gibt nicht auf, schickt Ludwig Feuchtwanger, dem Leiter des Verlags Duncker & Humblot, ein Kapitel seines *Byzantinischen Christentums* und äußert zugleich den Wunsch, daß Feuchtwanger auch eine überarbeitete Fassung seiner *Kritik* bringen möge, denn: »Ich mag sie nicht mehr. Ich schäme mich, das Buch aus der Hand zu geben, eh es überarbeitet ist.«[13]

Bild 33  Hugo Ball in München, 1922

Im Winter 1921/22 intensivieren Emmy und Hugo Ball nicht nur ihre Kontakte zu Verlagen und Buchhändlern, sondern auch zu alten Bekannten: Alfred Wolfenstein, Mary Wigman und Johannes R. Becher, der in seinem Roman *Abschied* dem Paar Ball/Hennings unter den literarischen Pseudonymen »Stefan Sack«, einem Maurergesellen aus Pirmasens, und seiner Freundin, der Soubrette »Magda«, ein literarisches Denkmal gesetzt hat. Als Becher bei Steinicke liest, sitzen Emmy und Hugo vorn und klatschen »für alle andern mit«[14]. Längst haben die beiden ehemaligen Rivalen ihren Streit begraben, treffen sich häufig und bewegen im Januar 1922 den Plan, gemeinsam eine »neue Zeitschrift« herauszubringen. Zu dieser unerwarteten Annäherung hat Bechers Hinwendung zur katholischen Kirche beigetragen, die in den Jahren 1921/22 besonders intensiv war, bevor er sich 1923 abwandte und fortan im Kommunismus sein Heil suchte. Ball mag Bechers Indifferenz gespürt haben, denn er nimmt, nachdem das Projekt ihn »in den letzten Tagen sehr beschäftigt« und »ein wenig Verwirrung gebracht« hat[15], entschieden Abstand.

Als er bei Bekannten Kandinskys ehemalige Lebensgefährtin, die Malerin Gabriele Münter, trifft, nimmt Ball ihre Einladung nach Murnau am Staffelsee an, wo er 1914 mit Kandinsky, Franz Marc und Arnold Schönberg die revolutionären Kunst- und Theaterpläne bewegt hatte, die durch den Krieg ein abruptes Ende fanden. Enttäuscht kehrt er zurück und notiert: »Jetzt ist es ganz vereinsamt. (...) Es war wie ein Sonntag auf dem Friedhof. Es schien mir so phantastisch, dass ich flüchtete.«[16] Emmy lernt Wolfensteins Frau, die Lyrikerin Henriette Hardenberg, kennen, lädt sie in einem undatierten Brief, in dem sie sich für eine Einladung im Haus Wolfenstein bedankt, zu sich in die Bismarckstraße ein. Macht ihr Komplimente, sucht Nähe. Auch Elisabeth Bergner sehen sie wieder, die seit 1920 bei Otto Falckenberg engagiert ist. Als im Herbst 1921 bei der Uraufführung von Hofmannsthals Komödie *Die Schwierige* im Residenz-Theater nicht nur das Münchener Publikum, sondern auch der Autor von ihrer Helene Altenwyl bezaubert ist, steht dem Sprung zu Max Reinhardt nach Berlin nichts mehr im Weg. Aber nicht Albert Ehrenstein, ihr langjähriger Verehrer, wird sie dorthin begleiten, sondern Viola Bosshardt, mit der sie ab Sommer 1922 in Berlin zusammenlebt. Während der Spielzeit 1921/22 in München trifft sie sich mit Annemarie, die in verschiedenen Stellungen ihren Unterhalt verdienen muß, macht ihr Geschenke. Auch Emmy und Hugo werden die Fortsetzung der Beziehung bemerkt, jedoch keinen Einfluß genommen haben. Sie sehen die Tochter selten, sind mit ihren Manuskripten beschäftigt. Emmy beendet ihre Arbeit zuerst. Ende März teilt Ball mit: »Emmys neues Buch ist fertig geworden. Nicht gross im Umfang, 100-120 Seiten. Aber, lieber Herr Hesse, es enthält ebenso viele Agonien, wie es Seiten hat.«[17] Es ist der Prosaband, den sie ihrer Mutter widmet. Sie schickt Hesse das Manuskript und »ist so ängstlich damit, dass sie Ihnen kaum zu schreiben wagt. Sie quälte sich lange Zeit mit der Frage, ob sie es überhaupt publizieren solle. Der Brief, den wir nun heute an Reiss schrieben, macht zur Bedingung, dass er das Buch im Gegensatz zu den Gedichten sogleich in Druck gibt, wenn er sich dafür interessiert. Er hatte vor kurzem einen neuen Generalvertrag vorgeschlagen. Aber Emmy hofft, bis Juni 23 (Endtermin des laufenden Vertrags) ein umfangreicheres und ansprechenderes neues Buch zu schreiben, und damit eventuell einen weniger zurückgezogenen Verleger zu finden. Sind Sie nicht auch der Meinung, lieber Herr Hesse, dass es gut sein wird, dieses Buch, wenn überhaupt, so in aller Stille bei Reiss noch herauszubringen? Der Titel übrigens hat sich geändert. Es soll heißen Das ewige Lied.«[18] Reiß veröffentlicht jedoch 1922 zuerst die Gedichte unter dem Titel *Helle Nacht*, 1923 den Prosaband. Ein weiterer Generalvertrag zwischen Reiß und Emmy Hennings wird nicht geschlossen. Sie muß künftig für ihre Manuskripte, ebenso wie Ball, auf die mühsame Suche nach einem Verleger gehen.

Die Verlagsfrage wird auch beim Treffen mit Hans Arp und Sophie Taeuber bewegt, als das Paar Ende März 1922 Sophies Bruder Hans in München besucht. Arp kümmert sich beim Rolandverlag um das Erscheinen einer Mappe mit zehn Holzschnitten, zu der Otto Flake ein Geleitwort verfaßt hat. In den Gesprächen mit Emmy und Hugo: Erinnerungen. Dada. Arp ermutigt Ball, seine »Verse und Prosa aus der Zürcher Zeit zu sammeln. (…) Er hat eine Gelegenheit beim Rolandverlag.«[19] Ball folgt umgehend dem Rat und teilt Hesse am 13. Juli mit: »Fast hätte ich vergessen, Ihnen zu sagen: einen kleinen Erfolg habe ich doch inzwischen gehabt. Im Rolandverlag wird wohl ›Tenderenda der Phantast‹ erscheinen mit Schnitten von Hans Arp.«[20] Ein Lichtblick zu einer Zeit, in der noch immer nicht entschieden ist, wer das *Byzantinische Christentum* publizieren wird. Als Kurt Wolff Abstand nimmt, bleibt nur Duncker & Humblot, der sich schließlich verpflichtet, das Buch sowie die Neubearbeitung von *Zur Kritik der deutschen Intelligenz* herauszubringen. Diese Bedingung hatte Ball gestellt, mußte jedoch zugestehen, daß sein Byzanzbuch nicht im Herbst, sondern im Frühjahr 1923 und erst nach dem Verkauf von 1000 Exemplaren die überarbeitete *Kritik* erscheinen kann. Auch Hesse hat – nach langer Blockade – sein »indisches« Manuskript beendet, schickt Ball, auf dessen Wunsch, die Korrekturbogen von *Siddhartha*. »Ich hätte sie so gerne zu ruhigeren Tagen von hier mitgenommen«, gesteht er Hesse. »Doch ich las begierig und genau, dass ichs nur gestehe: mit einem gelinden Schreck über mich selbst. Die Philosophie der Dinge, der Dinge (…) Und in welchen Platonismus dagegen bin ich geraten. Siddhartha kam zu mir als ein Mahner zur rechten Stunde. (…) Man glaubt mehr an den namenlosen, als an den berühmten Buddha. Das ist sehr, sehr schön, und geht in die Zukunft …«[21] Der Schreck, den er Hesse gegenüber thematisiert, gründet vermutlich weniger im Zweifel an der Wahl seiner drei Heiligen, sondern an der Gestaltung, denn während Hesse in seinem Roman den fiktiven Weg des Siddhartha durch die Verlockungen und Leidenschaften der Welt bis zu Umkehr und Erleuchtung erlebbar werden läßt, kann sich Ball nicht vom Zwang, seine Heiligenleben theologisch beweisen zu wollen, frei machen. Hesse will erzählen, Ball muß überzeugen, seine Leser wie auch sich selbst, spürt er doch, »dass ich (…) eigentlich eine Konversion schreibe«[22]. Und die vollzieht er mit der ihm eigenen Konsequenz am 2. März 1922 vermutlich in der Ludwigskirche, unweit der Staatsbibliothek, in der er täglich am Manuskript arbeitet.

»Ball dürfte erheblichen Wert darauf gelegt haben«, vermutet Bernd Wacker angesichts dieses Schrittes, »ihn so zu gestalten, wie es seiner Bedeutung in der Biographie eines religiösen Heimkehrers entsprach.«[23] Kurz nach seinem 36. Geburtstag am 22. Februar begann mit dem Aschermittwoch die vorösterliche Fastenzeit. Vermutlich hat Ball am Gottesdienst teilgenommen und das »öffentlichen Büßern vorbehaltene Aschenkreuz« empfangen. »Generalbeichte, Meßbesuch und Kommunionsempfang schlossen sich an. (...) Das neue Lebensjahr war zum Anfang eines neuen, tiefverwurzelnden religiösen Überzeugungen verpflichteten Lebens geworden, als dessen Siegel und Zeugnis das – zusammen mit der Neuauflage der ›Kritik‹ zu veröffentlichende – ›Byzantinerbuch‹ gelten sollte.«[24]

Auch Emmy ist überzeugt: »Hugo wird sich nicht mehr von den Heiligen trennen mögen, er kann nicht mehr, er ist viel froher, wie einst (...) Die Wissenschaft von den Heiligen stimmt ihn so heiter.«[25] Zugleich bekennt sie Hesse ihre eigene verzweifelte Situation: »Ich kenne Augenblicke, da ich meine, ich könne nur noch den Unglauben verkünden, wenn es überhaupt nötig sei, noch zu verkünden, als sei jede Äußerung zuviel. Dann ist es, als habe jeder vergangene Rausch mein klares Gesicht blamiert. Jeder Überschwang kompromittiert mich. Es geht so weit, daß ich jede zärtliche Regung, selbst das kleinste teilnehmende Verliebtsein als Todsünde bereuen möchte, und ich bin geneigt, jede Lust als Schande zu empfinden.«[26] Welch entsetzliches, welch unnatürliches Geständnis einer Frau, die, wie kaum eine andere, Lust geschenkt und empfangen hat! Die frei mit ihrem Körper, großzügig mit ihren Gefühlen umgehen konnte! Jetzt fragt sie sich, ob auch jede »zärtliche Regung« für Hesse, jedes »kleinste, teilnehmende Verliebtsein« bereits eine Todsünde ist. Reagiert auf ihre zwiespältige Situation, diese scheinbar unauflösbare Ambivalenz zwischen Glaubenszweifeln und Glaubenssehnsucht, sowie auf Hugos leidenschaftliches Bekenntnis zum Katholizismus mit Krankheit. Er ist besorgt. »Emmy geht es in diesen Tagen nicht ganz gut. Sie hat sich ein wenig übernommen und hat es mit den Nerven zu tun.«[27] Aber sie wissen beide, daß nicht Überanstrengung der Grund für Emmys Unwohlsein ist, sondern ihre Lebensumstände in München. »Die Gesundheit meiner Frau erträgt kaum den deutschen Sommer mehr, und nun gar die Aussicht auf einen zweiten Winter mit neuen Anstrengungen und in einer verzweifelten Umgebung! (…) Wir empfinden so sehr das Bedürfnis nach ein wenig Resonanz, nach neuen Eindrücken, die nicht, wie hier, sich stets um das Unerfreuliche und Drückende bewegen«, schreibt Ball an Hesse. »Wir wollen einen grossen Sprung machen, nach Rom oder noch weiter nach Süden. Und dann uns irgendwie durchschlagen (…) Vielleicht gelingt es uns, in Italien eine neue Heimat zu finden.«[28] Emmy hat bereits angefangen, Italienisch zu lernen. Sie sind aufbruchsbereit. Nur der Vertrag von Duncker & Humblot für Hugos Byzanzbuch fehlt. Feuchtwanger, erneut unsicher geworden, ob er die Arbeit publizieren soll, schickt das Typoskript an den Bonner Staatsrechtler Carl Schmitt, einen Autor des Verlags und bekennenden Katholiken. Ohne daß Ball davon erfährt, wendet sich auch Hesse im Juli an den Verlagsleiter und versucht, dessen Bedenken mit dem Hinweis auf Balls literarische Qualität zu zerstreuen. Ob die Intervention des Erfolgsautors den Ausschlag gegeben hat oder doch eher Schmitts Versicherung, Feuchtwanger gegen mögliche Angriffe von Kritikern in Schutz zu nehmen, ist ungeklärt. Am 7. August 1922 erhält Ball endlich den Vertrag und meldet nach Montagnola: »Wir kommen jetzt (…) Wir haben uns losgeeist. Es ist alles gut gegangen. (…) Den Vertrag hab ich in der Tasche (…) Wir würden wohl in den ersten Septembertagen erscheinen. Wissen Sie schon auf welche Weise? Indem wir uns in den Tessin hinunterlesen. Wir wollen Verse und Prosa vom Mund weg verkaufen in den Sanatorien.«[29] Und dann schildert er Hesse die geplante Reiseroute: Schwarzwald, Baden-Baden, Basel, Vierwaldstätter See, Davos – und weiter bis ins Tessin zu den Freunden. Sie packen die Koffer. Josephina Ball kommt aus Pirmasens, um von ihrem wieder einmal flüchtigen Sohn und der aufbruchsfrohen Schwiegertochter Abschied zu nehmen. Annemarie lassen sie in ihrer Stellung in München zurück. Hugo behält sein Zimmer in der Mauerkircherstraße. Das wollen sie erst kündigen, wenn sie irgendwo im Süden seßhaft geworden sind. Dann soll auch Annemarie mit den verbliebenen Habseligkeiten nachkommen. »Ich fühle mich sehr frei und unternehmensfroh. (…) Wir sagen also auf Wiedersehen (…) Schön wird es sein, lieber Herr Hesse. Wir werden summen und uns umarmen.«[30]

Schließlich, Ende August, sind sie am Ziel ihrer Sehnsucht, werden am Bahnhof in Lugano von Wengers Chauffeur abgeholt, der sie nach Carona bringt. Gastfreundlich werden sie im Papageienhaus aufgenommen. Hesse erwartet sie. Sie feiern ihr Wiedersehen, nehmen die Wanderungen wieder auf, kehren in Grotti ein, besuchen das Ehepaar Saager, die Osswalds, sitzen in der Casa Camuzzi und lesen sich vor. Zugleich wissen sie, daß es nur eine kurze Frist ist, die bis zur Weiterreise bleibt, weil ihnen die Mittel für ein Leben im teuren Tessin fehlen. Hesse jedoch, der den erneuten Abschied ebenso fürchtet wie Emmy und Hugo, bittet seinen zukünftigen Schwiegervater, die Freunde finanziell zu unterstützen. Und als dieser zugesagt hat, ersucht er H. C. Bodmer, eine Ergänzungssumme bereitzustellen, die ein Leben in Agnuzzo während der nächsten ein bis zwei Jahre möglich machen soll. Bodmer, der die Balls bei ihrem ersten Aufenthalt noch nicht persönlich kennengelernt hat, vertraut Hesses Einschätzung, daß es sich bei Hugo um »einen der wertvollsten Köpfe des heutigen Deutschland und Europa handele, (…) ein reiner, klarer, edler Geist. Seine Frau, die Schriftstellerin Emmy Hennings, zur Zeit bekannter als er, ist ebenfalls als Mensch und Dichterin eine seltene, außerordentliche Erscheinung.«[31] Mehr als die Schilderung der menschlichen und künstlerischen Qualitäten, der Armut und Aussichtslosigkeit, in der sich Emmy und Hugo befinden, mag Bodmer jedoch ein persönliches Bekenntnis Hesses überzeugt haben: »Für mich kommt ein egoistisches Motiv hinzu: natürlich läge mir ungeheuer viel daran, diese für mich so wertvollen, lieben und geistvollen Menschen in der Nähe behalten zu dürfen. Seit ihrem Wegzuge vor einem Jahr, war ich geistig hier völlig vereinsamt.«[32] Bodmer überweist 5000 Franken, für die Ball sich am 27. September überschwenglich bedankt. Und als es Adolf Saager gelingt, bei Charles Brown eine Anstellung für Ball zu finden, steht dem Rückzug nach Agnuzzo nichts mehr im Weg. Das verscheuchte Geflügel ist auf dem heimatlichen Hof angekommen.

Hugo kündigt sein möbliertes Zimmer in München und teilt dem Freund am 28. Oktober mit: »Vorgestern ist nun auch Annemarie mit den Resten unseres Haushalts eingetroffen, und so ist die kleine Familie wieder komplett beisammen. Das Schönste aber ist, dass es durch Sie, lieber Herr Hesse, und dass es so unerwartet gekommen ist.«[33] Als Annemarie auf die Rigi bei Luzern abgereist ist, wo sie in einem der Hotels von Carla Fassbind eine Stelle als Serviermädchen bekommt, richtet das Paar aufs Neue seine Arbeitszimmer her. Emmy schreibt an einem zweiten Gefängnisbuch. Ball wandert jeden Dienstag bergauf nach Montagnola, um die Phantasien des vierjährigen Robin Brown, eines musikalischen Wunderkindes, in Noten zu setzen. Eine Tätigkeit, die ihm, neben dem Legat von Hesses Mäzenen, ein kleines, aber regelmäßiges Einkommen sichert, denn Feuchtwangers Honorar schmilzt, umgewechselt in Franken, zu einer Summe, mit der das Leben im Tessin unmöglich ist.

Erstmals seit seiner Anstellung bei der *Freien Zeitung* in Bern fühlt sich Ball wieder unabhängig von finanziellen Zwängen, kann ungestört die Korrekturbogen seines Byzanzbuches bearbeiten, die von November bis Januar aus München eintreffen. Er korrespondiert mit Feuchtwanger wegen der Ausstattung, macht Vorschläge zu Titel, Untertitel und Umschlaggestaltung, entschuldigt sich für Änderungen, die er am Text vorgenommen hat: »Ich bitte Sie, diese (wenigen) Korrekturen mit den Komplikationen des Themas zu entschuldigen.«[34] Daneben beginnt er das Material für die Überarbeitung seiner *Kritik* zu sichten, die unter dem Titel *Die Folgen der Reformation* nach dem *Byzantinischen Christentum* erscheinen soll. Da er, aber auch Emmy Unterlagen benötigen, die sie bei Hugos Verwandten Heiner und Ria Ball in München zurückgelassen haben, bitten sie Josephina Ball im Frühjahr 1923, nach München zu fahren und alles einzupacken, »was unbedingt in den Koffer muss«: Leitzordner, Bücher, Konzeptpapier, bunte Malereien von Annemarie, einen Anzug, den die Mutter für ihn nähen lassen soll. Er schickt Franken für den Schneider, für die Reise- und Speditionskosten, fügt seinem Anliegen eine eindringliche Bitte an: »Unsere Briefe und Tagebücher sind besonders wichtig, liebe Mutter. Bitte achte genau darauf, dass nichts davon zurückbleibt. Es sind die wertvollen Materialien, aus denen unsere Bücher entstehen. Es könnte sein, dass Ria (...) sich für eins oder das andere interessierte. Bitte sie wirklich auf Gewissen, liebe Mutter, aber ganz von

Dir aus, gelt, Dir alles auszuhändigen. Sie interessierte sich z. B. für Briefe von Hesse, der ein bekannter Mann ist. Es wäre uns sehr peinlich, denken zu müssen, dass etwa einer seiner Briefe an uns in fremden Händen ist.«[35]

Hesse, der sich so sehr für ihr Verbleiben eingesetzt hat, ist jedoch im Herbst und Winter 1922/23 – sehr zur Enttäuschung des Paares – viel unterwegs, zu Lesungen, im Sanatorium und zu Ruth Wenger, die er in Zürich und in Delsberg trifft. Die Formalitäten zu seiner Scheidung von Mia sind eingeleitet, aber Hesse hofft noch immer, dem Drängen Ruths und ihres Vaters auf eine Legalisierung der Beziehung widerstehen zu können. In seinen Briefen häufen sich Klagen über Verdauungsbeschwerden, Schwäche und Schwindel. »Die Kur hat mich furchtbar erschöpft, ich sehe zum erstenmal deutlich, daß das Alter begonnen hat«, teilt er aus der ›Villa Solitude‹ in Delsberg mit und gesteht, daß er sich nur auf eines freut: das Wiedersehen mit Balls im Tessin, wo sie sich gegenseitig »vor unseren Feuerchen die kalten Hände wärmen«[36] wollen. Häufiger noch als Hesse schreiben Emmy und Hugo an den abwesenden Freund, berichten ausführlich vom Garten, ihren Hühnern, den Katzen, die ihnen zugelaufen sind, von den gemeinsamen Freunden.

Überraschend tauchen Besucher in Agnuzzo auf, so »Flametti«, der sein Varieté-Ensemble aufgelöst und »sich jetzt ganz auf die Telepathie geworfen«[37] hat. Arp und Sophie Taeuber, die am 20. Oktober 1922 im nahen Pura geheiratet haben, bringen die enttäuschende Nachricht, daß der Rolandverlag den *Tenderenda* nicht publizieren will. Aber Ball, in Vorfreude auf das Erscheinen des Byzanzbuches, ist nicht enttäuscht, sondern fordert den Verleger nur sehr höflich auf, ihm sein Manuskript zurückzuschicken. Anfang April 1923 bittet er Feuchtwanger um die Rezensentenliste für das Byzanzbuch und fügt die Adressen von Freunden hinzu, die ein Rezensionsexemplar bekommen sollen: Franz Blei, Otto Flake, René Schickele, Hermann Bahr und Emil Szittya. Flake, der Weggenosse der Kriegszeit, hat ihm gerade sein neues Buch *Deutsche Reden* geschickt, das Ball mit Zustimmung liest.

Hatte er im ersten Agnuzzo-Jahr alles beiseite gelegt, was an die vergangenen Projekte erinnert, und sich ganz in Wesen und Welt der Heiligen vertieft, so nimmt er jetzt wieder Anteil am Leben der alten Freunde, fragt Arp im Juni 1923: »Hören Sie noch von Tzara? Oder von Huelsenbeck? Der gute Hue überraschte uns neulich mit einem Gruss in einer Mannheimer Zeitung. Er schrieb dort (ein wenig sentimental in Erinnerung an die Zürcher Zeiten) über die Verse von Emmy Hennings.«[38] Daß gerade der ihr kritisch gesinnte Huelsenbeck ihren neuen Gedichtband *Helle Nacht* so positiv besprochen hat, wird Emmy gefreut haben. Auch sie rezensiert immer wieder die Neuerscheinungen von Freunden, so Arps 1924 erschienenen Gedichtband *Der Pyramidenrock*, den er ihr mit der Bitte um eine Besprechung schickt. Wer könnte ihn besser verstehen als die Freundin aus Züricher Dada-Zeiten, als der »Schöpferdrang« die Gruppe »vom Hundertsten ins Tausendste« führte, denn: »Auf meine Dichtung hatte diese Zeit einen förderlichen Einfluß. Manches Gedicht des ›Pyramidenrockes‹ ist die Fortführung einer solchen Konferenz.«[39] Als er Emmys Rezension erhält, ist Arp entzückt und »machte dir grosse Elogen für die schönen Sätze, die Du über ihn geschrieben«[40], teilt Ball seiner Frau mit.

Auf gute Resonanz, zumindest auf Verständnis für sein Anliegen, hofft auch Ball, nachdem im Juni 1923 die Rezensionsexemplare des *Byzantinischen Christentums* verschickt sind. Während er noch ungeduldig auf Reaktionen und Rezensionen wartet, erreicht ihn aus Pirmasens die Nachricht, daß seine Mutter schwer erkrankt ist. Überstürzt reist er in der Nacht vom 27. auf den 28. Juli nach Deutschland, wird jedoch an der Mannheimer Rheinbrücke von den französischen Grenzposten gehindert, in die Rheinpfalz einzureisen, und entschließt sich kurzerhand, nach Berlin zu fahren, um beim französischen Konsulat das benötigte Dokument zu besorgen. Am 1. August trifft er in Pirmasens ein, um Abschied zu nehmen. Krankheit und Tod der Mutter, die am 30. August 1923 stirbt, überschatten den Tessiner Sommer, aber auch das Verhältnis zu Hesse ist getrübt, denn nach seiner Scheidung von Mia im Juli hat er dem Drängen der Wengers nachgegeben, Ruth im kommenden Winter zu heiraten. Als er Emmy und Hugo davon erzählt, reagieren die Freunde ablehnend: »Er hat uns neulich – wenn auch verlegen – mitgeteilt, dass er heiraten wird. (…) Ich fürchte, dies wird unsere Freundschaft lockern. Er wird sich verteidigen und un-

Bild 34 Ruth Wenger, um 1920

gerecht werden. Wir aber werden nicht verehren können, was außerhalb unserer Kreise liegt.«[41] Bei einem Besuch in Agnuzzo spürt Ruth die Zurückhaltung der Balls, es kommt zu einem Wortwechsel mit Emmy, nach dem Ruth sich verletzt zurückzieht. Als sie sich bei Hesse beklagt, stellt er seine Besuche in Carona ein und trifft sich weiter mit den Freunden in Agnuzzo, Montagnola oder im Grotto. Gemeinsam nehmen sie an der Prozession zum Fest der Madonna d'Ongero teil. Doch die gelöste Stimmung ihres ersten gemeinsamen Sommers will sich nicht wieder einstellen. Hesse reagiert auf die Situation in Carona zunehmend nervös, denn Ruth und ihre Mutter haben sich trotz der Verstimmung nicht aufhalten lassen, im Hotel Krafft in Basel, wo Ruth eine Wohnung bezogen hat, auch Zimmer für ihren künftigen Ehemann zu reservieren, in die Hesse im November 1923 einzieht.[42]

Als es Herbst wird, bleibt Ball allein zurück, denn auch Emmy und Annemarie sind im September davongeflogen, einerseits verscheucht von Hugos Wunsch, sich ungestört dem Studium der Schriften Carl Schmitts sowie der Umarbeitung der *Kritik* widmen zu können, andererseits von der wieder drohenden finanziellen Misere. Nur noch 900 Franken sind übrig von den Zuwendungen Wengers und Bodmers. Auf weitere Unterstützung von Ruths Familie ist nicht zu rechnen, auch Bodmer wird keine weiteren Zahlungen leisten. Also bleibt nur der Ausweg, ins billigere Italien auszuweichen. Emmy, die stets Reiselustige, mag das vorgeschlagen haben. Geträumt hat sie von Arkadien seit ihrer Seume-Lektüre im Flensburger Dachstübchen. Und so macht sie sich, als im September feststeht, daß ihre Dreisamkeit mit Hesse zu Ende geht, mit Annemarie, die in Florenz eine Stellung im Haushalt annehmen soll, auf ins nahe Italien. Emmy will weiter an ihrem zweiten Gefängnis-Roman arbeiten, Reisefeuilletons schreiben und an jene Zeitungen und Zeitschriften schicken, die ihre Texte zuverlässig drucken. Ihr Vorbild: Seumes *Spaziergang nach Syrakus.*[43]

Aber kaum von Hugo getrennt, schreibt sie ihm schon den ersten sehnsüchtigen Brief: »Ach, Steffgen, als wir uns am Morgen in Agno von Dir verabschiedeten und Du uns lange nachsahst, hab ich bitterlich weinen müssen, so daß man mich in der Bahn für eine halbe Witwe hielt.«[44] Auch das Land hält zunächst nicht, was sich die erwartungsfrohe Emmy versprochen hatte: »Also gut, jetzt sind Emmy und Annemie in Arkadien. Kennen Sie das Land? hat man gefragt. Wo die Zitronen blühn. Es hat geregnet in der Lombardei und ich hab mir erst nicht denken können, daß das Italien sein soll.«[45] Aber als sie von Mailand kommend in Genua aussteigen, gerät Emmy angesichts des Meeres und des Hafens, von Schiffen und Matrosen in Begeisterung. Erinnerungen an Flensburg werden wach, an die Geschichten des Vaters. Afrika lockt, Australien, Hesses Indien. Könnte sie sich in einen Schiffsjungen verwandeln, würde sie anheuern. Umgehend. Aber neben ihr steht die Tochter, und so bleibt die Schiffsreise Gedankenspiel. In den folgenden Jahren wird sie jedoch mehrmals in Neapel an Bord gehen und übers Tyrrhenische Meer nach Palermo übersetzen. Wird sich als Reiseberichterstatterin intensiv um eine Schiffspassage nach Tripolis bemühen.

»Mein lieber Hugo«, schreibt sie, als sie in Florenz angekommen ist und in der Via Cavour ein Zimmer gefunden hat »gern möchte ich ausführlich fragen, wie es Dir geht und wie Dir die Einsiedelei im großen Agnuzzo bekommt und während ich mir den schiefen Turm von Pisa angesehen habe, habe ich gleichwohl an mein Steffgen gedacht.«[46] Auch er denkt an seine »lieben Kinderleins« und gesteht: »Als Ihr weggefahren wart, da trollte ich sehr demütiglich nachhause und setzte mich auf die Treppe und weinte Euch ein wenig nach.«[47] Dann berichtet er von den Stunden mit Robin Brown, dem immer neue »Stückli« einfallen, von Feigenernte und Marmeladekochen, von Besuchen bei der Baronin Natalie von Üxküll, einer Konvertitin, deren Bekanntschaft Carl Muth, der Herausgeber der katholischen Monatsschrift *Hoch-*

Bild 35 Charles und Hilda Brown mit ihrem Sohn Robin, um 1923

*land*, vermittelt hat. Üxküll lebt in Lugano-Paradiso und überschüttet Ball schon beim ersten Treffen mit Erzählungen von ihren Orientreisen, die sie zu Pferd in Beduinenkleidern, begleitet von Mönchen und Priestern, unternommen hat. Als er sich verabschiedet, drängt sie ihm ihre im Selbstverlag publizierten Schriften auf. Ihre Bitten um weitere Besuche gleichen Befehlen, und Ball bemerkt schnell, »dass eigentlich nur ihre eigene Sache sie beschäftigt und interessiert, eine Sache, in der sie sich für berufen hält und gegen die sie gar keinen Einwand aufkommen lässt«[48]. Sein *Byzantinisches Christentum* hat sie nach kurzer Lektüre beiseite gelegt. Vorsichtig zieht er sich zurück, schreibt Mitte Oktober an Emmy: »Ich beginne jetzt langsam zu merken wie die Einsiedelei wirkt. Es zieht ein Rauschen durch den Kopf (...) Es schwingt etwas breiter, mächtiger und schwingt über.«[49] Seine Gesprächspartnerin: die Katze. Seine Nahrung: Milch, Makkaroni, Brot und Marmelade, die er aus den reifen Feigen kocht. Manchmal laden ihn Saagers zum Essen ein, bietet ihm Hilda Brown, Robins Mutter, eine Tasse

Kaffee an. Schmerzt ihn der Kopf, schreibt er an Emmy, lange sehn-süchtige Briefe, beschwört sie jedoch zugleich, in Italien zu bleiben. Ungeduldig wartet er auf Donada, den Briefträger, denn: »Die Post ist jetzt meine einzige Verbindung mit der Welt. Ein richtiger Geister-verkehr.«[50] Neben Emmys Briefen erreichen ihn nach und nach auch Rezensionen. Hesse hat eine lobende Besprechung des *Byzantinischen Christentums* veröffentlicht, und von dem Jesuiten Josef Stiglmayr er-schien »die erste gelehrte (...) Er ist ein wenig trocken und kann mir nicht gut zustimmen, weil er etwas ganz anderes viele Jahre lang gelehrt hat. (...) Aber er kann nichts Stichhaltiges dagegen sagen. (...) Es ist im ganzen eine sauersüsse Anerkennung an die ›enthusiastische Hinga-be‹ des Verfassers.«[51]

Weitere Rezensionen, zum Teil von namhaften Theologen, folgen, zustimmende und ablehnende.[52] Als »seltsames Buch« wird Balls Ar-beit bezeichnet, wenngleich »hübsch ausgestattet«, aber auch als Ärger-nis, weil sich der Verfasser als Laie anmaßt, über theologische Themen zu schreiben. »Laien-Gefahr ist Radikalismus der Idee, des individuel-len Gewissens und der Augenblicksforderung«,[53] empört sich Romano Guardini. Mangelnde Sachkenntnis wirft man Ball vor, auch sein Un-vermögen, die griechischen Texte im Original lesen zu können, Fehler werden nachgewiesen. »Gedankengestrüpp«[54] nennt ein Rezensent Balls Werk, in dem »Illusion und Halluzination« das Feld behaupten. Ein an-derer, der sich an Balls »Ausdrucksschwülstigkeiten« stößt, empfiehlt dem Autor, »seine moderne Literatenbrille endlich ab(zu)legen. Man kann nicht das alte Christentum mit westeuropäischer Problemstel-lung von 1920 betrachten.«[55]

»Sein Buch ist einfach ein Stück Propaganda-Literatur«, urteilt *Die Christliche Welt*, und der Rezensent bemängelt bei dem »Ton des gan-zen Werkes, das auf Halbdunkel gestimmt ist«,[56] das Fehlen eines »auf-klärenden« Vorwortes. Das hatte Ball immer wieder zu formulieren versucht, seine Entwürfe jedoch nicht zu Ende geführt. Dabei hatte er auf seine *Kritik* verwiesen und das *Byzantinische Christentum* als notwendige Ergänzung dazu, »einer unermüdlichen Arbeit vor allem an meiner eigenen Person« geschuldet. »Glaubte ich damals an eine ›Kirche der Intelligenz‹, in der alle Freiheit und Heiligung der Lebens-kräfte zu begründen wäre, so bin ich noch heute dieser Überzeugung.

Aber ich sehe diese Kirche nicht mehr ausserhalb der Dogmen und Gesetze, die eine uralte Ueberlieferung zu glauben vorstellt. (…) So lege ich der jungen deutschen Republik in drei Heiligengestalten eine Analyse religiöser, geistiger, moralischer Fragen vor (…) In den typischen Gestalten eines Mönchs, eines Priesters und eines Engels stelle ich drei Stufen der moralischen und geistigen Erhebung dar, einer Rangordnung, die als Masstab zur Beurteilung geisti …«[57] Damit bricht Balls Erklärungsversuch ab, bleibt Fragment.

Mit der Überarbeitung der *Kritik* will er sich erneut ins Gefecht begeben, denn: »Meine ›Kritik‹ ist eine Absage, eine Flucht, nach *ungefährer* Benennung der diese Flucht bestimmenden Gründe.«[58] Das hat er bereits 1921 notiert, jetzt, nach den Erkenntnissen aus den Heiligenleben, sollen die ungefähr benannten Gründe erhärtet und als *Die Folgen der Reformation* abgesichert werden. Während diesen Überlegungen gehen immer wieder Bitten an Emmy nach Florenz, in den dortigen Kreisen, besonders auch beim Klerus, für sein Byzanzbuch zu werben, aber auch ihre eigenen Werke bekannt zu machen.

Schreibt sie von ihren Ausflügen durch die Stadt, ihren Besuchen in Kirchen und Uffizien, ihren permanenten Umzügen von Mietzimmer zu Mietzimmer, geht Hugo ihr auf dem Stadtplan nach. Zunächst in die Via Cavour Nr. 9, ihr erstes Domizil, »rosenrot getüncht, Aussicht auf ein paar Telegraphenstangen, rote Dächer und ein paar Tauben«[59]. Da Annemarie »ein sehr gutes Engagement bekommen hat, bei einem Florentiner Kind, das Deutsch lernen soll«,[60] ist Emmy frei, sich durch die Stadt treiben zu lassen, am Arno zu sitzen oder auf der Piazza mit einem Espresso in der einen und der Zigarette in der anderen Hand. Geräusche und Gerüche, Farben und Formen nimmt sie mit allen Sinnen auf. »Ich bin ganz herausgehoben aus allem (…) und meine Reise kommt mir irritierend und süß vor (…) Ich möchte und kann nicht schlafen, ich weiß gar nicht, was schlafen soll.«[61] Auch Ball kommt wenig zum Schlafen, sitzt an einem Aufsatz zu den letzten Publikationen Carl Schmitts, der im *Hochland* erscheinen soll, verbringt Nachmittage bei Robin, schreibt die Noten abends ins Reine. Und er lernt Italienisch, denn es wird immer deutlicher, daß auch er nicht im teuren Tessin wird bleiben können. Mäzene werden sich, anders als bei Hesse, nicht finden, und die deutschen Reichsmarkmilliarden sind inzwischen »billiger wie Tapeten«[62].

Als Hesse aus Basel zurückkommt, weil die Heirat wegen noch ausstehender Dokumente verschoben werden mußte, sehen sich die Freunde wieder regelmäßig. Ball besucht den Freund in Montagnola, bestellt Emmy Grüße von Hesse und mahnt sie, weil sie eine Gelegenheitsarbeit angenommen hat: »Ich finde, Emmylein, Du darfst nicht so zurückhaltend sein, Dich nicht selbst begraben. Ich verstehe Dich garnicht. Wie kannst Du Dir die Unterhosen von irgend einem Besuch zur Nähterei aufhalsen lassen (...) Das ist ja unmöglich, was Du schreibst. So kannst Du freilich nicht existieren. Bedenke doch, dass auch unsere literarischen Verhältnisse das nicht mehr erlauben. Ach, was bist Du für ein Schäfgen! Es ist doch wahrhaftig genug, dass Du kochst und Geschirr wä(s)chst. Es ist ja absurd! Was machst Du für Sachen, mein Emmy. Mir scheint, Du musst (...) Deine Bücher zeigen ...«[63] Aber die zeigt sie nicht, sondern liest in der »deutschen Kolonie« aus Balls *Byzantinischem Christentum*, leiht es ihrem alten Münchener Bekannten, Karl Wolfskehl, der als Hauslehrer die Kinder der Baronin Münchhausen unterrichtet. Er hat, teilt Emmy mit, »eine große Freude an Deinem Buch gehabt und es weiter geliehen (...) Man war begeistert über Sprache, Inhalt, Auffassung und es gab ein allgemeines enthusiastisches Lob für Dich.«[64] Sie ist stolz auf diese Anerkennung, hofft, Ball ein »guter Jünger« zu sein, wirbt, wo immer möglich, für das Byzanzbuch.

Anders als die Korrespondenz der Züricher und Berner Jahre zeigen die Briefe des Paares im Herbst und Winter 1923/24, daß ihr persönliches Leben nicht mehr ohne die Verknüpfung mit dem Religiösen erfahren werden kann. »Mein Evangelium«, nennt Emmy ihren Mann und erkundigt sich, ob die Aufnahme deutscher Katholiken zu Studienzwecken in italienischen Klöstern möglich ist. Als sie erfährt, daß der Klerus dieses unterstützen würde, fürchtet sie jedoch: »Wer weiß, ob es mir bekommen würde in einem Kloster, wo ich sicher keine Zigaretten rauchen darf.«[65]

Wieder einmal gekündigt, entschließt sie sich dennoch, zu den Nonnen vor die Stadt zu ziehen. »Ich kann jetzt bei den Schwestern von San Nicola sein«, schreibt sie an Hesse. »Die eine Schwester guckte immer auf das Loch in meinem Strumpf und ich hab mich nicht enthalten können zu sagen: ›Schwester, sehen sie doch nicht auf das Loch in meinem Strumpf, sehen Sie doch in meine Augen.‹«[66] Und Ball teilt Englert am 5. November mit: »Emmy und Annemarie scheinen in Florenz allmählich Boden zu fassen. Annemarie hat in einem guten italienischen Hause ein zwölfjähriges Mädchen zu hüten und Emmy wohnt seit einigen Tagen bei den Herz-Jesu-Schwestern in der Via Costa San Giorgio.«[67] Aber bald wechselt sie wieder das Zimmer, zieht im Dezember auf Vermittlung Wolfkehls in die Pension der Baronin Münchhausen. Obwohl sie in dem kostengünstigen Durchgangsraum, den sie bewohnt, kaum Ruhe findet, geht die Arbeit am Manuskript ihres zweiten Gefängnisbuches *Das graue Haus* in der neuen, anregenden Umgebung zügig voran: »Ich schwimme hier in einem Blättermeer, es steigt, wie zur Flutzeit die Nordsee«,[68] schreibt sie an Hugo und schickt ihm zu Weihnachten die ersten vierzig Seiten. Der liest und lobt: »Wenn es so rund und geschlossen bleibt bis zum Schluß, dann muß ich mich nur wundern, wie und wo Du das ganze Buch in den paar Woche hast schreiben können (...) Aber schon jetzt sehe ich: es könnte einfach als eine Fortsetzung des ersten Gefängnisbuches publiziert und später mit dem ersten zu einem Band vereinigt werden. Das ist ganz der leichte gaminhafte Ton des ersten Buches. (...) Das ist eine grosse Leistung, Emmylein, die nicht verloren geht (...) Es liest sich übrigens unheimlich spannend.«[69] Seine eigenen Arbeiten jedoch stokken, denn das Notenschreiben für Robin kostet mehr Zeit, als er zunächst veranschlagt hat. Aufgeben kann er die Stelle jedoch nicht, weil Charles Brown ihm ab Weihnachten 1923 monatlich 200 Franken für ein Jahr fest zugesagt hat. Eine Sicherheit, die ihm ungestörtes Arbeiten ermöglichen würde. Zunächst also die Überarbeitung der *Kritik*, die er immer wieder herausgeschoben hat. Doch dazu kann er sich nicht entschließen. »Seine veränderte Einstellung, (...) die neue Auffassung seines Lebens, erschwerten die Arbeit, die er sich vorgenommen«,[70] erinnert Emmy.

Unschlüssig stapft er durch den Schnee, um Brot zu kaufen. Manchmal röstet er Kastanien. Er prüft seine alten Tagebuchaufzeichnungen auf deren Verwendbarkeit für eine Veröffentlichung, Notizen zu seinem Weg vom Theater zum ›Cabaret Voltaire‹, von der Literatur in den politischen Journalismus, von atemloser Aktion zur religiösen Kontemplation, seine *Flucht aus der Zeit*. Er »muss den Fond finden für ein neues Buch«[71] und erkennt, daß ihm während seiner Studie vom Anarchismus bis zur *Acta Sanctorum*, bei seinem Bemühen um Beweisbarkeit seiner Thesen und wissenschaftliche Seriosität etwas Wesentliches abhanden zu kommen droht: das Spielerisch-Kreative. Einst hatte er mit Emmy vom Büchermachen-Spielen geträumt, jetzt fühlt er sich gefangen in Theorie und Beweisbarkeit. Bis endlich nach Wochen im stillen Agnuzzo-Haus, wo er laut mit sich und der Katze spricht, über sie lacht, »als hätte sie einen Witz gemacht«,[72] wenn er längst vergessen geglaubte Melodien summt und singt, die Worte zurückkommen, sich zu Versen formen; »Gedichte, mit denen ich mich untersuche«[73].

Im Dezember, den Nächten zwischen Weihnachten und dem neuen Jahr entstehen zuerst zwei *Sonette im Advent*, Anrufe Gottes, dem er klagt: »Daß nur noch Chiffern meiner Hand entfallen.«[74] Aber bald ist es *Orpheus*, der Sänger, dem sein Vater Apollo die Lyra gab: »O, königlicher Geist, dem aus den Grüften / Die Leoparden folgten und Delphine / Im Tiergeschlecht sahst du die Menschenmiene, / Gegrüßt von allen Brüdern in den Lüften.«[75] Die erste Strophe eines Sonetts, dem mit »Der Grüne König« weitere neun folgen werden, von denen Ball überzeugt ist, daß er sie »nur unter dem schizophrenen Titel publizieren kann, sonst glaubt man ich bin übergeschnappt. (…) Ich weiss nicht, wie das zugeht, dass ich jetzt auf einmal so viele Gedichte schreiben kann.«[76] Seltsame Fürsten taumeln durch die Verse, Narren, denen das lyrische Ich sein »Totenwäglein« vorführt, ein Pasquillant mit Schwanenhals. Gespenst und gefallener Cherub geistern durch die strengen Strophen. Und immer wieder das Ich: »Der Büsser«, »im Lappenkleide und bedeckt mit Schorfen«, »Der Dorfdadaist«, »in Schnabelschuhen und im Schnürkorsett«, »Der Schizophrene«, »ein Opfer der Zerstückelung, ganz besessen …«[77]

»Das eigene Leben, auch Härten und Disharmonien, in eine Symbolsprache zu bringen, war ihm die Aussöhnung, die Überwindung der Vergangenheit, die Heilung von Schicksalswunden«,[78] erinnert Emmy und versichert, daß Ball seine Gedichte zum Tagebuch gehörend und nicht als »eigentliche Produktion für sich« gesehen hatte.

Die *Schizophrenen Sonette* wird er Hermann Hesse am 2. Juli 1924 zum 47. Geburtstag schenken.

Der Freund lebt seit November 1923 in Basel, im Hotel Krafft, in Ruths Nähe, aber nicht mit ihr. Ruth wendet sich an Emmy in Florenz, bittet sie, nach Basel zu kommen. Vergessen scheint die Mißstimmung des vergangenen Sommers. Von Emmy erhofft sie sich Unterstützung, um ihren spröden Bräutigam zu mehr Nähe zu motivieren. »Schau, jetzt möchte Ruth schon, dass ich komme«, schreibt Emmy an Hugo. »Ich halte das nicht für ein sehr glückliches Zeichen, dass sie nach mir verlangt, wo Hesse doch jetzt da ist.«[79] Als er Ruth am 11. Januar 1924 in Basel geheiratet hat, reagiert er mit Krankheit und gesteht Ball: »Das Verheiratetsein, das ich nun wieder lernen sollte, glückt mir noch nicht gut. Es zieht mich, davonzulaufen und irgendwo allein und konzentriert einer geistigen Arbeit oder meinem Seelenheil zu leben.«[80] Balls Antworten trägt er neben seinem »eigenen Theater her (...) Es ist ja auch komisch. Sie haben eine Frau, die in Armut und Abenteuer verliebt ist. Und ich, Freund der Einsamkeit und der Klöster, habe noch als alter Kerl eine Frau genommen, die für ein paar schöne Schuhe und einen hübschen Hund gern einige Ideale hergibt. Und beide haben wir doch, was uns zukommt ...«[81] Und so wird das schon 1923 komplizierte Beziehungsgeflecht der Paare Ball/Hesse im Sommer 1924 noch verworrener werden.

In den ersten Monaten des neuen Jahres fühlt sich nicht nur Hesse, sondern auch Ball gestört, denn am 12. Januar steht er in Lugano auf dem Bahnhof und wartet auf Annemaries Ankunft. Sein nach Italien verscheuchtes Geflügel hat sich nach Annemaries Weigerung, in Florenz eine neue Stelle anzunehmen, getrennt. Das Mädchen will trotz der winterlichen Kälte zurück nach Agnuzzo, während Emmy entschlossen ist, in Italien zu bleiben. Sie sitzt auf gepackten Koffern, ist froh, die Verantwortung für ihre Tochter, die ständig die Stellungen wechselte, los zu sein. »Alle meine Träume weissagen von Rom, es ist das einzigste, worauf ich mich in Italien freue«,[82] schreibt sie an Hugo, der ihr 100 Franken und seine zuletzt entstandenen Gedichte geschickt hat, die sie nur teilweise zustimmend liest: »Ich hab nochmals und nochmals Deine Gedichte gelesen, lieber Hugo, sie sind wirklich unerhört gut, bis auf das eine, der Schizophrene, der sich selbst logisch interpretiert, dieses eine Gedicht ist meiner Meinung nach nicht gut. (…) Ich habe eine andere Art zu arbeiten, wie Du. Ich muss viel mehr ans direkte Leben denken, an das, was ich sehe.«[83] Dieses wird, und das mutet in Italien befremdlich an, beeinflusst durch zwei Schriftsteller aus dem heimatlichen Norden: Karin Michaelis und Hans Christian Andersen. Beide erwähnt sie in ihrem Brief an Ball, hat ein Buch der dänischen Erfolgsautorin, *Das Kind*, gelesen, »das hat mich sehr interessiert, und es spinnt tief weiter in mir«,[84] und hat eine »Szene geschrieben ›Stiefeli muß sterben‹, die könnte die Bergner spielen«[85]. Emmy weist auf die Ähnlichkeit dieses Stückes mit den Märchen Hans Christian Andersens hin und erklärt: »Ich werde eine moderne Märchenart entdecken, etwas, was es bisher noch nicht gab. Unsere krasse Zeit in ein Märchen kleiden, es ist das einzige, was man noch machen kann.«[86] Aber es werden fast zwei Jahrzehnte vergehen, bis sie sich wieder den Märchen zuwendet. Dann wird sie aus dem Italienischen übersetzen und nacherzählen. Wird – auch beeinflußt durch Hesses *Märchen* und die zu dessen Freundeskreis gehörende Märchenerzählerin Lisa Tetzner – eigene Märchen dichten, die 1943 als *Märchen am Kamin* bei Benziger erscheinen. Die oben erwähnte Szene ist jedoch verschollen. Karin Michaelis' Romane begleiten Emmy Hennings weiter und sind nach Balls Tod Anregung für ihre autobiographische Prosa *Blume und Flamme* und *Das flüchtige Spiel*. Als sie Mitte Januar 1924 Florenz verläßt, geht sie zunächst für zwei Wochen nach Rom, dann nach Neapel, wo sie sich bei einer Signora Guerra für freie Unterkunft und ein Taschengeld als Kindermädchen engagieren läßt. »Dass Du den einfachsten Weg gewählt hast, um die Sprache völlig zu erlernen, ich halte es für gut, wenn ich auch fürchte, dass es Dir nicht ganz leicht werden wird«,[87] stimmt Hugo zu und schickt ihr eine nächtliche Traumvision: »In dunkelblauem Sunde / Landeten wir spät. / Es stand eine rote Wunde, / Der Mond überm Rudergerät. // Wir nahmen ein wenig Zehrung / Aus einem schmalen Boot. / Wir kletterten über die Nehrung / Ins Morgenrot …/ Durch wehende Oliven / Stiegen wir leicht hinan. / Wir sahen ringsum schlafen / Die Länder im Mittagsbann. // Wir saßen an steinernen Tischen / Und aßen uns weidlich satt. / Von Broten und von Fischen / Wurden die Lippen matt. // Um unsere Ohren stäubte / Das Meer – ein Muschelgetön. / Ein Veilchenduft betäubte / Die Sinne uns im Föhn ...// Wir tauchten in die Fluten / Und schwammen weit hinaus. / Die Möwen kamen und ruhten / Am Strande bei uns aus ...«[88]

Hugos Sehnsucht im einsamen Agnuzzo. Schon im darauffolgenden Jahr sollte das Erträumte für kurze beglückende Augenblicke zur Realität werden.

# Irritationen

Hugo quält sich mit den Folgen der Reformation, Emmy mit
Gerüchten, Hesse und Ruth mit dem Mißlingen ihrer Ehe –
Charles Brown stirbt, Hugo hält eine Trauerrede, und Emmy
zieht aus – Verdächtigungen / Veränderungen – Carl Schmitt
macht einen Vorschlag, und Ball lehnt ab – Hilda Brown
überweist 3000 Franken – Aufbruch nach Arkadien

»Ich fürchte ein wenig, dass dieses Jahr und vielleicht schon dieser
Sommer eine Veränderung bringen könnte.«[1] Eine Furcht, die sich
in Ball 1924 von Monat zu Monat, von Woche zu Woche verstärkt,
denn die Zuwendungen von Hesses Mäzenen sind, nicht zuletzt durch
immer neue Geldforderungen Emmys aus Italien, fast aufgebraucht.
Und durch Annemaries Anwesenheit aus seiner Einsiedelei gerissen,
gestaltet sich Balls Leben nicht nur unruhiger, sondern auch kostspie-
liger. Die fast 18jährige liegt bis mittags im Bett, malt und zeichnet
nachmittags, jedoch, wie Ball schnell erkennt, ohne Fortschritte zu
machen. Auch Annemarie ist unzufrieden, möchte eine Kunstschule
besuchen und sträubt sich gegen Balls Bitte, eine Stelle als Serviermädchen – mit Kost und Logis – im Lungensanatorium in Agra anzunehmen. Er verspricht, wenn das nächste Honorar von Feuchtwanger eingegangen ist, sie bei einem Studium zu unterstützen. Nur noch etwas
Geduld, bittet er und überzeugt das Mädchen, während der Frühjahrs-
saison in Carla Fassbinds Hotel Continental in Lugano zu arbeiten
und den Lohn für ihre Ausbildung zu sparen. Aber kaum hat er Annemarie »den Missmut und die Verdriesslichkeit glücklich ausgeredet«[2],
braucht Emmy wieder Geld. Sie will Neapel verlassen und zurückkommen ins Tessin. Ball, der erfolglos versucht hat, zwischen dem
Notenschreiben für Robin, seine *Kritik* umzuarbeiten, reagiert ungewöhnlich heftig: »Ich bin (…) von Deinen kostspieligen und aufregenden Reisen so überreizt, dass ich seit Tagen nachts nicht mehr schlafe
und mir heute zum Übergeben übel ist. (…) Warum machst Du auch
solche unsinnigen Reisen und hältst dann nicht einmal aus? (…) Ich
habe, weil ich drum gefragt wurde, bei Browns erzählt, dass Du in
Neapel bist und eine Stellung angenommen hast. Sie wunderten sich,

dass wir uns solche Reisen erlauben können (…) Jetzt willst Du zurückkommen von heut auf morgen, die Leute halten uns ja für total verrückt. (…) Wenn das so weiter geht, dann geh ich weiss Gott in ein Kloster, denn eher scheinen diese verfluchten Aufregungen kein Ende zu nehmen.«[3] Er ist verzweifelt, entschuldigt sich jedoch schon wenig später und bittet Emmy, ihm noch etwas Ruhe zu gönnen. »Ich werde es sonst nicht mehr lange machen, mein Emmy, ich fühle, ich werde krank davon.«[4] Er schickt ihr 50 Franken. Ohne zu danken, antwortet sie verärgert: »Glaubst Du denn, ich sei eine Vergnügungsreisende, im Gegenteil: ich bin Leidreisende. (…) Ich wollte, ich wär in Agnuzzo oder auf dem Friedhof.«[5] Aber noch, das weiß sie, ist sie im Tessin nicht willkommen. So nimmt sie den Zug von Neapel nach Florenz und zieht wieder in ihr Durchgangszimmer bei der Baronin Münchhausen. Sie hat sich erkältet, fühlt sich schwach, klagt in ihren Briefen an Ball und an Hesse über Schmerzen. Hugo ist besorgt: »Du musst Dich nicht fürchten und ängstigen, Liebling, Du wirst noch viel schöne Tage Deine Häarlis im Wind wehen lassen und mit Steffgen auf der Treppe sitzen und den Garten anschauen miteinand und Kaffeeli trinken im Gartenhäusli. (…) Also, corragio, Signora! Es geht nimmer lang …«[6] Er spricht jedoch nicht nur Emmy Mut zu, sondern auch sich selbst, quält sich noch immer mit der *Kritik*. Schließlich teilt er Ludwig Feuchtwanger mit: »Es will mir nicht recht gelingen, das Buch umzuarbeiten. Es ist rebellisch im Thema und vor allem im Stil, und das Umgiessen ist eine vergebliche Mühe. Es würden sich Widersprüche ergeben und im Ganzen wäre nichts geändert.«[7] Nach sieben Jahre scheinen ihm die damals als notwendig empfundenen Negationen nicht mehr vertretbar, und so schlägt er Feuchtwanger keine Umarbeitung vor, sondern nur ein energisches »Zurechtstreichen«, um Einseitigkeiten zu mildern, Irrtümer zu korrigieren. Mit einem neuen Vorwort versehen, so ist Ball sicher, wird das Buch der Öffentlichkeit seine Entwicklung und veränderte Einstellung deutlich machen. Zudem kündigt er ein Tagebuch an, das »die Zusammenhänge der ›Kritik‹ (auch mit dem Byzanzbuch) erklären und etwaige Widersprüche auflösen«[8] soll. Aber neben diesen Rechtfertigungen (»Tagebuch aus dem Exil« oder »Tagebuch einer Konversion«), zu denen er sich gedrängt sieht, will er auch einen Gedichtband zusammenstellen, wohl wissend, daß Duncker & Humblot nicht der geeignete Verlag für dieses Vorhaben ist. Als wären das nicht Pläne genug, stellt er Feuchtwanger auch ein zweites Byzanzbuch, *Die drei grossen Doktoren*, in Aussicht. Das Manuskript der *Kritik* verspricht er bis allerspätestens Ende März abzuliefern und legt dem Brief seinen Aufsatz über »Carl Schmitts Politische Theologie« bei, der im Frühjahr im *Hochland* erscheinen soll.

Ende Februar 1924 trifft Emmy, geschwächt von ihren unruhigen Reisen, aber mit vielen eng beschriebenen Heften, im Tessin ein. Aber noch kann sie nicht arbeiten, schläft auch am Tag vor Erschöpfung, schreibt an Hesse, der krank im Spital in Basel liegt: »Früher grüßten wir von Haus zu Haus, jetzt kann man bald von Bett zu Bett grüßen (…) Es ist schon eine schöne Gebrechlichkeit mit mir (…) ich komm mir vor wie ein Gespenst, das eingesteht, daß es bald nicht mehr spuken kann.«[9] Auch mischt sich in ihre Wiedersehensfreude zunehmend eine unerklärliche Irritation, denn Hugo scheint verändert, ist überarbeitet und nervös. Aber Emmy, glücklich, wieder in Agnuzzo zu sein, erholt sich schnell, übernimmt die Hausarbeit und hofft, daß es auch Hugo jetzt, da sie wieder bei ihm ist, bessergehen wird. Auf seine Bitte vertieft sie sich in das auf die Hälfte zusammengestrichene Manuskript der *Kritik*. Aber es überzeugt sie nicht: »Denn die einseitige Kritik der Reformation wirkte schärfer als sie einmal gedacht war, da alles Kritische und Skeptische gegen die katholische Kirche in Wegfall kam.«[10] Um Hugo nicht zu kränken, hält sie sich jedoch mit ihrer Befürchtung, das Buch könne ihm in Deutschland noch mehr Schaden zufügen, zurück. Zaghafte Einwände werden von ihm schnell entkräftet. Er ist überzeugt, »dass es sich jetzt leichter liest und dass es mehr Energie ausströmt«[11]. Als er Ende März das Manuskript nach München schickt, ist Emmy bereit, die befürchteten Folgen dieser »Reformation« gemeinsam mit ihm zu tragen: »Keine Laufbahn haben, mit keiner Anerkennung rechnen und das Glück vollständig allein, in der eigenen Seele, in sich selbst zu finden.«[12] Wie recht sie mit ihrer Einschätzung hatte, wird Emmy im Sommer beim Besuch von Carl Schmitt bestätigt bekommen.

Aber noch findet das Paar in diesem Frühjahr in seine harmonische Zweisamkeit zurück: Gartenarbeit, Abtippen und Korrigieren von

Emmys in Italien entstandenen Texten. Manchmal kommt Annemarie von Lugano herauf, die nicht nur im Hotel Continental arbeitet, sondern auch dort wohnt. Und als Hesse Ende März ohne Ruth wieder in Montagnola eingetroffen ist, scheint auch das kreative Dreieck wieder zu gelingen. Ball feilt an seinen Gedichten, schreibt im April an Tzara, mit dem er erneut Kontakt aufnehmen möchte. Er hat einen Abschnitt von dessen *Faites vos jeux* in den *Feuilles libres* gelesen, »der mich so sehr entzückte, und ich möchte so gerne das Buch besitzen«, schreibt er dem einstigen Widerpart. »Oder sind Sie mir noch böse?«[13] Das Leben des Paares scheint sich, trotz der noch immer prekären Situation, endlich zu beruhigen. Von Pirmasens treffen Bettzeug und Wäsche aus Josephina Balls Haushalt ein, den Balls Schwestern aufgelöst haben. Und da der Vater in Maria Hildebrandts Familie lebt, gibt es für Hugo keinen Grund mehr zur Sorge. Als die Browns, weil Robins Lunge angegriffen ist, einen Umzug ins südliche Italien planen, hofft Ball, daß sie ihn bitten werden mitzukommen, schreibt an Maria: »Rom würde mir auch viel Nutzen bringen. (…) Und Italien ist für Deutsche jetzt ja wieder so billig wie vor dem Krieg, viel billiger als die Schweiz.«[14] Er träumt von Klosterbibliotheken, um seine Studien fortzuführen, von einer Schiffsreise nach Syrien, um die Klöster, »die Ausgangsstätten des Byzantinertums«,[15] zu besuchen. Aber kurz darauf zerplatzen seine Träume, als der 60jährige Charles Brown am 2. Mai plötzlich und unerwartet stirbt. Am 5. Juni wird seine Asche auf dem Friedhof von Gentilino beigesetzt. »Herr Dr. Ball, der Vorleser und Vertraute des Dahingeschiedenen, ehrte als Freund die großen menschlichen und seelischen Qualitäten …,«[16] berichtet die *Freie Schweizer Presse*. Befremdlich muß den Freunden erschienen sein, daß Hilda Brown, die junge Witwe, nicht Saager, den langjährigen Sekretär Browns, bittet, die Trauerrede zu halten, sondern Ball, Robins »Notenschreiber«, der durch Saagers Empfehlung in die Villa Roccolo gekommen ist. Was, so wird gefragt, hat Hilda Brown dazu bewogen? Und plötzlich wabern Vermutungen durch die heiße Sommerluft, Gerüchte, die durch Balls häufige Besuche bei der 31jährigen Witwe und den beiden kleinen Söhnen noch angeheizt werden. Ende Juni wird auch Emmy damit konfrontiert, als ihr Dr. Müller, bei dem sie sich nach der Italienreise in eine langwierige Zahnbehandlung begeben hat, eröffnet, Hugo habe ein Verhältnis mit Hilda Brown begonnen. Emmy ist fassungslos. Noch fünf Jahre später, zwei Jahre nach Balls Tod, erinnert sie in einem Brief an Hesse, was »der infantile Müller« angerichtet hat, und klagt: »Das hab ich von Hugo glauben können und ich habe mich so geirrt, wie noch nie in meinem Leben zuvor.«[17] Aber zuvor hatte es auch noch keine solche Situation gegeben. Nie hatte sie Ball in dem stürmischen Jahrzehnt ihrer Beziehung mit einer anderen Frau teilen müssen, immer war sie es gewesen, deren Wünsche sich auf andere Männer richteten. Ihre Ehe, so sind Emmy und Hugo überzeugt, gehorcht eigenen Gesetzen, ist nicht zu vergleichen mit anderen Lebensgemeinschaften. Er ist ihr liebevoller Priester-Vater, sie sein tiefe Schuld sühnendes Kind. Und beide haben sich mit ihren Rollen identifiziert. Im Sommer 1924 jedoch scheint diese Inszenierung in den Niederungen des alltäglichen Klatsches zu scheitern. Das kann und will Emmy nicht akzeptieren. Von der bohrenden Frage getrieben, was in den fünf Monaten ihrer Abwesenheit geschehen ist, was Hugo ihr verschweigt, verläßt sie Müllers Praxis und läuft kopflos, ohne mit Hugo gesprochen zu haben, zur Villa Roccolo, um die überraschte Hilda Brown zur Rede zu stellen. Die reagiert verstört, Hugo tief verletzt. Hesse versucht zu vermitteln. Aber Emmy will Hugo verlassen, schreibt: »Lieber Herr Hesse! Nach einer schlaflosen Nacht habe ich mich entschlossen, nochmals mit Hugo zu sprechen, es ist wichtig, dass ich endlich Klarheit habe. Die letzten Dinge, die ich hörte, haben mich erschüttert. Und ich will die Sache endgiltig regeln. So oder so.«[18] Als sie erklärt, daß sie mit Annemarie nach Berlin gehen wird, ist Hugo verzweifelt, beteuert, daß es sich um böswillige Unterstellungen handelt, und beschwört sie zu bleiben. Aber Emmy packt ihre Sachen und fährt nach Ascona. Schon 1918, nach dem Ende ihrer Beziehung zu Vayo, war sie dorthin geflohen. Jetzt bezieht sie erneut das Zimmer in der Casa Bacchi und bleibt dort, obwohl Hesse sie zu seinem Geburtstag am 2. Juli eingeladen hat. Ob Hugo ihr gefolgt ist oder ob Emmy sich besonnen hat, geht aus der Korrespondenz nicht hervor, aber um den 10. Juli ist sie wieder in Agnuzzo und folgt, auch wenn es ihr schwerfällt, die Gerüchte zu vergessen, Hugos Bitte: »Laß uns mehr denn je zusammenhalten, wir wollen füreinander stehen. Es kann eine Zeit kommen, Emmy, in der wir uns nur selbst noch haben.«[19] Kein

Streit mehr, bittet er, und Emmy sieht plötzlich, wie sehr Hugo leidet, wie erschöpft er ist. Das erkennt auch Carla Fassbind und lädt ihn zur Erholung in ihr Hotel Sonne auf Rigi-Klösterli ein. Dort schläft er und ißt, ißt und schläft, macht Spaziergänge mit dem *Hochland*-Redakteur Friedrich Fuchs, der mit seiner Verlobten, der Schriftstellerin Ruth Schaumann, im Hotel eingetroffen ist. Inzwischen kümmert sich Emmy, einen Mieter für die oberen Zimmer des Agnuzzo-Hauses zu finden, um ihre eigenen Kosten zu reduzieren. Als der Interessent jedoch auch den Garten mitbenutzen will, lehnt Ball kategorisch ab: »Der Garten im Sommer ist unser einziger Ersatz für die Strapazen im Winter, und wir sind nervöse Leute, deren geistige Arbeit alle Ruhe und den *alleinigen und ungestörten* Besitz des Gartens unbedingt erfordert«, teilt er Donada mit. »Ich könnte mich, (…) darum auch nicht dazu verstehen, in die *Mitbenützung* des Gartens einzuwilligen. Ich will mit meiner Familie ungestört sein.«[20] Beim Schreiben des Briefes wird ihm erneut schmerzlich bewußt, in welch elender Situation er sich mit Emmy befindet, nicht nur finanziell, sondern auch emotional, und klagt: »Aber mit dem Steffgen scheint es bergab zu gehen, sehr bergab. Der ist müde und hat die Verfallsucht und graue Haare bekommen. Erst hier im Spiegel hab ichs gesehn. Das sind so zerfahrene Dinge und Angst ist dabei und glaubt nicht mehr recht an sich selbst. Ich weiss, wenn wir jetzt sprechen wirst Du mich schon verstehen.«[21] Ein Hilferuf, dem Emmy umgehend folgt. Einen Tag nach Erhalt seines Briefes reist sie zu ihrem Mann. »Wie ich Ihnen mitgeteilt, war ich auf dem Rigi«, läßt sie Hesse wissen. »Hugo hat sein Engagement bei Frau Brown abgebrochen; hat ihr geschrieben. (…) Hugo will zu mir stehen, ich will ja so gerne glauben.«[22] Die Kopie seines Briefes an Hilda Brown schickt er Emmy am 22. Juli nach Agnuzzo und bittet sie, niemand dieses Schreiben zu zeigen. »Ich würde es nicht ertragen, Gegenstand der tessiner Gespräche zu sein. Wir wollen dies Thema hiermit begraben haben.«[23] Zum Dank für ihr Kommen legt er der Sendung einen Strauß Enzian bei. Am 29. Juli fährt er zu Studien in die Bibliothek des Klosters Einsiedeln, wo er von den Patres freundlich aufgenommen wird. Ob Balls Brief Hilda Brown bewogen hat, an Emmy zu schreiben, wird aus ihrer Mitteilung an Hesse von Anfang August nicht deutlich: »Frau Brown schrieb mir, daß es ihre Eitelkeit gewesen sei, vielleicht hat sie mich damit trösten wollen, aber das ist mir kein Trost; ich hab sie gebeten, es doch gut mit ihm zu meinen, denn ich weiß von mir selbst, daß man sein Herz nicht ausblasen kann, wie ein Licht ...«[24] Als Ball aus Einsiedeln zu Emmy zurückkommt, hat Hilda Brown mit den Kindern die Villa Roccolo verlassen und ihren Anwalt in Baden beauftragt, Ball 3000 Franken aus dem Erbe von Charles Brown zu überweisen; »seine Witwe hatte uns zu seinem Andenken, wohl auch aus Erkenntlichkeit für Hugos Bemühungen um den kleinen Robin, eine Geldsumme geschenkt.«[25]

Hesse faßt, deutlich irritiert, die Ereignisse der vergangenen Wochen in einem Brief an Joseph Englert zusammen: »Auch war und ist in meiner Umgebung allerlei los, was mir nicht gefällt und mich plagt. Es ist namentlich unser Freund Ball, der mir manche Sorgen macht und der seit Monaten irgendwie aus der Bahn gekommen scheint. Mir fiel es erst auf, als er nach Browns Tode im Hause Brown einen heftigen Kampf mit Saager anfing, den er aus dem Hause drängte und moralisch vernichtete, ohne daß es notwendig gewesen wäre. Dann fiel mir mehr und mehr auf, daß Emmy unglücklich und gestört war und daß die häuslichen Verhältnisse bei Balls offenbar recht unangenehm waren. (...) Balls und Saagers verkehren nicht mehr miteinander, und wen man trifft, der schüttet sein Herz aus vor Entrüstung über den andern, wobei mir Saager den offenern und objektivern Eindruck macht als Ball.«[26] Und kurz darauf: »Wie der Montagnola-Roman Brown-Ball-Müller eigentlich beschaffen ist, weiß ich auch nicht. Auf der einen Seite hörte und höre ich, von Seiten der Frauen, tausend Einzelheiten, von der andern Seite gar nichts. Ball schweigt vollkommen, und Müller, der mir sonst jede Kleinigkeit erzählt, (...) sagt über seine eigenen Beziehungen zu Frau B(rown) ebenfalls nichts. Durch die Saagersache und diesen dummen Roman ist mir seit einem halben Jahr das Leben gründlich vollgespukt worden (...) ich war oft nahe dran mich aufzuhängen, und mußte Tag für Tag eine Unmenge schlucken und vergessen, um nicht beide Freundschaften in die Brüche gehen zu lassen.«[27]

Aber Hesse weiß auch, daß die Gerüchteküche nicht nur wegen der Beziehung Hugo Balls zu Hilda Brown brodelt, sondern daß auch sein eigener »dummer Roman« Anlaß zu Spekulationen gibt. Hinter vorgehaltener Hand fragt man sich, warum er im Frühjahr allein nach Montagnola gekommen und Ruth in Basel geblieben ist. Was ist vorgefallen, daß Ruth, als sie im Sommer ins Tessin kommt, nicht bei ihrem Mann in der Casa Camuzzi wohnt, sondern bei den Eltern in Carona? Warum sieht man das frischverheiratete Paar so selten zusammen? Und warum reist Ruth plötzlich ab? Verstimmt reagiert Hesse auf deren Wunsch, ihm in Basel eine Wohnung suchen zu wollen. Nicht wieder im Hotel Krafft, aber doch in ihrer Nähe. Warum versteht sie nicht, daß er Abstand braucht, um arbeiten zu können? Auch die Besuche seiner Söhne und seiner Schwester Adele können ihn nicht aufheitern. Manchmal kommt Emmy zu ihm, dann wandern sie bergab nach Agno und schwimmen im See. Hugo, der weiß, daß Hesse auf Emmys Seite ist, nimmt erst wieder Kontakt auf, als Carl Schmitt einen Ferienaufenthalt in Lugano ankündigt und Ball bittet, für ihn und seine Begleiterin, Duska Todorović, Zimmer zu reservieren. Ball ist erwartungsvoll, denn er hatte im Winter die Schriften des Bonner Staatsrechtlers nicht nur mit großer Zustimmung gelesen, sondern sie in seinem Aufsatz »Carl Schmitts Politische Theologie«[28], der im Juni 1924 im *Hochland* erschienen war, ausführlich gewürdigt. Schmitt, seit seiner Jugend zwischen Jurisprudenz und Literatur schwankend, fühlt sich von Ball so gut verstanden, daß er bei den Begegnungen mit ihm nicht nur ein neues Vorwort für sein Buch *Politische Romantik* bespricht, sondern auch zusagt, daß sein Schüler, Waldemar Gurian, das umstrittene Byzanzbuch an prominenter Stelle besprechen wird. Damit löst Schmitt sein Versprechen gegenüber Feuchtwanger ein, Balls Werk gegen Angriffe zu verteidigen. Allerdings positioniert er sich nicht selbst, sondern macht Gurian zu seinem Sprachrohr. Eine Strategie, die sich auf fatale Weise im Januar 1925 wiederholen sollte. Ball, der seine eigenen Überzeugungen in Schmitts Werk gespiegelt zu sehen meint, ist stolz über die Anerkennung des verehrten Professors und erzählt ihm ausführlich vom Zusammenstreichen seiner *Kritik*, die in wenigen Wochen unter dem Titel *Die Folgen der Reformation* erscheinen soll. Aber anstatt Zustimmung zu äußern, wie Ball erwartet hat, verhält sich Schmitt ablehnend und bietet an, bei Nichtveröffentlichung alle bereits beim Verlag entstandenen Verbindlichkeiten übernehmen zu wollen. Das kommt unerwartet und kränkt Ball, der das Ansinnen entschieden zurückweist, ohne zu ahnen, welche Folgen seine Weigerung haben wird. Während der sonnigen Augusttage im Tessin setzt er weiter auf seine Gemeinsamkeiten mit Schmitt, diskutiert mit dem dichtenden Juristen, der seine eigene literarische Produktion gern als »Dada avant la lettre« bezeichnet, neue Projekte und macht ihn mit Hesse bekannt. Am 9. September reisen Schmitt und Todorovic zurück nach Deutschland. Der Abschied ist freundlich. Man versichert sich der gegenseitigen Sympathie und will in Kontakt bleiben.

Auch Emmy und Hugo haben Reisepläne. Sie wollen nach Italien, nach Rom und vielleicht noch weiter nach Süden. Annemarie soll sich in Rom ihrer künstlerischen Ausbildung widmen, Emmy will schreiben und Hugo mit Studien zu Psychoanalyse und religiösen Praktiken beginnen. Hesse, der in jungen Jahren viel in Italien gereist und gewandert ist, gibt Ratschläge. Er wird das Tessin ebenfalls verlassen und zur Kur nach Baden fahren. Zuvor jedoch begleitet er die Balls zur Station Capella der Ponte-Tresa-Bahn. Als sie Abschied nehmen, sind sie wehmütig gestimmt, wissen nicht, ob und wann sie sich wiedersehen werden. Wehte vor drei Jahren bei ihrer Abreise nach München die Schweizer Fahne grüßend vom Dach des Saager-Hauses in Massagno, so winkt Mitte September 1924 nur ein einsamer Hesse ihnen nach. Aber bei den drei Reisenden, die über Mailand nach Venedig fahren, verdrängt die Vorfreude auf Arkadien den Abschiedsschmerz. Aus der Lagunenstadt schreiben sie begeisterte Ansichtskarten an Hesse. Und in Florenz schleppen Emmy und Annemarie ihr staunendes Steffgen von einer Sehenswürdigkeit zur nächsten, bevor sie nach Rom weiterreisen. Es sind die 3000 Franken von Hilda Brown, mit denen ihnen der Aufenthalt in Italien möglich geworden ist.

# Askese in Arkadien

Geplatzte Träume – Böse Folgen der *Folgen* – Annemarie
zeichnet, Emmy zweifelt, Hugo zieht zu Kirchen und Bü-
chern – Südliche Küste, bunte Keramik – Arpollo und Albori –
Dämonendämmerung – Vietri sul Mare oder die sibirische
Strafkolonie – Emmy reist ab – In Zürich steppt der Wolf –
Rückkehr in (k)ein Paradies

Rom, Piazza Pollarola 19, ein schmales Triangel in Nachbarschaft der
Piazza Campo dei Fiori auf der einen, des Corso Vittorio Emmanuele
auf der anderen Seite. Hier haben Emmy, Hugo und Annemarie Anfang Oktober 1924 »zwei enge Zimmerleins gefunden, aber wir werden nicht darin bleiben. Es riecht nach Abseite und Katze, es gibt kein
Licht und keine Luft. Doch sind, fürs erste, die Bibliotheken nah.«[1]
Hugo entflieht zu den Büchern, sitzt von früh um neun bis abends
um sechs im Camposanto Teutonico des Vatikan und vertieft sich in
patristische Studien. Annemarie zeichnet im Atelier des Malers Franz
Pallenberg, den die Balls in Rom kennengelernt haben. Und sie bewirbt sich an der Scuola libera der Accademia di Belli Arti um einen
Studienplatz. Und Emmy? Sie wartet auf Nachricht von Samuel Fischer, dem sie zwei Manuskripte geschickt hatte: *Das graue Haus* und
die Erzählung *Santa Maria Novella*. Hesse hatte versprochen, sich
bei seinem Verleger für ihre Arbeiten einzusetzen. Neues anzufan-
gen will ihr nicht gelingen. »Ich bin gar sehr ans Haus gebunden«,[2]
schreibt sie an den Freund, denn alles ist anders als vor einem Jahr.
Da streifte sie allein durch Florenz, Rom und Neapel, kniete hier in
einer Kirche, saß dort auf der Piazza, rauchte und beobachtete die Passanten. Jetzt bemüht sie sich, Hausfrau zu sein, putzt, wäscht, kauft
um die Ecke auf dem Campo dei Fiori ein: Gemüse und Obst, Fisch,
Muscheln, vielleicht auch mal einen Ochsenschwanz oder Kutteln.
Schwarze und weiße getrocknete Bohnen, rote Linsen, gelbes Polenta-
mehl, Reis fürs Risotto. Kocht die Mahlzeiten auf der kleinen Spiritus-
flamme. Doch wenn Hugo und Annemarie abends zum Essen kommen und von ihren Erlebnissen erzählen, ist sie »überaus heftig und
erregt«. Noch immer geistert Hilda Brown durch Emmys Phantasie

und ihre Tagebuchseiten. Oft bricht sie unvermittelt in Tränen aus, muß sich in ärztliche Behandlung begeben, bekommt Arsenik- und Schwefelinjektionen. Hugo und Annemarie empfindet sie als Verschwörer: »Und mir ist oft, als steckten Hugo und Annemarie in mir und das ist ein unsagbar peinliches Gefühl, (...) das ich abwerfen möchte, und doch kann ich es durchaus nicht. Wenn der liebe Gott mir doch in meinen Heftigkeiten helfen wollte, ich bin so häßlich, und während ich so schlimm spreche, weine ich bereits immer, weil ich so häßlich bin.«[3] Hugo bemüht sich, Emmy zu beruhigen, ermuntert sie, ihre Zeichenstudien, die sie seit den Münchener Jahren sporadisch betrieben hatte, wieder aufzunehmen. Sehr zum Ärger von Annemarie, die ihre Mutter als Konkurrenz empfindet. An Hesse, der sich nach einer Absage Fischers nach Emmys Befinden erkundigt, schreibt Ball einerseits erleichtert, daß Emmy wieder zeichnet und einen Kurs belegen will, andererseits: »Ich bin nur ein wenig ängstlich, dass sie nicht mehr schreiben mag. Das Schreiben ist eine imaginäre Sache, und man kann leicht auf die Idee kommen, als sei es gar nicht nötig überhaupt zu schreiben.«[4]

Nein, schreiben mag sie nicht. Ihre Erfolglosigkeit bedrückt sie. Nach der positiven Resonanz auf *Gefängnis* und *Das Brandmal* werden *Helle Nacht* und *Das ewige Lied* kaum wahrgenommen, oder es wird ihr – wie in der katholischen Kulturzeitschrift *Hochland* – sogar die Fähigkeit zu schreiben abgesprochen. »Diese seltsame Erscheinung ist kein literarisches Problem, sondern ein menschliches, eine Romanfigur, keine Romanschreiberin«, bemerkt ihr schärfster Kritiker Franz Herweg. »Ihre dichterischen Fähigkeiten können persönliche Erlebnisse des Menschen Hennings nicht objektivieren, sie hängen vielmehr mit ihnen unlöslich zusammen, sind Folge dieser Erlebnisse und stellen letzten Endes nichts anderes dar als verwunderte Seufzer über ein unbegreifliches Leben, das so hart, ach, und aufregend mit dem gutherzigen Menschenwesen Emmy umspringt.« Willenlos sind sie, Emmys Mädchen zwischen Gosse und Gefängnis, geben sich Gott hin, so wie sie sich den Männern hingegeben haben, befindet Herweg und setzt ironisch hinzu: »Das verlaufene Kind ist zuhaus, das Märchen ist zu Ende.«[5] Emmy fühlt sich vernichtet, und weder Klabunds Einschätzung, daß »diese Gedichte zeigen, daß man sie unter die ersten deutschen Dichterinnen zählen muß, die heute leben«[6], noch Huelsenbecks Lob in der *Neuen Rundschau* können sie trösten. Wenn Huelsenbeck über ihre Gedichte urteilt: »Sie sind voller Kraft und doch voller Liebreiz, sie sind bis ins Letzte gestaltet und entbehren dabei nicht der Innerlichkeit«,[7] dann argwöhnt sie, daß nur seine Verbundenheit mit Ball ihm die Feder führt. Auch Franz Blei setzt sich für Emmy ein, versucht *Das graue Haus* bei Ullstein unterzubringen und zugleich einen Vorabdruck bei einer der vielen Ullsteinzeitschriften zu erreichen. »Das wäre finanziell gut. Wenn die Bücher geschrieben sind, ist das ja das Wichtigste«,[8] schreibt er an Emmy nach Rom. Das ist auch Hugos Überzeugung, der Emmys Manuskript *Die Reise nach Rom* an den katholischen Verlag Kösel & Pustet schickt. Aber Emmy ist zu depressiv, um Positives wahrzunehmen. Unablässig kreisen ihre Gedanken um ihre Erfolglosigkeit. Und so fragt Ball, als sein »Sonett im Advent« im *Hochland* veröffentlicht werden soll, den Redakteur Friedrich Fuchs: »Lieber Herr Doktor, wollen Sie das Advent-Sonett wirklich drucken. Ich habe ja nichts dagegen, ich gebe nur zu bedenken, dass meine wenigen Verse recht zufällig sind, und dann, ich geniere mich ein wenig vor meiner Frau. Ich habe das Empfinden, als müsse das Hochland sie erst ein wenig restituieren nach jener strengen Rezension von Herwig, und als sei es nicht passend, dass ich gerade Verse im Hochland publiziere, ehe dem Menschen, den ich lieb habe und der mir als Dichter weit überlegen ist, ein wenig Genugtuung geschah. (...) In summa, lieber Herr Doktor: wollen Sie nicht zunächst, statt meiner Verse, einen Beitrag von Emmy Hennings bringen?«[9]

Hugos rücksichtsvolles Bemühen. Er sorgt sich um seine Frau, schreibt an Hesse: »Emmy ihrerseits ist unermüdlich in diesem schmierigen Haushalt ohne Luft und Licht. Sie ist sehr bleich und überlastet. Sie klagt über Schwäche, muss viel liegen und oft fürchte ich, dass auch eine andere Wohnung nicht viel ändern wird. Es ist grässlich mit anzusehen, wie ihr schönes und grosses Talent unter diesen niedrigsten Verrichtungen leidet.«[10] Aber es ist, Ball hat es angemerkt, nicht nur die Wohnung. Emmy hat unter schlechteren Wohn- und Arbeitsbedingungen geschrieben. Auch sie weiß das und notiert im Tagebuch: »Zum Schreiben fehlt es mir, glaube ich, an genügendem Interesse für das Leben überhaupt. Es scheint, als wäre im Grunde alles für mich erledigt, als wäre ich fertig.«[11] Und: »Die Welt hat sich mir entzogen und sie ist mir isoliert (...) Kein Brief kann das Leben ersetzen.«[12] Es sind viele Briefe, die sie erhält und beantwortet. Die letzten Seiten ihres Rom-Tagebuchs belegen mit Verlagsadressen und Anschriften von Freunden ihre rege Korrespondenz, mit Franz Blei in Berlin und Klabund in München, mit Ruth Hesse im Hotel Krafft in Basel, den Wengers und mit Hesse, der in Basel ein Untermietzimmer in der Lothringer Straße bezogen hat. Ihm erzählt Emmy am 1. Dezember 1924: »Wir haben hier unten im Parterre eine kleine Portierloge, da sitzt ein ganz verträumter Mann (...) Dieser Mann übergibt uns die Briefe, manchmal ein wenig verspätet. (...) Wenn er meinen Vornamen, statt den Stammnamen ruft, bin ich entzückt. Es ist als habe er mich von klein auf gekannt.«[13] Ruft er hingegen Hugos Namen, muß er ihm immer häufiger Briefe mit unerfreulichem Inhalt überreichen: Fuchs lehnt es ab, ein Gedicht Emmys zu publizieren, und Balls im *Hochland* veröffentlichtes *Sonett im Advent* weist einen ärgerlichen Druckfehler auf. Dann kommt ein an Natalie von Üxküll am 14. Dezember gerichtetes Einschreiben ungeöffnet zurück. Annahme verweigert. Ball ist erregt, hatte er doch die Baronin in diesem Brief aufgefordert, ihre Aussagen gegenüber Friedrich Fuchs zurückzunehmen, der deutsche Konsul in Lugano habe ihr erzählt, daß Ball während des Krieges in Bern im Sold der Franzosen gestanden hätte. Diese Behauptung, so Üxküll, habe Ball auf Nachfrage ihr gegenüber bestätigt und sich mit seiner damaligen finanziellen Notlage entschuldigt. In der *Hochland*-Redaktion ist man besorgt, fürchtet, daß Ball als Mitarbeiter nicht mehr tragbar ist. Da er annimmt, daß Üxküll sich für seinen Rückzug aus Paradiso rächen will, stellt er noch einmal richtig: »Wir sind in ordentlicher Weise auseinander gegangen, nachdem ich mich überzeugt hatte, dass ich Ihnen in wesentlichen Dingen nicht zustimmen kann. (...) Ihre ›syrischen Briefe‹, die zur Zeit im Hochland erscheinen, sind also meine Vermittlung, und wie sie selbst am besten wissen, z. T. meine Bearbeitung, mein Vorschlag. Ihr Dank dafür (...) bestand darin, dass Sie mich bei ihrem ersten Besuch in München, (...) sowohl bei der Redaktion des Hochlands, wie bei den Freunden des Herausgebers in der schlimmsten Art, nämlich ohne mein Wissen, herabsetzten, indem Sie mir Käuflichkeit der Gesinnung nachsagten. (…) Nachdem es aber so weit gekommen ist, erwarte ich zumindest, dass Sie als Katholikin ein Wort finden, Ihr Unrecht einzugestehen und wieder gut zu machen.«[14] Aber auch nachdem der Konsul ihm versichert hat, »dass ich niemals der Frau Baronin Üxküll, noch sonst jemandem gesagt habe, dass Sie während des Krieges in französischem Sold gestanden hätten«,[15] erfährt Ball keine Entschuldigung von der Baronin, sondern nur die schroffe Mitteilung: »Solle von irgendeiner Seite etwas gegen mich vorliegen, so steht der Rechtsweg ja offen.«[16]

Ein Lichtblick in diesen trüben römischen Tagen ist eine Rezension in der Literarischen Beilage der *Augsburger Postzeitung* vom 5. November 1924. Da äußert sich der Schmitt-Schüler Waldemar Gurian zu den teilweise vernichtenden Kritiken am *Byzantinischen Christentum*, nennt Balls Werk »eine ungewöhnliche, (…) ganz einzigartige Erscheinung in unserer Zeit«, die »trotz seiner Ungewöhnlichkeit echt ist. (…) Balls Wollen geht nur dahin, die Sinnlosigkeit des Alltags ohne Religion zu zeigen. (…) Wenn es die höchste Kunst ist, tiefste Dinge so zu sagen, daß sie von jedermann, der für sie nur aufgeschlossen ist, zu erfassen sind, so ist das ›Byzantinische Christentum‹ ein Werk höchster Kunst.«[17]

Während Ball mit Verlegern und Redakteuren korrespondiert, sich gegen Verleumdungen zur Wehr setzt, dem Vater einen ausführlichen Weihnachtsbrief schreibt und Adolf Saager für sein Verhalten nach Browns Tod um Entschuldigung bittet, flieht Emmy aus der bedrückenden Enge ihrer Wohnung von Kirche zu Kirche, entzündet Kerzen, beichtet in Santa Maria dell'Anima, in Santa Maria della Pace, den beiden »deutschen« Kirchen, wenige Minuten von der Piazza Pollarola entfernt. Ringt im Tagebuch mit ihren Zweifeln. Oft sind die fahrigen Schriftzüge verwischt, als habe die Schreiberin geweint. Erinnerungen an ihre Schauspielerei tauchen auf: »Am besten war ich doch als Nora im Puppenheim. Da hatte ich alle Möglichkeiten (…) Es war in Schlesien. Ach, und jetzt bin ich in Rom.«[18] Das ist Verpflichtung. Die Stadt Petri. Die Stadt unzähliger Kirchen. Ihr Tagebuch vom beginnenden Anno Santo 1925 liest sich wie ein Kirchenführer. Alle will sie besuchen. Alle will sie beschreiben. So als könne sie damit Buße tun und Absolution erlangen. Sie kauft kolorierte Ansichtskarten. Klebt sie zu den Beschreibungen: Votivbildchen, Maria im Strahlenkranz. Sie zeichnet Heilige mit Tintenfeder oder Stiften. Dann wieder einen Raum mit Tisch und Stuhl. Ihr Zimmer. Ihr Gefängnis. Dem entkommt sie in die Messe, in »den geheimnisvollen Singsang des Priesters (...) bis hin zu den Gregorianischen Gesängen aus der Tiefe des Raumes (...) das Geflüster und Gemurmel beim Austeilen der Sakramente.«[19] Hier vergißt sie für Augenblicke ihre Misere. Nimmt mit allen Sinnen auf, was Erlösung bringen soll: Den Geschmack der Oblate, den Geruch des Weihrauchs, den liturgischen Gesang. Nimmt jede Gelegenheit wahr, in die Kirche zu gehen. Und ins Kino. Kann sich im Film ihren Illusionen überlassen, ganz darin aufgehen. Manchmal, gesteht sie, regt sie eine Handlung so auf, daß sie das Kino verlassen muß. Dann geht sie in eine Kneipe, trinkt Cognac oder ein Glas Wein, um danach den Film zu Ende zu sehen. Schließt sich der Vorhang, geht das Licht an, fühlt sie sich leer, geschwächt. Und sucht den nächsten Film, die nächste Illusion. Das sei wie eine Sucht, notiert sie am 6. Januar 1925 im Tagebuch. Und fast übergangslos, daß sie erfahren habe, der nordfriesische Maler Momme Nissen, ihr Konversionspate, sei in den Benediktinerorden eingetreten.

Ball hat inzwischen seine Patristikstudien aufgegeben und sich ganz der Psychoanalyse zugewandt. Er korrespondiert mit C. G. Jung, dessen Schriften er durch Hesse kennengelernt hat, schickt ihm am 11. November sein *Byzantinisches Christentum* und *Die Folgen der Reformation* und erklärt Jung, nachdem er ihm versichert hat, daß er ein »aufrichtiger Bewunderer« ist: »Die kathol(ische) Zeitschrift ›Das Hochland‹ in München, (...) bittet mich, über die Beziehung Ihres Werkes zum Katholizismus in einem größeren Aufsatz zu referieren. (...) Da mir vorschwebt, ein produktives Interesse für die analytischen Resultate zu erwecken, wäre ich Ihnen für jeden Hinweis auch auf sonstige, den Katholizismus direkt betreffende analyt(ische) Literatur und Kontroverse, sehr verbunden.«[20] Jung, der protestantische Pfarrerssohn, antwortet einige Tage später: »Eine ausschließlich religionspsychologische Arbeit habe ich nie geschrieben, jedoch finden sich in meinen Schriften hie und da Dinge die dieses Gebiet berühren. Ich erlaube mir, Ihnen meine, deutsch nicht existierende Sammlung von Aufsätzen in Collected Papers on Analytical Psychology zuzusenden und danke Ihnen bestens für Ihr freundliches Interesse.«[21] Ball bedankt sich am 9. Dezember und bedauert: »Leider lese ich das Englische so unvollkommen, dass sich mir der beste Inhalt des Buches verschliessen wird.« Aber er versichert: »Ohne Frucht wird indessen auch Ihre Buchsendung nicht bleiben.«[22] Es dauert jedoch mehr als zwei Jahre, bis sich Ball in seinem Aufsatz *Der Künstler und die Zeitkrankheit* auch mit C. G. Jungs Analytischer Psychologie auseinandersetzt.[23] Bei Emma Jung, die sich im Dezember 1924 stellvertretend für ihren Mann, der sich im Ausland aufhält, für Balls Bücher bedankt und das *Byzantinische Christentum* mit »grossem Interesse und ebensolchem Gewinn« gelesen hat, entschuldigt er sich am 2. Januar 1925 für seine späte Antwort und bittet, *Die Folgen der Reformation* »mit Nachsicht zu lesen«[24].

Als das neue Jahr begonnen hat, das in Rom wegen der zu erwartenden Pilgerscharen die Preise in die Höhe treibt, plagen die Balls wieder Geldsorgen. Trotz ihrer bedrängten Wohnverhältnisse würden sie gern in Rom bleiben, denn Annemarie hat die Prüfung bestanden und besucht die Akademie, und Ball hat im Laboratorium des Neurologen und Psychiaters Sante de Sanctis, dessen *La Conversione religiosa* er mit großer Zustimmung gelesen hat, einen Arbeitsplatz zur Verfügung gestellt bekommen. Er hat dieses Buch, in dem er auch Emmys und seine eigenen Erfahrungen psychoanalytisch gedeutet sieht, eingehend in der Zeitschrift *Hochland* gewürdigt[25] und im Tagebuch festgehalten: »Wenn es wahr ist, was Dr. Sante de Sanctis sagt, daß es nur Konversionen zum Katholizismus gibt, dann können auch nur Katholiken wahre Psychoanalytiker sein. Das ist evident. Ich weiß nicht, ob de Sanctis an die Konsequenz seines Buches gedacht hat.«[26]

Und Carl Schmitt teilt er zu seinen Studien mit: »Es entspricht dies einem Wunsche, den ich seit langem gehegt und dessen Interessen mit der Dämonologie zusammenhängen. (...) Gegenwärtig bin ich nun damit beschäftigt, die neuere Psychologie auf ihre theologische Relativität hin zu untersuchen, und gleichzeitig den frühchristl(ichen) und gnostischen Exorzismus konkret zu interpretieren.«[27] Daß Ball seinen Wechsel von der Patristik zur Psychoanalyse auch aus eigener Betroffenheit vollzogen haben muß, erfahren wir von Emmy: »Ich weiß nur, warum er das Studium über Antonius aufgeben mußte. Er glaubte ähnliche Schläge zu empfangen, wie der Wüstenheilige, da er mit den Dämonen stritt (ein beinahe natürliches religiöses Übergangserlebnis). Die Anfechtungen wurden Hugo und auch mir und dem Kind so lästig, daß er die Arbeit abbrechen mußte.«[28]

Trotz der wieder drohenden finanziellen Katastrophe versenkt sich Ball in seine Studien. Die dabei gewonnenen Erkenntnisse werden nach der Rückkehr aus Italien 1926 in seine laienanalytische Arbeit mit Frauen aus dem Tessiner Bekannten- und Freundeskreis einfließen. Dazu Emmy rückblickend: »Ball hat seine Kenntnisse der modernen Psychoanalyse im Lauf der Zeit auch durch praktische Versuche bedeutend erweitert. Er hatte sich vorgenommen, noch spät sein Doktorexamen abzulegen, um auf dem Gebiet der Seelenheilkunde praktizieren zu dürfen.«[29] Auch Emmy beschäftigt sich mit Psychoanalyse, notiert im Tagebuch: »Die Analyse ist doch ein zweischneidiges Schwert.«[30] Macht sich Gedanken zu Übertragung und Gegenübertragung und erkennt, wie wichtig es ist, daß »der Psychiater selbst überwacht wird«[31]. Träume werden festgehalten, freie Assoziationen. Oft bedrängen sie Erinnerungen. Als sie am 17. Januar 1925 ihren 40. Geburtstag feiert, kreisen ihre Gedanken noch einmal um Mutterschaft: »Ich wäre so gern Mutter und da muß ich gewiß ein ganz besonderes Muttersein bekommen, weil ich doch kein Kind mehr bekomme. (…) Vielleicht sollte ich mehr beten bei der Mutter Gottes, und wenn ich ein Kind von Hugo bekäme, sollte es der liebe Gott selbst haben.«[32] Wie im Mai 1917 während der Konflikte in der ›Galerie Dada‹, als Ball sie nach Ascona geschickt hatte, formuliert Emmy auch in dieser Krisensituation den Wunsch nach einem Kind. Befremdlich genug, denn Mutterschaft war für sie immer ambivalent. Einerseits emotional positiv, andererseits durch die damit verbundene Verantwortung auch negativ belastet. Sowohl den kleinen Joseph Hennings als auch Annemarie hatte sie als Hemmnisse erlebt, hatte sich eingesperrt gefühlt und war geflohen. An Ninon Hesse schreibt sie von einem dritten Kind, das sie gehabt habe: »Tuttilo«, einen zweiten Sohn.[33] Vermutlich spielt Emmy auf eine Fehlgeburt oder Abtreibung während ihrer Tingeltangel- und Bohemejahre an. Möglich also, daß es Schuldgefühle sind, die sie den Kinderwunsch formulieren lassen oder die Hoffnung, Hugo möge doch endlich diese Ehe so vollziehen, daß sie schwanger werden kann, ehe es mit Beginn des Klimakteriums zu spät ist. Während sie sich über ihr römisches Tagebuch beugt, die fromme Elsa Bloch als Vorbild vor Augen, ist sie sich zugleich der Unmöglichkeit ihres Wunsches bewußt, kann die Erfüllung nur »erschreiben«, erbitten oder sich fügen, weil es eben doch keine Wunder gibt. So bleibt sie Hugos »Kind«, der die biblische Forderung, zu werden wie die Kinder, beim Wort nahm und »an die geistige Verjüngung durch Askese glaubte«[34].

In den ersten Wochen 1925 hat sich Emmy entschlossen, auch in ihrem Schreiben Hugo zu folgen und das Religiöse ganz in den Mittelpunkt ihrer Arbeit zu rücken. Sie will die Aufzeichnungen von römischen Kirchen und Klöstern zu einem *Jahrbuch von Rom* verdichten, aus dem die Redaktion der deutschsprachigen Zeitschrift *Roma aeterna* zwei Aufsätze zu drucken verspricht. Gemeinsam mit Hugo streift sie nachmittags, wenn er aus der Universität zurück ist, durch die Kirchen der Ewigen Stadt, Heft und Stift bereit für Notizen. Bei Reiß mahnt sie die seit Jahren ausstehenden Honorare für ihre Romane, den Prosa- und den Gedichtband an. Aber weder kommt Geld von ihrem Verleger noch von Feuchtwanger, den Ball um finanzielle Unterstützung gebeten hat, um weiter bei de Sanctis seinen Studien zu Exorzismus und Psychoanalyse nachgehen zu können. Es ist ein drängender, verzweifelter Brief mit der Zusage eines neuen Manuskripts. Aber Feuchtwanger lehnt ab, denn einerseits verkauft sich das Byzanzbuch schlecht, andererseits stapeln sich auf seinem Schreibtisch die negativen Besprechungen der *Folgen der Reformation*, die bei ihm kein Interesse an einem weiteren Werk Balls wecken.

»Ein Intimus, Jünger und Schüler von Schmitt (ein Dr. Gurian aus seinem Seminar) fühlte sich berufen, obgleich er Russe ist, über deutsche Politik zu sprechen. In seiner Rezension meines Buches (…) wird mir das Verantwortungsgefühl abgesprochen und überhaupt und so der Prozess gemacht«, klagt Ball am 9. Februar. Gurian wirft ihm vor, »auf das Niveau der übelsten Streitschriftenliteratur herabgestiegen« zu sein. Besonders erbittert ihn, daß Schmitt, mit dem er im vermeintlich freundschaftlichen Briefwechsel steht, »Tatsachen, die man zu einem Freunde, wie zu Prof. Schmitt damals in Agnuzzo, privatim äussert, dann gedruckt in der Zeitung wiederfindet«[35]. Und nicht in irgendeiner, sondern in der *Kölnischen Volkszeitung*, einem vielgelesenen, katholischen Blatt, dessen Stimme, wie Ball weiß, »weit reicht«. Daher plagt ihn die Angst, daß auch der Herausgeber vom *Hochland*, Carl Muth, bei dem er immer wieder Aufsätze veröffentlichen kann, sich beeinflussen läßt und seine Arbeiten künftig ablehnen wird. Zutiefst verletzt äußert sich Ball ungewöhnlich ausfallend sowohl über Gurian als auch über Schmitt. »Herr Dr. Gurian ist als Russe und als Seminarist gleicherweise ausserstande, den Wert oder Nichtwert meines Buches zu beurteilen. Dieser junge Mensch wagte es, mir seine Besprechung eingeschrieben, ohne Begleitbrief zu senden. Sein Professor oder sein Redaktor hätte ihn aber lieber darauf hinweisen sollen, dass es sich für einen Ausländer nicht ziemt, deutsche Neuerscheinungen zu beurteilen«,[36] empört sich Ball gegenüber Feuchtwanger. Und an Hesse höhnt er, auf Schmitts gescheiterte Ehe mit der als Hochstaplerin entlarvten Pawla Dorotič anspielend: »Jetzt, seit der Besprechung von Gurian habe ich von Herrn Schmitt-Dorotič nichts mehr gehört. Es ist doch merkwürdig, wie die Slaven und Halbslaven sich für die Reformation und das Preussentum ins Zeug legen.«[37] Schließlich fragt er Gurian: »… aufgrund welcher Leistungen und welchen Passes erlaubt man Ihnen, in einer der ersten katholischen Zeitungen Deutschlands 8 Spalten über ein Buch zu schreiben?«[38] Am selben Tag entwirft er auch einen Brief an Schmitt: »Sagen Sie mir, verehrter Herr Professor, was soll ich von all dem halten? (…) Herr Dr. G. bespricht mein Buch nicht mit dem Interesse eines Katholiken, sondern so, wie ein protestantischer oder nationalistischer Gegner es besprechen würde. Er hätte reichlich Gelegenheit gehabt, aus dem Vergleich meines desavouierten Buches von 1918 mit meinen späteren Büchern von 1923 und 1924 auf eine entschiedene Konversion zu schliessen und dieses Faktum (in einem Katholikenblatte) entsprechend zu würdigen.«[39] Es ist der lange Brief eines Enttäuschten, in dem Ball noch einmal auf seinen lobenden Aufsatz zu *Carl Schmitts Politische Theologie* verweist, auf die vertraulichen Gespräche im Tessin; und er will wissen, »was Sie mir auf diesen Brief zu sagen haben«[40]. Eine Antwort fehlt, denn Ball hat sich entschlossen, den Brief nicht abzuschicken, erinnert er doch sehr genau Schmitts Rat, das Buch nicht zu veröffentlichen.

Obwohl Ball mit Kritik, auch mit Einwänden des »verehrten Herrn

Professors« gerechnet hat, kommt die Polemik Gurians, der kurz zuvor noch das *Byzantinische Christentum* euphorisch gelobt hatte, völlig unerwartet. Gurian wirft Ball, auf *Zur Kritik der deutschen Intelligenz* verweisend, vor, daß sein Haß auf Deutschland ihn 1918 in Bern so blind gemacht hat, daß er sich nicht scheute, das Buch im *Freien Verlag,* »in einem Organ bezahlter Verräter«, erscheinen zu lassen. »Alles Antideutsche wird von Ball verherrlicht«, behauptet Gurian, und Balls Positionen in der *Kritik* und den *Folgen* vergleichend, kommt er zu dem Schluß: »Daß Ball nicht mehr auf dem Boden seiner alten Ansichten steht, (…) daß die Metaphysik, die Theologie und wichtige Teile der Geschichte (…) gestrichen und nur die Anklagen gegen das deutsche Volk, gegen Marx und Lassalle stehen geblieben sind. (…) Wenn ein Deutscher diesem Werk wirklich glauben würde, so müsste er Selbstmord begehen. Denn sein Volk müsste ihm als das verworfene, schlechthin böse Volk erscheinen. (…) Wozu, fragt man sich immer wieder, mussten die Folgen der Reformation erscheinen? Wollte Ball beweisen, daß er den Mut hat, unpopuläre Ansichten zu vertreten?«[41] Daß auch Gurian, wie andere Kritiker und zuvor die Baronin Üxküll, auf Balls Verbindung mit den deutschen Kriegsgegnern verweist, ihn, ohne das auszusprechen, als Vaterlandsverräter brandmarkt, mag ihn ebenso getroffen haben wie die Feststellung: »Ball hatte genug Gelegenheit, die These vom Kampfe der Entente für Freiheit und Demokratie in ihrem Kulissencharakter zu erkennen.«[42]

Gurian ist nur einer von zahlreichen Rezensenten, die das Buch verurteilen: »Der Verfasser dieses Buches wird selber nicht erwarten, daß eine wissenschaftliche Zeitschrift seinem Pamphlet die Ehre einer wissenschaftlichen Besprechung erweist. Wenigstens in Deutschland nicht. Vielleicht verdient er sich bei seinen französischen Freunden mehr Dank damit«,[43] urteilt der Rezensent der *Historischen Zeitschrift.* Und die *Frankfurter Zeitung* schreibt: »Das ganze Buch ist vergiftet durch den Haß gegen das Deutschtum, daher ist es auch zwecklos, auf einzelnes einzugehen.«[44] Zugleich wird in einigen Besprechungen auch der Verlag angegriffen, der Leopold Rankes Reformationsgeschichte publiziert hat und jetzt ein Buch veröffentlicht, »in dem Literaturräsonnement und Hintertreppenluft herrschen, (…) um nicht von Schmutzereien reden zu müssen …«[45]

Inzwischen sind fast fünf Monate seit der Ankunft in Rom vergangen und die frohe Erwartung hat sich von Woche zu Woche in den dunklen, engen Zimmern verdüstert, in denen ein Petrolofen nur ungenügend Wärme gegen die feuchte Winterkälte spendet. Die Arbeiten des vergangenen Jahres haben entweder keinen Verleger gefunden oder werden von der Kritik verrissen. Keine Aussicht auf Honorare, nur die Gewißheit, daß die wenigen Franken, die von Browns Legat übrig sind, weder für die geforderte Vorauszahlung der Miete noch für das immer teurer werdende Leben im Anno Santo reichen werden. Am 14. Februar ist die Entscheidung gefallen und Ball schreibt an August Hofmann: »Wir haben es so schlimm mit der Wohnung getroffen, dass wir wieder aufs Land möchten, um uns zu überzeugen, dass der Himmel noch blau ist. Wir leben auf dem Land billiger als hier in Rom, wo das Leben ein wenig sehr auf die Pilger und die Archäologen zugeschnitten ist. Also suchen wir gegenwärtig unsere Wohnung abzugeben und werden dann voraussichtlich nach Positano, einem kleinen Fischerdorf in der Nähe von Napoli fahren.«[46] Über Monte Cassino und Neapel reisen sie Ende Februar an die Costera Amalfitana und finden im kleinen Fischerdorf Vietri-Marina bei Salerno eine erste Unterkunft. »Das Meer schlägt unten ans Haus und vor unserem Balkon wiegen sich die Segelboote von Cetara.«[47] Die Landschaft begeistert sie, die blühenden Pfirsichbäume und die Orangen im dunklen Blattgrün. Die südlichere Sonne wärmt und stimmt die drei Reisenden nach den düsteren Wochen in Rom heiter. Amalfi ist nah, auch Positano, und nach Salerno ist es »ein kleiner Spaziergang«. Hier, so sind sie sicher, werden sie sich fühlen wie im Paradies, werden Sonne und Meer genießen und neue Bücher schreiben, denn Hugo hat gehört, »es gäbe in Corpo di Cava, in der Provinz Salerno, im dortigen Kloster eine besonders schöne reichhaltige Bibliothek (...) Wir fuhren also eigentlich den Büchern nach.«[48] Es ist eine der bedeutendsten Klosterbibliotheken Italiens, die in der 1011 gegründeten Benediktinerabtei Badia della Trinità oberhalb von Cava di Corpo verwahrt wird. Deren Schätzen sieht Ball voll Vorfreude entgegen, und auch Emmy und Annemarie sind erwartungsvoll, freuen sich auf Richard Dölker, den sie im deutschen Konsulat in Neapel kennengelernt haben.

Dölker, Pfarrerssohn aus dem schwäbischen Schwarzwald, war

nach seinem Studium an der Kunstgewerbeschule Stuttgart auf Wanderschaft nach Süditalien, Sardinien, Sizilien und Nordafrika gegangen. Hatte mit dem Restaurieren von Fresken und handwerklichen Arbeiten in Kirchen und Klöstern sein Auskommen gefunden und war schließlich 1923 in Vietri sul Mare hängengeblieben, dem kleinen, für seine Keramiken berühmten Städtchen in der Bucht von Salerno. Dort hatte der 27jährige sich zunächst in die Schar der ländlichen Keramikmaler eingereiht, Geschirr, Wandteller und Fliesen nach traditionellen Vorbildern bemalt. Bald jedoch machte er mit eigenen Entwürfen auf sich aufmerksam und eröffnete eine keramische Werkstatt. Als Balls im März eintreffen und die von Dölker besorgte Wohnung in Vietri-Marina bezogen haben, beginnen auch Emmy und Annemarie mit der Keramikmalerei. Während jedoch Emmy nur sporadisch bei Dölker arbeitet, wird Annemarie »bald seine Schülerin, die er vorzüglich zu unterrichten verstand«[49]. Von ihr bemalte Teller und Krüge aus dieser Zeit bewahrt Annemaries Tochter, Francesca Schütt-Hauswirth. Und in der oberhalb von Vietri in Raito gelegenen Villa Guariglia, einem Keramikmuseum, finden sich die schönsten Arbeiten aus der ›Collezione Dölker‹. Ein ausführlicher Katalog zur Ausstellung *La Ceramica Vietrese nel Periodo Tedesco* von 1996 würdigt nicht nur Richard Dölkers Arbeiten und die anderer deutscher Keramikerinnen und Keramiker, die damals in Vietri lebten, sondern erinnert im Beitrag »Artisti tedeschi a Vietri«[50] auch an Hugo, Emmy und Annemarie.

Nach Hugos Tod werden die beiden Frauen den Kontakt zu Dölker halten. Annemarie wird in seiner Werkstatt arbeiten. Und für Emmy bleibt Vietri bei ihren Aufenthalten an der Costera Amalfitana ein wichtiger Anlaufpunkt, die Beziehung zu Dölker und dessen Familie ein ruhiger Pol bei ihrem unruhigen Umherstreifen. »Er war nicht nur ein gutmütiger, prächtiger Kamerad, mit dem es sich bisweilen wunderhübsch plauderte, er wurde besonders mir ein trefflicher Führer durch weniger bekannte Gegenden, die ich damals skizzierte und über die ich für Zeitungen viel geschrieben habe (…) Wir besuchten mit Dölker die Volksfeste in Amalfi und Salerno, machten Ausflüge in verwunschene Grotten, die man auf den Bergen (…) bisweilen findet«,[51] hält Emmy fest. Und auch Dölker hat sich, so seine Tochter Susanne, lebenslang an die Balls erinnert. An Emmys Witz und ihre Freude beim

Erkunden der Gegend, ihren Übermut beim Schwimmen, ihre Lebhaftigkeit im Umgang mit den Menschen des Südens, denen sie sich im gestikulierenden Gespräch anverwandelte. Und an Hugos priesterlichen Ernst, der auch in Vietri keiner leichten Lebensfreude weichen mochte, seiner Zurückgezogenheit und der Marotte, seiner Frau ein Glöckchen ums Fußgelenk zu binden, damit sie ihn nicht überraschend stören kann. Zu Weihnachten 1925, so berichtet Emmy, hat Hugo ihr eigenhändig ein Paar Pelzschuhe genäht; »jeder Schuh war mit einem winzigen Glöcklein versehen, weil er mich im Nebenzimmer stets gern kommen hören wollte«[52]. Die verblüffte Frage nach dem Zweck dieser ungewöhnlichen Maßnahme beantwortete Susanne Dölker mit einer Aussage ihres Vaters zu Hugos Sexualpraktiken, die er vor Emmy verbergen wollte.[53]

Über die Zeit des Paares in Süditalien geben die veröffentlichten und unveröffentlichten Briefe Auskunft. Und Emmys Tagebucheintragungen in den fünf Wachstuchschulheften mit dem »Orario Settimanale delle Lezioni« auf den letzten Seiten. Da wechseln die Stimmungen wie das Wetter im Frühling: Ausgelassene Freude, wenn sie mit Hugo und Dölker durch das sonnige, blühende Land nach Cava di Corpo wandert, wo Hugo in der Klosterbibliothek arbeitet, während sie sich mit »Riccardo« die Zeit vertreibt, die Katakomben und die langobardische Unterkirche besucht, in der es schauerlich kalt ist. Sie betrachten die Gemälde in der Pinacotea oder sitzen einfach nur vor der Abbazia am Berghang in der Sonne. Dann lauscht Emmy den Erzählungen des umtriebigen Dölker von Sizilien und Nordafrika und träumt sich selbst dorthin. Aber wenn die Frühjahrsstürme über den Golf von Salerno und das Küstengebirge brausen, wenn Regen und feuchte Kälte die kleine Wohnung am Wasser klamm und ungemütlich machen, übermannt sie erneut Verzagtheit. Dann fährt sie ohne Hugo und Annemarie nach Rom, will in der Karwoche von Kirche zu Kirche pilgern, um Eindrücke für ihr Buchprojekt zu sammeln. Sie wird es *Der Gang zur Liebe* nennen. Im Koffer schleppt sie Keramiken in die Ewige Stadt. Warum, wenn sie schon mit Schreiben kein Geld verdienen können, sollte es nicht mit Krügen und Tellern möglich sein? Emmys gesunder Geschäftssinn, den sie schon in ihrer Jugend beim Verkauf von Hasenfellen bewiesen hatte! Aber trotz der fei-

Bild 36  Emmy und Hugo Ball mit Annemarie Hennings in Albori, Sommer 1925

erlichen Hochämter bleibt sie nur kurz in Rom, sehnt sich zurück ans Wasser: »In der Nacht singt das Meer sein Schlaflied. Das ist als weine die Unendlichkeit ...«[54]

Als sie zurückkommt, hat Hugo jedoch bereits begonnen, sich nach einer anderen Wohnung umzuschauen, denn mit der warmen Jahreszeit steigen die Preise für die Unterkünfte am Meer. Also ziehen sie bergauf nach Benincasa, wo ihnen ein Appartamento gefällt, aber zu teuer ist. Sie wandern die Bucht entlang nach Salerno, wo es auf einem Platz ein Marionettentheater gibt, »eine grüne Bretterbude (...) ein Karussell; dann das große Varieté«[55]. Begeistert zeichnet Emmy Jongleur und Flammenwerfer ins Tagebuch. Als sie abends heimkommen, liegt ihr *Graues Haus* in der Post. Ullstein hat, trotz der Empfehlung Franz Bleis, das Manuskript zurückgeschickt. Aber sie will sich nicht entmutigen lassen, arbeitet an ihren Aufzeichnungen von römischen Kirchen, italienischen Städten, katholischen Heiligen, hofft auf Besuch von Hesse, von Hardekopf, von Arps. Die kommen im April, haben sich in Vietri-Marina in Balls Nähe einquartiert. Das Quartett der Züricher Zeit ist wieder komplett. Sie wandern am Meer und auf den Bergen, besichtigen Salerno, die Ruinen Paestums und Pompeji. Arp, »der Prima Qua. erregt hier als Arpollo mit der Leier die grösste Aufmerksamkeit der sarazenischen Jungfrauen«, ulkt Ball in einem Brief an Hesse. »Che bell giovanotto biondo! In Pagini war Madonnenfest. Die bunten Tauben sassen auf der Krone der Madonna.«[56] Es ist eine gute Zeit, die sie miteinander verbringen, Photos zeigen die Freunde in heiterer, entspannter Stimmung. Nur Emmy äußert sich unzufrieden über Arps Aufnahmen: »Ich bin besonders schief geworden, aber vielleicht entspricht das der Wahrheit.«[57] Kommen sie von ihren Ausflügen zurück, sitzen sie lange beisammen, Emmy liest Gedichte und »tiefe Träume«, und sie erinnern sich an die Anfänge im ›Cabaret Voltaire‹, an ihre Aktionen und Ideen: »Wir sprachen von Dada als von einem Kreuzzug, der das gelobte Land des Schöpferischen zurückgewinnen werde. Wir sprachen gläubig über die Kunst, die das Schöpferische zu beschwören vermag, ähnlich wie die Religion das Unaussprechliche zu beschwören vermag.«[58] Noch Jahrzehnte später schreibt Hans Arp über seinen Freund Hugo Ball: »Unter den Dadaisten waren Märtyrer und Gläubige, die ihr Leben opferten auf der Suche nach

Bild 37 Hugo Ball, Sophie Taeuber Arp, davor Annemarie Hennings, Pompeji, April 1925

dem Leben, nach der Schönheit. Er träumte und glaubte an die Dichtung und an das Bild. (...) Der Traum Hugo Balls läßt den Menschen aus seiner rätselhaften Körperlichkeit in der Wirklichkeit auferstehen. Wir sollten wie er täglich um Träume beten.«[59] Nach zwei Wochen nehmen sie Abschied. Für Hugo ist es die letzte Begegnung mit den Freunden, Emmy wird sie erst 1929 in ihrem Atelier in Meudon bei Paris wiedersehen.

Nach Arps Abreise gehen sie erneut auf Wohnungssuche. In dem kleinen Dörfchen Albori, weit oberhalb von Vietri, werden sie fündig und steigen am 1. Mai 1925 mit ihren Rucksäcken und Koffern bergauf. Erst im Juli kommt Ball dazu, sich bei Arp zu melden: »es könnte den Anschein haben, als hab ich längst das Totozeitliche gesegnet; dem ist indessen nicht so. Gestern sind Sie fortgefahren und heut schick ich Ihnen Grüsse. Come va, come sta? Come va la mama, come va il babbo? Die Photos haben uns viel Freude gemacht, und wir hätten

Ihnen längst schon mit heissen Tellern erwidert, wenn. ja wenn (...) die Verleger Renten absonderten statt zäher Versprechungen.«[60] Diese hat Ball in seinen ersten Briefen aus dem neuen Domizil immer wieder daran erinnert, noch fällige Honorare zu überweisen, und als die Geldnot zu drückend wird, hat er einerseits an Hesse um Geld depeschiert, andererseits ein Einschreiben an Carla Fassbind geschickt und sie um 300 Franken »als Darlehen« ersucht. Einen Tag später, am 19. Juli, bittet Ball seinen Freund: »Johannes Arp, seien Sie getreu bis in den Tod und schauen Sie doch bitte, ob Sie den gescheiten Lektor der Rentschoffizin für ein Buch meiner Frau erwärmen können. Sagen Sie ihm, daß Emmy Hennings die sanftäugige Hüterin der abseits weidenden Einhörner ist und eine Prophetin über den Wässern des Abgrunds. Machen Sie es ganz metaphysisch und sternverloren, das verwirrt und betäubt des Verlegers Gemüt. Ich grüsse Sie von Haus zu Haus (...) und lege Ihnen die Granatblüten der drei Etagen unseres napolitanischen Gartens zu Füssen.«[61]

Emmy, die so Gelobte, hat versucht, hoch oben am Berg, von dem man einen atemberaubenden Blick über die Bucht von Salerno hat, ein Heim herzurichten. Es ist ein schmales Steinhaus neben der Kirche, deren Glocken ihre Tage begleiten. Auf dem Gartenstück am Steilhang wachsen Zitronenbäume, in deren Schatten die Balls versuchen, Gemüse anzubauen. Hugo zimmert aus Kisten und Brettern die Möbel, die Emmy mit bunten Tüchern bedeckt. Die Nachbarn betrachten die merkwürdigen Deutschen mit Neugier. Im Tagebuch vermerkt Emmy: »Es sieht noch wüste aus, und wir schaffen, machen, tünchen (...) wie die Wilden. Fremde gehen bei uns ein und aus, wie in der Wirtschaft. Der Wein steht immer auf dem Tisch.«[62] Und Hesse berichtet sie: »Buchstäblich vom frühen Morgen bis in den späten Abend war ich unterwegs, und möchte mich jetzt wiederfinden in dem kleinen Bergdorf, in dem wir die ersten Fremden sind, die je hier waren. Es ist schön hier, und jeder spricht (jeden) mit dem Vornamen an, wie die Kinder es tun.«[63]

Noch heute ist das so. Als wir von Vietri über Raito nach Albori bergauf steigen, folgen uns neugierige Blicke. Bei der Frage nach Emmy, nach Hugo, den Deutschen, die 1925 hier gewohnt haben, ernten wir Kopfschütteln. Nein, Ausländer haben nie in Albori gewohnt.

Aber vielleicht erinnert sich eine alte Frau. Ein Junge knattert auf seinem Moped los, um sie zu holen. Bald sind wir umringt von debattierenden, gestikulierenden Menschen, alten und jungen. Man ruft zu den offenen Fenstern hinauf. Hat jemand von der poetessa tedesca gehört? Von dem Signore Poeta? Schließlich bleibt nur noch der Priester. Er kommt aus Raito und soll die Fünfuhrmesse lesen. Frauen strömen in die kleine Kirche, knien in den Bänken und vor dem Seitenaltar der Dorfheiligen Margarete. Die Decke ist blau wie der Himmel über Bergen und Meer. Und die Himmelskönigin schwebt mit ihrem Sohn auf einer weißen Wolke. Ein Tonband läuft. Die Frauen murmeln Gebete. Der Priester ist in Raito geblieben. Wir zünden eine Kerze an und wandern zurück zwischen Feigenbäumen, durch Zitronenhaine und Weingärten. Es ist Frühling. Die Rosen blühen. Weiße Calla. Bunte Feldblumen. Zwischen der Kirche und dem Weg nach Benincasa ist im Durchgang eine Krippe aufgebaut. Eine ganze Landschaft, wie im Neapolitanischen üblich, mit Häusern und dem Stall, Maria, Joseph und dem Kind. Mit den Tieren, den Dörflern, Engeln, Hirten, Königen. Darüber pendelt aus bunten Glühbirnen der Stern von Bethlehem.

Hier also haben sie gelebt, die sonderbaren Fremden, an die sich niemand erinnert und die auch im Melderegister Vietris nicht verzeichnet sind. Haben am Dorfleben teilgenommen: Hochzeit, Geburt und Tod. Emmy hat in ihren Briefen davon erzählt. Und die erweisen sich als überraschend genau. Noch immer werden die Toten jenseits des Berges in Benincasa beigesetzt, gibt es das Asilo Infantile San Francesco in Raito, befindet sich dort das Postamt. Und in Vietris Straßen laden Läden mit buntbemalten Keramiken zum Kauf. Emmys Briefe und Feuilletons sind lebendige und authentische Dokumente von Land und Leuten, unbeschwert geplaudert, genau beobachtet und voller Witz. Hesse hat ihre Italienbriefe geliebt, hat gespürt, daß Emmy »mit den Kindermenschen des Südens, mit den Fischern und Weinbauern viel besser sprechen und zusammenleben kann als mit allen diesen Künstlern und Intellektuellen, auch wenn sie Deutsch zu verstehen scheinen«[64]. Zu »diesen Künstlern« in Amalfi und Positano haben die Balls kaum Kontakt. Auch ohne Hugo wird Emmy später deren Plätze meiden und allein durchs Land ziehen. 1925/26 sind, neben den überbordend gefeierten Heiligenfesten in den Dörfern, die spontanen Zusammenkünfte bei deutschen Keramikern ihre einzige Abwechslung. Auf Photos sind sie festgehalten: Junge Frauen in unkompliziert lockeren Batikkleidern, die Schüsseln mit Spaghetti auf Tische stellen. Männer in weiten bunten Kitteln. Nackte Kinder am Strand. Emmy hat sich dort wohlgefühlt, war ausgelassen, wie auf ihren vielen Ausflügen mit Dölker, ihren Fußmärschen und Eselskarrenfahrten an der steilen Küste entlang: ins Sarazenendorf Cetara mit dem mächtigen Turm hoch über dem Meer, nach Ravello, Sorrent, Capri, Anacapri und Atrani. Nach Pompeji und zum Vesuv. Und schließlich im Herbst 1925 mit dem Schiff von Neapel nach Palermo. Ihre Reisebeschreibungen kleben als Maschinendurchschläge in den Tagebüchern. Postkarten und Eintrittsbillets daneben. Ihre Stimmung ist ausgelassen. Das Reisen regt an. Die damit verbundene Trennung von Hugo tut ihr gut. Beim vorläufigen Zusammenstellen ihres Buches *Der Gang zur Liebe* schreibt sie: »Der Band macht sich prachtvoll, es ist wie ein Märchenbuch. ich habe große Freude damit.«[65] Freude macht auch die Überweisung eines Honorars für Emmys Rezension des *Pyramidenrocks* von Arp. Enttäuscht ist sie, daß der Freund es nicht geschafft hat, beim Schweizer Verlag Eugen Rentsch Interesse an ihren Aufzeichnungen aus Italien zu wecken.

Asymmetrie bestimmt Emmys Leben und Erleben, denn der sommerlich-südlichen Leichtigkeit stehen Ernst und Schwere ihres Zusammenseins mit Hugo gegenüber. Ebenso verunsichert wie verletzt reagiert er auf die noch immer eintreffenden Kritiken an den *Folgen der Reformation*, versendet Briefe an Geistliche, Zeitungsredaktionen, Verlage und an vermeintlich Zustimmende. Wartet auf Antworten, die oft ausbleiben. »Mitunter ist das alles so unheimlich, lieber Herr Professor, dass man eine grosse Furcht bekommen kann«,[66] schreibt er an Carl Muth, dann wieder reagiert er trotzig: »Die Herren Rezensenten können uns nichts anhaben. Mögen sie schreiben und intrigieren: es wird ihnen nichts nützen.«[67] Ball zieht sich immer mehr zurück, glaubt sich bei dem Priester seines Vertrauens, Pater Beda Ludwig, entschuldigen zu müssen: »Dem geistlichen Stande gehöre ich leider nicht an. Ich bin Laie … und sehr verlegen, das zu sagen.«[68] Er berichtet ihm von seinem frühen Wunsch, Priester zu werden, und gesteht: »Ich fürchte immer, die geistlichen Herren möchten mir böse sein, dass ich Bücher schreibe, die auch kirchliche Dinge betreffen. Aber ich tue es nur, um mir Rechenschaft zu geben, um zu verstehen. Gleichwohl wage ich nicht, Ihnen zu sagen, welchem Gegenstand mein neues Buch gelten soll; und es wäre doch gewiss gut, in der Einsamkeit eines neapolitanischen Bergdörfchens ein wenig Austausch zu haben.«[69]

Exorzismus und Psychoanalyse scheinen ihm jedoch zu heikel, um sie zu diesem Zeitpunkt schon mit einem Kirchenmann zu diskutieren. Er bestellt in der Basler Universitätsbibliothek Sprengers *Hexenhammer,* Justinus Kerners *Geschichte Besessener* und von Murisier *Les maladies du sentiment religieux.* Analysiert seine eigenen und Emmys Träume. Deutet ihre Hundefurcht, von der sie immer wieder ergriffen wird, die auch Hardekopf und Guttmann erwähnen, »meint, ich sehe eine Art ›Liebhaber‹ im Hund, den ich ablehne …«[70]. Er liest ihr von Stigmatisierten vor. Hat mit ihr in Rom wieder und wieder die Kirche Santa Maria Aracoeli besucht, »weil die bildl. Darstellungen im Innern der Kirche mehrfach exorzist. Szenen nachbilden«[71]. Emmys Eintrag im Tagebuch unter dem 15. März 1925 klingt wie eine Rechtfertigung für ihre Ehe: »Es ist möglich, daß sich der Liebesgrad einer Frau, nur nach dem Priesterlichen im Manne richtet. Jedenfalls ist doch das Heilige im Manne die eigentliche, die ursprüngliche Sehnsucht der Frau. Die Mädchen, die beschützt sein wollen, haben große Anlage zur genialen Religiosität. Kommt diese nicht recht zum Durchbruch, liegt es vielleicht am Mann.«[72] Ihre erotischen Phantasien lenkt Emmy auf Ruth in Basel, die homoerotische Komponente in ihren Briefen aus Italien ist unüberhörbar: »Meine liebe, süße Rahel, liebe Ruth, was Du willst, will ich Dir immer sagen (…) Du liebes, Liebstes im blauen Kleid, ich habe ja nur Dich (…) Und Du, ich finde daß meine Neigung zu Dir schöner ist als alles, was es gibt (…) Und ich bin ja so sanft, wie eine laue Luft, die Dich umgibt (…) ich weiß nicht, ob Du noch Ruth Wenger bist, ob Du schon Frau bist, Du Frau meines Lieblingsdichters. Ich weiß nicht, liebe, liebe Ruth.«[73] In jedem Brief Versicherungen ihrer Liebe, nur wenn Hugo handschriftliche Grüße anfügt, ist sie zurückhaltender in den Beteuerungen ihrer Zuneigung. »Viele Sehnsucht hab ich nach Dir. Nicht wahr, Du entgleitest mir nicht?«[74] schreibt sie im Herbst 1925 aus Albori: »Eigentlich hab ich's doch gut, daß ich eine Frau bin; denn wär ich's nicht, hätte Dein Mann allen Grund auf mich eifersüchtig zu sein. Manchmal ist mir freilich, als wär ich weder das eine, noch das andere. Was man aber dann ist, weiß man nicht.«[75] Und teilt von Hugo mit: »Er studiert die Hexenprozesse und alle diese dämonischen Geschichten, sodass ich oft denken muss, ich sei mit dem Großinquisitor verheiratet.«[76] »Hugo schreibt und schreibt und ist ewig versunken in seine Arbeit.«[77]

Machen Ruths Briefe sie »leicht und glücklich (…) versinkt mir alles Schwere, wenn ich an Dich denke«,[78] so wird das Zusammenleben mit ihrem asketischen Priester-Gelehrten immer sonderbarer. Während für Emmy Sonne und Licht lebensnotwendig sind, »entwickelt« Ball »eine Vorliebe für Räume ohne Fenster (…) Es kann sein, daß er das Haus in Albori nur des gräßlichen Arbeitszimmers wegen mietete (…) Sein Zimmer führte zwar zur überdachten Terrasse hinaus, (…) doch Hugo schloß meistens die Glastüre und verhängte sie noch obendrein mit einem dunklen Tuch, sodaß er, wenn er schreiben wollte ein Licht anzünden mußte, da wir kein elektrisches Licht hatten.«[79] Die Wände hat Ball weiß gekalkt, einziger Schmuck sind Hesse-Aquarelle neben dem schwarzen Holzkreuz, das er notdürftig aus Latten zusammengenagelt hat. Er notiert seine Träume, analysiert, assoziiert und plagt sich »nun intern mit der Ausbalancierung meines neuen Buches«[80]. Es soll unter dem Titel »Die Therapie der Kirche« ein »Gegenstück des Byzanzbuches« werden, »indem es der Engelslehre eine lebendige Dämonologie gegenüberstellt und die kirchl. Mittel ihrer Bewältigung in besonderer Weise entfaltet (Therapeutentum, Exorzismus, Pneumatik). (…) Im Ganzen soll es ein Versuch sein, die Leidenschaften auch unserer Zeit zu erfassen und in der Kirche zu begreifen.«[81] Sitzt er in Methoden der Teufelsaustreibung vertieft in seiner düsteren Zelle, meint er, Schläge zu empfangen und Dämonen in seiner Nähe zu spüren. Das ängstigt Emmy, die ins Tal hinunter flieht, nach Vietri zu den Keramikern. Oder ans Meer. Kommt sie abends braungebrannt zurück, hat sie ein schlechtes Gewissen, weil sie Hugo allein gelassen hat. Schließlich wird er krank, klagt über Kopf- und Zahnschmerzen, fiebert. »Es scheint nach den Augenschmerzen zu urteilen eine Art Influenza zu sein, verbunden mit einem Erschöpfungszustand; denn bei stillem Liegen geht das Fieber sogleich zurück.«[82] Emmy und Annemarie scheinen sich angesteckt zu haben. Schwach und anfällig sind sie in ihrer Bergeinsamkeit geworden, und Ball erkennt: »… an seelischen Dingen leiden wir vielmehr als an den körperlichen (…) Und wenn die Seele verstimmt ist, benützt der Körper sogleich die Gelegenheit, eine Krankheit zu erfinden.«[83]

Sie sind verstimmt und enttäuscht. Emmy, weil ihr *Graues Haus* immer wieder abgelehnt wird, und Hugo, weil weiter gegen *Die Folgen der Reformation* opponiert und polemisiert wird. Auf einige der an Rufmord grenzenden Rezensionen antwortet er mit offenen Briefen. Besonders kränkt ihn, daß die *Pirmasenser Zeitung* unter der sarkastischen Überschrift »Ein berühmter Landsmann« eine Rezension von Tim Klein mit einem verletzenden Kommentar nachdruckt. Seinen schockierten Schwestern teilt er mit, daß das Buch »sehr umstritten« ist, aber auch Zustimmung im *Hochland* erfahren hat. Und im Brief an Maria und Joseph Englert versucht er, einen leichten Ton anzuschlagen, erzählt von »bunten Kirchenfesten«, von ihrer Arbeit, bei der sie sich »froh und aufgeräumt« fühlen, und daß Auszüge aus Emmys Rombuch in einer Zeitschrift des Kösel-Verlags veröffentlicht werden sollen. Vom eifrigen Klappern ihrer zwei Schreibmaschinen berichtet er und von Annemarie, die den Haushalt führt, Teller, Schalen und Krüge bemalt und sie zum Verkauf anbietet. »Also Albori wäre schon recht. (…) Wunderbar ist der Blick am Abend und früh am Morgen weit übers tyrrhenische Meer hinaus.«[84] Und doch tröstet die Schönheit der Umgebung nicht über den ständigen Geldmangel hinweg, den Hesse, Lisa Wenger und Carla Fassbind zu lindern versuchen. Hilft nicht gegen die vergebliche Mühe, Verleger für ihre Arbeiten zu finden. Am leichtesten gelingt es Emmy, ihre Reisefeuilletons in deutschen Zeitungen unterzubringen und damit ihre nächsten Ausflüge zu finanzieren, während Hugo ständig meint, sich für seine Überzeugungen rechtfertigen zu müssen: »Ich möchte dieses unser Vaterland katholisch haben von Grund aus, wie es einmal war in seinen grössten Zeiten. Ich mag nichts von Duldung hören, den Katholiken gegenüber. Ganz Deutschland muss wieder katholisch werden, oder es ist nicht wahr, dass die katholische Kirche allein selig macht und dass alle anderen Konfessionen nur Bekenntnisse zu Irrtümern sind.«[85]

Als der Sommer 1925 zu Ende geht, sind die sehnsüchtig erwarteten Freunde ausgeblieben. Hesse, von Ruth getrennt, kurt im Verenahof in Baden und ist mit der Suche einer Winterwohnung in Zürich beschäftigt. Und Hardekopf, der sein Kommen fest zugesagt hatte, ist in Paris und an der Riviera geblieben. Einmal hat es Carl Muth im Eselskarren auf den Berg nach Albori geschafft und sich über den Haushalt »nach Zigeunerart« gewundert. Und mit Hesses Neffen Carlo Isenberg hat Emmy Ausflüge an der Küste entlang und nach Pompeji unternommen. Ball fährt im Oktober nach Rom, um sich mit Carl Muth und einem Vertreter des Münchener Verlags Kösel & Pustet zu treffen, der Interesse an Emmys Italienbuch, *Der Gang zur Liebe. Ein Buch von Kirchen, Städten und Heiligen* bekundet hat. Nach Feuchtwangers Ablehnung, das geplante Exorzismus-Buch bei Duncker & Humblot zu publizieren, hofft Ball, unterstützt von Carl Muth, Kösel auch für sein Projekt interessieren zu können. Aber es will nicht gelingen, und so beschließt er, die Arbeit daran zurückzustellen und sich der Zusammenstellung seiner Tagebuchnotizen zu widmen, mit der er bereits 1923 begonnen hatte, denn: »Diese Tagebücher enthalten in einer breiten Kurve meine Rückkehr zur Kirche aus dem modernen Leben, das ich bis in die letzten politischen, philosophischen und künstlerischen Konsequenzen durchkostet habe.«[86]

Als es Winter wird, hat sich das arkadische »Paradies« in ein »Sibirien« verwandelt. Und weil der Wunsch, nach Rom zu ziehen, an ihrer finanziellen Misere gescheitert ist, versuchen die Balls, in Albori mit Kohlebecken den Winterstürmen und der feuchten Kälte zu trotzen. Doch Mitte Dezember geben sie auf und flüchten auf einem Leiterwagen mit ihrem spärlichen Hausstand nach Vietri sul Mare in eine Zweizimmerwohnung im Haus des Municipio. »Es ist eine zugige Geschichte hier«, berichtet Emmy an Freund Hesse nach Zürich. »Aussicht auf Telegraphendrähte und einen Fabrikschornstein. Die Züge nach Messina und Catania sausen nachts vorbei, und mir träumt, der ewige Jude sei Lokomotivführer geworden. (…) Ein bißchen Feuer aus dem Fegfeuer könnten wir vertragen.«[87] Und Hugo fügt hinzu: »Wir sind in Vietri eingefroren, total eingefroren. Wir legen uns am Abend in den Mänteln zu Bett (…) Tagsüber sitzen wir in Hut und Mantel an der Schreibmaschine (…) Alle drei haben wir Husten Kopfweh, und Zahnweh abwechselnd (...) Annemarie bekam gestern abend einen Schreikrampf, wir wussten sie kaum zu beruhigen (...) Und es war doch der Tag, an dem sie die Nachricht bekam, dass zum erstenmal ihre Teller, in Zürich bei Hartung, ausgestellt sind und daß sie sehr gefallen.«[88] Sie fühlen sich wie Sträflinge im sibirischen Arbeitslager. »Es kümmert sich kein Mensch um uns. Wir könnten ruhig eingehen ...«[89]

War der römische Winter in ihrer düsteren Bleibe schon deprimierend gewesen, so wird die Wandlung des sonnigen Südens ins feuchtkalte Grau an der Küste unerträglich. Verzweiflung packt Ball. »Oh, wohin haben wir uns verlaufen, wir Kinder! Wer sucht uns noch? Wer wird uns finden? Und wie wird es uns ergehen? Wir sind so arm und trotzig! So eigensinnig und bedürftig! Wenn ich die Wahrheit gestehen soll (...) Und warum nicht? Ich habe keine Hoffnung mehr und habe mich ganz ergeben. (...) Vielleicht ist meine letzte Hoffnung noch, daß der liebe Gott ein Wunder tut. (...) Was wird geschehen? Wir wissen es nicht.«[90] Klagen im Tagebuch, Gebete. Aber das göttliche Wunder bleibt aus. Nur die Freunde melden sich: Hesse schickt zu Weihnachten 200 Franken, von Ruth kommt eine warme Decke und ein Sweater aus weicher Wolle für Emmy. Janco nimmt wieder Kontakt auf, Schickele sendet seinen Elsassroman *Das Erbe am Rhein* und Szittya das *Kuriositätenkabinett,* in dem er die Bohemezeit, einschließlich Emmy und Hugo, wiederaufleben läßt. Auch Ball beschäftigt sich bei der Bearbeitung seiner Tagebücher erneut mit der Zeit in Berlin und Zürich, mit Expressionismus, Anarchismus und den Dada-Aktionen. Aber er unterbricht seine Arbeit, als sich Kösel & Pustet im Februar 1926 endlich entschlossen hat, Emmys Italienbuch zu publizieren. Hugo hilft bei der Reinschrift des Manuskripts. Dennoch kann er im März seine Aufzeichnungen abschließen, die er als *Flucht aus der Zeit* sehen will: »Seit ich das Buch beendet, habe ich Herzschmerzen bei jeder kleinen Anstrengung«,[91] bekennt er. Und »... wir sind erschöpft von Sorgen und Arbeit. Das Beste wäre, man nähme uns die Schreibmaschinen weg und brächte uns für einige Wochen in ein Sanatorium; Emmy ganz besonders. Sie hustet seit Wochen, hat Nachtschweiß und schwere Magenstörungen. (...) Wir wissen schon, (...) dass der Satan uns am liebsten den Hals umdrehen würde.

Er brummt und tappt in unseren Zimmern und im Gebälk herum. Dann wieder ist in der Nacht eine sonderbare Musik zu hören, von der wir glauben, daß Pater Beda sie schickt.«[92] Diesem Priester vertraut Ball am 18. März 1926 aus Vietri seine prekäre Situation an: »Der liebe Gott hilft uns zwar immer wieder weiter; aber er will doch, dass wir vorher darum zittern müssen ...«[93] Um ihm dann mitzuteilen, daß er die Arbeit an den Tagebüchern abgeschlossen hat.

Nun, da Ludwig Feuchtwanger diese unter dem Titel *Die Flucht aus der Zeit* eigenverantwortlich ins Verlagsprogramm bei Duncker & Humblot aufzunehmen verspricht, möchte Ball Italien wieder verlassen. Er will zurück ins Tessin, zurück zu Hesse. Zuerst fährt Emmy um den 20. März 1926 von Vietri sul Mare nach Rom, wo sie sich das Geld für die Weiterreise nach Zürich bei Carl Muths Sohn leiht, der mit seiner Familie in Fiumicino lebt. In Zürich übernachtet sie bei Sophie und Hans Arp und trifft Hesse in einem Zustand vergnügungssüchtiger Verzweiflung, der sie erschreckt. Mit seinem Analytiker Josef Bernhard Lang nimmt er Tanzstunden und besucht Maskenbälle, begegnet dort den für die Dekoration verantwortlichen Arps, ist, wie er Ball klagt, »nun fast Monate lang am Abgrund gegangen, und glaubte nicht, daß ich davon kommen würde, der Sarg war schon bestellt. Und jetzt bin ich noch da und gehe auf den Maskenball und weiß zwar noch nicht, was weiterhin aus mir werden soll, aber aufgehängt hab ich mich noch nicht. (...) Es wäre gut, wenn Ihr ein wenig hier wäret und wir je und je einen Abend in einer der kleinen Kneipen im Niederdorf beisammen sein könnten. Ich muß oft an Euch denken, wenn ich so durch die Zürcher Gassen strolche.«[94] Als Emmy sich jedoch mit ihm trifft, ist die Stimmung zwischen ihnen gereizt, zuviel Ungesagtes oder unabsichtlich in Briefen geäußertes Verletzendes der vergangenen 18 Monate macht das Gespräch mühsam. So hatten Emmy und Hugo auf Hesses Klagen über seine Augenschmerzen, das zerrüttete Verhältnis zu Ruth und seine Zerrissenheit, die sich in seinen *Steppenwolf*-Gedichten entlädt, mit dem Hinweis auf die Madonna beantwortet, die wundertätig aus allen Schmerzen hilft. »Für einen Menschen, der Tag und Nacht in der Verzweiflung steht, ist solcher Trost, verzeihen Sie, nichts Essbares, sondern Wind«,[95] hatte Hesse verbittert geantwortet. Und dann nicht mehr geschrieben, sondern auf Balls Klagen nur mit einer 200-Franken-Überweisung von seiner luganeser Bank geantwortet.

So sitzen sie sich in Zürich gegenüber, der mißmutige Hesse und die erwartungsfrohe Freundin, verändert durch ihre Lebenskrisen, und finden nicht mehr zueinander. Beide haben die Begegnung herbeigesehnt, beide sind enttäuscht: Emmy, die vermutlich erwartet hat, daß der Freund sie einlädt, ihn zum Fest zu begleiten, und Hesse fühlt sich wieder einmal unverstanden, weil Emmy ihn erneut bittet, sich mit seinen Leiden der Gnade der Jungfrau Maria anzuvertrauen. Seine heftige Reaktion kann für sie nicht unerwartet gekommen sein. Ignoranz wirft er ihr vor und beendet das Treffen abrupt, um zum Maskenball aufzubrechen. Im ›Café Odeon‹ bleibt eine zerknirschte Emmy zurück, die zu Papier und Feder greift: »Ach, lieber Herr Hesse, vielleicht tanzen Sie und ich bin traurig um Sie. Es ist nicht zu sagen alles, was sich in einem bewegt (…) Wir werden uns wo(h)l wiedersehen, lieber Herr Hesse. Jetzt bin ich schon bei Ihnen gewesen und habe immer daran gedacht auf der Reise. Und ich werde schreiben oder erzählen, was mir in München begegnet ist. Daß Ihnen etwas Gutes geschehen möge. Tanti belle cose. Immer möchte ich bleiben Ihre Emmy Ball.«[96]

Am nächsten Tag fährt sie über Basel, wo sie Ruth und die Eltern Wenger besucht, nach München, um über ihr neues Buch mit dem Verlag Kösel & Pustet und bei Carl Muth wegen ihrer Mitarbeit bei der Zeitschrift *Hochland* zu verhandeln, die Ball von Vietri aus empfohlen hat. Mit einer ersten Honorarzahlung von Dr. Pustet reist Emmy über den Brenner, via Rom und Neapel zurück zu Hugo und Annemarie. Sie packen Koffer und Taschen und kehren über Florenz ins Tessin zurück. Nur Annemarie bleibt bei den Keramikern in Vietri, um angefangene Arbeiten zum Abschluß zu bringen. Da das Haus in Agnuzzo nicht mehr frei ist, mietet Emmy eine Wohnung in der Casa Scory in Lugano-Sorengo, und als Hesse im Juni in Motagnola eintrifft, sind die Mißstimmungen schnell überwunden. Die alte Vertrautheit stellt sich wieder ein. Ein gemeinsamer Sommer des Umherstreifens in der geliebten Landschaft mit intensiven Gesprächen beginnt, ohne daß die Freunde ahnen, daß es ihr letzter sein wird.

# Der Anfang vom Ende

Pläne, Pläne, Pläne – Hugo reist, und Emmy wird ungeduldig – Analysen in Theorie und Praxis – Herr Fischer bestellt eine Biographie, Emmy fährt nach Berlin, und Annemarie wird krank – Bruder Wolf und Caro Ballo – Stigmatisierte, Funkstunden und schöne Kleider – Eine verhängnisvolle Diagnose

Neubeginn, wieder einmal. Große Hoffnungen bei der Rückreise von Vietri ins Tessin. Pater Beda, Hugos priesterlicher Vertrauter, hat ihm empfohlen, über Florenz zu fahren und die Geschwister Giuseppina und Giovanni Morelli aufzusuchen, die im nahen Signa auf einem Landgut ein abgeschiedenes Leben führen. Kaum in dem alten Palazzo mit der Hauskapelle, in der die Balls gemeinsam mit der frommen Giuseppina ihre Gebete verrichten, angekommen, bewegt Hugo bereits der Plan, sich künftig in einem der zum Gut gehörenden Bauernhäuser einzurichten. Weder der heruntergekommene Zustand des Anwesens schreckt ihn noch Morellis ausweichende Antworten auf die finanzielle Situation des Kinderasyls, das die Geschwister betreiben. Begeistert von der Idee einer klösterlichen Gemeinschaft, sieht er auf dem Gelände schon »in kurzem eine Art röm(ischen) Camposanto«[1]. Aber Emmy will weiter, sehnt sich zurück ins vertraute Luganese, zu Hesse, den Freunden. Und nachdem mit Carla Fassbinds Hilfe die Wohnung in Sorengo gefunden ist, drängt sie ihren Mann, umgehend nach München zu fahren und sich um die Verlagsangelegenheiten zu kümmern, denn trotz der Zusage von Kösel & Pustet, ihr Italienbuch herauszubringen, ist noch kein Vertrag eingetroffen. Auch Hugo hat für seine überarbeiteten Tagebücher nicht mehr als Feuchtwangers schriftlich bekundetes Interesse in Händen. Zudem gilt es, Carl Muth zu überzeugen, Emmy künftig die Rezensionen neuer Lyrikbände anzuvertrauen und ihm selbst weitere Aufsätze im *Hochland* zu ermöglichen.

Am 23. April macht er sich auf den Weg zu Muth nach Solln, der ihn gastfreundlich aufnimmt, jedoch nur schwer von Emmys Kompetenz als Rezensentin zu überzeugen ist, gibt es doch in der Redaktion des *Hochland* eine heftige kontroverse Diskussion darüber, ob die Autorin von *Gefängnis* und *Das Brandmal* geeignet ist, für eine katholische Zeitschrift zu arbeiten. Da auch Emmys kindlich-naive Seite auf Unverständnis stößt, gelingt es Ball erst bei einem zweiten München-Besuch im Sommer 1926, einen Vertrag für sie auszuhandeln, und im Februar 1927 erscheint ihr Aufsatz *Die Lyrik der letzten Jahrzehnte,* in dem sie auch auf Hesses *Ausgewählte Gedichte* von 1921 verweist. Die Annahme seines Tagebuches unter dem Titel *Die Flucht aus der Zeit* durch Feuchtwanger erreicht Ball jedoch bereits nach wenigen Tagen, und da auch Emmys Angelegenheiten bei Kösel geregelt sind, reist er umgehend nach Sorengo, um den letzten Teil seiner Aufzeichnungen – Bern 1917 bis 1919 – zu vollenden. Zufrieden berichtet er, noch erfüllt von seinem Besuch bei Pater Beda im Kloster Schreyern, mit dem er seine toskanischen Pläne besprochen hat: »Es schwebt mir vor, aus dem Gut in Signa eine grosse Kolonie für katholische Schriftsteller, Künstler und Dichter zu machen: eine Art Laienkloster und Gottesschule wie im frühen Mittelalter die ersten Klöster waren.«[2]

Der Palazzo könnte geteilt werden, die eine Hälfte für weibliche Studierende unter Anleitung von Emmy und Giuseppina, die andere für Männer, betreut von Giovanni und ihm selbst. Eine Landkommune scheint ihm vorzuschweben, wie sie einst Bakunin auf dem Gelände der ›Villa Baronata‹ in Minusio ins Leben gerufen hatte, deren Mitglieder den Boden, so schreibt er nach Signa, gemeinsam bearbeiten könnten, um sich selbst zu versorgen. Und in einem Brief an Pater Beda äußert er die Möglichkeit, zahlende deutsche Gäste zu werben, sowie Freunde in München und der Schweiz für finanzielle Unterstützung zu gewinnen. Aber bevor er – wieder einmal – zu neuen Ufern aufbrechen kann, muß er sein Tagebuch-Manuskript beenden und sich um den Erscheinungstermin kümmern. Als jedoch von Muth der Vorschlag kommt, einen Verlagskatalog zu erstellen, eine Tätigkeit, die Balls Anwesenheit in München erfordern würde, bewegt er auch diese Möglichkeit. Aber Muths Angebot und die Bezahlung der Arbeit sind, das hat er in den vergangenen Jahren erfahren, von der finanziellen Situation der Zeitschrift abhängig und somit unsicher. Er diskutiert mit Emmy, kann sich nicht entschließen, »wenn ich nicht eine meiner geistigen Stellung entsprechende Position und Einladung habe. Ich kann und will in Deutschland nicht so gedrückt leben wie ich im Ausland leben kann.«[3] Lieber will er »im Ausland verhungern«, als sich in Deutschland »gleich wieder als Bettler präsentieren«[4], schreibt er aus München an Annemarie, die inzwischen mit Kisten voller Keramik im Tessin angekommen ist, die sie in der kleinen Sorengo-Wohnung unterzubringen versucht. Carla Fassbind und Saagers, mit denen Ball wieder versöhnt ist, werden eingeladen und zum Kauf von Krügen und Tellern bewegt, Coray bekommt eine neue Sendung für seine Galerie. War das Frachtgut aus Vietri an die »pittrice e artista ceramica« adressiert, so ist doch Annemaries Zukunft ungewiß, scheint die Ausbildung an einer Kunstschule aus finanziellen Gründen wieder einmal unmöglich. Da kommt der Vorschlag von Muth, Annemarie zur Unterstützung seiner Frau in Solln aufzunehmen, um ihr den Besuch der Akademie im nahen München zu ermöglichen. Ein Angebot, das sie nicht ausschlagen kann und das bei den Balls zu neuen Auseinandersetzungen über ihren künftigen Wohnort führt. Emmy will im Tessin bleiben. Hugo reizt jedoch die klösterliche Zurückgezogenheit auf dem toskanischen Landgut, denn: »Dort frägt niemand danach wie ich lebe und wie ich angezogen bin.«[5] Auch in Sorengo fragt niemand nach diesen Äußerlichkeiten, aber die unsichere Zukunft, der Geldmangel und die Enge der Wohnung, in der Ball unter Zeitdruck das Tagebuch-Manuskript beenden muß, bergen Konflikte mit Emmy, die sich vom Umzug und dem Herrichten ihres ärmlichen Hausstandes nicht erholen kann. Erst Annemaries Abreise nach Solln und eine Einladung Carla Fassbinds an Emmy, sich im Hotel Sonne auf Rigi-Klösterli zu erholen, bringen Erleichterung.

Am 12. Juli 1926 kann Ball den zweiten Teil seines Manuskripts an Feuchtwanger schicken: »Das Buch enthält nun die vollständige Konversion, bis zum eigentlich kirchlichen Teil, den ich einer späteren Darstellung vorbehalten möchte. Ich weiss nicht, ob der Titel ›Flucht aus der Zeit‹ sehr treffend und geeignet ist; doch wir werden uns ja in Bälde darüber noch sprechen.«[6] Bevor er am 17. Juli nach München fährt, berät er sich in Montagnola mit Hesse, wägt mit dem Freund die Möglichkeiten eines Umzugs nach Deutschland, in die Toskana, sogar Paris kommt als gemeinsamer Wohnort ins Spiel.

In München angekommen, versucht Ball seine und auch Emmys

Angelegenheiten endgültig zu regeln, wohnt zunächst bei Carl Muth in Solln, zieht jedoch, da es immer wieder zu Meinungsverschiedenheiten kommt, zu seinen Verwandten Ria und Heiner nach München. In seinen Briefen berichtet er Emmy nicht nur von den Gesprächen mit Muth, sondern auch von der Arbeit am Manuskript mit Feuchtwanger und teilt erleichtert mit: »In kürzester Zeit hatten wir den 1. Teil des Buches zusammen durchgegangen und ich brauchte gar keine Zugeständnisse zu machen. Was wegfällt sind nur einige polit(ische) Spitzen, an denen mir nichts gelegen ist. Dieser erste Teil des Buches ging bereits am nächsten Tag in die Druckerei; auch über den zweiten Teil (Bern etc.) verständigten wir uns rasch. (…) Also das ist in Ordnung und diese Last ist mir nun abgenommen. Er erklärte sich sogar bereit, mir Honorar vorauszuzahlen …«[7]

Auch über das Erscheinen von Emmys Buch bei Kösel & Pustet kann er Positives mitteilen: der Ankündigung des Verlags soll ein Hinweis auf ihre bisher bei Reiß erschienenen Publikationen beigelegt werden. Zugleich ist Ball entschlossen, mit Reiß in Berlin um die Herausgabe der Rechte zu verhandeln, um sie einem anderen Verlag anbieten zu können. »Was meinst Du«, fragt er Emmy am 27. Juli, »wenn ich nach Berlin zur Schmiede wegen Deiner Bücher fahren würde? Wir wollen in diesen Tagen einmal auch (mit) Liesel Bergner telefonieren. Man muß ja alle Hebel in Bewegung setzen. Ich denke immer: ob ich mich nicht wieder um eine Stellung am Theater bemühen sollte (so verrückt das klingt).«[8] Zugleich erklärt er Giovanni Morelli, daß er für den Herbst ein Haus auf dem Gutsgelände mieten möchte, und läßt Annemarie eine Karte an seinen alten Rivalen Vayo nach Berlin schreiben, um Elisabeth Bergners Adresse zu erfahren. Plötzlich erscheint ihm die Hauptstadt reizvoll, denn »(München kommt gar nicht in Betracht; die Stadt ist ganz tot)«. Er schlägt Emmy vor, den Winter in Berlin zu verbringen, dort »einen grossen Abend« zu geben, vielleicht auch die Bergner zur Mitwirkung zu gewinnen und zugleich einen neuen Verlag für ihre Bücher zu suchen. »Ich glaube fast, mein Liebling, dieser Winter wird eine Wendung in unserem Schicksal bringen. Wir könnten in Berlin vielleicht sogar für Dein oder mein Buch eine Übersetzung erreichen. Du solltest schon mit dabei sein, es ist viel wichtiger, als wenn ich jetzt allein oder mit Annemarie hinfahre. (…)

Gehen wir beide nach Berlin für den Winter, so schaffen wir ihr dort eine Möglichkeit, ehe wir abreisen. Und so kommt sie schon allmählich auf eigene Füsse.«[9] Daß er dabei eine finanzielle Unterstützung der Tochter durch die Bergner im Sinn hat, weiß Emmy, die er in diesem Brief bittet:»Schreib mir bald, ob Du nicht meiner Meinung wegen Berlin bist. (…) Nach Signa können wir noch im Spätherbst oder im Winter, wenn wir in Berlin unsere Pläne erreicht haben …«[10] Aber Emmy, des Umherziehens und der immer neuen Ideen Balls müde, erwidert ungewohnt heftig:»ich wundere mich, dass Du mir mit solchen Dingen kommst, lieber Hugo, und ich bitte Dich dringend doch ein wenig nachzudenken. (…) Wir sind genug kaputt und haben nicht nötig, zwei Umzüge zu haben. Berlin und Signa, eine aparte Zusammenstellung. (…) Bedenke doch, was es kostet. Wie man leben soll, zwei Zimmer sagst Du. Ja, und kochen? Und die Wohung im Tessin? (…) Sparen wir das Geld, und eine Uebersiedlung nach Signa ist erschwinglich, aber durch die Schweiz hinauf nach Berlin, mit Sack und Pack (…) ich kann nicht arbeiten bei solchen Aussichten. Und was sollen denn die Briefe in solchem Falle, die nach Signa gegangen sind? Man kann doch nicht verschiedene Sachen gleichzeitig wollen. Ich kann Deine verwirrten Briefe, die letzten nicht verstehen, lieber Hugo.«[11] Sie ist erregt, hat es »satt«, fast täglich mit Vorschlägen Hugos konfrontiert zu werden, während sie versucht, durch Skizzen und kleine Feuilletons für Zeitungen den Haushalt zu sichern. Energisch bittet sie ihn, da die Erscheinungstermine für ihre beiden Bücher auf den November festgesetzt sind, aus München umgehend ins Tessin zu kommen. Auch für ihre Tochter hat sie, gemeinsam mit Hesse, gesorgt: Annemarie ist als Schülerin bei dem Maler und Glasbildner Albert Müller in Obino nahe Mendrisio willkommen. Dort kann sie morgens malen, nachmittags soll sie Anna Müller im Haushalt helfen. Ball reagiert begeistert:»Müller (…) hat den echten Verfolgungswahn des Künstlers.«[12]

Noch einmal fährt Hugo Ball zu Pater Beda, dann bricht er am 11. August mit Annemarie ins Tessin auf; mit neuen Plänen und Büchern zu Psychiatrie, Okkultismus, *Magie als Naturwissenschaft* und *Das Pathologische in der modernen Kunst,* denn Muth hat ihm den Auftrag erteilt, für die November- und Dezemberhefte des *Hochland* über

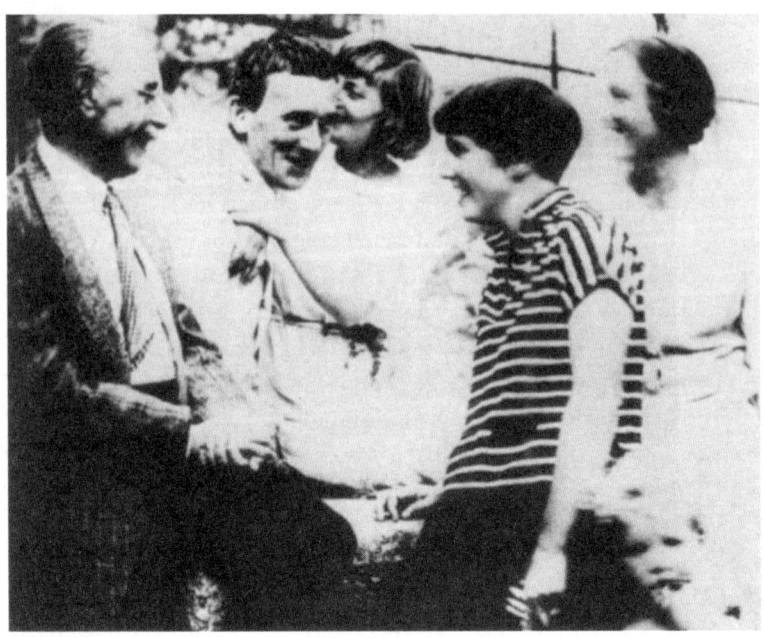

Bild 38 Adolf Saager, Hugo und Emmy Ball, Anna Müller, Frau Saager (von links) in Obino, 1926

Psychoanalyse zu schreiben. Ein Projekt, das ihm sowohl erlaubt, an seine Studien in Rom und Albori anzuknüpfen, als auch die bereits gewonnenen Erkenntnisse in die Praxis umzusetzen.

Wieder eine Wende im Leben Hugo Balls: Anna Müller, die Frau des Malers, findet sich zu therapeutischen Sitzungen in Sorengo ein. »Frau Müller kommt heute bereits zum zweitenmal«, schreibt er am 21. August 1926 an Emmy auf die Rigi. »Ich glaube ihr helfen zu können. Die erste Sitzung ergab gleich die Hauptsache, sehr merkwürdig und interessant.«[13] Er bittet Carla Fassbind zu grüßen »und vergiss nicht, ihr von meinen therapeutischen Plänen zu sprechen. Das interessiert sie. Ich sehe beim neuen Fall wieder, dass es mir leicht fällt, und ich glaube, ich könnte viel Gutes wirken. Ich werde mich demnächst völlig in dies Studium stürzen. Es macht mir soviel Freude.«[14] Dabei übertritt der Laienanalytiker Ball unbekümmert therapeutische Regeln, indem er Emmy ausführlich Anna Müllers Probleme schildert, ihr heftiges Weinen während der Sitzungen, die bis zu drei Stunden dauern und nach denen er mit seiner Analysandin essen geht, bevor er sie zu ihrem Zug nach Mendrisio begleitet, »fest überzeugt, dass ich sie gesund machen kann«[15]. Zum nächsten Termin begleitet sie ihr Mann, der sich, als seine Frau nicht zur verabredeten Zeit am Bahnhof eintraf, Sorgen um ihr Ausbleiben gemacht hatte. Während Ball mit Anna Müller, »die wenig Widerstand zeigt ihren Verdrängungen gegenüber«,[16] wieder mehr als drei Stunden ihre »Traumliste« bearbeitet, wartet Müller geduldig, bis Analytiker und Analysandin mit ihm im Grotto zu Abend essen. Daß Ball neben Anna Müller auch andere Bekannte behandelt, findet sich in einem Brief an Annemarie, in dem er Anna Müller um die Verlegung des Termins bittet, da es eine Überschneidung mit einer anderen Patientin gibt. Sicher ist, dass Emmys Berichte auch bei Carla Fassbind Interesse geweckt haben, sich bei Ball in Therapie zu begeben. Hesse, bei dem er nicht nur dessen Aufsatz *Künstler und Psychoanalyse*, sondern auch Prinzhorns *Die Kunst der Schizophrenen* ausleiht, mag sich gewundert haben, daß der Freund die Theorie umgehend in die Praxis umsetzt. Fragwürdig wird ihm dieses Verfahren nicht erschienen sein, hatte er sich doch gemeinsam mit seiner ersten Frau Mia 1918 ebenfalls in Therapie bei einem Laienanalytiker, dem Anarchisten und Mühsam-Freund Johannes Nohl, begeben. Und auch die jahrelange Analyse bei dem C.-G.-Jung-Schüler Josef Bernhard Lang hatte sich jenseits der konventionellen Bahnen entwickelt. Als Lang Ende August 1926 Hesse in Montagnola besucht, geht die Einladung an Ball, in die Casa Camuzzi zu kommen, um den Dr. Pistorius aus Hesses Roman *Demian*, den Dr. Ling aus seinen gerade erschienenen *Steppenwolf*-Gedichten, persönlich kennenzulernen.

Bei ihrer Rückkehr von der Rigi findet Emmy ihren Mann mit der Abfassung seines Carl Muth zugesagten Aufsatzes vor, den er zunächst unter dem Titel »Moderne Kunstprobleme« konzipiert: »Der Aufsatz behandelt die Analyse der Kunst- und der Künstlerpsyche. Das Thema führt mitten in die ästhetischen und kulturkritischen Diskussionen (Neurose, Primitivismus, Magie, Gestaltung etc.). Ich zeige, wie die neuere Psychologie und Therapie nur den Konflikt zwischen Soma und Psyche, nicht aber die Heilmöglichkeiten durch das Pneuma und die Leiden infolge einer Verdrängung des Pneumatischen sieht. Das

Facit wird sein, dass der Künstler unserer Zeit (als der psychologische Typus kat exochen) das Pneuma (oder die Kirche) als Formprinzip wiederfinden muss, um der Zeitkrankheit gewachsen zu sein und dem Begriff der Dauer (Unsterblichkeit) gerecht zu werden.«[17] Damit präzisiert Ball in *Der Künstler und die Zeitkrankheit,* was er im Tagebuch *Die Flucht aus der Zeit* herausgearbeitet und selbst erfahren hat: »Kunst und Künstler haben das Höchstmaß ihrer Leiden erreicht.«[18] Diese Erkenntnis zu belegen, unternimmt Ball auch in seiner nächsten Arbeit, der Biographie Hermann Hesses, die dessen Verleger, Samuel Fischer, 1927 zum 50. Geburtstag seines Autors herauszugeben plant. Der Vorschlag, seinen Freund mit dieser Aufgabe zu betrauen, wird nach kurzem Zögern von Fischer akzeptiert. Hesse, der überzeugt ist, mit Hugo den verständnisvollsten Biographen gefunden zu haben, erreicht mit diesem Auftrag und dem damit verbundenen Honorar auch, daß die Balls weiter im Tessin leben können.

Plötzlich sind alle Ideen des vergangenen Sommers zerstoben, weder eine Stelle am Theater noch die Begründung eines Laienklosters, weder ein Umzug ins turbulente Berlin noch in die ländliche Toskana werden weiter erwogen, denn: »eine Arbeit über Hermann Hesse war kein Abweichen, keine Ablenkung von Balls Thema, dem Dämonismus und Exorzismus. Der Dichter kannte die Brücke, die über den Abgrund führt. Seine Werke waren Wege nach innen«, weiß Emmy. »Hugo (…) sah im Dichter den Anwalt der Seele in ihrer reinen Sehnsucht (…) Seine Neigung, seine Liebe war die Magie, die für ihn der bildhaft betonte Geist wurde. Vielleicht war Hermann Hesse ein Asket und ein Idylliker, einer, der über zehn Leben verfügte und doch ein franziskanischer Bruder der Nachtigallen …«[19] Hugo, fasziniert von den *Steppenwolf*-Gedichten, die Fischer, anders als von Hesse gewünscht, nicht als Teil des Romans, sondern gesondert zu veröffentlichen wünschte, schreibt dem Freund, wie sehr er dessen »inneres Muskelspiel« bewundere. Dieses im Werk Hesses würdigen zu können, muß Ball sich in den ersten Herbstwochen 1926 mit den frühen Arbeiten Hesses ebenso beschäftigen wie mit seiner Kindheit und Jugend. Auf den von Emmy gezimmerten Regalen reihen sich neben den Fachbüchern zu Psychiatrie und den unterschiedlichen psychoanalytischen Richtungen auch *Hermann Lauscher, Peter Camenzind,*

*Gertrud, Roßhalde* und Hesses Gedichte ein, beginnt eine lebhafte Korrespondenz mit dessen Schwester Adele Gundert um Briefe, Aufzeichnungen der Eltern, die Familiengeschichte. Zugleich beginnt neben Carla Fassbind und Anna Müller noch eine weitere Anna Müller, die namensgleiche Frau des Zahnarztes, eine Therapie bei Ball. Nachts liest und korrigiert er die aus München eintreffenden Druckfahnen, korrespondiert mit Feuchtwanger wegen der Fehler und schickt ihm eine Liste der Personen, die ein Rezensionsexemplar erhalten sollen: Hesse, Arp, Huelsenbeck, Emil Szittya, Otto Flake, Franz Blei, Kandinsky. »Vielleicht senden Sie diesmal auch ein Exemplar an Herrn Thomas Mann.«[20]

Als die Verlage das Erscheinen von Emmys *Der Gang zur Liebe* und Balls Tagebüchern *Die Flucht aus der Zeit* angekündigt haben, fragt Ball den von seinen Schiffsreisen zurückgekehrten Huelsenbeck: »Hättest Du Lust, über mein neues Buch (...) ein paar Zeilen für die ›Literarische Welt‹ zu schreiben? Ich wäre Dir *sehr dankbar*, damit nicht irgend ein Berliner Schnösel dahinterkommt. (...) Zuguterletzt hab auch ich den Dadaismus darin beschrieben (Cabaret und Galerie). Du hättest dann das letzte Wort zur Sache, wie Du das erste hattest. (...) Auch von Emmy erscheint ein neues Buch in diesen Tagen. (...) Es scheint mir oft, als sei ich daneben nur so von ungefähr.«[21] Unter demselben Datum meldet er sich auch bei Hans Arp: »In Westheims ›Kunstblatt‹ (...) las ich vor einiger Zeit (...) sehr nette Zeilen über uns beide Ur-Dadaisten, und nun kommt, in diesen Tagen, mein Buch (...) heraus. Ich hab darin das Cabaret und die Galerie beschrieben. Auch Sie, lieber Arp, sind vielfach (...) eingetragen. Na, Sie werden ja sehen. (...) Es ist ein Buch von einigem Umfang. Wen interessiert der Dadaismus als Philosophie, Magie, Historie, und zwar gerade in meiner Darstellung? Es ist zwar auch noch von einigem andern die Rede; aber alle, glaube ich, auch Tzara, sind gut weggekommen. (...) Passen Sie mal auf, lieber Arp; jetzt wird der Dadaismus noch mal lebendig werden.«[22] Zwei Wochen später schreibt er ihm noch einmal, schickt »aus jenen meinen dadaistischen Übungen (...) einige Blätter (zur Be-Äugelung)«[23], die 1916 für Tzaras »Collection Dada« bestimmt gewesen waren. Dem Brief beigelegt ist eine Publikation Tristan Tzaras »Sept Manifestes Dada« von 1924, die Arp ihm geliehen hatte. Diesem »vielgeschnäbelten Tzara (...) charmant, deliziös und sehr sympathisch, ganz wie er selbst sagt«,[24] bestellt Ball Grüße. Vergessen die heftigen Auseinandersetzungen der Vergangenheit, sein Schmähen der dadaistischen Versuche. Anknüpfen an Gemeinsames will er, von den Freunden gelesen und verstanden werden. Feuchtwanger läßt er wissen: »Das ›Bauhaus‹ in Dessau, dem Klee, Kandinsky, Feininger u. a. angehören, bereitet eine Sonderpublikation ›Dadaismus‹ vor, die von zweien meiner Freunde (Arp für den deutschen, Tzara für den französischen Teil) redigiert wird. Diese Dinge erhalten jetzt erst, zehn Jahre später, ihr Relief.«[25]

Im November 1926 fährt Emmy nach Dessau, um mit den Künstlern des Bauhauses, deren Bilder sie einst in der Dada-Galerie gezeigt hatten, über eine Aufnahme Annemaries zu sprechen, denn: »Die Annemarie ist heimgekehrt. Dort oben, in Obino, Maler Müller und Annemarie waren, leider Gottes, zwei Welten, die nicht gerade miteinander harmonierten (...) die Geschichte ging nicht länger (...) es wird sich ja wohl etwas anderes finden.«[26] Bleiben kann die jetzt 20jährige in der kleinen Sorengo-Wohnung nicht, in der Ball mit der Arbeit an der Hesse-Biographie begonnen hat. Um der Enge zu entgehen, macht sich zuerst Hugo auf den Weg in Hesses Winterquartier am Schanzengraben in Zürich, um mit ihm sein Konzept zu besprechen, danach begibt sich Emmy auf ihre »Winterreise« über Zürich (Besuch bei Hesse und dem Ehepaar Leuthold) nach Dessau und von dort nach Berlin, wo sie »einige geschäftliche Aussichten (hatte), die mir große Freude machten«[27]. Mit Reiß, der in finanziellen Schwierigkeiten steckt, verhandelt sie über die Rückgabe ihrer Rechte, auch Hugo wünscht für seinen *Flametti* einen anderen Verlag. Emmy trifft Huelsenbeck, Szittya, Klabund und Albert Ehrenstein, knüpft neue Kontakte, liest mit Erfolg aus *Das graue Haus*. Und Elisabeth Bergner, so schreibt sie nach Sorengo, hat ihr eine finanzielle Unterstützung für Annemaries Ausbildung am Bauhaus in Aussicht gestellt. Wie immer, wenn sie unterwegs sein kann, freut sich Emmy ihrer Unabhängigkeit und ihrer Auftritte, auch wenn Huelsenbeck versucht, ihr klarzumachen, »dass die Möglichkeiten, die ihr hier geboten werden, illusionär sind. In Wirklichkeit gibt es in Berlin keine Geistigkeit mehr, sondern nur eine Phalanx von Geistinteresssierten, die sich schreibend und malend mit mehr oder weniger Geschick über Wasser hält.«[28] Ein Grund, warum Huelsenbeck plant, mit Frau und Tochter im kommenden Jahr ins Tessin zu ziehen, um dort seine Reisebücher zu schreiben. Aber Emmy zögert zurückzukehren, möchte weiter zu Lesungen nach Stuttgart, Frankfurt und München, wo Anfang Dezember *Der Gang zur Liebe* erschienen ist. Doch dann erreicht sie ein Telegramm von Hugo, das sie »Hals über Kopf« abreisen läßt: Annemarie ist an Typhus erkrankt und liegt hoch fiebernd im Ospedale Civico in Lugano. »Es ist eine Epidemie in Mendrisio«, teilt Ball dem besorgten Hesse mit. »Nur durch einen Zufall scheine ich selbst der Ansteckung entgangen zu sein. Ich hatte ja keine Ahnung; pflegte und besorgte Annemarie in unseren Dachstuben, bis sie 40 Grad Fieber hatte.«[29] Die Ärzte vermuten, daß Annemarie sich bei Müllers in Obino angesteckt hat, denn Albert Müller ist ebenfalls erkrankt und stirbt Mitte Dezember, Anna Müller wenige Wochen später.

Emmy steht fassungslos am Krankenbett der Tochter. Mit den Erinnerungen an ihre eigene Typhuserkrankung 1910 steigen auch die alten Ängste wieder auf und die Unsicherheit, wie es mit der Tochter weitergehen soll, nachdem die getroffenen Verabredungen am Bauhaus hinfällig geworden sind. Lázló Moholy-Nagy bedauert am 17. Dezember, daß Annemarie ihr Studium nicht aufnehmen kann, und schickt Genesungswünsche. Auch Hesse, dem Emmy in ihrer Angst um die Tochter täglich schreibt, versucht ihr Mut zuzusprechen, ist jedoch selbst beunruhigt wegen des Fortgangs von Balls Arbeit. Aber Ball versichert dem Freund, mit dem er inzwischen das brüderliche Du getauscht hat, daß er den Fischer zugesagten Abgabetermin Ende Februar 1927 halten kann, und legt seinem Brief einen Fragebogen zu Hesses Basler Jugendzeit, den Ehejahren am Bodensee und in Bern bei. »Demnächst will ich nun auch hinauf nach Montagnola. Erlaubst Du mir in aller Sorgfalt ein wenig Umschau zu halten und etwa noch einige Bücher zu entleihen?« fragt er am 30. Dezember 1926. »Ich möchte mich besonders nach Bildern umsehen. Das Tagebuch Deiner Mutter kenne ich bereits.«[30] Und fügt seinen Wünschen zum Jahreswechsel hinzu, er werde mit Emmy den Silvesterabend bei »Dr. Müllers« verbringen. Daß das Ehepaar vor zwei Jahren die Gerüchteküche um ihn und Hilda Brown kräftig angeheizt hatte, ist vergessen. Auch Privates und Therapeutisches zu mischen scheint für Ball kein Problem.

Zu Beginn des neuen Jahres gerät Ball mit seiner Arbeit an der Biographie in Rückstand, nicht nur weil sich Annemaries Erkrankung quälend lange hinzieht, sondern auch weil Emmy noch immer panisch auf jede Veränderung im Befinden der Tochter reagiert, nachdem sie Anfang Januar aus der Klinik entlassen ist. Sie telegraphiert der Bergner, die im Hotel Kulm in Arosa ihren Winterurlaub verbringt, bittet sie vergeblich zu kommen. Nur bei Else Lasker-Schüler, die sich um ihren lungenkranken Sohn Paul sorgt, findet sie Verständnis. Olly Jaques hingegen mahnt Emmy, daß ihr emotionales Verhalten schade, und schlägt vor, Ball die Pflege zu überlassen, da er geduldiger ist. Um der Enge ihrer zwei Zimmer zu entkommen, zieht er Mitte Januar mit Annemarie nach Pura im Malcantone in eine Pension. Luftveränderung für die Rekonvaleszentin, Arbeitsruhe für ihn. Inzwischen ist, zwei Monate später als geplant, *Die Flucht aus der Zeit* erschienen, um die es wegen der Terminverschiebung zwischen Ball und seinem Verlagsleiter zu ungehaltenen Briefen gekommen war. »Es ist mir eine rechte Enttäuschung, dass das Buch nicht, wie vertraglich festgelegt, schon im November erschienen oder wenigstens angezeigt worden ist. Ich bin gewohnt, Wort zu halten und habe, da ich das Gleiche vom Verlag voraussetzte, überall bereits auf das Erscheinen vorbereitet.« Dann fordert er Feuchtwanger auf, umgehend broschierte Rezensionsexemplare herauszuschicken, denn er ist »keineswegs gesonnen, abzuwarten, bis Herr Schmitt wieder die Parole ausgegeben hat«[31]. Damit spielt er auf Waldemar Gurians Rezension seiner *Folgen der Reformation* an, als deren Urheber er weiterhin Carl Schmitt vermutet. Feuchtwanger antwortet nicht sofort, mußte Balls Brief »erst einige Tage kalt werden (…) lassen, ehe ich jetzt sachlich darauf eingehen will«. Es folgen nachvollziehbare Erklärungen zu der Verzögerung und Hinweise darauf, daß trotz 212 Rezensionsexemplaren vom *Byzantinischen Christentum* und 153 von den *Folgen der Reformation* und der Reklame in allen »Literaturblättern (…) die Bücher trotzdem nicht genügend verkauft wurden. Diese Bücher sind noch mit Aufwendungen belastet, die nicht annähernd hereingebracht sind (…) Aber ich will nicht spitz werden und nichts zurückgeben, auch nicht das Wort von Herrn

Schmitt, sondern ich will für Ihre Bücher sorgfältig und nach meinem Können und unseren Kräften den Weg ebnen …«[32] Ball bleibt jedoch unzufrieden, telegrafiert wegen eines Nachhonorars, reklamiert Anzeigen und Prospekte, beschwert sich über den hohen Ladenpreis: »Nicht nur, dass das Buch unerschwinglich ist und nicht gekauft wird, der hohe Preisansatz verursacht ausserdem (…) eine Animosität gegen den Verfasser, und zwar bei wirklichen Interessenten.«[33]

Die Kränkung Balls ist jedoch nicht nur dem Verhalten seines Verlages geschuldet, sondern auch der Nachricht Feuchtwangers, daß die Zeitschrift *Una sancta* ihr Rezensionsexemplar mit der vernichtenden Anmerkung zurückgeschickt hat, Balls Buch ließe das Religiöse so stark zurücktreten, daß man es in der Redaktion nicht ernst nehmen könne. »Wer Luther schmäht«, heißt es in der Ablehnung, »ist darum noch lange kein Katholik. All das ist nur die Koketterie eines Litteraten.«[34] Die Rezensionen der Literatenfreunde sind zustimmend, ohne dem Buch jedoch zum Verkauf zu verhelfen. Feuchtwanger, dem Ball verbittert den mangelnden Erfolg vorwirft, antwortet sachlich und macht deutlich, wie sehr der Verlag sich, selbst unter finanziellem Verlust, für die drei Werke Balls einsetzt, erinnert ihn daran, daß er bereits beim Byzanzbuch empfohlen hatte, einen anderen Verlag zu wählen. »Sie wollen absolut ein Modebuch erzwingen!« schreibt Feuchtwanger. »Das war nie unsere Absicht und hat auch keinen Sinn. (…) Dass Sie es mit Gewalt wollen, ist mir eine schmerzliche Enttäuschung. Wie eindringlich habe ich versucht, Ihnen auseinanderzusetzen, daß Ihnen Ihre Bücher nichts abwerfen können, genau so wenig wie uns.« Und fügt, auf den Vorwurf des hohen Buchpreises, hinzu: »Der Preis ist natürlich sorgfältig auf den Pfennig auskalkuliert, die Ausstattung ist einwandfrei.«[35]

Aber das will Hugo Ball im Frühjahr 1927 nicht sehen, kann in seiner prekären Situation nicht verstehen, daß der Verlag geschäftliche Interessen vertreten muß, scheint vergessen zu haben, wie sehr und oft vergeblich er sich 1921 mit dem Byzanzbuch um einen Verleger bemüht hatte, bis Ludwig Feuchtwanger sich überzeugen ließ, das Wagnis einzugehen. Entschlossen, sich von seinem Verlag zu trennen, bietet er Jakob Hegner in Dresden-Hellerau nicht nur sein seit langem geplantes Werk zu Exorzismus und Psychoanalyse, sondern auch die

Bild 39 Undatiertes von Hugo Ball gezeichnetes Kärtchen an Hermann Hesse. Baummotiv mit handschriftlichem Kommentar: »O Steppenwolf, o Steppenwolf / Wie grün sind deine Blätter ... Dein Ball«.

Rechte an den drei bei Duncker & Humblot erschienenen Büchern an. Zugleich fordert er 1200 Mark Vorauszahlung: »Ich stelle diese Bedingung nur, um in den notwendigen Studien nicht behindert zu sein.«[36] Für den Fall, daß sich Hegner über das Angebot wundern sollte, ist Ball doch gerade Autor des renommierten Fischer Verlags geworden, fügt er hinzu: »Das Hessebuch bei Fischer ist nur eine Gelegenheitsschrift. Das Buch umschreibt die Neurose des zeitgenössischen Protestanten und Romantikers (...) denn es handelt sich immerhin um eine repräsentative Neurose.«[37] Diese nebenher erwähnte »Gelegenheitsschrift« sollte Hugo Ball jedoch, in der Verknüpfung mit Hesses Namen, künftig einer größeren Leserschaft bekannt machen.

Wenige Monate, vom Oktober 1926 bis März 1927, hat Ball auf diese Arbeit verwandt, hat recherchiert, gelesen, korrespondiert, im November und Februar lange Gespräche mit Hesse in Zürich geführt. Dabei hat sich ihre Freundschaft vertieft, ist das Vertrauen zueinander gewachsen. »Bruder Wolf«, nennt Ball den Freund, der in dieser Zeit seinen Roman *Der Steppenwolf* beendet. Mit »Caro Maestro« oder »Dolce Maestro« beginnen seine Briefe und enden übermütig mit

»Dein Balladino«. »Caro amico«, antwortet Hesse, »Caro e stimatissi-
mo Ballo« und »Caro Biografo«. Mit der »lieben Frau Ball«, der »lieben
Emmy« bleibt Hesse beim »Sie«. Und er ist bis zu ihrem Tod 1948 ihr
»lieber Herr Hesse«.

Durch die Turbulenzen um Annemaries Krankheit kann Ball den
Abgabetermin des Manuskripts Ende Februar nicht einhalten und
muß bei Samuel Fischer um Aufschub bitten. »Hugo ist zur Zeit un-
sichtbarer denn je«, teilt Emmy Hesse nach Zürich mit. »Er kommt
nur zum Essen und um uns vorzulesen ...«[38] Am 18. März meldet Ball
endlich dem Freund: »Es geht jetzt gegen Schluss«, und bittet ihn, ins
frühlingswarme Tessin zu kommen, denn: »Es wäre mir lieb, wenn Du
die Korrekturen mitlesen und Berichtigungen vermerken wolltest.«[39]
Hesse, in persönliche Konflikte verstrickt – Ruths Scheidungsbegeh-
ren und dem Drängen seiner Geliebten, Ninon Dolbin, mit ihm zusammenzuleben –, bleibt jedoch in Zürich, schreibt: »Ich freue mich
auf Deine Arbeit, es wird mir merkwürdig sein, in diesen Spiegel zu
blicken.«[40] Da Ball das weiß, versichert er: »Mein Versuch war, Deine
Lebenslinie zu lesen und das Geschriebene darauf zu beziehen. (...)
Ich glaube, es ist mir gelungen ...«[41] Und Samuel Fischer erklärt er
bei der Abgabe des Manuskripts: »Was mir selbst vorschwebte, war
der Versuch, Hesses Gedicht in seinem Leben zu zeigen. Bei dem seltsam verborgenen Wesen des Dichters konnte ich meinem Vorhaben
nur in einer Art ›analytischer Biographie‹ gerecht werden. (...) Was
Herr Hesse gerade erwartete, eine intensive Durchleuchtung, ein Spiegel, dies war, so scheint es mir nur möglich auf die Weise, wie ich es
versuchte.«[42] Während Ball noch an den letzten Kapiteln der Biographie arbeitet, ist Emmy bemüht, eine Lösung für ihre bedrängten
Wohnverhältnisse zu finden. Ihr Sehnsuchtsort noch immer: Agnuzzo.
Da das Andreoli-Haus vermietet ist, entscheidet sie sich für ein schmales, enges Haus, das Ball »der Turm« nennt. »Ich komme mir darin ein
wenig vor wie der Schwan in der Suppenschüssel. Aber Emmy ist ganz
entzückt, und also wird es gut sein. Sie schleppen Farbe und Tünche
hin und schuften und malen jetzt dort den ganzen Tag. Am Abend,
wenn sie heimkommen, haben sie die Haare weiss gesprenkelt von
der Tünche und sehen aus wie die Handwerksgesellen.«[43] Am 1. April
packen sie Tisch, Stühle, Betten und Bücher auf ein Pferdefuhrwerk

und »zügeln«, pachten ein Stück Land, um Gemüse anzubauen. Emmy pflanzt Mimosen und einen Rosenstock, und Ball lockt Hesse: »Wir haben einen hübschen Grasplatz unter alten Kastanien dazu bekommen und ein Stück vom Bach, der dort hinten von Capellini herunterkommt. Es stehen da viele Maiglöckchen und es gibt wilde Tauben und Aurorafalter und braune Farren. Ausserdem will Pistorius (d. i. Josef Bernhard Lang) einen Bienenstock dazustellen. Da können wir dann residieren.«[44]

Trotz der Enge des Hauses ist Ball froh, wieder in Agnuzzo zu sein. Die Arbeit im Garten bringt Entspannung nach den langen Monaten am Schreibtisch. Er nimmt seine Analysen wieder auf. Patienten und Besucher stellen sich ein: Saagers, Carla Fassbind, Müllers und Josef Bernhard Lang, der mit seiner Familie von Zürich nach Lugano gezogen ist und dessen Frau Carla Balls neue Patientin wird. Ende April kommt auch Hesse und bringt seinen Sohn Heiner mit, einen ebenso kreativen wie rebellischen Jungen, der sich, ungewiß über seinen beruflichen Weg, im vergangenen Winter in Zürich hilfesuchend an Ball gewandt hatte. Es muß ein besonders einfühlsames Gespräch gewesen sein, an das sich Heiner Hesse noch viele Jahre später bei der »begeisterten« Lektüre von *Die Flucht aus der Zeit* in einem Brief an seinen Vater erinnert: »Freilich sind mir noch viele seiner Gedanken unzugänglich – aber ich bewundere seinen Mut, sich und allem auf den Grund zu kommen. (…) Am besten habe ich ihn in Erinnerung von damals, als wir zusammen im Café Odeon über meine Berufssorgen berieten, als ich die Idee hatte, Matrose zu werden – und dieser stille gütige Mann gar nichts übles daran fand, sondern eher Spass daran zeigte, mich zu diesem Unternehmen zu ermuntern. Seine feurigen und doch sammetweichen Augen sind mir im Gedächtnis geblieben.«[45] Ob Heiner mit ebensolcher Begeisterung die Hesse-Biographie gelesen hat, ist nicht überliefert. Sein älterer Bruder Bruno teilt dem Vater jedenfalls seinen eher zwiespältigen Eindruck mit: »Deine Biographie von Ball habe ich bald zu Ende gelesen, sie interessiert mich überaus stark. Anfangs war mir zwar die ganze Schreibart etwas fremd, bis ich mich ein wenig dran gewöhnt hatte; aber dann gefiel es mir immer besser, obwohl mich hie und da noch einiges etwas befremdete.«[46] Auch Hesse, der Anfang Juni seinem Biographen zum Erscheinen des

Buches gratuliert, teilt »nicht an allen Stellen« Balls Auffassung. Aber: »Ich sehe erst jetzt, wie sehr gut Du nicht nur die banale Geschichte, sondern die Legende dieses Lebens geschrieben hast, die magischen Formeln gefunden. (...) Nur an wenigen Stellen habe ich noch leise Einwände, Einzelnes sehe ich noch befangen an. An andern Orten habe ich Neues über mich von Dir gelernt (...) Einige Worte beschämen meine Bescheidenheit. Aber da Du selbst Dich in diesem Buche wieder als Meister der wahren Dichtung, der Findung von Hieroglyphen und Ideogrammen erwiesen hast, darf ich Dir sagen, wie wohl es mir tut, von einem der wenigen, denen ich mich in dieser Kunst als Bruder fühle, grade in diesem wesentlichen Punkt verstanden worden zu sein.«[47]

Als nicht nur die ersten Exemplare der Biographie, sondern auch Hesses *Steppenwolf*-Roman im Tessin eintreffen, ist Emmy auf Reisen. Schon im März hatte sie an Hesse geschrieben: »Sowie ich frisch gegrabenes Land sehe im Frühling, dann hab ich ein kaum überwindbares Verlangen zu gehen (...) ich möchte so gern durch Deutschland gehen, und dann möchte ich durch das Land gehen, in dem Sie als Kind gelebt haben (...) dann möchte ich nach Flensburg, das an der Ostsee liegt (...) ich möchte doch noch einmal nach Hause.«[48]

Aber die Sehnsucht nach ihrer »blonden Heimat« sollte unerfüllt bleiben, obwohl ihre »Weglaufsucht« Emmy im Mai 1927 wieder nach Deutschland führt. Sie reist unbesorgt um ihren Mann, der begonnen hat, seine Aufzeichnungen zu Psychoanalyse und Exorzismus neu zu ordnen. Unbesorgt auch um Annemarie, die in Emmys Abwesenheit den Haushalt führen soll. Ihr erstes Ziel ist München, obwohl sie sich in der Redaktion des *Hochland* wenig willkommen fühlt und schnell nach Waldsassen in der Oberpfalz weiterfährt, wo sie sich im Klosterhof einquartiert. Von dort wandert sie täglich nach Konnersreuth und steht ehrfürchtig staunend am Bett der stigmatisierten Therese Neumann. Gemeinsam mit Hugo hatte sie sich bereits in Vietri in die Lebensgeschichte der stigmatisierten Nonne Katharina Emmerich von Clemens Brentano vertieft. Jetzt ist sie fasziniert von Therese, die den Besuchern willig ihre Wundmale zeigt. Ball hat Emmy Anweisungen gegeben, wonach sie fragen soll: »was für Temperaturen sie hat, und welcher Art ihre Visionen. Ob auch diabolische Anfälle; (...)

Der Diabolus ist der Kronzeuge bei den Stigmatisierten, besonders beim Beginn.«[49]

Am 26. Mai 1927 hat Emmy ausführlich von ihrer ersten Begegnung mit der seit einem Jahr Stigmatisierten berichtet, danach täglich an Ball geschrieben. Auf den Seiten eines Schulheftes hält sie ihre Besuche und Eindrücke ebenso fest wie die Gespräche mit dem Konnersreuther Pfarrer, erwägt, ein Lebensbild der Therese zu schreiben. Doch Ball mahnt: »Das eine wollt ich noch sagen: ich würde Dir nicht gerade raten, Dich für das Abschreibeamt anzubieten. Das ist, und gar unter den mitgeteilten Umständen, eine delikate Sache. Du bist viel zu sehr Dichterin, und selbst Person. Es scheint mir besser, Du siehst und hörst Dir alles genauestens an, und fährst zunächst weiter.«[50] Er ermuntert sie, sich Wunsiedel, die Stadt Jean Pauls, anzusehen. Davon berichtet sie Hesse, aber auch, daß ihre Begegnungen in Konnersreuth sie nicht loslassen: »Therese kannte mich, als ich zu ihr ins Zimmer kam (…) Sie spricht wie ein Kind und (ist) doch so alt, als spräche sie schon lange Jahre. (…) Ich gebe mir Mühe anderes zu sehen, und ich sehe wohl auch einiges, aber ich denke immer an Therese …«[51]

Ihren Plan, nach Görlitz zu fahren, um das Grab des Mystikers Jakob Böhme zu besuchen, gibt sie auf, macht bei ihrer Weiterreise nach Dresden einen Besuch in Bayreuth, einen Abstecher nach Eisenach und auf die Wartburg. Von dort schickt sie Ansichtskarten mit witzigen Kommentaren an Hesse, der sie bittet, rechtzeitig zur Feier seines 50. Geburtstages im Tessin zu sein. Aber noch Mitte Juni hält sie sich in Dresden-Hellerau bei Hegner auf, der zugesagt hat, Balls Exorzismus-Buch zu verlegen, und dem sie von ihrem Vorhaben erzählt, über Therese zu schreiben. »Wenn überhaupt jemand ohne Vorurteil ein solches Buch bringen kann und ohne weltliche Rücksichten«, stimmt Ball zu, »dann ist es Hegner, der den Willen dazu hat. Die typisch katholischen Verlage sind viel zu ängstlich.«[52] Diese Einschätzung erstaunt, ist doch der jüdische Verleger 1919 zum Protestantismus konvertiert und wird erst 1935 mit seiner Konversion zum Katholizismus eine weitere Gewissensentscheidung treffen. Aber Ball scheint Hegner den er bei seinen beiden Reisen nach Dresden 1913/14 kennengelernt hatte, inzwischen mehr zu vertrauen als den Katholiken der *Hochland*-Redaktion, die er in einem Brief an Emmy 1927 als »Intrigantenhöhle« bezeichnet. Neben den Empfehlungen zu Hegner, gibt Ball seiner Frau auch Ratschläge, was sie sich in der Stadt anschauen soll. Aber das Wetter ist regnerisch-kühl und lädt weder zu Besichtigungen noch zu der gewünschten Wanderung in der Sächsischen Schweiz ein. Ball, der weiß, wie kalt deutsche Sommer sein können, fragt besorgt: »Soll ich Dir nicht express einen dickeren Mantel schicken?«[53] Und berichtet zugleich vom schönen Wetter im Tessin, seinen Spaziergängen mit Hesse am See, Autofahrten mit Carla Fassbind, Abenden in den Grotti und Essen im Freundeskreis, in dem bereits Hesses Geburtstagsfest vorbereitet wird.

Inzwischen erwähnt Hugo, wenn auch vorsichtig, seine Magenbeschwerden, Übelkeit und Unverträglichkeiten. Berichtet von Konsultationen beim Arzt, der jedoch nichts Ernstes feststellen kann und Tropfen verschreibt. Damit beruhigt er nicht nur Emmy, sondern auch sich selbst, löffelt Annemaries Schleimsuppe, trinkt Tee. »Und will ich die strengen Fasten weiter so halten, das heisst nur Milch, ein Ceks und ab und zu mal ein Ei nehmen. Ich glaube fast, dann gehts vorüber.«[54] Auch Emmy will ihm glauben, fährt nach Berlin, wo sie die im vergangenen Dezember abgebrochenen Verhandlungen zu neuen Publikationen wieder aufnehmen will. In der »Funkstunde« hofft sie eigene und Hesse-Texte zu lesen. Ist entschlossen, ihre Probleme mit Reiß endgültig zu regeln. Dabei verläßt sie sich auch auf die Hilfe ihrer alten Freunde. Doch Ball warnt: »Vermeiden würde ich es *auf alle Fälle*, von den Bohèmeleuten, auch von Klabund und so, Geld zu leihen. Sie schwätzen Dich dann nur herum, und es schadet uns. (…) Ich würde in Berlin nur die Radiosache versuchen …«[55] Und er teilt ihr mit, daß Elisabeth Bergners Sekretärin die Nachricht nach Agnuzzo geschickt hat, Emmy möchte in Berlin ein Paket abholen, das die Schauspielerin vor ihrer Abreise zu Dreharbeiten in Spanien für sie deponiert habe. Die Begeisterung beim Öffnen dieses Paketes ist so groß, daß Emmy einen Koffer kauft und Hugo mitteilt: »Die Sachen sind zu wertvoll, als dass ich mich traue, sie im Karton zu schicken. Ein wunderbares Pelzjackett für Annemie, eine rote Lederjacke brokatgefüttert mit Pelzkragen, einige ganz neue Reisekleider von Gerson, Abendkleider, kurz, es wogt nur so.«[56] Welch ein Luxus! Und welch ein Gegensatz zu Emmys Plan, ins westfälische Dülmen zu fahren, wo die stigmatisierte Nonne Anna Katharina Emmerich einst lebte.

Diesen Plan läßt Emmy fallen, als sich die beunruhigenden Nachrichten aus Agnuzzo häufen. Hugos körperliches Befinden verschlechtert sich täglich. Er kann nicht mehr essen. Nicht schlafen. Sehnt sich nach Emmys Nähe, hofft: »Bald sind wir wieder im Kreis, unsere kleine Dreieinigkeit, wie Du immer sagst. Emmly, sag, wer hat Dir die schönen, tiefen Worte gegeben? (…) Wer kann so freundlich singen, wie Du …«[57] Zugleich beruhigt er sie: »ach, mein Emmy (…) Es fehlt mir gar nichts, Herz, mein Herzblatt.«[58] Es ist sein letzter erhaltener Brief an Emmy, ein stammelndes Suchen nach den Worten seiner Liebe. Ihr kann er seine tiefe Zuneigung gestehen, bei Hesse, fürchtet er, wird ihm das nicht gelingen. So soll Emmy dem Freund beim Geburtstag sagen, »wie lieb wir ihn haben (…) Das kannst Du vielleicht machen, auch für mich mit. Ich bin ja manchmal so befangen. Dein Flatterzünglein aber versteht's ja. Singst im Grotto vielleicht .(…) Emmy, Passionsblüte, ich liebe Dich besonders.«[59]

Aber es sollte anders kommen. Balls Zustand verschlimmert sich. Die Diagnose: Magenkrebs. Überstürzt reist Emmy aus Berlin ab, ist bei ihrer Ankunft in Agnuzzo erschrocken über Hugos Hinfälligkeit. Am 29. Juni begleitet sie ihn nach Zürich, wo er am 2. Juli, Hesses 50. Geburtstag, im Rote Kreuz Spital operiert wird. Zu spät, wie die Ärzte der schockierten Emmy erklären. Ball hat nur noch wenige Wochen zu leben. Aber man verschweigt ihm die Diagnose, und so wiegt er sich in der trügerischen Hoffnung auf Genesung, freut sich über Briefe und Blumen, über die Besuche von Carla Fassbind, Alice Leuthold und Eduard Korrodi, den gefürchteten Feuilletonchef der *Neuen Zürcher Zeitung*, der Balls Hesse-Biographie lobt. An Hesse, der Emmy seine Wohnung im Schanzengraben zur Verfügung gestellt hat, schreibt sie täglich, spätabends nach ihrer Rückkehr aus dem Spital, Briefe voller hoffnungsloser Verzweiflung und verzweifelter Hoffnung. Als die Ärzte Balls Entlassung in Aussicht stellen, wissen die Freunde, daß die Rückkehr des Kranken in den engen »Turm« nicht möglich ist, schlagen vor, ein größeres Haus zu mieten. Carla Fassbind und Joseph Englert wollen die Kosten übernehmen. Emmy fährt ins Tessin, findet im unterhalb von Montagnola gelegenen Gentilino-Sant' Abbondio »ein sehr bequem und gut eingerichtetes Haus nebst einem grossen sonnigen Garten«[60]. Als sie am 24. Juli, begleitet von Josef

Bild 40  Richard Huelsenbeck, Josef Bernhard Lang, Hugo und Emmy Ball (von links) und Beate Huelsenbeck (vorn) im Garten von Sant'Abbondio, Spätsommer 1927

Bernhard Lang, dort ankommen, haben die Freunde und Annemarie nicht nur für die Einrichtung, sondern auch für Hugos Bibliothek und sogar ein Klavier und Noten gesorgt. Blumen begrüßen Emmy und Hugo, und nahe seinem Zimmer befindet sich eine kleine Hauskapelle, die der heiligen Clara geweiht ist und in der ein befreundeter Pater die Messe liest, ihnen die heilige Kommunion spendet.

»Er liegt im Bett und ist in guter Genesungsstimmung«, notiert Hesse, »weiß vorerst noch nichts über die Schwere seines Leidens, das nach medizinischen Begriffen hoffnungslos ist. Ich war gestern und heute bei ihm, er wird in nächster Zeit meine Hauptsorge sein. Er freut sich darüber, daß sein Buch über mich fast überall gut aufgenommen wird.«[61] Täglich sitzt Hesse an Hugos Bett oder neben seinem Liegestuhl im Garten. Ein junger Arzt, den Emmy um seine Besuche gebeten hat, ermuntert den Kranken mit seinem fröhlichen »Corragio«, nur Mut! Lang gibt Morphiuminjektionen, berät Emmy bei der Pflege. Niemand, auch nicht Richard Huelsenbeck, der inzwischen von Berlin nach Roveredo gezogen ist, um seine Reisebücher zu schreiben, wagt es, dem Kranken die Hoffnung auf Genesung zu nehmen. Versammeln sich die Freunde im Garten, zückt Annemarie die Kamera: Ball sitzt im gestreiften Schlafanzug, abgemagert, aber scheu lächelnd, neben ihm steht Emmy, die Hand zärtlich auf seiner Schulter. Die Besucher: Lang ein großer, massiger Mann mit Brille, daneben kleiner, sehr schlank Richard Huelsenbeck. Beide im Hemd ohne Jackett. Sommerlich gekleidet auch Beate Huelsenbeck, zurückgelehnt in einem Gartenstuhl lächelt sie so entspannt, als teile sie als einzige Balls Zuversicht, der in seinem letzten erhaltenen Brief nach Pirmasens am 19. August versichert, daß es ihm bessergeht und er plant, im Winter Einladungen nach Zürich und Freiburg im Breisgau zu folgen. Vielleicht, so stellt er Maria Hildebrandt in Aussicht, wird er auch sie und die Familie in Pirmasens besuchen.

Doch der körperliche Verfall schreitet trotz der fürsorglichen Pflege fort, und Ball mag vor dem Spiegel beim Anblick seines ausgemergelten Gesichts, zwischen den kühlen Leinentüchern seines Bettes das nahe Ende gespürt haben: »Das weiße Linnen leuchtet so rein, / Vielleicht es könnte das deine sein. / Wer weiß, es mag dich schon morgen decken. / Die Lippe flieht, die Zähne blecken. / Der Schopf liegt still, so unerreicht. / Eine liebliche Hand darüber streicht, / Ein blondes Haar darüber fällt, / Eine liebe Stimme weint und gellt. / Sie tragen dich schwankend aus dem Haus, / Sie bringen dir einen Blumenstrauß. / Sie heften dir ein Kreuzlein an, / Damit man dich erkennen kann. / Dann bist du allein und sinnst wohl nach, / Ob es die Nacht war oder der Tag, / Ob du erst kommen willst, oder gehst, / Ob du im Diesseits, im Jenseits stehst. / Aber ein Linnentuch warst du doch wert, / Man hat es nicht zurück begehrt. / Du darfst es behalten, man will es dir schenken / Zu einem freundlichen Angedenken.«[62]

Kommt Huelsenbeck nach zweistündigem Fußmarsch von Roveredo nach Sant'Abbondio, trifft er Ärzte und Mönche, Priester und Psychiater, die Emmy ins Haus holt. Verärgert und hilflos zugleich muß er mit ansehen, wie die Verzweifelte versucht, mit geweihtem Wasser aus Lourdes und Gebeten das Unheil aufzuhalten. »War es Naivität (…)? War es Wahnsinn (…)? Eine Verwirrung der Realitäten, Verschiebung der Tatsachen (…)? Kann man Tiger mit Selterswasser umbringen oder Eisenbahnzüge mit einem Jodler aufhalten? Das wäre das

Wunder«,[63] erregt sich Huelsenbeck noch Jahrzehnte später und ist
überzeugt: »Hugo Ball wollte in den Himmel zu den Engeln (…) Er
war ein Mensch, der die Zeit haßte, sie als ein Ding des Teufels erklärte,
aus ihr fliehen wollte ins Mittelalter, nach Byzanz, ins Paradies. Emmy,
die blaue Blume, der Engel, das Kind (lasset die Kindlein zu mir kommen), die Fee, die Repräsentantin des Unbewußten, des Göttlichen,
des Wunders, sie war Ich und Du zugleich. Sie wußte, daß sie in besonderer Weise begehrt wurde, und so schuf sie Hugos Welt.«[64] In der
Nacht zum 14. September 1927 ist diese Welt zerbrochen. »Was Emmy
dachte, wußten wir nicht«, notiert Huelsenbeck nach der Beerdigung.
»Man mußte ihr die nasse Kleidung ausziehen. Sie lebte in anderen
Welten, obwohl ihr Kopf, ihre Hände und Beine am Tisch saßen. Eine
tragische Figur, wie ich nie eine gesehen habe. Ihr Leben war zu Ende.
Der Mann, der sie zur Madonna gemacht, sich ihre Weltanschauung
angeeignet, den sie so tief beeinflußt hatte, daß er ihr Leben lebte wie
sein eigenes, war soeben in nasser Erde versenkt worden. Das Märchen
war zu Ende …«[65]
»Weiß sie es schon, was ihr geschah? / Getaucht in kühle Einsamkei-
ten / Will eine Trauer sich verbreiten, / Sie träumt am Tisch in ferne
Weiten, / So unberührt und doch so erdennah. // Ein Schleier nur ist
dies Gesicht, / Verhüllend zart den Purpur einer Wunde. / Das Weinen schweigt im bleichen Munde. / Ein sanftes Grün nur gibt noch
Kunde / Vom schon vergessenen Tageslicht.«[66] Ja, sie weiß, was geschehen ist, hat es kommen sehen, aber kann es nicht fassen. Hugo ist tot.
Und Emmy, die sich scherzhaft vier Jahre zuvor bei ihrer Abreise nach
Florenz als seine »halbe Witwe« bezeichnet hatte, sitzt an seinem offenen Sarg. Neben sich Annemarie. Schickt Hesse nach der Beerdigung
das Photo: »Familie Ball«. Emmys krakelige Tintenschrift auf der
Rückseite. So wird er sie angetroffen haben, als er nach der Todesnach-
richt zu ihr eilt. »Steffgen heute Nacht in den Himmel gegangen kommen Sie sofort«,[67] hatte sie ihm telegrafiert. »Gentilino. 14. 9. 1927.
7.30 morgens«, steht auf dem Formular. Er veranlaßt das Abnehmen
der Totenmaske, bedankt sich zwei Tage nach Balls Tod in Emmys Namen bei Alice Leuthold, die dem Kranken ein Päckchen geschickt
hatte: »Er sah am ersten Tag nach dem Tode wundervoll aus, ein schöner hagerer Heiliger (…) Er glaubte bis zum letzten Tag noch an die

Möglichkeit der Genesung, erst während des letzten Tages wußte er, daß es zu Ende gehe, das Herz versagte, er hat Angst leiden müssen, aber keine großen Schmerzen mehr gehabt.«[68] Auch Huelsenbeck erinnert noch Jahrzehnte später, daß das Gesicht seines toten Freundes jugendlich gewesen sei und von intensiver Geistigkeit.[69]

Emmy ist wie versteinert. Die Freunde versuchen zu helfen. Lang übernimmt ihre medizinische Versorgung. Joseph Englert kauft die Grabstelle. Gegenüber dem Friedhof von Gentilino, in der Kirche von Sant'Abbondio wird am 16. September die Totenmesse gelesen. Balls Sarg am Altar. Emmy und Annemarie in der ersten Bank. Neben und hinter ihnen die Tessiner Freunde: Saagers, Müllers, Carla Fassbind, Joseph Englert, das Ehepaar Lang und die ungleichen engsten Vertrauten Hugo Balls: Richard Huelsenbeck und Hermann Hesse. Es regnet in Strömen, als die »kleine und sonderbare Trauergesellschaft« die Kirche verläßt: »Von den sechs Kerzenträgern war einer ein exkommunizierter Katholik, drei waren fanatische Freigeister«.[70] Sie folgen dem Sarg auf dem von Zypressen gesäumten Weg von der Kirche zum Friedhof. Unweit des Eingangstores ist die Grube ausgehoben. Der Priester hebt segnend die Hände, als der Sarg in die Erde gesenkt wird. Regen mischt sich mit Tränen. Kennen die Trauernden den *Epitaph*, den Ball »für mich selbst« geschrieben hat? »Der gute Mann, den wir zu Grabe tragen, / Sieht wächsern aus und scheint erstarrt zu sein; / Doch war er so verliebt in allen Schein, / Daß man sich hüten muß, ihn totzusagen. // Er liebte es in allen Lebenslagen / Dem Unerhörten nur Gehör zu leihn. / Umgeben so von hundert Fabulein / Kann man nur zögernd ihm zu glauben wagen. // Drum wenn auch jetzt sein schmaler Maskenmund / Geschlossen liegt und nicht mehr sprechen mag: / Er lauscht vielleicht nur in den Schöpfergrund ... // Und steht dann wieder auf wie jeden Tag. / Laßt ihn getrost bei seinem Leichenspiele. / Er lächelt schon ... und wir sind kaum am Ziele ...«[71]

Als alles vorbei ist, flieht Emmy mit Annemarie aus dem Sterbehaus, vorbei am Friedhof, in dem sie Hugo »die erste Nacht allein in der Erde« weiß, in die Casa Camuzzi. Hesse legt Feuer im Kamin. Natalina, seine Haushälterin, bereitet ein Essen, heiße Schokolade. »Ach, es war so lieb, daß sie uns aufgenommen, gerade in dieser Nacht, und daß Sie uns gut gelabt und vorgelesen haben von Narziß und Goldmund«,[72] dankt Emmy am nächsten Tag.

Wenige Tage nach Balls Tod verläßt sie das Haus in Sant'Abbondio und wandert zurück in den »Turm« von Agnuzzo, in der Tasche Hesses *Nachruf an Hugo Ball* »für Emmy von H.H.«. Es ist ein Bekenntnis der Liebe, Trauer und Bewunderung für »Dein Leben, Dein eigenes armes tapferes Asketenleben: dem Geiste dienend, der Welt abgewandt, von der Welt verachtet. (…) Und indem wir von Deiner sterblichen Person in tiefer Trauer Abschied nehmen, sehen wir beinahe erschrocken, wie viel Unsterbliches sie uns schon jetzt bedeutet.«[73]

# Die Witwe

Von guten und bösen Nachrufen – Berliner Begegnungen –
Arkadien verändert sich – Emmy erzählt Hugos Leben

Emmy in Agnuzzo. In der Stille des Hauses. Zwischen Balls Tagebüchern, Briefen, Manuskripten. Über den Kamin hängt sie seine Totenmaske. Liest immer wieder das Gedicht, das Hugo in seinen letzten Lebenswochen schrieb: »Es wird ein Mann begraben. / Es ist der gute Mond. / Es steht eine Trauerversammlung / Vor dem Hause, wo er wohnt. // Das ist ein mystisch Gebäude / Mit Kammern und Räumen gar viel, / Mit Zeichen und Wandfiguren / Im Pyramidenstil. // Des Mondes verwaiste Töchter / Eilen mit Salben und Wein. / Die Rosen in ihren Händen / Können nicht bleicher sein. // Es setzt sich der Zug in Bewegung / Und steigt immer höher hinan, / Wie so der Mond im Bogen / Steigen und leuchten kann. // Ich stehe baß erstaunet / Und doch betrübt dabei. / Mich dünkt, daß ein sehr lieber / Freund mir gestorben sei. // Bin ich's am Ende selber? / Ich weiß und weiß es nicht. / Der Abgeschiedene lächelt / Mir zu im Dämmerlicht. // Der Tote geht mir nahe. / Es tut mir von Herzen leid, / Daß ich es erst jetzt erkenne / Bei seinem Sterbegeleit. // Ich möchte gar manches wissen / Von seiner Wesensart. / Nun ist er mir entrissen, / Und alles ist zu spat.«[1] Zu spät für so vieles. Emmy schwankt zwischen Verzweiflung, Selbstvorwürfen und Zorn, daß er sie verlassen hat. Täglich steigt sie bergauf nach Gentilino, sitzt am Grabhügel, auf dem Blumen und Kränze welken. »Emmy ist jetzt aber freilich am Ende ihrer Kraft, sie sieht wie eine Spinnwebe aus, so dünn und bleich und spitzig«,[2] schreibt Hesse besorgt an Alice Leuthold. In seinem Nachlaß in Marbach findet sich ein Photo von Emmy aus dieser Zeit im schwarzen Witwenkleid. Abgezehrtes Gesicht. Auf der Rückseite eine merkwürdige Widmung: »Lieber Herr Hesse, damit Sie im Himmel, im Fegefeuer oder in der Hölle nicht vollkommen vergessen, wie ich aussehen kann. Emmy.« Sieht er sie so selten, obwohl sie täglich wenige hundert Meter von der Casa Camuzzi entfernt auf dem Weg zum Friedhof vorbeigeht? Sie klopft nicht an seine Tür, und er kommt nicht nach Agnuzzo. Jeder, so scheint es, muß in seinem Schmerz allein sein.

Bild 41 Emmy Ball-Hennings mit Totenmaske Hugo Balls, Agnuzzo 1938

Er schickt ihr Geld. Sie schickt es zurück. Als er ihr vorschlägt, nach Baden zu fahren, um sich zu erholen, stimmt sie zu, bestellt ein Zimmer im Verenahof, wo Hesse jedes Jahr während seiner Herbstkur wohnt, und bittet seinen Arzt, Dr. Markwalder, sie zu betreuen. Am 28. September ändert sie ihren Rückweg vom Friedhof, biegt von der Hauptstraße auf den schmalen Pfad zur Casa Camuzzi ein, will sich von Hesse verabschieden. Aber der Freund öffnet nicht. Sie kehrt um, läßt sich im Albergo ›Bella Vista‹ Papier und Stift geben, kritzelt Abschiedszeilen und bittet: »Vergessen Sie nicht, daß Sie immer lieb hat Ihre Emmy Ball.«[3] Einen Tag später fährt sie, begleitet von Annemarie, nach Baden. »Ich konnte nicht alleine reisen, weil mir alle Augenblick schwindlig wird. Und ich wiege 43 Kilo. Was ich hab, weiß ich nicht. Husten und Nachtschweiß und kleine Fieber, aber der langen Rede kurzer Sinn: ich sterbe gewiß bald und hätte Sie gerne noch mal gesprochen«, schreibt sie am 1. Oktober an Hesse. »Mir ist, als wäre meine Gestalt im Schmelzen begriffen, (…) ich hab eine ganz neue Krankheit, ich hab eine Art Vergehsucht.«[4]

»Leider verstehe ich auch die Vergeh-Sucht«, antwortet Hesse, »doch es ist mir nicht viel anders, u(nd) alles, was von mir verlangt wird, macht mich zittern; ich bin kaum fähig, einen Brief zu schreiben. Darum sind meine Gedanken, wenn Sie bei Ihnen sind, wie Zuhause.«[5] Ebenso wie Emmy wünscht er in dieser Zeit, in Sant' Abbondio, neben »Steffgen« begraben zu sein, gesteht Carla Fassbind: »Sie haben Recht: der Verlust von Hugo Ball ist für mich unersetzlich. (…) Ball war der einzige, der mich ganz ernst nahm, der Einzige, mit dem ich sprechen konnte, (…) und so war auch ich einer der ganz

Wenigen, die ihn verstanden, die in ihm nicht nur den Dadaisten, oder bloß den Politiker, oder bloß den Katholiken sahen, sondern das Ganze, die Einheit.«[6] Das zu zeigen, hatte auch Ball bis zuletzt versucht, hatte Pater Beda bei der Arbeit an *Die Flucht aus der Zeit* wissen lassen: »In meinem jetzt vorbereiteten Tagebuch suche ich die Wirrnis all dieser Jahre auf eine Einheit zu bringen und aufzuräumen. Ich werde nach dieser Arbeit, so hoffe ich, klarer mein Ziel sehen und entschiedener die Mittel wählen können. (…) Wenn irgendwo, so ist mir hier eine Aufgabe vorgeschrieben, von der ich fühle, dass ich nach meiner besonderen Anlage und Entwicklung für sie bestimmt bin.«[7] Emmy, die Hugo kurz vor seinem Tod zärtlich »Schreiberlein des lieben Gottes«[8] genannt hatte, ist entschlossen, sein Lebensbekenntnis fortzuschreiben, in dem Balls Freundschaft mit Hesse eine zentrale Rolle zugewiesen werden soll, denn, so erklärt sie ihm: »Gerade daß Sie so anders sind und keine Ähnlichkeit haben mit Hugo, das macht mir Ihre Beziehung zueinander so interessant.«[9]

Pläne, die sie während der Wochen im Badener Verenahof bewegt und wieder verwirft. Sie fühlt sich sterbenselend und zugleich in der Pflicht, sich den Ball betreffenden Kritiken entgegenzustellen, die sich sowohl zu *Die Flucht aus der Zeit* als auch zur Hesse-Biographie häufen. So erregt sie sich über eine Rezension im Berner *Bund*, die »reichlich verkitscht geschrieben« ist. »Ich hab den Vergleich Hugos mit Siddhartha nicht vertragen, weils nicht stimmt.«[10] Noch mehr ärgert sie ein Kondolenzbrief von Ruth, die sich bei Emmy beschwert, daß sie in der Biographie keine Erwähnung findet. An Hesse, der Ball darum gebeten hatte, seine zweite Ehe nicht zu thematisieren, schreibt Emmy: »Ich bin doch auch nicht in der Biographie erwähnt und interessiere mich doch beträchtlich für Sie (…) Es tut mir ja leid, wenn sich jemand überhaupt gekränkt fühlt. Aber ich hab doch nicht die Biographie geschrieben, ich kann doch wahrhaftig nicht dafür, und sich nachträglich bei dem gestorbenen Steffgen beschweren hat auch wenig Sinn.«[11] Ihre Antwort an Ruth ist ungewöhnlich knapp, denn so wie sich Hesse nach der Scheidung von ihr abgewandt hat, hält es auch Emmy. Vorbei ihre liebevollen Briefe, ihr Buhlen um die Zuneigung der jungen Frau, die sie als ihre Brücke zu Hesse gesehen hatte. Künftig wird sie sich Ninon Dolbin, der neuen Frau an Hesses Seite, zuwenden, um sie werben, ihre Freundschaft zu gewinnen suchen, denn immer wieder zweifelt sie an Hesses Zuneigung, fragt: »Ob Sie mich wo(h)l noch lieb haben, seit Hugo tot ist?«[12] Und bittet: »Können Sie nicht kommen?«[13] Sie bemüht ihre »indische Asketenfigur. Man sieht meine Knochen, mein korrektes Skelett ganz deutlich durch die Haut«[14], und sie hofft, ihn zu sehen, bevor sie aus Baden abreisen muß: »Wenn Sie doch hierher kämen, lieber Herr Hesse, bevor ich eingehe. Ich lieg beinah immer im Bett, das hab ich früher nie getan.«[15] Am 12. Oktober trifft er in Baden ein, am 14. reist sie zurück ins Tessin, schreibt einen Tag später aus Agnuzzo: »Ich sorge, ich kanns nicht verwinden, daß Hugo fort ist. Es ist zu traurig für ihn, und auch für mich. Wenn ich nur weinen könnte einmal (…) Muß ich denn das so ganz alleine tragen?«[16] Appelle an den Freund, aber der sieht sich außerstande, Emmy zu trösten, entschuldigt sich mit nervösen Magen- und Darmbeschwerden und fügt sarkastisch an: »So verbringt der Steppenwolf den Herbst seines Lebens.«[17] Dieser Hinweis auf den leidenden Steppenwolf findet sich nicht nur in der knappen Mitteilung an Emmy, sondern auch in Briefen an Hugo, die Hesse während der Entstehung des *Steppenwolf*-Romans und Balls Arbeit an der Biographie mit dem Freund wechselte. Seit sie einander kennen, hat Hesse über seinen schlechten Gesundheitszustand geklagt, in vielen Briefen einen Selbstmord förmlich herbeigeschrieben. Jetzt, da der soviel Jüngere von ihm gegangen ist, muß er erkennen, daß er mit Ball den Menschen verloren hat, »der mir geistig nahe stand, der meine Sprache ganz und gar verstand, mit dem ich über geistige Dinge bis in die Tiefe sprechen konnte. (…) Er war der einzige meiner Freunde, der mich nicht bloß gern hatte und mich aus Sympathie gelten ließ, sondern der mich verstand und die Notwendigkeit meiner Denkart und meiner gesamten Tätigkeit im Innern begriffen hat.«[18] In seinen Briefen klagt er über den Verlust des Freundes, beschwört die Erinnerung an die gemeinsame Zeit: »Wir haben in allen den Jahren im Grunde über nichts anderes gesprochen, über nichts anderes diskutiert und gestritten als über die eine Frage: Wo ist der Punkt, von welchem aus diese ganze Hölle von Krieg, Korruption, Entseelung zu überblicken und zu überwinden ist? Wo kann man anknüpfen, um auf Erden wieder etwas wie Geist, etwas wie Würde, etwas wie Sinn und Schönheit zu ermöglichen? Diese Frage war uns gemeinsam. Die Wege, auf denen wir Antwort suchten, führten uns weit auseinander. Unter diesem Aspekt sprachen wir an unseren Tessiner Kaminfeuern nächtelang über die Zeiterscheinungen, über die Psychoanalyse, über die neuen Versuche in der Kunst, über Balls mittelalterliche und meine indischen Neigungen und Studien (…) Wie sehr Balls Frau Emmy an dieser Welt mit Teil hatte, ist nicht zu sagen.«[19]

Oft war sie dabei. Hörte zu. Schaute ins Feuer, in die Gesichter der beiden Männer. Zog sich zurück und schrieb: »Sie feierten ein Fest, und niemand wußte es. / Es war vorüber, als sie es empfanden. / Sie weinten oft um einen Schmerz, den sie nicht kannten, / Und litten dann an einer unbewußten Wunde. / Sie trugen Masken, die sie selbst nicht sahen, / Und waren so einander tief verborgen. / Was sich im Traum gelöst, versiegelte der Morgen, / Und ein Vergessen stand auf ihrem Munde. / So ward ihr Dasein frommes Rätselspiel. / Nur ihre Sehnsucht ward zu einer Sage. / Verschlungen blühten sie, hoch überm Tage, / In einem ihnen selbst geheimnisvollen Bunde.«[20] Ein hellsichtiges Gedicht. Emmy hatte, intuitiv zunächst, die tiefe emotionale Komponente dieser Freundschaft erfaßt, Balls »mädchenhaftes« Erröten bei der ersten Begegnung mit Hesse. Sie spürte, daß die Freunde mehr verband als das, woran sie teilhatte, und fühlte sich zugleich selbst von Hesse angezogen, der sowohl in seiner Erscheinung als auch in der damaligen Lebensführung ihr Ideal vom asketischen Mann verkörperte und der im *Siddhartha* Emmys suchender Seele Nahrung versprach. Sie wird geflirtet und versucht haben, den Freund für sich zu gewinnen. Aber Hesse widerstand, damals mit Ruth an seiner Seite. Die Situation scheint der mit Elsa und Ernst Bloch geähnelt zu haben, aber die Tessiner Viererkonstellation entwickelte ein anderes Beziehungsgeflecht als die in Bern 1917/18, denn statt der 35jährigen introvertierten, kränkelnden Elsa sah sich Emmy einem extravertierten, verliebten und später zunehmend enttäuschten jungen Mädchen gegenüber. Und die Stelle des knapp 30jährigen »homo ludens« Bloch nahm nun der 45jährige hypochondrische, an sich und der Welt leidende Dichter Hesse ein, an dem alle Verführungsversuche Emmys abprallten. Mag er auch gelegentlich mit ihr gefeiert haben, »Frohe Nacht« in den *Steppenwolf*-Gedichten läßt das vermuten, so findet sich doch kein Beleg, daß er ihr mehr als nur Freundschaft entgegengebracht hat. Um Spekulationen die Spitze zu nehmen, hat er Emmys im Typoskript erscheinenden Namen für den Druck des Gedichtzyklus gestrichen und durch »Fanny« ersetzt.[21] *Krisis* nennt er diese Textsammlung, die zunächst Bestandteil des *Steppenwolf*-Manuskripts sein sollte, jedoch auf Fischers Drängen getrennt publiziert und, wie der Vergleich mit dem Typoskript zeigt, vor der Drucklegung teilweise einschneidend korrigiert wurde, legen die Gedichte doch Zeugnis ab von der tiefen Gespaltenheit und oft hemmungslosen Verzweiflung Hesses in der Zeit nach Vollendung des *Siddhartha* bis zum Erscheinen von *Der Steppenwolf.* Alles scheint dem zwischen Manie und Depression Schwankenden möglich. »Schizophren« zeigt sich das lyrische Ich, das wir hier mit dem Dichter gleichsetzen dürfen: »Was mich betrifft, so bin ich Zimmergesell, / Psychisch belastet und leicht homosexuell, / Leider aber nicht mehr potent / Oder was der Volksmund so nennt.«[22] Ein überraschendes Geständnis, das im Typoskript gestrichen worden ist und im Druck nicht erscheint.

Zahlreiche Briefe belegen, wie problematisch sich das emotionale Verhältnis Balls und Hesses oft gestaltete, so am 25. Mai 1927, als Carla Fassbind die Freunde zu einem Autoausflug eingeladen hatte. Emmy war gerade nach München abgereist, und Hesse hatte Ball an der Station Capella der Ponte-Tresa-Bahn erwartet, um gemeinsam mit ihm zu Fassbind nach Lugano zu fahren. Vergeblich. In der Meinung, Ball habe bereits einen früheren Zug genommen, fuhr Hesse nach Lugano und mußte feststellen, daß der Freund nicht gekommen war. »Von den Enttäuschungen, die meine diesmalige Rückkehr ins Tessin mir gebracht hat, war die heutige die Schlimmste«, schreibt er tief gekränkt aus Montagnola, beklagt sein sinnloses Leben, »das mir jetzt unerträglich geworden. Ich werde entweder diese Tage wieder irgendwohin verreisen, einerlei, wohin, nur damit irgend etwas geschieht, oder ich werde diesem Höllenleben, das ich nun seit so langer Zeit führe, ein gewaltsames Ende machen. Es ist unerträglich geworden. Die Hoffnung, Dich noch einmal einen Augenblick allein zu sehen, habe ich aufgegeben.«[23] Ball, der durch eigene homoerotische Erfahrungen und die vorurteilslose Freizügigkeit in der Boheme ein anderes Verhältnis zur Sexualität gehabt haben dürfte als der streng pietistisch geprägte Hesse, war nach seiner Entscheidung, ein mönchisch-asketisches, enthaltsames Leben zu führen, überzeugt, für seine Sünden büssen zu müssen: »Da ich mich also in mir selbst verfangen, / Bin ich auch meinen Häschern nicht entgangen / Und teile die Gemeinschaft schriller Käuze. // Im Lappenkleide und bedeckt mit Schorfen / Werd täglich ich den Wärtern vorgeworfen. / Die striegeln mich mit einem Eisenkreuze.«[24] Bestrafung und Selbstbestrafung erscheinen als die notwendigen Bußübungen, die den Sünder zur Vergebung führen sollen. Wie sehr »das offene Geheimnis«, die »versteckte Homosexualität« künstlerisches Schaffen bestimmt und hinter welchen Masken sie sich verbirgt, davon hat Thomas Mann in seinen Tagebüchern Zeugnis abgelegt. Verweise auf ein »Geheimnis«, auf »Unsagbares«, »Unaussprechliches«[25] finden sich auch in den Werken Hugo Balls und Hermann Hesses. So erzählt Hesse in seinem in einem fiktionalen Mittelalter angesiedelten Roman *Narziß und Goldmund* von der Freundschaft zwischen dem Dominikanermönch Narziß und dem Künstler Goldmund, einer wechselvollen homoerotischen Beziehung zwischen Intellekt, religiöser Versenkung und ausschweifender Sinnlichkeit. Wie im Roman, so eint den asketischen Ball und seinen Bruder Wolf auch im Leben »der Durst nach Wahrheit, der Hunger nach Liebe und Erkenntnis«[26]. Hesse, nach dem Erscheinen von *Narziß und Goldmund* auf das Verhältnis seiner Protagonisten angesprochen, erklärt, es wäre ein Irrtum anzunehmen, daß der Roman »völlig frei von Erotik sei«, wenngleich er versichert: »Ich bin geschlechtlich ›normal‹ und habe nie erotische Beziehungen zu Männern gehabt, aber die Freundschaften deshalb für völlig unerotisch zu halten, scheint mir doch falsch zu sein. Im Fall Narziß ist das besonders klar. Goldmund bedeutet für Narziß nicht nur die Kunst, er bedeutet für Narziß auch die Liebe, die Sinnenwärme, das Begehrte und Verbotene.«[27] So kann dieser im letzten Lebensjahr Hugo Balls begonnene und im Todesjahr vollendete Roman als ein Dokument nachgetragener Liebe und Verehrung für den Freund gelesen werden.

Auch Balls Biographie Hermann Hesses ist ein Zeugnis enger emotionaler Bindung, in der ihm nicht immer eine objektive Darstellung von Person und Werk gelingt. So diktiert ihm beim Schreiben des Kapitels über die Jahre in Gaienhofen Eifersucht die Feder, nicht auf Hesses Ehefrau, Mia Bernoulli, und die Söhne, sondern auf den Arzt und Schriftsteller Ludwig Finckh, einen engen Jugendfreund. Nach ungewöhnlich abfälligen Bemerkungen über dessen schriftstellerische Unfähigkeit karikiert er Finckhs Familienleben und bezieht Hesses damaligen Lebensentwurf mit ein: »Nun, dieser liebe Ludwig Finckh, (…) er ist Hesse von Tübingen her verbunden, und sie finden sich am Bodensee wieder und bauen sich beide in Gaienhofen hübsche kleine Villen und angeln und segeln und treiben Gartenbau und Kinderzucht.«[28] Die Entrüstung, die dieses Kapitel bei den Beteiligten auslöst, hat Hugo Ball nicht mehr erlebt. Hesse jedoch, der wußte, daß Ball ihn durch seine subjektiven Projektionen wahrnehmen und daß heftige Emotionen einfließen würden, schrieb ihm nach der Lektüre des Manuskripts: »Gestern nacht träumte ich im Zusammenhang mit Deinem Buch: ich sah mich selber sitzen, nicht im Spiegel, sondern mich selbst als zweite lebende Figur, lebendiger als ich selbst, ich durfte aber durch ein inneres Verbot mich nicht richtig ansehen, das wäre ein Sündenfall gewesen …«[29]

Als bald nach Balls Tod Freunde Ludwig Finckhs verlangen, »kritische« Passagen der Biographie zu streichen, wehrt Hesse energisch ab. Auch die Behauptung, daß das Buch ihm schade, weist er mit dem Hinweis auf Balls Schicksal zurück: »Wäre Ball der Autor, als den Sie ihn darstellen, von dem ein Wink genügt, daß das ganze deutsche Volk einen bisher geliebten Autor aufgibt – wie hätte dann Ball, selber gehaßt, bespuckt und hungernd, zugrunde gehen können.«[30] Den folgenden heftigen Angriffen aus Finckhs Kreis gegen Emmy, den Schmähungen ihrer frühen Romane, tritt Hesse verärgert entgegen: »Es fällt Ihnen ein, daß Emmy Hennings früher ›schwüle‹ Romane geschrieben habe. Was soll ich dazu sagen? Ich liebe diese Romane sehr, (…) und ich kann nicht sehen, was sie gegen Emmy oder gegen Ball beweisen sollen. Ich finde sie viel weniger ›schwül‹ als Ihre und ganz Deutschlands Auffassung von dem kindlich unschuldigen Deutschland, das anno 14 ahnungslos von den andern überfallen wurde, während es privatim nur das serbische Volk ein bißchen hatte totmachen wollen.«[31] In diesem Brief macht Hesse den Deutschnationalen um Finckh noch einmal deutlich, daß Krieg und Kriegsschuld »für Ball und für mich zur Lebensfrage wurde«[32]. Dennoch muß er einräumen,

»daß Balls Urteile über Finckh hart sind und ihm weh tun mußten«, und fährt fort: »– ich habe seinerzeit das Härteste, was Ball über Finckh zu sagen gehabt hätte, verhindert (…) habe im übrigen jeden kleinsten Einfluß auf Balls Urteile vermieden, und ich habe mich selbst rücksichtslos preisgegeben, (…) Ich sehe nicht ein, warum ich dann hätte versuchen sollen, sein Urteil über andre, aus rein persönlichen Erwägungen, zu verfälschen.«[33] Aber die lang dauernde Diskussion hat ihm das einst so dankbar begrüßte Buch verleidet: »Ich würde, dieser unwürdigen Sache müde, am liebsten das Buch Balls einfach kassieren, aber es gehört nicht mir und ich könnte und dürfte es Frau Ball nicht antun.«[34] Er stimmt jedoch, wenn auch widerstrebend, 1933 einer Kürzung des Gaienhofen-Kapitels und der Streichung der fraglichen Stellen zu, die ein Freund Finckhs »ehrenamtlich« übernommen hat. Obwohl Hesse spürt: »Balls Betrachtung meines Lebens ist vielleicht ein klein wenig zu sehr Krankengeschichte«[35], in der »die sogenannte Neurose« zu sehr im »Centrum« steht, will er auch Jahrzehnte später die Leistung des Freundes nicht geschmälert sehen: »Ich finde es, wie damals, auch heute noch erstaunlich und großartig, wie Hugo Ball, der damals das Leben eines asketischen Heiligen führte und scheinbar außer dieser religiösen Welt keine Interessen hatte, sich in meine Bücher eingefühlt hat.«[36] Richard Huelsenbeck, nach New York emigriert und dort als Psychoanalytiker praktizierend, hält hingegen die Hesse-Biographie für das »uninteressanteste der Bücher« Hugo Balls, der nach seiner Meinung »Hesse an Einsicht in die Weltprobleme überlegen« war. Dennoch gesteht er zu: »Für Ball war diese Freundschaft wohl wichtig, weil er hier einen Ausgleich fand, die Möglichkeit zum Gedankenaustausch und die Bestätigung seines religiösen Weges.«[37] Jenes Weges, auf dem Huelsenbeck ihm schon während der Dada-Zeit nicht zu folgen vermochte, denn er suchte die Probleme, »für die der Dadaismus eine Ausdrucksform war«, durch sein Schreiben »ästhetisch« zu lösen, während Ball die »religiöse Lösung fand. Er bekämpfte die Entgötterung seiner Zeit (…) und bemühte sich, die Psychoanalyse als moderne Technik der Konfession mit seiner eigenen Religion zu verbinden.«[38] Ein Weg, den Emmy begleitet hat, ohne ihm folgen zu können. Sie sieht sich nach Balls Tod seinen Kritikern ebenso ausgeliefert wie den Wohlmeinenden, weist Huelsenbeck, der einen Nachruf im

Berliner *Tagesspiegel* veröffentlicht hat, in einem zornigen Brief nach Roveredo zurecht: »Ich hätte kein Recht (…) die Welt auf Hugos Nachlaß aufmerksam zu machen. Das sei Sache der Kirche.«[39] Wenige Wochen später versucht sie, eingedenk der engen Freundschaft der beiden Männer, einzulenken und entschuldigt sich. Huelsenbeck jedoch kann seine Vorurteile gegen Emmy nicht überwinden, deren Einfluß auf Balls religiösen Weg er nicht müde wird ihr vorzuwerfen: »Emmy Hennings sorgte dafür, daß Balls Testament so lautete, daß jedes Material, das auch nur die kleinsten Äußerungen gegen die Kirche enthielt, rechtzeitig zerstört wurde.«[40] Und fügt, um die nachgelassenen Aufzeichnungen wissend, hinzu: »Dieses Tagebuch sei ein großes Werk, und die *Flucht aus der Zeit* (Balls berühmte Selbstbeschreibung) sei nur ein Auszug.«[41] So hat er, trotz ihres Einlenkens, den Kontakt zu Emmy abgebrochen. Aber während er in allen mündlichen und schriftlichen Erinnerungen seinen Groll auf Emmy kaum verhehlen kann, notiert sie im Januar 1931 nach erneuter Lektüre seines Romans *Verwandlungen* im Tagebuch: »… ich finde dieses Buch so ausgezeichnet und interessant, dass es mir jedesmal leid tut, dass ich mit ihm auseinander bin. Schade, wirklich schade.«[42]

Nach ihrer Rückkehr aus Baden im Herbst 1927 pilgert Emmy wieder täglich zum Friedhof, hat zu Balls Gedenken ein Holzkreuz mit seinem Namen setzen lassen, berät sich mit Englert wegen eines Grabsteins. Allein mit der Tochter, die sich »Steffgen« enger verbunden gefühlt hatte als ihrer Mutter, erkennt sie: »Annemie und ich, wir bilden ein ganz seltsames Duett (…) und kann man uns nicht als Familie bezeichnen.«[43] Mehr als zuvor sehnt sich die 21jährige Annemarie, die noch immer keine abgeschlossene Ausbildung hat, nach Elisabeth Bergner, fährt auf deren Kosten nach Berlin, wann immer sie ruft. Kommt enttäuscht zurück, weil die exzentrische Diva sie nicht treffen will: »Einmal kam ich auf ihr Bitten von Lugano nach Berlin um sie dann nach einer Woche Warten 1/2 Std. in der Filmgarderobe zu sehen«, schreibt sie rückblickend. »Ich weiss auch wie sehr diese Frau einen quälen kann und sie lacht dabei.«[44] Aber als junges Mädchen fühlt sie sich sowohl emotional als auch finanziell abhängig, denn die Bergner hat versprochen, Annemaries weitere Ausbildung zu bezahlen. Um darüber zu sprechen, fahren Emmy und Annemarie im

Bild 42 Leontine Sagan in den 1930er Jahren

Dezember 1927 nach Berlin. Gemeinsam wohnen sie in einem Pensionszimmer, bis, so hoffen sie, Annemarie in Bergners Villa unterkommen könnte. Doch schon bald notiert Emmy enttäuscht im Tagebuch: »Annemie hat nach vielen Bemühungen endlich E.B. gesehen in der Filmgarderobe in der Cicerostr. Bei ihr sein kann Anima (d.i. Annemarie) nicht, und das ist schon wieder ein Strich durch die Rechnung. Aber E.B. will den Malunterricht zahlen.«[45] Annemaries Wunsch, in Berlin die Kunstakademie zu besuchen, lehnt Emmy jedoch ab und besteht darauf, daß die Tochter ans ›Bauhaus‹ nach Dessau geht. Zum einen, weil sie das gemeinsam mit Ball im Herbst 1926 beschlossen und Annemarie dort angemeldet hatte, zum anderen weiß Emmy: »… sie hätte dort mehr Konzentration wie hier. Hier wird doch ein Geklage um E.B. sein, die sich nicht erreichen läßt.«[46] Emmy nimmt wieder Kontakt zu Moholy-Nagy auf, um Annemarie anzumelden, versucht auch, ihre eigenen Angelegenheiten zu regeln, bespricht mit Leonhard Frank ihre Verlagssorgen, bietet dem *Tagesspiegel* ihre Feuilletons an. Vermutlich hat sie in diesem Winter auch Leontine Sagan getroffen, die seit 1926 mit ihrem Mann und der Mutter in Berlin lebt und dort am English Theatre britische Dramatiker im Original spielt. Ball muß vor seinem Tod darum gebeten haben, denn Sagan erinnert in ihrer Autobiographie: »Viele Jahre nach dem Krieg besuchte mich seine Frau, um mir seine letzten Grüße zu bringen. Sie war arm und krank, aber sie hatte die Harmonie und Schönheit eines zufriedenen Menschen.«[47] Sagan, die 1931 mit der Romanverfilmung *Mädchen in Uniform* als Regisseurin Weltruhm erlangt, verläßt Deutschland ein Jahr später und kehrt nach Jahren in England und den USA

nach Südafrika zurück, wo sie 1951, in Erinnerung an Hugo Ball, notiert: »Wie ich ihn auf der Schauspielschule gekannt – schlicht und
wesentlich –, so blieb er bis zuletzt.«[48]

Nicht alle Begegnungen in diesem Berliner Winter sind für Emmy
erfreulich, so macht ihr der alte Freund Simon Guttmann heftige Vorwürfe wegen ihres »Rombuches«, das für ihn eine Konzession an die
Katholiken darstellt und in dem er die einst so freizügige Bohemege-
fährtin nicht wiedererkennt. Das mag sie umso mehr getroffen haben,
als auch Hesse ihr nach Erscheinen von *Der Gang zur Liebe* 1926 geschrieben hatte: »Ich kann Ihnen bloß sagen, daß ich das Buch sorgfältig und mit aller Teilnahme gelesen habe (...) Das Ganze des Buches
aber seine Stimmung und seinen Glauben zu teilen, bin ich zur Zeit
nicht fähig.«[49] Die Antwort ist ein mit »die arme Emmy« unterzeich-
netes Geständnis: »Ich kann nicht recht verwinden, wie viel mich
mein Gang zur Liebe gekostet hat. Ich weiß ja selbst am Besten Bescheid, warum ich mich überwunden habe, warum ich den nachgiebi-
gen Himmel behauptet habe. Das hätte ich mir sparen können, und
hätte das Büchlein im Schubfach liegen lassen sollen. Es ist ein Unterschied, ob ich den lieben Gott bekenne oder die wohlgepflegten Katholiken. Ich gehöre nicht zu diesen, aber kleinkriegen sollen sie mich
nicht. Ich hab im Grunde genommen eine unbesiegbare Aversion gegen
jedes System und keine Lust, mich einem anderen Gesetz unterzuord-
nen als dem heiligen Eigensinn ...«[50] Wenige Tage später beschwich-
tigt Hesse die Freundin, daß nur seine »protestantischen Steppenwolf-
Einwände« ihn zu den kritischen Anmerkungen bewogen haben, und
versichert, daß er »dies Buch, wie alles von Ihnen, lieb habe.«[51] Und so
veröffentlicht er, vier Jahre nach dem Erscheinen, anläßlich einer Lesereise Emmys durch Deutschland eine überraschend positive Rezension im *Ludwigshafener Anzeiger,* um auf die Freundin aufmerksam zu
machen. Aber sie mißtraut Hesses Rezension ebenso wie anderen zu-
stimmenden Besprechungen, ist ihr doch bewußt, daß sie mit diesem
Buch Franz Herwegs vernichtende Kritik im *Hochland* von 1924 wi-
derlegen und ihre Glaubensfestigkeit beweisen wollte. Die Erinnerung
an ihre ambivalente Situation in Italien, an ihre Glaubenszweifel, die
sie schreibend verdrängen wollte, bedrücken sie, wenn sie in der *Frankfurter Zeitung* liest: »Es ist wie eine Flüstersprache aus seltsam unge-

lenken Wendungen, kurzen atemlosen Sätzen. Uebertaucht von südlicher Erfüllung, von Ritus und Heiligenlegende bietet diese blonde Protestantin aus Flensburg ein eigenwilliges und rührendes Bild. Löste sich im *Brandmal* Glaubensbrunst aus widerwillig ertragener Weltlichkeit, so fand hier Frömmigkeit hin zur Kirche.«[52] Aber gerade dahin findet Emmy im Winter 1927 in Berlin nicht: »Kann mich nicht entschließen. Irgendwie ist mir alles gleichgültig geworden, seitdem Hugo tot ist.«[53] Nur ihrer Kinoleidenschaft frönt sie ungehemmt: »Das Kino ist prächtig, mit Goldbrokat der große Vorhang, wie eine riesige Heiligennische als Bühne.«[54] Ein Vergleich, der zeigt, wie eng Emmys Denken und Fühlen sich in die Bilderwelt der katholischen Kirche eingelebt hat, auch wenn sie sich nach Hugos Tod von der »Intrigantenhöhle«[55] des *Hochland* abwendet und später einer Neuauflage von *Der Gang zur Liebe* nicht zustimmt. »Es ist wirklich nicht viel vom Ganzen zu brauchen«, erkennt sie selbstkritisch und fühlt sich unwohl beim Lesen der »kaum erträglichen Übertriebenheiten des Textes«.[56] Auch Else Lasker-Schülers exzentrische Trauerrituale um den Sohn Paul, an dessen Beerdigung Emmy in Berlin teilnimmt, befremden sie: »Sie sah unheimlich aus, wenn sie ihre stupenden Ansichten über Ewigkeit äußert. Sonst oft rührend. Schreibt Andachten über Paulchen.«[57]

Winter in Berlin. Es friert »Stein und Bein«, schreibt Emmy zum Jahreswechsel 1927/28 an Hesse nach Zürich. »Zu Weihnachten haben wir uns eine Flasche Cordial Medok und eine Tube Dial geleistet, heut Abend brauen wir uns eine Mai-Bowle mit Sedobrol und Veronal, das ist etwas ganz Herrliches. Mit Gift und Mitgift schlafen wir.«[58] Eine sarkastisch-verzweifelte Anmerkung zur Situation von Mutter und Tochter, die sich mit Alkohol und Barbituraten betäuben, denn: »Unser Geld nimmt rapid ab. – Wir haben auch keinen Menschen, der uns wirklich helfen kann und will. Elisabeth hat zu Weihnachten nichts von sich hören lassen und Annemie sitzt und weint ihr nach.«[59] Im Januar schickt sie Annemarie zur weiteren Ausbildung nach Dessau und fährt wenige Wochen später nach Agnuzzo zurück. Aber bevor Emmy Berlin verläßt, trifft sie Johannes R. Becher, der sich, anders als bei ihrer letzten Begegnung im Winter 1922 in München, endgültig vom Katholizismus abgewandt hatte und in die KPD eingetreten war. Als er 1925 wegen Hochverrats verhaftet, angeklagt und verurteilt wurde, schrieb Emmy empört an Hesse: »Ach, du mein Gott, ich kenne Becher so gut, seit Jahren, und er weiß von Politik so wenig wie ein Kätzchen. Er ruft nur immer Drauf! und Dran! und Hin und Her! und dann dichtet er schön. (…) Wie kann so ein Mensch gefährlich sein? Aber ich trau mich nichts gegen die Verhaftung zu tun. Denn, wenn ich sage, er hat hübsche Glühwürmchen im Kopf, ein paar Raketen, meinetwegen Sterne, dann besorge ich, daß er selbst gekränkt ist.«[60] Doch dann verwarf sie diese Bedenken und schickte aus Italien den Artikel *Gefangener Dichter* an den Berliner *Tagesspiegel*, um auf Bechers Inhaftierung aufmerksam zu machen. Als sie sich 1928 treffen, ist er wieder frei und erklärt Emmy, daß er »Protestkundgebungen aus allen Lagern«[61] will. Auch nach Hitlers Machtergreifung wird er das Zusammenrücken der antifaschistischen Kräfte fordern und die Sozialdemokraten, die ihn eingesperrt hatten, ausdrücklich einbeziehen. Emmy, in ihrer Trauer um Hugo ebenso gefangen wie in ihrer prekären Einkommenssituation, bringt Bechers politischen Ideen nur wenig Interesse entgegen, sieht in den von Ball als »Hakenkreuzler und Jodelbrüder«[62] bezeichneten Nationalsozialisten im Frühjahr 1928 noch keine Gefahr.

Zurück in Agnuzzo, überfällt Emmy erneut die Verzweiflung. Sie nimmt ihre täglichen Wanderungen zum Friedhof wieder auf, bestellt einen Grabstein, den sie Hugo zu Ostern 1928 setzen lassen will. »Es ist vor allem ein sehr schöner, großer, kaum behauener Granitstein, der oben rau kuppelförmig ist«,[63] schreibt sie an Hesse und legt eine Zeichnung bei. Aber als Adolf Saager, der ihr bei den Verhandlungen mit dem Steinmetz hilft, vorschlägt, bei der Inschrift auch Platz für ihren eigenen Namen zu lassen, wird sie ärgerlich und erklärt: »Zuletzt hab ich gesagt, drängelt mich doch nicht so, es wird sich schon finden und mein Name braucht nicht da zu stehn.«[64] Denn obwohl sie in ihrer Trauer oft seufzt, »Steffgen hat's gut, braucht sich um nichts zu kümmern«,[65] will Emmy nicht sterben. Sie zieht sich in ihr »Agnuzzokästchen« zurück, korrespondiert mit Ludwig Feuchtwanger über die weitere Vermarktung von Balls Büchern und mit Annemarie, die sich am Bauhaus in Dessau zur Teppichweberin ausbildet und in ihre Lehrerin Maria Geroe-Tobler verliebt hat. Emmy schreibt Feuilletons, ordnet

Balls Tagebücher, Manuskripte und Briefe, um ein Erinnerungsbuch zusammenzustellen. Doch bereits Anfang April 1928 treibt es sie, ihrer Einsamkeit zu entfliehen. Sie plant eine Reise zu Sophie und Hans Arp nach Paris, denn »ich werde beinahe wahnsinnig hier unten, und manchmal meine ich, entweder muß ich zum Nervenarzt oder in die Kirche laufen, bleib aber in der Küche sitzen, immer, und Unschlüssigkeit ist eine Spezialität von mir«[66]. Doch sie verschiebt die Reise, denn Hesse kündigt nicht nur seine Rückkehr vom Züricher Winterquartier an, sondern er kommt nicht allein: Ninon Dolbin, noch verheiratet mit dem Karikaturisten Fred Dolbin, zieht in die Erdgeschoßwohnung in der Casa Camuzzi und verbringt den Sommer in Montagnola. Auch wenn Emmy nach Balls Tod für kurze Zeit die Hoffnung gehabt haben mag, Hesse mehr sein zu dürfen als die langjährige Freundin – einer ihrer mit flüchtigem Stift hingeworfenen »Wartesaalbriefe« belegt ihre überbordenden Emotionen[67] –, so hat sie die neue Frau an Hesses Seite bereits bei deren Ankunft akzeptiert. Im Spätsommer 1927, während sie Ball pflegte, hatte Emmy nur einen flüchtigen Eindruck von Ninon bekommen, jetzt intensiviert sich das Verhältnis der beiden Frauen, denn die zurückhaltende Ninon fühlt sich fremd im Tessin, fremd in Hesses Freundeskreis. Sie leidet unter den Stimmungen und Verstimmungen des Geliebten, der sie auf Distanz hält. »Es tut mir leid, dass ich nicht bei Dir sein darf, gerade weil Du Schmerzen hast!« schreibt sie auf einen Zettel, den sie vor Hesses Tür legt. »Ich gehe wahrscheinlich nach Agnuzzo die Emmy besuchen ...«[68] Bei ihr ist sie willkommen, denn so wie Emmy für Ninon die Brücke in Hesses Familie und Freundeskreis ist, so ist Hesses »Freundin aus Wien« Emmys Verbindung zum Freund. Beide Frauen fühlen sich zu dieser Zeit einsam, finden bald Gemeinsamkeiten in ihren Erinnerungen an ihr Aufwachsen in Grenzregionen, den Träumen ihrer Jugend nach Aufbruch und Ausbruch. Emmy, nicht nur gewöhnt an den Umgang mit kreativen Partnern, sondern auch vertraut mit dem hypochondrischen Einsiedler Hesse, wird der fast ein Jahrzehnt jüngeren Ninon zur verständnisvollen Freundin, die ebenso schnell erkannt hat, wie wichtig Emmy, »dieser blaue Paradiesvogel«[69], für Hesse ist.

Im Sommer nach Balls Tod, während sie das erste Erinnerungsbuch zusammenstellt, schwankt Emmy zwischen Todessehnsucht und Über-

Bild 43  Ninon und Hermann Hesse vor der Casa rossa in Montagnola, 1932

lebenswillen, realitätstüchtigem Pragmatismus und ungehemmten Emotionen, schreibt im September an Ninon, als sich Hugos Todestag jährt: »Ich werde nie verschmerzen können, daß mein Hugo es so schwer gehabt hat und jetzt, da ich alles noch einmal durchgehe, hab ich einen Tränensturz nach dem anderen.«[70] Sie bittet Hesse einerseits, Samuel Fischer zu überzeugen, das Erinnerungsbuch zu publizieren, andererseits um Briefe, »die sich in diesen Band einfügen (...) Ich möcht doch so gern, daß der getreue Ekkehard recht dabei ist (...) Wie schön wär's, wenn Fischer das Buch brächte. Es wäre eine Tat (...) Nach dem Erscheinen stürb ich gern, wenn ich Steffgen berichten könnte, ihm vorplaudern, daß ich alles hübsch besorgt habe.«[71] Sie will, »daß über meinen Mann kein ungeschicktes Gedicht gegeben wird. Sondern einmal die grausam schöne schmerzliche Wahrheit.«[72]

Die Zusammenstellung dieses Buches ist für Emmy nicht nur eine emotionale, sondern auch eine intellektuelle Herausforderung. »Ich mag nur einen Wissenschaftler«, hatte sie Hugo bewundernd versichert. »Meine Alma Mater bist nur Du.«[73] Jetzt kann sie zeigen, was sie gelernt und verstanden hat. Und will, eingedenk Balls eigener Rechtfertigungsversuche, verhindern, daß über den Toten etwas veröffentlicht wird, das ihrer Ansicht zuwiderläuft. Und so beginnt mit der Auswahl der Briefe und Gedichte die »Legendenbildung« um Hugo Ball, die Emmy 1929 mit *Rebellen und Bekenner* und 1931 mit *Hugo Balls Weg zu Gott* fortsetzt. Sie trauert und schreibt. Steigt bergauf, um an Hugos Grab zu sitzen, das der Efeu überwächst. Als das Manuskript, mit einer Empfehlung Hesses, an den Fischer Verlag abgeschickt ist, hält es Emmy nicht mehr in Agnuzzo: »Jetzt muß ich gehen (…) Vielleicht fahre ich mit dem Schiff durch das balkenlose weiche Meer nach Neapel, und wenn meine Bücher inzwischen nicht angenommen werden, tut's auch nichts, dann schlage ich mich zu den verschlampten Nonnen, die am Hafen bis in die späte Nacht betteln gehen dürfen«, schreibt sie am 20. November 1928 an Hesse. »ich muß noch die letzten Sardinen aufessen und dann geht's Ahoi und los (…) ich hab jetzt mit: Byzanz, Betrachtungen, ein Hölderlinbändchen, Siddharta, Faust, zweiter Teil (Reclam). Das Bildchen von Ihnen und Ninon, eines von Steffgen und Annemie, die blaue Uhr, zwei Kombinationen, kein Nachthemd, zwei Sweater, ein Stück Seife; und zwei Kleider hab ich an (…) die Schreibmaschine, und da geht auch die Zahnbürste und ein paar Kuverts hinein, ich hab jetzt ausnahmsweise eine Mundharmonika, auf der ich jetzt spielen kann ›Ach, du lieber Augustin‹.«[74]

Rückkehr nach Arkadien – allein. Emmys Briefe und Karten aus Italien aus den Jahren 1928 bis 1935 sind nicht nur Zeugnisse ihrer Liebe zum Land und seinen Menschen, sondern auch ihrer Enttäuschung und Trauer, als sich der Faschismus durchsetzt und ihr das Leben dort verleidet. Im Januar 1925 hatte Hugo Ball notiert: »Es ist hier in Rom eigentlich immerfort Fest- und Feiertag. Und wenn die Kirche einmal ausruht, dann setzt der Fascismus mit Illuminationen und Flaggen wieder ein.«[75] Aber er kommentiert diese Anmerkung nicht, obwohl Mussolini, der seit dem »Marsch auf Rom« im Oktober 1922 Ministerpräsident ist, schrittweise eine plebiszitäre Diktatur errichtet und das Einparteiensystem durchsetzt. Es befremdet, daß Ball, der in der Vergangenheit seine politischen Ansichten so eindeutig formuliert hatte, die Situation im faschistischen Italien offensichtlich ebenso wenig hat einschätzen können wie die nationalsozialistische Bewegung in Deutschland. Anders Emmy, die drei Jahre später aus Italien berichtet: »Was Benito nämlich mit Rom anstellt, damit darf ich mich gar nicht befassen, weil es mich im höchsten Grade erregt. Mich wundert's, daß das Volk sich das gefallen läßt.«[76] Sie ist irritiert von »dieser unheimlichen Ordnung, die Benito eingeführt hat. Man wird gezwungen auf Schritt und Tritt auf der Straße zu gehen und wird uniformiert, auch wenn man das Faschistenhemd nicht trägt.«[77] Überall Militär. Die Straßen breit und voller Automobile. »Wie hier gemauert wird – der allmächtige Minister war ja Maurer«, schreibt Emmy und klagt Hesse, daß die historischen Gebäude protzigen Neubauten weichen müssen. »Ich warte nur darauf, daß er die Skulpturen des Michelangelo ersetzt, oder dessen Fresken in der Sixtinischen Kapelle. Daß der Papst ihm nicht Einhalt tut.«[78] Und so verläßt sie schneller als geplant das geliebte Rom, verärgert über Probleme beim Anmelden auf der Questura: »Nun es wurde schlimm und Steffgen steht noch vorne an bei mir im Paß, immer noch haben wir ein Duett oder einen Zwillingsausweis und unsere Bilder trennt nur ein dünnes Blatt.«[79] Formalitäten. Befragungen. Polizei.

Über Neapel und Torre Annunziata fährt Emmy nach Vietri zu Dölker, der ihr versichert hat: »In Albori ist noch immer kein Schulzwang (...) und das beruhigt mich ein bißchen, so daß ich mich voller Vertrauen hinbegebe (...) Und in Vietri haben sie anstatt Briefbeschwerer Katzen auf den Aktenbündeln liegen und die stammen aus einem vergangenen Jahrhundert, und wenn ich mich dort anmelde, werden die Leute fragen: ›Come va, come sta?‹«[80] Das wird auch Richard Dölker sagen, den Emmy regelmäßig in Vietri besucht: »Er wohnt jetzt in einem schön ausgestatteten ländlichen Haus, hat Frau und drei Kinder und muß für seine Familie tüchtig schaffen. Er arbeitet auf manchen Gebieten als Maler, Keramiker und Batiker (...) Er kann noch immer endlos lange und wunderbare Geschichten erzählen, komisch und abenteuerlich.«[81] Wie damals, als sie miteinander in der Gegend um Salerno unterwegs waren: Emmy, Hugo und Riccardo.

Und so mischt sich im Frühjahr 1929 die Freude über das Wiedersehen und an der vertrauten südlichen Küste mit den Erinnerungen und ihrer Trauer um Hugo. Unruhige Träume plagen sie, in denen die Fischer und die Fische »Steffgenfratzen« ziehen. Sie raucht, trinkt, nimmt Schlaftabletten. Als der besorgte Dölker sie bittet, auf ihre Gesundheit zu achten, erklärt sie verärgert: »Ich kann überhaupt Debatten über diesen unsicheren Begriff ›Gesundheit‹ nicht vertragen. Wenn ich übermorgen mausetot sein soll, deswegen trinke ich doch keinen Malzkaffee. Man kann mir Unsterblichkeit zusichern unter dem Beding, dass ich das Zigarettenrauchen lassen soll, aber dann will ich sterblich sein. Ich finde es unanständig vorsichtig zu leben, ich kanns nicht.«[82] Sie fährt nach Neapel, »umarmt die Fischersfrauen«, und trinkt Cognac. Hat »das Leben in vollen Zügen getrunken« und hofft, ihre »Gesundheit totzukriegen«.[83] Nach mehr als zwei Monaten des unsteten Umherstreifens erreicht Emmy die überraschende Mitteilung, daß der »Turm« in Agnuzzo verkauft werden und sie möglichst schnell ausziehen soll. »Mit den Balls kann man es ja machen«,[84] klagt sie Ninon. Nur widerwillig tritt sie die Rückreise an, fürchtet die Wohnungssuche, den Umzug. Als sie im Zug nach Florenz »einen gewissen Papini« trifft, unterbricht sie ihre Reise und verbringt mit ihm ein paar Tage in Siena. Am 27. Februar ist sie wieder in Agnuzzo und am 18. März 1929 zieht sie ins nahe Cassina d'Agno. Es ist ihr achter Umzug in dieser Gegend und wird nicht der letzte sein.

Inzwischen hat der Fischer Verlag nicht nur das Manuskript ihres Erinnerungsbuches angenommen, sondern Hesse hat den Abdruck seines Vorwortes und einiger ausgewählter Briefe in der verlagseigenen *Neuen Rundschau* unter dem Titel *Briefe eines Frühvollendeten an verschiedene Empfänger* erreicht. Das Lebensbild des »strengen Mönchs« und »sich selbst opfernden Gewissensmenschen«, das er von Ball entwirft, dessen »intellektuelles Ideal eine jeder Kritik standhaltende Wissenschaftlichkeit«[85] war, gleicht dem des Narziß in seinem Roman. Die Briefe Balls gelten ihm »als darum so schön, weil sie ihn nicht einseitig zeigen. Er hatte keine Literatenbriefwechsel, und der Brief, den er an sein zehnjähriges Töchterchen schrieb, war ihm nicht weniger ernst und wichtig als der, in dem er über das Geistige sich äußerte. Vielleicht (...) tragen diese Briefe in ihrer Frische und Schönheit dazu bei, daß das Bild dieses ungewöhnlichen Lebens und Ringens sichtbar wird …«[86]

Nach Emmys Umzug und dem Erscheinen von *Hugo Ball. Sein Leben in Briefen und Gedichten* macht Hesse ihr den Vorschlag, sie möge ihre Briefe veröffentlichen, die sie ihm seit 1923 aus Italien geschrieben hat, deren sprachliche Intensität, scharfe Beobachtung und Witz er bewundert. »Wie gerne möchte ich solchem Wunsche, der mir ein Geschenk ist, nachkommen«,[87] antwortet sie, meldet jedoch Zweifel an, daß das, was sie Hesse »vorgeplaudert« hat, auch den Ansprüchen der Öffentlichkeit genügt, und schickt mit ihrer Ablehnung eine geistvoll-spritzige *Vorrede* über »180 leere weiße Seiten« sowie zahllose weitere Briefe und bunte Karten aus Italien – bis die politische Situation ihr 1935 den Aufenthalt in ihrem Arkadien endgültig verleidet.

Anstatt Hesses Vorschlag zu folgen, arbeitet Emmy bereits an einem zweiten Erinnerungsbuch, *Rebellen und Bekenner,* und stellt einen Lyrikband, *Der Kranz,* zusammen, den sie Hugo widmet. Es sind seine und ihre Gedichte. Doch als sie Fischer die beiden Manuskripte anbietet, lehnt er ab und macht weitere Publikationen über Ball vom Erfolg des Briefbandes abhängig. Ludwig Feuchtwanger ein Erinnerungsbuch anzubieten, wagt sie, eingedenk der letzten Mißstimmungen Balls mit seinem Verleger, nicht. Wieder hat Emmy den Eindruck, daß sich alles gegen sie verschworen hat, denn auch Annemarie, die wegen der Affäre mit ihrer Lehrerin das Bauhaus verlassen mußte, macht Emmy Sorgen. Als die Tochter in Cassina eintrifft, unentschlossen und antriebsarm, fühlt sich Emmy außerstande, mit ihr zusammenzusein, und folgt einer Einladung Carla Fassbinds auf die Rigi, um in der Bergluft den Kopf freizubekommen. Noch immer fühlt sie sich für Annemarie verantwortlich, bittet Carla, Kontakte zu Auftraggebern für Keramik oder Wandteppiche herzustellen, sucht den Rat ihrer alten Freunde, nimmt mit Arps und Szittya in Paris Verbindung auf und reist, ausgestattet mit Fischers Vorschuß für ihr Erinnerungsbuch, im September 1929 mit Annemarie an die Seine. Während Annemarie Kurse an der École Ranson belegt, trifft Emmy sich mit Hardekopf, der als Übersetzer in Frankreich lebt, lernt seine Freundin, die Schauspielerin Sita Staub, kennen. Sieht Marietta di Monaco und Tristan Tzara wieder, »der eine reiche Schwedin geheiratet hat, die wir in der Ausstellung

Hans Arp, Rue de Seine auch trafen«[88]. Mit Sophie Taeuber tauscht sie im Café Erinnerungen aus, besucht die Freunde in ihrem Atelier in Meudon. Ein Bekannter der Berner Zeit, Konsul Schlieben, der 1917 die *Freie Zeitung* initiiert hatte, lädt Emmy nach Neuilly ein, und mit Szittya, der inzwischen als Kunstkritiker, Autor und Verleger in Paris lebt, bespricht sie die Möglichkeit, in seiner »Ars-Edition« ihre und Hugos Gedichte mit Zeichnungen von Annemarie herauszugeben. Eine Luxusausgabe soll es werden. Der Subskriptionsprospekt für diese *Gedichte der Liebe* ist erhalten. Doch der notorisch in Geldnöten steckende Szittya verlangt, daß Emmy sich finanziell an den Druckkosten beteiligen soll. »Diesem fühle ich mich nicht gewachsen«, teilt sie Ninon mit. »Derartiges kann ich nicht riskieren, ohne Gefahr zu laufen, das Frauengefängnis von Paris Saint Lazare kennenzulernen, und das ist nicht unbedingt nötig.«[89]

Zwei Monate, bis November 1929, halten sich Emmy und Annemarie in Paris auf. Emmy versucht mit Feuilletons, die sie an deutsche Zeitungen schickt, die finanzielle Situation aufzubessern, »aber meine sämtlichen Pariser Arbeiten sind nicht angenommen worden mit dem Bemerken, daß man Pariser Korrespondenten eigens engagiert hat«[90]. Als ihre Mittel erschöpft sind, reist sie zurück nach Cassina, schickt Annemarie erneut nach Dessau, »wo sie aber offenbar nicht mehr in der Schule aufgenommen worden ist mit dem schriftlichen Bemerken, daß es ihrem Fortkommen nicht günstig sei, doch wolle man ihr ein gutes Zeugnis ausstellen, das ihr eine Stellung verschaffen könnte«[91]. Und so kommt zur Freude, daß *Hugo Ball. Sein Leben in Briefen und Gedichten* inzwischen erschienen ist, wieder die Sorge um Annemaries Zukunft. In Briefen an Hesse und Ninon klagt sie über die nachlässige Arbeitseinstellung der Tochter, ihren unbedachten Umgang mit Geld, ihre Frauengeschichten. Dennoch hilft sie bei der Stellensuche als Teppichweberin und pflegt sie, als Annemarie, krank und entlassen aus ihrer Stellung in St. Gallen, im Sommer 1930 nach Cassina kommt. Und so leben Mutter und Tochter wieder zusammen. Emmy läßt aus Flensburg einen Webstuhl kommen, bestellt Wolle, verschafft Annemarie im wohlhabenden Tessiner Freundeskreis Aufträge für Wandteppiche, hilft ihr beim Weben, bemüht sich über Coray um Galeriekontakte. Als sich keine Erfolge einstellen wollen, nimmt sie Annemarie mit nach Italien. Aber anstatt wieder bei Dölker in Vietri als Keramikerin zu arbeiten, bleibt Annemarie in Rom und besucht, wie schon 1924, die Akademie. Emmy versucht, da Elisabeth Bergner ihre Beziehung und damit auch die finanzielle Unterstützung Annemaries beendet hat, der Tochter zu helfen. »Ich schicke ihr zweimal im Monat Geld und zwar so ziemlich alles, was ich habe«, klagt sie Ninon, »aber ich habe unentwegt das Gefühl, ich muß so und so viele Zeilen schreiben, um ihr ein Leben ohne Arbeit zu ermöglichen. Das ist oft fürchterlich …«[92]

Ein Kontakt mit Elisabeth Bergner ist, bis auf einen Brief Emmys an die Schauspielerin vom Juli 1931, nicht mehr nachzuweisen. Da schreibt sie: »Wir haben lange nichts von Ihnen gehört, (…) wenn wir nach Lugano gehen, um einzukaufen, gehn wir ins Café und dann finden wir Ihr schönes Bild in einer Zeitung (…) und dann freuen wir uns sehr.«[93] Antworten finden sich nicht im Nachlaß, aber eine Reaktion Annemaries auf die Zeitungsnachricht von Bergners Hochzeit mit ihrem Regisseur Paul Czinner in London. Überrascht und schockiert zugleich schreibt Annemarie an Lo Schetty, die ihr die Anzeige nach Rom geschickt hat: »Ich war so froh, dass Sie mir die Heiratsannonce (…) schickten. Wenn ich sie zufällig im Caffee gelesen hätte, ich glaube, ich hätte bitterlich weinen müssen. Nicht weil meine ›Freundin‹ geheiratet hat. Aber ausgerechnet Paul Czinner, der ist mir so unsympathisch, und ich kann Lisl nicht verstehn.«[94]

Im selben Jahr lernt Annemarie den in Rom lebenden Deutschen Gottfried Schütt kennen und wird schwanger. Emmy arrangiert die Hochzeit in Cassina, pflegt Annemarie nach der Geburt des Kindes und begleitet die Tochter und den Enkel, Hugo Michael, im Januar 1933 nach Rom. Auch in den folgenden Jahren fühlt sich Emmy für die wachsende Familie verantwortlich, schickt Geld, Kleidung, Medikamente und bittet den Leiter des Fischer Verlags, Peter Suhrkamp, mit den von *Hugo Ball. Sein Leben in Briefen und Gedichten* angefallenen Einnahmen die Tochter zu unterstützen. Denkt sie an Hugo, so scheinen die schwierigen Jahre ihrer Gemeinsamkeit in der Rückschau einfacher als die Gegenwart, denn die Trennung durch den Tod läßt alles Negative verblassen. Und so beginnt Emmy, die einstige Realität zu verklären und ein Bild ihres Mannes zu prägen, das in seiner

Einseitigkeit Hugo Balls Vielseitigkeit ebenso wenig gerecht wird wie ihrer eigenen Lebensgestaltung nach Balls Tod. Als Folge ist, bei oberflächlicher Betrachtung, Emmy ausschließlich die Rolle der Witwe zugeschrieben worden, deren einzige Sorge das Werk des Verstorbenen gewesen ist. Aber diese Lesart zeugt von einem ebenso eingeschränkten Verständnis ihrer Persönlichkeit wie die Mär, sie sei nach Hugos Tod, tiefreligiös, in selbstgewählter Askese, allein ihre »Wege und Umwege zum Paradies«[95] gegangen. Emmys unveröffentlichte Briefe und Tagebücher erzählen eine andere Geschichte und weisen keine Brüche zum vorangegangenen Leben auf. Sie ist und bleibt die Exzentrikerin und Maskenspielerin, aber auch die Frau, die ihr Schicksal mutig in die Hand nimmt und entgegen allen Widrigkeiten ihr Leben kreativ gestaltet. Sie hat Affären, ohne sich neu zu binden, und bewahrt sowohl ein kindliches Vertrauen auf den »lieben Gott« als auch einen klaren Blick für die Schwächen der katholischen Kirche und kritischen Humor für ihre Vertreter.

Im dritten Jahr ihrer Witwenschaft versucht Emmy Ball-Hennings, sich aus ihrer trauernden Verstrickung zu lösen, und beendet ihre Erinnerungsarbeit mit dem Manuskript *Hugo Balls Weg zu Gott*, das der katholische Verlag Kösel & Pustet 1931 herausbringt. Jetzt soll Schluß sein mit dem ständigen Umkreisen der Vergangenheit: Aufbruch zu neuen Ufern! Emmy zieht die rote Lederjacke von Elisabeth Bergner an, einen engen, kurzen, schwarzen Rock. Keck sitzt die rote Mütze auf dem noch immer blonden Schopf. Noch weiß sie nicht, wie weiter: Bücher schreiben? Theater spielen? Sie konzipiert ein Stück, *Die göttliche Komödiantin*, in dem sie selbst »die unscheinbarste Rolle spielen« will.[96] Das Manuskript, wenn es denn eines gab, ist verschollen, aber Emmy, die Vielfache, macht sich zu neuen Auftritten bereit.

# »... der Worte verfängliche Saat«

Alte und neue Freunde – Ninons Verwandlungen – Herr
Hesse schreibt einen Brief, Herr Keckeis akzeptiert ein Manuskript, und Herr Guttmann liest Korrektur – Emmys Ausflüge
ins Reich der Kindheit – Von Bußpredigern, einem Mönch,
der Plattdeutsch spricht, Emmys geistigem Alphabet und der
Ambivalenz der Gefühle

Frühling 1930. Lesereise in Deutschland. Emmy stellt ihr Erinnerungsbuch an Hugo Ball vor. Zuerst liest sie in Berlin, spielt mit
dem Gedanken, in die Hauptstadt zu ziehen, um in der Nähe von
Zeitungsredaktionen, dem Rundfunk und Verlagen zu leben. Mit
Reiß hat sie ihre Verträge und den für Balls *Flametti* gelöst und, mit
Hesses Vermittlung, erreicht, daß der Fischer Verlag die Restbestände
in Kommission übernimmt. Ihre Suche nach einem neuen Verleger
erweist sich jedoch als ebenso aussichtslos wie die Möglichkeit, in
Deutschland zu leben, denn die Zustände im von Krisen geschüttel-
ten Berlin verunsichern Emmy. Die Zahl der Arbeitslosen geht in die
Millionen und steigt ständig weiter. Reichskanzler Brüning hat Not-
verordnungen erlassen. Während Emmy in Köln, Stuttgart, München und Pirmasens liest, erlebt sie, daß Hitler hemmungslos die
Not der Massen ausnutzt und mit Hetzpropaganda Anhänger für
seine NSDAP sammelt, die nach den Reichstagswahlen vom September 1930 statt 17 Abgeordnete bereits 107 Mandatsträger stellt. Also
fährt Emmy in die Schweiz zurück, wohl wissend, daß sie, um im Tessin leben zu können, Menschen braucht, die in der Lage sind, sie finanziell zu unterstützen. Kann sie sich auf Hesse verlassen? Auf dessen Mäzene? Wird Carla sie weiterhin, wenn sie erholungsbedürftig
ist, auf die Rigi einladen? Wieder in Cassina verfliegen ihre Bedenken, denn nicht nur Hesse kümmert sich, sondern auch Josef Bernhard Lang, mit dem sie ihre Träume analysiert und sich über Astrologie austauscht, der ihr Schlaf- und Beruhigungsmittel verschafft.
Bald gehört Mareili, die einst von Annemarie geliebte Teppichweberin Maria Geroe-Tobler, ebenso zu ihrem Freundeskreis wie der jü-
disch-katholische Schriftsteller Max Picard, der in Caslano lebt, und

der junge Maler und Zeichner Gunter Böhmer, der Anfang der dreißiger Jahre bei Hesse in Montagnola auftaucht. Emmy ist das »enfant terrible« dieses Kreises, »ein Kind aus einem Kindermärchen«, nennt Hesse sie. »Im Märchen ist sie eine Fee und Zauberin, im ›realen‹ Leben aber ein armer Tropf, der nicht rechnen kann und den viele für verrückt halten.«[1] Da sind Unverständnis, Spannungen, Empfindlichkeiten und Verletzungen unausweichlich, wie ein Brief Hesses von 1930 an Max Thomann zeigt: »Ich habe dreimal im Laufe der Jahre versucht, wohlhabende Gönner auf Balls aufmerksam zu machen, jedesmal mit dem Erfolg einer einmaligen Unterstützung, für die wir dankbar waren, aber jedesmal mit dem Ende einer gegenseitigen Enttäuschung: der reiche Mann war enttäuscht, weil er fand, daß die Balls nun doch endlich einmal ihr Leben rationalisieren und vernünftig werden könnten – und Balls waren enttäuscht, weil sie sahen, daß der Gönner sie nun doch nicht verstanden habe. Ich selber habe in manchen Jahren das Leben dieser Märchenvogelfamilie ermöglichen helfen, teils durch gelegentliche Geldgaben, teils, indem ich sie immer wieder an Freunde empfahl (…) Es ist ganz unmöglich dies Leben auf eine rationale Formel zu bringen, versuchen Sie es lieber gar nicht (…) Wenn Sie Emmy kennengelernt haben, wird Ihnen alles rasch klar werden. Wenn Emmy ihr Herz nicht gewinnt, so dürfen Sie sich mit ihr und ihrem Schicksal nicht weiter plagen, das hülfe nichts. Wenn Sie aber von ihr gewonnen werden, d. h. wenn Sie das Außerordentliche fühlen, das diese Frau und ihr Mann bedeuten, dann machen Sie es wie ich und geben ihr je und je ein bißchen was (nicht viel auf einmal), wenn es gerade wieder not tut.«[2] Unzählige Briefe im Nachlaß zeugen von Emmys Dankbarkeit gegenüber den »Scheinwerferli«, wie sie ihre Geldgeber zärtlich nennt und an die sie in zahllosen Schreiben immer neue Bitten um Unterstützung richtet. Aber sie hat ihre Gönnerinnen und Gönner auch an ihrem farbigen Leben im Tessin und auf Reisen teilnehmen lassen, hat mit Witz und Ironie die immer schwieriger werdenden Zeitläufte kommentiert. So daß Carl Seelig, der sie in ihren letzten Lebensjahren unterstützt hat, wünschte: »daß einmal ein Freund auch ihre entzückenden Briefe veröffentlicht, in denen sie sich vertrauensvoll wie eine Blume öffnen konnte.«[3] Das umfangreichste Konvolut ihrer Korrespondenz nach Balls Tod bilden, neben den Briefen an Annemarie und an Hugos Schwester, Maria Hildebrandt in Pirmasens, Emmys Briefe an Hesse und dessen junge Freundin und spätere dritte Ehefrau Ninon Dolbin. Sie wird in Emmys letzten Lebensjahrzehnten zu ihrer engsten Freundin und Vertrauten, auch wenn es, wie mit Hesse, beim förmlichen Sie bleibt. Es ist eine ambivalente Beziehung, ein Werben zu Beginn, bei dem Emmys erotischer Unterton unüberhörbar ist: »Schade, daß ich Sie nicht mehr sehen kann, die dunkle Wolke ihres Haares auf den weissen Kissen, Ihr helles Gesicht, das mein Griechenland ist, und die dunklen Morgenlandaugen, die Juwelenaugen.«[4] Aber auch die spröde Ninon bekennt: »Ich sehne mich so nach Ihnen,[5] (…) mich interessiert alles, was Sie angeht, alles, was Sie sagen oder schreiben.«[6] Als Ninon nach der Hochzeit 1931 mit Hesse in die Casa rossa, das von Hans C. Bodmer für den Dichter errichtete Haus, gezogen ist, kühlt sich jedoch das Verhältnis der beiden Frauen zunehmend ab. Bedeutet für Ninon Hesse dieser Umzug das Ende ihres unruhigen Lebens zwischen ihrer Wohnung in Wien und den Untermietzimmern in Hesses Nähe, so bleibt Emmy eine Umherziehende, die ihre Mietschulden oder Kündigungen immer wieder zum Wechsel in billigere Quartiere zwingen. Von 1938 bis 1942 lebt sie noch einmal in der Casa Andreoli in Agnuzzo. Eingesponnen in ihre Einsamkeit, meint sie manchmal Hugo im Garten zu sehen, ihn ins Zimmer kommen zu hören. Als die Besitzer selbst einziehen wollen, mietet Emmy eine Wohnung in Magliaso und zieht ihre Bücher auf dem Handwägelchen über Kilometer von Haus zu Haus. Ninon hingegen wandelt sich in der Casa rossa zur Hausherrin im wahrsten Sinne des Wortes, beschäftigt Hausmädchen, Köchin, Hilfen für den großen Garten. »Das Haus ordentlich zu führen, kostet ziemlich viel, und Ninon ist darin eifrig und ehrgeizig, für Zigeunerwirtschaft hat sie gar keinen Sinn«,[7] klagt Hesse ein Dreivierteljahr nach der Hochzeit. Ihn stören der Ordnungszwang seiner Frau, ihre ständigen Querelen mit dem Personal. Als Ninon sich bei Emmy über die »wahre Dienstbotenhölle« beklagt, antwortet auch sie ungehalten: »Ich bin mir mein Lebtag meine eigene Magd gewesen.«[8] Anderes kennt sie nicht, liebt ihr zigeunerhaft-unkonventionelles Wohnen, neidet Ninon weder das Haus noch die Ehe. Aber ihrer hausfraulichen Pedanterie steht sie, ebenso wie andere Freunde, zunehmend verständnislos gegenüber. »Es ist rein äußerlich zwischen meinem Agnuzzodasein und Montagnola ein so krasser Kontrast, daß ich ihn nicht mehr zu überbrücken vermag«,[9] klagt sie Gunter Böhmer. Der »hohe Olymp« nennt Maria Geroe-Tobler das Hesse-Haus verächtlich und Ninon eine »Hexe«, schreibt an Emmy: »Dass Du geweint hast wegen Montagnola, schneidet mir ins Herz. Aber ich verstehe Dich gut.«[10] Emmy leidet darunter, daß Ninon, um Hesse vor Ablenkungen zu schützen, restriktive Besuchsbeschränkungen erläßt. Mehr als einmal wird es deshalb zwischen den Freundinnen zu Verstimmungen kommen, wenn Ninon ihren Mann gegen Emmys spontane Stippvisiten abschirmt oder sie, die zeitweise täglich schreibt, auf die Briefflut aufmerksam macht, die ständig auf Hesses Schreibtisch gespült wird. Dann klagt Emmy dem Freund: »Mein Verhältnis zu Ihnen ist zur Zeit beinah wie zur heiligen Jungfrau, an die ich mich auch wende und ich höre nicht direkt von ihr, aber immerhin man ist zufrieden. Diesmal aber bitte schreiben Sie.«[11] Emmy ist jedoch selbst dem »überirdischen Abenteuer des Büchermachens«[12] zu sehr verfallen, als daß sie nicht Verständnis für Hesses Empfindlichkeiten hätte. Kommen störende Besucher, so möchte auch sie sich oft »vor Verzweiflung vorher aufhängen oder an die Tür ein Plakat ›bin soeben verrückt geworden Besuche dankend verbeten‹«[13]. Daß Freundschaft Taktgefühl bedeutet und »einander lassen können«[14], ist Emmy trotz ihrer Spontaneität immer bewußt. Da sie sich zurücknehmen kann, ist sie häufiger und gerngesehener Gast in der Casa rossa. Hesse liebt ihre Situationskomik, bewundert ihre poesievollen Einfälle, kann ausgelassen mit ihr lachen. Und ärgert sich dennoch unablässig über ihre Unfähigkeit im Umgang mit Geld, ohne jedoch seine Unterstützung einzustellen. Auch ihre Zuneigung zu Hesse bleibt ungebrochen, obwohl sie ihm manchmal verärgerte Briefe schreibt, die das Bild der um Liebe werbenden Emmy um die Facette der zornigen und aggressiven ergänzen. Ambivalenz auf beiden Seiten. Auf Ärger folgt versöhnliches Miteinander und bei Ninon die Bewunderung für Emmys Werk: »Mit welchem Entzücken gehe ich ihre Zauberpfade!« gesteht sie Hesse. »Gestern hat sie mir wieder ganz lieb geschrieben – aber so traurig und enttäuscht. Sie schrieb, wenn sie Dich nicht hätte, wäre sie längst verzweifelt, aber dass Du auf der Welt bist, ist so tröstlich.«[15] Er ist und bleibt Emmys wichtigster Begleiter, ihre Bewunderung für Hesses Werk, das sie kenntnisreich und einfühlsam rezensiert, ungebrochen. Auch er hat gestanden: »»Unsere Emmy gehört zu den 3 oder 4 besten Hesse-Lesern‹ und meinte damit ihre Eindringungskraft, ihre Hingabefähigkeit, ihre instinktiv sichere Urteilsgabe.«[16] Emmy, Hesses »Berichterstatter aus Cassina«[17], erzählt ihm vom Leben im Dorf, ihren Nachbarn, von Reise- und literarischen Plänen. Einige der farbigen Dorfgeschichten werden später in *Geliebtes Tessin*[18] nachzulesen sein: Festliche Höhepunkte und landschaftliche Schönheit einer südlich-heiteren Welt. Aber diese verdüstert sich immer wieder, wenn Emmy an Hugos Leiden und Tod denkt, mit ihrem Schicksal hadert, unfähig ist zu schreiben. Dann versucht Hesse zu trösten: »Das Büchermachen ist ein hübsches Spiel, und man kann sich dabei unter Umständen verbluten, aber ich denke mir, dass Sie es doch schöner hatten, als Sie noch mit Hugo in den Tingeltangeln und Kneipen Ihre Artistenkünste ausübten. Die *Artisten* sind ja die einzigen Künstler, die unter allen Umständen etwas können und wagen müssen. Jeder Seiltänzer unterm Abendhimmel, jeder Trapezturner unterm Zirkuszelt muss viel gelernt und geübt haben, und muss jedesmal von Neuem sein Leben und seine Glieder dran wagen, während wir in der Literatur und anderen *höheren* Künsten so manchen Leuten begegnen, die niemals etwas gekonnt oder gar gewagt haben, und dennoch eine Weile dem Bürger zu imponieren und eine Rolle zu spielen vermögen.«[19] Hesse ist im Züricher Niederdorf gewesen, »in jenem Bierlokal (…) wo Ihr einst (…) aufgetreten seid«[20]. Noch immer gibt es dort ein Kabarettensemble. »Aber es war keine Emmy auf der Bühne, und am Klavierchen unten sass kein Hugo. Wenigstens machte der Mann am Klavier nicht den Eindruck, als ob er tagsüber Gedichte schreibe und Revolutionen vorbereite.«[21] Es ist ein weiter Bogen, den Hesse schlägt. Zwölf Jahre sind vergangen seit der Zeit, als der »kleine Herr Lenin noch in der Spiegelgasse wohnte, bis man ihn nach Russland holte, um die Welt ein bisschen umzudrehen«[22]. Zwölf Jahre blieben Emmy und Hugo zum gemeinsamen Spiel des Büchermachens, von dem sie träumten, als sie im Mai 1915 Berlin verließen und nach Zürich aufbrachen, wo sie es keineswegs »schön« hatten. Aber sie waren erfüllt von Ideen und Plänen, die Köpfe voller Wörter, die darauf warteten, sich zu Texten zu formen, zu Büchern, die ihre Namen bekannt machen sollten: Emmy Hennings und Hugo Ball. In Emmys Gepäck ihr schmales Bändchen *Die letzte Freude*, das sie hütete, unsicher, ob ihr noch einmal Verse gelingen würden. In Hugos Koffer *Die Nase des Michelangelo*, sein einziges veröffentlichtes Stück. Es sollte, das stand für ihn fest, das letzte fürs Theater sein. Politischer mußten künftig die Texte sein, denn ihr bisheriges Leben, so hatten sie erkannt, war eine Folge politischer Entscheidungen: gegen künstlerische Bevormundung, gegen Zensur, Spießertum, soziale Ungerechtigkeit, gegen den Krieg. Für dieses »gegen« wollten sie Form und Sprache finden. Schluß mit dem Theater, hatten beide beschlossen, um, kaum angekommen, wieder auf der Bühne zu stehen. Aber war das nicht auch politisch? Emmys Kabarett und Hugos Cabaret? Wieherte nicht schon *Das Karussellpferd Johann* in Emmys frech-schlüpfrige Couplets, zu denen Hugo in die Tasten griff? *Flametti oder vom Dandysmus der Armen?* Was bedeutete es, wenn Emmy auf die Straße ging, wieder *Das Brandmal* spürte und die Angst vorm *Gefängnis*? Sie kämpften ums Überleben, um zu schreiben. Erlebtes sollte zu Literatur werden, Erkanntes zum Bekenntnis. Aber 1928 ist einer der beiden Büchermacher tot, und die andere irrt wieder »in den Gegenden von Salerno und Neapel« herum,[23] klagt über Einsamkeit und Erfolglosigkeit, beschwert sich bei Hesse, keine Post zu bekommen. »Aber wenn es mir auch besser geht«, antwortet er, »und meine Bücher leichter Verleger finden und mehr gekauft werden – mit dem Verstandenwerden geht es mir auch nicht besser als Ihnen.«[24] Er lobt ihr gerade entstandenes Erinnerungsbuch *Hugo Balls Leben in Briefen und Gedichten* und versichert: »Sie haben so schöne und köstliche Gedichte gemacht, und so wunderschöne Prosa geschrieben«,[25] dankt für ihre Briefe und ist überzeugt, »man wird sie ausgraben wie Pompeji, sie werden wie Schmetterlinge aus einer Puppe fliegen, ein herausgebender Professor und ein Verleger werden durch diese Briefe, für die Sie kaum das Porto aufbrachten, berühmt und wohlhabend werden, und man wird sich rasch darüber einigen, dass seit der Bettina Brentano solche Briefe nicht mehr geschrieben worden sind.«[26] Wir können dieses als Ermutigung und kollegiale Solidarisierung lesen, als Zeugnis seiner Zuneigung. Denn der Brief ist nicht eines seiner zahllosen Schreiben, die Hesse in den achtundzwanzig Jahren der Freundschaft an Emmy schickte, sondern er hatte ihn, um ihr eine »kleine Freude« zu machen, zur Veröffentlichung bestimmt.

Als er ihr 1928 »durch eine Zeitung« schreibt, »so wie ganz Verzweifelte durch die Zeitung eine Braut suchen«,[27] quält sich Emmy wieder einmal mit Selbstzweifeln, klagt Ninon: »in einigen Wochen werden Sie mir sagen müssen, wie ich heisse, denn ich bin auf dem Wege es zu vergessen.«[28] Hesse versucht zu trösten, erinnert an ihre Anfänge als Artistin und macht ihr Mut, daß sie bald wieder ihre Texte, »träumend wie Blumenduft«,[29] schreiben wird. Aber auch Emmy entsinnt sich während der Schreibblockaden ihrer alten Fähigkeiten, erwägt eine Rückkehr zum Kabarett. Notiert am 4. August 1931 im Tagebuch, daß sie sich eine Gitarre gekauft hat und wieder auftreten will, schreibt an Annemarie: »Dann verdiene ich genug am Abend und kann meiner geistigen Arbeit untertags nachgehen. Ich will mich an Ringelnatz, den ich ja gut kenne (...) wenden, er wird schon wissen, wie ich es anpacken soll. Hesse meint auch, es sei eine gute Idee.«[30] Aber das literarische Kabarett in Deutschland stirbt mit Hitlers Machtübernahme. Im Sommer 1933 erfährt Emmy, daß Erika Mann mit ihrer ›Pfeffermühle‹ von München nach Zürich geflohen ist. Vielleicht hat sie am 8. oder 9. September 1934 eine Vorstellung der ›Pfeffermühle‹ besucht, die im Kursaal von Lugano gastiert, hat mit Erika Mann und Therese Giehse verhandelt. Nachweisen läßt es sich nicht. Die Befürchtung jedoch, ihre Aufenthaltsgenehmigung in der Schweiz könnte nicht verlängert, die Reisemöglichkeiten nach Deutschland gefährdet werden, läßt Emmy gegen das politische Kabarett entscheiden. Ein Jahr später bietet ihr Mme Marcelli in Zürich »ein Duett und eine Zaubernummer« an: »Als wärs das Selbstverständlichste von der Welt, dass ich sofort bereit bin, wieder aufs Brettel zu springen, während ich doch mit einem Bein im Gräblein stehe und nur noch ein Verlangen trage, meine letzte kleine Meinung zu Papier zu bringen.«[31]

Emmy ist im Januar 50 geworden, und auch wenn sie in den dreißiger und vierziger Jahren hin und wieder auf der Rigi vor den Hotelgästen singt und rezitiert, kann sie jetzt über diese letzten kleinen Versuche, noch einmal »Liebling des Volkes« zu sein, lächeln. Erinnert sich wehmütig an ihre Jugend, als sie sich auf die Bühne gesehnt, gespielt, gesungen, getanzt hatte. Wie ein Schwamm war sie gewesen, hatte aufgesaugt, was sie gesehen hatte, nachgeahmt, Erlebtes umgesetzt. Im Wandertheater. Im Tingeltangel und Varieté. Schließlich im literarischen Kabarett. Eine Autodidaktin, die immer wieder an ihre Grenzen stößt, denn »da haperts ja grad eben mit meiner Bildung«[32]. Sie erinnert ihre Begegnung mit Franz Werfel, dem Lektor des Kurt Wolff Verlages, der ihre Gedichte in die Reihe *Der jüngste Tag* aufgenommen hat, vielleicht mehr von der attraktiven Lyrikerin als von ihren Texten angetan, und erkennt, daß, hat diese Gefühlskomponente gefehlt, Lektoren und Verleger sehr viel kritischer auf ihre Arbeiten schauten. Sie kramt in den Zeitungsausschnitten mit Rezensionen, liest die Namen der Freunde, die ihre Bücher rezensierten: Klabund, Huelsenbeck, Oskar Loerke, Walter Mehring, Hesse. Findet die erste Erwähnung ihrer Texte bei Felix Stössinger: »Diese kleine Dichterin wagt aufzuschreiben, was in ihr haften blieb, und legt unbewußt ein Stück von ihrer Traurigkeit und Zigeunerei dazu.«[33] Begeisterte Urteile über *Gefängnis*, wie von Paul Hatvani in Prag, der »dieses *De profundis* einer Frau« als »das allererotischste Buch der letzten Jahre«[34] lobt, wechseln mit Ablehnung bis hin zu bösen Verrissen wie von Franz Herwig, ihrem schärfsten Kritiker: »Diese seltsame Erscheinung ist kein literarisches Problem, sondern ein menschliches, eine Romanfigur, keine Romanschreiberin.«[35]

Die negativen Rezensionen belasten sie noch immer, ihre abgelehnten Zeitungsartikel, Manuskripte. Im Frühjahr 1930 entschließt sie sich dennoch, ihre Gefängniserlebnisse ein drittes Mal zu bearbeiten, nennt diesen Versuch *Das Haus im Schatten.* Ihre Inhaftierungen verfolgen Emmy, und wenn sie den deutschen Konsul in Lugano um die Verlängerung ihrer Aufenthaltsgenehmigung bitten muß, fürchtet sie wegen ihrer Verurteilungen von 1914 Ablehnung und Abschiebung. »Aus einem Brief vom 11. Juni geht hervor, daß der Herr Konsul mit dem Strafregisterauszug sich nur nach Flensburg und Görlitz gewandt und da bin ich nie bestraft worden«,[36] schreibt sie an Hesse. Und so bekommt sie die Verlängerung der Aufenthaltserlaubnis, aber die Frage nach Recht und Gerechtigkeit läßt sie nicht los. 1935 nimmt sie als journalistische Berichterstatterin an Strafprozessen in Zürich teil. Fühlt sich mehr als einmal auf der Seite der Angeklagten, weiß aus eigenem Erleben um die hintergründigen Verbindungen von Lebensumständen und Tat. »Es sind einfach Menschen vor Gericht, die ich beschreibe, indem ich die Beweggründe der Verirrung untersuche, während das Delikt an sich nicht die Hauptsache ist«,[37] notiert sie während der Verhandlungen. Im Nachlaß finden sich Hefte mit Aufzeichnungen zum Mordprozeß Seiler, Pläne für ein Buch, das jedoch nie geschrieben wird. Andere Leben, andere Schicksale schreibend zu gestalten scheint unmöglich, auch dann, wenn Emmy gelegentlich fremdliterarische Quellen verarbeitet. Der Stoff ihrer Bücher ist das eigene Leben. Ihre Inhaftierung thematisiert sie noch einmal 1939/40 in *Das flüchtige Spiel*. Auf 26 Seiten läßt sie ihr literarisches Pseudonym Helga im Kapitel »Das Gefängnis« die Strafe für das Mädchen Finny absitzen, das einem Freier die Taschenuhr gestohlen hat und nun um eine ehrbare Verlobung bangt. Und im Widerspruch zu *Blume und Flamme*, wo schon die katholische Kirche in Flensburg Emmys religiöse Sehnsucht geweckt haben soll, schreibt sie nun dem Gefängniserlebnis ihre Konversion zu: »Meine Genossinnen gehörten mit wenigen Ausnahmen dem katholischen Bekenntnisse an, und gerade diesen verirrten Kindern verdanke ich die ersten Unterweisungen in der Glaubenslehre, sogar die ersten kleinen Fürgebete, deren ich bedurfte.«[38] In *Ruf und Echo. Mein Leben mit Hugo Ball* sind es schließlich nur noch zwei Seiten, auf denen sie ihre Verhaftung wegen Paßfälschung 1915 erwähnt, denn »die Geschichte wäre sogar ohne Hugo recht belanglos. Nur im Zusammenhang mit ihm erscheint mir die Geschichte erwähnenswert.«[39] Und so wird nach Balls Tod auch ihre Verhaftung zu einem Teil der Mythenbildung um das geheimnisvoll füreinander bestimmte Paar. Es ist, wie Hesse bereits 1928 vorausgesehen hatte: »Euer Leben, das Ihre und Hugos, wird bald zur Legende werden, man wird von Ihnen und von ihm wunderliche und tröstliche Sachen erzählen, es wird ein schöner Sagenkreis werden, und alles wird wahr und mehr als wahr sein.«[40] Die Wirklichkeit war für die beiden Büchermacher jedoch weder wunderlich noch tröstlich, sondern ein zermürbender Kampf um Zeit und Geld, um Verleger und Anerkennung, und setzt sich nach Balls Tod fort.

Während Ball sehr gezielt mit dem *Bakunin Brevier*, *Zur Kritik der deutschen Intelligenz* und *Die Folgen der Reformation* den intellektuellen Weg und zugleich – in nur scheinbarem Widerspruch dazu – auch

mit *Byzantinisches Christentum* und *Die Flucht aus der Zeit* den bekennenden einschlägt, orientiert sich die dem eigenen Leben verhaftete
Emmy durchaus am Erfolg anderer Autorinnen. So finden sich in
*Das Brandmal* Bezüge zu dem *Tagebuch einer Verlorenen*[41] von Margarethe Böhme, das innerhalb weniger Jahre zum Bestseller und 1929 sogar verfilmt wurde. Während Böhme sich 1907 noch hinter einer Her-
ausgeberschaft versteckte, läßt Emmy ihr *Tagebuch* der Prostitution
unter eigenem Namen erscheinen. Den einstigen Gefährtinnen, den
»Gassenkindern«, will sie eine Stimme geben, sie aus den Verstecken
ans Licht holen. Aber »der Worte verfängliche Saat« verfangen bei den
Rezensenten oft anders, als von der Autorin gewünscht. Sie hat versucht, sich zu verteidigen: »Es ist nicht so, wie man von mir glaubt
in den Zeitungen, dass ich nur mein eigenes Leben sehe, dass ich kein
Einfühlungstalent habe, ich bin keine Egoistin, jedenfalls weiss ich,
dass ich alle Anlage habe keine zu sein.«[42] Während Ball ihre Texte bewundert, sie in ihrem Weg bestärkt hat, muß sie bei der Ablehnung von
*Das Haus im Schatten* erkennen, daß sich inzwischen der Zeitgeist gegen die »Gossenliteratur« gerichtet hat, die Leser andere Themen be-
vorzugten. War sie Mitte der zwanziger Jahre in Deutschland den Li-
teraturinteressierten noch als dichtende Vagabundin bekannt gewesen,
»deren Gedichte zeigen, daß man sie unter die ersten deutschen Dichterinnen zählen muß, die heute leben«,[43] so weiß sie, daß mit Balls Tod
eine deutliche Zäsur entstanden ist. Jetzt ist nicht mehr ihr eigenes Leben Gegenstand der Gestaltung, sondern Hugos Leben und Werk
drängen, erzählt zu werden, denn: »Gerade meine seltsame Minderwer-
tigkeit erklärt Hugos Größe (…) mir ist oft, als habe Hugo an sich
selbst geschrieben, wenn er an mich schrieb.«[44] Das erste Erinnerungsbuch der Briefe und Gedichte wird von Gerhard Hauptmann und Jakob Wassermann gelobt, von den Rezensenten überwiegend zustimmend aufgenommen. Es gibt jedoch auch Ablehnung, so in der *Neuen
Zürcher Zeitung*, die Emmy vorwirft, distanzlos zuviel Persönliches
veröffentlicht zu haben. Sie reagiert verletzt, fühlt sich durch Franz
Bleis Lob: »Dies Buch wird alle Zeiten überdauern«[45] und Hesses positive Rezension in der *Neuen Rundschau* eher verunsichert als getröstet. Sie zweifelt am Wert ihres zweiten Erinnerungsbuches, schreibt
im April 1930 aus Köln an Hesse: »Bald komme ich wieder in das Tes-

sin. Es ist kalt hier und ich hab nicht einmal einen Ofen, in dem ich mein unmögliches Manuskript *Rebellen und Bekenner* verbrennen könnte. Nun aber, aufgeschoben ist nicht aufgehoben und in Cassina hab ich ja meinen häuslichen Herd.«[46] Dennoch: *Hugo Balls Weg zu Gott* muß immer wieder beschworen werden, und den Kritikern ihrer selektiven Herausgabepraxis von Balls Werk, ihrer subjektiven Auswahl seiner Briefe und Gedichte hält sie entgegen: »Man könnte mir Tausende bieten, und ich würde nicht die frühesten Irrtümer von Hugo der Öffentlichkeit preisgeben.«[47] Damit hat sie Balls expressionistische Lyrik, seine Stücke und die Arbeiten der Dada-Zeit, *Flametti* und *Tenderenda*, auf ihren persönlichen Index gesetzt, teilt im Januar 1931 August Hofmann, der Balls während der Münchener Studentenzeit entstandenes Puppenspiel *Des Teufels Erdfahrt* herausgeben möchte, mit: »Nach einem Byzantinischen Christentum ist ein Kasperletheater nicht leicht angängig.«[48] Und noch kurz vor ihrem Tod geht ein ablehnender Brief an Hans Bolliger in Zürich, der das Manuskript von Balls *Hôtel métaphysique* einsehen möchte: »Der *Tenderenda* mag recht interessant sein als eine expressionistische Dichtung aus der Übergangsepoche von Ball, das gebe ich zu, aber Ball selbst war kein eigentlicher Dichter, seine Stärke lag in einem anderen Gebiet. Er war Denker, Kritiker seiner Zeit, Konvertit, und ich als seine Frau muß ihn als solches nehmen und bedenken, und dürfte nicht eine jugendliche Zufalls- und Übergangsarbeit, auch wenn er noch soviel Phantasie und Herzblut einmal hineingelegt hat, als etwas besonders *Typisches* für Ball bezeichnen und herausgeben.«[49] Als sie Bolliger doch noch das Gewünschte schickt, weil sie sich die Veröffentlichung einiger Stellen im Kontext mit anderen expressionistischen Texten vorstellen könnte, fordert sie: »Es darf nicht chockierend wirken zu dem, wozu Ball sich später durchgerungen hat.«[50] Emmy ist die Hüterin seines Werks, sie bestimmt, was, wann und in welchem Verlag gedruckt werden darf, kürzt, ohne anzumerken, schreibt zu Neuherausgaben erklärende Vorworte. Vergleicht Hugos Leben mit dem des biblischen Saulus, aus dem ein Paulus wurde, bekennt: »Weniger als Person habe ich ihn geliebt, als Gott in mir.«[51] Und am Bild Gottes darf nicht gerüttelt werden, obwohl sie Hesse bekennt: »wir haben ja auch gelitten, uns an Haar und Herz geschleift und gezerrt.«[52]

Nichts Negatives soll über ihre Ehe nach außen dringen. »Meine wirklichsten, traurigsten Wahrheiten muß ich doch verschweigen.«[53] So entstehen Emmys Legenden um den Toten, hochgestimmt im Ton und sorgfältig darauf bedacht, Balls Leben so zu erzählen, wie sie wünscht, daß es gewesen sein möge. Zahllose Rezensionen der Erinnerungsbücher aus deutschen, österreichischen und Schweizer Zeitungen hat sie in Hefte eingeklebt. Oft werden sie im Zusammenhang mit ihren Lesungen besprochen. Der *Münsterische Anzeiger* rezensiert das Briefbuch 1930 gemeinsam mit Briefen, die Anny Dauthendey nach dem Tod ihres Mannes herausgegeben hat. Und in mehr als einem Blatt, besonders scharf jedoch in der *Bayerischen Staatszeitung* vom 25. 7. 1931, wird Balls Emigration in die Schweiz kritisiert. Durch Leute wie ihn, so das in München erscheinende Blatt, seien die deutschen Soldaten umsonst gefallen.

Eingedenk der Kritik hat Emmy im Typoskript »Die Entstehung eines Werks« auf vier Seiten Rechenschaft über ihre Arbeit an *Hugo Balls Weg zu Gott*, dem dritten Erinnerungsbuch, abgelegt: »Jeder Mensch ist ein göttlicher Versuch zum Höchsten, strebend nach Vollkommenheit und wir zeigen, wie sehr dieser Versuch gelungen ist. Das mag der Sinn einer Biographie sein (…) das Legendäre weiterklingen, weiterwirken zu lassen.«[54] Hesse bespricht das Buch in der *Vossischen Zeitung*, läßt jedoch nach einem Lebensabriß Balls und seiner positiven Wertung des Werks im letzten Absatz leise Kritik durchklingen: »Das ergreifende Buch enthält auch einige von Emmys kleinen Drolligkeiten und Phantastereien; einige davon sollten trotz ihrer Anmut in einer späteren Auflage wegfallen, es handelt sich nur um wenige Zeilen im Ganzen.«[55] Mit »Drolligkeiten und Phantastereien« wird sie ihre Leser auch in ihrem nächsten Buch, *Blume und Flamme. Geschichte einer Jugend,* unterhalten. Zunächst weiß sie nach dem Erscheinen von *Hugo Balls Weg zu Gott* 1931 nur: »ich muss jetzt unbedingt mich wieder auf mich selbst besinnen und so sehr ich auch Hugo immer verbunden sein werde, bekommt es mir gleichwohl nicht, dass so viele Menschen privat mich mit ihm zusammen nennen, als hätte ich überhaupt kein Eigenleben. Dies aber habe ich und wenn es noch so klein ist.«[56] Daß sie, die sich seit dem Erscheinen des ersten Erinnerungsbuches auch als Autorin Ball-Hennings nennt, nicht unschuldig an der

Situation ist, sich geradezu in diese Abhängigkeit hineingeschrieben hat, verdrängt sie und beginnt, dieser Witwenrolle überdrüssig, sich nach neuem Stoff umzuschauen. Dabei entdeckt sie die Romane der dänischen Erfolgsschriftstellerin Karin Michaelis, die besonders von Frauen gelesen wurden. 1910 war Michaelis mit dem Roman *Das gefährliche Alter* in die Schlagzeilen geraten, hatte mit der Thematik weiblicher Sexualität im Alter einen Skandal ausgelöst und eine jahrelange Diskussion angefacht. Eine Million Exemplare des Buches wurden verkauft. Es wurde dreimal verfilmt. Emmy wird das Buch gekannt und zumindest einen der Filme gesehen haben. Von den zwischen 1925 und 1929 von Michaelis veröffentlichten teilweise autobiographischen Romanen[57] um das Mädchen Gunhild ist Emmy begeistert und beginnt mit Aufzeichnungen ihrer eigenen Kindheitserinnerungen. Flensburg und Randers, das jütländische Städtchen der Gunhild-Bücher, liegen geographisch nicht weit auseinander, und so wird Michaelis' *kleine Lügnerin* zu *Die kleine Denkerin*. Im Herbst 1931 plant Emmy, nach Norddeutschland zu reisen, meint Landschaft und Dialekt zur Einstimmung zu brauchen. Aber ihr fehlt das Geld, und so bleibt sie im Tessin, spielt wie als Kind mit bunten Murmeln, um sich in Schreibstimmung zu bringen. 1934 legt sie Oskar Loerke, der bei Fischer das Lektorat betreut, *Die kleine Denkerin* vor. Aber schon wenige Wochen später notiert sie enttäuscht, daß Loerke das Manuskript abgelehnt hat, »stilistisch zwar gelobt (...) aber doch als zu still, versonnen, zu eigenartig betrachtet«[58]. Als auch die Stuttgarter Verlagsanstalt mit dem Bemerken ablehnt, das Buch passe nicht in die Zeit, beginnt sie mit dem Umarbeiten des Manuskripts, findet einen neuen Titel und bietet *Das Reich der Kindheit* dem katholischen Herder-Verlag in Freiburg an. Sie hofft, daß sie als frühere Mitarbeiterin der katholischen Zeitschrift *Hochland*, als Berichterstatterin vom Nürnberger Katholikentag 1931 und Herausgeberin der Bücher Hugo Balls akzeptiert wird. Aber, obwohl sie die Sehnsucht nach der alleinseligmachenden Kirche bereits in die Kindheit ihres literarischen Pseudonyms Helga verlegt, zögert Herder lange und lehnt schließlich mit politisch-ideologischen Bedenken ab. Kein deutscher Verlag, das muß Emmy in diesen Jahren erfahren, wird ein Buch veröffentlichen, dessen Autorin den Namen des geächteten Ball trägt und die zuvor in jüdischen

Häusern publiziert hat, deren Verleger das Land verlassen müssen: Kurt Wolff, Erich Reiß, Ludwig Feuchtwanger, Gottfried Bermann Fischer, der Schwiegersohn des 1934 verstorbenen Samuel Fischer. Manchmal tauchen die Flüchtlinge kurz im Tessin auf, bevor sie Emmy für immer verlassen: Johannes R. Becher auf seinem Weg in die Sowjetunion, Simon Guttmann auf dem nach England. Im Hotel Paradiso in Lugano trifft Emmy Leonhard Frank, der auf sein Visum für die USA wartet. Er berichtet von überstürzten Fluchten und daß Elisabeth Bergner schon im Januar 1933 nicht von ihren Dreharbeiten aus London zurückgekommen ist, obwohl die neuen Herren in Berlin ihr »arische Papiere« ausstellen wollten, um sie zu halten. Als sie ablehnt, wird ihre Dahlemer Villa wegen angeblich hoher Steuerschulden beschlagnahmt, das Inventar versteigert. Freunde im Exil. Ernst Bloch zieht mit seiner zweiten Frau Karola erst in die Schweiz, dann nach England. Vayo ist vor den Faschisten aus Spanien über England in die USA geflohen. Walter Benjamin nimmt sich in Port Bou das Leben. Fred Dolbin, der Emmy noch während ihres letzten Aufenthaltes in Berlin gezeichnet hatte, flüchtet nach New York, auch Bergners einstiger Verehrer Albert Ehrenstein und Richard Huelsenbeck. Else Lasker-Schüler schifft sich nach Palästina ein. Walden, ihr Exmann, ist verschollen, ebenso Hoddis, der in den Osten deportiert wurde. Eine der bittersten Situationen durchlebt Emmy, als sie die Nachricht erhält, daß Erich Mühsam nach dem Reichstagsbrand festgenommen und ins KZ Oranienburg gebracht wurde. Sie setzt alle Hebel in Bewegung, um vom Tessin aus zu helfen, informiert Hesse von der Möglichkeit, mit Geld und einem sogenannten Rufbrief den Gefangenen freizubekommen, »daß man seiner im Ausland bedarf, wobei der Betreffende, also der Gefangene sich verpflichten muß, nicht wieder nach Deutschland zurückzukehren«[59]. Hesse zögert, fühlt sich von seinen Freunden bedrängt, die auf der Flucht aus Deutschland bei ihm Unterkunft und Rat suchen. Schließlich appelliert Emmy an Ninon: »Unterstützen Sie die Sache, die ich Ihnen vortrage. Als Jüdin ist es auch Ihre Sache.«[60] Als Hesse ablehnt, ist sie zutiefst verletzt, beschließt, selbst nach Deutschland zu reisen: »Es wäre gescheiter, anstatt mich hier aufzuhängen, mich dort hängen zu lassen, es dürfte eventuell vorteilhafter sein.«[61] Im April 1934 fährt Emmy nach Berlin, gelangt auch nach

EMMY BALL-HENNINGS

*Blume und Flamme*

GESCHICHTE EINER JUGEND

Bild 44 Umschlag »Blume und Flamme« mit
Zeichnung von Gunter Böhmer

Oranienburg, ohne indes den Freund zu sehen oder etwas für ihn tun zu können. Am 10. Juli 1934 wird Erich Mühsam im KZ Oranienburg ermordet.

Als Emmy 1938 von Cassina wieder ins alte Agnuzzo-Haus gezogen ist, taucht plötzlich Simon Guttmann auf und bringt ihre Gefühle heftig durcheinander. »Grad jetzt, wo mein Freund hier ist, wollte ich so gern ein wenig schön sein«, schreibt sie an Ninon und bedankt sich für ein Kleid. »Obwohl ich hier viel Aufregungen, ja Erschütterungen hatte, hat mir mein Freund doch eines neu geschenkt: Das Vertrauen in meine Arbeit.«[62] Vertrauen, daß sie nach den Ablehnungen ihres Manuskripts *Das Reich der Kindheit* durch deutsche Verlage verloren hatte. Als sich jedoch zu Beginn des Jahres 1938 der ehemalige Herder-Lektor Gustav Keckeis bei ihr meldet und mitteilt, daß er die Leitung des katholischen Benziger Verlags im Schweizer Einsiedeln übernommen hat, faßt sie neuen Mut und schickt ihm das Manuskript. Und dann geht alles ganz schnell, Keckeis prüft und entschließt sich, das Buch unter dem Titel *Blume und Flamme. Geschichte einer Jugend* herauszubringen. Illustrationen und Umschlag: Gunter Böhmer. Geleitwort: Hermann Hesse. Mit Guttmann liest sie Korrektur, seine Begeisterung inspiriert sie, einen Folgeband zu konzipieren, *Das flüchtige Spiel*, die Jahre von Tingeltangel und Boheme, die Zeit, als sie Guttmann kennenlernte. Er bleibt sechs Wochen, bevor er nach Paris fährt und von dort nach London ins Exil.

Da für die Jahre 1933 bis 1942 keine Tagebücher Emmys im Nachlaß vorliegen, sind wir für die Wochen mit Guttmann auf ihre Briefe angewiesen. »Es hat jeder nach der erotischen Richtung hin sein Geheimnis seine Sonderbarkeiten, und es handelt sich ja nur darum, nicht damit in der Außenwelt zu kollidieren«,[63] bekennt sie. Und als Guttmann abreist, gesteht sie Ninon: »Wir sind tief unglücklich dazu. Einerseits, andererseits ist es sehr gut.«[64] Seit seinem Besuch ist der Ton ihrer Briefe gut gelaunt und optimistisch, und nach dem Erscheinen von *Blume und Flamme* im Herbst 1938 beginnt sie mit dem ersten Kapitel des Folgebandes *Das Flüchtige Spiel,* in dem »wird soviel geküßt«[65]. Die Fülle des Gefühls, die Freude der Zeit mit Guttmann scheinen sich auf die ersten Seiten des Buches übertragen zu haben, auf denen sie vom Flensburger Laientheater und der Liebe Helga Lunds zu Gaute Londelius erzählt.

Einem anderen Besucher, der oft von Carabietta heraufkommt, wird sie *Blume und Flamme* geschenkt haben: Peter Weiss. Er ist jung, ein Verehrer Hesses, zu dem er ins Tessin gepilgert ist. Ein Verfolgter auch er, dessen Eltern vor den Nazis nach Schweden geflüchtet sind. Weiss, damals noch zwischen Malerei und Literatur schwankend, ist von Emmy fasziniert und berichtet seinen Eltern zu Weihnachten 1938: »Dann habe ich eine Bekannte, eine merkwürdige – nach bürgerlichen Normen etwas verrückte – Frau, Frau Emmy Ball-Hennings (…) Sie wohnt in der Nähe von Carabietta in einem alten Haus am See, eine Dichterin, Malerin – auch eine enge Freundin von H. H. Da gibt es oft stundenlange Gespräche, von denen ich immer sehr angeregt und bereichert zurückkehre. Sie hat wunderbare Gedichte geschrieben und gerade ein Buch herausgegeben über ihre Kindheit – sie ist Flensburgerin – das mir sehr gefallen hat. Es heißt: Blume und Flamme.«[66]

In diesem Buch sind die Einflüsse der Gunhild-Romane von Karin Michaelis nicht zu übersehen. Gunhild wie Helga wachsen in kleinbürgerlichen Verhältnissen auf, wache Kinder, die durch ihre »Phantastereien und Drolligkeiten« auffallen. Anekdotisch schildert Michaelis Menschen und Ereignisse im Umfeld des »Mädchens mit den Scherben«, der schielenden Gunhild, hinter der die Autorin unschwer zu erkennen ist. Und wenn das Leben unerträglich wird, hält sich Gunhild eine farbige Glasscherbe vors Auge, und die ganze Welt verwandelt sich wundersam. Emmy übernimmt dieses Spiel mit den Scherben und läßt es ihre Protagonistin mit grünem Flaschenglas aus dem dänischen Vejle spielen. Auch die Tagtraumreisen mit den ziehenden Wolken, die Buchenwälder entlang der Ostsee und die Liebe zu einem jungen Musiker, bei dem sie Klavier spielen lernt, finden wir bei Helga, ebenso wie Gunhilds Phantasien um die eigene Herkunft aus exotischen Ländern, die bei Helga/Emmy zu den Abenteuern werden, die der Vater auf See und an fernen Küsten erlebt. Gunhild wie Helga müssen ihren Lebensunterhalt in fremden Häusern verdienen, werden gedemütigt und sehnen sich in die Welt. Gunhild zieht es zur Musik, Helga zur Schauspielerei. Beide verlassen die Enge der Heimat, um ihre Wünsche Wirklichkeit werden zu lassen. Beim Lesen der Gunhild-Romane verwirrt, wie sehr Emmy sich Michaelis angenähert hat. Plagiat? Oder unbeabsichtigte Nachahmung? Gilt das Geständnis von Michaelis, »die Tatsachen nahmen stets andere Formen an, sobald ich davon zu erzählen begann«, auch für Emmy? Michaelis »wurde eine Lügnerin genannt, und ich wußte nur zu gut, daß ich eine war«[67]. Wenn die Freunde von Emmy behaupten, daß ihren Geschichten nicht immer zu trauen ist, antwortet sie: »Alle meine Lügen hab ich noch immer wahr gemacht«,[68] und nennt das ihre »Falschmünzerwerkstatt (…) wo alles was glänzt Gold sein muß«[69]. Gerät sie in Plagiatsverdacht, wie bei ihrem Gedicht »Der Brunnen«[70], ist sie stets tief getroffen. Darauf angesprochen, behauptet sie: »Romane schreibe ich bekanntlich nicht, sondern Erinnerungen, werde mich auch nie entschliessen, persönliche Erlebnisse in solche Form zu bringen.«[71]

Mit Benziger hat Emmy nicht nur einen neuen Verlag, sondern mit Gustav Keckeis einen zuverlässigen Verlagsleiter gefunden, der nach *Blume und Flamme* und *Das flüchtige Spiel* endlich auch die Gedichtsammlung *Der Kranz* herausbringt.[72] Jedes Jahr ein Buch! Emmy, glücklich, nicht mehr auf Verlagssuche gehen zu müssen, setzt ein lang gewünschtes Vorhaben um: sie erzählt Märchen, die 1943 unter dem Titel *Märchen am Kamin* erscheinen. Aber es sind nicht die Märchen ihrer Schleswiger Heimat, sondern die ihrer Wahlheimat im Süden. Sie hat aus italienischen Märchensammlungen übersetzt und nacherzählt, manches nach mündlichen Berichten aufgeschrieben, die man ihr in Vietri und Albori zugetragen haben mag. Nur mit »Hähnchen und Hühnchen im Nußwalde« nimmt sie auch ein norwegisches Märchen auf. Und angeregt durch die in Carona lebende Märchenerzählerin Lisa Tetzner kommt ein eigener Text hinzu: »Der Müllerssohn und das Wichtelmännchen«. Unschwer ist mit »einer windigen Gegend«[73], in der Müller, Mühle und Wichtelmännchen sich befinden, der heimatliche Norden auszumachen. Unbestritten ist auch, daß der Einfluß Hesses sie zum Schreiben von Märchen angeregt hat. Und ebenso, wie dieser Ninon das Märchen »Vogel« widmet, schreibt Emmy für die Freundin »Das Paradies«, eine märchenhafte Begegnung Emmys und Ninons mit Hesse und Ball im Paradies. Diese kleine Geschichte, mehr ein hübscher Traum als ein Märchen, findet sich zwischen ihren Briefen an Ninon im Nachlaß.

Da Emmys Werk, ebenso wie das Hugo Balls, zunehmend von einer stärkeren Thematisierung des Religiösen bestimmt ist, finden sich mit Kösel & Pustet seit 1926 und Benziger ab 1938 ausschließlich katholische Verlage, die bereit sind, die bekenntnishaften Manuskripte zu akzeptieren. So wird Emmy künftig als »religiöse Schriftstellerin« festgelegt, auch wenn sie sich bei ihren zahlreichen Vortragsreisen und Rundfunklesungen auf eigene literarische Texte und Gedichte Hugo Balls beschränkt, in denen das Konfessionelle nicht zu sehr im Vordergrund steht. Sie ist unglücklich darüber, weiß genau, daß sie mit ihren Verklärungen und Harmonisierungen diese Einschätzung ausgelöst hat, und fühlt sich mißverstanden. Trotzig schreibt sie an Maria Hildebrandt: »Das Publikum hat sich nach mir zu richten und nicht umgekehrt. Es kann mich ablehnen, nicht lesen, aber Vorschriften lasse ich mir nicht machen.«[74]

Da sich nach 1933 die Publikationsbedingungen in Deutschland immer weiter verschlechtern und die Schweizer Kollegen gegen die zahlreichen Arbeit suchenden Journalisten und Schriftsteller, die als Emigranten ins Land strömen, Front machen, ist auch für Emmy eine bedrohliche Situation entstanden. Im Juli 1938 klagt sie Annemarie, die mit ihrem Mann und den drei Kindern in Rom lebt: »Und hier in der Schweiz ist alles von Ausländern überfüllt«, so daß sie in den Schweizer »Zeitungen kaum mehr etwas anbringt, oder es wird so wenig bezahlt, daß man davon nicht existieren kann«.[75] Die Honorare ihrer deutschen Verlage liegen auf Sperrkonten. Der S. Fischer Verlag wird kommissarisch von Peter Suhrkamp geleitet, nachdem der Verleger Gottfried Bermann Fischer erst nach Wien, dann nach Stockholm emigrierte. Feuchtwanger ist nach England geflüchtet. Als im September 1939 der Zweite Weltkrieg ausbricht, folgen auch in der neutralen Schweiz Einschränkungen für die Bevölkerung: Rationierungen von Lebensmitteln, sogar von Papier, Einquartierungen von Soldaten in Privathäusern entlang der Landesgrenzen, wie bei Emmy, die nur einen Fußmarsch von der italienischen Grenze entfernt in Magliaso nahe Ponte Tresa wohnt. »Es sind Zustände wie zu biblischen Zeiten«, notiert sie, »eine Klagemauer scheint neu errichtet worden zu sein.« Und der jüdischen Freunde im Exil gedenkend: »Noch einmal das Volk in der Wüste.«[76]

Die Verbindung zu den wenigen in Deutschland verbliebenen Freunden, wie Otto Flake, wird durch die sich zuspitzende politische Situation und den Krieg unterbrochen. Als die Wehrmacht in Paris einmarschiert, fliehen Arps aus Meudon nach Zürich, wo Sophie Taeuber im April 1943 an einer Kohlenmonoxydvergiftung stirbt. Wehmütig erinnert Emmy, »daß sie schön und süß wie eine Lotusblume war und eine sehr liebenswürdige Frau«[77]. Auch Hardekopf flüchtet mit Sita vor den deutschen Truppen durch Frankreich. Nach kurzer Internierung gelingt es ihnen, in die Schweiz zu entkommen. Emmy, die zeitweise selbst mit harter Fabrikarbeit ihr Leben fristet, versucht, den mittellosen, kranken Freunden zu helfen. »Du hast uns doch zu einer ›Bleibe‹ verholfen: wir wohnen seit heute im Cäcilienheim (…) 2 Zimmer ohne Fütterung«, dankt Hardekopf aus Zürich. »Ich soll Übersetzungen machen – en gros und en detail. Wahrscheinlich wäre es besser, wenn jemand mich selbst übersetzen wollte. Und dieser jemand müßte Herr Charon sein, der bewährte Fährmann des Styx, am Plutonischen Gestade.«[78]

Schreibend versucht Emmy, der Situation zu trotzen, kämpft mit Worten ums Überleben, rezensiert zahllose Neuerscheinungen, schreibt muntere Skizzen über Feste im Tessin, ihre Katzen, sogar über die Militär-Einquartierungen und ist dankbar, daß Benziger ihre Manuskripte druckt, ihre Artikel in der verlagseigenen Zeitschrift *Die katholische Schweizerin* erscheinen können. Dennoch steht sie der Kirche zunehmend kritischer, oft auch amüsiert gegenüber, wenn sie Ninon wissen läßt: »In Agno sind jetzt drei Bußprediger aus Bergamo (…)

ein Komiker ist auch dabei, in den bin ich ganz verrückt. Von dem möcht ich mir mal die Leichenpredigt halten lassen, weil da alles zu lachen anfängt. Ganz großartig. Ein Schauspieler ersten Ranges (...) So möcht ich auch predigen als Mönch, erzählen, was der Himmel für ein Vergnügen ist.«[79] Und ein paar Wochen später: »Einer will beim Papst beantragen, daß ein Gedicht von Steffgen ›gebetet‹ wird. Na, denn man jü. Ich hab zurückgemeint, ob er nicht vorher erst auf eigne Rechnung beten will, dann können wir ja sehen wie's geht. Was brauchen wir den Papst zum Beten, wenn wir gesund sind.«[80] Übernachtet sie auf Reisen in katholischen Gästehäusern, klagt sie darüber, daß sie nicht rauchen und keinen Alkohol trinken darf, denn »ich fürchte so sehr die Folgen der Enthaltsamkeit, wie überhaupt ein sogenanntes solides Leben mir einfach nicht gut bekommt. Vertrag's halt nicht.«[81]

Beim Besuch ihres Konversionspaten Momme Nissen, der als Benediktinerpater in Graubünden lebt, besiegt die Freude über das Wiedersehen zunächst ihre Kritik an den Klerikern. Begeistert schreibt sie an Annemarie: »Er sieht wundervoll aus in seinem weißen Kleid, dem schwarzen Umhang und dem weißen Haar. Denk Dir, ich kann plattdeutsch mit ihm sprechen, denn er ist ja eine halbe Stunde von Flensburg weg in Deezbüll geboren.«[82] Gemeinsam träumen sie von einer Reise nach Schleswig-Holstein, die sie nach dem Krieg unternehmen wollen. Als Nissen, der bei seinem Besuch Emmys finanzielle und berufliche Misere erkennt, ihr vorschlägt, in einem Kloster Sicherheit und Ruhe zu suchen, erklärt sie Ninon jedoch, »ich stünde gerade im Begriff mir Ricci permanente drehen zu lassen, und ein[e] hellrote Schürze hätte ich mir auch grad gekauft (...) Ich schrieb aber, daß ich gern als Inclusin eine Waldklause beziehen wolle, wenns das gäbe, (...) doch, daß er mich so sehr geeignet findet Nonne zu sein, kann ich nicht recht verstehn. Vielleicht komme ich doch ohne dies zu Himmel.«[83] Ärgerlich wird sie, als Nissen ihre Bibliothek rügt, in der sich Augustinus neben Casanova findet. Da stellt sie kategorisch fest: »Aber die Ordnung meiner Bibliothek ist keineswegs von ungefähr. Ich habe mein geistiges Alphabet, nach dem ich mich richten muß.«[84] Aus ihren Tagebüchern und Briefen kennen wir Emmys *geistiges Alphabet*, das in den Jahren nach Balls Tod keineswegs nur religiöse Literatur enthält. Da finden sich die Romane von Thomas Mann, Franz Kafka, Ernst Jünger, Oscar Wilde, Julien Green, Herman Bang und Knut Hamsun, aber auch die Schriften Zinzendorfs, des Begründers der pietistischen Herrnhuter Brüdergemeine. Sie rezensiert die Bücher der Emigrantenfreunde und die Neuerscheinungen Hermann Hesses. Liest André Gide und Jean Cocteau in den Übersetzungen Hardekopfs.

Auch wenn Emmy sich durch Momme Nissens Kritik an ihrer Bibliothek nicht irritieren läßt, mag sein Einfluß dazu beigetragen haben, daß sie sich wieder einer lange zurückliegenden Arbeit zuwendet: dem Schreiben von Legenden. Noch zu Balls Lebzeiten und für ihr Italienbuch, *Der Gang zur Liebe*, hatte sie sich mit dem Leben der Heiligen beschäftigt, hatte in Bibliotheken Material gesammelt, einen Entwurf zu einem Manuskript über die Heilige Theodora gemacht. 1945, zwei Jahre nach Nissens plötzlichem Tod, legt sie ihr, alten Quellen nacherzähltes, *Irdisches Paradies und andere Legenden* im Verlag Josef Stocker, Luzern vor, in dem sie bereits Hugo Balls *Byzantinisches Christentum* und *Die Flucht aus der Zeit* neu herausgegeben hatte. Seine *Kritik* und die vielgeschmähten *Folgen der Reformation* rührt sie jedoch nicht an, kann Balls Verzweiflung nicht vergessen, die ihn angesichts der vernichtenden Rezensionen übermannte, die Verbitterung über Carl Schmitt. Emmy hat Schmitts Ergebenheitsadressen an die Nazis verabscheut, jedoch nicht ahnen können, daß der nach 1945 selbst in die Kritik geratene Staatsrechtler noch Jahrzehnte nach Emmys Tod ihre Kenntnis von Balls Werk und die einfühlsame Darstellung seines Lebens in ihren Erinnerungsbüchern wortreich rühmen würde.[85] Bis Emmy ihr letztes, *Ruf und Echo*, schreibt, vergehen jedoch Jahre, denn einerseits lassen ihre Kräfte nach, andererseits fühlt sie sich entmutigt, da die Schweizer sich gegen alles Deutsche gewandt haben. Das bekommt sie auch zu spüren, als sie auf Einladung Carla Fassbinds im Hotel Rigi-Klösterli lesen soll: »Es sind kritische Stimmen aus dem Publikum gekommen, und darum kann ich nicht mehr sprechen (...) denn es ist nun einmal so, daß sich der Deutschhaß überall aufs heftigste bemerkbar macht. ich werde das hinnehmen als eine Konsequenz, die ich nicht begreife. (...) wie tief ich darunter leide Deutsche zu sein.«[86]

Bild 45  Emmy Ball-Hennings mit Soldaten (rechts D. Brünimann), Magliaso 1944

Nicht nur darunter leidet Emmy, sondern auch unter ihrer Einsam-keit. Unfähig, nach Hugo Balls Tod eine neue Bindung einzugehen, scheint sie zu den unsteten Beziehungen der frühen Jahre zurückzu-kehren. Freimütig berichtet sie Ninon: »Ich hab neben Picard und Longus noch ein paar Männer mehr an der Hand, von denen erzähle ich Ihnen, wenn ich mal hinaufkomme. Wenn ich nämlich von denen anfange, rege ich mich nur auf und das kann ich jetzt nicht brau-chen.«[87] Oft sind es Männer aus dem gemeinsamen Bekanntenkreis: Max Picard, mit dem sie eine lange Freundschaft verbindet, die jedoch mit dessen »fürchterlichen Zornesorgien«[88] endet, als Emmy sein 1946 erschienenes Buch *Hitler in uns* rezensiert und mit Kritik nicht zu-rückhält. Josef Bernhard Lang, wie in Hesses *Morgenlandfahrt* Longus genannt, den Emmy, nach wechselvoller gegenseitiger Zuneigung, als einzige des Freundeskreises bei seinem qualvollen Sterben begleitet. Und Han Coray, der alte Galeristenfreund aus Zürich, der in Agno eine Fremdenpension und das Strandbad betreibt, »von dem ich mich

so schwer löse, weil er sich mit aller Macht nicht von mir lösen will«[89].
Schreibt sie über die Liebe, so kann sie, wenn es ihr gutgeht, alles leicht-
nehmen: »Knapp wie der Frühling. Geld gefunden, Herz verloren,
Engländer eingetroffen. Eine höchst katholische Situation.«[90] Dann
wieder verschließt sie sich auch vor Ninon: »Die Geschichte, die dahin-
tersteht, ist nicht schön, ich mags aber nicht näher mitteilen.«[91] Manchmal scheint es, als ließen Gefühle sie unberührt: »Ich bin, was Liebe
anbelangt nicht kompliziert. Wer mich nicht liebte, da dacht' ich
und sagt' ich: ›ist Dein Schade vielleicht, adieu‹. Und ging ein Haus
weiter, wenn ich konnte.«[92] Allem haftet Vorübergehendes an, denn immer kehren ihre Gedanken und Gefühle zu Hugo zurück. So auch bei
ihrer letzten Liebe, einem jungen Schweizer Soldaten, der mit seinen
Kameraden während des Krieges in Magliaso einquartiert ist. Da wird
Emmy, die erfahrene Frau, in ihrem Tagebuch zum verwirrten jungen
Mädchen, ist zutiefst betroffen und schreibt ratlos an Ninon: »Ich habe damit begonnen, den lieben Gott dreimal täglich anzuflehen, er
möge eine gewisse Einquartierung, die ich im Herzen habe und die
mich maßlos quält (…) wegnehmen oder so fügen, daß mir solche Anwesenheit erträglich ist.«[93] Sie versucht »mit einer gewissen Objektivi-
tät, die Gründe meiner starken Verliebtheit zu enthüllen«,[94] mutmaßt,
»vielleicht liegt darin der Reiz für mich, daß ein junger entzückender
Mensch mich liebte«[95]. Tagebuchseiten voller Selbstvorwürfe der fast
Sechzigjährigen. Als der jungeMann, den sie »Doris« nennt, mit seiner
Einheit weiterzieht, notiert Emmy verzweifelt: »Er will, daß ich ihn
vergesse.«[96] Aber sie kann es nicht, versucht, schreibend in zwei nachgelassenen Fragmenten ihre Gefühlsverwirrung zu bewältigen: *Der
Liebesschlafsaal oder Malheureuse* und *Der Abschied* mit dem Untertitel *Im Liebesschlafsaal.* Da hat die Protagonistin Liane eine Doppelgän-
gerin und der Geliebte »Doris«[97] einen Doppelgänger. Während Liane
mit ihm schläft, nimmt sein Gesicht, »wild, zärtlich, heimlich mich
begehrend doch kühl«, plötzlich die Züge des sterbenden Hugo an,
wie sie ihn 1927 in Sant' Abbondio in den Armen gehalten hat. »Ich
bin der Erste und der Letzte«, sagt dieses sich immer wieder wandeln-
de Männergesicht: »Du mußt nach Malheureuse.«[98] Beide Fragmente
thematisieren die »Vielfachheiten« der Protagonistin Liane, die zur Ich-
Erzählerin wird, zur »Frau im Flitterkleid«, die mit Billigung des Ichs

Zärtlichkeiten tauscht: mit Doris/Hugo, mit einem Archivar »im Py-
ramidenkleid«, mit anderen Liebhabern. »Robert« taucht auf, und »wir
weinen uns durch Haft und Äthersaal einander zu«[99]. Beim Lesen der
wenigen Seiten entsteht ein eigenartiger Sog, der in Emmys Boheme-
Vergangenheit und zu Liebes- und Drogensucht führt. Da blitzen Erinnerungen an Arps »Pyramidenrock« auf, an die Pariser Métro, mit
der die Protagonistin auf den Weg nach »Malheureuse« geschickt wird,
und ein kleiner Vogel, der das Geschehen beobachtet. So wie Hesse,
von Ninon zärtlich »Vogel« genannt, der Emmys Leben und Treiben
begleitet hat und von dem sie träumt »wie von einem weißen Vogel,
der niemals stirbt, dem ich aber doch eine ziemliche Weile zuhöre«[100].
Gedichtzeilen sind in die phantastische Erzählung eingestreut, die un-
vollendet bleibt.

Doch als der Krieg zu Ende ist, als Emmy wieder Nachricht von Annemarie hat, die es mit ihrer Familie von Rom nach Dresden verschla-
gen hatte, beginnt sie mit der Arbeit am letzten Buch der Erinnerung,
*Ruf und Echo*. Sie wählt für das zwischen Biographie und Autobiographie schwankende Werk den Untertitel *Mein Leben mit Hugo Ball*.[101]
Während Hesse mit der Verleihung des Nobelpreises 1946, der Ehren-
doktorwürde der Universität Bern sowie dem Goethepreis der Stadt
Frankfurt geehrt wird und finanzielle Sicherheit erfährt, zermürben
Emmy der vergebliche Kampf um die Anerkennung Balls und ihrer
eigenen Arbeiten ebenso wie der um die finanzielle Grundlage für Annemarie, die mit ihren drei Kindern nach langer Odyssee im Frühjahr
1948 bei ihr im Tessin eintrifft. Immer wieder beschwört Emmy: »Ich
darf meine Arbeitskraft nicht verlieren, sonst bin ich ganz ruiniert (...)
und ich darf die Fassung nicht verlieren, die ich zum großen Teil bereits eingebüßt habe.«[102] Fassungslos machen sie die Verluste der Menschen, die ihr wichtig gewesen sind. So entsteht der Plan, eine Sammlung von Porträts aus ihren Nachrufen an Sophie Taeuber Arp, Else
Lasker-Schüler, Erich Mühsam, Klabund und Ringelnatz zusammenstellen. Sie möchte über ihre Weggenossen schreiben, von denen ihr
eigener Lebensentwurf und die politischen Zeitläufte sie so weit entfernt haben, erwägt ihre Tagebücher zu bearbeiten, so wie Hugo Ball
mit *Die Flucht aus der Zeit*. Plötzlich spukt auch Karin Michaelis'
Bestseller *Die Frau von 40 Jahren* in ihren Tagebuchnotizen, denkt Em-

my über einen Roman *Die Frau bei Jahren* nach. Aber statt eines neuen Spiels des Büchermachens monotone Fabrikarbeit: Emmy schneidet Tabak, der in der Ebene von Agno angebaut wird, und bindet Besen. Nur noch selten nimmt sie den mühsamen Weg von Magliaso nach Gentilino auf sich, um Ordnung zu machen »bei Steffgen. Er hat ja eine so lebhafte Bestrebung seinen Namen zu verschweigen, nämlich Efeu über seine kleinen Daten und Zeichen wachsen zu lassen, daß keiner ihn findet. Solche Zurückgezogenheit finde ich nun auch etwas übertrieben, und da muß ich ihn wieder mal (...) ein bißchen zurechtstutzen wie früher seine wilden dunklen Haare.«[103] Weihnachten 1947 ist sie zu erschöpft, um Hesses Einladung nach Montagnola zu folgen, und erklärt Ninon: »Ich bin so müde, daß ich einigen Bekannten gleich ein gutes Osterfest mitwünsche, damit das erledigt ist.«[104] Manchmal noch einige fragmentarische Entwürfe und flüchtige Tagebuchnotizen über die zermürbende Fabrikarbeit, ihre ständigen Geldsorgen. Auch Abrechnungen und Alltagsnotizen zwischen den Zeilen. Dann wieder steht da unvermittelt: »Ich habe mir im Bezug auf Hugo den Vorwurf zu machen, nicht dankbar gewesen zu sein.«[105] Oder: »Ich las einige Briefe an Hugo von mir, was mir Sehnsucht macht. Meine Briefe haben etwas geradezu Egoistisches und Eitles an sich. Merkwürdig genug, daß Hugo das nicht stärker bemerkt hat. Ganz kann es ihm bei seiner Klugheit nicht entgangen sein. Wie aber könnte ich dies je wieder gut machen? Ich will jedenfalls meine Verlassenheit, wie alles Schwere, was mir begegnet als Sühne – als sehr milde Sühne – für meine Sünden ansehen.«[106]

Zu diesen Verfehlungen wird Emmy auch ihre zunehmende Distanz zur katholischen Kirche gezählt haben, deren Schweigen zu Verfolgung, Konzentrationslagern, Krieg und Vertreibung sie weder begreifen noch verzeihen kann. Mit Hochachtung hingegen spricht sie in ihren Briefen an Ninon von der »Bekennenden Kirche« der Protestanten, von Bonhoeffer und Niemöller und stellt bei Kriegsende, die »gepflegten« Katholiken einschließend, resigniert fest: »Jetzt spielt ganz Deutschland am Radio die verführte Jungfrau, die ihrer verlorenen Unschuld nachtrauert, einer Unschuld, die es nie besessen hat und über die man schicklicherweise auch nicht sprechen sollte.«[107] Nichts, so scheint es ihr, hat sich geändert, seit sie mit Hugo nach dem er-

Bild 46  Emmy Ball-Hennings, Sommer 1948
(letzte erhalten gebliebene Aufnahme)

sten großen Krieg nach Deutschland zurückgekehrt war. Emmy, die immer noch von Maria Hildebrandt einen Heimatschein aus Pirmasens bekommt, möchte nicht mehr Deutsche sein und hofft: »Dänemark nimmt uns Schleswiger wieder, wenn wir wollen, und wenn die Verhältnisse sich ›geklärt‹ haben.«[108]

Emmy leidet. Die Ärzte diagnostizieren Herzprobleme. An Ninon schreibt sie: »Kein Baum murrt oder rebelliert, wenn seine Zeit gekommen ist, und warum sollte mein Leben so gar viel anders sein als das eines Baumes?«[109]

Und doch will sie noch nicht sterben, will schreiben, sucht ihre Skizzen von den Strafprozessen heraus, an denen sie als Reporterin teilgenommen hatte, aber es fällt ihr auf, »wie ungenau alles gedacht ist«[110]. Sie resigniert: »Von mir will man kein Werk – nur ich wünsche es von mir, aber die Menschen wollen nur meine Person.«[111] Und probiert doch noch einmal Gedichtanfänge: »Sah mich im bunten Federkleid / Mit Flügeln schön geziert / Fand mich als Vogel flugbereit / Vortrefflich kostümieret.« Bricht ab, beginnt neu: »Mir träumte jüngst von einem Harlekin, / der grau geschminkt war wie der Tod / und mir die Hand zum Tanze bot.«[112] Aber es gelingt nicht mehr. Anders als Hugo, der »Buchstabenkönig«, der bis kurz vor seinem Tod schrieb, wird Emmy »der Worte verfängliche Saat« nicht mehr ausstreuen. Er war »der große Gaukler Vauvert«[113], dem sie folgte und dem sie, auch in ihrer Untreue, treu geblieben ist. Wenige Wochen vor ihrem Tod ist die Schrift im Tagebuch kaum leserlich und zerfahren: »Es kam mir einmal vor, als könne es nichts Interessanteres auf der Welt geben als mich und mein Schicksal«, notiert sie. »Welch eine Einbildung! Aber man braucht sie wenn man jung ist. Es fragt sich nur, wieviel Umwelt man in sein Schicksal hineinsieht. Die Zeit. Wenn man alt wird verliert man das Interesse an sich selbst.«[114] Im Juli 1948 erkrankt Emmy an einer Lungenentzündung, erholt sich nur langsam, notiert im Tagebuch: »Mein Leben kommt mir so kurz vor, und als wäre es garnichts wert gewesen. Warum aber soll es etwas *wert* gewesen sein? (...) Ich denke oft an das vergangene Leben zurück, aber nicht zuviel auf einmal.«[115]

Anfang August ist Emmy so schwach, daß Annemarie sie in die Clinica Santa Anna in Lugano-Sorengo einliefert. Dort, wenige Tage vor ihrem Tod, taucht »ein früherer Militär« auf, er »war erst in Magliaso gewesen, dann kam der Mann hierher. Ich erkannte ihn nicht, aber ich sagte – wunderbar glaubhaft – das Gegenteil, ich erinnere mich an alles«,[116] schreibt Emmy an Ninon. Es ist ihr letzter Brief an die Freundin, die sie an allem hat teilhaben lassen, was sie seit Balls Tod bewegt, umgetrieben und gefreut hatte oder verzweifeln ließ. Adressiert ist er nach Schloss Bremgarten bei Bern, wo sich Ninon und Hermann Hesse bei ihren Freunden, Margrit und Max Wassmer, aufhalten. Kurz darauf erreicht sie Annemaries Telegramm, daß Emmy am 10. August gestorben ist. »Ich trauere tief um sie«, schreibt Ninon einen Tag später an Annemarie. »H. sagt, sie hat es hinter sich. Er ist sehr bewegt (...) ach, wer von uns könnte sie je vergessen.«[117] Für ihn war sie »ausser der genialen Freundin, vor allem auch der Kamerad und die geistige Erbin Hugo Balls, und sie war seit dessen Tod der einzige Mensch, mit dem ich noch gemeinsame Erinnerungen aus bestimmten Zeiten und Kreisen (...) hatte. Ein Stück meines Lebens ist mit ihrem Weggang verstummt und hat keinen Zeugen und Kameraden mehr.«[118]

Als sie ihr eigenes Grab bestimmen, wählen auch Hermann und Ninon Hesse den Friedhof in Gentilino. Am Eingang findet sich eine Hinweistafel mit den personi interessante: Bruno Walter, der Dirigent, die scrittori Hermann Hesse und Hugo Ball, der pittore Gunter Böhmer, aber kein Hinweis auf die scrittrice Emmy Hennings, die »die schönsten Seiten deutscher Prosa geschrieben hat, die seit Jahrzehnten von einer Frau gekommen sind. Wäre sie Französin, so würde man sich um ihre Bücher reißen. Die Deutschen merken nichts. Wie sollten sie auch?«[119]

# Nachwort

Fast 21 Jahre sind vergangen, seit Hugo Ball auf dem Friedhof in Gentilino beigesetzt wurde. Und wie bei seinem Begräbnis im September 1927 ist es auch im August 1948 nur ein kleiner Kreis, der Emmys Sarg folgt. Viele Freunde sind tot, andere noch immer im Exil. Hesse fühlt sich psychisch wie physisch außerstande, von Bremgarten ins Tessin zu reisen, und Hardekopf »fehlen die Mittel, bin arm und verhetzt wie wir alle«. Er möchte Annemarie »gern die Hand geben und sagen, von wie großer Trauer auch ich betroffen bin«[1]. Er stirbt am 26. März 1954 in Armut und geistiger Verwirrung im Kantonsspital Zürich. Mit ihm und den Literaten in Berlin und München hatte für Emmy Hennings ihr Spiel vom Büchermachen begonnen, aber erst im Zusammenleben mit Hugo Ball entstehen jene Texte, die sich »ins Spektrum einer literarischen Moderne einfügen«[2]. Mit Ball begegnet ihr schließlich der Mann, der sie nicht nur fasziniert, sondern dem sie sich nahe fühlt, weil auch er sich in ständiger Wandlung befindet: Intellektueller, Theatermacher, Literat, ein »Vielfacher« wie sie selbst, die gesteht: »Ich bin so vielfach in den Nächten, / Ich steige aus den tiefsten Schächten. / Wie bunt entfaltet sich mein Anderssein. // So selbstverloren in dem Grunde, / Nachtwache ich, bin Traumesrunde / Und Wunder aus dem Heiligenschrein. // Und öffnen sich mir alle Pforten, / Bin ich nicht da, bin ich nicht dorten? / Bin ich entstiegen einem Märchenbuch? // Vielleicht geht ein Gedicht in ferne Weiten. / Vielleicht verwehen meine Vielfachheiten, / Ein einsam flatternd blasses Fahnentuch …«[3] Vielleicht, sagt Emmy, und alles bleibt im Ungefähren, ein *Leben im Vielleicht*.[4]

Balls Wandlungen hingegen führten tiefer: »Am Anfang steht der Dandy, der mit der Welt sein Spiel treibt. In der Mitte erscheint der Desperado (…) der seine Ideen ausprobieren will, ohne sich gleich festzulegen.«[5] Aber folgen wir seinen Aufzeichnungen in *Die Flucht aus der Zeit*, ändert sich die Haltung: nicht nur die Dandy-Hülle wird abgestreift, auch die des Sprachzertrümmerers, die 1916 nach Balls Flucht an den Lago Maggiore »am Ufer liegen« bleibt, bewacht vom »Schlänglein mit goldener Krone«.[6] Welch ein Bild! Wenn die Schlange, die Verführerin Evas, sich gehäutet hat, kann auch sie die goldene Krone tragen, die Maria, der Himmelskönigin, gebührt. So wird Ball sich am Ende seines Häutungsprozesses den Heiligen zuwenden, denn: »Der Heilige stellt sozusagen das definitive Stadium in der Persönlichkeitsentwicklung dar, er besitzt keine Hülle mehr. (...) Der Heilige bestimmt sich im Rahmen der Kirche, ihr gehört er ganz an (...) Die Erreichung dieses Stadiums gilt Ball ein erstrebenswertes Ziel, und die Endgültigkeit, die er diesem Vorhaben verleiht, läßt keine epochale Verankerung mehr zu.«[7] Dabei vollzieht sich dieser Prozeß in raschen, teilweise parallelen Schritten, begleitet vom unruhigen Wechsel der Lebensorte, Änderung der Denkansätze und temporären Ziele wie dem Zerschlagen der Sprachkonventionen durch die Reduktion des von Kriegsrhetorik entweihten Wortes. Ziel: Schaffung eines neuen Gesamtkunstwerks, das auch der Sprache ihre Unschuld und Würde zurückgeben soll. Der Künstler als Dissident, der, soll das Neue wirksam werden, auch den verkommenen Staat zerschlagen, nach einer anderen Form der Gemeinschaft suchen und damit die politische Dissidenz um eine spirituelle erweitern muß.[8] Ein Weg, der bei Ball zwingend zur Re-Konversion führt, denn in seinem Werk sind auch während der areligiösen Phase noch »die innigen Beschwörungen der katholischen Mystik und der christlichen Ikonen (...) präsent«[9]. Bei genauer Betrachtung, so weist Michael Braun nach, lassen sich Balls scheinbar widersprüchliche Arbeiten nicht »zu substantiell differenten Werkphasen auseinander dividieren, sondern erweisen sich als poetische Nuancierungen und Gewichtsverlagerungen innerhalb einer von christlichen Motiven bestimmten Denkwelt«[10]. So mag Balls magischer Bischof, der seine Lautgedichte rezitierte, der Zungenrede, einer Gnadengabe des Heiligen Geistes, näher gewesen sein, als seine Mitakteure und er selbst ahnten. Seine abrupte Abkehr von ihrem Projekt konnten sie nicht verstehen, bewundert haben ihn jedoch alle, auch Marcel Janco, der sich beim Auseinanderfallen der Gruppe Tzara angeschlossen hatte. 30 Jahre nach Balls Tod schreibt er, anläßlich einer Publikation zum Dadaismus in Israel, über »cette grande personalité de Hugo Ball, mon ami« und entschuldigt sich bei Annemarie: »Je regrette que dans mon introduction je n'ai pu étendre par faute d'espace pour écrire aussi sur votre maman Emmy Hennings que j'ai beaucoup estimée aussi.«[11]

Auch wenn einige Freunde Emmy kritisch gegenüberstanden, so sind sie doch immer wieder ihrer Faszination erlegen, haben gewußt, daß Ball nur mit Emmy an seiner Seite den mühsamen Weg der Sublimierung vom anarchistisch-dadaistischen Libertin und Revolutionär zum asketisch-zurückgezogenen Seelsorger wagen konnte, weil sie nicht sexuelle Erfüllung, sondern sein priesterliches Vorbild erwartete. Zeugnis der tiefen Verbundenheit sind die Briefe des Paares, das erkannt hatte: »das Paradies war für uns.«[12] Und so erzählt Emmy, trotz des steinigen gemeinsamen Weges, immer wieder von dieser Verheißung, streut auch nach Balls Tod »der Worte verfängliche Saat«, läßt uns an ihrem eigenwillig-schwierigen Leben, ihrer kindlichen Zuversicht, den existentiellen Zweifeln wie auch ihrer Kritik an Kirche und Staat teilhaben. Sie bleibt die Maskenspielerin und ihrem Gaukler verbunden. Die Wortprinzessin bleibt ihrem Buchstabenkönig treu, der ihr schmerzlich-schönes Spiel beschworen hat: »Ich bin der große Gaukler Vauvert. / In hundert Flammen lauf ich einher. / Ich knie vor den Altären aus Sand. / Violette Sterne trägt mein Gewand. / Aus meinem Mund geht die Zeit hervor, / Die Menschen umfaß ich mit Auge und Ohr. // Ich bin aus dem Abgrund der falsche Prophet, / Der hinter den Rädern der Sonne steht. / Aus dem Meere beschworen von dunkler Trompete, / Flieg ich im Dunste der Lügengebete. / Das Tympanum schlag ich mit großem Schall. / Ich hüte die Leichen im Wasserfall. // Ich bin der Geheimnisse lächelnder Ketzer, / Ein Buchstabenkönig und alles Zerschwätzer. / Hysteria clemens hab ich besungen / In jeder Gestalt ihrer Ausschweifungen. / Ein Spötter, ein Dichter, ein Literat – / Streu ich der Worte verfängliche Saat.«[13]

# Zeittafel

**1885**  17. Januar: Geburt von *Emma Maria Cordsen* in Flensburg.

**1886**  22. Februar: Geburt von *Hugo Rudolf Ball* in Pirmasens.

**1888-99**  *Emmy:* Besuch von Kindergarten und Volksschule.

**1891-1901**  *Hugo:* Besuch von Volksschule und königlichem Progymnasium.

**1899-1903**  *Emmy:* Anstellungen als Dienst- und Küchenmädchen, Kopiererin im Photoatelier Juul.

**1901**  *Hugo:* Beginn der Lehre in der Lederhandlung F. Schohl.

**1904**  *Emmy:* Heirat des Schriftsetzers Joseph Paul Hennings (13. 2.), Geburt des Sohnes Joseph Ernst Ferdinand (17. 8.). *Hugo:* Abbruch der Lehre, Privatstunden zur Aufnahmeprüfung am Gymnasium.

**1905**  *Emmy* und Joseph Hennings betreiben kurzzeitig ein Konsumgeschäft in Elmshorn. Gemeinsames Engagement bei der Wandertheatertruppe Schmidt-Agte. Tod des Sohnes. Verschwinden von Hennings. *Hugo:* Besuch der Prima des Königlichen Gymnasiums in Zweibrücken; Veröffentlichung von fünf Gedichten in der Zeitschrift *Der Pfälzerwald.*

**1906**  *Hugo:* Abitur, Beginn des Studiums in München. *Emmy:* Engagement in der Provinz Posen, Geburt der Tochter Annemarie (11. 8.). Mit A. nach Flensburg zur Großmutter, mit Wilhelm Vio ins Engagement nach Tondern.

**1907/08**  Scheidung von Hennings (13. 6. 1907). Engagements mit und ohne Vio; Auseinanderbrechen der Theatertruppe. Leben als Hausiererin, Animiermädchen, Gelegenheitsprostituierte in Köln. *Hugo:* SS in Heidelberg, WS in München. Beginn der Arbeit an *Die Nase des Michelangelo.*

**1909**  Arbeit an der Dissertation *Nietzsche in Basel. Emmy:* Engagement am Jiddischen Dialekttheater in Frankfurt am Main, Auftritte in Amüsierlokalen, u. a. in Hannover. Begegnung mit John Höxter, Berliner Boheme.

**1910**  Reise nach Paris mit Ferdinand Hardekopf. Typhuserkrankung, Klinikaufenthalt in München. Hinwendung zum Katholizismus. *Hugo:* Abbruch der Dissertation, Beginn der Regieausbildung in Berlin. Bekanntschaft mit Leontine Sagan.

**1911** *Hugo:* Engagement als Dramaturg am Stadttheater Plauen. *Die Nase des Michelangelo* erscheint. Plan der Komödie *Der Henker von Brescia.* Weihnachtsbesuch bei Leontine Sagan in Teplitz/Böhmen. *Emmy:* Engagements in Berlin und München, wo sie als Diseuse im ›Simplicissimus‹ auftritt. Konversion zum Katholizismus (14.6.).

**1912** Engagement in Berlin (›Linden-Cabaret‹ und ›Bier-Cabaret‹, wo sie als »dänische Futuristin« auftritt.) *Hugo:* Ende des Engagements in Plauen, Sommer in Pirmasens u. Petersbächel, Engagement am ›Münchener Lustspielhaus‹, das er in ›Münchener Kammerspiele‹ umbenennt, deren Intendant er wird. Freundschaft mit Hans Leybold. Arbeit an *Der Henker von Brescia. Emmy:* Engagements in Bromberg und Kattowitz. Ihr Gedicht *Äther* erscheint in Franz Pfempferts Zeitschrift *Die Aktion.*

**1913** Gedichte im *Pan* und *Mistral,* erste Buchpublikation *Die letzte Freude.* Engagements u. a. im Berliner ›Bier-Cabaret‹ Unter den Linden, im ›Royal-Orpheum‹, Budapest. *Hugo:* HaHu Baley Gedichte mit Hans Leybold. 1. Akt *Der Henker von Brescia* erscheint. Reise nach Dresden, Bewerbung um die Direktorenstelle des Albert-Theaters. Uraufführung von Franz Bleis *Die Welle* an den Kammerspielen (10.12.) mit Sagan und Blei.

**1914** *Hugo:* Absage aus Dresden, Pläne für ein expressionistisches Theater mit Kandinsky. Kriegsausbruch, Stellung als Freiwilliger, Ausmusterung, Reise nach Pirmasens und an die lothringische Front. Umzug nach Berlin, journalistische Tätigkeit. *Emmy:* Verhaftung in Hannover, Untersuchungshaft in München »Am Neudeck«. Verurteilung u. Haftantritt (18.12.) in Stadelheim.

**1915** Haftentlassung (13.1.), erneute Verhaftung (2.2. bis 3.3.). Übersiedlung nach Berlin. Teilnahme von *Emmy Hennings und Hugo Ball* am »Expressionistenabend« im Berliner Harmoniumsaal (12.5.), der als Prototyp späterer Dada-Soiréen gilt. Reise nach Zürich. Flucht nach Genf, bei Rückkehr nach Zürich Verhaftung Balls wegen Paßvergehens. Engagements beim Züricher ›Marcelli‹-Ensemble, anschließend beim ›Maxim‹-Ensemble. Begegnung mit Josephina Ball in Basel.

**1916** Januar: Gründung des eigenen ›Arabella‹-Ensembles. 5. Februar Eröffnung des ›Cabaret Voltaire‹ in der Spiegelgasse 1. Tod Anna

Cordsens u. Eintreffen von Annemarie Hennings in Zürich (5. 5.). Schließung des ›Cabaret Voltaire‹, Dada-Abend im Züricher Zunfthaus Zur Waag (17. 7.). *Emmy und Hugo* trennen sich von der Dada-Gruppe und gastieren in verschiedenen Orten am Vierwaldstätter See. Ende Juli bis Oktober: *Emmy, Hugo* und Annemarie in Vira-Magadino und Ascona am Lago Maggiore; Arbeit am *Flametti*-Roman und an *Gefängnis.* November: *Emmy und Hugo* in Ermatingen/Thurgau. Dezember bis Januar 1917: *Hugo* in Zürich. *Emmy* im Kloster Einsiedeln.

**1917** *Hugo* und Tzara planen die ›Galerie Dada‹ in der Züricher Bahnhofstrasse 19. 17. März: Eröffnung der Galerie ohne Emmy Hennings; danach ihre Rückkehr nach Zürich; Mitarbeit und Auftritte in der Galerie. Mai: *Hugo* schickt *Emmy* und Annemarie ins Tessin. Ab 27. Mai: *Hugo* in Vira-Magadino, Auflösung der Galerie durch *Emmy* und Tzara. Juli: Mit Friedrich Glauser auf der Alp Brussada im Maggia-Tal. August: Übersiedlung nach Ascona. September: *Hugo* in Bern; Mitarbeit an der *Freien Zeitung. Emmy* in Ascona und Zürich. Affäre mit Julio Alvarez del Vayo. Varieté-Engagements in Schaffhausen und Winterthur. Ende Dezember beendet Hugo brieflich die Vayo-Affäre.

**1918** *Hugo* arbeitet an *Zur Kritik der deutschen Intelligenz. Emmy* in Ascona. Freundschaft mit Else Lasker-Schüler. Besuche bei Ball in Bern. Begegnung mit Elsa Bloch von Stritzky und Ernst Bloch. *Emmy* zieht mit Annemarie nach Bern. November: Abkühlung der Beziehung zu Bloch nach Balls Artikel »Die Umgehung der Instanzen«. Jahreswechsel: Emmy im Spital in Zürich, lebensgefährliche Erkrankung an der Spanischen Grippe.

**1919** Genesung und Rückkehr nach Bern. Kontakt zu Walter Benjamin. *Gefängnis* erscheint. Niederschrift von *Das Brandmal. Hugo* wiederholt in Deutschland (München, Berlin, Pirmasens). *Zur Kritik der deutschen Intelligenz* erscheint.

**1920** *Emmy Hennings und Hugo Ball* heiraten in Bern (22. 2.). Mai: Reise nach Heidelberg u. Pirmasens; Umzug nach Flensburg. *Hugo* auf Reisen in Deutschland. *Emmy* verkauft ihr Elternhaus. Herbst: Übersiedlung nach Agnuzzo/Tessin. Begegnung mit Hermann Hesse. *Das Brandmal* erscheint.

**1921** Freundschaft mit Hesse. *Emmy* arbeitet an Gedichten und Kurzprosa, *Hugo* beginnt Studien zu *Byzantinisches Christentum*. Oktober: Umzug der Familie nach München.

**1922** *Hugo* rekonvertiert, beendet *Byzantinisches Christentum*. *Emmy* schließt den Gedichtband *Helle Nacht* und den Prosaband *Das ewige Lied* ab. September: Rückkehr nach Agnuzzo. *Helle Nacht* erscheint.

**1923** *Das ewige Lied* und *Byzantinisches Christentum* erscheinen. Oktober: *Emmy* zieht mit Annemarie nach Florenz, schreibt Feuilletons für Tageszeitungen u. *Das graue Haus*. *Hugo* in Agnuzzo: Arbeit an Sonetten, Aufsatz zu Carl Schmitt für die Zeitschrift *Hochland*, musikalische Arbeit mit Robin Brown.

**1924** *Emmy* in Rom u. Neapel. *Hugo* beendet die Überarbeitung der *Kritik*; neuer Titel: *Die Folgen der Reformation*. *Emmy* in Agnuzzo, Gerüchte um *Hugo* und Hilda Brown, Krise des Paares. September: Besuch Carl Schmitts. Oktober: Übersiedlung der Familie nach Rom. *Hugo:* Studien zu Psychoanalyse u. Exorzismus. *Emmy*s Schreibblockade nach Kritik Franz Herwegs in *Hochland*. *Die Folgen der Reformation* erscheinen.

**1925** Bruch mit Carl Schmitt. März: Umzug nach Vietri Marina bei Salerno. Bekanntschaft mit Richard Dölker, in dessen Werkstatt *Emmy* u. Annemarie als Keramikmalerinnen arbeiten. April: Besuch von Hans und Sophie Arp. Mai: Umzug nach Albori. *Hugo* bearbeitet seine Tagebücher. *Emmy* reist in Süditalien u. Sizilien, schreibt Feuilletons und *Der Gang zur Liebe*. Dezember: Rückzug nach Vietri sul Mare, finanzielle und gesundheitliche Probleme.

**1926** März: *Hugo* beendet den ersten Teil seiner Tagebuchüberarbeitung. *Emmy* in Zürich u. zu Verlagsverhandlungen in München. Rückkehr nach Vietri. April: Gemeinsam über das toskanische Signa ins Tessin. Wohnung in Lugano-Sorengo. *Hugo* zu Verlagsverhandlungen in München (23. 4.-7. 5. und 17. 7.-11. 8.). *Emmy*s *Der Gang zur Liebe* erscheint. Herbst: *Hugo* erhält den Auftrag, Hesses Biographie zu schreiben. *Emmy* in Berlin. Dezember: Annemarie erkrankt an Typhus.

**1927** Frühjahr: Umzug nach Agnuzzo. *Hugo*s Tagebuchaufzeichnungen erscheinen unter dem Titel *Die Flucht aus der Zeit*. Arbeit an der Hesse-Biographie. *Emmy* reist zu Therese von Konnersreuth, nach Dresden-Hellerau, Eisenach, Berlin. Juni: Erscheinen der Hesse-Biographie. *Hugo:* Magenkrebs-Diagnose. Juli: Operation in Zürich. Ende des Monats Rückkehr ins Tessin, Einzug in Sant'Abbondio. September: Tod *Hugo Balls* (14.9.), Beisetzung auf dem Friedhof von Gentilino/Sant'Abbondio. *Emmy* zur Kur nach Baden. Oktober: Rückzug nach Agnuzzo. Dezember: Reise mit Annemarie nach Berlin.

**1928** Begegnungen mit Richard Huelsenbeck, Simon Guttmann, Johannes R. Becher, Else Lasker-Schüler u. Leontine Sagan. Februar: Rückreise nach Agnuzzo. Freundschaft mit Ninon Dolbin. Zusammenstellung von *Hugo Ball. Sein Leben in Briefen und Gedichten.* Dezember: Reise nach Italien.

**1929** *Emmy* in Vietri sul Mare, Neapel, Siena, Florenz. Ende Februar: Rückkehr ins Tessin, Umzug nach Cassina d'Agno. Arbeit an *Rebellen und Bekenner.* September: Reise mit Annemarie nach Paris. Treffen mit Hardekopf, Szittya, Tzara und den Arps. *Hugo Ball. Sein Leben in Briefen und Gedichten* erscheint.

**1930** Lesereise durch Deutschland. Vergebliche Verlagsverhandlungen für *Rebellen und Bekenner.* Niederschrift des Gefängnis-Romans, *Das Haus im Schatten* und von *Hugo Balls Weg zu Gott.*

**1931** Reise nach Salerno, Vietri sul Mare und Positano. *Hugo Balls Weg zu Gott* erscheint. August/September: Lesereise in Deutschland.

**1932** Frühjahr: Aufenthalt in Rom und Assisi. *Die Geburt Jesu. Für Kinder erzählt* erscheint. Herbst: Annemarie heiratet Gottfried Schütt. Geburt des ersten Enkels, Hugo Michael, in Cassina.

**1933** Januar: *Emmy* begleitet Annemarie und Michael nach Rom. Aufenthalte auf Ischia, in Syrakus und Positano. Mai: Rückkehr ins Tessin. Freundschaft mit Gunter Böhmer, der künftig ihre autobiographischen Bücher illustriert. Erste Texte über ihre Kindheit, die verstreut in Zeitungen erscheinen.

**1934** Frühjahr: Reise nach Berlin. Erfolgloser Versuch, Erich Mühsam im KZ Oranienburg zu besuchen. Juni/Juli: Rom. Geburt der Enkelin Maria Francesca. Schwere Erkrankung.

**1935** Klinikaufenthalte in Lugano. Niederschrift von *Das Reich der*

*Kindheit* für den Herder-Verlag. August: Aufenthalt auf Rigi-Klösterli, danach Bibliotheksrecherchen in Zürich für einen »Ägyptenroman« über die Heilige Theodora. Gerichtsreportagen. November: Rückkehr nach Cassina.

**1936** Februar: Fertigstellung des Manuskripts *Das Reich der Kindheit.* Kurze Aufenthalte in Zürich und auf Rigi-Klösterli. Geburt des Enkels Klaus Schütt.

**1937** Februar: Erneute Klinikaufenthalte in Lugano. Zusammenstellung von Tessiner Dorfgeschichten. Herder lehnt aus politisch-ideologischen Gründen *Das Reich der Kindheit* ab. Emmy vermietet Zimmer an zahlende Gäste.

**1938** Januar: Erneuter Umzug nach Agnuzzo. Der Benziger Verlag akzeptiert *Das Reich der Kindheit,* das im September unter dem Titel *Blume und Flamme* erscheint. Besuche von Peter Weiss und Simon Guttmann auf dem Weg ins Exil.

**1939** Der Gedichtband *Der Kranz* erscheint. Arbeit an *Das flüchtige Spiel.*

**1940/41** *Das flüchtige Spiel. Wege und Umwege einer Frau* erscheint. Wiederbegegnung mit dem Benediktinerpater Momme Nissen.

**1942** Umzug nach Magliaso. Intensive Freundschaft zu Josef Bernhard Lang u. Max Picard. Übersetzung und Zusammenstellung italienischer Märchen.

**1943** *Märchen am Kamin* erscheint. Tod Sopie Taeuber-Arps und Momme Nissens.

**1944** Soldateneinquartierungen. Späte Liebe zu D. Brünimann. Annemarie und die Enkelkinder in Dresden. Gottfried Schütt bei der deutschen Wehrmacht.

**1945** Tod von Else Lasker-Schüler u. Josef Bernhard Lang. *Das irdische Paradies und andere Legenden* erscheint. Emmy gibt Hugo Balls *Die Flucht aus der Zeit* u. *Byzantinisches Christentum* bei Stokker, Luzern, neu heraus.

**1946** Bemühungen, Annemarie und die Enkel in die Schweiz zu holen. Fabrikarbeit. Plan eines weiteren Erinnerungsbuches. Zerwürfnis mit Max Picard.

**1947** Arbeit an *Ruf und Echo. Mein Leben mit Hugo Ball.* Erschöpfungszustände. Klinikaufenthalte.

**1948** März: Annemarie und ihre Kinder treffen im Tessin ein. April: *Ruf und Echo* abgeschlossen. 8. August: Tod von Emmy Ball-Hennings.

# Anmerkungen

Hugo Balls *Sämtliche Werke und Briefe* werden von der Hugo-Ball-Gesellschaft Pirmasens im Wallstein Verlag Göttingen herausgegeben. Soweit diese Bände erschienen sind, wird daraus zitiert. Andere veröffentlichte Quellen werden gesondert aufgeführt. Eine Ausgabe der Werke und Briefe von Emmy Hennings/Ball-Hennings ist in Vorbereitung. Da auf deren Bände noch nicht verwiesen werden kann, finden sich andere Publikationshinweise bei der jeweils ersten Erwähnung. Unveröffentlichte Quellen befinden sich, wenn nicht anders angegeben, im Nachlaß Ball/Hennings im Schweizerischen Literaturarchiv (SLA) Bern. Bei weiteren Quellen sind jeweils die Einrichtungen benannt, die diese Dokumente verwahren. Veröffentlichungen im *Hugo Ball Almanach* sind unter *HBA* und dem jeweiligen Erscheinungsjahr verzeichnet. Bei den zitierten Quellen wurden Orthographie und Interpunktion der heutigen Schreibweise angepaßt, offensichtliche Fehler stillschweigend korrigiert und Auslassungen sinngemäß ergänzt. Unkorrigierte Quellen, z. B. sprachlich-stilistische Eigenheiten und Eigenwilligkeiten in Briefen und Tagebüchern, die typisch für die Verfasser sind, wurden teilweise aus Gründen der Authentizität übernommen. Die Übersetzung der zitierten fremdsprachlichen Texte verantwortet die Autorin.

## Vorwort

1 Gisela Brinker-Gabler, Karola Ludwig, Angela Wöffen (Hg.). *Lexikon deutschsprachiger Schriftstellerinnen 1800-1945*. München 1986. S. 128.

2 Emmy Hennings. *Helle Nacht*. Gedichte. Berlin 1922. S. 15.

3 Hermann Hesse. *Gesammelte Briefe*, Bd. II. 1936-1948, hg. v. Ursula und Volker Michels. Frankfurt am Main 1982. S. 270.

4 *Hermann Hesse. Briefwechsel mit Hugo Ball und Emmy Ball-Hennings 1921-1927*, herausgegeben und kommentiert von Bärbel Reetz. Frankfurt am Main 2003.

5 Bärbel Reetz. *Emmy Ball-Hennings. Leben im Vielleicht*. Frankfurt am Main 2001.

6 Julian Schütt. »Hugo Balls Zweites Tagebuch«, in: Bernd Wacker (Hg.), *Dionysius Dada Areopagita, Hugo Ball und die Kritik der Moderne*, Paderborn 1996. S. 266.

7 Ebenda.

8 Michael Braun (Hg.). *Hugo Ball. Der magische Bischof der Avantgarde*. Heidelberg 2011. S. 5.

9 Emmy Hennings an Tristan Tzara, 19. Mai 1917, in: Raoul Schrott. *Dada 15/25*. Innsbruck 1992. S. 135.

## Unter der Glasglocke

1 Emmy Ball-Hennings. *Blume und Flamme. Die Geschichte einer Jugend.* Einsiedeln/Köln 1938. S. 17.

2 Ebenda. S. 25.

3 Ebenda. S. 12 f.

4 Ebenda. S. 14.

5 Ebenda. S. 253.

6 Ebenda.

7 Ebenda. S. 255.

8 Emmy Ball-Hennings. *Das flüchtige Spiel. Wege und Umwege einer Frau,* mit Illustrationen von Gunter Böhmer. Einsiedeln/Köln 1940. S. 7.

9 *Blume und Flamme.* S. 70.

10 Ebenda. S. 71.

11 Ebenda. S. 15 f.

12 Ebenda. S. 16.

13 Ebenda. S. 76.

14 Hugo Ball. *Die Flucht aus der Zeit.* Herausgegeben sowie mit Anmerkungen und einem Nachwort versehen von Bernhard Echte. Zürich 1992. S. 118.

15 Emmy Hennings an Hugo Ball, in: *Damals in Zürich. Briefe aus den Jahren 1915-1917.* Zürich 1978. S. 76.

16 Emmy Ball-Hennings an Ninon Dolbin, Agnuzzo, Ende September 1930. 17. *Blume und Flamme.* S. 22.

17 *Blume und Flamme.* S. 22.

18 Ebenda.

19 *Ruf und Echo.* S. 45.

20 *Blume und Flamme.* S. 15.

21 Ebenda. S. 30.

22 Ebenda. S. 27.

23 Ebenda.

24 Ebenda. S. 25.

25 Ebenda. S. 79.

26 Ebenda. S. 18.

27 Ebenda. S. 21.

28 Ebenda. S. 133.

29 »Bei mir zu Hause«, in: Emmy Hennings. *Die letzte Freude.* Gedichte. Leipzig 1913. S. 11.

30 »Kindheit«, in: Emmy Hennings. *Helle Nacht.* Gedichte. Berlin 1922. S. 12.

31 *Ruf und Echo.* S. 138.

32 *Blume und Flamme.* S. 75.

33 Ebenda. S. 59.

34 Ebenda. S. 139 f.
35 Ebenda. S. 140.
36 Ebenda. S. 106.
37 Ebenda. S. 100.
38 Ebenda. S. 101.
39 Ebenda. S. 111.
40 Ebenda. S. 167.
41 Ebenda. S. 170.
42 Ebenda.
43 Ebenda. S. 307.
44 Ebenda. S. 181.
45 Ebenda. S. 245 f.
46 Ebenda. S. 311.
47 »Kindheit«, vgl. Anm. 30.
48 Emmy Hennings. *Das Brandmal. Ein Tagebuch*. Berlin 1920. Neuauflage: Frankfurt am Main 1999. S. 173.
49 *Blume und Flamme*. S. 276.
50 Ebenda.

## Mein Dämon hat keine Brüder und Schwestern

1 Emmy Ball-Hennings. *Rebellen und Bekenner*. HBA 1994. S. 64.
2 – *Ruf und Echo. Mein Leben mit Hugo Ball*. Einsiedeln/Köln 1953. S. 14.
3 – *Hugo Balls Weg zu Gott. Ein Buch der Erinnerung*. München 1931. S. 14.
4 Ebenda. S. 8.
5 Hugo Ball. *Briefe*. Bd. 2. Herausgegeben und kommentiert von Gerhard Schaub und Ernst Teubner, in: *Sämtliche Werke und Briefe*. Göttingen 2003. S. 264.
6 August Hofmann. *Erinnerungen an Hugo Ball*. Aus der Handschrift übertragen und mit Anmerkungen versehen von Franz Ludwig Pelgen, in: HBA 1997/98. S. 82.
7 Ebenda.
8 Ebenda. S. 83.
9 Ebenda.
10 Hugo Ball. *Gedichte*. Herausgegeben von Eckhard Faul, in: *Sämtliche Werke und Briefe*. Göttingen 2007. S. 9 ff.
11 *Briefe*. Bd. 2. S. 15.
12 *Hugo Balls Weg zu Gott*. S. 13.
13 Ebenda. S. 14.
14 *Briefe*. Bd. 2. S. 264.

15  August Hofmann in: HBA 1997/98. S. 84.

16  *Briefe.* Bd. 2. S. 264.

17  Ebenda.

18  *Hugo Balls Weg zu Gott.* S. 20.

19  August Hofmann in HBA 1997/98. S. 80.

20  *Hugo Balls Weg zu Gott.* S. 21.

21  Ebenda.

22  Franz L. Pelgen. *Hugo Ball, Früheste Gedichte.* HBA 1983. S. 12.

23  *Gedichte.* S. 9.

24  Ebenda. S. 17.

25  Ebenda. S. 18.

26  *Briefe.* Bd. 2. S. 366 f.

27  August Hofmann in: HBA 1997/98. S. 85 ff.

28  Hugo Ball. *Dramen.* Herausgegeben von Eckhard Faul, in: *Sämtliche Werke und Briefe.* Göttingen 2008. S. 85 ff.

29  August Hofmann in: HBA 1997/98. S. 91 f.

30  Hugo Ball. *Nietzsche in Basel.* Eine Streitschrift. Bearbeitung, Nachwort und Anmerkungen von Richard W. Sheppard und Annemarie Schütt-Hennings. HBA 1978. S. 3.

31  Ebenda.

32  *Hugo Balls Weg zu Gott.* S. 25.

33  Ebenda. S. 26.

34  Hugo Ball. *Briefe.* Bd. 1. Herausgegeben und kommentiert von Gerhard Schaub und Ernst Teubner, in: *Sämtliche Werke und Briefe.* Göttingen 2003. S. 238.

35  August Hofmann in HBA 1997/98. S. 97 f. Das Gedicht wurde in Abweichung zu Hofmann zitiert nach: Hugo Ball. *Gedichte.* S. 21.

36  Ebenda. S. 101.

37  *Hugo Balls Weg zu Gott.* S. 37.

38  *Ruf und Echo.* S. 31.

39  *Hugo Balls Weg zu Gott.* S. 29.

## Alles Theater

1  *Das flüchtige Spiel.* S. 13.

2  *Blume und Flamme.* S. 135.

3  Ebenda. S. 138.

4  Ebenda. S. 252.

5  *Das flüchtige Spiel.* S. 7.

6  Ebenda. S. 13 f.

7  Ebenda. S. 16.

8 Ebenda. S. 54.

9 Ebenda. S. 51.

10 Ebenda.

11 Ebenda. S. 55.

12 Lebenslauf 1938. Typoskript im Nachlaß.

13 *Das flüchtige Spiel*. S. 89.

14 Ebenda. S. 54.

15 Ebenda. S. 87.

16 Ebenda.

17 Ebenda.

18 Ebenda.

19 Ebenda. S. 86.

20 Dieter Pust. »Emmy tingelte einst durch Angeln«, in: *Flensburger Tageblatt* 12. 12. 1998, S. 18.

21 *Das flüchtige Spiel*. S. 97.

22 Ebenda. S. 114.

23 Ebenda.

24 Ebenda. S. 142.

25 Ebenda. S. 129.

26 Ebenda. S. 160.

27 Ebenda. S. 185 f.

28 Ebenda. S. 186.

29 Ebenda. S. 145.

30 Ebenda. S. 186.

31 Ebenda. S. 198.

32 Ebenda. S. 199.

33 Ebenda. S. 202.

34 Ebenda. S. 184.

35 *Blume und Flamme*. S. 320.

36 *Ruf und Echo*. S. 27.

37 *Hugo Balls Weg zu Gott*. S. 28 f.

38 *Briefe*. Bd. 1. S. 10

39 *Hugo Balls Weg zu Gott*. S. 29.

40 Ebenda.

41 *Briefe*. Bd. 1. S. 12 f.

42 Leontine Sagan. *Licht und Schatten. Schauspielerin und Regisseurin auf vier Kontinenten*. Herausgegeben von Michael Eckardt. Berlin 2010. S. 102.

43 Ebenda. S. 50.

44 Ebenda. S. 57.

45 *Briefe*. Bd. 1. S. 11.

46 *Licht und Schatten*. S. 105.

47 Ebenda.
48 *Die Flucht aus der Zeit.* S. 13.
49 Ebenda.
50 *Briefe.* Bd. 1. S. 20.
51 Eine ausführliche Darstellung bei Hans Burkhard Schlichting. *»Weniger überzeugen wollte Hugo Ball als Polizist«. Neue Zeugnisse über Balls dramaturgische Anfänge am Stadttheater Plauen*; in: HBA. Neue Folge 5. edition text+kritik. München 2014. S. 128 ff.
52 *Briefe.* Bd. 1. S. 17.
53 Ebenda.
54 Ebenda. S. 18.
55 Ebenda.
56 *Hugo Balls Weg zu Gott.* S. 34.
57 Ebenda. S. 31.

## Perversionen und Posen

1 *Dramen.* S. 302.
2 *Briefe.* Bd. 1. S. 18.
3 *Hugo Balls Weg zu Gott.* S. 41.
4 *Dramen.* S. 302.
5 Ebenda.
6 *Briefe.* Bd. 1. S. 19.
7 *Licht und Schatten.* S. 113.
8 Ebenda. S. 111.
9 Ebenda. S. 115.
10 »Ohne Titel«, in: Emmy Hennings. *Frühe Texte*, hg. v. Bernhard Merkelbach. Siegen 1985. S. 6.
11 *Das flüchtige Spiel.* S. 202.
12 Ebenda. S. 203.
13 Ebenda.
14 *Das Brandmal.* S. 29.
15 Ebenda. S. 35.
16 Ebenda. S. 36.
17 Ebenda. S. 79.
18 Ebenda. S. 159.
19 Ebenda. S. 68.
20 Ebenda. S. 163.
21 Ebenda. S. 166.
22 Hugo Ball. *Leben und Werk.* Herausgegeben von Ernst Teubner. Berlin 1986. S. 67.

23  *Die Flucht aus der Zeit.* S. 14.

24  *Licht und Schatten.* S. 115.

25  Ebenda.

26  *Briefe.* Bd. 1. S. 30.

27  Ebenda. S. 26.

28  Ebenda. S. 27.

29  Ebenda.

30  Ebenda. S. 25.

31  Ebenda. S. 29.

32  Ebenda. S. 31.

33  Ebenda.

34  Ebenda. S. 32.

35  Ebenda. S. 33.

36  Ebenda. S. 32.

37  Ebenda. S. 27.

38  Ebenda. S. 32.

39  *Die Flucht aus der Zeit.* S. 14.

40  Ebenda.

41  *Briefe.* Bd. 1. S. 35.

42  Ebenda. S. 36.

43  Ebenda. S. 36 f.

44  *Die Flucht aus der Zeit.* S. 15.

45  *Briefe.* Bd. 1. S. 37.

46  Ebenda.

47  Ebenda. S. 40.

48  *Licht und Schatten.* S. 116.

49  *Briefe.* Bd. 1. S. 40.

50  Ebenda. S. 41.

51  Ebenda.

52  Ebenda

53  Ebenda. S. 43.

54  *Licht und Schatten.* S. 116.

## Bohemienne mit Begleitern

1  *Das Brandmal.* S. 40.

2  Ebenda. S. 193.

3  Ebenda. S. 181.

4  Volker Klotz. *Bürgerliches Lachtheater. Komödie, Posse, Schwank, Operette.* München 1980. S. 94.

5  *Das Brandmal.* S. 196.

6   Ebenda. S. 197.

7   Ebenda. S. 198.

8   Ebenda. S. 199.

9   Ebenda. S. 198.

10   *Licht und Schatten.* S. 118.

11   Ebenda. S. 118f.

12   Ebenda. S. 119.

13   Gottfried Benn. »Kreislauf«, in: *Gebuchte Lust.* Leipzig 1996. S. 134.

14   Sigmund Freud. »Das Unheimliche«. Ebenda. S. 86 u. Walter Benjamin. »Bettler und Huren«. Ebenda. S. 35.

15   *Das Brandmal,* S. 150.

16   »Ode vom seligen Morgen«, in: Ferdinand Hardekopf. *Lesestücke.* Berlin-Wilmersdorf: Verlag *Die Aktion* 1916. S. 22.

17   »Jetzt muß ich …«, in: Emmy Hennings. *Frühe Texte.* S. 5.

18   Ferdinand Hardekopf. *Der Abend. Ein kleines Gespräch.* Leipzig 1913.

19   Erich Mühsam. *Tagebücher 1910-1911.* Bd. I. Herausgegeben von Chris Hirte und Conrad Piens. Berlin 2011. S. 14.

20   Ebenda. S. 10.

21   Ebenda. S. 22.

22   Ferdinand Hardekopf an René Schickele. München, 3.11.1910.

23   Emmy Hennings. *Helle Nacht.* S. 15.

24   *Das flüchtige Spiel.* S. 266.

25   *Blume und Flamme.* S. 11.

26   Emmy Hennings an Alfred Kerr, in: *Emmy Ball-Hennings 1885-1948. »ich bin so vielfach …«* S. 67.

27   *Das Brandmal.* S. 243.

28   *Das flüchtige Spiel.* S. 205.

29   Ebenda. S. 206.

30   *Das Brandmal.* S. 242.

31   Emmy Hennings an Reinhold Rudolf Junghanns, in: *Emmy Ball-Hennings 1885-1948. »Ich bin so vielfach …«* S. 72.

32   Ebenda.

33   *Pester Lloyd.* Budapest, 13. Mai 1913. ›Institut für Weltwirtschaft‹, Kiel.

34   Ebenda. 15. Mai 1913.

35   »Ohne Titel«, in: Emmy Hennings. *Frühe Texte.* S. 10.

36   Ebenda.

37   »In Budapest am 1. Mai«, in: *Frühe Texte.* S. 9.

38   Emmy Hennings an Rudolf Reinhold Junghanns, in: *Emmy Ball-Hennings. »ich bin so vielfach …«* S. 72.

39   »Cabaret Royal-Orpheum«, in: Emmy Hennings. *Frühe Texte,* S. 9.

40   Emmy Hennings. »Vor der Premiere«, in: *Die Schaubühne,* 9/1913.

41 Ebenda.

42 Ebenda.

43 Paul Raabe (Hg.). *Expressionismus. Aufzeichnungen und Erinnerungen der Zeitgenossen.* Freiburg i. Br. 1965. S. 93.

44 *Das flüchtige Spiel.* S. 268.

45 Erich Mühsam. *Tagebücher 1910-1911.* Bd. I. S. 126 f.

## Ball-Spiele

1 *Briefe.* Bd. 1. S. 21.

2 Ebenda.

3 Ebenda. S. 23

4 Ebenda.

5 Ebenda. S. 25.

6 Ebenda.

7 Ebenda. S. 18.

8 Ebenda. S. 27.

9 Ebenda. S. 50.

10 »Der Henker«, in: *Gedichte.* S. 25.

11 *Die Flucht aus der Zeit.* S. 11.

12 *Hugo Balls Weg zu Gott.* S. 40.

13 Jakob van Hoddis, in: Emmy *Ball-Hennings 1885-1948. »ich bin so vielfach ...«* S. 36.

14 Ebenda. S. 49. Erwin Loewenson an Grete Tichauer.

15 Jakob van Hoddis. »Tanz«, in: *Dichtungen und Briefe.* Zürich 1987. S. 19.

16 Ebenda. S. 23.

17 Emmy Ball-Hennings an Carl Seelig, Magliaso, 6. 2. 1946.

18 Ebenda. Magliaso, 6. 2. 1946.

19 Ebenda.

20 Emmy Hennings. »Betrunken taumeln ...«, in: *Die Ähre* 4/1916. S. 173.

21 Jakob van Hoddis an Emmy Hennings. Berlin, Mai 1913, in: *Emmy Ball-Hennings. 1885-1948. »ich bin so vielfach ...«* S. 37.

22 »Weltende«, in: Jakob van Hoddis. *Dichtungen und Briefe.* S. 15.

23 »Ein Traum«, in: Emmy Hennings. *Die letzte Freude,* S. 9.

24 Emmy Ball-Hennings an Carl Seelig. Magliaso, 6. 2. 1946.

25 »Ein Traum«, in: Emmy Hennings. *Die letzte Freude.* S. 9.

26 *Hugo Balls Weg zu Gott.* S. 34.

27 *Die Flucht aus der Zeit.* S. 14.

28 *Hugo Balls Weg zu Gott.* S. 39

29 *Die Flucht aus der Zeit.* S. 15.

30 Ebenda. S. 12.

31 Hans Leybold. *Gegen Zuständliches.* Herausgegeben von Eckard Faul. Hannover 1989. S. 107.
32 Ebenda. S. 106.
33 Hugo Ball. »Totenrede«, in: Eckard Faul. »*Außer Betrieb muß sein.*« *Der früh-expressionistische Schriftsteller Hans Leybold (1892-1914).* Dissertation. Saarbrücken 2000. S. 38.
34 Ebenda. S. 36.
35 Else Lasker-Schüler an Emmy Hennings, o. D.
36 »*Außer Betrieb muß sein*«. S. 37.
37 Hugo Ball. »Totenrede«, in: »*Außer Betrieb* …« S. 38.
38 Erich Mühsam. *Tagebücher 1912-1914.* Bd. III. S. 329.
39 Ebenda. Bd. IV. (1915). S. 282.
40 *Gedichte.* S. 38.
41 *Hugo Balls Weg zu Gott.* S. 38. »Die Schlaraffen«, in: *Gedichte.* S. 50.
42 Zitiert aus dem »Zweiten« Tagebuch Hugo Balls, in: *Gedichte.* S. 300.

*Junge Frau um 1914*

1 *Das flüchtige Spiel.* S. 263.
2 Ebenda. S. 264.
3 Emmy Hennings an Rudolf Reinhold Junghanns, in: *Emmy Ball-Hennings. 1885-1948.* »*ich bin so vielfach* …« S. 57.
4 *Das flüchtige Spiel.* S. 264.
5 Ebenda.
6 Emmy Hennings an Kurt Wolff. März/April 1913, in: *Emmy Ball-Hennings. 1885-1948.* »*ich bin so vielfach* …« S. 68.
7 *Das flüchtige Spiel.* S. 266.
8 Emmy Hennings an Rudolf Reinhold Junghanns, in: *Emmy Ball-Hennings. 1885-1948.* »*ich bin so vielfach* …« S. 57.
9 Ebenda. S. 62.
10 Erich Mühsam. *Tagebücher. 1911-1912.* Bd. II. S. 265 f.
11 Ebenda. S. 266.
12 Emmy Hennings an Rudolf Reinhold Junghanns. Berlin, 22.4.1912, in: *Emmy Ball-Hennings. 1885-1948.* »*ich bin so vielfach* …« S. 62.
13 Ebenda. S. 62/63.
14 Ravien Siurlai, »Emmy Hennings«, in: *Die Aktion,* 5.6.1912.
15 Ebenda.
16 Emmy Hennings an Rudolf Reinhold Junghanns. Berlin, 10.5.1912, in: *Emmy Ball-Hennings. 1885-1948.* »*ich bin so vielfach* …« S. 63.
17 Ebenda. S. 65.
18 Emmy Hennings an Rudolf Reinhold Junghanns. Zürich 1916. Dada-Archiv II: 28, ›Kunsthaus‹ Zürich.

19 Ebenda.
20 Johannes. R. Becher. *Auf andere Art so große Hoffnung,* Tagebuch 1950, in: *Emmy Ball-Hennings. 1885-1948. »ich bin so vielfach …«.* S. 78.
21 Ebenda.
22 Johannes R. Becher. *Abschied* und *Verfall und Triumph.*
23 Johannes R. Becher. *Briefe 1909-1958,* herausgegeben von Rolf Harder, Berlin 1993. S. 23.
24 »Kino«, in: *Emmy Ball-Hennings. 1885-1948. »ich bin so vielfach …«.* S. 80.
25 Ebenda. S. 79.
26 Ebenda. S. 80.
27 Ebenda. S. 78.
28 Johannes R. Becher.*Gedichte.* Berlin/Weimar 1976. S. 249.
29 Johannes R. Becher. *Briefe 1909-1958.* S. 479.
30 *Das flüchtige Spiel.* S. 277.
31 Ebenda. S. 278. René Gass vermutet hinter »Hans« den Dichter Jakob van Hoddis. Das erscheint, obwohl Hoddis vom Dezember 1914 bis Mai 1915 in München gemeldet war, unzutreffend, da sein Aufenthalt mit Emmys Inhaftierung und ihrer Abreise nach Berlin zu Ball zusammenfiel. Auch wäre er, nach den Klinikberichten und Aussagen Loewensons, kaum in der Lage gewesen, sich wegen eines Briefes von Hugo Ball auseinanderzusetzen, der Hoddis nicht persönlich gekannt hat (s. Briefe Emmys an Ball vom Herbst 1917). Der *blonde Haarwuschel* spricht ebenso gegen den schwarzhaarigen Hoddis als auch der Befund seines Biographen, Fritz Bremer, daß H. wegen seines Aussehens in der Schule als *Chinese* oder *Japaner* gehänselt wurde.
32 Emmy Hennings. *Die letzte Freude.* S. 12.
33 Emmy Ball-Hennings an Ninon Hesse. Cassina, 6. Juni 1936.
34 Emmy Hennings. *Die letzte Freude.* S. 7.
35 *Briefe.* Bd. 1. S. 71.
36 Erich Mühsam. *Tagebücher 1910-1911.* Bd. I. S. 108.
37 Else Lasker-Schüler an Emmy Ball-Hennings. Ohne Datum.
38 Emmy Ball-Hennings. *Nachruf auf Else Lasker-Schüler.* Typoskript 1945.
39 Erich Mühsam. *Tagebücher 1910-1911.* Bd. I. S. 132.
40 Carl Zuckmayer. *Als wär's ein Stück von mir.* Frankfurt 1972. S. 285.
41 Emmy Ball-Hennings. *Lebenslauf.* Typoskript. 1938.
42 In: *Emmy Ball-Hennings. 1885-1948. »ich bin so vielfach …«.* S. 88.

*Aufbrüche – Umbrüche*

1 Hugo Ball. *Die Reise nach Dresden,* in: *Der Künstler und die Zeitkrankheit.* Ausgewählte Schriften. Herausgegeben und mit einem Nachwort versehen von Hans Burkhard Schlichting. Frankfurt am Main 1988. S. 11.

2 Ebenda. S. 12.
3 Ebenda. S. 13.
4 *Briefe.* Bd. 1. S. 45.
5 Ebenda. S. 44 f.
6 Ebenda. S. 46.
7 *Die Flucht aus der Zeit.* S. 17 f.
8 Ebenda. S. 18.
9 Ebenda. S. 19 f.
10 *Briefe.* Bd. 1. S. 49.
11 Ebenda. S. 50.
12 Ebenda. S. 56.
13 Emmy Ball-Hennings. *Rebellen und Bekenner.* HBA 1994, S. 79.
14 Ebenda. S. 76.
15 Ebenda. S. 79.
16 »Totenrede«, in: *Der Künstler und die Zeitkrankheit.* S. 26 ff.
17 *Briefe.* Bd. 1. S. 54.
18 Ebenda. S. 58.
19 Ebenda. S. 59.
20 Ebenda. S. 62.
21 Ebenda. S. 63
22 Ebenda. S. 90 f.
23 Ebenda. S. 91 f.
24 *Licht und Schatten.* S. 123.
25 Ebenda.
26 Ebenda. S. 124.
27 Ebenda. S. 125.
28 Ebenda.
29 Ebenda. S. 126.
30 Ebenda. S. 121.
31 Ebenda. S. 127 f.

## Schuld und Sühne

1 Emmy Hennings. *Verloren.* Typoskript.
2 – *Gefängnis.* Berlin 1985. S. 20.
3 s. Anm. 1.
4 Erich Mühsam. *Tagebücher 1912-1914.* Bd. III. S. 146 f.
5 *Gefängnis.* S. 8.
6 Ebenda. S. 41.
7 Ebenda. S. 42.
8 Ebenda. S. 90.

 9 Ebenda. S. 99.
10 Ebenda. S. 104.
11 Ebenda. S. 37.
12 Ebenda. S. 39.
13 Ebenda. S. 116.
14 *Das Brandmal*. S. 86.
15 *Gefängnis*. S. 104.
16 Ebenda. S. 105.
17 Erich Mühsam. *Tagebücher 1912-1914*. Bd. III. S. 269.
18 Emmy Hennings an Hugo Ball. Karte mit Zeichnung.
19 Erich Mühsam. *Tagebücher 1912-1914*. Bd. III. S. 370.
20 Johannes R. Becher an Heinrich F. S. Bachmair. *Briefe*. S. 26.
21 Ebenda. S. 30.
22 Erich Mühsam. *Tagebücher 1915*. Bd. IV. S. 56 f.
23 Ebenda. S. 62.
24 Ebenda. S. 66.
25 Ebenda. S. 67.
26 Ebenda. S. 98 f.
27 *Briefe*. Bd. 1. S. 71.
28 Ebenda.
29 *Ruf und Echo*. S. 46.
30 *Die Flucht aus der Zeit*. S. 236.
31 *Gefängnis*. S. 74.
32 Ebenda. S. 39.
33 Emmy Hennings. *Dagny III*. Typoskript.
34 – *Dagny IV*, Ein Fragment.
35 – *Aufhaengen*, Typoskript.
36 – »An den Tod«, in: *Helle Nacht*. S. 25.
37 *Das Brandmal*. S. 199.
38 Ebenda. S. 210.
39 Ebenda. S. 241.
40 Ebenda. S. 205.
41 Ebenda. S. 218.
42 Ebenda. S. 233.
43 Ebenda. S. 252.
44 Ebenda. S. 253.
45 *Gefängnis*. S. 44.
46 *Das Brandmal*. S. 260.
47 Ebenda. S. 289.
48 Erich Mühsam. *Tagebücher 1910-1911*. Bd 1. S. 52.
49 *Briefe*. Bd. 1. S. 469.

50 Erich Mühsam. *Tagebücher 1910-1911*. Bd. I. S. 201.

51 Ebenda. S. 206.

52 Ebenda. S. 226.

53 Ebenda. S. 322.

54 – *Tagebücher 1915*. Bd. IV. S. 287.

55 Fritz Bremer. *In allen Lüften hallt es wie Geschrei. Jakob van Hoddis. Fragmente einer Biographie*. Bonn 1996. S. 14.

56 *Emmy Ball-Hennings. 1885-1948. »ich bin so vielfach ...«*. S. 37.

57 Chr. Heidrich. »Geistiges Entzücken«, in: *Sinn und Form* 1/2000. S. 21.

58 Emmy Hennings. *Dagny*. Fragment.

59 Richard Huelsenbeck. »Das Cabaret Voltaire«, in: *Emmy Ball-Hennings. 1885-1948. »ich bin so vielfach ...«*. S. 120.

## Ein wunderliches Paar

1 *Briefe*. Bd. 2. S. 477.

2 Johannes R. Becher. *Auf andere Art so große Hoffnung*. Tagebuch 1950, in: *Emmy Ball-Hennings. 1885-1948. »ich bin so vielfach ...«*. S. 78.

3 Ebenda. S. 122. Claire Goll. *Hugo Ball und Emmy Hennings*.

4 Emmy Ball-Hennings. *Rebellen und Bekenner*. HBA 1994. S. 83.

5 Ebenda. S. 88.

6 *Das flüchtige Spiel*. S. 275.

7 *Die Flucht aus der Zeit*. S. 21.

8 Ebenda. S. 27.

9 *Briefe*. Bd. 1. S. 64.

10 Ebenda. S. 65.

11 Ebenda. S. 67.

12 Ebenda. S. 65 f.

13 Ebenda. S. 68.

14 Ebenda. S. 68 f.

15 Ebenda. S. 69.

16 *Die Flucht aus der Zeit*. S. 27 f.

17 Ebenda. S. 26 f.

18 Hugo Ball. *Der Künstler und die Zeitkrankheit*. S. 23.

19 *Briefe*. Bd. 1. S. 67.

20 Ebenda. S. 41.

21 *Ruf und Echo*. S. 14.

22 Emmy Ball-Hennings. *Tagebuch*. Rom, Weihnachten 1924.

23 Ebenda. Rom, 9. November 1924.

24 *Das flüchtige Spiel*. S. 275.

25 *Hugo Ball. Sein Leben in Briefen und Gedichten*. S. 174.

26  Ebenda.

27  *Emmy Ball-Hennings. 1885-1948. »ich bin so vielfach ...«.* S. 121.

28  Ebenda.

29  Ebenda. S. 122.

30  Ebenda. Claire Goll. *Hugo Ball und Emmy Hennings.*

31  *Briefe.* Bd. 1. S. 70.

32  *Ein literarisches Manifest,* in: *Hugo Ball. Leben und Werk.* S. 116.

33  *Der Künstler und die Zeitkrankheit.* S. 25 ff.

34  *Briefe.* Bd. 1. S. 71.

35  Ebenda.

36  Ebenda. S. 73.

37  Ebenda. S. 74.

38  Ebenda.

39  Ebenda.

40  Ebenda. S. 78 f.

41  Ebenda.

42  *Hugo Balls Weg zu Gott.* S. 48.

43  Ebenda. S. 42.

## Man lebt in Zürich

1  *Das flüchtige Spiel.* S. 284.

2  *Die Flucht aus der Zeit.* S. 31.

3  *Hugo Balls Weg zu Gott.* S. 50.

4  Ebenda. S. 51.

5  Ebenda. S. 52.

6  *Briefe.* Bd. 1. S. 73.

7  Ebenda.

8  *Die Flucht aus der Zeit.* S. 32.

9  *Briefe.* Bd. 1. S. 83.

10  *Die Flucht aus der Zeit.* S. 43.

11  *Briefe.* Bd. 1. S. 84.

12  Ebenda. S. 87.

13  Ebenda. S. 85.

14  Ebenda. S. 88.

15  Ebenda. S. 87.

16  *Die Flucht aus der Zeit.* S. 40.

17  Ebenda. S. 34.

18  »Zürich«, in: *Der Künstler und die Zeitkrankheit.* S. 30.

19  *Briefe.* Bd. 1. S. 87.

20  Ebenda. S. 88 f.

21 *Ruf und Echo*. S. 79.
22 *Flametti oder Vom Dandysmus der Armen*. Frankfurt/Main 1989. S. 25.
23 *Die Flucht aus der Zeit*. S. 49, 55, 56, 59, 60, 65, 67, 69.
24 Bundesarchiv Bern, Bestandsnummer E 27, Archiv-Nr. 1377.
25 *Briefe*. Bd. 1. S. 94.
26 Ebenda. S. 96.
27 Ebenda. Bd. 3. S. 89.
28 Ebenda. Bd. 1. S. 98
29 Ebenda.
30 Ebenda.
31 Ebenda. S. 99.
32 Ebenda. S. 100.
33 *Die Flucht aus der Zeit*. S. 79.
34 *Briefe*. Bd. 1. S. 100.

## Dada war kein Rüpelspiel

1 *Die Flucht aus der Zeit*. S. 79.
2 Ebenda. S. 99.
3 *Briefe*. Bd. 1. S. 100.
4 *Die Flucht aus der Zeit*. S. 81.
5 Ebenda. S. 96.
6 Marcel Janco: »Schöpferischer Dada«, in: *Dada. Monographie einer Bewegung*. Hrsg. v. W. Verkauf u. a. 1965. S. 25-27.
7 *Die Flucht aus der Zeit*. S. 81f.
8 Hans Arp. *Unsern täglichen Traum. Erinnerungen und Dichtungen aus den Jahren 1914-1954*. Zürich 1955. S. 51.
9 *Die Flucht aus der Zeit*. S. 85.
10 Richard Huelsenbeck. *Reise bis ans Ende der Freiheit*. Heidelberg 1984. S. 62f.
11 *Die Flucht aus der Zeit*. S. 100.
12 *Briefe*. Bd. 1. S. 101.
13 Ebenda. S. 110.
14 Christian Schad. *Relative Realitäten. Erinnerungen an Walter Serner*. Augsburg 1999. S. 20.
15 Ebenda. S. 21f.
16 *Die Flucht aus der Zeit*. S. 49.
17 Ebenda. S. 50.
18 *Briefe*. Bd. 1. S. 112.
19 *Die Flucht aus der Zeit*. S. 50/51.
20 *Briefe*. Bd. 1. S. 100f.

21 »Totentanz 1916«, in: *Gedichte*. S. 53.

22 Emmy Ball-Hennings. *Rebellen und Bekenner*. HBA 1991, S. 61, vgl. auch: Erdmute Wenzel White. *So nie gehörte Töne, Die Musik Dadas: Vokal- und Konsonantenmusik,* in: HBA 1999. S. 70 ff.

23 *Die Flucht aus der Zeit*. S. 95.

24 N. N. »Emmy Hennings im Cabaret Voltaire«, in: *»ich bin so vielfach ...«. Emmy Ball-Hennings 1885-1948*. S. 117.

25 Ferdinand Hardekopf an Olly Jaques. 13. 5. 1917.

26 *Briefe*. Bd. 1. S. 101 f.

27 Ebenda. S. 102.

28 Alan Isler. *Der Prinz der West End Avenue*. München 1998. S. 237.

29 *Die Flucht aus der Zeit*. S. 95.

30 Hans Arp. *Unsern täglichen Traum*. S. 20.

31 Hans Richter. »Kunst und Antikunst«, in: *»ich bin so vielfach ...«. Emmy Ball-Hennings 1885-1948*. S. 122.

32 Ebenda. S. 119.

33 Ebenda.

34 Ebenda.

35 Emmy Hennings an Hugo Ball. 5. Februar 1916.

36 Peter Schifferli (Hg.). *Das war Dada, Dichtungen und Dokumente*. München 1963. S. 142.

37 *Briefe*. Bd. 1. S. 105.

38 Ebenda. S. 106 f.

39 Ebenda. 109 f.

40 Ebenda, S. 135.

41 *Ruf und Echo*. S. 86.

42 Ebenda. S. 86 f.

43 Emmy Ball-Hennings an Ninon Hesse. 17. 1. 1932.

44 Ebenda.

## Intermezzi mit und ohne Manifest

1 Hugo Ball. »Das erste dadaistische Manifest«, in: *Der Künstler und die Zeitkrankheit*. S. 39 f.

2 Ebenda.

3 Hans Arp. *Unsern täglichen Traum*. S. 48.

4 Ebenda. S. 50.

5 *Die Flucht aus der Zeit*. S. 101 f. – Hervorhebung im Original.

6 Ebenda. S. 96.

7 Richard Huelsenbeck. *Reise bis ans Ende der Freiheit*. S. 113.

8 *Die Flucht aus der Zeit*. S. 86.

9   Richard Huelsenbeck. *Reise bis ans Ende der Freiheit.* S. 113.
10  *Die Flucht aus der Zeit.* S. 91.
11  Ebenda. S. 95.
12  Ebenda. S. 98.
13  *Briefe.* Bd. 1. S. 113.
14  *Die Flucht aus der Zeit.* S. 98 f.
15  *Briefe.* Bd. 1. S. 115.
16  *Die Flucht aus der Zeit.* S. 98.
17  Richard Huelsenbeck. »Dada und seine Bedeutung«, Vortragstyposkript. Deutsch/englisch 1960. Deutsches Literaturarchiv, Marbach.
18  *Briefe.* Bd. 1. S. 110.
19  *Die Flucht aus der Zeit.* S. 105.
20  *Briefe.* Bd. 1. S. 110.
21  *Die Flucht aus der Zeit.* S. 102.
22  Ebenda. S. 107.
23  *Briefe.* Bd. 1. S. 117.
24  Ebenda.
25  Ebenda. S. 127.
26  Ebenda. S. 128 f.
27  *Die Flucht aus der Zeit.* S. 98.
28  *Briefe.* Bd. 1. S. 111.
29  *Die Flucht aus der Zeit.* S. 101.
30  Ebenda. S. 105 f.
31  *Briefe.* Bd. 1. S. 111.
32  Ebenda.
33  Ebenda. S. 127.
34  Ebenda. S. 128.
35  Ebenda. S. 121.
36  *Die Flucht aus der Zeit.* S. 107.
37  *Briefe.* Bd. 1. S. 117.
38  *Die Flucht aus der Zeit.* S. 110 f.
39  »Das erste dadaistische Manifest«, in: *Der Künstler und die Zeitkrankheit.* S. 38.
40  *Die Flucht aus der Zeit.* S. 109 f.
41  Richard Huelsenbeck. *Mit Witz, Licht und Grütze.* Wiesbaden 1957. S. 49.
42  *Die Flucht aus der Zeit.* S. 108.
43  *Briefe.* Bd. 1. S. 134.
44  Ebenda. S. 135.
45  Ebenda. S. 122 f.
46  Ebenda. S. 125.
47  Ebenda. S. 130.

48 Ebenda. S. 135.
49 Raoul Schrott. *DADA 15/25*. Innsbruck 1992. S. 51.
50 *Briefe*. Bd. 1. S. 133f.
51 Ebenda. S. 128.
52 Ebenda. S. 136.
53 *Die Flucht aus der Zeit*. S. 123.
54 *Briefe*. Bd. 1. S. 138.
55 *Die Flucht aus der Zeit*. S. 124.

## Dada und (k)ein Ende

1 *Briefe*. Bd. 1. S. 148f.
2 Ebenda. S. 145f.
3 Ebenda. S. 139.
4 Ebenda. S. 143.
5 Ebenda. S. 145.
6 Ebenda.
7 *Die Flucht aus der Zeit*. S. 125.
8 *Briefe*. Bd. 1. S. 147.
9 Ebenda. S. 150.
10 *Die Flucht aus der Zeit*. S. 131.
11 *Briefe*. Bd. 1. S. 150.
12 Ebenda. S. 152f.; »Bettina« ist Bettina von Arnim, geb. Brentano.
13 Ferdinand Hardekopf an Olly Jaques. Zürich, 9.1.1917.
14 *Briefe*. Bd. 1. S. 152.
15 Ebenda. S. 155f.
16 Ebenda. S. 156.
17 Ebenda.
18 Ebenda. S. 158.
19 Ebenda. S. 166.
20 Ebenda. S. 152.
21 Ebenda. S. 153.
22 Ebenda. S. 152.
23 Ebenda. S. 165f.
24 Ferdinand Hardekopf an Emmy Hennings. Lugano (verm. Februar 1919).
25 Ferdinand Hardekopf an Olly Jaques. 21.7.1918.
26 Ferdinand Hardekopf an Emmy Hennings. Mannenbach, 15.11.1917.
27 *Briefe*. Bd. 1. S. 163.
28 Han(s) Cor(r)ay. Die Schreibung des Namens variiert; hier Hugos und Emmys Version: Han Coray.
29 Ferdinand Hardekopf an Olly Jaques. Zürich, 16.1.1917.

30  *Briefe.* Bd. 3. S. 109.
31  Ferdinand Hardekopf, in: *Dada Zürich.* Zürich 1998. S. 146.
32  Martin Korol. *Deutsches Präexil in der Schweiz.* Bremen/Tartu 1999. S. 116.
33  Ebenda. S. 115.
34  Ebenda.
35  Ebenda.
36  Emmy Hennings an Tristan Tzara, in: Raoul Schrott. *DADA 15/25.* S. 90.
37  Ebenda.
38  Ebenda.
39  Ebenda.
40  Hugo Ball u. Emmy Hennings. *Damals in Zürich.* Zürich 1978. S. 189/90.
41  Ferdinand Hardekopf an Olly Jaques. Zürich (nach dem 19. 5. 1917).
42  Emmy Hennings an Tristan Tzara, in: Raoul Schrott. *DADA 15/25.* S. 135.
43  *Briefe.* Bd. 1. S. 173.
44  Ebenda. S. 174.
45  Ferdinand Hardekopf an Olly Jaques. Zürich, 1. Juni 1917.
46  *Ruf und Echo.* S. 99.
47  *Rebellen und Bekenner.* HBA 1991. S. 53.
48  *Die Flucht aus der Zeit.* S. 166.
49  Ebenda. S. 167.
50  Peter Weiss. *Trotzki im Exil.* Frankfurt am Main 1970.
51  Tom Stoppart. *Travesties.* Theaterstück. Hamburg 1976.
52  Dominique Noguez. *Lenin dada.* Zürich 1990.
53  Martin Korol. *Deutsches Präexil in der Schweiz 1916-1918.* S. 85 ff.
54  *Die Flucht aus der Zeit.* S. 172.
55  *Ruf und Echo.* S. 111 f.
56  Ebenda.
57  *Briefe.* Bd. 1. S. 164.
58  Hugo Ball u. Emmy Hennings. *Damals in Zürich.* S. 168.
59  *Rebellen und Bekenner.* HBA 1991. S. 74.
60  *Die Flucht aus der Zeit.* S. 172 f.
61  Friedrich Glauser. *Briefe I (1911-1935),* hg. v. Bernhard Echte u. Manfred
    Papst. Zürich 1988. S. 16.
62  Ebenda. S. 17.
63  *Ruf und Echo.* S. 113.
64  Richard Huelsenbeck. *Mit Witz, Licht und Grütze.* S. 73/74.
65  *Ruf und Echo.* S. 113.
66  *Der Künstler und die Zeitkrankheit.* S. 54.
67  Ebenda. S. 57.
68  *Ruf und Echo.* S. 113.
69  Der Begriff hatte sich aus dem militärischen Zusammenhang für eine vor

dem Heer operierende und in feindliches Gebiet eindringende Formation gelöst und wurde von den Künstlern vor dem Ersten Weltkrieg als Metapher für
ihre Strategien benutzt.

## Szenen in Zeiten des Krieges

1 *Die Flucht aus der Zeit.* S. 175 f.
2 Ebenda. S. 177 f.
3 Ebenda. S. 184.
4 Ebenda. S. 182.
5 *Briefe.* Bd. 1. S. 254.
6 *Die Flucht aus der Zeit.* S. 181.
7 Ebenda. S. 178.
8 Ebenda. S. 184 f.
9 Ebenda. S. 178.
10 Ebenda. S. 205.
11 Ebenda. S. 191.
12 *Briefe.* Bd. 1. S. 193 f.
13 Hugo Ball u. Emmy Hennings. *Damals in Zürich.* S. 71.
14 Ebenda. S. 72 f.
15 Ebenda. S. 75.
16 *Briefe.* Bd. 1. S. 184.
17 Ebenda. Bd. 3. S. 226.
18 Ebenda.
19 *Damals in Zürich.* S. 76 f.
20 Ferdinand Hardekopf an Emmy Hennings. 14. 10. 1917.
   Die dänische Staatsbürgerschaft hat Emmy Hennings nach Auskunft des
   ›Danish Record Office‹ und der dänischen Botschaft in Bern nicht besessen.
   Das Kong-Christian-Papier war den erwähnten Institutionen unbekannt.
   Möglich ist, daß Emmy für ihre Gastspiele in Tondern 1906/07 eine Aufent-
   halts- und Arbeitsbewilligung für das Königreich Dänemark gehabt und sie
   später in schwierigen Situationen vorgezeigt hat. Dieter Pust verweist darauf,
   daß Joseph Hennings im Flensburger Melderegister von 1905, vermutlich wegen der Herkunft seiner Eltern, als »Däne« bezeichnet wird.
21 Emmy Ball-Hennings an Ninon Hesse, Agnuzzo, 17./18. 1. 1932.
22 Annemarie Schütt-Hennings an Anna-Louise Schetty. Rom o. D. Hugo-Ball-
   Sammlung, Pirmasens.
23 *Briefe.* Bd. 1. S. 234 f.
24 Emmy Hennings an Hugo Ball. O. D.
25 Ludwig Meidner. *Dichter, Maler und Cafés,* hg. v. Ludwig Kunz, Zürich
   1973. S. 13/14.

26 Julio Álvarez del Vayo. *Give me Combat, The Memories of Julio Alvarez del Vayo*. Foreword by Barbara B. Tuchman. Translated from the Spanish by Donald D. Walsh. Boston-Toronto 1973.
S. 15: »At the same time I wanted to see at close hand those Germans, who were beginning seriously to worry the British. It was one year before the beginning of the First World War.«

27 Ebenda. S. 58. »Durch Hans Richter, den Maler, machte ich die Bekanntschaft einer der amüsantesten Frauen im Hintergrund der Gruppe, der exzentrischen Emmy Hennings, einer dänischen Dichterin und Verfasserin subversiver Couplets. Durch sie konnte ich die Entwicklung einer der meist diskutierten jedoch am wenigsten verstandenen literarischen Bewegungen mitverfolgen: den Dadaismus.«

28 Emmy Hennings an Hugo Ball. O. D.

29 Ebenda.

30 Ferdinand Hardekopf an Emmy Hennings. 15. 11. 1917.

31 Ebenda, um den 20. 11. 1917.

32 *Give me Combat.* S. 59. »On the stage at the Cabaret Voltaire everything was innovation (…) The orchestra was replaced by the concerted noise of keys and tins and heel-tapping by the audiance, and at times the noise sounded like real stamping of protest (…) The audiance was at times disconcerted, at times receptive, through snobbery and in times infuriated to the point of agression. After one of the recitals of Emmy Hennings, at which I accompanied her, we were pummeled by a group of Germanophiles. In spite of my efforts to protect her, Emmy emerged from the encounter with a black eye.«

33 Emmy Hennings an Hugo Ball. O. D.

34 Emmy Hennings an Hugo Ball. O. D.

35 Emmy Hennings an Hugo Ball. O. D.

36 *Briefe.* Bd. 1. S. 221.

37 Ebenda. S. 222.

38 Ebenda. S. 232.

39 Ebenda. S. 254 f.

40 Ebenda. S. 241.

41 Ferdinand Hardekopf an Emmy Hennings. 14. 10. 1917.

42 *Briefe.* Bd. 1. S. 223 f.

43 Emmy Hennings an Hans Richter. Zürich, o. D. DLA Marbach.

44 Emmy Ball-Hennings. *Tagebuch.*

45 Emmy Hennings an Hugo Ball. O. D. (verm. Jan./Febr. 1918).

46 *Briefe.* Bd. 1. S. 205.

47 Ebenda. S. 233.

48 Ebenda. S. 232.

49 Ebenda.

50  Emmy Hennings an Hugo Ball. O. D.

51  Ebenda.

52  Ebenda.

53  Ebenda.

54  Ebenda.

55  Ebenda.

56  *Rebellen und Bekenner.* HBA 1991. S. 96.

57  *Briefe.* Bd. 1. S. 220.

58  Ebenda. S. 225.

59  Ebenda. S. 276f.

60  Ebenda. S. 279.

61  Ebenda. S. 280.

62  Briefe von Emmy Hennings an Hugo Ball, o. D. Der Friedensaufruf ist nicht erhalten.

63  Protokoll des Detektivs Frey. SBA. Bern.

64  Ebenda.

65  *Die Flucht aus der Zeit.* S. 206.

66  *Briefe.* Bd. 1. S. 225f.

67  Ebenda. S. 281.

68  Ebenda. S. 284.

69  Ebenda. S. 296.

70  Ebenda. S. 294.

71  *Die Flucht aus der Zeit.* S. 225.

72  Ebenda.

73  Ernst Teubner (Hg.). *Hugo Ball. Leben und Werk.* S. 185.

74  Ebenda.

75  Ebenda.

76  Walter Benjamin. *Gesammelte Briefe 1919-1924.* Bd. II. Frankfurt am Main 1996. S. 34f.

77  *Rebellen und Bekenner.* HBA 1991, S. 94.

78  Emmy Hennings an Hugo Ball. O. D.

79  *Die Flucht aus der Zeit.* S. 237.

80  Ernst Bloch. *Tendenz-Latenz-Utopie.* S. 13, 18f., 27.

81  *Das Brandmal.* S. 260.

82  *Tagebuch.* Rom 1925. Das Zitat aus »Untergang der Sonne«, in: *Helle Nacht.* S. 42/43.

83  Ernst Bloch. *Tendenz-Latenz-Utopie.* S. 33f.

84  *Ruf und Echo.* S. 131.

85  Martin Korol. *Deutsches Präexil in der Schweiz 1916-1918.* S. 370.

86  Ebenda. S. 173.

87  Ebenda. S. 159.

88 Ebenda. S. 154.
89 Ebenda. S. 175.
90 Ebenda. S. 378.
91 Ebenda. S. 382.
92 Ebenda. S. 251.
93 Ebenda. S. 57.
94 *Sämtliche Werke und Briefe*. Band 5. *Die Folgen der Reformation* und *Zur Kritik der deutschen Intelligenz*. Herausgegeben von Hans Dieter Zimmermann. Göttingen 2005.
95 Ebenda. S. 393.
96 Ebenda. S. 500.
97 Ebenda. S. 463f.
98 Ebenda. S. 464.

## Fremde Heimat

1 *Briefe*. Bd. 1. S. 312f.
2 Ebenda. S. 314.
3 Ebenda. S. 315.
4 *Die Flucht aus der Zeit*. S. 233.
5 *Briefe*. Bd. 1. S. 316.
6 Ebenda. S. 319.
7 Ebenda. S. 320.
8 Ferdinand Hardekopf an Hugo Ball. Lugano, 25.3.1920.
9 Ebenda.
10 *Die Flucht aus der Zeit*. S. 252.
11 Ebenda. S. 256.
12 Ebenda.
13 Ebenda. S. 255.
14 Ebenda.
15 Ebenda. S. 254.
16 Ebenda. S. 244.
17 Ebenda. S. 256.
18 *Sämtliche Werke und Briefe*. Bd. 5. S. 466.
19 *Briefe*. Bd. 1. S. 318.
20 Emmy hatte Büros, u.a. in Berlin u. Genf, beauftragt, Rezensionen zu sammeln, die sie datiert oder undatiert in blaue und rote Schulhefte der Primarschulen des Tessin eingeklebt hat.
21 Ebenda.
22 *Das Brandmal*. S. 259.
23 *Ruf und Echo*. S. 128.

24  *Rebellen und Bekenner.* HBA 1991. S. 109.
25  Ebenda. S. 110.
26  Ebenda.
27  *Ruf und Echo.* S. 132 f.
28  *Rebellen und Bekenner.* HBA 1991. S. 110 f.
29  *Die Flucht aus der Zeit.* S. 261.
30  *Ruf und Echo.* S. 134.
31  *Rebellen und Bekenner.* HBA. 1991. S. 111.
32  *Die Flucht aus der Zeit.* S. 261.
33  Ebenda. S. 265.
34  Richard Huelsenbeck. *Mit Witz, Licht und Grütze.* S. 9.
35  Ebenda. S. 11.
36  Ebenda. S. 30.
37  Ebenda. S. 58.
38  Richard Huelsenbeck. *Reise bis ans Ende der Freiheit.* S. 195.
39  Emmy Hennings. *Tagebuch* 1920.
40  *Die Flucht aus der Zeit.* S. 261.
41  Emmy Hennings. *Tagebuch* 1920.
42  Ebenda.
43  Ebenda.
44  Ebenda.
45  *Ruf und Echo.* S. 142.
46  *Hugo Balls Weg zu Gott.* S. 81.
47  Ebenda. S. 82.
48  *Die Flucht aus der Zeit.* S. 265.
49  Ebenda. S. 266.
50  Ebenda. S. 273.
51  Emmy Hennings. *Tagebuch* 1920.
52  *Die Flucht aus der Zeit.* S. 180.
53  *Hugo Balls Weg zu Gott.* S. 87.
54  *Die Flucht aus der Zeit.* S. 276.
55  *Hugo Balls Weg zu Gott.* S. 88.
56  Herbert Kapfer/Lisbeth Exner (Hg.). *Weltdada Huelsenbeck.* Innsbruck 1996.
    S. 66
57  Ebenda. S. 87.
58  Ebenda. S. 92.
59  Richard Huelsenbeck. *Reise bis ans Ende der Freiheit.* S. 196.
60  *Weltdada Huelsenbeck.* S. 93.

## In einem neuen Kreis von Menschen

1 *Die Flucht aus der Zeit.* S. 277.
2 Richard Huelsenbeck. *Mit Witz, Licht und Grütze.* S. 29 f.
3 *Die Flucht aus der Zeit.* S. 272.
4 *Hugo Balls Weg zu Gott.* S. 88.
5 *Sämtliche Werke und Briefe.* Bd. 7. *Byzantinisches Christentum. Drei Heiligenleben.* Herausgegeben und kommentiert von Bernd Wacker. Göttingen 2011. S. 505.
6 Richard Huelsenbeck. *Mit Witz, Licht und Grütze.* S. 31/32.
7 *Die Flucht aus der Zeit.* S. 276.
8 »Traum II«, in: *Helle Nacht.* S. 45.
9 »Das ewige Lied«, in: *»ich bin so vielfach«.* S. 179 f.
10 *Tagebuch* 1921.
11 *Ruf und Echo.* S. 157/159.
12 *Briefe.* Bd. 1. S. 333.
13 Ebenda.
14 *Hugo Balls Weg zu Gott.* S. 92.
15 *Briefe.* Bd. 1. S. 332.
16 Ferdinand Hardekopf an Emmy Hennings. Zürich, 6. Januar 1921.
17 *Die Flucht aus der Zeit.* S. 286.
18 Ebenda. S. 296.
19 Ebenda. S. 284.
20 Ebenda.
21 Ebenda.
22 Ebenda. S. 278.
23 Emmy Ball-Hennings. *Begegnung mit Hermann Hesse*, in: *Vaterland,* 8. Mai 1936.
24 *Die Flucht aus der Zeit.* S. 278.
25 *Begegnung mit Hermann Hesse.*
26 *Hermann Hesse. Briefwechsel 1921-1927 mit Hugo Ball und Emmy Ball-Hennings.* Herausgegeben und kommentiert von Bärbel Reetz. Frankfurt am Main 2003. S. 64.
27 Hermann Hesse. *Wanderung,* in: Jubiläumsausgabe Bd. III. Frankfurt am Main 1977. S. 200.
28 *Begegnung mit Hermann Hesse.* Vgl. Anm. 23 und 25.
29 *Die Flucht aus der Zeit.* S. 296.
30 Ebenda. S. 291.
31 *Briefe.* Bd. 1. S. 345 f.
32 *Die Flucht aus der Zeit.* S. 301.
33 Hermann Hesse. *»Liebes Herz«. Briefwechsel mit seiner zweiten Frau Ruth.*

Herausgegeben von Ursula und Volker Michels. Frankfurt am Main 2005. S. 95 f.

34  Ebenda. S. 215.
35  Hugo Ball. *Tagebuch.*
36  *Briefe.* Bd. 1. S. 348 f.
37  Hausbrief (1921) von Emmy an Hugo Ball.
38  *Byzantinisches Christentum.* S. 9.
39  Ebenda. S. 226.
40  Luis Buñuel drehte 1965 den surrealen Film über *Simón del deserto.*
41  *Byzantinisches Christentum.* S. 250.
42  Ebenda. S. 63.
43  *Die Flucht aus der Zeit.* S. 289.
44  Hermann Hesse an Lisa Wenger, in: *Briefwechsel 1921-1927.* S. 67.
45  *Die Flucht aus der Zeit.* S. 294.
46  Hermann Hesse an Georg Reinhart, in: *Briefwechsel 1921-1927.* S. 66.
47  *Briefe.* Bd. 1. S. 337.
48  *Die Flucht aus der Zeit.* S. 297.
49  *Briefe.* Bd. 1. S. 351.

## Verscheuchtes Geflügel

 1  *Briefe.* Bd. 1. S. 352.
 2  Ebenda.
 3  *Briefwechsel 1921-1927.* S. 94.
 4  Ebenda. S. 97.
 5  Ebenda. S. 98.
 6  *Briefe.* Bd. 1. S. 356.
 7  Richard Huelsenbeck. *Reise bis ans Ende der Freiheit.* S. 163.
 8  *Briefe.* Bd. 1. S. 358.
 9  Herbert Saekel, »Münchener Winter 1921«, in: *Krefelder Zeitung,* 23.12. 1921.
10  *Briefe.* Bd. 1. S. 353.
11  *Briefwechsel 1921-1927.* S. 100 f.
12  Richard Huelsenbeck. *Reise bis ans Ende der Freiheit.* S. 80.
13  *Briefe.* Bd. 1. S. 363.
14  Ebenda.
15  Ebenda. S. 361.
16  Ebenda. S. 364.
17  Ebenda.
18  Ebenda. S. 366.
19  Ebenda. S. 364.

20  Ebenda. S. 371.
21  Ebenda. S. 376.
22  Ebenda. S. 335.
23  *Byzantinisches Christentum.* S. 520.
24  Ebenda.
25  *Briefwechsel 1921-1927.* S. 122.
26  Ebenda. S. 121 f.
27  *Briefe.* Bd. 1. S. 369.
28  Ebenda. S. 272.
29  Ebenda. S. 376.
30  Ebenda. S. 377.
31  Hermann Hesse. *Gesammelte Briefe.* Bd. 2. S. 32.
32  Ebenda.
33  *Briefe.* Bd. 1. S. 381.
34  Ebenda. S. 387.
35  Ebenda. S. 389.
36  *Briefwechsel 1921-1927.* S. 167 f.
37  *Briefe.* Bd. 1. S. 382.
38  Ebenda. S. 402 f.
39  Hans Arp. *Unsern täglichen Traum.* S. 36.
40  *Briefe.* Bd. 2. S. 142.
41  Hugo Ball am 27. Juni 1923 im unveröffentlichten Tagebuch.
42  S. Bärbel Reetz. *Hesses Frauen.* Berlin 2012. S. 147 ff.
43  Johann Gottfried Seume. *Spaziergang nach Syrakus,* hg. von Albert Meier,
    München 1998. Daß Emmy sich auf Seume beruft, dessen Hauptangriffs-
    punkte die Pfaffen, die Mißwirtschaft des Klerus und der katholische Aber-
    glaube waren, scheint angesichts ihrer überschwenglich-verklärenden Texte
    überraschend. In ihren Briefen und Tagebüchern finden sich jedoch während
    ihrer Italienaufenthalte auch zahlreiche kritische Einlassungen zu Kirche und
    Klerus.
44  Emmy Ball-Hennings. *Hugo Ball. Sein Leben in Briefen und Gedichten.* Ber-
    lin 1930. S. 152.
45  Ebenda. S. 153.
46  Ebenda. S. 151.
47  *Briefe.* Bd. 1. S. 415.
48  Ebenda. S. 417
49  Ebenda. S. 429.
50  Ebenda. S. 422.
51  Ebenda. S. 416.
52  *Byzantinisches Christentum.* S. 293-332.
53  Ebenda. S. 301.

54  Ebenda. S. 307.

55  Ebenda. S. 315.

56  Ebenda. S. 302.

57  Ebenda. S. 270 ff.

58  *Die Flucht aus der Zeit.* S. 292.

59  *Briefwechsel 1921-1927.* S. 183.

60  Ebenda. S. 181.

61  Ebenda. S. 182.

62  *Briefe.* Bd. 1. S. 444.

63  Ebenda. S. 448.

64  *Hugo Ball. Sein Leben in Briefen und Gedichten.* S. 183.

65  Emmy Hennings an Hugo Ball, o. D. (Florenz 1923).

66  *Briefwechsel 1921-1927.* S 196.

67  *Briefe.* Bd. 1. S. 458.

68  Emmy Hennings an Hugo Ball, o. D. (Florenz 1923).

69  *Briefe.* Bd. 1. S. 506.

70  *Hugo Balls Weg zu Gott.* S. 108.

71  *Briefe.* Bd. 1. S. 507.

72  Ebenda. S. 467.

73  Ebenda. S. 507.

74  *Gedichte.* S. 103 f.

75  Ebenda. S. 89.

76  *Briefe.* Bd. 2. S. 23.

77  *Gedichte.* S. 90-99.

78  *Hugo Balls Weg zu Gott.* S. 117.

79  Emmy Hennings an Hugo Ball, o. D. (Florenz 1923).

80  *Briefwechsel 1921-1927.* S. 211.

81  Ebenda. S. 216 f.

82  Emmy Hennings an Hugo Ball, o. D. (Florenz, Jan. 1924).

83  Ebenda. Florenz, 15. 1. 1924.

84  Ebenda.

85  Ebenda. O. D. (Florenz 1923).

86  Ebenda.

87  *Briefe.* Bd. 2. S. 28.

88  *Gedichte.* S. 107.

## Irritationen

1  *Briefe.* Bd. 2. S. 43.

2  Ebenda. S. 31.

3  Ebenda. S. 31 f.

4  Ebenda. S. 33.
5  *Hugo Ball. Sein Leben in Briefen und Gedichten*. S. 214.
6  *Briefe*. Bd. 2. S. 36.
7  Ebenda. S. 16.
8  Ebenda. S. 17.
9  *Briefwechsel 1921-1927*. S. 214.
10  *Ruf und Echo*. S. 203.
11  *Briefe*. Bd. 2. S. 42.
12  *Ruf und Echo*. S. 203.
13  *Briefe*. Bd. 2. S. 47.
14  Ebenda. S. 44.
15  Ebenda.
16  *Briefe*. Bd. 3. S. 430.
17  Emmy Ball-Hennings an Hermann Hesse. Neapel, 21.2.1929.
18  *Briefwechsel 1921-1927*. S. 223.
19  *Briefe*. Bd. 2. S. 60.
20  Ebenda. S. 57.
21  Ebenda. S. 58.
22  *Briefwechsel 1921-1927*. S. 226.
23  *Briefe*. Bd. 2. S. 60.
24  *Briefwechsel 1921-1927*. S. 229.
25  *Ruf und Echo*. S. 207.
26  *Briefwechsel 1921-1927*. S. 228.
27  Ebenda. S. 235 f.
28  Hugo Ball. *Carl Schmitts Politische Theologie*, in: *Der Künstler und die Zeitkrankheit*. S. 303 ff.

## Askese in Arkadien

1  *Briefe*. Bd. 2. S. 78.
2  *Briefwechsel 1921-1927*. S. 249.
3  Emmy Ball-Hennings. *Tagebuch*. Rom, Oktober 1924.
4  *Briefe*. Bd. 2. S. 80.
5  Franz Herweg. »Emmy Hennings«, in: *Hochland*, Ausschnitt o. D.
6  Klabund am 23.1.1923; nicht lokalisierter Zeitungsausschnitt.
7  Richard Huelsenbeck, in: *Neue Rundschau*, Berlin. O. D.
8  Franz Blei an Emmy Ball-Hennings, Berlin. O. D.
9  *Briefe*. Bd. 2. S. 81.
10  Ebenda. S. 91.
11  Emmy Ball-Hennings. *Tagebuch*, Rom, 1.12.1924.
12  Ebenda. O. D.

13 *Briefwechsel 1921-1927.* S. 248.
14 *Briefe.* Bd. 2. S. 93 f.
15 Ebenda. Bd. 3. S. 462.
16 Ebenda.
17 *Byzantinisches Christentum.* S. 313 f.
18 Emmy Ball-Hennings. *Tagebuch.* Rom.
19 Martin Korol. *Deutsches Präexil in der Schweiz 1916-1918.* S. 105.
20 *Briefe.* Bd. 2. S. 85 f.
21 C. G. Jung an Hugo Ball. Küsnacht, 20. 11. 1924.
22 *Briefe.* Bd. 2. S. 92.
23 *Der Künstler und die Zeitkrankheit* in: *Hochland.* Jg. 24. 1926. Heft 2 u. 3.
24 *Briefe.* Bd. 2. S. 100.
25 *Die religiöse Konversion,* in: *Hochland.* XII. Bd. 2. Heft 9. u. 10.
26 *Ruf und Echo.* S. 216.
27 *Briefe.* Bd. 2. S. 100 f.
28 *Rebellen und Bekenner.* HBA 1992. S. 16.
29 *Ruf und Echo.* S. 221.
30 Emmy Ball-Hennings. *Tagebuch.* Rom, o. D.
31 Ebenda. Januar/Februar 1925.
32 Ebenda.
33 Emmy Ball-Hennings an Ninon Hesse, Positano, 14. 3. 1933.
34 *Rebellen und Bekenner.* HBA 1992. S. 19.
35 *Briefe.* Bd. 2. S. 115 f.
36 Ebenda. S. 117.
37 Ebenda. S. 116.
38 Ebenda. S. 119.
39 Ebenda. S. 121.
40 Ebenda.
41 *Byzantinisches Christentum.* S. 328 ff.
42 Ebenda. S. 331.
43 *Die Folgen der Reformation. Zur Kritik der deutschen Intelligenz.* S. 469.
44 Ebenda.
45 Ebenda. S. 470.
46 *Briefe.* Bd. 2. S. 122 f.
47 Ebenda. S. 125.
48 *Ruf und Echo.* S. 228.
49 Ebenda.
50 Matilde Romito. *La Ceramica Vietrese Nel Periodo Tedesco.* Salerno 1996. S. 29 ff.
51 *Ruf und Echo.* S. 228/29.
52 Ebenda. S. 246.

53 Susanne Dölker berichtet, daß ihr Vater von Balls Sexualpraktiken erzählt hat, die dieser vor Emmy zu verbergen suchte. Dölker, der als junger Mann in Klöstern gelebt und aus dieser Zeit homosexuelle Erfahrungen hatte, wußte von Balls homoerotischen Neigungen sowie der Onanie und den damit verbundenen Zwangshandlungen und Schuldgefühlen, die sich in immer stärkerem Streben nach Reinheit und Askese äußerten. Auch Balls temporäre Alkoholabstinenz als Meiden eines Stimulanz, das zu sexuellen Handlungen motivieren kann, findet in diesem Zusammenhang eine Erklärung, vgl. Wilhelm Stekel, »Onanie und Homosexualität«, in: *Störungen des Trieb- und Affektlebens.* Bd. II. Berlin/Wien 1923. Bei Nietzsche, auf den sich Stekel bezieht, zeigt sich viel Verbindendes: Die Ähnlichkeit der »mönchischen« Schrift. Die Phantasie vom beflügelnden Arbeiten in der Höhe, die Nietzsche nach Sils-Maria, Ball auf die Alp Brussada und in das Bergdorf Albori treibt. Das ausgeprägte Sendungsbewußtsein. Schließlich erinnert die homoerotische Komponente im Verhältnis von Ball zu Hesse an die Beziehung Nietzsches zu Wagner, vgl. Wilhelm Stekel, »Nietzsche und Wagner. Eine sexual-psychologische Studie zur Psychogenese des Freundschaftsgefühls und des Freundschaftsverrates«, in: *Zeitschrift für Sexualwissenschaft*, IV, 1917, S. 22-28, 58-65, sowie Lou Andreas-Salomé, *In der Schule bei Freud, Tagebuch eines Jahres.* Zürich 1958. S. 155 f., und Rüdiger Safranski, *Nietzsche, Biographie seines Denkens.* München, Wien 2000. S. 253 ff. Balls homoerotischen Neigungen ist Emmy Hennings vorgeschaltet. Um seinen Weg der Sublimierung vom anarchistisch-dadaistischen Libertin und Revolutionär zum asketisch-zurückgezogenen Seelsorger gehen zu können, braucht Ball Emmy an seiner Seite, die nicht sexuelle Erfüllung, sondern priesterliches Vorbild von ihm erwartet.
54 Emmy Ball-Hennings. *Tagebuch.* Vietri, März 1925.
55 Ebenda.
56 *Briefe.* Bd. 2. S. 143.
57 *Tagebuch.* Vietri im April 1925.
58 Hans Arp. *Unsern täglichen Traum.* S. 21.
59 Ebenda. S. 26.
60 *Briefe.* Bd. 2. S. 173.
61 Ebenda. S. 174.
62 Emmy Ball-Hennings. *Tagebuch.* 3. Mai 1925.
63 *Briefwechsel* 1921-1927. S. 290.
64 Hermann Hesse an Emmy Ball-Hennings. Zürich 1928. DLA Marbach.
65 Emmy Ball-Hennings. *Tagebuch.* September 1925.
66 *Briefe.* Bd. 2. S. 129.
67 Ebenda. S. 135.
68 Ebenda. S. 137.
69 Ebenda. S. 153.

70 Emmy Ball-Hennings. *Tagebuch*. O. D.
71 *Briefe*. Bd. 2. S. 148.
72 Emmy Ball-Hennings. *Tagebuch*. O. D.
73 Emmy Ball-Hennings an Ruth Wenger. (Florenz 1923). DLA Marbach.
74 Emmy Ball-Hennings an Ruth Hesse. (Albori, Herbst 1925). DLA Marbach.
75 Ebenda. Albori, 28. 10. (1925). DLA Marbach.
76 Ebenda.
77 Emmy Ball-Hennings an Ruth Hesse. 5. 3. (1927). DLA Marbach.
78 Emmy Ball-Hennings an Ruth Wenger. (Florenz 1923). DLA Marbach.
79 *Ruf und Echo*. S. 238.
80 *Briefe*. Bd. 2. S. 154.
81 Ebenda. S. 189.
82 Ebenda. S. 168.
83 Ebenda. S. 238 f.
84 Ebenda. S. 184.
85 Ebenda. S. 237.
86 Ebenda. S. 226.
87 *Briefwechsel 1921-1927*. S. 363.
88 *Briefe*. Bd. 2. S. 240 f.
89 Ebenda. S. 241.
90 *Hugo Balls Weg zu Gott*. S. 153.
91 *Briefe*. Bd. 2. S. 262.
92 Ebenda. S. 260 f.
93 Ebenda. S. 262.
94 *Briefwechsel 1921-1927*. S. 376 f.
95 Ebenda. S. S. 383.
96 Ebenda. S. 386 f.

## Der Anfang vom Ende

1 *Briefe*. Bd. 2. S. 277.
2 Ebenda. S. 309.
3 Ebenda. S. 307.
4 Ebenda.
5 Ebenda.
6 Ebenda. S. 314.
7 Ebenda. S. 320.
8 Ebenda. S. 324.
9 Ebenda. S. 337.
10 Ebenda. S. 338.
11 Emmy Ball-Hennings an Hugo Ball. O. D. (verm. 7. 8. 1926).

12 *Briefe*. Bd. 2. S. 337.

13 Ebenda. S. 347.

14 Ebenda. S. 348 f.

15 Ebenda. S. 353 f.

16 Ebenda. S. 359.

17 Ebenda. S. 351 f.

18 *Der Künstler und die Zeitkrankheit*. S. 119.

19 *Ruf und Echo*. S. 256.

20 *Briefe*. Bd. 2. S. 373.

21 Ebenda. S. 371.

22 Ebenda. S. 370 f.

23 Ebenda. S. 376.

24 Ebenda. S. 375.

25 Ebenda. S. 373.

26 *Briefwechsel 1921-1927*. S. 417 f.

27 *Ruf und Echo*. S. 256.

28 *Briefe*. Bd. 3. S. 611.

29 Ebenda. Bd. 2. S. 411 f.

30 Ebenda. S. 419.

31 Ebenda. S. 401.

32 Ebenda. Bd. 3. S. 618 f.

33 Ebenda. Bd. 2. S. 443.

34 Ebenda. Bd. 3. S. 645.

35 Ebenda. S. 646.

36 Ebenda. Bd. 2. S. 437.

37 Ebenda. S. 438.

38 *Briefwechsel 1921-1927*. S. 464.

39 *Briefe*. Bd. 2. S. 429.

40 *Briefwechsel 1921-1927*. S. 463.

41 *Briefe*. Bd. 2. S. 426.

42 Ebenda. S. 434.

43 Ebenda. S. 433.

44 Ebenda. S. 435.

45 Heiner Hesse an Hermann Hesse. Zürich, 31. 12. 1950 und

46 Bruno Hesse an Hermann Hesse. Paris, 5. 1. 1928. Diese Zitate mit freundlicher Genehmigung von Silver Hesse.

47 *Briefwechsel 1921-1927*. S. 492 f.

48 Ebenda. S. 467 f.

49 *Briefe*. Bd. 2. S. 452 f.

50 Ebenda. S. 455.

51 *Briefwechsel 1921-1927*. S. 497 f.

52  *Briefe*. Bd. 2. S. 461.

53  Ebenda. S. 452.

54  Ebenda. S. 447.

55  Ebenda. S. 467.

56  Emmy Hennings an Hugo Ball. Berlin, 18. Juni 1927.

57  *Briefe*. Bd. 2. S. 476.

58  Ebenda.

59  Ebenda. S. 477.

60  Ebenda. S. 481.

61  Hermann Hesse. *Briefe*. Bd. II. S. 186.

62  »Kleines Sterbegedicht«, in: *Gedichte*. S. 142.

63  Richard Huelsenbeck. *Reise bis ans Ende der Freiheit*. S. 164 f.

64  Ebenda. S. 165.

65  Ebenda.

66  »Die Witwe« (2). Beginn des Gedichts, das Emmy nach einem gleichnami-gen Gemälde von Gunter Böhmer schrieb; vgl. HBA 1994. S. 39 f.

67  Emmy Ball-Hennings. Telegramm an Hermann Hesse. DLA Marbach.

68  Hermann Hesse. *Briefe*. Bd. II. S. 186.

69  Richard Huelsenbeck. *Mein Freund Hugo Ball*. NDR Hamburg. 11.11.1953.

70  Hermann Hesse. *Briefe*. Bd. II. S. 186.

71  *Gedichte*. S. 143.

72  *Briefwechsel 1921-1927*. S. 531. Hesse hatte im Frühjahr 1927 mit der Nieder-schrift des Romans *Narziß und Goldmund* begonnen.

73  Ebenda. S. 529 f.

## Die Witwe

1  *Gedichte*. S. 144 f.

2  Hermann Hesse. *Briefe*. Bd. II. S. 186.

3  *Briefwechsel 1921-1927*. S. 534.

4  Ebenda. S. 535 f.

5  Ebenda. S. 537.

6  Ebenda. S. 543.

7  *Briefe*. Bd. 2. S. 265.

8  Ebenda. S. 453.

9  *Briefwechsel 1921-1927*. S. 544.

10  Ebenda.

11  Ebenda. S. 539.

12  Ebenda. S. 537.

13  Ebenda. S. 544.

14  Ebenda.

15  Ebenda. S. 548.

16  Ebenda. S. 549.

17  Ebenda. S. 551.

18  Hermann Hesse. *Briefe*. Bd. II. S. 186 f.

19  Hermann Hesse. Vorwort zu: Emmy Ball-Hennings. *Hugo Ball. Sein Leben in Briefen und Gedichten*. Berlin 1929. S. 18 f.

20  Ebenda. S. 221.

21  Im Typoskript heißt es in der 3. Strophe: »Gisela kam und Emmy«, in der 4. »Summe den Shimmy, denke an Emmy«. In den 1928 unter *Krisis* veröffentlichten Gedichten ist Emmys Name auf S. 17 durch Fanny ersetzt.

22  Hermann Hesse. »Schizophren«, Typoskript. DLA, Marbach.

23  *Briefwechsel 1921-1927.* S. 483 f.

24  Hugo Ball, »Der Büsser«, 3. u. 4. Strophe, im Typoskript eines Sonettenkranzes mit Widmung für Hermann Hesse am 2. Juli 1924. DLA, Marbach, sowie in: *Gedichte*. S. 97. Diese Sonette wurden später von Emmy nach dem Sonett »Der Schizophrene« als »Schizophrene Sonette« bezeichnet. Sowohl Ball als auch Hesse haben sich mit dem Phänomen der Schizophrenie beschäftigt und die Arbeiten am Züricher Universitätsspital ›Burghölzli‹ verfolgt, wo Eugen Bleuler (1857-1939) erstmals diesen Begriff in seiner Arbeit *Dementia praecox oder Gruppe der Schizophrenien* (1911) geprägt hatte. Andere Psychiater, wie Hans Prinzhorn (1886-1933), haben die in den Werken von Geisteskranken verborgene Kunst entdeckt sowie eine Verwandtschaft von schizophrenem Weltgefühl und dem sich im Kunstwerk offenbarenden Künstler, eine These, die auch Ball in *Der Künstler und die Zeitkrankheit* zu belegen sucht. Ebenso hat Richard Huelsenbeck, der unter seinem amerikanisierten Namen Charles R. Hulbeck in der New Yorker Emigration als Psychoanalytiker praktizierte, Arbeiten zu psychischen Erkrankungen und Kunst, zu Schizophrenie und Existentialismus/Dadaismus vorgelegt.

25  Heinrich Detering. *Das offene Geheimnis. Zur literarischen Produktivität eines Tabus von Winckelmann bis zu Thomas Mann*. Göttingen 1994. S. 23.

26  Emmy Hennings. *Ein neues Hesse-Buch. Narziß und Goldmund*, in: *Vaterland*. 30. 5. 1930.

27  Hermann Hesse an eine Leserin (März 1931), in: *Ausgewählte Briefe*. Frankfurt am Main 1974. S. 49.

28  Hugo Ball. *Sämtliche Werke*. Bd. 8. Göttingen 2005. S. 94. Der Text dieser Ausgabe folgt dem Wortlaut der Erstausgabe von 1927. Änderungen, die während folgender Neuauflagen vorgenommen worden waren, wurden vom Herausgeber, Volker Michels, rückgängig gemacht. 2005 hatte die Hesse-Biographie eine Gesamtauflage von 73000 Exemplaren.

29  *Briefwechsel 1921-1927.* S. 492.

30  Hermann Hesse an Erhard Bruder, in: *Gesammelte Briefe*. Bd. II. S. 315.

31 Ebenda. S. 314.

32 Ebenda. S. 115.

33 Ebenda. S. 299f.

34 Ebenda. S. 315.

35 Hermann Hesse an Anni Rebenwurzel (Ende Mai 1932). Anni Rebenwurzel, verh. Carlsson (1911-2001) schrieb 1947 eine Ergänzung zur 2. Auflage von Hugo Balls Hesse-Biographie.

36 Hermann Hesse an seinen Biographen, Eberhard Gnefkow (Februar 1951).

37 *Mein Freund Hugo Ball. Gespräch über den Dadaismus.* Richard Huelsenbeck mit Jürgen Schüddekopf und Carl Linfert. NDR Hamburg, 11.11.1953.

38 Ebenda.

39 Richard Huelsenbeck. *Reise bis ans Ende der Freiheit.* S. 101.

40 Ebenda.

41 Ebenda. Das »Zweite« Tagebuch befindet sich im SLA Bern.

42 Emmy Ball-Hennings. *Tagebuch.* Berlin, Dezember 1927.

43 Emmy Ball-Hennings an Ninon Dolbin. Vietri sul Mare, 18.4.1931.

44 Annemarie Schütt-Hennings an Anna-Louise Schetty, o.D. ›Ball-Sammlung‹, Pirmasens.

45 Emmy Ball-Hennings. *Tagebuch.* Berlin, Dezember 1927.

46 Ebenda.

47 Leontine Sagan. *Licht und Schatten.* S. 125.

48 Ebenda. Zum Verhältnis Hugo Ball/Leontine Sagan s. Bärbel Reetz. *»Da war vor allem ein junger Mann aus der Rheinpfalz ...«,* in: HBA 2015.

49 *Briefwechsel 1921-1927.* S. 436.

50 Ebenda. S. 454.

51 Ebenda. S. 449.

52 Sigmund Bing, in: *Frankfurter Zeitung.* Beilage Literaturblatt, 27.2.1927.

53 Emmy Ball-Hennings. *Tagebuch.* Berlin, Januar 1928.

54 Ebenda.

55 *Briefe.* Bd. 2. S. 448.

56 Emmy Ball-Hennings. *Tagebuch.* Juli 1944.

57 Ebenda. Berlin, Januar 1928.

58 *Briefwechsel 1921-1927.* S. 561.

59 Emmy Ball-Hennings. *Tagebuch.* Berlin, 26.12.1927.

60 *Briefwechsel 1921-1927.* S. 360.

61 Emmy Ball-Hennings. *Tagebuch.* Berlin 1928.

62 *Briefe.* Bd. 2. S. 445.

63 Emmy Ball-Hennings an Hermann Hesse. Februar 1928. DLA Marbach.

64 Ebenda.

65 Emmy Ball-Hennings an Ninon Dolbin. September 1928.

66 Emmy Ball-Hennings an Hermann Hesse. 10.4.1928. DLA Marbach.

67 Emmy Ball-Hennings an Hermann Hesse (verm. November 1927). DLA.

68 Ninon Dolbin an Hermann Hesse, undatierter Hausbrief, in: Ninon Hesse. *Lieber, lieber Vogel. Briefe an Hermann Hesse,* ausgewählt und erläutert von Gisela Kleine. Frankfurt am Main 2000. S. 266.

69 Ebenda. S. 198.

70 Emmy Ball-Hennings an Ninon Dolbin im September 1928.

71 Ebenda.

72 Ebenda.

73 *Ruf und Echo.* S. 196.

74 Emmy Ball-Hennings. *Briefe an Hermann Hesse.* Herausgegeben v. Annemarie Schütt-Hennings. Frankfurt am Main 1985. S. 89 ff.

75 *Briefe.* Bd. 2. S. 105.

76 *Briefe an Hermann Hesse.* S. 94.

77 Ebenda. S. 95.

78 Ebenda.

79 Ebenda. S. 93.

80 Ebenda. S. 96.

81 Emmy Ball-Hennings an Ninon Dolbin. Agnuzzo. 27. 2. 1929.

82 Ebenda. Positano, 15. 12. 1928.

83 Ebenda. Neapel, 5. 2. 1929.

84 Ebenda. Positano, 15. 12. 1928.

85 Hermann Hesse. Vorwort zu *Briefe eines Frühvollendeten an verschiedene Empfänger,* in: *Neue Rundschau.* Berlin, Dezember 1928.

86 Ebenda.

87 Emmy Ball-Hennings an Hermann Hesse, o. D. DLA Marbach.

88 Emmy Ball-Hennings. *Tagebuch.* Paris 1929.

89 Emmy Ball-Hennings an Ninon Dolbin. O. D.

90 Emmy Ball-Hennings. *Tagebuch.* Paris 1929.

91 Emmy Ball-Hennings. *Tagebuch.* 1929.

92 Emmy Ball-Hennings an Ninon Hesse. Cassina, 17. 1. 1932.

93 Emmy Ball-Hennings an Elisabeth Bergner. Cassina, im Juli 1931. ›Schleswig-Holsteinische Landesbibliothek‹, Kiel, Zg. Nr. 14/1989.

94 Annemarie Schütt-Hennings an Anna-Louise Schetty. O. D., ›Ball-Sammlung‹, Pirmasens. Bergner, die seit 1933 in England und den USA lebt, kommt erst nach dem Krieg wieder nach Deutschland. Annemaries Tochter, Francesca Schütt-Hauswirth, hat ihre Mutter zu einem Treffen der beiden Frauen anläßlich eines Gastspiels der Bergner in München begleitet.

95 René Gass. *Emmy Ball-Hennings. Wege und Umwege zum Paradies.* Zürich 1998.

96 Emmy Ball-Hennings an Ninon Dolbin. Cassina, 30. 1. 1930.

1 Hermann Hesse. *Briefe.* Bd. II, S. 269.
2 Ebenda. S. 269 f.
3 Carl Seelig. *Nachruf auf Emmy Ball-Hennings.* Nicht lokalisierter Zeitungsausschnitt.
4 Emmy Ball-Hennings an Ninon Hesse. Cassina, 30. 5. 1936.
5 Ninon Hesse an Emmy Ball-Hennings. Montagnola, 21. 7. 1941.
6 Ebenda. 3. 4. 1941.
7 Gisela Kleine. *Zwischen Welt und Zaubergarten. Ninon und Hermann Hesse: Ein Leben im Dialog.* Frankfurt am Main 1998. S. 329.
8 Emmy Ball-Hennings an Ninon Hesse. Cassina, 4. 12. 1933.
9 Emmy Ball-Hennings an Gunter Böhmer, o. D.
10 Maria Geroe-Tobler an Emmy Ball-Hennings, o. D. (verm. 1945).
11 Emmy Ball-Hennings an Hermann Hesse. Cassina, 21. 1. 1932. DLA.
12 Emmy Ball-Hennings an Ninon Dolbin. Agnuzzo. 8. 3. 1929.
13 Ebenda. Cassina, 30. 5. 1936.
14 Ebenda. Agnuzzo, 2. 12. 1929.
15 Ninon Hesse. *Lieber, lieber Vogel.* S. 245 f.
16 Gunter Böhmer. »Unsere Emmy Ball-Hennings«, in: HBA 1984. S. 37.
17 Emmy Ball-Hennings an Ninon Dolbin. Cassina, 5. 9. 1931.
18 Emmy Ball-Hennings. *Geliebtes Tessin,* mit Illustrationen von Liz Boehner, herausgegeben von Peter Schifferli. Zürich 1976. Darin abgedruckt auch der von Emmy verfaßte Text *Tessin, das Sonnenland der Schweiz* aus dem Bildband des Fotografen S.-A. Schnegg *Tausend und ein Bild der Schweiz.* Im Vertrag vom 14. 9. 1926 wurden mit Schnegg 1000 Franken Honorar und 20 freie Autorenexemplare vereinbart. Abgabetermin: 15. 1. 1927.
19 Hermann Hesse. *Brief an eine Dichterin,* in: *Kölnische Zeitung* vom 22. 12. 1928. DLA Marbach.
20 Ebenda.
21 Ebenda.
22 Ebenda.
23 Ebenda.
24 Ebenda.
25 Ebenda.
26 Ebenda.
27 Ebenda.
28 Emmy Ball-Hennings an Ninon Dolbin, o. D. (Herbst 1928).
29 Hermann Hesse. *Briefe.* Bd. II. S. 77.
30 Emmy Ball-Hennings an Annemarie Schütt-Hennings, o. D.
31 Emmy Ball-Hennings an Ninon Hesse. Zürich, Anfang November 1935.

32 Ebenda. Magliaso, 3.4.1945.

33 Felix Stössinger. »Dichter um Werfel«. *Vossische Zeitung*. 3.4.1914.

34 Paul Hatvani. »Gefängnis«, in: *Die bunte Stadt*, Heft 6/7. Jahrgang 1920.

35 Franz Herweg. »Emmy Hennings«, in: *Hochland*. Undatierter Ausschnitt. Seine vernichtende Kritik findet sich neben zahlreichen anderen Rezensionen im Nachlaß. Die von Ausschnittsdiensten gesammelten und mit allen erforderlichen Angaben versehenen Artikel hat Emmy in fünf Schulhefte geklebt. Fand sie selbst eine Rezension, war sie nachlässiger, hat herausgerissen, ausgeschnitten und die Rezensionen undatiert und ohne Herkunftsangaben den Heften beigefügt. Zu *Gefängnis* liegen zwischen 1919 und 1922 zwölf Rezensionen vor, zum *Brandmal* 25; zusätzliche Sammelbesprechungen mit anderen Büchern nicht einbezogen. Neben den deutschen berichten auch Zeitungen in der Schweiz, Österreich und Frankreich sowie in Prag und Lodz.

36 Emmy Ball-Hennings an Hermann Hesse. Cassina, 13.6.1932. DLA.

37 Emmy Ball-Hennings an Alice und Fritz Leuthold. Zürich, o.D.

38 *Das flüchtige Spiel*. S. 257/58.

39 *Ruf und Echo*. S. 47.

40 Hermann Hesse. *Brief an eine Dichterin*.

41 *Tagebuch einer Verlorenen. Von einer Toten,* hg. v. Margarete Böhme. Witzwort 1988.

42 Emmy Ball-Hennings an Hermann Hesse. Florenz, Dezember 1923. DLA.

43 Klabund. »Emmy Hennings«, nicht lokalisierter Zeitungsausschnitt (1923).

44 Emmy Ball-Hennings an Ninon Dolbin. 19.9.1928.

45 Emmy Ball-Hennings an Maria Hildebrandt. Köln, 5.5.1930.

46 Emmy Ball-Hennings an Hermann Hesse. Köln, April 1930. DLA.

47 Emmy Ball-Hennings an Maria Hildebrandt. Cassina, 31.8.1928.

48 Emmy Ball-Hennings an August Hofmann. Januar 1931.

49 Emmy Ball-Hennings an Hans Bolliger. Magliaso, 17.3.1947. ›Ball-Sammlung‹, Pirmasens.

50 Ebenda.

51 Emmy Ball-Hennings an Maria Hildebrandt. Cassina, 27.1.1930.

52 Emmy Ball-Hennings an Hermann Hesse. Cassina, 14.9.1928. DLA.

53 Emmy Ball-Hennings an Maria Hildebrandt. Cassina, 31.8.1928.

54 Emmy Ball-Hennings. »Die Entstehung eines Werkes«.

55 Hermann Hesse, in: *Vossische Zeitung*, Berlin, 19.7.1931.

56 Emmy Ball-Hennings an Hermann Hesse. Cassina, 2.8.1931. DLA.

57 *Das Mädchen mit den Scherben* (*Gunhilds Kindheit*), *Die kleine Lügnerin* (*Gunhilds Mädchenjahre*) und *Das Geheimnis* (*Gunhilds Wanderjahre*).

58 Emmy Ball-Hennings an Anna-Louise Schetty. Berlin, 23.3.1934. ›Ball-Sammlung‹, Pirmasens.

59 Emmy Ball-Hennings an Hermann Hesse. Cassina, 14. 11. 1933. DLA.

60 Emmy Ball-Hennings an Ninon Hesse. 14. 11. 1933.

61 Ebenda. 4. 12. 1933.

62 Ebenda. Agnuzzo, 22. 6. 1938. Guttmanns Besuch hat bei Emmy eine alte Liebe neu belebt, denn während ihrer Zeit in der Berliner Boheme war auch er einer ihrer Liebhaber gewesen. Guttmanns Mitteilungen an David Baumgardt in dessen Nachlaß im ›Leo Beck-Archiv‹, New York lassen ebenso darauf schließen, wie die Aussage von Guttmanns späterem Sekretär in London, der berichtet, daß G. bis zu seinem Tod ein Photo Emmys neben seinem Bett stehen hatte (Information von Irene Stratenwerth).

63 Emmy Ball-Hennings an Anna-Louise Schetty. Agnuzzo, 22. 6. 1938. Ball-Sammlung, Pirmasens.

64 Emmy Ball-Hennings an Ninon Hesse. Agnuzzo, 15. 6. 1938.

65 Emmy Ball-Hennings an Anna-Louise Schetty. Agnuzzo, Oktober 1938.

66 Hermann Hesse, Peter Weiss. *Verehrter großer Zauberer.* Briefwechsel 1937-1962. Herausgegeben von Beat Matzenauer und Volker Michels. Frankfurt am Main 2009. S. 84 f.

67 Karin Michaelis. *Der kleine Kobold.* Wien 1948, S. 45 f.

68 Emmy Ball-Hennings an Ninon Dolbin. 25. 12. 1929.

69 Emmy Ball-Hennings an Ninon Hesse. Magliaso, 11. 3. 1943.

70 »Der Brunnen«, Manuskript im SLA Bern und in leicht veränderter Version in *Ruf und Echo*, S. 211. Die Nähe zu Conrad Ferdinand Meyers »Der römische Brunnen« und Rainer Maria Rilkes »Römische Fontäne« ist unüberhörbar, auch wenn Emmy Hesse gegenüber heftig bestritt, diese Gedichte gekannt zu haben. Zumindest Rilkes Text mit dem Untertitel »Borghese« muß ihr vertraut gewesen sein, denn sie versichert, daß für ihr Gedicht der Brunnen auf der Piazza Navona Vorbild gewesen ist.

71 Emmy Ball-Hennings an Anna-Louise Schetty, Magliaso, 2. 11. 1945. Ball-Sammlung, Pirmasens.

72 *Blume und Flamme* erschien 1939 in einer Auflage von 3000 Exemplaren plus 300 Autoren- und Rezensionsexemplaren, *Das flüchtige Spiel* (1939) in 2000 plus 200 Exemplaren, der Gedichtband *Der Kranz* (1940) in einer Tausenderauflage. Das Honorar lag bei 7,5 % bis 10 % des Verkaufspreises. 1/3 wurde vorausbezahlt. (Dr. Peter Keckeis im Gespräch mit der Autorin im Juli 2000 in Zürich.)

73 Emmy Ball-Hennings. *Märchen am Kamin.* Einsiedeln 1943. S. 217.

74 Emmy Ball-Hennings an Maria Hildebrandt. 2. Juli (ohne Jahresangabe).

75 Emmy Ball-Hennings an Annemarie Schütt-Hennings. 2. Juli 1938.

76 Ebenda. O. D. (verm. September 1938).

77 Emmy Ball-Hennings an Ninon Hesse. Magliaso, 12. 5. 1943.

78 Ferdinand Hardekopf an Emmy Ball-Hennings. Zürich, 18. 3. 1947.

79 Emmy Ball-Hennings an Ninon Dolbin. Cassina, 19. 1. 1930.

80 Ebenda. 27. 1. 1930.

81 Emmy Ball-Hennings an Ninon Hesse. Magliaso, 6. 5. 1943.

82 Emmy Ball-Hennings an Annemarie Schütt-Hennings. Magliaso, 19. 5. 1943.

83 Emmy Ball-Hennings an Ninon Hesse. Agnuzzo. 23. 4. 1941.

84 Ebenda. 3. 10. 1941.

85 Carl Schmitt im Gespräch mit Joachim Schickel über Hugo Ball am 10. 2. 1970 (Sendetermin 3. 3. 1970 NDR Hamburg).

86 Emmy Ball-Hennings an Ninon Hesse. Rigi-Klösterli, 29. 6. 1945.

87 Emmy Ball-Hennings an Ninon Hesse. Magliaso, 18. 3. 1943.

88 Gunter Böhmer. »Unsere Emmy Ball-Hennings«, in: HBA 1984, S. 35.

89 Emmy Ball-Hennings an Ninon Hesse. Magliaso, 18. 3. 1943.

90 Ebenda. Cassina, 9. 7. 1936.

91 Ebenda. Magliaso, 8. 11. 1944.

92 Emmy Ball-Hennings an Ninon Dolbin. Cassina, 25. 12. 1929.

93 Emmy Ball-Hennings an Ninon Hesse. Magliaso, 18. 3. 1944.

94 *Tagebuch.* 12. 4. 1944.

95 Ebenda.

96 Ebenda.

97 Aus Diskretionsgründen wurde der Identität des von Emmy mit D. B., Doris oder D. Brünimann bezeichneten Soldaten nicht nachgegangen.

98 Emmy Ball-Hennings. Fragmente im Nachlaß.

99 Ebenda. »Robert«, d. i. Johannes R(obert) Becher.

100 Emmy Ball-Hennings. *Briefe an Hermann Hesse.* S. 143.

101 Das Buch erscheint posthum 1953 im Benziger Verlag, Einsiedeln/Köln. Neuauflage: Frankfurt am Main 1990. Die finanzielle Situation des Benziger Verlags nach Kriegsende hatte die Publikation zu Emmys Lebzeiten verzögert. Eingriffe in den Text wurden nicht vorgenommen (Dr. Peter Keckeis im Juni 2000).

102 Emmy Ball-Hennings an Ninon Hesse. 31. 12. 1944.

103 Ebenda. 8. 10. 1941.

104 Ebenda. Weihnachten 1947.

105 Emmy Ball-Hennings. *Tagebuch.* 12. 4. 1944.

106 Ebenda. Magliaso, 10. 12. 1944.

107 Ebenda. Magliaso, 24. 11. 1944.

108 Emmy Ball-Hennings an Ferdinand Hardekopf. Magliaso, 4. 2. 1946.

109 Emmy Ball-Hennings an Ninon Hesse. Cassina, 13. 2. 1935.

110 *Tagebuch.* 30. 5. 1946.

111 Ebenda. 20. 12. 1947.

112 Ebenda. Dezember 1947.

113  Hugo Ball. »Der Literat«, in: *Gedichte*, S. 100.
114  *Tagebuch.* Juni 1948.
115  Ebenda. 3. 7. 1948.
116  Emmy Ball-Hennings an Ninon Hesse, in: *Briefe an Hermann Hesse.* S. 435.
117  Ninon Hesse an Annemarie Schütt-Hennings am 11. 8. 1948.
118  Hermann Hesse an Annemarie Schütt-Hennings. O. D.
119  Hermann Hesse. *Briefe*, Bd. II. S. 268.

## Nachwort

 1  Ferdinand Hardekopf an Annemarie Schütt-Hennings. Zürich, 11. 8. 1948.
 2  Erika Süllwold. *Das gezeichnete und ausgezeichnete Subjekt. Kritik der Moderne bei Emmy Hennings und Hugo Ball.* Stuttgart/Weimar 1999. S. 306.
 3  »Traum II«, in: Emmy Hennings. *Helle Nacht.* Berlin 1922. S. 45.
 4  Bärbel Reetz. *Emmy Ball-Hennings. Leben im Vielleicht.*
 5  Erika Süllwold. *Das gezeichnete und ausgezeichnete Subjekt.* S. 294.
 6  *Die Flucht aus der Zeit.* S. 107.
 7  Erika Süllwold. *Das gezeichnete und ausgezeichnete Subjekt.* S. 294 f.
 8  Thomas Macho. *»Es verwandelt mich völlig«. Künstlerische, politische und spirituelle Dissidenz im Werk Hugo Balls.* Vortrag am 13. 11. 2014 in der Katholischen Akademie, Berlin.
 9  Michael Braun. »Katholizität und Anarchie: Hugo Balls Passionen«, in: Michael Braun (Hrsg.). *Hugo Ball. Der magische Bischof der Avantgarde.* Heidelberg 2011. S. 72.
10  Ebenda.
11  »… die große Persönlichkeit Hugo Balls, meines Freundes … P. S. Ich bedauere, daß es mir in meiner Einführung aus Platzmangel nicht möglich war, auch über ihre Mutter zu schreiben, die ich ebenfalls sehr geschätzt habe.« Marcel Janco an Annemarie Schütt-Hennings. Tel Aviv, 1. 5. 1957. ›Ball-Sammlung‹, Pirmasens.
12  *Briefe.* Bd. 1. S. 269.
13  *Gedichte.* S. 100.

# Personenregister

Personen, die nur einmal im Text Erwähnung finden, keine zeit- oder kulturgeschichtliche Bedeutung haben und deren Stellung aus dem Kontext klar ersichtlich ist, sind nicht ins Personenregister aufgenommen worden. Zu Personen, die für Emmy Hennings und Hugo Ball wichtig waren, im Text jedoch nicht intensiver gewürdigt werden, finden sich kurze Anmerkungen.

Álvarez del Vayo, Julio (1891-1975). Spanischer Politiker und Diplomat.

Andersen, Hans Christian (1805-1875). Dänischer Dichter.

Andrejew, Leonid (1871-1919). Russischer Jurist und Schriftsteller.

Apollinaire, Guillaume (1880-1918). Französischer Dichter.

Arnim, Bettina von, geb. Brentano (1785-1859). Schriftstellerin.

Arp, Hans, seit 1939 Jean Arp (1887-1966). Im Elsass geborener Maler, Bildhauer und Dichter.

L'Arronge, Adolph, eigentl. A. Aronson (1838-1908). Theaterleiter und Schriftsteller.

Bachmair, Heinrich F(ranz) S.(eraphicus) (1889 -1960). Schriftsteller und Verleger.

Bakunin, Michael Alexandrowitsch (1814-1876). Russischer Anarchist.

Ball, Heinrich Karl Alexis, gen. Heiner (1871-1962).

Ball, Ida, verh. Pres (1879-1947).

Ball, Josephina, geb. Arnold (1855-1923).

Ball, Josephina Salomea, verh. Brofft (1876-1962).

Ball, Karl (1849-1929).

Ball, Maria Anna, verh. Hildebrand (1881-1952).

Ball, Otto Karl (1874-1940).

Bang, Herman Joachim (1857-1912). Dänischer Schriftsteller.

Baumgardt, David (1890-1963). Philosoph.

Bazzari, Natalina (1868-1942). Haushälterin Hesses von 1920-1942.

Becher, Johannes R.(obert) (1891-1958). Dichter und Politiker. 1954 erster Minister für Kultur der DDR. Unter den Pseudonymen Hans und Robert in Emmys Erinnerungsprosa.

Benjamin, Walter (1892-1940). Kulturphilosoph, Kritiker, Essayist.

Benn, Gottfried (1886-1956). Arzt, Dichter und Schriftsteller.

Bergner, Elisabeth (1897-1986). Österreichische Schauspielerin.

Bermann Fischer, Gottfried (1897-1995). Verleger.

Binswanger, Hertha, geb. Buchenberger (1880-1971). Schweizer Krankenschwester u. Arbeitstherapeutin.

Binswanger, Ludwig (1881-1966). Schweizer Psychiater; ab 1911 Leiter der Privatklinik ›Bellevue‹ in Kreuzlingen.

Blei, Franz (1871-1942). Dramatiker, Schriftsteller, Übersetzer u. Herausgeber literarischer und bibliophiler Zeitschriften.

Bloch von Stritzky, Elsa (1883-1921). Baltische Bildhauerin.

Bloch, Ernst (1885-1977). Philosoph und Journalist.

Bloch, Karola, geb. Piotrkowska (1905-1994). Polnisch-deutsche Architektin u. Publizistin. Seit 1934 verheiratet mit Ernst Bloch.

Bloy, Léon (1846-1917). Französischer Schriftsteller, Vertreter des ›Renouveau catholique‹.

Bodmer, Anny, geb. Beck (1882-1930). Schweizer Malerin, Ehefrau von Hesses Arzt Hermann Bodmer (1976-1948).

Bodmer, Hans Conrad (1891-1956). Musiker, Sammler u. Mäzen Hesses.

Böhme, Jakob (1575-1624). Schuhmacher u. lutherischer Mystiker.

Böhme, Margarete, geb. Feddersen (1869 -1939). Schriftstellerin.

Böhmer, Gunter (1911-1986). Maler und Zeichner.

Bolliger, Hans (1915-2002). Schweizer Antiquar und Herausgeber.

Bolz, Hanns (1885-1918). Maler.

Bonhoeffer, Dietrich (1906-1945). Ev. Theologe, Vertreter der Bekennenden Kirche u. Widerstandsmitglied. 1943 verhaftet, 1945 hingerichtet.

Brentano, Clemens (1778-1842). Dichter und Herausgeber.

Brodnitz, Käthe, verh. Froehlich (1884-1972). Literaturwissenschaftlerin und Schriftstellerin.

Brown, Charles E(ugene) L(ancelot) (1863-1924). Mitbegründer der Firma Brown, Boveri & Cie.

Brown, Hilda (1893-1963). Ehefrau von Charles Brown.

Brown, Robin (1917-1934). Sohn von Hilda und Charles Brown.

Bruant, Aristide (1851-1925). Franz. Schriftsteller u. Chansonautor.

Brünimann, D. (gen. Doris). Der Identität wurde aus Diskretionsgründen nicht nachgegangen.

Brupbacher, Fritz (1874-1945). Schweizer Arzt und Schriftsteller.

Bülow von, Cosima Francesca Gaetana, geb. Liszt (1837-1930). Zweite Ehefrau Richard Wagners.

Carossa, Hans (1878-1956). Arzt und Schriftsteller.

Cassirer, Paul (1871-1926). Kunsthändler und Verleger.

Chirico, Giorgio de (1888-1978). Italienischer Maler und Graphiker.

Claudel, Paul (1868-1955). Französischer Schriftsteller.

Clemenceau, George (1841-1929). Französischer Ministerpräsident.

Cokić ( auch Tschokitsch), Simeon. Serbischer Emigrant.

Coray, Domenica, geb. Hössli (1876-1956). 1904-1918 Ehefrau von Han Coray.

Coray, Han, eigentl. Heinrich Corray (1880-1974). Schweizer Pädagoge, Galerist, Kunstsammler, Antiquar und Hotelier.

Cordsen, Anna Dorothea, geb. Zielfeld, verw. Lund (1842-1916).

Cordsen, Ernst Friedrich Matthias (1838-1901).

Czinner, Paul (1890-1972). Österr. Autor, Filmregisseur u. -produzent.

Däubler, Theodor (1876-1934). Expressionistischer Dichter.

Dalcroze, Émile Jaques (1885-1950). Schweizer Komponist, Tanz- u. Musikpädagoge.

Dauthendey, Anny (Annie), geb. Johanson, schwed. Ehefrau des Schriftstellers Max(imilian) Albert Dauthendey (1867-1918).

Dehmel, Richard (1863-1920). Dichter.

Derleth, Ludwig (1870-1948). Altphilologe. Seit 1894 Mitglied im ›Kosmiker‹-Kreis um Ludwig Klages.

Deutschmann, Jekaterina, geb. Burkewitsch, gen. Ketty (1872-1952). Malerin russischer Abstammung.

Deutschmann, Willy, Ps. Willy Würth (1880-1960). Pfälzer Landschaftsmaler u. Radierer.

De Sanctis, Sante (1862-1935). Professor der röm. Regia-Universität.

Döblin, Alfred (1878-1957). Arzt und Schriftsteller.

Dölker, Richard, gen. Riccardo (1896-1955). Keramiker und Batiker.

Dolbin, Benedikt Fred (1883-1971). Österr. Brückenbau-Ingenieur u. Karikaturist.

Dolbin, Ninon, s. Hesse, Ninon.

Dostojewskij, Fjodor (1821-1881). Russischer Schriftsteller.

Duns Scotus (um 1266-1308). Franziskaner, Scholastiker.

Eck(eh)art, gen. Meister Eckart (um 1260-1327). Deutscher Mystiker.

Eckener, Alexander (1870-1944). Maler.

Eckener, Hugo (1868-1954). Luftschiffpionier.

Eckener, Ina, verh. Maaß. Schwester Alexander und Hugo Eckeners.

Eckener, Johan Christoph (1824-1880). Flensburger Zigarrenfabrikant.

Ehrenstein, Albert (1886-1950). Österreichischer Schriftsteller, Übersetzer u. Mitarbeiter expressionistischer Zeitschriften.

Emmerich (Emmerick), Anna Katharina (1774-1824). Stigmatisierte Augustinernonne des Klosters Agnetenberg in Dülmen. Clemens Brentano hielt sich von 1818 bis 1824 mit Unterbrechungen in Dülmen auf, um die Visionen der Nonne zu notieren.

Englert, Joseph (1874-1957). Schweizer Ingenieur und Astrologe.

Engert, Ernst Moritz (1892-1986). Silhouettenschneider und Graphiker.

Ephraim, Johann (Jan) Martin (*1878, Todesdatum verm. vor 1931). Gastwirt. Ehemaliger holländischer Seemann, seit 1913 Besitzer des Hauses Spiegelgasse 1 in Zürich, in dem er die ›Holländische Meierei‹ betrieb, in der im Februar 1916 das ›Cabaret Voltaire‹ eröffnet wurde.

Erdberg, Baron Eduard von, gen. »Il Barone« (1882-1965). Astrologe baltischer Herkunft, geboren in St. Petersburg, lebte seit 1914 in Ascona.

Erler, Theodor (*um 1859-1925). Kapellmeister u. Theaterleiter in Plauen.

Ernst, Max (1891-1975). Maler, Bildhauer, Dichter, Schriftsteller.

Falckenberg, Otto (1873-1947). Regisseur.

Fassbind, Carla, verh. Milich (1887-1974). Schweizer Hotelbesitzerin.

Feininger, Lyonel (1871-1956). Deutsch-amerik. Maler u. Grafiker.

Feuchtwanger, Ludwig (1885-1947). Jurist, Lektor und Leiter des Verlags Duncker & Humblot in München. Seit 1933 von der Verlagsleitung entbunden, 1938 im KZ Dachau inhaftiert, seit 1939 Exil im englischen Winchester.

Finckh, Ludwig (1876-1964). Arzt u. Schriftsteller deutschtümelnder Heimatliteratur, Propagandist der NS-Ahnenforschung.

Fischer, Samuel (1859-1934). Verleger.

Flake, Minna (1886-1958). Ärztin, Sozialistin, erste Ehefrau Otto Flakes.

Flake, Otto (1880-1963). Elsässer Schriftsteller.

Flamingo, eigentl. Ernst Alexander Michel (1881-1945). Schweizer Varietédirektor. Flametti in Balls gleichnamigem Roman.

Fleischer, Victor (1882-1951). Böhmischer Kunsthistoriker, Schriftsteller und Verleger. Ehemann von Leontine Sagan.

Flesch, Siegfried (*1883, Todesjahr unbekannt). Österreichischer Publizist und Schriftsteller. Mitarbeiter der *Freien Zeitung* in Bern.

Fokin, Michail Michailowitsch (1880-1942). Tänzer u. Choreograph.

Franco, Francisco (1892-1975). Spanischer Diktator.

Frank, Leonhard (1882-1961). Schriftsteller.

Friedrichsen, Paula, geb. Cordsen (*1876, Todesdatum nicht ermittelt).

Freud, Sigmund (1856-1939). Österr. Psychiater u. Psychoanalytiker.

Fuchs, Friedrich (1890-1948). Essayist, Herausgeber und Redakteur der katholischen Monatsschrift *Hochland* seit 1920.

Glauser, Friedrich (1896-1938). Schweizer Schriftsteller.

Geheeb, Reinhold (1872-1939). Chefredakteur der politisch-satirischen Wochenschrift *Simplicissimus* in München.

Geroe Tobler, Maria, gen. Mareili (1895-1963). Schweizer Textilkünstlerin. Lebt nach ihrer Scheidung von dem Autor Marcel Geroe (1899-1975) mit dem Zeichner Gunter Böhmer (1911-1986) und dem Maler Hans Purrmann (1880-1966) in Montagnola.

Gide, André (1869-1951). Französischer Schriftsteller.

Giehse, Therese, eigentl. Gift (1898-1975). Schauspielerin, Kabarettistin.

Goll, Claire, geb. Aischmann, gesch. Studer (1891-1977). Lyrikerin, Erzählerin, Übersetzerin, heiratete 1921 Yvan Goll in Paris.

Goll, Yvan, auch Iwan, Ywan, Ivan, eigentl. Isaak Lang (1891-1950). Elsässer Lyriker, Dramatiker, Essayist.

Green, Julian (1900-1998). Amerikanischer Schriftsteller. Konvertit, lebte vornehmlich in Paris und schrieb in französischer Sprache.

Gross, Otto (1877-1920). Österreichischer Psychiater und Anarchist.

Guilbert, Yvette (1857-1944 ). Französische Diseuse.

Gundert, Adele, geb. Hesse (1875-1949). Hesses Lieblingsschwester.

Gurian, Waldemar (1902-1954). Deutsch-amerik. Politikwissenschaftler u. Publizist mit armenisch-jüdischen Wurzeln. Geboren in St. Petersburg, 1911 Umzug der Familie nach Berlin, 1914 Konversion zum Katholizismus. G. ist einer der führenden Interpreten des politischen Katholizismus u. Theoretiker des Totalitarismus. Wegen seiner Opposition zu den Nationalsozialisten (Bruch mit Carl Schmitt) flieht G. 1934 in die Schweiz, dort Herausgabe der *Deutschen Briefe* (Analysen der NS-Herrschaft). 1937 Emigration in die USA, Hochschullehrer u. Gründer der Zeitschrift *Review of Politics*; enge Verbindung zu Hannah Arendt. Stirbt in South Haven (Michigan); s. Heinz Hürten. *Waldemar Gurian. Ein Zeuge der Krise unserer Welt in der ersten Hälfte des 20. Jahrhunderts*. Mainz 1972.

Guttmann, Wilhelm Simon (1891-1990). Expressionistischer Schriftsteller, Journalist u. Betreiber einer Presse-Photo-Agentur.


Hadwiger, Else, geb. Strauß (*1877, Todesdatum nicht ermittelt). Schriftstellerin u. Übersetzerin Marinettis.

Haguenin, Emile (1872-1925). Französischer Literaturwissenschaftler. 1919 Mitglied Alliierter Kommissionen in Deutschland u. Österreich. 1919-1924 Leiter des Bureau d'études économiques et sociales in Berlin.

Hamsun, Knut (1859-1952). Norwegischer Schriftsteller.

Hardekopf, Ferdinand, Ps. Stefan Wronski (1876-1954). Schriftsteller und Übersetzer, bis 1916 Reichstagsstenograph.

Hardenberg, Henriette, verh. Wolfenstein, eigentl. Rosenberg, Ps. Martha von Eschstruth (1894-1993). Lyrikerin.

Hartmann, Thomas Alexandrowitsch von (1885-1956). Russischer Komponist.

Hauptmann, Gerhard (1862-1946). Schriftsteller und Dramatiker.

Heer, Jakob Christoph (1859-1925). Schweizer Schriftsteller, dessen populäre Heimatromane von Ernst Lubitsch, Alfred Weidenmann u. a. verfilmt wurden.

Hegner, Jakob, auch Jaques H. (1882-1964). Österr. Drucker, Verleger und Übersetzer, seit 1910 in der Gartenstadt Hellerau/Dresden. Konvertierte 1919 vom Judentum zum Protestantismus, 1935 zum Katholizismus. 1938 Emigration nach Großbritannien, lebte seit 1945/46 in Basel und Lugano.

Heine, Heinrich (1797-1856). Dichter und Publizist.

Hennings, Annemarie, verh. Schütt (1906-1987). Textilkünstlerin.

Hennings, Joseph Paul (*1882, Todesjahr nicht ermittelt). Emmys Ehemann von 1905-1907.

Hennings, Joseph Ernst Ferdinand (1904-1905). Sohn von Emmy und Joseph Paul Hennings.

Herzen, Alexander Iwanowitsch (1812-1870). Russischer Philosoph, Schriftsteller u. Publizist.

Hesse, Bruno (1905-1999). Schweizer Maler. Sohn von Mia und Hermann Hesse.

Hesse, Heiner (1907-2003). Sohn von Mia und Hermann Hesse. Nachlaßverwalter von 1966-2003.

Hesse, Hermann (1877-1962). Schriftsteller und Dichter.

Hesse, Maria, geb. Bernoulli, gen. Mia (1868-1963). Schweizer Photographin, erste Ehefrau Hermann Hesses.

Hesse, Ninon, geb. Ausländer, gesch. Dolbin (1896-1966). Österreichische Kunsthistorikerin, dritte Ehefrau Hermann Hesses.

Hesse, Ruth, s. Wenger, Ruth.

Heym, Georg (1887-1912). Lyriker.

Hildebrand, Maria Anna, s. Ball, Maria Anna.

Hille, Peter (1859-1904). Vagabundierender Dichter und Bohemien.

Hiller, Kurt (1885-1972). Publizist und Journalist.

Höch, Hannah (1889-1978). Malerin, Graphikerin und Photographin.

Höxter, John (1884-1938). Graphiker und Schriftsteller.

Hoddis, Jakob van, eigentl. Hans Davidsohn, der seinen Namen anagrammatisch verwandelte und unter diesem Pseudonym publizierte (1887-1942). Expressionistischer Dichter. Internierungen seit 1922 in Tübingen und Göppingen, israelitische Heil- und Pflegeanstalt in Bendorf-Sayn; 30.4.1942 Deportation u. Ermordung.

Hofmann, August (1890-1974). Großcousin Hugo Balls.

Holzleitner, Maria Theresia, verh. Englert (1884-1964). Österreichische Malerin u. Bildhauerin.

Huelsenbeck, Carl Wilhelm Richard (1892-1974). Schriftsteller, Arzt, Psychoanalytiker. Arbeitet und publiziert im New Yorker Exil unter Charles R. Hulbeck.

Itten, Johannes (1888-1967). Schweizer Maler und Kunstpädagoge.

Jacobsohn, Siegfried (1881-1926). Publizist, Begründer u. Herausgeber der Theaterzeitschrift »Die Schaubühne«, seit April 1918 »Die Weltbühne«.

Janco, Marcel (1895-1984). Rumänischer Maler, Graphiker, Masken-, Kostüm- u. Bühnenbildner. Mitbegründer des ›Cabaret Voltaire‹. Ab 1919 Paris, 1922 Architekturbüro in Bukarest, 1941 Emigration nach Palästina; lebte u. arbeitete nach der Staatsgründung Israels in der von ihm gegründeten Künstlerkolonie *Ein Hod* im Carmel und in Tel Aviv.

Jaques, Olga, geb. Hübner, gen. Olly (1878-1949). Deutsche Schauspielerin u. Bohemienne. 1909-1912 Ehefrau des luxemburgischen Schriftstellers Norbert Jaques (1880-1954), der durch seine Dr.-Marbuse-Romane berühmt wurde.

Jean Paul, eigentl. Johann Paul Friedrich Richter (1763-1825). Schriftsteller, dessen Namensänderung auf seine Verehrung für Jean-Jaques Rousseau zurückgeht.

Jentzsch, Robert (1940-1918). Expressionistischer Dichter.

Jünger, Ernst (1895-1998). Schriftsteller.

Jung, C.(arl) G.(ustav) (1875-1961). Schweizer Psychiater.

Jung, Emma, geb. Rauschenbach (1882-1955). Seit 1913 verheiratet mit C. G. Jung, seit 1930 als Psychoanalytikerin tätig.

Jung, Franz, Ps. Johannes Reinelt, Paul Renard (1888-1963). Schriftsteller; nach expressionistischen Anfängen Wegbereiter einer linken Avantgardeliteratur. In erster Ehe verheiratet mit der Tänzerin Margot Jung.

Junghanns, Rudolf Reinhold (1884-1967). Maler und Graphiker.

Kafka, Franz (1883-1924). Schriftsteller.

Kandinsky, Wassily, eigentl. Wassili Wassiljewitsch Kandinskij (1866-1944). Russischer Maler, Kunsttheoretiker und Dichter. Mitbegründer des »Blauen Reiters« in München.

Keckeis, Gustav (1884-1967). Schweizer Verleger, der unter dem Pseudonym Johannes Muron auch eigene Arbeiten veröffentlichte.

Keckeis, Peter (1920-2007). Folgte seinem Vater Gustav 1947 als Verlagsleiter des Benziger Verlags, Einsiedeln/Köln.

Kerr, Alfred, eigentl. A. Kempner (1867-1948). Theaterkritiker, Publizist.

Kersten, Kurt, Ps. Georg Forster (1891-1962). Essayist und Erzähler.

Klabund, eigentl. Alfred Henschke (1890-1928). Lyriker, Dramatiker, Romancier.

Klages, Ludwig (1872-1956). Graphologe und Philosoph.

Klee, Paul (1879-1940). Schweizer Maler.

Key, Ellen (1849-1926). Schwedische Schriftstellerin und Sozialkritikerin.

Kobus, Kathi (1854-1929). Wirtin des Schwabinger ›Simplicissimus‹.

Koestler, Arthur (1905-1983). Brit. Schriftsteller ungarischer Herkunft.

Kokoschka, Oskar (1886-1980). Österreichischer Maler und Graphiker.

Kolb, Annette (1870-1967). Schriftstellerin u. Übersetzerin.

Korrodi, Eduard (1885-1955). Schweizer Journalist, Essayist u. Literaturkritiker, von 1914-1950 Feuilletonchef der NZZ.

Kotschetkowa, Lidija Petrowna, verh. Brupbacher (*1872; verschollen seit 1921). Russ. Ärztin u. Revolutionärin. Erste Ehefrau von Fritz Brupbacher.

Kraus, Karl (1874-1936). Österreichischer Schriftsteller und Journalist, Herausgeber der satirischen Zeitschrift *Die Fackel*.

Kropotkin, Pjotr Alexejewitsch (1842-1921). Russ. Anarchist, Geograph u. Schriftsteller.

Kubin, Alfred (1877- 1959). Österreichischer Zeichner und Schriftsteller.

Laban, Rudolf von, eigentl. Reszö Laban von Váraljas (1879-1958). Ungarischer Tänzer, Begründer der ›Schule für freien Tanz‹.

Landauer, Gustav (1870-1919). Schriftsteller u. Politiker, Vertreter eines gewaltlosen Anarchismus.

Lang, Josef Bernhard (1883-1945). Schweizer Psychiater u. Psychoanalytiker, Schüler C. G. Jungs, Therapeut u. Freund Hermann Hesses.

Langer, Resi, eigentl. Maria Theresia Langer (1886-1971). Deutsche Vortragskünstlerin, Kabarettistin u. Filmschauspielerin.

Lasker-Schüler, Else, geb. Schüler (1869-1945). Dichterin. 1894-1899 Ehefrau von Dr. Berthold Lasker (1860-1928), ab 1901 verheiratet mit Georg Levin, dem sie den Namen Herwarth Walden gibt.

Lasker, Paul (1899-1927). Unehelicher Sohn von Else Lasker-Schüler.

Legband, Paul (1876-1942). Regisseur.

Lehmbruck, Wilhelm (1881-1919). Bildhauer und Graphiker.

Lenin, Wladimir Iljitsch, eigentl. W. I. Uljanow (1870-1924). Russischer Revolutionär.

Leuthold, Alice (1889-1957). Ehefrau von Fritz Leuthold.

Leuthold, Fritz (1881-1954). Direktor der Grands Magasins Jelmoli F. A. in Zürich. Freund und Mäzen Hermann Hesses.

Leybold, Hans (1892-1914). Schriftsteller. Freund Hugo Balls, mit dem er unter dem Pseudonym Ha Hu Baley veröffentlichte.

Litwinow, Maksim Maksimowitsch (1876-1951). Mitarbeiter Lenins, 1930 sowjetischer Außenkommissar, 1941-1943 Botschafter in Washington.

Loerke, Oskar (1884-1941). Lyriker, Lektor beim S. Fischer Verlag.

Loewenson, Erwin (1888-1963). Philosoph.

Ludendorff, Erich (1865-1937). Generalstabschef im Ersten Weltkrieg. Reichstagsabgeordneter der NSDAP von 1924-1928.

Ludwig, Beda, eigentl. Alexander Ludwig (1871-1941). Benediktinerpater im Kloster Schreyern/Pfaffenhofen, geistiger Berater Hugo Balls seit 1923/24.

Luther, Martin (1483-1546). Reformator.

Mann, Erika (1905-1969). Kabarettistin und Schriftstellerin.

Mann, Thomas (1875-1955). Schriftsteller.

Marc, Franz (1880-1916). Maler, Zeichner u. Graphiker.

Marinetti, Filippo Tommaso (1876-1944). Italienischer Schriftsteller, Politiker und Begründer des Futurismus.

Martin-Mayer, Inga, verh. Junghanns (1886-1962). Dänische Schauspielerin.

Briefwechsel mit Rainer Maria Rilke (Insel Verlag: Frankfurt am Main 1959), dessen Werk sie ins Dänische übersetzt. 1922 Scheidung von Junghanns. 1960 erscheint Rilkes »Auguste Rodin« in ihrer Übersetzung bei Gyldendahl, Kopenhagen.

Maurer, Karl-Heinrich (1880-1942). Autor. Verheiratet mit Maria Elise Heer (1873-1960), der Wirtin des Gasthofes »Adler« in Ermatingen/Thurgau.

Meidner, Ludwig (1884-1966). Maler und Dichter.

Mendelsohn, Erich (1887-1953). Architekt.

Michaelis, Karin (1872-1950). Dänische Schriftstellerin.

Moholy-Nagy, László (1885-1946). Ungarischer Maler, Photograph, Filmemacher u. Bühnenbildner.

Monaco, Marietta di, eigentl. Maria Kirndörfer (1893-1981). Diseuse.

Morax, eigentl. Karl Schulze (1882-1916). Ingenieur u. Kabarettist.

Muehlon, Johann Wilhelm (1878-1944). Deutscher Industrieller, Pazifist, Publizist und Mäzen Ernst Blochs; gehört ab 1917 zum Kreis um die *Freie Zeitung* in Bern.

Mühsam, Erich (1878-1934). Autor und anarchistischer Aktivist.

Müller, Albert (1887-1926). Schweizer Maler und Glasbildner.

Münter, Gabriele (1877-1962). Malerin. Von 1904 bis 1915 Lebensgefährtin Kandinskys.

Mün(t)zer, Thomas (1489-1525). Theologe, Reformator, Revolutionär. Kontrahent Luthers u. des Adels während der Bauernkriege.

Mussolini, Benito (1883-1945). Politiker; seit 1919 Duce der italienischen Faschisten, gelangt 1922 nach dem Marsch auf Rom an die Macht, wird am 28.4. 1945 von Partisanen ermordet.

Muth, Carl (1867-1944). Literaturkritiker und Publizist. Gründete 1903 die katholische Kulturzeitschrift *Hochland* in München.

Natalina, s. Bazzari, Natalina.

Nestroy, Johann Nepomuk (1801-1862). Österreichischer Dramatiker.

Neumann, Therese (1898-1962). Stigmatisiert seit 1926.

Niemöller, Emil Gustav Friedrich Martin (1892-1984). Ev. Theologe u. führender Vertreter der Bekennenden Kirche; seit 1937 im KZ Sachsenhausen, nach 1945 engagiert in der Neuordnung der EKD u. in der Friedensbewegung.

Nietzsche, Friedrich (1844-1900). Philosoph.

Nissen, Momme (1870-1943). Norddeutscher Maler. 1902 Konversion unter Einfluß seines Mentors Julius Langbehn, 1916 Eintritt in den Benediktinerorden, 1922 Priesterweihe (Pater Benedikt).

Nohl, Johannes (1882-1963). Publizist, Laienanalytiker, nach 1945 Professor der Philologie in Weimar. 1918-1927 verheiratet mit Iza-Gustava, geb. Prussak.

Nostradamus, eigentl. Michel de Notre Dame (1503-1566). Franz. Astrologe.

Osswald, Paul, gen. Paolo (1883-1952). Schweizer Maler u. Bildhauer. »Agosto« in *Klingsors letzter Sommer.*

Osswald-Toppi, Margherita (1897-1971). Italienische Malerin u. Bildhauerin. »Ersilia« in *Klingsors letzter Sommer.*

Overbeck, Franz Camille (1837-1901). Kirchenhistoriker. Seit 1870 Prof. für ev. Theologie in Basel. Freund u. Briefpartner Friedrich Nietzsches.

Pallenberg, Franz (1873-1949). Maler u. Bildhauer.

Pasternak, Boris (1890-1960). Russischer Schriftsteller.

Perrottet, Suzanne (1889-1983). Schweizer Tänzerin, Schülerin Rudolf von Labans, Leiterin der ›Laban-Tanzschule‹ in Zürich.

Picard, Max (1888-1965). Schweizer Kulturphilosoph und Schriftsteller.

Pinthus, Kurt, Ps. Paulus Potter (1886-1975). Schriftsteller u. Journalist.

Piscator, Erwin (1893-1966). Revolutionärer Theatermacher.

Pfemfert, Franz (1879-1954). Photograph und Herausgeber der expressionistischen Zeitschrift *Die Aktion*, die bis 1932 erscheint. Pfemfert flieht gemeinsam mit seiner Frau, der Trotzki-Übersetzerin Alexandra Ramm, 1933 aus Berlin nach Karlsbad. Weitere Orte der Emigration: Paris, Lissabon, New York, Mexiko City.

Pocci, Graf Franz Ludwig Evarist Alexander von, gen. »Kasperlgraf« (1807-1876). Deutscher Zeichner, Musiker, Komponist u. Schriftsteller, schrieb Werke für das Marionettentheater.

Pritzel, Lotte (1887-1952). Puppenkünstlerin und Kostümbildnerin.

Reinhardt, Max, eigentl. M. Goldmann (1873-1943). Regisseur und Theaterleiter.

Reiß (Reiss), Erich Caesar (1887-1951). Gründete 1908 den gleichnamigen Verlag in Berlin, in dem auch die Schaubühne/Weltbühne erschien. 1926 brachten Veruntreuungen eines Angestellten den Verlag in finanzielle Schwierigkeiten, der ab 1933 nur noch jüdische Autoren verlegen durfte und 1936 liquidiert wurde. Reiß, nach den November-Pogromen im KZ Sachsenhausen inhaftiert, wurde auf Einspruch von Karin Michaelis und Selma Lagerlöf freigelassen und emigrierte nach New York.

Reger, Johann Baptist Joseph Maximilian, gen. Max (1873-1916). Komponist.

Reventlow, Franziska zu (1871-1918). Schriftstellerin und Übersetzerin.

Richter, Hans (1888-1976). Maler, Graphiker, Filmregisseur und Autor.

Rilke, Rainer Maria, eigentl. René Maria R. (1875-1926). Dichter.

Ringelnatz, Joachim, eigentl. Hans Bötticher (1883-1934). Seemann, Dichter und Kabarettist.

Robert, Eugen, eigentl. E. R. Weiss (1877-1944). Rechtsanwalt, Journalist u. Theaterunternehmer. Von 1911 bis 1914 Leiter des Lustspielhauses, der späteren ›Münchener Kammerspiele‹.

Rubiner, Frida Abramowna, geb. Ischak (1879-1952). Litauische Kommunistin, Aktivistin u. Übersetzerin.

Rubiner, Ludwig (1881-1920). Dichter, Übersetzer u. Literaturkritiker.

Saager, Adolf (1879-1949). Schweizer Schriftsteller u. Publizist, Mitarbeiter der *Freien Zeitung*.

Sacharoff, Alexander, eigentl. A. Zuckermann (1886-1963). Russischer Tänzer, Choreograph, Maler u. Pädagoge. Entwickelte mit seiner Partnerin, der Tänzerin Clotilde von Derp (1892-1974), die »abstrakte Pantomime«.

Sagan, Leontine, eigentl. Medi Schlesinger (1889-1974). Südafrikanische Schauspielerin u. Regisseurin mit österreichisch-ungarischen Wurzeln.

Salzmann, Alexander Gustav von (1874-1934). Russischer Maler, Karikaturist u. Bühnenbildner mit deutschen Wurzeln. Beleuchtungsinspekteur in Hellerau; erarbeitete neue Konzepte der Bühnenbeleuchtung.

Schad, Christian (1894-1982). Maler und Graphiker.

Scheler, Max (1874-1928). Philosoph, Anthropologe u. Soziologe. Konvertierte 1916 vom Judentum zum Katholizismus. Mitarbeit beim *Hochland* von 1916-1922. Veröffentlichte dort *Soziologische Neuorientierung und die Aufgabe der deutschen Katholiken nach dem Kriege* (1916). Initiierte eine geistig-religiöse Neuorientierung in der Weimarer Republik mit *Vom Ewigen des Menschen* (1921).

Schetty, Anna-Louise, gen. Lou. Emmys Freundin und Gönnerin.

Schickele, René (1883-1940). Elsässer Schriftsteller, Journalist und Publizist. Leiter der expressionistischen Zeitschrift *Die Weißen Blätter*, die seit 1914 in Berlin, ab 1916 in der Schweiz erscheint.

Schifferli, Peter (1921-1980). Schweizer Verleger.

Schiller, Friedrich (1759-1805). Dichter und Dramatiker.

Schlieben, Hans (1865-1943). Gründer u. Mitherausgeber der *Freien Zeitung*.

Schmidt-Pauli, Elisabeth von (1882-1956). Katholische Schriftstellerin.

Schmitt, Carl; zeitw. Schmitt-Dorotič (1888-1985). Staatsrechtler u. politischer Philosoph.

Schönberg, Arnold (1874-1951). Amerik. Komponist österreichischer Herkunft.

Scholem, Gerhard/Gerschom (1887-1982). Kulturphilosoph.

Schrenck-Notzing, Albert, Freiherr von (1862-1929). Psychiater. Pionier der Psychotherapie und Parapsychologie, forschte zum therapeutischen Potential der Hypnose, entwickelte neue Methoden zur Behandlung von Neurasthenie und sexueller Dysfunktion.

Schütt, Francesca, verh. Hauswirth, geb. 1934. Emmys Enkelin.

Schütt, Gottfried, gen. Goffredo (*1899/seit 1945 verschollen). Ehemann von Annemarie Hennings.

Schütt, Hugo Michael, geb. 1932. Emmys Enkel.

Schütt, Klaus, geb. 1936. Emmys Enkel.

Seelig, Carl Wilhelm (1894-1962). Schweizer Schriftsteller und Mäzen.

Seewald, Richard (1889-1976). Dichter, Maler, Zeichner u. Illustrator.

Seffrin, Roland (1905-1985). Literat, Lehrer, Bundestagsabgeordneter.

Segal, Arthur (1875-1944). Rumänischer Maler. Lebte seit 1914 mit seiner Frau Ernestine in Ascona, stellte im ›Cabaret Voltaire‹ aus, veröffentlichte Holzschnitte in diversen Dada-Publikationen.

Serner, Walter, eigentl W. Eduard Seligmann (1889-1942). Böhmischer Jurist, Essayist, Schriftsteller. Veröffentlichte 1918 mit *Letzte Lockerung* einen der wichtigsten dadaistischen Texte. Floh 1938 nach Prag, wurde nach vergeblichen Versuchen, nach Shanghai zu emigrieren, am 20. 8. 1942 aus dem Prager Ghetto nach Riga deportiert und am 23. 8. im Wald von Bikernieki ermordet.

Seume, Johann Gottfried (1763-1810). Schriftsteller.

Soubirous, Bernadette (1844-1879). Französische Ordensschwester, die 1858 in Lourdes mehrere Marienerscheinungen hatte. 1933 heiliggesprochen.

Staub, Sita, verh. Hardekopf (1895-1955). Schauspielerin.

Steiner, Rudolf (1861-1925). Österreichischer Begründer der Anthroposophie.

Sternheim, Carl (1878-1942). Dramatiker und Schriftsteller.

Stoop, Dorrie (1895-1928). Zweite Ehefrau von Han Coray seit 1918.

Stoppard, Sir Tom (geb. 1937). Britischer Dramatiker tschechischer Herkunft.

Suhrkamp, Peter (1881-1955). Lektor u. Verleger. Seit 1936 treuhänderischer Verwalter des S. Fischer Verlags, begründet 1950 mit Unterstützung Hermann Hesses den Suhrkamp Verlag in Frankfurt am Main.

Szittya, Emil, eigentl. Adolf Schenk (1886-1964). Ungarischer Journalist, Schriftsteller, Verleger, Maler.

Taeuber-Arp, Sophie Henriette Gertrude (1889-1943). Schweizer Graphikerin, Textilkünstlerin und Tänzerin. Erste Ehefrau von Hans Arp.

Tetzner, Lisa (1894-1963). Schriftstellerin. 1933 Emigration ins Tessin.

Tirpitz, Alfred von (1849-1930). Organisator der deutschen Kaiserflotte.

Trakl, Georg (1887-1914). Österreichischer Dichter.

Trotzki, Leo, eigentl. Lew Davidowitsch Bronstein (1879-1940). Russischer Revolutionär.

Todorovič, Duska (1903-1950). Studentin Carl Schmitts. Heirat 1925 nach seiner Scheidung (1924) von Pawla Dorotič.

Tschechow, Anton (1860-1904). Russischer Dramatiker.

Tucholksky, Kurt (1890-1935). Schriftsteller und Journalist.

Tzara, Tristan, eigentl. Samuel Rosenstock (1896-1963). Französischer Schriftsteller rumänischer Abstammung, Mitbegründer des ›Cabaret Voltaire‹, Dadaist u. Surrealist, der seit 1920 in Paris lebt.

Üxküll, Natalie Elisabeth Karoline, Baronin von (1852-1935).

Vio, Wilhelm (Daten nicht ermittelt). Schauspieler, vermutlich Vater von Annemarie Hennings.

Wagner, Wilhelm Richard (1813-1883). Komponist. Lebte seit März 1866 mit Cosima von Bülow und den Kindern im Landhaus Tribschen bei Luzern, wo Friedrich Nietzsche 23mal bei ihm zu Gast war.

Walden, Herwarth, eigentl. Georg Levin (*1878; letzter Nachweis 1941). Schriftsteller, Übersetzer, Galerist, Herausgeber der expressionistischen Zeitschrift *Der Sturm*, zweiter Ehemann von Else Lasker-Schüler. Emigriert nach Moskau, Verhaftung 1941, Straflager Saratow/Wolga, seither verschollen.

Waldorff, Claire (1884-1957). Diseuse und Kabarettistin.

Walser, Robert (1878-1956). Schweizer Schriftsteller.

Walter, Bruno (1876-1962). Dirigent.

Wassermann, Jakob (1873-1934). Schriftsteller.

Wassmer, Max (1887-1970). Schweizer Chemiker, Unternehmer, Kunstsammler u. Mäzen.

Wassmer, Margarethe, gen. Margrit (1900-1977). Zweite Ehefrau von Max Wassmer.

Webb, Martha Beatrice, geb. Potter (1858-1943). Britische Sozialistin. Ehefrau Sidney Webbs.

Webb, Sidney (1858-1947). Mitbegründer der Fabian Society u. d. Labour Party.

Wedekind, Frank, eigentl. Benjamin Franklin W. (1864-1918). Regisseur, Schauspieler, Dramatiker u. Dichter.

Weiss, Peter Ulrich, Ps. Sinclair (1916-1982). Deutsch-schwedischer Schriftsteller, Dramatiker Maler, Grafiker u. Experimentalfilmer.

Welti, Helene (1865-1942). Schweizer Schriftstellerin.

Wenger, Claudia Ruth, verh. Hesse (1897-1994). Schweizer Sängerin, zweite Ehefrau Hermann Hesses.

Wenger, Lisa (1858-1941). Schweizer Schriftstellerin, Schwiegermutter Hermann Hesses.

Wenger, Theo (1868-1928). Schweizer Fabrikant, Schwiegervater Hermann Hesses.

Werfel, Franz Viktor (1890-1945). Österr. Dichter u. Schriftsteller.

Wigman, Mary, eigentl. Karoline Sofie Marie Wiegmann (1886-1973). Deutsche Tänzerin und Tanzpädagogin.

Wilde, Oscar (1854-1900). Britischer Schriftsteller.

Wilson, Thomas Woodrow (1856-1924). Präsident der USA (1913-1921).

Wolfenstein, Alfred (1888-1945). Lyriker, Dramatiker, Erzähler, Essayist.

Wolff, Kurt (1887-1963). Verleger.

Wolfskehl, Karl (1869-1948). Schriftsteller und Herausgeber.

Wolzogen, Ernst von (1855-1934). Schriftsteller.

Zinzendorf, Nikolaus Ludwig Graf von (1700-1760). Pietist, Begründer der Herrnhuter Brüdergemeine.

Zuckmayer, Carl (1896-1977). Schriftsteller und Dramatiker.

# Dank

Ich danke

Francesca Schütt-Hauswirth (Gland/Schweiz), die mir stellvertretend für die Erben den Zugang zum Nachlaß von Emmy Ball-Hennings und Hugo Ball gestattete, mich in vielen Gesprächen an den Erinnerungen an ihre Großmutter sowie an Ninon und Hermann Hesse teilhaben ließ und auch diese Arbeit freundlich begleitete.

Dank auch den Mitarbeiterinnen und Mitarbeitern des Schweizerischen Literaturarchivs Bern, des Deutschen Literaturarchivs Marbach am Neckar und der Hugo-Ball-Sammlung Pirmasens

sowie

Dr. Christa Baumberger (Bern), Lars Boeholt (Kopenhagen), Fritz Bremer (Neumünster), Susanne Dölker (Gaildorf-Winzenweiler), Bernhard Echte, (Zürich), Dr. Michael Eckardt (Naunhof), Dr. Eckard Faul (Pirmasens), Viktoria Fuchs (Marbach am Neckar), Dr. Jürg Ganz (Frauenfeld/Agnuzzo), Silver Hesse (Zürich), Chris Hirte (Berlin), Dr. Heide Hollmer (Kiel), Dr. Herbert Kapfer (München), Dr. Peter Keckeis † (Küsnacht), Volker Michels (Offenbach), Dr. Matilde Romito (Salerno), Matthias Rühle (Oberlangenhard/Rikon), Irene Stratenwerth (Hamburg), Prof. Dr. Ulrich Schulte-Wülwer (Flensburg), Ernst Teubner (Pirmasens), Bernhard von Waldkirch (Zürich), Magnus Wieland (Bern),

die mich sowohl während meiner Recherchen zur Biographie von Emmy Ball-Hennings als auch bei dieser Arbeit beraten, ermutigt und – wie Silver Hesse und Chris Hirte – mir den Zugang zu noch unveröffentlichten Quellen ermöglicht haben. Stellvertretend für die Freunde, die mich unterstützten, danke ich Gudrun Liedtke (Berlin) für engagiertes Diskutieren und Korrekturlesen und meinem Mann, der meine Arbeit wieder geduldig begleitet hat.

# Bildnachweis

Hugo-Ball-Sammlung, Pirmasens: Abbildung 2, 8, 9, 10
Deutsches Institut für Filmkunde, Frankfurt am Main: 24
Deutsches Literaturarchiv Marbach: 5, 16, 31
Michael Eckardt, Naunhof: 3
Fondation Arp, Clamart: 20, 37
Hermann Hesse-Editionsarchiv, Volker Michels, Offenbach: 35, 38, 43
Kunsthaus Zürich: 18
Schweizerisches Literaturarchiv, Bern: Umschlagfoto, 1, 4, 12, 14, 15, 17, 19, 22, 23, 32, 33, 36, 45, 46
Irma Thaler, Zürich: 11
Universitätsbibliothek Johann Christian Senckenberg, Frankfurt am Main: 13 (S36_F06093), 42 (S36_F06095)

Die Abbildungen von Rudolf Reinhold Junghanns wurden uns freundlicherweise von Bernhard Echte, Zürich zur Verfügung gestellt.

Alle weiteren Abbildungen stammen aus dem Archiv der Autorin oder des Insel Verlags.